भारत में राजनीतिक आंदोलनों का समकालीन इतिहास

भारत में राजनीतिक आंदोलनों का समकालीन इतिहास

नागरिक समाज के बाद की राजनीति

अजय गुडावर्थी

SAGE | bhasha

Los Angeles | London | New Delhi
Singapore | Washington DC | Melbourne

Originally Published in 2013 in English by
SAGE Publications India Pvt Ltd as *Politics of Post-Civil Society: Contemporary History of Political Movements in India*

This edition published in 2018 by

SAGE | bhasha

SAGE Publications India Pvt Ltd
B1/I-1 Mohan Cooperative Industrial Area
Mathura Road, New Delhi 110 044, India
www.sagepub.in

SAGE Publications Inc
2455 Teller Road
Thousand Oaks, California 91320, USA

SAGE Publications Ltd
1 Oliver's Yard, 55 City Road
London EC1Y 1SP, United Kingdom

SAGE Publications Asia-Pacific Pte Ltd
3 Church Street
#10-04 Samsung Hub
Singapore 049483

Published by Vivek Mehra for SAGE Publications India Pvt Ltd, typeset in 10.5/12.5 pt Kruti Dev 010 by AG Infographics, Delhi and printed at Repro India Ltd., Mumbai.

ISBN: 978-93-859-8550-8 (PB)

Translator: Charu Pathak
SAGE Team: Syed Husain Naqvi, Vinayak Dubey

विषय वस्तु

प्रस्तावना और आभार vii

1 नागरिक-समाज से आगे की बात क्यों? 1
अस्पष्टता और प्रतिच्छेद 6
स्वायत्तता और सम्मिलन 23

2 भारत में मानवाधिकार आंदोलनः राज्य, नागरिक-समाज और इनसे आगे 34
राज्य व नागरिक–समाज की संपूरकता 38
राज्य बनाम नागरिक–समाज 41
नागरिक–समाज बनाम राजनीतिक–समाज 50
वर्तमान क्षणः राजनीति से आगे? 58

3 दलित एवं नक्सलवादी संघर्षः अस्मितावादी राजनीति से परे राजनीतिक पहचानें 72
कारंचेडुः नागरिक–समाज के अंदर या बाहर? 77
चुंडुरुः अस्मितावादी राजनीति और अनुशासन की ओर अग्रसर नागरिक समाज 87
वेम्पेंटाः नागरिक–समाज बनाम 'दलित समाज' 106

4 स्त्रीवादी राजनीति एवं कानूनी व्यक्तिपरकताः परिवर्तनकारी दुविधाओं से निबटने की चुनौती 126
'उत्प्रेरक के रूप में कानून': कानून का सभ्य–करण या नागरिक–समाज का वैधीकरण? 131
एकांकी नाटकः सार्वजनिक का निजीकरण या निजी का सार्वजनिकीकरण? 144
राज्य का स्त्रीकरणः मितव्ययिता की संस्कृति और नागरिक का राजनीतिकरण 150

5 प्रदूषण और 'राजनीतिक-समाज' के विरुद्ध सामूहिक संस्थाएंः अनागरिक विकास के निहितार्थ 179
नए औद्योगिकरण को समझनाः अ–नागरिकता का पूंजी–करण 188
'विकास' की पेशकशः प्रदूषण व सामाजिक व्यय 191

राजनीतिक–समाजः हित–समूह की राजनीति या न्याय हेतु सामूहिक संस्थाएं? 193
राजनीतिक–समाजः बिचौलियों का समाज और खंड–खंड में बांटने की प्रक्रियाएं 202

6 नागरिक समाज के बाद की राजनीति की ओर 215
प्रतीक्षा–कक्ष में राजनीतिः लड़खड़ाते आंदोलन व क्षण 218
पश्चात और परेः 'संघर्ष की द्वंद्वात्मकता' 223

संदर्भ 238
लेखक के बारे में 253

प्रस्तावना और आभार

यह किताब भारत के समसामयिक राजनीतिक आंदोलनों के साथ अतीत और वर्तमान में मेरे जुड़ाव का नतीजा है। ये आंदोलन भले ही असमाधेय समस्याओं से जूझते दिखाई पड़ते हैं, बावजूद इसके ये उम्मीद और बदलाव की रोशनी समेटे हुए हैं। इन जटिल, परंतु अपराजेय परिवर्तनकारी प्रक्रियाओं को जानने–समझने की अपनी उत्कट इच्छा के कारण, मैंने इनसे जुड़े रहकर इनके बारे में सोचने का प्रयास जारी रखा। भारत के राजनीतिक आंदोलनों केबारे में सोच–विचार करते हुए, मुझे इस बात का अहसास और यकीन हुआ कि इनके बारे में अवधारणाएं बनाने के ज्ञात तरीकों के परे कुछ और भी नया है जिसे मैंने यहां पर *नागरिक समाज के बाद की राजनीति* (उभरती हुई) कहा है। निस्संदेह, यह कार्य विभिन्न राजनीतिक आंदोलनों से जुड़े ढेरों कार्यकर्ताओं व बुद्धिजीवियों के साथ होने वाली मेरी रोज–ब–रोज की मुलाकातों व चर्चाओं के बिना संभव नहीं था, इसलिए मैं उन सभी का आभारी हूं। मैं खासकर उन लोगों का शुक्रिया अदा करना चाहता हूं जिन्होंने सामग्री जुटाने में मदद की, साक्षात्कार देना स्वीकार किया, और अपने पास मौजूद सांगठनिक दस्तावेज मुझसे साझा किए। मैं डॉ. के. बालगोपाल का खास तौर पर जिक्र करना चाहता हूं, जो मेरे विचारों व लेखनी के उद्देश्य, मंतव्य और अंतर्वस्तु को प्रत्यक्ष व परोक्ष रूप से परिभाषित करते हुए तकरीबन एक दशक से निरंतर मेरे प्रेरणा स्रोत रहे। उनकी कमी निरंतर टीसती रहती है।

सेंटर फॉर पॉलिटिकल स्टडीज़ के अपने सभी सहकर्मियों का मैं शुक्रगुज़ार हूं। उनसे रोजाना हुई मुलाकातों और अकादमिक विमर्शों के बिना, यह सफर ज्यादा कठिन और मायूस करने वाला होता। मैं, खासकर, गुरप्रीत महाजन का शुक्रगुजार हूं, जिन्होंने पहले मेरे पीएच.डी. शोध–प्रबंध के पर्यवेक्षक के रूप में और बाद में एक सह–शिक्षक के रूप में, हमेशा ही, मेरे काम में गहरी रुचि ली। जिस तरह उनका छात्र रहते हुए उनसे सीखा, उसी तरह उनके साथ विभिन्न विषयों पर चर्चा करके सीखने–समझने को मिलता। अकादमिक विमर्शों और उतने ही मजेदार गप–गपाष्टकों के लिए मैं मनिन्दर का आभारी हूं जिनके साथ बातें करते हुए मुझे आसन्न और सुदूर भविष्य में इन बातों के प्रभावों–दुष्प्रभावों के बारे में बेफिक्र हो जाने का भरपूर लुत्फ मिलता है! बी.एस. चिम्नी से मिले प्यार–दुलार, शाम के वक्त की उन यादगार सैरों और संयत सलाहों के लिए, मैं आभारी हूं।

इस किताब के अधिकांश अध्याय कई राष्ट्रीय व अंतर्राष्ट्रीय सेमिनारों, कार्यशालाओं और सम्मेलनों में प्रस्तुत किए जा चुके हैं। इन कार्यक्रमों में हुई चर्चाओं से मुझे अतिशय लाभ मिला, बल्कि यूं कहना चाहिए कि इन्हें किताब के रूप में पेश करने का आत्मविश्वास मिला। अकादमिक जगत के मित्रों, सहकर्मियों व शुभेच्छुओं के बिना यह संभव नहीं था। परिचयात्मक अध्याय को मैंने सेंटर फॉर सिटिजनशिप, सिविल सोसाइटी एंड रूल ऑफ लॉ (सी.आई.एस.आर.यू.एल.), यूनिवर्सिटी ऑफ एबरदीन में एक विशेष व्याख्यान

के रूप में पेश किया था। मैं, खासकर मात्यास बोदिग और अंद्रेया टेटी सहित, उन सभी को धन्यवाद देता हूं जिन्होंने इस पर उपयोगी टिप्पणियां कीं। मानवाधिकार वाले दूसरे अध्याय को डेनमार्क के रॉसकिल्डे यूनिवर्सिटी में प्रस्तुत किया गया था; मैं प्रेबेन व बोदिल का, सी.आई.पी.ए.सी.आई. सहित चंडीगढ़ स्थित पंजाब विश्वविद्यालय; बॉस्टन स्थित हार्वर्ड लॉ स्कूल; पुणे स्थित एल.ए.एस.एस.एन.ई.टी.; दिल्ली स्थित डी.सी.आर.सी. व ए.पी.आई.एस.ए. और हैदराबाद विश्वविद्यालय के सेंटर फॉर ह्यूमन राइट्स (सी.एच.आर.) का दिल से आभारी हूं; इस आलेख–पत्र पर चर्चा आयोजित करने व इसकी शुरुआत करने के लिए और इस केंद्र में अतिथि अध्यापक के रूप में मुझे आमंत्रित करने के लिए मैं सी.एच.आर. के प्रोफेसर सुदर्शनम को विशेष रूप से धन्यवाद देता हूं क्योंकि वहीं पर मैं इसकी पांडुलिपि से संबंधित काम कुछ हद तक पूरा कर पाया था। तीसरे अध्याय का आरंभिक संस्करण बेलफास्ट स्थित क्वीन्स यूनिवर्सिटी; बंगलुरु स्थित आई.एस.ई.सी.; हैदराबाद स्थित सी.ई.एस.एस.; मद्रास स्थित मद्रास विश्वविद्यालय के डॉ. अम्बेडकर केंद्र; और जर्मनी के स्टुटगार्ड में स्थित टुबिनजेन यूनिवर्सिटी में प्रस्तुत किया गया था। इस संबंध में बातचीत व दिलचस्प विचार–विमर्श के अनेक चक्र आयोजित करने के लिए, मैं दिव्यराज अमिय का ऋणी हूं। चौथा अध्याय दक्षिण कोरिया के सिओल स्थित ई.डब्ल्यु. एच.ए. वुमेन्स यूनिवर्सिटी के ग्लोबल कोऑपरेशन सेंटर; यूनिवर्सिटी ऑफ एबरदीन के किंग्स कॉलेज; शिलांग स्थित एन.ई.एच.यू. और कोलकाता स्थित एन.यू.ज़े.एस. में प्रस्तुत किया गया था। पांचवां अध्याय कोस्टारिका के सैन जोस स्थित सी.एल.ए.सी.एस.ओ.; नई दिल्ली स्थित जवाहरलाल नेहरू विश्वविद्यालय के सेंटर फॉर पॉलिटिकल स्टडीज़; लंदन स्थित लंदन स्कूल ऑफ इकॉनोमिक्स के सेंटर फॉर सिविल सोसाइटी; यूनिवर्सिटी ऑफ एबरदीन के सी.आई.एस.आर.यू.एल. में प्रस्तुत किया गया था। छठा अध्याय यूनिवर्सिटी ऑफ एबरदीन के डिपार्टमेंट ऑफ पॉलिटिक्स एंड इंटरनेशनल रिलेशंस; नई दिल्ली स्थित जवाहरलाल नेहरू विश्वविद्यालय के सेंटर फॉर पॉलिटिकल स्टडीज़ में प्रस्तुत किया गया था। मैं इन विभिन्न आयोजनों के सभी आयोजकों और भागीदारों को धन्यवाद देता हूं। साथ ही, मैं तीन महीने की फेलोशिप के लिए चार्ल्स वालेस ट्रस्ट के न्यासी–सदस्यों, और एस.ओ.ए.एस. के सेंटर फॉर साउथ एशियन स्टडीज़ के कर्मचारियों व शिक्षकों को भी धन्यवाद देता हूं, जहां पर मैंने मानवाधिकार आंदोलन पर केंद्रित दूसरे अध्याय का वर्तमान संस्करण पूरा किया। मैं लंदन स्थित ब्रिटिश लाइब्रेरी के कर्मचारियों का भी तहेदिल से आभारी हूं जिनकी सम्पदा के बिना यह किताब फीकी ही रहती। इसके अतिरिक्त, मैं ब्रिटिश अकेडमी का भी शुक्रगुजार हूं जिन्होंने मुझे लंदन स्थित गोल्डस्मिथ्स कॉलेज में विज़िटिंग फेलो स्वीकार किया और इस दौरान मैंने पांडुलिपि के पहले मसौदे के अधिकांशतः हिस्से की कमियों को पूरा किया।

मैं अपने उन सभी मित्रों का सदैव आभारी रहूंगा जो अडिग रूप से मेरा संबल बने रहे। बेहद अजीज मित्र कैलाश, हमेशा ही मेरे उद्विग्न भावावेगों के प्रवाह के बीच शांतचित्तता के साथ सुझाव रखते; प्रशांत के बेहद ईमानदार और सरल तरीके संकट की घड़ियों में सदा ही सुख का अहसास लाते। बुर्रा श्रीनिवास ने हमेशा भरपूर दोस्ती, स्कॉच और गर्मागर्म बहसों का दौर बनाये रखा। अपने मित्र ट्रेवर स्टैक का मैं बहुत आभारी हूं जिनके साथ मैं संभवतः सभी अध्यायों पर चर्चा की और यहां पेश किए गए अनेक तर्कों की बारीक तराश की। जरूरत के समय यूनिवर्सिटी ऑफ एबरदीन के सेंटर फॉर सिटिज़नशिप, सिविल सोसाइटी एंड रूल ऑफ लॉ में मुझे विजिटिंग फेलो के रूप में आमंत्रित करने के लिए

और गर्मियों की बेहद ठंडी शामों में मेरे साथ पब्स के कई चक्कर लगाने के लिए भी मैं उनका शुक्रगुजार हूं, जहां पर मैंने इस पांडुलिपि का अंतिम मसौदा तैयार किया। सीथाराम ककराला ने एकाधिक अवसरों पर मेरी ओर मदद का हाथ बढ़ाया और उनके साथ मैंने काफी सारे साझा सरोकारों को बांटा; उनके समर्थन और उत्साहवर्द्धन के लिए मैं उन्हें धन्यवाद देता हूं। दोस्ती और बंगलुरु की अच्छी यादों के लिए, मैं गोविंदराज हेगड़े का शुक्रगुजार हूं। बीफ और बीफ खाने वालों के लिए, व साथ ही मुझे निरंतर प्रोत्साहन और फुर्सत के पल देने के लिए, मैं राम और शिजू को सस्नेह याद करता हूं। जब से याद पड़ता है, विष्णु देव उर्फ लामा तब से मेरे जीवन का अविभाज्य अंग बने हुए हैं। उनकी दोस्ती, लजीज पाककला और जाति से जुड़े दैनंदिन जीवन के मसलों से उनकी मुठभेड़ों पर चर्चाएं मेरे लिए असीम आनंद का स्रोत रहे हैं। उम्मीद करता हूं कि यह किताब उन्हें अकादमिक जगत में वापस खींच लाएगी! उस्मानिया में आने के अनेकशः आमंत्रणों और आंध्र प्रदेश के हालिया समाचारों पर बहुत–सी शानदार चर्चाओं के लिए, मैं प्रोफेसर रवीन्द्र शास्त्री, डॉ. राम रेड्डी और डॉ. कृष्णा रेड्डी का भी शुक्रिया अदा करना चाहता हूं। उप–जाति आंदोलन से जुड़ी सामग्री जुटाने में मेरी मदद के लिए मैं कृष्णा का विशेष रूप से आभारी हूं। अंततः, 'राजनीतिक समाज' पर और ब्रिटेन में विलुप्तप्राय होती जा रही समाजवादी प्रजाति पर ढेरों जोशीली चर्चाओं के लिए मैं जॉन गेम को धन्यवाद देता हूं! पांडुलिपि के आरंभिक संस्करणों को पढ़ना स्वीकार करने के लिए निवेदिता मेनन का और मुझे *कंट्रीब्यूशंस टू इंडियन सोशलॉजी* शोध–पत्रिका के लिए लिखने का आग्रह करने हेतु मैं नंदिनी सुंदर का आभारी हूं।

मैं अपने संबंधियों का आभारी हूं जिनकी टोका–टाकी के बिना मैं लिखने की कभी कल्पना भी नहीं कर सकता। मेरे चाचा–गण संबंधी से बढ़कर मेरे मित्र हैं। इस मामले में मुझे रिश्तेदारी व मित्रता के बेहतरीन मेल का सौभाग्य मिला। भक्तवत्सल का आभार कि उन्हें स्वयं पर और मुझ पर भरोसा है! सुजानवत्सल का आभार जो मुझे हर रोज फोन करते हैं और उनके फोन किसी आपात–स्थिति जैसी गंभीरता से लिए जाने होते हैं और जिन पर अमूर्त बातों से लेकर काल्पनिक योजनाओं तक की बातें हुआ करती हैं, परंतु हर रोज आने वाले उनके फोन मेरे अस्तित्व के लिए एक अपरिहार्य खुराक बन गए हैं। नरेन्दर, राधा और श्रीनिवास की कठोर जीवन–शैली और सरल चिंतन ने सदैव मुझे साथ बनाये रखा। मेरे बचपन से ही हैदराबाद के हमारे पारिवारिक मित्रों की मदद और उत्साहवर्द्धन ने गुपचुप ढंग से मेरे भीतर शैक्षणिक जिज्ञासा जागृत की। प्रोफेसर डी.एन.आर. और प्रोफेसर वी.एस. प्रसाद का मैं विशेष रूप से शुक्रगुजार हूं।

अपनी चारित्रिक दृढ़ता और उत्साही स्वभाव से पूर्णतः शराब–मुक्त हो चुके अपने भाई विजय को मैं धन्यवाद देता हूं। इस किताब के पांचवें अध्याय के लिए मैं उन्हें विशेष रूप से धन्यवाद देता हूं क्योंकि इसका आरंभिक संस्करण हमने साथ मिलकर लिखा था। इस अध्याय के लिए काज़ीपल्ली की उनकी गहन जानकारी अपूरणीय है। उम्मीद करता हूं कि उनसे और भी बहुत–कुछ मिलेगा। अपने सौम्य–सरल तरीकों से मुझे उत्साहित करने और घर पर होने वाली तीखी गर्म बहसों को शांति से बर्दाश्त करने और हम पर भरोसा बनाए रखने के लिए मैं कृष्णा का आभारी हूं। अंततः, मैं अपने माता–पिता के प्रति आभार प्रकट करता हूं जिनके बिना किताब लिखना तनिक भी संभव नहीं था। मेरे जीवन के उतार–चढ़ावों में ये दोनों मेरी ढाल बने रहे और मुझे सहारा दिया, और मैं यह किताब इन दोनों को समर्पित करता हूं।

मैं स्वीकार करता हूं कि इस किताब के कुछ अध्याय पूर्ववर्ती संस्करणों में प्रकाशित हो चुके हैं, परंतु यहां उनमें उल्लेखनीय संशोधन किए गए हैं और अब उन्हें पढ़ना बिल्कुल अलहदा होगा। 'भारत में मानवाधिकार आंदोलनः देश, नागरिक समाज और इनसे आगे' नामक दूसरा अध्याय *कंट्रीब्यूशंस टू इंडियन सोशलॉजी* (अप्रैल 2008) में प्रकाशित हुआ था; तीसरे अध्याय का पूर्ववर्ती संस्करण 'दलित एंड नक्सलाइट मूवमेंट्स इन आंध्र प्रदेशः हिजेमनी ऑर सॉलीडारिटी?' शीर्षक से *इकॉनोमिक एंड पॉलिटिकल वीकली* (दिसंबर 2005) में प्रकाशित हुआ था; पांचवां अध्याय 'राजनीतिक समाज में विधि की विषमताः गैर–नागरिक विकास के निहितार्थ' शीर्षक से (जी. विजय के साथ सहलिखित) *इकॉनोमिक एंड पॉलिटिकल वीकली* (जुलाई 2007) में प्रकाशित हुआ था। मैं इन शोध–पत्रिकाओं का आभारी हूं।

अंततः, मैं सेज पब्लिकेशन्स के कर्मचारियों को धन्यवाद कहना चाहूंगा जिनका व्यवहार मेरे प्रति न सिर्फ पेशेवराना बल्कि सहृदय और मित्रवत रहा और इस कारण मेरा काम अधिक रुचिकर बन गया।

1

नागरिक–समाज से आगे की बात क्यों?

बीसवीं और साथ ही इक्कीसवीं शताब्दी में भी नागरिक–समाज सबसे लोकप्रिय विचार के रूप में उभरा। इसने साधन के रूप में कार्य अभ्यास (प्रैक्टिस) पेश किए और उनके लिए पैरामीटर तय किए; और लोकतंत्र को बचाए रखने व लोकतंत्रीकरण की प्रक्रिया को विस्तारित करने का लक्ष्य प्राप्त करने हेतु साध्य के रूप में कुछ निश्चित मानकीय (नॉर्मेटिव) आदर्श भी स्थापित किए। परंतु, जब कभी नागरिक–समाज इन आदर्शों को साकार करने में असफल रहा, तब उसने अपनी असफलताओं पर येन केन प्रकारेण पर्दा डाल दिया। जब कभी मौजूदा कार्यअभ्यास नाकाम रहे तब इसके अत्यधिक उच्च आदर्शों को इन नाकामियों की वजह माना गया, और जब आदर्श निम्न–स्तरीय पाए गए तब मनमाने ढंग से काम करने के तौर–तरीकों पर व इन कार्यअभ्यासों को निश्चित परिभाषिक दायरों में नहीं बांधे जाने पर दोष मढ़ा गया। परंतु, साधन और साध्य के बीचसही जोड़ नहीं बैठने की इन स्थितियों में, यह उम्मीद कभी नहीं धुंधलाई कि नागरिक–समाज ही आज के दौर में लोकतंत्र और लोकतंत्रीकरण को अर्जित करने का *सबसे वांछनीय* तरीका है और नागरिक–समाज इसे निश्चित ही प्राप्त करेगा। नागरिक–समाज से उम्मीदें अब भी इसलिए बनी हुई हैं क्योंकि यह अपने अंदर सर्वोत्तम समाजवादी आदर्शों और सर्वोत्तम पूंजीवादी साधनों को समेटे होने की चमत्कारिक आस जगाता है और इस तरह फिर से पुनर्जीवित हो उठता है।[1] कर्ता चाहे जो भी हों और वे जिन भी आदर्शों को प्राप्त करना चाहते हों, पर नागरिक–समाज अपनी इस विलक्षण क्षमता का यकीन दिलाता है कि वह उनके अनुसार स्वयं को ढाल लेगा और अपने आदर्शों को पुनर्निर्मित कर लेगा। इससे भी बढ़कर, जब पुनर्निर्मित व पुनर्नवा होने की उम्मीद दिलाने वाली ये परियोजनाएं, बढ़ते असंतोष को रोकने व जनसमुदाय के लिए बेहतर जीवन–स्थितियां निर्मित करने में असफल हो जाती हैं, तो यह फिर से अपनी जमीन बदल लेता है और स्वयं को एक ऐसे तटस्थ क्षेत्र के रूप में पेश करता है जहां शासक और शासित, पूंजी और मजदूर न सिर्फ शांतिपूर्ण सहअस्तित्व बनाए रख सकते हैं, बल्कि नागरिक–समाज के जरिए अपने–अपने उद्देश्यों के समान रूप से पूरा होने का दावा भी कर सकते हैं, फिर चाहे उनके ये उद्देश्य जो भी हों।

नागरिक–समाज की 'सफलता' की यह दास्तान लोकतंत्रीकरण की प्रक्रियाओं को साकार नहीं कर रही है और इसके बावजूद यह हमारी सबसे दिलकश उम्मीद बनी हुई है और संभवतः यह अपने आप में इस अवधारणा के जरूरत से ज्यादा लचीला होने का मजाक उड़ाती है। हालांकि, जरूरत से ज्यादा लचीला होने को अक्सर इसकी लोकतांत्रिक संभावना की निशानी के रूप में देखा जाता है, लेकिन शायद इसका जरूरत से ज्यादा लचीला होना लोकतांत्रिकता का ही नतीजा है। और इन बातों से यह अधिकाधिक दिखने और महसूस होने लगा है कि मानो हम सब एकसाथ 'राजनीतिक रूप से भ्रमित करने वाले कालखंड'

में जी रहे हैं। इसलिए, नागरिक–समाज के अध्येता व टीकाकार स्वयं अपनी आलोचना, हताशा व अधैर्य के बावजूद, अक्सर नागरिक–समाज पर नए सिरे से अपनी आस्था कायम रखने का रास्ता तलाशते हुए और इसका मृत्युलेख लिखने से कतराते हुए नजर आते हैं। उन्होंने नागरिक–समाज में शक्ति की गतिकी (पावर डायनामिक्स), दमन–उत्पीड़न और संरचनात्मक (स्ट्रक्चरल) असमानताओं के भरे होने के संबंध में बेहद कड़वे व तीखे तर्क भी सिर्फ इसलिए दिए हैं ताकि वे पलटकर इन्हीं तर्कों के सहारे नागरिक–समाज के उस जोशीले पक्ष (विचार–विमर्श की प्रक्रियाओं में व्यक्त होने वाले) को दिखा सकें जिसके कारण नागरिक–समाज को ऐसे कठिन माहौल में काम करने की शक्ति मिलती है। नागरिक–समाज की सीमाओं के प्रति आलोचनात्मक रुख रखने वाले अध्येता जोश के साथ यह कहे जा रहे हैं कि वे 'नागरिक–समाज के मिथ्या–दंभ' का पर्दाफाश '...इसलिए नहीं करते क्योंकि वे इस अवधारणा को खारिज करना चाहते हैं बल्कि इसके ठीक उलट कारण से वे ऐसा करते हैं क्योंकि वे इसे बहुमूल्य मानते हैं' (चंडोक 2003: 30)। आजकल अधिकांश अध्येता (अतीत में घटित) तथ्यों की मनमुताबिक काट–छांटकरने लगे हैं और उन्होंने इनमें अपने लिए एक सुरक्षित कोना ढूंढ लिया है जहां उन्होंने विकल्पों की तलाश करने के बजाय आलोचना का ही त्याग कर दिया है। वे कहते हैं – हम उस अवधारणा का त्याग क्यों करें जिसकी लोकतांत्रिक भावना का ही प्रमाण इस बात में है कि यह अपने सबसे कटु आलोचकों का भी स्वागत करती है? और, जो अवधारणा लोकतंत्रीकरण का लक्ष्य पाने के लिए लोकतंत्र की बलि नहीं चढ़ाती बल्कि साधन व साध्य के आपसी समीकरण में निरंतर फेर–बदल करके शक्ति अर्जित करती है भला उसका त्याग हम क्यों करें?

यह प्रतीत होता है कि अपने चौखटे से बाहर निकलने से 'इंकार' करने का आंशिक कारण इस बात में नहीं है कि अध्येताओं द्वारा नागरिक–समाज की कोई आलोचना नहीं की गई या इससे बाहर निकलने की पुष्टि नहीं की गई है, बल्कि इसका कारण इस बात में निहित है कि वे नागरिक–समाज के विकल्प की साफ–स्पष्ट कल्पना ही नहीं कर सके। विकल्प की कल्पना करने और इसके परिणामों का प्रतिचित्रण (मैपिंग) करने की यह असमर्थता अमंगलकारी है, खासकर उस 'जोखिम समाज' में जिसमें हम सब रहे हैं और जो अल्रिक बेक के अनुसार सामान्य अनिश्चितताओं से भरा हुआ है। इसलिए जाने–पहचाने के साथ जीना ज्यादा समझदारी भरा लगता है (यानी जिस तरीके से हम आजादियों को 'जानते' और समझते हैं), भले ही इसका अर्थ किसी भी रैडिकल बदलाव को स्वीकार नहीं करना हो और भले ही इसका अर्थ लोकतंत्रीकरण की प्रक्रियाओं पर बेहद कमजोर कर देने वाली पाबंदियां लगा देना हो। 'वर्तमान के बंजारे' के तौर पर रहना अगर हमारी मजबूरी बन जाए, तो ऐसे में अज्ञात का पूर्वानुमान लगानेके मुकाबले अज्ञात से 'बेखबर' रहना ज्यादा सुकून देने वाला होता है। लोकतंत्र *पर* और लोकतंत्र *में* 'पूर्वानुमेय–अपूर्वानुमेय होने की दुविधा' का जो ठप्पा लग चुका है, ऐसे में नागरिक–समाज सीमित अराजकता के क्षेत्र के रूप में या अपूर्वानुमानित का (गलत) पूर्वानुमान लगाने वाले क्षेत्र के रूप में सामने आया है।[2] इसलिए, हालांकि, नागरिक–समाज के दायरों के अंदर लोकतंत्रीकरण की प्रक्रियाओं की सीमाएं तय करने में, रचनात्मक प्रयोगों (जिनका सर्वोत्तम प्रतिनिधित्व समसामयिक राजनीतिक आंदोलन करते हैं) की कोई कमी नहीं है, परंतु इन रचनात्मक प्रयोगों को बेचैनी के साथ इस तरह व्याख्यायित करने के प्रयास किए जा रहे हैं ताकि ये रचनात्मक प्रयोग नागरिक–समाज की सुरक्षित शरणस्थली बन जाएं और ये नागरिक–समाज की ही जानी–पहचानी श्रेणियों के तौर पर नजर आएं और इस तरह नागरिक–समाज को इन रचनात्मक प्रयोगों के मुताबिक

नए रूपों में ढाला जा सके। और ये बेचैनी भरी कोशिशें नागरिक–समाज को अपूर्वानुमेयता (यानी, 'अब–तक–अज्ञात') की असहजता से उबारने के लिए है। जैसा कि नागरिक–समाज पर हालिया अध्येता नीरा चंडोक उम्मीद के साथ टिप्पणी करती हैं:

> यह कह चुकने के बाद, मैं यह भी बताना चाहती हूं कि सामाजिक आंदोलनों के जरिए नागरिक–समाज के दायरे को विस्तारित और परिवर्तित भी किया जा सकता है। नागरिक–समाज सिद्धांततः जो वायदे करता है – पराधीनता से आजादी, आत्म–उपलब्धि अर्जित करने की आजादी, स्वयं को अभिव्यक्त करनेकी आजादी– उन्हें पूरा करने की मांग करते हुए ये सामाजिक आंदोलन ऐसा कर सकते हैं। परंतु इसका अर्थ होगा कि नागरिक–समाज में अपने निवासियों की आत्मसिद्धि हेतु *संभावना का अभाव* है। नागरिक–समाज को ऐसी परियोजना बताना हकीकत से कोसों दूर है जिसके द्वारा व्यक्ति कार्य–संलग्नता, संघर्ष व अभिपुष्टि के माध्यम से अपने स्व को प्राप्त कर सकते हैं। (पूर्वोक्तः 27–28)

चंडोक कहती हैं कि राजनीतिक आंदोलन 'नागरिक–समाज के दायरे को विस्तारित और परिवर्तित' कर सकते हैं और इस बात पर जोर डालती हैं कि 'संभावना का अभाव' है और पुनः यह पुष्टि करती हैं कि 'व्यक्ति अपने स्व को प्राप्त कर सकते हैं', जबकि ठीक इन्हीं बातों पर इस किताब में प्रश्न उठाए गए हैं और उनकी पड़ताल की गई है। इन बातों के ठीक उलट, यहां पेश किए गए तर्क बताते हैं कि नागरिक–समाज की सीमाओं के अंदर और नागरिक–समाज के तरह–तरह के कार्यअभ्यासों, संस्थाओं व विचारों के माध्यम से संरचित शक्ति संबंधों (शासकों का शासितों के साथ, पूंजी का श्रमिकों के साथ, विभिन्न सामाजिक पदसोपानक्रम या सोशल हाइरैरकीज का आपस में, जिनमें जाति और लिंग के पदसोपानक्रम शामिल हैं) को तय करना एक असंभव स्थिति है। इस किताब में यह तर्क भी दिए जाएंगेकि दो घनिष्ठ रूप से जुड़ी प्रक्रियाओं के कारण इस असंभव स्थिति ('पराधीनता से आजादी, आत्म–उपलब्धि अर्जित करने की आजादी, स्वयं को अभिव्यक्त करने की आजादी' को पाने की असंभव स्थिति) को गढ़ा गया है।

एक स्तर पर, नागरिक–समाज के विभिन्न कार्यअभ्यास (जिनमें संविधानवाद, नागरिकता, वैधता, अधिकार, स्वायत्त मध्यस्थताकारी संस्थान, स्वैच्छिक भावना, विविधता, सांस्कृतिक बहुलता, धर्मनिरपेक्ष–संबंधी मूल्य आदि कुछ शामिल हैं) इस ढंग से आपस में ताल–मेल करते हैं और एक–दूसरे को प्रभावित करते हैं कि वे मुक्त स्थानों (फ्री स्पेस) को *उन्नतशील व संचयी रूप से* विस्तारित करने का काम (जैसा कि नागरिक–समाज के अध्येताओं द्वारा दावा किया गया है) नहीं कर सकते हैं। और, असल में, ये 'अंतर्विरोधों' की पूर्ण स्पष्टता को परिसीमित व विनियमित करते हैं और इन पर प्रतिबंध लगाते हैं और इस तरह इन्हें 'अवरुद्ध द्वंद्वात्मक पद्धति' (ब्लॉक्ड डायलेक्टिक्स) की दिशा में ले जाते हैं। जैसा कि ग्राम्शी ने बताया था, 'अवरुद्ध द्वंद्वात्मक पद्धति' एक ऐसी स्थिति है जहां एंटी–थीसिस (इस मामले में समसामयिक राजनीति आंदोलन) किसी प्रतिनियुक्त (सरोगेट) अथवा मिथ्या सिंथेसिस की रचना करने हेतु स्वयं को विनियोजित (इस्तेमाल) करता है (ग्राम्शी 1971)। चंडोक के अनुसार नागरिक–समाज के कार्यअभ्यासों की बहुलता और उनके *बीच* के तनाव स्वयं को *'नागरिक–समाज की अस्पष्टताओं'* के रूप में अभिव्यक्त करते हैं, जबकि कार्यअभ्यासों की बहुलता और उनके *बीच* के तनाव प्रभुत्वशील शक्ति संबंधों के समक्ष तटस्थ रहने के अर्थ में प्रासंगिक या आवश्यक नहीं हैं बल्कि इनसे यह स्थापित होता है कि वे (यानी, कार्यअभ्यासों की बहुलता और उनके *बीच* के तनाव) लोकतंत्र व लोकतंत्रीकरण के नाम पर जिन प्रक्रियाओं

का शुभारंभ करते प्रतीत होते हैं वह प्रक्रियाएं, प्रभुत्वशील व संरचित शक्ति संबंधों को सक्रिय रूप से दोहराने व पुनरुत्पादित करने में, वर्चस्वकारी हो जाती हैं। इसलिए यह तर्क दिया जाता है कि *अस्पष्टताएं ही नागरिक–समाज में शक्ति के तौर–तरीके हैं* और शक्ति संबंधों (आर्थिक, राजनीतिक व सांस्कृतिक) को पुनरुत्पादित करने में नागरिक–समाज के असंबद्ध या अलग–अलग दिखने वाले कार्यअभ्यासएक–दूसरे को *प्रतिच्छेदित* (सुदृढ़ीकृत) करते हैं। दूसरे शब्दों में, जिन्हें 'नागरिक–समाज की अस्पष्टताओं' के रूप में दिखाया गया है, वे न तो अनिश्चित हैं, न तटस्थ, और न ही वे पारस्परिक या उन्नतशील ढंग से एक–दूसरे के अतिरिकों/लोकतांत्रिक अतिक्रमणों को रोकते हैं। बल्कि 'नागरिक–समाज की ये अस्पष्टताएं' लोकतांत्रिक स्पेस को घनीभूत करके (विरोध करने वाले आंदोलनों के लिए अनन्य रूप से नहीं वरन आवश्यक रूप से) *प्रतिच्छेदन के बिंदु* प्रदान करते हैं (और ये नोडल बिंदु शक्ति संबंधों को पुनरुत्पादित, दोहराते और सुदृढ़ीकृत करते हैं)।

दूसरे स्तर पर, यह कहा जाता है कि राज्य, बाजार और नागरिक–समाज के स्पष्ट रूप से स्वायत्त क्षेत्रों या दायरों के बीच *सम्मिलन* के संदर्भ में, मुक्त स्थानों (फ्री स्पेस) को बनाने में ऊपर वर्णित अस्पष्टताओं की उन्नतशील व संचयी 'दिशा' का अभाव या अनुपस्थिति अर्थपूर्ण है और हो सकती है। यहां फिर से, व्यापक समाज में संरचित शक्ति संबंधों के एकत्रीकरण और संघनन के संदर्भ में, *क्षेत्रों की स्वायत्तता या अलगाव शक्ति व शक्ति संबंधों का ही एक तौर–तरीका है*। दूसरे शब्दों में, राज्य व बाजार में प्रभुत्वकारी हितों से स्वायत्त होने के नागरिक–समाज के *दावे*, ऐसे हितों को अधिकाधिक करीब लाते हैं (दोहराव व पुनरुत्पादन के अर्थ में)। इस प्रकार, नागरिक–समाज की अथवा इसके अंदर स्थित अस्पष्टताएं, और विभिन्न क्षेत्रों के बीच कथित स्वायत्तता या अलगावएक समग्र तर्क के रूप में (शक्ति संबंधों को पुनरुत्पादित करने की प्रक्रिया के लिए आवश्यकता और अनिवार्यता के रूप में) काम करते हैं या सामने आतेहैं। और इसीलिए (मौजूदा शक्ति समीकरणों के प्रति तटस्थ होने के अर्थ में) 'नागरिक–समाज कीअस्पष्टताएं' और अन्य क्षेत्रों से नागरिक–समाज के अलगाव के तर्क के परिणाम ठीक उस तरह से संयोगवश अथवा मनमुआफिक व्याख्या करने योग्य वाले नहीं हैं जैसे कि नागरिक–समाज के अध्येताओं और सिद्धांतकारों द्वारा अक्सर बताए जाते हैं। नतीजतन, इससे सिद्ध होता है कि एक तटस्थ क्षेत्र के रूप में और एक सर्व–सहमति वाली अवधारणा के रूप में नागरिक–समाज के उद्भव की बात झूठी है।

शक्ति संबंधों की संघटनात्मक प्रकृति को अक्सर 'नागरिक–समाज की अस्पष्टताओं' में धुंधला बना दिया जाता है ताकि यह कहा जा सके कि यह संयोगवश है अथवा इसकी मनमुआफिक व्याख्या की जा सके। आगे चलकर इसे ऐसा ही (संयोगवश अथवा मनमुआफिक व्याख्या करने योग्य) बना दिया गया और ऐसा इसलिए हो पाया क्योंकि इसके विभिन्न कार्यअभ्यासों (कानूनी, नैतिक, साहचर्यात्मक और संस्थानिक) का अध्ययन या तो स्वतंत्र और असंबंधित रूप में किया गया, या फिर यदि संबंधित रूप में किया गया तो स्वतंत्रताओं को विस्तारित करने में आवश्यकीय रूप से पूरक अंग के तौर पर किया गया। और ऐसा करते हुए यदि कार्यअभ्यासों को इस रूप में नहीं देखा गया कि ये हमेशा सक्रिय रूप से एक–दूसरे को सुदृढ़ करते हैं, तो भी इन कार्यअभ्यासों को ऐसे देखा गया कि ये निश्चित तौर पर लोकतंत्र व लोकतंत्रीकरण की लय–ताल उत्पन्न करने के लिए अनिवार्य 'नियंत्रणों व संतुलनों' को निष्क्रिय रूप से बनाए रखते हैं। डेविड बीथम 'लिबरल डेमोक्रेसी एंड लिमिट्स ऑफ डेमोक्रेटाइज़ेशन' नामक अपने लेख में ठीक इसी बिंदु की पुष्टि करते हैं कि लोकतंत्रीकरण को प्राप्त करने हेतु (जिसका अर्थ मुख्यतः ढांचागत असमानताओं से संबंधित

अन्यायों से उबरना है) कुछ सीमाएं आवश्यक हैं ताकि अन्य चीज़ों के अतिरिक्त लोकतंत्र के बुनियादी ढांचे, प्रतिनिधित्वकारी प्रक्रियाओं, विशेषाधिकार देने वाले व्यक्तिगत अधिकार और स्वायत्तता को कायम रखा जा सके और इसलिए, उनके अनुसार, उदारवादी लोकतंत्र आवश्यक रूप से एक 'विरोधाभासी मेल' (पैराडॉक्सिकल कंजक्शन) है (बीथम 1993)। इसी प्रकार, नागरिक–समाज के संदर्भ में, यह कल्पना की गई है कि नागरिक–समाज के विभिन्न कार्यअभ्यासों, संस्थाओं और प्रक्रियाओं *के* और *उनके बीच के* अभिन्न अंग के रूप में, सीमाओं और तनावों को संचयी रूप से अच्छा, बराबरी का और प्रतिसंतुलनकारी बनाया गया है, और इस प्रकार यह माना गया है कि वे स्वयं अपना 'प्रति–वर्चस्वकारी' विमर्श और राजनीति भी उत्पन्न करेंगे। स्वयं अपनी प्रति–वर्चस्वकारी (काउंटर–हेजेमोनिक) प्रक्रियाएं उत्पन्न करने की यह क्षमता ही लोकतंत्रीकरण पर आरोपित सीमाओं के लिए जवाबदेह है और यह स्वयं ही इन सीमाओं को आरोपित करती है। इसीलिए, यह दावा किया जाता है कि धीरे–धीरे ये मुक्त क्षेत्रों (फ्री स्पेस) को खोलती हैं जिससे प्रभुत्वकारी शक्ति संबंधों के विरुद्ध संघर्षरत सामाजिक कारक इन पर कब्जा जमा सकते हैं।

परंतु, यदि हमें इन कार्यअभ्यासों और संस्थानों (जो नागरिक–समाज में ही विशेषाधिकृत हैं) के ठोस और सक्रिय आयामों में इनके पारस्परिक अंतर्संबंध की पड़ताल करनी होती और भारत में रैडिकल–जनवादी राजनीतिक आंदोलनों के लिए ऐसे किसी *प्रतिच्छेदन* के परिणामों का अध्ययन करना होता, तब कहानी शायद एकदम ही अलग होती। *भारत में राजनीतिक आंदोलनों पर विचार करते हुए* यह कहा जा सकता है कि नागरिक–समाज की निरंतर बढ़ती *संघटनात्मक अस्पष्टताओं*ने कार्यअभ्यासों को इस ढंग से *एक–दूसरे से अंतर्संबंधित* किया है कि ये व्यापक समाज में मौजूद (साथ ही राज्य और बाजार में मौजूद) ढांचागत व्यवस्थाओं की पुनःपुष्टिं करते हैं और इन्हें सुदृढ़ीकृत करते हैं। ये अस्पष्टताएं मुक्त स्थानों (फ्री स्पेस) को कम देखती और पैदा करती हैं और प्रभुत्वकारी ढांचों के लिए मनबहलाव ज्यादा मुहैया कराती हैं ताकि जो इसके बंधनों से छूट निकलने का प्रयास करें उन्हें अनुशासित किया जा सके। नागरिक–समाज का अध्ययन सिर्फ और सिर्फ सिद्धांत में अथवा इसके द्वारा पैरवी किए जाने वाले आदर्शों के जरिए ही नहीं किया गया, बल्कि नागरिक–समाज का अध्ययन राजनीतिक आंदोलनों के साथ इसकी 'वास्तविक–ठोस' अंतक्रिया में किया गया है और इन आंदोलनों ने (खासकर पिछले तीन दशकों में) शक्ति संबंधों के साथ जिस तरह से समझौता करने, संलग्न रहने और इन्हें परिवर्तित करने का प्रयास किया है उसके साथ इसकी 'वास्तविक–ठोस' अंतक्रिया में भी किया गया है। इससे हमें यह जानने–समझने का मौका मिलता है कि नागरिक–समाज के कार्यअभ्यास किस तरीके से बार–बार इस प्रक्रिया को खारिज करने और हटाने का काम करते हैं। इससे हमें 'इतिहास के नाटक' का पुनः लेखन करने का अवसर मिला है जिससे शायद इसके अंत की घोषणा करने की प्रक्रिया में मददमिल सके। इसलिए यह सिद्धांत और व्यवहार के बीच चूक का मसला नहीं है जिसे दोनों में से किसी में संशोधन करके ठीक किया जा सकता है, बल्कि यह इन दोनों के बीच सही जोड़ बैठने का मसला है जो नागरिक–समाज को शक्ति और प्रभुत्व का एक दुर्जेय क्षेत्र बनाता है और इस शक्तिशाली नागरिक–समाज की गतिकी उन राजनीतिक अभिव्यक्तियों को सीमित करने, दबाने और धकिया निकालने में देखा जा सकता है जिन्होंने मौलिक न्याय का बेहतर वायदा करने वाले कार्यअभ्यासों व आदर्शों के एक वैकल्पिक समुच्चय का आह्वान करने का प्रयास किया है। इन राजनीतिक अभिव्यक्तियों ने मौलिक न्याय का यह बेहतर वायदा 'पुनर्वितरण, मान्यता और प्रतिनिधित्व'

की अंतर्संबंधित प्रक्रियाओं के जरिए अपने आर्थिक, सांस्कृतिक और राजनीतिक आयामों में शक्ति संबंधों से उबरने के अर्थ में किया है। दूसरे शब्दों में, अच्छी तरह से समझने के लिए हमें नागरिक–समाज को इसके अंधकारमय पक्ष के जरिए देखने की आवश्यकता है, और इस प्रक्रिया में यह देखने की आवश्यकता है कि इस क्षेत्र की सीमाओं के अंदर वास्तव में क्या संभव है।

नागरिक–समाज के साथ राजनीतिक आंदोलनों के टकरावों और नागरिक–समाज की जायज (नागरिक) सीमाओं के साथ बुनियादी टकराव की स्थिति में आ सकने वाले नए कार्यअभ्यासों को तलाशने के उनके प्रयासों को देखने में भारतीय अध्येताओं से अक्सर चूक हुई है। यह चूक इसलिए भी महत्वपूर्ण है क्योंकि राजनीतिक आंदोलनों को नागरिक–समाज की खिलाफत करने वालों के रूप में नहीं, बल्कि इसका प्रतिनिधित्व करने वाला माना जाता है। हालांकि यह सच है कि नागरिक–समाज उन्हें संगठित होने का स्थान और अपने साथ कार्यअभ्यास करने का मौका, अस्तित्वमान रखने के लिए संस्थान और अर्जित करने के लिए आदर्श प्रदान करता है, परंतु यह भी सच है कि राजनीतिक आंदोलन नागरिक–समाज के प्रभुत्वकारी एवं और सर्वाधिक वैध कार्यअभ्यासों के साथ टकराव की एक ऐसी स्थिति में पहुंच गए हैं जहां से पीछे लौटना संभव नहीं है। इस टकराव की प्रकृति नागरिक–समाज *के अंदर* नहीं, वरन *उसके साथ* है, क्योंकि तनाव महज नागरिक–समाज के विभिन्न कार्यअभ्यासों के बीच अंतक्रिया के द्वारा या इनके जरिए ही पैदा नहीं होता है बल्कि यह तनाव इसके कई कार्यअभ्यासों के *प्रतिच्छेदन बिंदु* पर पैदा होता है। बिडंबना यह है कि यह प्रतिच्छेदन नागरिक–समाज की खुद की अस्पष्टताओं में और उनके ही जरिए निर्मित होता है। इन अस्पष्टताओं से मनमुआफिक और निरंतर विस्तारशील मुक्त क्षेत्रों (फ्री स्पेस) का निर्माण करनामुश्किल है, बल्कि ये अस्पष्टताएं राजनीतिक आंदोलनों के इर्द–गिर्द घनीभूत होती हैं ताकि उनके राजनीतिक कार्य को यदि निलंबित नहीं कर सके तो उन्हें अवरुद्ध कर दें। इसलिए यहां पर यह तर्क प्रस्तुत करने का प्रयास किया गया है कि*संघटक अस्पष्टताएं* शक्ति को संरचित करने और नागरिक–समाज में इनके काम करने का एक तरीका हैं, और ये राजनीतिक आंदोलनों को आगे बढ़ाने के लिए मुक्त क्षेत्रों (फ्री स्पेस) का प्रतिनिधित्व नहीं करती हैं। हालांकि इन्होंने प्रभुत्वकारी ढांचों और कारकों को अपरिहार्य रूप से मनबहलाव का एक साधन दिया है, परंतु उन्होंने प्रधानतः 'संघर्ष की द्वंद्वात्मक पद्धति' को अवरुद्ध किया है।

अस्पष्टता और प्रतिच्छेद

आखिरकार नागरिक–समाज की ये *संघटक अस्पष्टताएं* क्या हैं और इन्होंने शक्ति संबंधों को संगठित करने व इनका प्रतिरोध करने में राजनीतिक आंदोलनों के लिए 'लोकतांत्रिक स्पेस' तैयार करने वाले बढ़ते व वृद्धिमान *प्रतिच्छेदन के बिंदुओं* को किस तरह शामिल किया है? ये *प्रतिच्छेदन के बिंदु* राज्य, बाजार और नागरिक–समाज के बीच सम्मिलन की व्यापक प्रक्रिया के साथ किस तरह जुड़ते हैं? चूंकि नागरिक–समाज के दायरे में कार्यअभ्यासों, संस्थानों, प्रक्रियाओं और आदर्शों की एक व्यापक श्रृंखला को शामिल किया गया है (संभवतः यह भी एक कारण है कि हम इसके संरचित प्राचलनों के प्रति अनजान क्यों बने रहे), इसलिए मैं यहां पर, और साथ ही किताब के अन्य अध्यायों के दौरान भी, उन अस्पष्टताओं और विभिन्न

क्षेत्रों के बीच होने वाले आगामी सम्मिलनों के साथ उनके जुड़ावों को तलाशने व उन पर ध्यान केंद्रित करने का प्रयास करूंगा जिनका विरोध भारत के राजनीतिक आंदोलनों ने किया है और इस जांच–पड़ताल का प्रयास उनके उभरते विमर्श और राजनीति के सूक्ष्म अध्ययन के जरिये किया जाएगा।[3]

मैं भारत में हुए इस तरह के पांच समसामयिक राजनीतिक आंदोलनों पर ध्यान केंद्रित करूंगाः मानवाधिकार, दलित, नक्सल एवं स्त्रीवादी आंदोलन, और प्रदूषण व औद्योगीकरण के विरुद्ध जन्म लेते उभार।[4] मेरे द्वारा प्रस्तुत तर्कों के अनुसार, ये आंदोलन इसलिए उल्लेखनीय हैं क्योंकि ये न सिर्फ नागरिक–समाज के प्रभुत्वकारी क्षेत्र के साथ सतत तनाव की स्थिति में रहे हैं बल्कि साथ ही अपने संघर्षों के दौरान इन्होंने एक नई शब्दावली या राजनीति को भी जन्म दिया है जिसे 'नागरिक–समाज के बाद या से आगे' या *उत्तर–नागरिक–समाज* कहा जाता है। इन राजनीतिक आंदोलनों के प्रक्षेप–पथों (ट्रैजेक्टरीज) के निर्माण के दौर में, हमें यह पता चलता है कि ये कार्यअभ्यास, विचार और संस्थाएं (आवश्यक तनाव में और परिणामतः एक–दूसरे के साथ अस्पष्ट संबंध के रूप में अभिव्यक्त होने में) एक–दूसरे को निरस्त करने के माध्यम से ठोस रूप ग्रहण करती हैं और फलस्वरूप कार्यअभ्यासों के तौर पर 'ठोस–वास्तविक' में पुनः विलीन होने वाली लोकतंत्र व लोकतंत्रीकरण की उनकी संभावना (जिस संभावना की उनमेंहोने की बात कही जाती है) उन आदर्शों व लक्ष्यों कोप्रभावी ढंग से अवरुद्ध करती है जिन आदर्शों व लक्ष्यों की रैडिकल–जनवादी राजनीतिक आंदोलन सहायता करते हैं। इन कार्यअभ्यासों का एक प्रभाव पड़ता है और वह प्रभाव इन कार्यअभ्यासों द्वारा जगाई जाने वाली उम्मीदों से अलग होता है, ऐसा इसलिए क्योंकि ये कार्यअभ्यास शून्य या निर्वात में प्रचालित नहीं होते बल्कि नागरिक–समाज के अंदर मौजूद अन्य कार्यअभ्यासों से, और साथ ही राज्य व बाजार में मौजूद कार्यअभ्यासों से भी, संबंधित होते हैं और इस अंतक्रिया के दौरान इन कार्यअभ्यासों के अर्थ व कार्यक्षेत्र में उल्लेखनीय बदलाव आते हैं।

नागरिक–समाज के सिद्धांतों ने सिर्फ कार्यअभ्यासों की विवादास्पद प्रकृति को ही स्वीकार किया है, परंतु इस भारी संभावना को ध्यान में नहीं रखा कि यह विवाद 'हमेशा निश्चित ही' प्रभुत्वकारी शक्ति समीकरणों के पक्ष में एक झुकाव, एक असंतुलन पैदा करता है; परंतु इसके बावजूद इन्होंने यह उम्मीद, यह आस बनाये रखी है कि यह विवाद नागरिक–समाज को पक्षपात–रहित और खुला बनाए रखेगा ताकि विरोधपरक राजनीति के उद्देश्यों के लिए इसे पुनर्निर्मित और संगठित किया जा सके। यही वजह है कि नागरिक–समाज का सिद्धांत और मानकीय (नॉर्मेटिव) आदर्श भी उस मृग–मरीचिका का निर्माण करते हैं जिसके जरिए इसके कार्यअभ्यास कारगर हो सकें और अपनी वैधता अर्जित कर सकें और नागरिक–समाज की ठोस नाकामियों से किनारा कर सकें और अपना पिंड छुड़ा सकें। इसलिए, 'नागरिक–समाज सिद्धांततः जो वायदे करता है उन्हें पूरा करने की मांग' महज कोल्हू के बैल की सी कवायद के लिए रास्ता बनाती है जो एक तरफ विरोधमूलक राजनीति को अपने चक्कर में फंसाता है और दूसरी तरफ नागरिक–समाज की बार–बार की नाकामियों के बावजूद इसे वैध व मूर्त रूप प्रदान करता है। नागरिक–समाज की सहूलियत वाली नजर से नहीं, वरन राजनीतिक आंदोलनों के ठोस प्रक्षेप–पथों (ट्रैजेक्टरीज) के जरिए हम इसकी पर्याप्त पड़ताल कर सकते हैं। ये राजनीतिक आंदोलन भले ही कमजोर हों परंतु अपनी चौखट लांघकर प्रयोग करने की संभावनाओं से कतराने वाले नहीं हैं और साथ ही ये सत्ता–शक्ति की राह तैयार करने वाले नागरिक–समाज के कार्यअभ्यासों और आदर्शों की आरामगाह में वापस लौटने वाले नहीं हैं।

शुरुआत करते हुए, मानवाधिकार आंदोलनों वाले दूसरे अध्याय में, हमने नागरिक–समाज और राज्य के बीच के संबंध की संघटक अस्पष्टता को रेखांकित किया है। आधुनिक लोकतंत्रों में नागरिक–समाज को 'एक ही समय पर' राज्य के अधिकार–क्षेत्र से स्वतंत्र एवं अलग क्षेत्र के रूप में अवधारणाबद्ध किया गया है, और साथ ही राज्य के साथ नाभिनालबद्ध क्षेत्र के रूप में व सिर्फ (संवैधानिक–लोकतांत्रिक) राज्य के संबंध में ही संभव क्षेत्र माना गया है। इसलिए, एकसाथ ही यह दावा किया जाता है कि 'राज्य के रूप के बिना आजादी नहीं हो सकती है', और मौलिक नागरिक–समाज वह है जो राज्य से 'बाहर' हो। लॉक के लिए, राज्य से इतर नागरिक–समाज का अपना पृथक अस्तित्व नहीं था; स्थायी कानून, निष्पक्ष न्यायाधीश और कारगर प्रवर्तन के लिए राज्य को दी गई दमनकारी शक्तियों के स्थायी समुच्चय के कारण यह अस्तित्व में आया। जॉन लॉक के शब्दों में, 'इसलिए जहां कहीं भी अनेक लोग एक समाज के रूप में इस प्रकार एकजुट हुए, कि प्राकृतिक कानून की कार्यकारी शक्ति से सभी लोगों को महरूम करके और इसे जन–समुदाय के सुपुर्द कर दिया गया, वहीं और सिर्फ वहीं राजनीतिक या नागरिक–समाज अस्तित्व में आया' (लॉक 2002: 1690, 325)। उस वक्त, लॉक के लिए, राज्य और नागरिक–समाज के बीच कोई कारगर अंतर (उनकी उत्पत्ति और उद्देश्य के संदर्भ में) मौजूद नहीं था।

अठारहवीं शताब्दी के अंत तक, नागरिक–समाज की प्रबोधनकारी अवधारणा ने, राज्य से स्वतंत्र रूप में, अर्थव्यवस्था, वाणिज्य और विज्ञान के एक दायरे को चिह्नित किया।[5] परंतु, आधुनिक लोकतंत्रों में, एक स्वतंत्र अधिकार–क्षेत्र के रूप में नागरिक–समाज के विचार ने वाणिज्यिक लेन–देन करने के उद्देश्यों से इतर विभिन्न रूप ग्रहण किए हैं। उदाहरण के लिए, उत्तर–औपनिवेशिक संदर्भों में, इसने नागरिक–समाज की धर्मनिरपेक्ष–उदार और धार्मिक–सांप्रदायिक अवधारणाओं के बीच एक अंतर स्थापित किया है। 'पहले ने स्वैच्छिक नागरिक संगठनों (राजनीतिक दलों, कामगार संघों, दबाव समूहों, आदि) की कानूनी मान्यता को स्थापित किया। दूसरे ने "नागरिक–समाज" की हदबंदी कार्यअभ्यासों व गतिविधियों के एक ऐसे क्षेत्र के रूप में की जिस पर "कानूनी–संवैधानिक राज्य" का नियंत्रण नहीं था...' (कविराज और खिलनानी 2002: 30)। नागरिक–समाज का एक और संस्करण एक स्वतंत्र क्षेत्र के रूप में सामने आया (विवादपूर्ण शक्ति संबंधों से स्वतंत्र जो सिर्फ राज्य और बाजार में मौजूद बताए जाते हैं) जिसे समसामयिक नव–उदारवादी सुधारों द्वारा सामने लाया गया। चंडोक कहती हैं कि 'नव–उदारवादी एजेंडा के अंग के तौर पर, नागरिक–समाज से इसकी अस्पष्टताएं, इसके अंधकारमय क्षेत्र, और इसके उत्पीड़नों को निष्ठुरतापूर्वक और जान–बूझकर छीन लिया गया, और हमारे सामने एकजुटता, स्वयं–सहायता और सद्भाव का एक क्षेत्र पेश किया गया' (चंडोक 2003: 9–10)। ऊपर बताए गए के अनुसार, यह उल्लेखनीय है कि आधुनिक लोकतंत्रों में नागरिक–समाज के ये संस्करण (जो आश्रित हैं और राज्य द्वारा निर्मित हैं और जो इससे स्वतंत्र हैं) एक ही समय पर स्वयं घनिष्ठ अंतर्संबंध और परस्पर प्रभाव के साथ कार्य करते हैं।

एक ही समय पर काम करते हुए वे इस प्रकार से पुनः उभरते हैं (घनीभूत होते हैं) जो मूल कल्पना के उलट है। नागरिक–समाज की कल्पना में इसे आजादी को विस्तारित करने में (राज्य से स्वतंत्र और बाहर होने में) समर्थ माना गया है और राज्य से नागरिक–समाज के अंदर शक्ति संबंधों के खिलाफ विनियम और विधान बनाने की (अपनी संवैधानिक–लोकतांत्रिक दृष्टि के जरिए काम करने में) अपेक्षा की जाती है। परंतु, नागरिक–समाज की इन दो कल्पनाओं या संस्करणों के बीच अनपेक्षित अंतर्संबंध में, एक तरफ एक स्वतंत्र क्षेत्र के रूप

में नागरिक–समाज की कल्पना नागरिक–समाज में 'अंधकारमय क्षेत्रों व उत्पीड़नों' को विनियमित करने में एक संवैधानिक–लोकतांत्रिक राज्य की क्षमताओं को कुंद करती है, और दूसरी तरफ संवैधानिक रूप से विवश नागरिक–समाज का आदर्श स्वतंत्र व कारगर स्पेस की खोज करने की प्रक्रिया को और विरोधमूलक राजनीति के लिए उपकरणों को बाधित करता है। इस प्रकार, 'अधिकारों पर आधारित नागरिक–समाज' के तौर पर न्याय को मूर्त रूप देने के एक क्षेत्र के रूप में या फिर विरोधमूलक राजनीति हेतु एक कारगर क्षेत्र के रूप में नागरिक–समाज के उभरने में हुई नाकामी उस प्रक्रिया से जुड़ी है जहां नागरिक–समाज का संवैधानिक–लोकतांत्रिक संस्करण विरोधमूलक राजनीति को बांधता है, जबकि एक स्वतंत्र क्षेत्र के रूप में नागरिक–समाज का स्वतंत्र संस्करण स्वयं अपने अंधकारमय पक्षों की पड़ताल करने में नाकाम रहता है।[6] इस प्रक्रिया में जो उभरता हुआ जान पड़ता है वह इन दो संस्करणों के बीच पारस्परिक संतुलन कायम करने वाला लोकतांत्रिक स्पेस नहीं है जैसा कि नागरिक–समाज के समसामयिक अध्येताओं द्वारा सामान्यतः तर्क दिया है, बल्कि यह, एक तरफ, एक राजनीतिक स्थिति है जो राज्य की अतिपहुंच पर ('अराजक' प्रवृत्तियों को नियंत्रित करने हेतु) आश्रित है, और, दूसरी तरफ, एक विशुद्ध 'स्वतंत्रता के क्षेत्र' के रूप में विरोधमूलक राजनीति द्वारा चिह्नित्त नागरिक–समाज का विजय–उत्सव है। नागरिक–समाज के दो संस्करणों के बीच का तनाव या खेल स्वतंत्रता व अधिकारों के *पारस्परिक* विस्तार या संस्थानीकरण में फलित नहीं होता है बल्कि नागरिक–समाज के पारस्परिक विशिष्ट संस्करणों के रूप में इनकी तलाश किए जाने के क्षण में ये पुनःसंयोजित हो जाते हैं। परंतु, यह पार्थक्य, विभाजन और बाइनरी विरोध भी *प्रतिच्छेदन का क्षण* ही है जहां नागरिक–समाज के दोनों संस्करण, राजनीति के क्रियाशील आयाम में, एक–दूसरे की मोर्चेबंदी करते हैं, और यह व्यापक समाज में मौजूदा शक्ति संबंधों को कारगर ढंग से समेकित और पुनरुत्पादित करता है।[7] दूसरे शब्दों में, संवैधानिक–लोकतांत्रिक राज्य नागरिक–समाज में स्थित विरोधमूलक शक्तियों को अधिकाधिक विनियमित एवं नियंत्रित करता है (संवैधानिक–दृष्टि की सीमाओं को प्रतिबिंबित या विस्तारित किए बिना), जबकि नागरिक–समाज और स्वतंत्र प्रचालनों के एक क्षेत्र के रूप में इसका प्रतिनिधित्व करने वाले स्वयं को अनन्य रूप से राज्य के विरोध में परिभाषित करते हैं (नागरिक–समाज में मौजूद शक्ति और पदसोपानक्रमों के विभिन्न स्रोतों की पड़ताल किए बिना)।

एक महत्वपूर्ण हस्तक्षेप के रूप में, फोले और एडवर्ड्स ने 'पैराडॉक्स ऑफ सिविल सोसाइटी' (नागरिक–समाज के विरोधाभास) (फोले व एडवर्ड्स 1996) की अवधारणा दी और बात उठाई है। वे यह तर्क देते जान पड़ते हैं कि नागरिक–समाज के दो संस्करण हैं (लोकतांत्रिक राज्यों में नागरिक–समाज आश्रित होता है और सत्तावादी या अथोरिटेरियन राज्यों में आजादी की आवाज बुलंद करता है) और इसलिए वे दो स्पष्टतः भिन्न–भिन्न संदर्भों में काम करते हैं। परंतु, जैसा कि हम भारत में राजनीतिक आंदोलनों के संदर्भ में देखते हैं, आधुनिक लोकतंत्रों की वास्तविकताओं में नागरिक–समाज के दोनों संस्करण एकसाथ काम करते हैं। स्थिति चाहे जो भी हो, फोले और एडवर्ड्स इस बात को छोड़ देते हैं कि राज्य के लोकतांत्रिक व सत्तावादी पक्ष स्वयं में पृथक नहीं हैं बल्कि आधुनिक समाजों में एकसाथ रहते हैं, और अधिकांशतः एक–दूसरे पर आश्रित होते हैं। राज्य की सिर्फ कुछ खास किस्म की सत्तावादी दमनकारी शक्तियों के समर्थन के साथ ही, राज्य प्रतिनिधित्वकारी लोकतंत्र को कार्य करने देता है, जबकि प्रतिनिधित्वकारी लोकतंत्र का पहलू शक्ति के सत्तावादी उपयोग को वैधानिक जामा पहनाता है और यह दमनकारी उपकरण

लोकप्रिय सहमति पर आश्रित या निर्भर नहीं होता है। ग्राम्शी ने पाया कि यह लाजिमी है कि 'राज्य की दमनकारी शक्ति का उपकरण "कानूनी" तौर पर उन्हें अनुशासित करता है जो सक्रिय या निष्क्रिय रूप से सहमति नहीं देते हैं' (ग्राम्शी 1971: 12)। ये दोनों ही राज्य द्वारा अपनी सम्प्रभुताकारी शक्ति को लागू करने के लिए आवश्यक शर्तें हैं। किसी एक के प्रत्यक्ष या अप्रत्यक्ष समर्थन के बिना दूसरा काम नहीं कर सकता है।[8]

चूंकि राज्य के लोकतांत्रिक और दमनकारी पहलू एक–दूसरे पर निर्भर रहते हैं, इसलिए आधुनिक लोकतंत्रों में नागरिक–समाज के दो 'संस्करणों' को स्पष्ट रूप से (स्थान या समय के रूप में) पृथक्कृत नहीं किया जा सकता है। यह दरअसल उस नागरिक–समाज *में* और उस नागरिक–समाज *की* नाकामी है जो अपने लोकतांत्रिक–समतावादी आदर्शों को साकार करने में एक संवैधानिक–लोकतांत्रिक राज्य पर आश्रित और उसके द्वारा ढांचाबद्ध है। नागरिक–समाज के ये लोकतांत्रिक–समतावादी आदर्श एक ऐसे नागरिक–समाज *की* और *इसके लिए* पुरजोर घोषणा करते हैं जिसे विशुद्ध 'स्वतंत्रता के क्षेत्र' के रूप में दर्शाया जाता है, जो राज्य के और राज्य *से* विरोध *में* नहीं होता, बल्कि साथ ही स्वयं अपने 'अंधकारमय पक्षों व उत्पीड़नों' से जुदा होता है और इनसे इंकार करता है। न सिर्फ सत्तावादी शासनों में बल्कि संवैधानिक–लोकतांत्रिक–विकासपरक राज्यों द्वारा शासित समाजों में भी नागरिक–समाज उभरे हैं और मौजूद रहे हैं जो वहां राज्य के विरुद्ध व राज्य के 'बाहर' स्व–प्रतिनिधित्व के साथ मौजूद रहे। नागरिक–समाज के स्वायत्त संस्करण संवैधानिक–लोकतांत्रिक–विकासपरक राज्य की एक ही समय पर अतिपहुंच और नाकामियों के विरोध में स्पेस निर्मित करने की आवश्यकता से जन्मे, और इसके द्वारा समान रूप से केंद्रीकृत और ऐक्यकारी नागरिक–समाज का निर्माण किया जो समाप्त हो गया है। भारत में राजनीतिक आंदोलन भी राज्य के प्रति जोशीले विरोधी रहे हैं और साथ ही संवैधानिक प्रावधानों के विमर्श के जरिए निर्मित किया गया उपनिगमित या अवशिष्ट नागरिक–समाज एक ऐसे नागरिक–समाज के क्षेत्र में फंस गया और ऐसे क्षेत्र को निर्मित करने में योगदान दिया जो न सिर्फ स्वतंत्र है बल्कि जिसे एक विशुद्ध 'स्वतंत्रता के क्षेत्र' के रूप में देखा जाता है। इसे सिर्फ तभी समझा जा सकता है जबकि हम इस बात पर गौर करते हैं कि किस तरह से आधुनिक लोकतंत्रों में नागरिक–समाज के दोनों संस्करण (राज्य के अंदर और बाहर) कदम से कदम मिलाकर काम करते हैं, और संरचित शक्ति संबंधों पर सवाल खड़े करने का प्रयास करने वाले राजनीतिक आंदोलनों के लिए निरर्थक क़दमताल हेतु जटिल–वृत्तपथ की रचना करने में किसी एक के फंस जाने पर दूसरे को बचाव कार्य ('बचाना और फंसना') के लिए भेजते हैं। दूसरे शब्दों में, जब संवैधानिक–लोकतांत्रिक राज्य संरचित शक्ति संबंधों को विनियमित करने में नाकाम हो जाता है, तो राज्य के विरोध पर केंद्रित करने वाले नागरिक–समाज के अधिक नए और स्वायत्त संस्करण उभरते हैं परंतु इस प्रक्रिया में वे उन 'स्वायत्त' क्षेत्रों के अंदर स्थित शक्ति संबंधों को महज धुंधला ही करते हैं। इन 'स्वायत्त' क्षेत्रों की कल्पना और रचना, राज्य के अतिक्रमणों (जिन्हें संविधान और लोकतंत्र के नाम पर क्रियान्वित किया जाता है) को झेलने और उनका मुकाबला करने के लिए स्वयं को तैयार करने और मजबूत करने के लिहाज से, राज्य के 'मिरर इमेजेस' (दर्पण से प्रतिबिंबित चित्रों) की तरह (समान रूप से ऐक्यकारी और केंद्रीकृत) की गई है।

जैसा कि हम अगले अध्याय में भारत के मानवाधिकार आंदोलन के इतिहास और राजनीति के बारे में विस्तारपूर्वक बताएंगे, नागरिक अधिकार आंदोलन का आरंभ उस नवजात 'अधिकारों पर आधारित नागरिक–समाज' के हरकारे के रूप में स्वयं की कल्पना करने के साथ हुई

जिसे संविधान के उपलब्ध कानूनी प्रावधानों और मध्यवर्ती संस्थानों की स्वायत्तता के जरिए निर्मित किया गया था। यह नागरिक और राजनीतिक अधिकारों को अर्जित करने और साथ ही इस स्वप्न पर आधारित सामाजिक व राजनीतिक अधिकारों को अर्जित करने हेतु संधानरत था। परंतु, 'विकासपरक राज्य' की लगभग पूर्णतः असफलता के साथ ही, इसकी केंद्रीय प्रवृत्तियां सत्तावादी शासनों को मजबूत करने के उद्देश्य से कल्याणकारी नीतियों को 'लागू करने' के जरिए अभिव्यक्त हुईं (उदाहरण के लिए, भारत में आपातकाल लादना और '20 सूत्री कार्यक्रम' लागू करना एकसाथ हुआ – यानी एक के नाम पर दूसरा हुआ), और 'कानून–व्यवस्था' को बनाए रखने तथा व्यवस्था एवं शांति को न्याय के मुद्दों से पृथक करने के नाम पर दमनकारी कानूनों की श्रृंखला लागू की गई जिससे मानवाधिकार आंदोलन ने नागरिक–समाज के विचार–द्वार पर दस्तक देना आरंभ किया और ऐसा न सिर्फ राज्य के विरोध में किया गया बल्कि साथ ही उस केंद्रीकृत राजनीतिक ढांचे को चुनौती देने के लिए भी किया गया जिसे इसने एक 'ऐक्यकारी नागरिक–समाज' के रूप में निर्मित करने का प्रयास किया और अपने इस प्रयास से एक विशुद्ध 'स्वतंत्रता के क्षेत्र' वाले एक 'ऐक्यकारी नागरिक–समाज' बनने का दावा किया था और जिस क्षेत्र के अंदर शक्ति और प्रभुत्व को अनुपस्थित रहना था। राज्य के विरुद्ध एकजुट होने में, उन्होंने नागरिक–समाज के अंदर स्थित उन अस्पष्ट या धुंधले पदसोपनक्रमों का दबाव महसूस किया जो संभवतः सीधे तौर पर राज्य से बाहर नहीं निकलते। वे इस बात पर ध्यान देने में नाकाम रहे कि राज्य का 'महज' विरोध भर करने से ये पदसोपानक्रम स्वाभाविक या स्वयंस्फूर्त रूप से मृत्यु को प्राप्त नहीं होते और परिवर्तित नहीं होते बल्कि दरअसल ये अछूते रह जाते हैं और फिर स्वयं को विस्तारित व पुनरुत्पादित कर लेते हैं। नागरिक–समाज के प्रतिनिधित्वकारी व संघर्षरत पहलुओं से राजनीतिक आंदोलन नागरिक–समाज में विकसित हो जाते हैं। इसे ही मैं नागरिक–समाज के*वृत्ताकारपथ का तर्क* (लॉजिक ऑफ सर्कुलैरिटी) कहता हूं, जिसमें ऊपरी तौर पर अधिक लोकतांत्रिक कार्यअभ्यासों और आदर्शों, शक्ति संबंधों की ओर बढ़ते हुए जान पड़ने वाले कदम असलियत में, नए में बदलने के बजाय, पुराने को ही पुनरुत्पादित और मजबूत करते जाते हैं। मानवाधिकारों के मामले में, ऐसा लगता है कि नागरिक–समाज के अधिक उग्रकामी विचार या संस्करण (राज्य द्वारा निर्मित या उस पर आश्रित संस्करण के बरअक्स राज्य के बाहर स्थित संस्करण) निर्मित हुए हैं जबकि नागरिक–समाज के दोनों संस्करण शक्ति संबंधों के पुनरुत्पादन के तर्क से अंतर्संबंधित बने रहते हैं। एक से दूसरे में बदलने और इन दोनों संस्करणों के बीच की रस्साकस्सी में राजनीतिक आंदोलन शक्ति संबंधों के वृत्ताकार तर्क (सर्कुलर लॉजिक) में भटक जाते हैं।

असल में, जब भारत में राजनीतिक आंदोलनों ने नागरिक–समाज को एक विशुद्ध 'स्वतंत्र क्षेत्र' के रूप में गढ़ने के लिए इसके दायरे के भीतर मौजूद शक्ति संबंधों की ओर आंख मूंद ली, तो इन आंदोलनों को नियंत्रित करने और इन आंदोलनों के विरोध की आजादी व वैधता को क्षरित करने हेतु राज्य ने एक नई भूमिका और वैधता प्राप्त कर ली। दरअसल, जैसा कि हम आगे चर्चा करेंगे, नागरिक–समाज के उत्पीड़नों को सामने लाने में हुई नाकामी के परिणामस्वरूप विभिन्न किस्म के राजनीतिक आंदोलनों (उदाहरण के लिए, मानवाधिकार और दलित, या दलित और नक्सल) के बीच तनाव बढ़ा। इन आंदोलनों का ध्यान सिर्फ राज्य पर और इसकी भयानक जकड़बंदी का विरोध करने पर केंद्रित था जिसने राज्यसत्ता से और साथ ही नागरिक–समाज में मौजूद शक्ति संबंधों से समझौता करने के उनके प्रयासों को कमजोर किया। नागरिक–समाज के पैरोकारों व परवर्ती अध्येताओं द्वारा दिए गए तर्कों

के उलट, राज्य और नागरिक–समाज के आपसी संबंध के अस्पष्ट संस्करण एक तरफ स्वतंत्र नागरिक–समाज में लामबंदियों के जरिए राज्य के अतिरेकों पर लगाम कसने और दूसरी तरफ नागरिक–समाज में असुरक्षितों को राज्य द्वारा कानूनी सुरक्षा प्रदान करने में योगदान नहीं कर पाए। राज्य और नागरिक–समाज के आपसी संबंध के अस्पष्ट संस्करण नुकसानदेह हैं और नागरिक–समाज में विशेषाधिकार प्राप्त 'नागरिक' कार्यअभ्यासों के दायरों के भीतर राजनीतिक आंदोलनों को अनुशासित करते हैं। दूसरे शब्दों में, यह माना जाता है कि राज्य की नियंत्रणकारी शक्तियां और नागरिक–समाज की संगठनकारी क्षमताएं इन दो क्षेत्रों के पारस्परिक अतिरेकों पर लगाम लगाती हैं। परंतु, राजनीतिक आंदोलनों के अनुभवों के चश्मे से इस संबंध की पड़ताल करने पर पता चलता है कि इस संबंध के पैरामीटर्स के अंदर काम करना आंदोलनों को राज्य बनाम नागरिक–समाज के एक 'मिथ्या–एंटीथीसिस' की ओर ही धकेलता है। जबकि वास्तविकता में, राज्य और नागरिक–समाज दोनों क्षेत्रों में शक्ति संबंधों को सुरक्षित रखने के लिए (पारस्परिक अतिरेकों पर लगाम कसने में नहीं, बल्कि उन्हें ढंकने–छिपाने में) एक लय–ताल में काम करते हैं। दूसरे शब्दों में, संरचित शक्ति संबंधों को सुरक्षित रखने के लिए दो तौर–तरीके हैं – पहला, राज्य से सामंजस्य रखने वाला नागरिक–समाज और दूसरा, राज्य से स्वायत्त नागरिक–समाज। और इन रचनाओं या कल्पित 'विकल्पों' के जरिए काम करने पर राजनीतिक आंदोलन सिर्फ *प्रतिच्छेदन* बिंदुओं और *सम्मिलन* के तर्क के अंदर सिमट जाते हैं जो शक्ति संबंधों को ज्यादा मजबूत बनाता है और उन्हें पुनरुत्पादित करता है। शक्ति के इस जटिल तर्क को दरकिनार करने के लिए राजनीतिक आंदोलनों को जटिल संयुक्त आसनों के साथ प्रयोग करने की आवश्यकता है जिसने उपलब्ध कार्यअभ्यासों को नागरिक–समाज के अंदर उनके सीमित व संरचित कार्यक्षेत्र से परे ले जाकर फिर से व्यक्त किया है। जैसा कि हम अगले अध्याय में चर्चा करेंगे, मानवाधिकार आंदोलन नब्बे के दशक के अंत में आकर ही कारगर ढंग से इस घेरे (सर्कुलैरिटी) को पकड़ सका था। इस घेरे (सर्कुलैरिटी) को (राज्य के साथ इसके अनुमानित अस्पष्ट संबंध के कारण) नागरिक–समाज के विभिन्न संस्करणों की समकालिकता के द्वारा रचा गया था और इसने 'वैकल्पिक' संयुक्त कार्यअभ्यासों का एक समुच्चय स्थापित करने का प्रयास किया।

व्यक्तियों में नागरिक–समाज के अभिन्न अंग के रूप में यह अपेक्षा रही थी (और इसके कारण मानवाधिकार आंदोलन को अस्पष्ट कार्यअभ्यासों के एक और सम्मुचय का सामना करना पड़ा) कि वे 'बुर्जुआ व्यक्तियों' के रूप में प्रतिस्पर्द्धा की नैतिकता, व्यक्तिवाद, आत्मसिद्धि के रूप में अहंकार, निजी हितों को पूरा करने (क्योंकि निजी संपत्ति के अधिकार वाले बुनियादी सिद्धांत के जरिए मुनाफा बनाने और संपत्ति एकत्रित करने को सुरक्षित किया गया है) के लिए काम करके अपने स्व–हितों को अधिकतम तक ले जाएं। और इसके बावजूद, उसी समय, 'नागरिक सदगुणों' व 'नैतिक भावनाओं' के मूर्त रूप के जरिए नागरिकों के तौर पर समाज के साझा हितों को निर्मित करने का प्रयास करें। नागरिक–समाज को अर्थव्यवस्था में प्रतिस्पर्द्धा के लिए और साथ ही समस्त सामूहिक व सहकारी कार्यों के लिए समाज में जरूरी एकजुटता के लिए पक्ष लेना था। इसलिए, नागरिक–समाज एक तरफ तो मुक्त बाजार की नैतिकता का प्रतिनिधित्व करता है और दूसरी तरफ सामूहिक जीवन के प्रति नागरिक के जुड़ाव और वचनबद्धता के जरिए नागरिक के 'नैतिक चरित्र' को रेखांकित करने वाले नागरिक गुणों का प्रतिनिधित्व करता है। असल में, नागरिक–समाज की अनूठी विशेषता इस बात में देखी गई थी कि इसके तहत राजनीतिक अर्थशास्त्र में बाजार व मुक्त उपक्रम के गुण तो मौजूद थे ही, साथ ही नागरिक–समाज को 'नागरिक सदगुणों'

का निर्माण करने में भी सफल माना गया था। इसे नागरिक–समाज की अनूठी विशेषता इसलिए कहा गया क्योंकि ये दोनों ही नागरिक–समाज के क्रमिक–विकास और इससे अपेक्षित कार्य के लिए बुनियादी हैं।

> हीगेल खुले तौर पर और एडम स्मिथ इतने खुले तौर पर तो नहीं परंतु, इस बात को पूरी तरह जानते थे कि नागरिक–समाज कितने अनागरिक–कार्यों को करने में समर्थ था। फलतः, उन्हें तभी यह अहसास हो गया था कि उन्होंने नागरिक–समाज की कल्पना आधुनिक युग की*डिफरेंशिया स्पेसिफिका* (एक भिन्न परिभाषा) के रूप में की थी, और यह कि निवासियों में मौजूदअर्जन करने की सहज लालसा और हिंसक उत्साह को विभिन्न माध्यमों से नियंत्रित और सीमित करने की जरूरत होती है... एडम स्मिथ और साथ ही हीगेल के अनुसार, यह दायरा बिना किसी सचेतन हस्तक्षेप के स्वयं को पुनरुत्पादित करने में समर्थ नहीं था। (चंडोक 2003: 28)

हीगेल ने सार्वभौमिकता की उदाहरण सहित व्याख्या करने में राज्य पर अपना भरोसा जताया, जबकि एडम स्मिथ ने 'नैतिक भावनाओं' के पालन–पोषण के लिए तर्क दिए। इसलिए, रॉबर्ट पूतनम और फ्रांसिस फूकुयामा जैसे अध्येताओं द्वारा विकसित किए गए नागरिक–समाज के आधुनिक संस्करण एक तरफ नागरिक सदगुणों की प्रकृति का प्रतिनिधित्व करते हैं, और दूसरी तरफ मुक्त बाजार अर्थव्यवस्था के गुणों का प्रतिनिधित्व करते हैं। पूतनम के अनुसार, आधुनिक लोकतंत्रों में नागरिक सदगुणों के तीन महत्वपूर्ण पहलुओं में सार्वजनिक जीवन में सक्रिय भागीदारी, विश्वसनीयता और पारस्परिक आदान–प्रदान शामिल हैं जिनके आधार पर सामाजिक बंधनों का सृजन और पोषण किया जाता है (पूतनम 1995; फूकुयामा 1995)।

समसामयिक राजनीतिक आंदोलनों के अनुभव और प्रयोगों के जरिए इस संघटक दुविधा ('बुर्जुआ–व्यक्ति' से स्व–हित की अपेक्षा रखना और 'नागरिक–व्यक्ति' से 'नागरिक सदगुणों' की अपेक्षा रखना ताकि ये एक–दूसरे को प्रतिसंतुलित कर सकें) के बारे में पुनर्विचार करने पर, हम पाते हैं कि 'नागरिक–समाज को काबू में रखने' में और बाजार का लोकतंत्रीकरण करने में राज्य या अमूर्त नैतिक भावनाओं को कामयाबी नसीब नहीं हुई है और इसके बजाय हमने 'समाज के बाजारीकरण' और 'बाजार समाजों' के उदभव में बढ़ोत्तरी देखी है। पुनः, यह महज नागरिक–समाज के सिद्धांत या आदर्श के बीच अंतर का और इस अंतर की ठोस अभिव्यक्ति का मामला नहीं है, बल्कि नागरिक–समाज और लोकतंत्र के साथ इसका संबंध इस तरह के अदृश्य मानकों के जरिए काम करता है जिसमें प्रतिस्पर्द्धा के 'गुण', कुशलता और संचय महज बाजार की नींव ही नहीं हैं बल्कि ये नागरिक–समाज के कार्यअभ्यासों को परिभाषित करने वाली विशेषताएं ('मेरिटोक्रेसी' के रूप में) भी हैं।[9] मानवाधिकार आंदोलन ने इस बात पर गौर किया कि नागरिक–समाज को शक्तिशाली, संरचित व दृढ़ता से जड़ें जमाए हुए हितों के बीच मनबहलाव के एक तटस्थ क्षेत्र के रूप में पेश किया जाता है और इसे प्रकटतः मूल्यों द्वारा प्रतिसंतुलित किया जाता है जो नैतिक भावनाओं के रूप में पूंछ जैसी लटकती स्थिति के साथ मौजूद रहते हैं। इस तरह का नागरिक–समाज 'पहले हमेशा से ही' यथास्थिति को बनाए रखने के लिए प्रयासरत होता है, और साथ ही यह पारस्परिक प्रतिस्पर्द्धा के भंवर में राजनीतिक आंदोलनों को निगल जाने में और बिना नफा–नुकसान वाले खेल के रूप में स्वयं को प्रस्तुत करने में पर्याप्त रूप से समर्थ होता है। मानवाधिकार आंदोलन ने 'हित–समूह' की गतिकी के चश्मे से विभिन्न राजनीतिक आंदोलनों की विशिष्टताओं *(डिफरेंशिया स्पेसिफिका)* के अलघुकरणीय अंतरों वाले विशिष्टतावादों (पर्टिकुलैरिज्म्स) में बढ़ते रूपांतरण के दौरान, नागरिक–समाज

में नागरिक के और निजी हितों को पूरा करने वाले 'बुर्जुआ–व्यक्ति' के कार्यअभ्यासों में छिपे इस प्रतिच्छेदन का मुकाबला किया था। पुनः, अधिकारों पर केंद्रित विमर्श (जो नागरिक–समाज की नींव है) में नैसर्गिक रूप से एक प्रतिस्पर्द्धी नैतिकता शामिल होती है, जैसा कि उदाहरण के लिए नारीवादियों ने कहा; और ये 'संयुक्तता को बढ़ाने के बजाय इसे प्रतिबंधित' कर सकते हैं।[10] तटस्थ दायरों से आगे बढ़ने के इस संदर्भ में, मानवाधिकार आंदोलन ने हितों व मूल्यों के बीच अंतर पर पुनः गौर किया और यह रेखांकित किया कि *उत्तर–नागरिक–समाज की राजनीति* हेतु एक अधिक टिकाऊ आधार की अपनी खोज में स्व–हित के मेटा–कंस्ट्रक्ट से *परे जाने* की जरूरत है।

भारत में दलित आंदोलन के इतिहास व राजनीति के अध्ययन पर आधारित तीसरे अध्याय में, यह तर्क दिया गया है कि दलित राजनीति को नागरिक–समाज के दरवाजों के अंदर एक और दुविधा का समाधान निकालना पड़ा था। इस दुविधा के एक तरफ (धर्मनिरपेक्ष) स्वैच्छिक–साहचर्य संबंधी गतिविधि के समकालिक विशेषाधिकार प्रदान करने थे और दूसरी तरफ विभिन्न सांस्कृतिक व आरोपित पहचानों सहित एक फलते–फूलते लोकतंत्र के लिए अपरिहार्य बहुलता के प्रतिनिधि के रूप में 'अंतर की राजनीति' का उत्सव मनाना था। हीगेल के अनुसार, नागरिक–समाज व्यक्तियों के बीच पारस्परिक मान्यता का एक क्षेत्र था और इस अर्थ में चार्ल्स टेलर के शब्दों में यह 'मान्यता की राजनीति' का क्षेत्र है। यहां तक कि नागरिक–समाज की बुनियाद कहे जाने वाले सभ्यता के विचारों को भी अलग–अलग सांस्कृतिक व सामाजिक समूहों (समान 'नैतिक मूल्य' रखने वाले) वाले व्यक्तियों के बीच पारस्परिक मान्यता के जरिए साकार किया जाता है। चूंकि नागरिक–समाज भी बहुलतावाद के सिद्धांतों को विशेषाधिकार देता है और बहुलता वाले मूल्यों को स्वीकार करता है, इसलिए मान्यता देने के ये तौर–तरीके आधुनिक लोकतंत्रों में विभिन्न रूप ग्रहण करते हैं, जिनमें विभिन्न सांस्कृतिक पहचानें स्थापित करना और भारत के संदर्भ मेंआरोपित पहचानें शामिल हैं और इन आरोपित पहचानों ने 'पहचान की राजनीति' (आइडेंटिटी पॉलिटिक्स) को जन्म दिया। साथ ही नागरिक–समाज का शासननागरिकता की अनिवार्यताओं (अमूर्त) और मध्यवर्ती संस्थानों (जैसे कि विश्वविद्यालय, बैंक आदि अन्य संस्थाएं) की स्वायत्तता द्वारा संचालित होता है (जो 'राष्ट्र निर्माण' के प्रयासों के स्तंभों के रूप में योग्यता और कार्यकुशलता के सिद्धांतों की बुनियाद पर खड़े हैं), परंतु, दूसरी तरफ, नागरिक–समाज साहचर्यात्मक गतिविधि (पेशेवराना और अन्य ऐसे ही धर्मनिरपेक्ष कार्यअभ्यासों पर आधारित) का भी क्षेत्र है। इस तनाव से जो पाने की अपेक्षा की जाती है वह है (जैसा कि नागरिक–समाज के अध्येता एक बार फिर से दावा करते हैं) 'नागरिकता की विवादास्पद दृष्टि जिसमें सार्वभौमिक तत्वों को ऊपर से आरोपित नहीं किया जाता है, बल्कि ये उन परियोजनाओं के परिणाम हैं जिसमें सामाजिक शक्तियां अन्य राजनीतिक पहचानों के साथ गंठजोड़ बनाने में स्वयं को परिवर्तित करती हैं' (पूर्विस और हंट 1999: 457)।

परंतु, दलित राजनीति में अगल–अलग बदलावों के आधार पर हमने यह गौर किया है कि विशिष्टतापरक पहचानों को अभिव्यक्त करने में *गरिमा* या मान्यता की तलाश करने, और कानून, अधिकार व लोकतांत्रिक संस्थानों के अधिक सार्वभौमिक (राष्ट्रीय) क्षेत्र में भागीदारी करने के लिए अधिक धर्मनिरपेक्ष–साहचर्यात्मक गतिविधि के जरिए *गतिशीलता* लाने के बीच के विवाद में, नागरिक–समाज में पहचानों पर जोर देने वाले समूह, असल में, *गरिमा रहित गतिशीलता* का अनुभव करते हैं। दूसरे शब्दों में, हालांकि नागरिकों के रूप में उन्हें राज्य से और कानून में कुछ खास आश्वासन (उदाहरण के लिए, भारत में दलितों को भेदभाव से बचाने वाली नीतियां) मिल सकते हैं, परंतु सामाजिक रूप से वे तिरस्कृत बने रहते हैं और

सामान्यतः सांप्रदायिक हित कहे जाने वाले हितों को बढ़ाने व इन्हें पाने के लिए लांछित किए जाते हैं। नागरिक–समाज के विमर्श में एक खास किस्म के प्रवेश को अनुमति देने में, ठीक इन्हीं सामाजिक व सांस्कृतिक समूहों से बेशर्मी के साथ 'स्व की एक भावना' का हरण कर लेने का महीन ठप्पा लगा दिया जाता है। सभ्यता की प्रक्रियाओं के अंदर ही असभ्यता व अनादर के तौर–तरीके होते हैं।[11] दूसरे शब्दों में, जिन प्रक्रियाओं में समावेशी नीतियों व कार्यअभ्यासों के जरिए सभ्यता को बढ़ाने की 'उम्मीद' निहित होती है, असल में वे ही लांछन व तिरस्कार के रूप में अनादरों के अपने खुद के सम्मुचय उत्पन्न करती हैं।

एक ही समय पर 'सांप्रदायिक' लक्ष्यों को पाने के लिए अपमान का अनुभव और कानूनी वस्तुपरकता के जरिए खुले तौर पर समान 'नैतिक मूल्य' का लुत्फ उठाने का अनुभव होने पर, इन सामाजिक समूहों के प्रत्युत्तर पर कुंडलाकार प्रभाव पड़ते हैं और ये विवादात्मक कल्पनाओं में 'आंतरिक रूप से' टूट जाते हैं, जैसे कि दलित बनाम अनुसूचित जातियां, और इस प्रकार संसंजकता (आपस में जोड़ने रखने का गुण) और एजेंसी के अहसास का दावा करने के लिए अनिवार्यताकारी रणनीतियां अपनाने के लिए बाध्य कर दिए जाते हैं। भारत में दलित राजनीति के अध्ययन के जरिए, हम यह देख सकते हैं कि नागरिक–समाज के प्रचालनों में मौजूद इस दोहरेपन के जवाब में दलित राजनीति ने स्वयं को *गरिमा रहित गतिशीलता* में अभिव्यक्त किया, और फिर अपवर्जनकारी (एक्सक्लूसिविस्ट) व अनिवार्यकारी अस्मितावादी राजनीति के जरिए पुनः स्वयं की पुष्टि की। पुनः, अस्मितावादी राजनीति के रूप में दलित राजनीति की इस पुष्टि को नागरिक–समाज से दो अलग–अलग जवाब मिले। पहला, अपने में बंद रहने, अंतर्मुखी होने और नैतिक रूप से अपने दायरे में संलग्न और अनिवार्यताकारी विमर्शों को हथिया लेने का लांछन लगा, और दूसरा, बहुलता के पहले से मौजूद विमर्शों व सांस्कृतिक पहचानों के उत्सव के जरिए नागरिक–समाज में दाखिल होने का रास्ता खोलने का आरोप लगा। दलित राजनीति द्वारा सांस्कृतिक पहचानों के रूप में नागरिक–समाज मेंकिया गया यह दाखिला, इसके बाद ऐसी राजनीति को समानता के सामाजिक और आर्थिक एजेंडा से अलग कर देता है; इस प्रकार की अलग–थलग सांस्कृतिक पहचानें धर्मनिरपेक्षता, सहिष्णुता और बहु–संस्कृतिवाद के (उदारवादी) विमर्शों के जरिए और अधिक संस्थानीकृत की जाती हैं जो *दूरी के रूप में अंतर* का उदाहरण पेश करने के जरिए अंतरों को 'नैसर्गिक' बनाती हैं, 'सामंजस्यता' को कायम रखता है और 'एकजुटता' या 'भातृत्व' को निर्मित करती है। अंतरों की आत्म–छवि को नैसर्गिक बनाकर (ऐतिहासिक नहीं), समुदायों व सामाजिक समूहों के बीच की दूरी कायम रखने के जरिए नागरिक–समाज के विमर्श पदसोपानक्रमों के बीच मौजूद स्थायी विवादों का 'समाधान' करते हैं। जब विमर्श पारस्परिक सहिष्णुता के लिए गिड़गिड़ाएं तो यह दूरी सामाजिक हो सकती है, जब समूह अपवर्जनकारी व प्रमाणिक पहचान वाला होने का दावा करें तो यह दूरी सांस्कृतिक हो सकती है, और जब ये 'अलग' और पृथक इलाकों में बस्तियां (घेट्टोकृत) बना लेते हैं तो यह दूरी स्थानिक हो जाती है।

पश्चिम में स्त्रीवादी राजनीति की दूसरी तरंग के संदर्भ में, नैन्सी फ्रेजर कहती हैं:

> 'पुनर्वितरण से मान्यता तक' में बदलाव से स्त्रीवादी राजनीति की दूसरी तरंग को अस्मितावादी राजनीति के एक प्रकार में परिवर्तित करने के लिए एक जबर्दस्त दबाव पैदा हुआ... व्यवहार में, इसकी प्रवृत्ति सामाजिक–आर्थिक संघर्षों को मान्यता के लिए होने वाले संघर्षों के अधीनस्थ करना था जबकि शिक्षा–जगत में स्त्रीवादी सांस्कृतिक सिद्धांत ने स्त्रीवादी सामाजिक सिद्धांत पर ग्रहण लगाना आरंभ कर दिया। अर्थवाद (इकॉनोमिज्म) में जरूरी सुधार के रूप में जो

> आरंभ हुआ था वह समय के साथ एक तरफा संस्कृतिवाद में डूब गया। इस प्रकार, पुनर्वितरण व मान्यता, दोनों को अपने दायरे में ला सकने वाले एक व्यापक व समृद्ध पैराडाइम तक पहुंचने के बजाय, दूसरी तरंग के पैरोकार स्त्रीवादियों ने एक खंडित पैराडाइम को दूसरी खंडित पैराडाइम से बदल लिया। (फ्रेजर 2009: 108)

यह 'अदला–बदली' ही वह एकमात्र रास्ता है जिससे दलितों द्वारा कपटपूर्ण ढंग से रचे गए राजनीतिक आंदोलनों जैसे राजनीतिक आंदोलन नागरिक–समाज के सुरक्षित दरवाजों के अंदर पुनः प्रवेश कर सकते हैं। इस प्रकार, वे एक वास्तविक *लॉजिक ऑफ सर्कुलैरिटी* (वृत्ताकार पथ का तर्क) में फंस गए हैं –जहां दलितों के लिए 'नैसर्गिक बना दिए गए' सांस्कृतिक तत्त्वों के रूप में नागरिक–समाज में प्रवेश करना संभव बना दिया गया, लेकिन पहचान के दृढ़–कथन के इस क्षण और प्रकटतः गरिमा व सशक्तीकरण प्राप्त करने के इस क्षण को सामाजिक व आर्थिक एजेंडा से अलग कर दिए जाने के जरिए अवरुद्ध कर दिया गया। जिसे नागरिक–समाज की 'अस्पष्टताओं' के रूप मेंऔर इनके द्वारा निर्मित किया गया था और इस प्रकार यह 'पहचान पुनर्वितरण व मान्यता, दोनों को अपने दायरे में ला सकने वाले उस व्यापक व समृद्ध पैराडाइम तक पहुंचने' की दिशा में आगे बढ़ने में असफल हुआ। नागरिक–समाज की लॉजिक ऑफ सर्कुलैरिटी (जो अदला–बदली में अभिव्यक्त होती है) ठीक वही है जो भारत में दलित राजनीति ने 'क्षेत्रीय रूप से सीमित होने' (जैसा कि ई.पी. थॉम्पसन ने अर्थव्यवस्था और संस्कृति या आधार और अधिरचना के बीच नकली बंटवारों के संदर्भ में कहा था) में महसूस की है और जो 'राजनीति के सांस्कृतिकरण' की वृद्धि की प्रक्रिया द्वारा चिह्नित होती है। भारत में दलित राजनीति के मामले में, यह दलित राजनीति खासकर सार्वभौमिक व विशिष्ट के बीच के द्वंद्व से 'पीछे हटने' में अभिव्यक्त हुई थी, जबकि ('जीवन के ऐसे अनुभव' के आधार पर जो 'सिर्फ दलितों' को ही हासिल है) दलित राजनीति का दावा था कि यह कथित तौर पर प्रमाणिक व अपने में सीमित एक अपवर्जनकारी सांस्कृतिक पहचान है। हालांकि नागरिक–समाज द्वारा आरोपित बंद–दायरों को बलपूर्वक खोलने की अनिवार्यता को जरूरी माना गया था, जिन बंद–दायरों को 'सांप्रदायिक' लक्ष्यों की (न कि अधिक धर्मनिपरेक्ष लक्ष्यों की) पूर्ति करने के लिए अपमान के रूप में आरोपित किया गया था, परंतु साथ ही यह स्वयं दलित विमर्श में दलित–पन को नैसर्गिक (जन्मजात) बनाने का भी एक क्षण था जिसे प्रकटतः गैर–दलितों द्वारा साझा नहीं किया जा सकता। नागरिक–समाज द्वारा आरोपित दूरी दलित राजनीति के 'पीछे हटने' और अपवर्जनकारी फ्रेम्स में अनूदित/अतिछादित होती है।[12] परंतु, लॉजिक ऑफ सर्कुलैरिटी से, 1990 के दशक के अंत में दलित राजनीति ने मान्यता के साथ पुनर्वितरण की मांगों को जोड़ने, दलित सांस्कृतिक पहचान की अनिवार्यता समाप्त करने के तरीके ढूंढने की दिशा में कदम बढ़ाए ताकि 'आंतरिक' दरारों व अंदर मौजूद पदसोपानक्रमों को संबोधित किया जा सके और अंतः व्यक्तिपरक (इंटर–सब्जेक्टिव) संवाद व राजनीतिक संग्लनता के जरिए नई राजनीतिक पहचानें व व्यक्तिपरकताएं (सब्जेक्टिविटीज) गढ़ी जा सकें। नक्सलवादी आंदोलन की तरह, इन संयोगकारी मुद्राओं को वर्गीय राजनीति के साथ एक वहनीय अंतक्रिया के जरिए स्पष्ट रूप से व्यक्त किया गया था।

नक्सलवादी आंदोलन ने संघर्ष तेज करने के लिए सशस्त्र–सैन्य तरीकेका रास्ता चुना और इस तरह उसे नागरिक–समाज में विशेषाधिकार के रूप में वर्णित सभ्यता की सीमाओं से बाहर मान लिया गया। दलित राजनीति के साथ संवाद के दौरान नक्सलवादी आंदोलन

को खुले संगठनों की महत्ता का अहसास हुआ व सिर्फ और सिर्फ वर्ग पर ध्यान केंद्रित नहीं करके जाति–व–वर्ग का संयुक्त रास्ता चुनने भी अहसास हुआ। शक्ति संबंधों को पुनरुत्पादित करने में, एक तरफ, नक्सलवादी आंदोलन को जाति के महत्व का (इसके सामाजिक, आर्थिक, राजनीतिक व सांस्कृतिक आयामों में) अहसास हुआ, तो दलित आंदोलन 'जातिगत समूहों के अंदर वर्गों' के प्रश्न को संबोधित करके अपनी अनिवार्य राजनीति के ढांचे को पुनर्निर्मित करने की ओर बढ़ा। सांस्कृतिक, राजनीतिक और आर्थिक आयामों को संयुक्त रूप से नागरिक–समाज के दायरे में 'वैध' ढंग से घुसाने का रास्ता तलाशने के लिए (इसमें जोड़ देने वाले ढंग से या 'अदला–बदली' करने के तरीके से नहीं), राजनीतिक आंदोलनों ने संरचित शक्ति संबंधों को और उन्हें विशेषाधिकार प्रदान करने वाले विमर्शों को चुनौती दी। यहां पर यह गौर करना महत्वपूर्ण है कि नागरिक–समाज अपने मूल बिंदु से आगे गया और ऐसा सिर्फ तभी संभव हुआ जबकि अंतः व्यक्तिपरक संचार के जरिए नई व्यक्तिपरकताएं गढ़ी गईं, जो एक बार फिर से शुद्धतः या अनन्य रूप से विमर्शी प्रकृति का नहीं था बल्कि ठोस राजनीतिक संघर्षों पर आधारित था। राजनीतिक आंदोलन उत्तर–नागरिक–समाज के एजेंट के रूप में पारस्परिक संबंध में प्रवेश करने के लिए उभरे। राजनीतिक आंदोलन एक सतत जारी *संबंधात्मक प्रक्रिया* के जरिए एजेंट के रूप में उभरे और उन्होंने नागरिक–समाज में *प्रतिच्छेदन के बिंदुओं* की पहचान करने और उनसे सौदेबाजी करने की क्षमता अर्जित की और व्यक्तिगत राजनीतिक आंदोलनों की तुलना में शब्दों के वैकल्पिक सम्मुचय का उदाहरण पेश करने के लिए जरूरी एजेंसी प्राप्त की। इसलिए, इस किताब में राजनीतिक आंदोलनों का एक–दूसरे के साथ निरंतर संवाद और पारस्परिक संलग्नता के संदर्भ में अध्ययन करने पर विशेष जोर दिया गया है।

अध्याय 4 में, स्त्रीवादी राजनीति के बारे में विचार करते हुए हमें नागरिक–समाज की एक अन्य संघटक अस्पष्टता द्वारा सृजित लॉजिक ऑफ सर्कुलैरिटी का अहसास करने में मदद मिलेगी। नागरिक–समाज की यह संघटक अस्पष्टता एक तरफ राज्य व संस्थानीकरण की प्रक्रियाओं द्वारा (वर्तमान समय में खासकर *प्रशासनिक सुधारों* के रूप में) कानून व विधान पर प्रशंसापूर्ण जोर डालने और दूसरी तरफ प्रतिरोधपूर्ण राजनीति के जरिए (परंतु ज्यादातर स्वैच्छिक कार्य पर जोर के रूप में) अपवर्जित सामाजिक समूहों की एजेंसी का विस्तार करने (वर्तमान समय में *बाजार संबंधी सुधारों* के जरिए अभिव्यक्त होने वाले) के बीच स्थित है। कोहेन व आर्तो जैसे नागरिक–समाज के विशेषज्ञ अध्येताओं ने तर्क दिया कि नागरिक–समाज के स्वैच्छिक कार्य सर्वोत्तम हैं और ये 'सामाजिक आंदोलनों' के जरिए अनन्य रूप से स्वयं को प्रस्तुत करते हैं (कोहेन व आर्तो 1992)। फिर नागरिक–समाज को एक ऐसे क्षेत्र के रूप में माना जाता है जो प्रकटतः साहचर्यात्मक और प्रतिरोध की राजनीति के लिए स्पेस को विस्तारित करता है, और ऐसी स्वैच्छिक गतिविधि से उभरने वाली मांगें समय के साथ कानूनी तौर पर स्वीकृत हो जाती हैं (उन्हें संस्थानीकृत करने हेतु) और लोकतांत्रिक राजनीति की अधिक स्थायी विशेषताएं बना दी जाती हैं। दूसरे शब्दों में, 'नागरिक–समाज में किए जाने वाले प्रयासों को यदि राज्य कानून या विधान के रूप में कोडीफाई नहीं करता है, तो वे बेकार हो जाते हैं' (चंडोक 2003: 55)। यह तर्क दिया जाता है कि ऐसा करने के लिए नागरिक–समाज कानून व राजनीति के बीच समतुल्यता की एक अनुरूपता पेश करता है, जैसे कि सिर्फ कानून ही राजनीति को अच्छा बनाता है। कानून और संस्थानीकरण के जरिए स्थापित की गई एकता के माध्यम से ही राजनीति द्वारा खंड–खंड में सृजित किए गए दबाव अच्छे बनाए जाते हैं, और राज्य से समर्थन पाने

के बाद ही अतीत में किनारे में पड़े सामाजिक समूहों का सशक्तीकरण होता है। जैसा कि खिलनानी पुष्टि करते हुए कहते हैं:

> नागरिक–समाज 'राजनीति' की एक अवधारणा को पहले से मानकर चलता है: ऐसी अवधारणा जो राजनीति की प्रादेशिक व संवैधानिक गुंजाइश, दोनों को निर्धारित करती है, और ऐसे कार्यक्षेत्र की या कार्यअभ्यासों के ऐसे समुच्चय की पहचान करती है जो नियमित व समयबद्ध प्रचार के अधीन होते हैं, जोप्रतिस्पर्द्धी दावों को आगे बढ़ा सकने व उनका औचित्य सिद्ध कर सकने के लिए एक जमीन मुहैया कराती है... इस संदर्भ में, बहुत अधिक सामाजिक विषमता की स्थितियों में भी राजनीति न केवल सामाजिक बंटवारे की खाई को चौड़ा करने के लिए, बल्कि इसे पाटने के लिए (जोड़ने वाले कार्यअभ्यास) भी काम कर सकती है। (कविराज व खिलनानी 2001: 26)

कार्यअभ्यासों के *प्रतिच्छेदन बिंदु* ('जोड़ने वाले कार्यअभ्यास') को नागरिक–समाज के आधार के रूप में कानूनी आवश्यकताएं और प्रतिरोधकारी राजनीति के लिए अंतिम लक्ष्य के तौर पर विधान प्रतिबिंबित करते हैं जो अन्यथा स्वतंत्र नजर आते हैं। साधनों की सीमाओं को व साथ ही राजनीतिक कार्यों के उद्देश्य या साध्य(जैसे कि स्त्री आंदोलन ने प्राप्त किया) को परिभाषित करने के लिए कानून द्वारा की गई मध्यस्थता, कानूनी आवश्यकताओं/संस्थानीकरण के रूप में और एक–दूसरे को परस्पर समृद्ध व सुदृढ़ करने के राजनीतिक कार्य के रूप में फलित नहीं होती है। इसके उलट, विधि–निर्माण पर साध्य के रूप में जोर डालने से, यह प्रक्रियात्मक (प्रोसीजरल) मांगों का निचोड़ पेश करके राजनीतिक मुद्दों को तकनीकी मुद्दे बना देता है और *उन्नतशील व संचयी रूप से* राजनीतिक कार्य के स्पेस को क्षरित करता है। राजनीतिक मुद्दों को अधिकाधिक रूप से कानून के प्रक्रियात्मक पहलुओं में परिवर्तित करना राज्य द्वारा नागरिक–समाज के 'मुक्त क्षेत्रों' (फ्री स्पेस) पर अतिक्रमण किए जाने को दर्शाता है; जबकि नागरिक–समाज द्वारा आरोपित साधनों की सीमाओं को परिभाषित करने वाली कानूनी आवश्यकताएं भी उन साध्यों को प्रभावित करती हैं जो उन वर्णित सीमाओं के अंदर प्राप्य हैं।

पुनः, चंडोक बताती हैं (नागरिक–समाज को राजनीति के वैधानिक क्षेत्र के रूप में प्रदर्शित करने अपने प्रयास के बारे में, परंतु वे इसकी और अधिक पड़ताल नहीं करतीं हैं) कि नागरिक–समाज किस तरह से कानूनी आवश्यकताओं पर जोर देकर 'बिना शर्त' सीमाएं आरोपित कर सकता है:

परंतु, नागरिक–समाज के कर्ता राज्य को उन तरीकों से चुनौती नहीं दे सकते जिनकी वह अनुमति नहीं देता है – जैसे कि आतंकवाद, भले ही यह आतंकवाद राज्य की शक्ति द्वारा क्रूरता के इस्तेमाल के कारण और स्वयं नागरिक–समाज में विशेषाधिकार प्राप्त समूहों द्वारा शक्ति के उतने ही क्रूरतम इस्तेमाल के कारण न्यायोचित ठहरायी जाती हो। (चंडोक 2003: 54)

इस प्रकार, नागरिक–समाज के अध्येता 'नागरिक–समाज में विशेषाधिकार प्राप्त समूहों' की क्रूरता को स्वीकार करते है, और साथ ही इस क्रूरता का विरोध करने वालों द्वारा अपनाए जाने वाले (न्यायोचित) आतंकवादी तरीकों का पूर्ण निषेध करते हैं, और इसके बावजूद वे यह तर्क देते हैं कि नागरिक–समाज ही एकमात्र ऐसा क्षेत्र है जहां राजनीतिक आंदोलनों को अपने चहेते लक्ष्य अर्जित करने की जरूरत होती है। दूसरे शब्दों में, नागरिक–समाज अपनी 'तटस्थ की हुई' कानूनी आवश्यकताओं के जरिए, 'राज्य की शक्ति द्वारा क्रूरता के

इस्तेमाल और नागरिक–समाज में विशेषाधिकार प्राप्त समूहों द्वारा शक्ति के उतने ही क्रूरतम इस्तेमाल' का जबर्दस्ती मेल कराता है। शक्ति संबंधों का यह दोहराव और पुनरुत्पादन मेल के रूप में व्यक्त होता है और राजनीतिक कार्य के उन रूपों या तरीकों को इससे बाहर रखता है (जैसे आतंकवादी कार्य) जो 'स्वयं नागरिक–समाज में विशेषाधिकार प्राप्त समूहों द्वारा शक्ति के क्रूर इस्तेमाल' को मद्धम, नियंत्रित व प्रतिस्थापित करने की संभावना रखते हैं। हिंसा के कानून और कानून की हिंसा संबंधी इस बात की और अधिक व्याख्या के.जी. कन्नाबीरन के अवलोकन के जरिए की जा सकती है। वह कहते हैं, 'यदि समाज में हिंसा को कानून के उल्लंघन के रूप में देखा जाता है, तो स्वयं कानून ही समान रूप से हिंसक है और वस्तुतः आधिकारिक अनुमति के समर्थन से अपनी सुनियोजित व पूर्ण निष्ठुरता के कारण यह कहीं अधिक दुर्बलताकारी प्रभाव पैदा करता है (कन्नाबीरन 2004: 1)।

इसी प्रकार, राजनीतिक आंदोलनों द्वारा विधि–निर्माण को एकमात्र लक्ष्य के रूप में या मुख्य लक्ष्य के रूप में देखे जाने की बात पर, स्त्रीवादी राजनीति इस नतीजे पर पहुंची कि यह सिर्फ एजेंसी की सर्कुलैरिटी व एजेंसी को कमजोर बनाने में योगदान देता है, स्वतंत्रता के विस्तार में व मुक्ति में बिल्कुल भी योगदान नहीं देता है। भारत में स्त्रीवादी अधिक विधि–निर्माण की मांग को लेकर चौकन्ने रहे हैं ताकि इससे महिलाओं के खिलाफ भेदभाव, पराधीनता व हिंसा में बढ़ोत्तरी नहीं हो। वे तर्क देते हैं कि अधिक कानून बनने और इस तरह की कानून संबंधी बहसों से राज्य का नियंत्रण बढ़ता है, संरचित शक्ति संबंधों की समस्या का व्यक्तिकरण होता है, सामूहिक एकजुटता के स्पेस में क्षरण के जरिए अ–राजनीतिकरण होता है और समस्याओं के सांस्कृतिक, आर्थिक व सामाजिक कारणों की अनदेखी करके उनका सरलीकरण किया जाता है, और उन्हें 'तकनीकी' समस्याओं में बदलकर संस्थागत ढांचे के तहत समाधान योग्य बना दिया जाता है। संस्थानीकरण से महिलाओं के जटिल अनुभवों को कानूनी विमर्श के लिए सरल–पठनीय भाषा में ढाल दिए जाने की समस्या बढ़ती है। परंतु, 'कानून के परे' जाने में आंदोलनों के लिए फिर से नागरिक–समाज की राजनीति अपना लिए जाने का खतरा होता है, जिसमें गैर–सरकारी संगठनों के तौर–तरीकों को अव्यवस्थित ढंग से बढ़ावा मिलता है और ये 'राज्य को रास्ते से हटाने' के विमर्श को आगे बढ़ाने वाले नजर आते हैं। और इस तरह से पुनः स्वैच्छिक भागीदारी के जरिए एजेंसी को विस्तारित करने के नाम पर, राज्य की जिम्मेदारियों को अपने कार्य की स्वयं जिम्मेदारी लेने वाले व्यक्तियों के हाथों में दे दिया जाता है। कानून पर सवाल उठाने और साथ ही ध्यान केंद्रित करने के पूर्वनिश्चित परिणाम होते हैं –संरचित शक्ति संबंधों को व्यक्तिगत स्तर पर लाना या शक्ति संबंधों से उनके ढांचागत संदर्भ के बाहर समझौता करने में उनका अ–राजनीतिकरण करना। इस प्रकार, नागरिक–समाज अपनी पूर्वशर्तें पुनः लादकर और आंदोलनों को पूर्वनिर्धारित परिणामों (व्यक्तिकरण और अ–राजनीतिकरण; भले ही वे कानूनी आवश्यकताओं को लागे करें या फिर इन्हें कमजोर बनाएं) की ओर धकेलकर *लॉजिक ऑफ सर्कुलैरिटी* की रचना करता है। स्त्रीवादी राजनीति ने (बढ़ती बाजार अर्थव्यवस्था द्वारा क्षति पहुंचाई हुई राजनीतिक अर्थव्यवस्था के संदर्भ में) नागरिक–समाज में कानून, सार्वजनिक नैतिकता, सभ्यता, स्वैच्छिक कार्य, शासन और गवर्नमेंटैलिटी के बीच प्रतिच्छेद बिंदुओं की पड़ताल करने में इसी सर्कुलैरिटी को रोकने का प्रयास किया है। इन कार्यअभ्यासों (जो अन्यथा अलग–अलग और एक–दूसरे को मद्धम करने में समर्थ दीखते हैं) के बीच समतुल्यता (शक्ति संबंधों को संरक्षित करने में) को समझने में,

स्त्रीवादी राजनीति उन नए कार्यअभ्यासों के एक समुच्चय की जरूरत पर रोशनी डालती है जो नागरिक–समाज के घेरे और इससे जुड़ी अस्पष्टताओं व सम्मिलन से परे हों।

अध्याय 5 में, हम नागरिक–समाज के इन दावों से निपटेंगे कि यह लोकतांत्रिक राजनीति की अभिव्यक्ति के लिए सबसे अधिक *संभावनापूर्ण क्षेत्र* बना हुआ है क्योंकि यह विभिन्न किस्म के मौजूदा विवादित हितों का प्रतिनिधित्व करने वाले कार्यअभ्यासों की बहुलता का प्रचार–प्रसार करता है। चूंकि यह अलग–अलग दायरों (मुख्यतः राज्य, नागरिक समाज और बाजार) के प्रचालन के तौर–तरीकों को अलग–अलग करता और उनके बीच के जोड़ को समाप्त करता है, इसलिए यह एक 'खुले–समाज' को भी सुनिश्चित करता है। नागरिक–समाज में राजनीति के नजरिए से, जो समाज इस अंतर को मिटा देते हैं वे या तो सर्वसत्तावादी (टोटैलिटेरियन) बन जाते हैं (यानी राज्य द्वारा अत्यधिक व्यवस्थित एवं नियंत्रित) या फिर विघटित होकर अराजक हो जाते हैं (यानी बाजार अथवा नागरिक–समाज की मुक्त साहचर्यात्मक गतिविधियों के तर्क द्वारा अत्यधिक अतिक्रमित)। दूसरे शब्दों में, दायरों के बीच के 'अलगाव' 'नियंत्रणों व संतुलनों' के लिए जगह बनाते हैं जिससे उनमें से कोई भी इन दायरों के लिए जरूरी सीमाओं में अतिक्रमण नहीं कर सके, ताकि लोकतंत्र क्रियाशील और जीवित रहे।

जैसा कि हमने तर्क दिया है, नागरिक–समाज अपने *प्रतिच्छेदन बिंदुओं* को अलग–अलग कार्यअभ्यासों के बीच और अन्य दायरों के साथ *सम्मिलन* से अर्जित करता हैऔर यह *सम्मिलन* नागरिक–समाज के कार्यअभ्यासों की बहुलता व विभिन्न दायरों के लिए स्वायत्तता का दावा करके किया जाता है। इसके बाद *बहुलता व प्रतिच्छेदन* और *पृथक्कीकरण व सम्मिलन* अलग–अलग स्तरों पर नहीं होते हैं बल्कि शक्ति के प्रवाह के तौर–तरीकों के रूप में फलित होते हैं। दूसरे शब्दों में, अलग–अलग कार्यअभ्यासों को व्यवहारतः नागरिक–समाज के अंदर प्रचालनों के तौर–तरीकों की बहुलता का प्रतिनिधित्व करना चाहिए, परंतु वास्तव में ये मिलकर एक हो जाते हैं, और ऐसा ही अलग–अलग दायरों के तर्क के साथ होता है जो इनके बीच के सम्मिलन का ही एक तरीका या 'रूप' भी है ताकि यह संरचित शक्ति संबंधों को पुनरुत्पादित व सुदृढ़ीकृत करे।[13] सम्मिलन के कारगर होने का एकमात्र तरीका 'अलगाव' ही है; 'यह कहा जाता है कि वर्तमान में हम जिसे नागरिक–समाज के नाम से जानते हैं, वह न केवल सतही है, बल्कि खतरनाक भी है, क्योंकि ये राज्य और कॉरपोरेट, दोनों रूपों को गतिविधि के स्वायत्त दायरों के सिद्धांत के जरिए समझता है और सुदृढ़ीकृत करता है' (डे 2005: 213)।

परंतु, नागरिक–समाज के अंदर *प्रतिच्छेदन के बिंदुओं* और अन्य दायरों के साथ *सम्मिलन के क्षण* को अपवर्जनों की एक श्रृंखला के जरिए संभव बनाया जाता है। नागरिक–समाज उन सभी कार्यअभ्यासों को छोड़ देता है जो इस व्यवस्था को गड़बड़ाने की संभावना रखते हैं और इन्हें राज्य, नागरिक–समाज व बाजार में विशेषाधिकार प्राप्त 'अन्य' कार्यअभ्यासों के रूप में फ्रेम किया जाता है। इस प्रकार, नागरिक–समाज कार्यअभ्यासों के बीच ऐसे विरोधी युग्मों की एक श्रृंखला बनाती है जिनमें से कुछ विशेषाधिकृत होते हैं और कुछ को ये अपवर्जित कर देता है। उदाहरण के लिए, कानूनी आवश्यकताएं गैर–कानूनी को अपवर्जित करती हैं, आधुनिक पारंपरिक को, नागरिक अ–नागरिक को, आदि, अपवर्जित करता है। ये 'प्रदत्त' या प्राकृतिक नहीं हैं, हालांकि नागरिक–समाज इन्हें इसी रूप में निर्मित करता है या दिखाता है। परंतु, नागरिक–समाज के अंदर होने वाले लेन–देन और अन्य दायरों के साथ इसके ताल–मेल की अनिवार्यता के हिसाब से इन्हें चयनित रूप से निर्मित किया जाता है। तब भला नागरिक–समाज में कानूनी या नागरिक क्या है, इसकी रचना मनमाने

ढंग से नहीं होती, बल्कि तीन 'पृथक' दायरों के बीच मौजूदा समीकरणों को कायम रखने और उनमें से प्रत्येक के अंदर शक्ति संबंधों को बनाए रखने के तर्क के अनुसार की जाती है। उदाहरण के लिए, संपत्ति संबंधों को चुनौती देना या अनुबंधों का सम्मान नहीं करना गैर–कानूनी माना जाता है, लेकिन अपने उत्पादों की छवि बढ़ा–चढ़ाकर पेश करके या झूठे दावे करके नियमित रूप से फलने–फूलने वाले विज्ञापनों को न तो गैर–कानूनी माना जाता है और न ही अनागरिक, बल्कि इन्हें संबंधों के आदान–प्रदान व बाजार में व्यापार बढ़ाने के लिए जरूरी 'सूचना' माना जाता है।[14] इसलिए यह तर्क दिया जा सकता है कि प्रतिच्छेदन के रूप में बहुलता और सम्मिलन के रूप में अलगाव को विरोधी युग्मों में और विरोधी युग्मों के व इन दायरों के अंदर कार्यअभ्यासों को दो भागों में विभाजित करने के तरीके के जरिए प्राप्त किया जाता है।

यदि शक्ति समीकरण विरोधी युग्मों के जरिए दोहराए जाते हैं, तो भला हम इन विरोधी युग्मों को कैसे छेड़ सकते हैं? इसका एक संभावित तरीका उन कार्यअभ्यासों को 'वैकल्पिक रूप से' विशेषाधिकार प्रदान करना है जिन्हें नागरिक–समाज द्वारा अपवर्जित कर दिया गया है, जैसे कि गैर–कानूनी, अ–नागरिक और पारंपरिक कार्यों के लिए तर्क। यह कहा जा सकता है कि इससे उन कार्यअभ्यासों का संतुलन और विषय–क्षेत्र बिगड़ने की संभावना होती है जो नागरिक–समाज, राज्य और बाजार में विशेषाधिकार प्राप्त हैं। परंतु, जैसा कि हम पांचवें अध्याय में चर्चा करेंगे, इस उलटाव से अनर्थ नहीं होता क्योंकि शक्ति संबंधों को बरकरार रखने के तरीके का दृष्टांत सिर्फ विशेषाधिकार प्राप्त व वैधानिक कार्यअभ्यासों में ही नहीं मिलता, बल्कि स्वयं विरोधी युग्मों को गढ़ने के क्षण में भी मिलता है। दूसरे शब्दों में, नागरिक–समाज से अपवर्जित किए गए कार्यअभ्यासों को विशेषाधिकार प्रदान करना (स्वयं विरोधी युग्मों की रचना करने वाली पद्धति पर सवाल किए बिना), इन्हें *लॉजिक ऑफ सर्कुलैरिटी* में (जैसे कि इसकी नागरिक–समाज में रचना की जाती है) समाप्त कर देता है। उदाहरण के लिए, जैसा कि हमने स्त्रीवादी राजनीति के संबंध में चर्चा की, कानून की केंद्रीयता की अनदेखी करने के लिए, स्त्रियों के आंदोलन के पास कानून के परे जाने या विधानों का सहारा नहीं लेने का आसान विकल्प नहीं था, जिसमें स्वैच्छिक कार्य और स्वतंत्रता के नाम पर राज्य को अपराध से मुक्त कर देना और नव–उदारवादी सुधारों (यह तर्क कि लोगों को स्वयं अपनी जिम्मेदारी लेनी चाहिए) का सहारा लेना शामिल होता।

नागरिक–समाज के 'भीतर' के विरोधी युग्म और राजनीति पर उनकी पकड़ से सिर्फ 'अन्यों की श्रेणी' वालों का महिमामंडन करके और उन पर जोर डालकर नहीं उबरा जा सकता है। दूसरे शब्दों में, गैर–कानूनी चीजों को आगे लाकर कानूनी आवश्यकताओं के अत्याचार से, असभ्यता का उदाहरण पेश करके सभ्यता से, पारंपरिक को वैध बनाकर आधुनिकता से, सरल विचार वाली स्वयंसेविता का उत्सव मनाकर संस्थानों से, आदि, उबरा नहीं जा सकता है। यह सिर्फ नागरिक–समाज के प्रभुत्वशाली कार्यअभ्यासों को और अधिक मूर्त और सुदृढ़ बनाता है। इस प्रकार, 'संघटक बाहरी' के रूप में 'राजनीतिक–समाज' के विचार का सूत्रीकरण करने में (जैसा कि पार्थ चटर्जी करते हैं), व्यक्ति उन श्रेणियों के जरिए राजनीति का खांचा बनाने का प्रयास करता है जिन्हें नागरिक–समाज की राजनीति व विमर्श के द्वारा (स्वयं विरोधी युग्मों की रचना करने वाले तरीके पर सवाल किए बिना) अपवर्जित व हेय बना दिया गया है (चटर्जी 2004)। इसके बजाय, नागरिक–समाज के वर्चस्व को हटाने के प्रयास में, चटर्जी उन कार्यअभ्यासों पर जोर डालकर व उन्हें विशेषाधिकार प्रदान करके युग्म वाले दृष्टिकोण को और अधिक सुदृढ़ करते हैं जिन्हें गैर–कानूनी, असभ्य और पारंपरिक माना गया है क्योंकि वे एक 'अलग' क्षेत्र से संबंध

रखते हैं जिन्हें वह 'राजनीतिक–समाज' कहते हैं। इस प्रक्रिया में, वह नागरिक–समाज और राजनीतिक–समाज के बीच एक अन्य महा–युग्म (सुप्रा–बाइनरी) निर्मित करते हैं। परंतु, यह दृष्टिकोण नागरिक–समाज के वर्चस्व को अस्थिर नहीं कर सकता, बल्कि वास्तव में नागरिक–समाज को मूर्त रूप देता है और स्वयं को ऐसे दिखाता है 'मानो' यह कानूनी आवश्यकताओं व सभ्यता का एक शुद्ध क्षेत्र था।

'राजनीतिक–समाज' के उसी अध्याय में, हमने इस दुविधा से निपटने का प्रयास किया है और उस सर्कुलैरिटी की खोज करने का प्रयास किया है जिसे नागरिक–समाज स्थापित करता है। राजनीतिक–समाज का विचार (युग्म को 'दिया हुआ' मानने पर) उन सभी कार्यअभ्यासों को मिलाकर एक 'वैकल्पिक' क्षेत्र निर्मित करने का प्रयास करता है जिनका नागरिक–समाज त्याग कर देता है और जिन्हें असंवैधानिक बनाता है, और इस प्रकार इस तथ्य की अनदेखी करता है कि *युग्म का क्षण* ही *अवरुद्ध द्वंद्वात्मक पद्धति का क्षण* भी है। औद्योगिक कस्बों में प्रदूषण के खिलाफ नई सामूहिकताओं के अध्ययन के जरिए, आलोचनात्मक रूप से यह तर्क दिया गया है कि चटर्जी ('राजनीतिक–समाज' के एक 'वैकल्पिक' क्षेत्र की रचना करने में सहायता के लिए) पैरालीगल साधनों पर सबआल्टर्न निर्भरता का उच्च मूल्यांकन करते हैं जो 'उत्तरजीविता की रणनीतियों' और 'प्रासंगिक समझौतों' के रूप में उन्हें राज्य से महज जीवित बने रहने के लिए जरूरी लाभों की मांग करने (राजनीतिक–समाज की भाषा में 'नैतिक दावे') के तर्क की ओर ले जाता है और यह तर्क सांस्कृतिक पूंजी से समृद्ध की सदिच्छा पर निर्भर करता है; और, मेरे तर्क के अनुसार, यह सबआल्टर्न की एजेंसी के दुर्बलीकरण के में कारगर रूप से फलित होता है।

फूको की शैली में कहें, तो एक 'स्वायत्त क्षेत्र' का दावा करने में, सबआल्टर्न वस्तुतः प्रभुत्वशाली संरचनाओं और शक्ति संबंधों द्वारा और अधिक नियंत्रित होता है। स्वयत्तता स्वयं को नियंत्रण के रूप में प्रस्तुत करती है।

भारत में राजनीतिक आंदोलनों पर विचार करते हुए, हमें यह पता चलता है कि उनके पास कभी भी साफ–सुथरे ढंग से व्यवस्थित किसी वैकल्पिक क्षेत्र में काम करने का आसान विकल्प नहीं रहा था, बल्कि उन्हें विविध प्रकार की संयोगकारी मुद्राएं लेनी पड़ी थीं जिनमें 'अंदर और बाहर' या 'के–विरुद्ध–और–परे' शामिल थे। भारत में राजनीतिक आंदोलन (राजनीतिक–समाज के विचार से संबंधित दृष्टिकोण और पद्धति के उलट) को यह अहसास हुआ कि युग्म के ढांचों में सर्कुलैरिटी निहित है जो शक्ति संबंधों को नाकाम बनाने और विस्थापित करने के लिए कोई आसान रास्ता पेश नहीं करती है। नागरिक–समाज द्वारा अपवर्जित अग्रमुखी कार्यअभ्यासों का चुनाव मात्र करने के परिणाम, अव्यवस्थित रूप से, नागरिक–समाज के दायरे को अधिक सुरक्षित बनाने वाले और मूर्त रूप देने वाले होते हैं 'मानो' यह शुद्ध कानूनी आवश्यकताओं व सभ्यता का एक क्षेत्र था। जबकि क्रियात्मक अंग के रूप में, कानूनी आवश्यकता व सभ्यता के ढांचे 'हमेशा पहले से ही' गैर–कानूनी व असभ्य द्वारा संक्रामित होते हैं, जो उनकी 'नींव में मौजूद हिंसा' को दिखलाता है। कानूनी आवश्यकता स्वयं ही गैर–कानूनी बन रही है: मात्तेइ और नादेर की किताब के शीर्षक से उधार लेकर कहें तो, *'जब कानून ही गैर–कानूनी है'* तो शांति व अहिंसा के विचार स्वयं ही संरचित या संस्थागत हिंसा को छुपाते हैं, स्वैच्छिक कार्य स्वयं ही राज्य के हट जाने और जिम्मेदारियों को व्यक्तियों के सुपुर्द कर दिए जाने के विमर्श उत्पन्न करते हैं, 'घटनाओं की राजनीति' स्वयं ही राजनीति को एक प्रक्रिया के रूप में समेट देती है, अधिकारों की भाषा स्वयं ही सहकारी संबंधों में दरार डालकर उनके साकार होने की संभावना को कमजोर बनाती है और सहिष्णुता के विमर्श स्वयं संस्थागत

असहिष्णुता करते हैं – अंतर को दूरी के रूप में संस्थानीकृत करने में, या अस्मितावादी राजनीति को 'उपस्थिति की राजनीति' के रूप में लाने में वे स्वयं ही उन्हें 'विचारों की राजनीति' से दूर करते हैं और कमजोर बनाते हैं। इसलिए, राजनीतिक आंदोलन के पास, नागरिक–समाज में उपलब्ध कार्यअभ्यासों को मूर्त रूप दिए बिना और उनके अंतरालों में छुपी शक्ति की गतिकी के साथ कार्य में संलग्न नहीं होने के विशेषाधिकार के बिना उनका भंडाफोड़ करके, नागरिक–समाज में उपलब्ध कार्यअभ्यासों को पुनः वर्णित करने की चुनौती थी। राजनीतिक आंदोलनों के सापेक्ष 'राजनीतिक–समाज' के दृष्टिकोण में अंतर की आलोचना करने में और उन्हें रेखांकित करने में, हम इनमें से कुछ दुविधाओं और सर्कुलैरिटी का तथा सर्कुलैरिटी के रूप में मौजूद दुविधाओं (जो नागरिक–समाज में निहित होती हैं) विस्तारपूर्वक वर्णन करने का प्रयास करेंगे।

अंतिम अध्याय में (जिसे निष्कर्ष के स्थान पर लिखा गया है), हम नागरिक–समाज में शक्ति संबंधों को सुलझाने की अवधि के दौरान राजनीतिक आंदोलनों द्वारा पेश की गई अंतर्दृष्टियों और संकेत–चिह्नों को इकट्ठा करने और एकसाथ रखने का काम हाथ में लेंगे। इन आंदोलनों का प्रक्षेप–पथ किसी भी ढंग से एकरेखीय नहीं है, बल्कि स्पष्ट किंतु उतार–चढ़ाव वाला है और पीछे हटने, दुविधा में पड़ने व हाथ खींच लेने वाला है। परंतु अभ्यास और अभ्यास के संदर्भ में वैचारिकता कभी भी अलग–अलग नहीं था। इस किताब के आखिरी अध्याय में, *उत्तर–नागरिक–समाज की राजनीति* की अवधारणा में हम (एक तदर्थ व प्राथमिक अर्थ में) वर्तमान राजनीतिक आंदोलनों के विमर्श व राजनीति से संकेत लेने का प्रयास करेंगे। नागरिक–समाज का अध्ययन राज्य व बाजार के सम्मिलन पर इस जोर के साथ किया जाना चाहिए और इसे इसके काम करने के ढंग का आकस्मिक या संदर्भगत अंग नहीं, वरन संघटक व अभिन्न अंग मानना चाहिए। नव–उदारवादी सुधारों की वर्तमान प्रक्रिया सिर्फ इन अभिलाक्षणिक विशेषताओं को कम छुपाती है और अधिक सहज बनाती है। परंतु, नागरिक–समाज के अध्येताओं ने अक्सर इस बात को सिर्फ नागरिक–समाज के लिए उतना ही विशिष्ट माना है जितना कि आज यह उभरकर सामने आया है, और इसलिए उन्होंने नागरिक–समाज के आदर्शवादी किस्म के विचारों को नवजीवन देने के लिए नई याचनाएं पेश की हैं, और (लॉजिक ऑफ सर्कुलैरिटी के अंग के रूप में) इन प्रक्रियाओं को नागरिक–समाज में फिट करने के साधन तलाशने में दम तोड़ दिया है ताकि यह 'सिद्धांततः जो वायदे करता है उन्हें प्रदान करने' की मांग की जा सके और इसका विस्तार किया जा सके – परंतु इससे नागरिक–समाज और अधिक मूर्त हो उठता है।

स्वायत्तता और सम्मिलन

उत्तर–नागरिक–समाज की राजनीति की किसी भी अवधारणा को निर्मित करने का प्रयास राज्य, नागरिक–समाज और बाजार के बीच सम्मिलन की संघटनात्मक प्रकृति की मैपिंग में ही किया जा सकता है। सम्मिलन की प्रक्रिया की त्रिकोणात्मक प्रकृति असल में उस 'संदर्भ' की पारिभाषिक विशेषता है जिसमें राजनीतिक आंदोलन संगठित हो रहे हैं और विरोधमूलक राजनीति काम कर रही है। वर्तमान संदर्भ को सम्मिलन की तीनों समकालिक प्रक्रियाओं के जरिए चिह्नित किया जाता है (अतीत में हमेशा ऐसा होता रहा है, सिर्फ अब जाकर यह कहीं ज्यादा दिखने लगा है और स्वाभाविक हो गया है):

1. बाजार में संबंधों के असमान व औपचारिक आदान–प्रदान को राज्य का बढ़ता समर्थन;
2. नागरिक–समाज में संबंधों व प्रक्रियाओं का बढ़ता बाजारीकरण;
3. नागरिक–समाज में कानून में और कानून के जरिए पदसोपानक्रमों का दोहराव;

राज्य, नागरिक–समाज और बाजार के बीच ऐसे अंतर्संबंध पर टिप्पणी करते हुए, माइकल वॉल्जर कहते हैं:

> यह दावा करना नागरिक–समाज का एक गलत दृश्य और बुरा समाजशास्त्र है कि बाजार में सबकुछ मुक्त विनिमय के रूप में होता है और यह कि यहां नियंत्रण कभी कोई मुद्दा नहीं होता। बाजार की सफलता घनिष्ठ रूप से संबंधित तीन तरीकों से (मुक्त) बाजार की सीमाओं का अतिक्रमण करती है। इनमें पहला, संपत्ति की रैडिकल असमानताएं स्वयं अपने प्रतिरोधी नियंत्रण उत्पन्न करती हैं, ताकि अनेक विनिमय सिर्फ औपचारिक रूप से मुक्त होते हैं। दूसरा, कुछ खास किस्म की बाजार शक्ति संगठित होती है, जैसे कि कॉरपोरेट ढांचा निर्देश व अनुपालन के पैटर्न उत्पन्न करता है जिसमें विनिमय की औपचारिकताएं सरकार से काफी–कुछ मिलती–जुलती किसी चीज के लिए रास्ता साफ करती हैं। और तीसरा, विशाल संपत्ति व उत्पादक शक्तियों का स्वामित्व या नियंत्रण संरचनात्मक अर्थ में तत्परता से सरकार में परिवर्तित हो जाती है। पूंजी नियमित रूप से व सफलतापूर्वक राज्य की दमनकारी शक्ति का आह्वान करती है। (वॉल्जर 1984: 321–22)

राज्य व बाजार का सम्मिलन

राज्य के समर्थन और निर्देशन के बिना बाजार 'मुक्त' नहीं हो सकते हैं। वस्तुतः बाजारों में 'मुक्त' रहने का विचार 'पहले हमेशा से ही' राज्य के समर्थन को मानता रहा है। बाजार 'प्राकृतिक' रूप से नहीं बढ़ सकते हैं; जैसा कि फ्रेडरिक जेम्सन कहते हैं, 'ऐसा निर्धारित विधानों व अन्य हस्तक्षेपकारी माध्यमों से किया जाता है', और जिस तरह वह इसे उन्नीसवीं शताब्दी के लिए सच मानते हैं (जिसे पोल्यानी *महान परिवर्तन* या *दि ग्रेट ट्रांसफॉर्मेशन* कहते हैं) वह उतना ही थैचर काल के लिए सच है जिन्होंने 'टी.आई.एन.ए. फैक्टर' में अपनी आस्था के जरिए बाजारीकरण की अनुत्क्रमणीयता व एकलता की घोषणा की थी (जेम्सन 2000: 58); और यह यूरोजोन के इर्दगिर्द की आज की राजनीति पर भी ज्यों का त्यों लागू होता है। विधान उन राष्ट्रों की कानूनी शासन–व्यवस्थाओं को बदलने के लिए बनाए जाते हैं जहां 'मुक्त बाजारों' को 'संरचनागत समायोजन' और कानून–व्यवस्था के सुदृढ़ीकरण के नाम पर खोला जाना होता है और इन्हें मात्तेई व नादेर *जब कानून ही गैर–कानूनी है'* प्रक्रिया द्वारा समर्थित आधुनिक काल की *'लूटमार'* कहते हैं (मात्तेई व नादेर 2008)। इन परिवर्तनों को अंतर्राष्ट्रीय वित्तीय निकायों जैसे कि विश्व व्यापार संगठन, अंतर्राष्ट्रीय मुद्रा कोष और विश्व बैंक, के अंदर हमेशा ही कठोर उपायों के जरिए लाया जाता है। इन विभिन्न उपायों में कर्जदाता देशों पर शर्तें लादना और शासन में सुधारों ('सुशासन' के नाम पर) के जरिए कानूनी बदलावों का सुझाव देना शामिल है। परंतु, यह कहानी का सिर्फ एक पहलू या पक्ष है; कानूनी शासन–व्यवस्था में यह अनुपालन हमेशा ही अधिक क्रूर साधनों द्वारा समर्थित होता है जिसे राज्य की दमनकारी शक्ति माना जाता है।

दुनिया भर में अर्थव्यवस्थाओं को खोलने व निजीकृत करने के लिए अपने सबसे क्रूरतम रूप में राज्य की शक्ति के इस इस्तेमाल पर गौर करके, नाओमी क्लेन ने इसे *'दि शॉक डॉक्ट्रिन'* कहा जो *अनर्थकारी पूंजीवाद के उदय (राइज़ ऑफ डिज़ास्टर कैपिटलिज़्म')* (2007) की ओर ले जाता है। 'शिकागो स्कूल' के प्रयोगों का हवाला देते हुए वह कहती हैं कि यह बाजारों को खोलने व निजी कंपनियों को सार्वजनिक संपत्ति बेचने की एक सोची–समझी रणनीति का हिस्सा था, जिसे प्राकृतिक आपदाओं के लिए इंतजार करके और इनके होने के समय से मिलान करके रणनीति के जरिए लागू किया जाता था, और इसे 'यथास्थिति की निरंकुशता' ('अति–लाभ व महा–आपदाओं के बीच के *प्रतिच्छेदन*') कहे जाने वाली पूर्वस्थिति में पहुंचने से पहले लागू किया जाता था।[15] वह कहती हैं कि 'अब उसी वैचारिक कार्यक्रम को यथासंभव कठोर दमनकारी साधनों के जरिए आरोपित किया जा रहा था: किसी आक्रमण के बाद विदेशी सैन्य कब्जे के तहत या किसी अनर्थकारी प्राकृतिक आपदा के तुरंत बाद। ग्यारह (11) सितंबर ने तो मानो वाशिंगटन को इसकी हरी झंडी दे दी कि कोई देश उससे यह नहीं पूछे कि वह अमेरिकी किस्म का "मुक्त बाजार व लोकतंत्र" चाहता है या नहीं और उसने घुड़की देकर और जबर्दस्त सैन्य शक्ति के इस्तेमाल से उसे लागू करना आरंभ कर दिया' (क्लेन 2007: 11)। राज्य व बाजार की (राष्ट्रीय व वैश्विक) साझीदारी की यह रणनीति, असल में, 11 सितंबर के बाद इजाद नहीं हुई बल्कि उसके बाद इसे अचूक बनाया गया। क्लेन कहती हैं कि चीले में पिनोश द्वारा तख्तापलट किए जाने के तुरंत बाद, अर्जेंटीना में सैन्य जुंटा द्वारा फैलाए गए 'आतंक' की मदद से सन सत्तर के दशक में, और तब से लेकर 11 सितंबर के हमले व ईराक पर कब्जे के बाद तक, और हाल में लीबिया पर कब्जे के बाद जब अर्थव्यवस्था में तेजी से बदलाव हो रहे थे (टैक्स में कटौती, मुक्त व्यापार, सेवाओं का निजीकरण, सामाजिक व्यय में कटौती और विनियमन), तब यह अपने नंगे रूप में दिखाई दे रहे उन्नत पूंजीवाद को फैलाने की रणनीति का हिस्सा था।[16] क्लेन कहती हैं, पूंजीवादी राष्ट्र और साथ ही समाजवादी होने का दावा करने वाले राष्ट्रों के अंदर भी इसी प्रकार से 'सुधार' पेश किए गए। चीन में सन 1989 में, तिएनमेन स्क्वेयर के जनसंहार के बाद आर्थिक सुधार किए गए, और अमेरिका में न्यू ओर्लिएंस में आए कैटरीना तूफान के ठीक बाद। ये वही ताकतें हैं जिन्होंने सन 2012 में लोकतंत्र के प्रसार के नाम पर मध्य पूर्व को धराशायी कर दिया।[17] इस प्रकार के सम्मिलन के संदर्भ के तहत ही नागरिक–समाज, राज्य और बाजार के क्षेत्रीय विश्लेषण का पुरजोर दावा किया जाता है, जो हमें उनकी वैचारिक भूमिका की अंतर्दृष्टि देता है।[18]

बाजार व नागरिक–समाज का सम्मिलन

इसके बाद, राज्य व बाजार का सम्मिलन तब तक संभव नहीं है जब तक कि नागरिक–समाज और बाजार का या राज्य और नागरिक–समाज का सम्मिलन नहीं हो जाता। 'वैचारिक' व संरचनात्मक, दोनों रूप से सामाजिक संबंधों के बढ़ते बाजारीकरण के साथ नागरिक–समाज व बाजार का सम्मिलन होता है। जैसा कि हम पहले ही चर्चा कर चुके हैं, नागरिक–समाज व्यक्तिवाद व निजी हितों की पूर्ति का क्षेत्र है, परंतु 'नैतिक भावनाओं' का पोषण करके इसे संयमित किया जाता है, या राज्य द्वारा विधान पारित करके, नागरिकों के बीच औपचारिक या अनुबंधकारी संस्थानीकरण के जरिए इसे नियंत्रित किया जाता है। नागरिक–समाज की तटस्थता को मानने में यह मानना स्पष्टतः निहित है कि राज्य निष्पक्ष है (उदाहरण के लिए, वर्ग के संदर्भ में) और बाजार की पहचान सिर्फ विनिमय संबंधों द्वारा होती है

जिसके द्वारा वाणिज्यिक समाजों का उदय होता है जो बाजार के संबंधों को एकजुटता व पारस्परिक तदनुभूति पर आधारित व्यक्तिगत संबंधों से अलग करना संभव बनाते हैं। 'उदाहरण के लिए, एडम स्मिथ मानते हैं कि प्राक्–वाणिज्यिक समाजों में सभी मानवीय सामाजिक संबंधों में विनिमय के संबंध पैठे हुए थेः सिर्फ वाणिज्यिक समाजों ने ही बाजार विनिमय और व्यक्तिगत संबंधों के दायरों के बीच सफलतापूर्वक फर्क पैदा किया' (कविराज व खिलनानी 2002ः 20)। परंतु, जैसे कि हमने तर्क दिए हैं, अंतर या अलगाव की यह संस्था स्वयं ही सम्मिलन हेतु एक तरीका है।

यह सम्मिलन राजनीतिक भाषा व सामाजिक विचारधारा में पेश किए गए अंतर्संबंधित 'बदलावों' के अंतर्जाल के जरिए साकार होता है। इसलिए यह कोई इत्तेफाक नहीं है कि नागरिक–समाज का पुनरुत्थान 'वाशिंगटन कंसेसस' के उदय के साथ हुआ, जिससे यह विश्व बैंक, आई.एम.एफ., अमेरिकी राजकोष विभाग, बहुराष्ट्रीय कंपनियों व गैर–सरकारी संगठनों के प्रसार का प्रतिनिधित्व करने वाले क्षेत्र का नारा बन गया (गुणावर्द्धन 2004)।[19] राज्य की कार्यपालिका को सामाजिक उत्तरदायित्वों से मुक्त करने की इस प्रक्रिया का निचोड़ विश्व बैंक द्वारा दी गई नागरिक–समाज की परिभाषा में मिल जाता हैः

> नागरिक–समाज में औपचारिक व अनौपचारिक, दोनों किस्म के समूह व संगठन शामिल होते हैं, जो समाज में मौजूद विविध हितों को प्रोत्साहित करने के लिए राज्य व बाजार के नियंत्रण से स्वतंत्र रूप में काम करते हैं। उचित कदम उठाने के लिए लोग सामाजिक पूंजी, अनौपचारिक संबंध और भरोसेमंदी को साथ रखते हैं और ये बदलाव पर असर डालने वाली भागीदारी के लिए व जिन लोगों को औपचारिक स्थलों से बाहर रखा गया है उनकी आवाज उठाने के लिए महत्वपूर्ण है। (हैरिस 2007 से उद्धृत)

'राज्य व बाजार से स्वतंत्र' होकर काम करने वाले समूहों का विचार, एक स्तर पर राज्य को इसके सामाजिक उत्तरदायित्वों से मुक्त करता है और दूसरे स्तर पर बाजार के नियमों को सुदृढ़ करता है। व्यक्तियों व समूहों को अपनी हिफाजत और अपने अधिकार वाले 'पूंजी' के 'निवेश' के लिए बाजार के नियमों की जरूरत होती है। इसलिए, इस तर्क को आगे बढ़ाने पर कहा जा सकता है कि जिन समूहों के पास वित्तीय पूंजी नहीं होती, उन्हें अपनी 'सामाजिक पूंजी' का (सामुदायिक गठजोड़ व सामाजिक बांड्स) 'निवेश' करने की आवश्यकता होती है ताकि वे वित्तीय लाभ प्राप्त कर सकें और अपनी आर्थिक स्थिति में सुधार ला सकें। परंतु, इस बात पर गौर करना प्रासंगिक होगा कि स्वयं–सहायता समूहों (एस.एच.जी.) व सूक्ष्मऋण (माइक्रोक्रेडिट) के साथ किए गए 'प्रयोग' के तीन दशकों के परिणामस्वरूप न तो नए वर्गों का निर्माण हुआ (वर्ग की गतिशीलता के रूप में) और न ही हाशिए पर पड़े सामाजिक समूहों के लिए पूंजी का संचय हुआ। बल्कि इसके उलट अंतः–सबआर्ल्टन विवादों में व सामाजिक विखंडन में बढ़ोत्तरी हुई, और यहां तक कि सूक्ष्मऋण (माइक्रोक्रेडिट) के प्रचालनों से संबंधित आत्महत्याओं के कुछ मामले भी दर्ज हुए।

इसलिए, राजनीतिक संदर्भ में, यहां पर नागरिक–समाज 'लोकतांत्रिक राजनीति व रैडिकल राजनीतिक कार्य के लिए असुविधा किए बिना लोकतंत्र' के पक्ष में खड़ा होता है (पूर्वोक्त)। असल में, इस मॉडल की पैठ इतनी गहरी है कि 'वैश्वीकरण व नव–उदारवादी सुधारों' की प्रक्रियाओं का प्रतिरोध करने के लिए वैकल्पिक आंदोलनों ने स्वयं ही गैर–सरकारी संगठनों जैसी कार्यप्रणाली को अपना लेते हैं ताकि वे वैश्विक नागरिक–समाज (संक्रमणशील) के रूप में उभर रही परियोजना में अपने पैर जमा सकें और साथ ही ऐसे यथार्थवादी *दिखने वाले* 'विकल्प' पेश कर सकें जिन्हें 'अनुत्क्रमणीय प्रक्रिया' के रूप में प्रदर्शित किया गया है। उदाहरण

के लिए, विश्व सामाजिक मंच (वर्ल्ड सोशल फोरम) की भूमिका विभिन्न गैर–सरकारी संगठनों द्वारा तय की गई थी, जो अपने आप में 'आंदोलन के बचावकारी रुख का लक्षण है और यह आंदोलन अब तक एक वैकल्पिक वर्चस्वकारी रणनीति का सूत्रीकरण करने में असमर्थ है' (सादेर 2002: 93)। विरोधमूलक एकजुटता का एन.जी.ओ.–करण की ओर जाना तब संभव हुआ जब निजी के विचारों ने सार्वजनिक को अपने में शामिल कर लिया। निजीकरण के कार्यों की एक श्रृंखला के जरिए (जिसमें एन.जी.ओ. एक रहा है) सार्वजनिक पुनः परिभाषित होता है।[20] नागरिक–समाज के अंदर मौलिक न्याय के आदर्श अधिक औपचारिक, प्रतीकात्मक या अनुमानित मूल्य ग्रहण करते हुए प्रतीत होते हैं जिनमें वे (अव्यवस्थित ढंग से) सामाजिक संबंधों और 'सार्वजनिक नैतिकता' की एक सामाजिक अथवा राजनीतिक मृगमरीचिका निर्मित करने के उद्देश्य से आकार ग्रहण कर लेते हैं, भले ही ये बढ़ते बाजारीकरण–निजीकरण के कारण बढ़ती असमानताओं को न्यायोचित नहीं ठहराते हों। उदाहरण के लिए, सभी के लिए स्वास्थ्य की देखभाल या सभी के लिए शिक्षा जैसे न्याय के आदर्श 'सार्वजनिक जीवन में निजीकरण' की बढ़ोत्तरी के जरिए स्वयं को अतिच्छादित (ओवरलैप) करते हैं या काम करते हैं। हम कहीं ज्यादा स्पष्ट बदलाव के गवाह है जहां सार्वजनिक क्षेत्र (उदाहरण के लिए, जैसे कि राज्य में) अपनी भूमिका व उद्देश्य में निजीकरण को बढ़ा रहा है, जबकि निजी क्षेत्र (जैसे कि कॉरपोरेट में) अपनी बढ़ती जन–कल्याणकारी गतिविधियों के जरिए अधिक सार्वजनिक गतिविधियां करना आरंभ कर रहा है जिसमें स्वास्थ्य की देखभाल और शिक्षा को समर्थन करना और ऐसी ही अन्य अनेक गतिविधियां शामिल हैं। निजी क्षेत्र द्वारा सार्वजनिक क्षेत्र के दायित्वों को हाथ में लेना और सार्वजनिक क्षेत्र द्वारा निजी क्षेत्र के रूप और विषय–क्षेत्र को अपनाना, अंततः 'समाज के बाजारीकरण' की प्रक्रिया में सहायता देता है और मौलिक न्याय के आदर्शों को प्रतीकात्मक मूल्य प्रदान कर रहा है।[21]

इसके अतिरिक्त, नागरिक–समाज ने एक ऐसे क्षेत्र का प्रतिनिधित्व करना आरंभ कर दिया है जहां नागरिक व उपभोक्ता के बीच के फर्क ध्वस्त हो गए हैं।[22] एक नागरिक होने की पहचान बाजार के केंद्र में स्थित विनिमय संबंधों और उपभोग की प्रक्रियाओं के जरिए स्वयं को पुनः परिभाषित कर रही है, और इससे यह समझना संभव हो रहा है कि 'समाज संभवतः उस ऐतिहासिक सीमा पर पहुंच चुके हैं जहां उपभोग की अनुपस्थिति में नागरिकता व लोकतंत्र जैसे आदर्शों के बारे में सोचना संभव नहीं रह गया है' (कनक्लिनी 2001: 20)। यह एक उत्कृष्ट उदाहरण है जहां सार्वजनिक नैतिकता, भागीदारी और अधिकारों को उस अतिच्छादन या समतुल्यता के जरिए प्रकट किया गया हैजिनसे वे बाजार में विनिमय संबंधों के साथ आनंद भोग करते हैं। इस प्रकार, प्रभुत्वशाली नैतिकता को उपभोक्तावाद के रूप में, भागीदारी को अपने ऊपर जिम्मेदारी लेने व राज्य पर आश्रित नहीं रहने के रूप में और अधिकारों को इनसे अखंड रूप में जुड़ी प्रतिस्पर्द्धी नैतिकता के तत्व के जरिए पेश किए जाने वाले उदाहरण के रूप में और इसके जरिए प्रकट किया जाता है। नागरिकता (कानूनी आवश्यकताओं की नींव पर खड़ी) की कथित तटस्थता और सार्वभौमिकता को अब उपभोक्ता (विनिमय संबंधों की नींव पर खड़े) की पहचान के जरिए पुनरुत्पादित कर दिया गया है। परंतु, यह परिवर्तन वर्तमान में 'ऐतिहासिक सीमा' के रूप में नहीं उभरा है, बल्कि यह परिवर्तन नागरिक–समाज व बाजार के क्रमिक–विकास का अभिन्न अंग रहा है (जैसा कि फ्रेडरिक जेम्सन ने राज्य और बाजार के संबंध के बारे में कहा था)।[23] संभवतः, इसे *वैश्विक बदलाव* कहने के बजाय, डेविड हार्वे के शब्दों में इस प्रक्रिया की नई उभरती *वैश्विक पहुंच* ('दिक–काल संपीड़न') कहना अधिक उपयुक्त होगा, जिसमें अब 'उपभोक्तावाद की संस्कृति–विचारधारा वैश्विक पूंजी को हर जगह नैसर्गिक बनाती है' (युडिस 1995: 17)।[24]

राज्य व नागरिक–समाज का सम्मिलन

अंततः, कानून की मध्यस्थता व पहुंच के जरिए राज्य व नागरिक–समाज के बीच सम्मिलन होता है। जैसा कि हम पहले ही चर्चा कर चुके हैं, कानून की पहुंच का स्वरूप (विस्तृत हो रही कानूनी व्यक्तिपरकता के रूप में) राज्य के बढ़ते नियंत्रण और व्यक्तिगतकरण (इंडिविजुएशन) की प्रक्रियाओं के बढ़ते उदाहरणों में बदल जाता है। दूसरे स्तर पर, यह नागरिक–समाज की स्वायत्तता को कायम रखने के नाम पर कानून के पीठ पीछे सामाजिक पदसोपानक्रम भी पुनरुत्पादित (उन्हें चुनौती नहीं देता) करता है। ऐन फिलिप्स कहते हैं, 'हमें मेसॉनिक लीग्स में स्त्रियां देखने को नहीं मिलती, यह ठीक वैसा ही है जैसे कि माताओं के संघ में हमें पुरुष देखने को नहीं मिलते' (फिलिप्स 2002: 75)। संरचित सामाजिक प्रक्रियाओं के रूप में शक्ति संबंध (चाहे वे बढ़ते राजकीय नियंत्रण के रूप में हों, या फिर वे सामाजिक पदसोपानक्रमों के पुनरुत्पादन के रूप में हों) स्वयं को नए रूप में सामने लाते हैं।

राजनीतिक आंदोलन स्वयं को नए रूप में सामने लाने वाली इन्हीं प्रक्रियाओं के साथ समझौता करने का प्रयास करते हैं और राजनीतिक आंदोलन ऐसा अपने अनगिनत रूपों में करते हैं। यह करने के लिए ये राजनीतिक आंदोलन 'संघर्ष की द्वंद्वात्मक पद्धति' के किसी विशिष्ट क्षण में अगड़े–पिछड़े के संबंध निर्मित करते हैं। राजनीतिक आंदोलन सामूहिक रूप से और एक संबंधात्मक अर्थ में इस प्रकार के परिवर्तन के एजेंटों के रूप में सामने आते हैं और परिवर्तन के एजेंटों के रूप में सामने आने के लिए वे अधिकारों, बहुलता, सहिष्णुता, आदि जैसे विमर्शों द्वारा पेश की गई आलोचना की आलोचना करते है क्योंकि ये *लॉजिक ऑफ सर्कुलैरिटी* सृजित करने की अपनी क्षमता के साथ नागरिक–समाज में मौजूद रहते हैं। इसके साथ ही, राजनीतिक आंदोलनों द्वारा की जाने वाली आत्मालोचना (जिसे अंतः–व्यक्तिपरक (इंटर–सब्जेक्टिव) संलग्नता के अंतरालों में उभरने वाली नई व्यक्तिपरकताओं (सब्जेटिविटीज़) के जरिए इसे संभव बनाया जाता है), उनकी राजनीति और विमर्श को अस्पष्टताओं और विरोधाभासों की भाषा की तटस्थता के परे ले जाती है, और उत्तर–नागरिक–समाज ठीक इन्हीं के बारे में है।

टिप्पणियां

1. पीटर ड्रकर अपनी पुस्तक *पोस्ट–कैपिटलिस्ट सोसाइटी* में ऐसा ही एक दावा करते हुए कहते हैं कि पूंजीवाद और साथ ही समाजवाद में भी जो बेहतरीन हैउसका प्रतिनिधित्व इस समय अमेरिका करता है। वह उदाहरण पेश करते हैं कि कामगारों के पेंशन फंड्स का निवेश स्टॉक्स और शेयर में किया जा रहा है, और तर्क देते हैं कि इसलिए यह दावा किया जा सकता है कि अनेक कॉरपोरेट कंपनियों के स्वामित्व में कामगारों का शेयर है, और यह कि मुक्त बाजार अर्थव्यवस्थाओं के साथ कल्याणकारी/समतावादी उपायों को जोड़ा जा रहा है।
2. लोकतंत्र में इस दुविधा की हालिया अभिव्यक्ति और पूर्वानुमानित अपूर्वानुमेयता के एक क्षेत्र के रूप में नागरिक–समाज की भूमिका को भारत में अन्ना हजारे के नेतृत्व में हुए भ्रष्टाचार विरोधी आंदोलन में देखा जा सकता है। जिस समय वह भ्रष्टाचार से निपटने के लिए एक नए कानून और एक नई संस्था की मांग कर रहे थे और मीडिया यह तर्क दे रहा था कि यह भारतीय लोकतंत्र में अभूतपूर्व बदलाव लाएगा, उसी समय अनेक लोग यह सवाल उठा रहे थे कि जब तक राजनीतिक अर्थशास्त्र की प्रकृति में गहरे जड़ें जमाए हुए भ्रष्टाचार को निशाना नहीं बनाया जाता तब तक भ्रष्टाचार को

नियंत्रित करने में यह बड़ा या महत्वपूर्ण बदलाव तक भी कैसे ला सकता है। परंतु, इसके बावजूद, भ्रष्टाचार–विरोधी चर्चा को इस दायरे में 'सिमटा और नियंत्रित' कर दिया गया कि लोकतंत्र की प्रतिनिधिकारी गतिकी और नागरिक–समाज से संबंधित पहलुओं के बीच एक स्वस्थ समीकरण क्या हो। जबकि इस बहस को कभी भी भ्रष्टाचार और वर्तमान में जारी आर्थिक सुधारों के बीच की कड़ी तक और निजीकरण वाली एक अर्थव्यवस्था में संरक्षक–ग्राहक संबंधों पर इसका क्या प्रभाव पड़ा इस तक नहीं पहुंचने दिया गया। भ्रष्टाचार विरोधी आंदोलन पर टीकाओं के रूप में उभरी विभिन्न राजनीतिक अवस्थितियों के विश्लेषण के लिए गुडावर्थी 2011a देखें।

3. राजनीतिक आंदोलनों की भूमिका और प्रकृति को अक्सर नागरिक–समाज के विमर्श के जरिए देखा–समझा जाता है। यहां पर मैंने प्रयास किया है कि राजनीतिक आंदोलनों द्वारा अपने–अपने संघटक तत्त्वों को संगठित करने की अवधि के दौरान इन राजनीतिक आंदोलनों के विमर्श व राजनीति के जरिए नागरिक–समाज व इसके प्रचालनों को 'फ्रेम' कर सकूं।
4. पारंपरिक रूप से, राजनीतिक आंदोलनों व सामाजिक आंदोलनों के बीच यह अंतर माना जाता है कि राजनीतिक आंदोलन मुख्यतः राजनीतिक शक्ति अर्जित करने का प्रयास करते हैं जबकि सामाजिक आंदोलन की दिलचस्पी राजनीतिक शक्ति अर्जित करने में नहीं होती बल्कि ये सामाजिक दायरे में काम करते हैं। परंतु, 1970 के दशक के बाद, जब औद्योगिक समाज विघटित हो रहा था, तब फूको के अनुसार 'नया दायरा और क्षेत्र' सामने आया जिसे फूको ने 'सामाजिक' कहा। फूको के इस 'सामाजिक' क्षेत्र ने राजनीति व अर्थव्यवस्था के बीच समस्यामूलक संबंध को तटस्थ बना दिया। राजनीति व अर्थव्यवस्था के आपसी संबंध के इस तटस्थ/अराजनीतिक संबंध का प्रतिनिधित्व नागरिक–समाज करता है। राजनीतिक आंदोलन से यह विचार प्रकट होता है कि ये राजनीतिक संरचनाएं शक्ति को इसके प्रतिच्छेदन बिंदुओं पर और सामाजिक, राजनीतिक, सांस्कृतिक व सामाजिक क्षेत्रों के बीच सम्मिलन को समझने का प्रयास करती हैं, इसलिए यह सामाजिक आंदोलनों से बेहतर अभिव्यक्ति है। इसलिए मैं जिन थोड़े से आंदोलनों का गहराई से अध्ययन कर रहा हूं उन्हें सामाजिक के बजाय राजनीतिक आंदोलन कहना पसंद करता हूं। परंतु, विभिन्न अध्येताओं द्वारा भारत में आंदोलनों का अध्ययन करते हुए, अक्सर इन शब्दों का एक–दूसरे की जगह इस्तेमाल किया जाता है (देखें शाह 1985)।
5. सुदीप्त कविराज व सुनील खिलनानी (संपादक) की पुस्तक *सिविल सोसाइटी*, कैम्ब्रिज यूनिवर्सिटी प्रेस, कैम्ब्रिज, 2002 में कीथ माइकल बेकर द्वारा लिखित अध्याय 'एन्लाइटेंमेंट एंड दि इंस्टीट्यूशन ऑफ सोसाइटीः नोट्स फॉर अ कंसेप्चुअल हिस्ट्री' देखें।
6. भारत में अनेक अध्येताओं ने ऐसी ही एक उद्विग्नता प्रकट की गई थी कि क्या अति–दक्षिणपंथी हिंदुत्ववादी शक्तियों द्वारा की जाने वाली लोकप्रिय लामबंदी नागरिक–समाज से संबंध रखती है या नहीं, क्योंकि इसकी तरह ही नागरिक–समाज के आदर्शों में भी लोकप्रिय लामबंदी और भागीदारी की विशेषताएं मौजूद थीं। लेकिन वर्चस्वकारी पदसोपानिक संबंध और बहुलतावाद को जान–बूझकर लागू करना इन अति–दक्षिणपंथी हिंदुत्ववादी शक्तियों को नागरिक–समाज से अलग करता है (देखें अमृथा बासु 2001)।
7. खासकर भारत के संदर्भ में, यह तर्क दिए जाते हैं कि नागरिक–समाज के अलग–अलग संस्करण व कार्यअभ्यास कारगर ढंग से आगे चलकर एक–दूसरे को संतुलित करते हैं और एक–दूसरे की लगाम कसे रखते हैं ताकि वे लोकतांत्रिक स्पेस के खुलेपन और क्रियाशीलता को कायम रख सकें। इन तर्कों के लिए चंडोक 1995; भार्गव 2005; टी. जयरमन 2005 को देखें।
8. 'साधारण व असाधारण की इंटरलॉकिंग' में बढ़ोत्तरी हो रही है (सिंह 2004)। भारत में, राज्य का शासन पूरी तरह से सिर्फ चुनावी राजनीति के जरिए और संस्थानों की उच्च राजनीति के जरिए ही नहीं होता है, बल्कि न्यायेतर हत्याओं, गायब होने के मामलों और दमनकारी कानूनों को लागू करने में व्यक्त होने वाले उत्पीड़न और बलप्रयोग के जरिए भी होता है (इस संबंध में अधिक जानकारी एच.आर.एम. वाले अध्याय में है)। लोकतांत्रिक व दमनकारी पहलू एकसाथ मौजूद रहते हैं और साथ ही एक–दूसरे पर निर्भर रहते हैं। उदाहरण के लिए, भारत में सरकार फांसी की सजा को समाप्त करने पर गंभीरता से विचार कर रही है, लेकिन यह न्यायेतर हत्याओं का सहारा लिए जाने के विरोध के प्रति उदासीन है (लोकनीता 2011)। अक्सर ही राज्य की संप्रभुता (इसे समाप्त करने की मांगें) या संपत्ति संबंध (रैडिकल पुनर्वितरण की मांगे) की चुनौतियों जैसे मुद्दे संवैधानिक–लोकतांत्रिक राज्य के

फ्रेम के परे समझे जाते हैं और इनका निपटारा राज्य के दमनकारी उपकरण के जरिए किया जाता है और इस प्रकार उन मुद्दों की छंटाई कर दी जाती है जो बहसतलब हैं और उन्हें सार्वजनिक दायरे में खुली बहस के लिए छोड़ दिया जाता है ताकि लोकप्रिय सहमति प्राप्त की जा सके।

9. रिचर्ड डैगर ने अपनी पुस्तक *सिविक वर्च्युस* नामक अपनी पुस्तक में यह सवाल उठाया है कि किस प्रकार अधिकारों ने अतिशय व्यक्तिवाद को जन्म दिया, और इस प्रकार समुदाय–उन्मुखता के पतन का संकेत दिया। परंतु, वह तर्क करते हैं कि अधिकारों को उत्तरदायित्वों से संतुलित किया जा सकता है; लेकिन जैसा कि आने वाले अध्यायों में हम तर्क देंगे, उत्तरदायित्व का यह विशेषाधिकार देना या यह (राजनीतिक) बाध्यता औपचारिक–अनुबंधकारी संबंधों का रूप लेती है और स्वयं को एकजुटता या भातृत्व के रूप में साकार नहीं करती (डैगर 1997)।
10. लोकतंत्र पर इसका प्रभाव हेबरमास के तर्कों में दिखाई देता है कि उन्नत पूंजीवादी राष्ट्र वर्तमान में पहले हमेशा से कहीं ज्यादा 'प्रेरणा के संकट' से जूझ रहे हैं जो सहकारी और सामूहिक गतिविधि के सभी किस्मों संकटों को जोड़ता है और इसमें प्रतिनिधित्वकारी चुनावी राजनीति में भागीदारी का संकट शामिल है जो अमेरिका में (और कुछ हद तक यूरोप में) मतदाताओं की संख्या में आ रही कमी से जाहिर होता है। परंतु, चूंकि प्रतिनिधित्व के आधुनिक रूप व विशेषज्ञों की भूमिका नागरिकों को चौकसी व राजनीतिक भागीदारी के कर्तव्यों से राहत प्रदान करते हैं, इसलिए यह संकट उदारवादी लोकतंत्र के आधुनिक सिद्धांतों में 'स्वतंत्रता' और अवकाश की एक नई विशेषता के रूप में परिवर्तित किया गया है और ये समाज अपने नागरिकों को यह 'स्वतंत्रता' और अवकाश प्रदान करते हैं। डेविड हेल्ड आधुनिक उदारवादी लोकतंत्रों की विशेषताओं की फेहरिस्त के अंग के तौर पर स्पष्टतः कहते हैं कि 'भागीदारी नहीं करने का अधिकार' की संभावना पर विचार करना चाहिए। वह आगे कहते हैं कि राज्य की वैधानिक स्थिति में गहरे बदलाव आए हैं और वर्तमान में हमें निरपेक्ष वैधता की नहीं बल्कि 'रणनीतिक वैधता' की अपेक्षा करनी चाहिए जिसमें राज्य के साथ नागरिक समानतापूर्ण आदान–प्रदान (*quid pro quo*) का संबंध रखते हैं और बहुत अच्छी तरह से यह जानते हैं कि राज्य का रवैया नागरिकों के कुछ खास वर्गों के प्रति पक्षपातपूर्ण है; परंतु इसके बावजूद वे कल्याणकारी कार्यों व सरकारवादिता (गवर्मेंटैलिटी) के फायदे पाने के लिए सौदेबाजी में लगे रहते हैं (हेल्ड 1993)।
11. यहां पर कहा गया है कि नागरिक–समाज व नागरिकता के अध्येता नागरिकता व नागरिक–समाज के लोकतांत्रिक–संस्थानिक कार्यअभ्यासों की परियोजना के विषय–क्षेत्र के बारे में आशावादी रहे हैं। जैसा कि पूर्विस और हंट कहते हैं कि नागरिकता की परियोजना 'कभी पूरी नहीं होती है बल्कि हमेशा ही वाद–विवाद और कमी की भरपाई के लिए खुली रहती है, और इसकी सैद्धांतिक व्याख्या राजनीतिक समुदाय के गठन की समस्या हेतु लोकतांत्रिक प्रत्युत्तरों को विकसित करने के लिए महत्वपूर्ण है' (पूर्विस और हंट 1999)। नागरिकता की परियोजना के 'वाद–विवाद और कमी की भरपाई के लिए खुला रहने' पर जोर है परंतु यह इस बात को छोड़ देता है कि ये कार्यअभ्यास किस तरह से आंदोलनों को ज्यादा अनिवार्यताकारी मुद्राएं अपनाने को 'बाध्य करते हैं' ताकि उनकी मांगों को सुना जाए और इसके परिणामस्वरूप इन समूहों की निंदा की जाती है।
12. हम यहां पर मानवाधिकार आंदोलन के साथ तुलना कर सकते हैं। हालांकि मानवाधिकार आंदोलन ने नागरिक–समाज की रचना स्वतंत्रता के एक 'शुद्ध' क्षेत्र के रूप में की, न कि एक केंद्रीकृत राज्य के रूप में। दलित राजनीति ने एक समांगीकृत–धर्मनिरपेक्ष नागरिक–समाज के बरअक्स अनिवार्यताकारी ('शुद्ध') पहचानों की रचना की जो सामाजिक और आर्थिक कार्यसूचियों (एजेंडा) से अलग–थलग थे और 'आंतरिक' पदसोपानक्रमों की और दलितों के अंदर अपवादों की पड़ताल नहीं करते थे और इसके बजाय सिर्फ 'स्व अनुभव' के आधार पर प्रमाणिक होने का संकेत देते थे। संभवतः, यह हमें उन अनेक 'रूपों' की व्याख्या करने में समर्थ बनाता है जिनसे वृत्ताकार पथ का तर्क (लॉजिक ऑफ सर्कुलैरिटी) विरोधमूलक राजनीतिक अभिव्यक्तियों पर प्रतिबंध लगाता है और इसके बावजूद ये सभी मौजूदा शक्ति संबंधों को सुदृढ़ीकृत करने और पुनरुत्पादित करने के लिए मिल जाते हैं।
13. उदाहरण के लिए, जब तक दायरे अपने लिए आंतरिक बने रहने वाले तर्कों (अर्थव्यवस्था में मजूरी–श्रम के जरिए होने वाले उत्पादन) पर काम करते हैं, तब तक राजनीतिक और सांस्कृतिक क्षेत्र स्वयात्तता का लुत्फ उठा सकते हैं और नागरिक अधिकारों व एकल सांस्कृतिक पहचानों के जरिए फल–फूल

सकते हैं। परंतु, जिस क्षण राजनीतिक अर्थव्यवस्था से जुड़े मुद्दों को (उदाहरण के लिए, स्वामित्व और निजी संपत्ति पर सवाल उठाने को) मानवाधिकारों के विमर्श या फिर सांस्कृतिक राजनीति बाहर प्रकट करते हैं, उसी क्षण इन 'स्वायत्त' दायरों की संरचनाएं व कार्यअभ्यास सम्मिलित होने लगते हैं। इसे दूसरी तरह से भी देखा जा सकता है, जिस क्षण किसी खास किस्म के सांस्कृतिक दावे किए जाते हैं (जैसे कि एल.जी.बी.टी. से जुड़े दावे), उसी क्षण राज्य इन्हें आपराधिक बनाने वाले कानूनी अनुमोदन लेकर कूद पड़ता है जिससे नौकरियां व सामाजिक सुरक्षा देने वाली अर्थव्यवस्था/बाजार इनके लिए अनुपलब्ध कर दी जाती है।

14. उदाहरण के लिए, दंतमंजन बेचने वाले सभी ब्रांड निरपवाद रूप से या तो जगमग सफेद दांत या सामाजिक लोकप्रियता और भीड़ में आसानी से दिखाई पड़ने का दावा करते हैं। तथ्यतः दोनों दावे गलत हैं, लेकिन इन कंपनियों को दंडित करने की बात कभी नहीं सोची जाती, बल्कि अक्सर जितना ज्यादा बड़ा–चढ़ाकर दावा किया जाता है उतना ही ज्यादा मुनाफा मिलता है। इसलिए अपराधी और गैर–कानूनी होना अक्सर निर्मिति होते हैं जो नागरिक–समाज, राज्य और बाजार में पहले से मौजूद अनिवार्यताओं के अनुसार निर्मित किए जाते हैं।

15. यह किताब विभिन्न सामाजिक, आर्थिक, सांस्कृतिक और राजनीतिक कार्यअभ्यासों के बीच समतुल्य की रचना करके निर्मित किए गए प्रतिच्छेदन पर ही ध्यान केंद्रित करती है। परंतु, यहां पर क्लेन हमारा ध्यान इस संभावना की ओर खींच रहे हैं कि प्रभुत्वशाली शक्ति संबंधों को सुरक्षित करने में 'प्राकृतिक आपदाएं' तक भी शामिल होती हैं, फिर भले ही पर्यावरणवादियों ने यह तर्क देते हैं कि इन कथित प्राकृतिक आपदाओं में से अनेक असल में 'मानव–निर्मित' होते हैं। प्रदूषण पर अपनी बहस वाले पांचवे अध्याय में मैंने इनमें से कुछ सरोकारों की तरफ आंशिक तौर पर ईशारा किया है।

16. यह देखना दिलचस्प है कि जब राज्य–बाजार की साझीदारी की प्रकृति संरचनात्मक होती है और क्रूर दमनकारी शक्ति का इसे समर्थन मिला होता है, तब अकादमिक दायरों व विमर्शों के भीतर इसे विरले ही स्वीकार किया जाता है और अक्सर इस ढंग से तर्क करने को 'अपचयनवादी' (रिडक्शनिस्ट) कह दिया जाता है। जवाहरलाल नेहरू विश्वविद्यालय में स्नातकोत्तर के छात्रों को पढ़ाते हुए मेरा यह अनुभव रहा कि इस तरह की किसी भी बात का स्वागत हमेशा ही ढेर सारे प्रश्नों और शंकाओं से होता था फिर इस ढंग से तर्क करना भले ही बहुत अधिक 'अपचयनवादी' न ही हो। यह सच है कि राज्य के वैचारिक व दमनकारी, दोनों ही आयाम होते हैं। राज्य का वैचारिक आयाम (इस मामले में) आधुनिक तंत्रों या समाजों की जटिलता (अलघुकरणीय) से संबंधित विचारों के जरिए काम करता है और नागरिक–समाज में (जिसकाप्रतिनिधित्व विश्वविद्यालय करते हैं) यह स्वयं ही 'आइडियोलॉजिक स्टेट अपरेटस' (राज्य का वैचारिक उपकरण या आई.एस.ए.) की भूमिका ग्रहण कर लेता है। राज्य कादमनकारीआयाम अपनी पुलिस, सेना और जेलखानों के जरिए काम करता है और यह 'रिप्रेसिव स्टेट अपरेटस' (राज्य का दमनकारी उपकरण या आर.एस.ए.) बन जाता है। राज्य की दमनकारी भूमिका (जिसमें जासूसी एजेंसियां, छल–छद्म, चोरी और धोखाधड़ी का इस्तेमाल शामिल है) की इस आशंका को पेश करने वाली राजनीतिक शक्तियों की आलोचना की जाती है कि वे अनुचित 'षडयंत्रकारी सिद्धांतों' के पक्षपोषण में लगे हुए हैं। इस तरह, एक तरफ अपचयनवाद और 'षडयंत्रकारी सिद्धांतों' की आलोचनाएं हैं, और दूसरी तरफ राज्य द्वारा दमनकारी/धोखाधड़ी वाली शक्तियों का क्रूर इस्तेमाल है और ऐसा लगता है कि ये दोनों ताल से ताल मिलाकर काम करते हैं। हाल ही में विकीलीक्स के सामने आने के बाद, राज्य और इसके पर्दे के पीछे होने वाले कुचक्रों के बारे में जो तर्क पेश किए जाते रहे हैं और बड़े पैमाने पर माने जाते हैं उनकी और अधिक पुष्टि हुई है।

17. क्लेन और भी बहुत सी घटनाओं के बारे में बताते हैं जिनमें 1982 का फाल्कलैंड्स युद्ध, 1999 में बेलग्राद में नाटो द्वारा किया हमला, रूस में 1993 में जब बोरीस येल्तसिन ने संसद में आग लगा दी थी, और तब से 2000 में बुश प्रशासन तक की घटनाएं शामिल हैं। इनके साथ हम शायद 'इकोनॉमिक हिट मेन' (ई.एच.एम.) की भूमिका को भी रेखांकित कर सकते हैं जो कॉरपोरेट व सरकार दोनों की ओर से काम करते हैं और जिसमें विकासशील देशों को कर्ज की पेशकश की जाती है और फिर प्राकृतिक संसाधन, सैन्य सहयोग व राजनीतिक समर्थन लिया जाता है। जॉन पर्किंस की किताब *कंफेशंस ऑफ एन इकोनॉमिक हिट मैन* (प्लूम न्यूयॉर्क, 2006) देखें। इस किताब पर टिप्पणी करते हुए एक टिप्पणीकार ने कहा कि यह किताब इस बात को उजागर करती है कि

'निजी बहुराष्ट्रीय कंपनियां किस तरह से एक–एक करके तीसरी दुनिया के देशों के गरीबों को *कानूनी तरीके से लूटती हैं*'।

18. शूम्पीटर हमारा ध्यान 'खाकी पूंजीवाद' (उनकी शब्दावली में) नामक एक निरंतर बढ़ती परिघटना की ओर खींचते हैं जिसका अर्थ 'सैन्य–उद्योग के जटिल मिश्रण' (शूम्पीटर 2011) में हो रही बढ़ोत्तरी से है। वह कहते हैं कि हमें इस बात पर ध्यान देने की जरूरत है कि निजी औद्योगिक क्षेत्र किस हद तक सेना पर निर्भर है और यहां तक कि सेना द्वारा नियंत्रित या सेना के स्वामित्व वाला है। वह एक दिलचस्प आंकड़ा पेश करते हैं कि मिस्र में सेना द्वारा अर्थव्यवस्था का 10 प्रतिशत, पाकिस्तान में सेना द्वारा 15 बिलियन अमेरिकी डॉलर मूल्य का साम्राज्य नियंत्रित किया जा रहा है, चीन में पी.एल.ए. के लोग 20,000 फर्म चला रहे थे, ईरान के रेवोल्यूशनरी गार्ड 300 से ज्यादा कंपनियां चलाते हैं, और अंततः अमेरिका की 500 सबसे बड़ी कंपनियों के 10 प्रतिशत बॉस सेना के भूतपूर्व उच्च–पदाधिकारी हैं। ऐसे में, न तो लोकतंत्रों में और न ही सैन्य तानाशाहियों में यह उम्मीद साकार हुई है कि बाजार राज्य की शक्ति से स्वतंत्र या स्वायत्त होगा और राज्य की शक्ति वर्गों व बाजार से जुड़े निजी हितों के प्रति तटस्थ रहेगी। इस अर्थ में, पूंजी (जब तक कि इसके हित इस प्रकार के सम्मिलन के जरिए पूरे होते हैं) राज्य की प्रकृति व चरित्र के प्रति 'तटस्थ' है। यह दोनों प्रकार के शासनों के साथ प्रेम–संबंध जारी रख सकती है। यहां पर अप्रत्याशित सर्कुलैरिटी (वृत्ताकार पथ) को देखना भी महत्वपूर्ण है– वृद्धिमान 'सैन्य–उद्योग का जटिल मिश्रण' (उदार) लोकतंत्र (जैसे किमध्य–पूर्व में 'अरब स्प्रिंग' के जरिए) की मांग पैदा करता है, परंतु यह आवश्यकीय रूप से राज्य और पूंजी के बीच संबंध में बदलाव नहीं लाता है। अक्सर, लोकतंत्र की ओर जाना इस संबंध के 'रूप' में बदलाव लाने वाला होता है। परंतु, इस संरचनात्मक संबंध के आधार पर हम कल्पना की किसी भी हद तक उड़ान भरकर इस नतीजे तक नहीं पहुंच सकते कि शासन के दो रूपों के बीच (राजनीतिक अर्थ में) कोई अंतर नहीं है। लेकिन हम बदलाव (औपचारिक/ठोस) का स्थान ठीक कहां निर्धारित करें और हम किस तरह से 'औपचारिक' बदलावों के फायदों को (भले ही ये बदलाव औपचारिक रहे हों) लोकतंत्र के कार्यअभ्यास में साथ लेकर चलें, ये अब भी उतने ही महत्वपूर्ण मुद्दे बने हुए हैं। असल में, यही आज के उस विशिष्ट विमर्श का केंद्र था जिसे अक्सर लोकप्रिय ढंग से 'मिलीबैंड–पौलैंज्स डिबेट' के नाम से पुकारा जाता है। भारत में राजनीतिक आंदोलनों ने औपचारिक लोकतंत्र के फायदों को पुनः जोड़ने वाले कुछ उल्लेखनीय प्रयोग किए हैं और पहले से अधिक ठोस/संरचनात्मक बदलावों के लिए (नागरिक–समाज में इस बाइनरी को एक द्वंद्वात्मक संबंध में बदला गया है) प्रयास किए हैं।

19. जैसा कि गुनावर्द्धन और रैन्किन पूछते हैं,

> क्या इस संदर्भ में नागरिक–समाज का मूल्य–स्थिरीकरण आज राज्य पर होने वाले नव–उदारवादी हमले का अभिन्न अंग नहीं है और क्या यह जनता के लिए आह्वान नहीं है कि वे "सरकार को अपने रास्ते से हटा दें" और गैर–सरकारी संगठनों व "मुक्त उपक्रम" की मदद से अपनी देखभाल करना आरंभ करें (गुनावर्द्धन 2004: 118)।

20. यहां पर यह देखना भी मुनासिब रहेगा कि दुविधा की प्रकृति (जिस ढंग से इसे मूलतः समझा जाता था) 'पहले हमेशा से ही' लाक्लाऊ के शब्दों में 'समाज की एक असंभाव्यता' को लिए होती है, और संरचनात्मक परिवर्तन या मौलिक न्याय की ओर ले जाने वाली संभावना को पूर्णतः समाप्त करती है (लाक्लाऊ 1990)। यह एक अलग मामला है कि लाक्लाऊ 'समाज की एक असंभाव्यता' पेश करते हैं, जिसमें सामाजिक संबंधों की विवादित रूप से संरचित प्रकृति (जिसमें निरपवाद रूप से 'अतिरिक्त' या 'अधिशेष' का अर्थ मौजूद होता है) के कारण मौलिक एकजुटता असंभव होती है और यह हितों के टकराव को कम नहीं किए जाने की स्थिति की ओर ले जाती है। हालांकि सामाजिक संबंधों को एक समरूप समग्र के रूप में (एक यूटोपिया जो रूप और अंतर्वस्तु में परलौकिक है; इसके बावजूद स्वयं 'टकराव' की प्रकृति में गुणात्मक परिवर्तन के लिए तर्क करना तब भी संभव है) अपचयित करने की (जिसमें इनका समाधान करने के साधन में परिवर्तन करना शामिल है) असंभाव्यता और अवांछनीयता के संदर्भ में अलघुकरणीय (कम नहीं किया जा सकना) सच है। इस गुणात्मक परिवर्तन को मार्क्स ने 'मानवजाति' के 'प्राक्–इतिहास का अंत' कहा है, हालांकि, शासक–शासित के संबंधों में 'प्रतिनिधित्व' के

समापन और इन संबंधों में संपूर्ण पारदर्शिता के आगमन या संगति अथवा निरपेक्ष सामंजस्यता के अर्थ में, इसे अक्सर राजनीति के अंत रूप में (आलोचकों द्वारा) व्याख्यायित किया जाता है (टकराव वाले हितों के अंत या विचारधारा के अंत (साम्यवाद के पैरोकारों द्वारा) के अर्थ में)। फ्रांसीसी कम्युनिस्ट पार्टी और उत्तर–क्रांतिकारी समाजों के बारे में इसके यूटोपियाई विश्वास की अल्थूसे द्वारा की गई आलोचना का यही केंद्र, समाहार और निचोड़ था। उन्होंने तर्क दिया कि उत्तर–क्रांतिकारी समाज तक भी स्वयं–सिद्ध नहीं हो सकते हैं – सामाजिक संबंधों की जटिलता अलघुकरणीय होती है और 'प्रतिनिधित्व' समाज को साथ जोड़े रखने वाले गोंद की तरह काम करता है।

21. उदाहरण के लिए, दि गेट्स फाउंडेशन का लक्ष्य 'स्वास्थ्य की देखभाल को बेहतर बनाना और अतिशय गरीबी को कम करना और शैक्षणिक अवसरों को बढ़ाना' है। इसके पास 31 दिसंबर, 2009 तक 33.5 बिलियन अमेरिकी डॉलर की अक्षय निधि थी। भारत में, अजीम प्रेमजी फाउंडेशन की स्थापना 2001 में हुई थी और यह मूलतः प्राथमिक शिक्षा के क्षेत्र में काम करता है। दिसंबर 2010 में प्रेमजी ने 2 बिलियन अमेरिकी डॉलर दान देने की शपथ ली जिसे किसी भी भारतीय अरबपति द्वारा दी गई अधिकतम राशि माना जाता है। कॉरपोरेट द्वारा लोक–कल्याणकारी गतिविधियों के बढ़ने के संदर्भ में ऐसे अनेक उदाहरण दिए जा सकते हैं। उपभोक्तावाद और लोक–कल्याणकारी कामों के ध्वंस के साथ, अब उपभोग करते समय हम 'सामाजिक उत्तरदायित्व' को पूरा करने की संतुष्टि महसूस करते हैं, उदाहरण के लिए, मैक्डोनल्ड्स यह विज्ञापन देता है कि हम जिस बर्गर या सैंडविच को खाते हैं उससे किसान को लाभ पहुंचता है – अब इसके कोस्टर्स पर किसानों की तस्वीरें होती हैं।

22. भीखू पारीख के शब्दों में, इस विध्वंस ने नागरिकों के 'नैतिक एजेंट' होने के विचारों को समाप्त किया है, या फिर इस विध्वंस ने 'भागीदारी की नैतिकता' या अधिकारों की भाषा के जरिए मामला सुलझाने वाले एजेंटों के महत्व को रेखांकित किया है। परंतु, और अधिक गहराई में जाने पर हम यह समझ पाते हैं कि सार्वजनिक नैतिकता (प्रतिस्पर्द्धी नैतिकता को दृष्टांकित करने में स्वैच्छिक कार्य व अधिकारों के रूप में भागीदारी करना) के मूल विचार उस प्रक्रिया को स्थापित करते हैं जिससे एक नागरिक और एक उपभोक्ता के बीच पहचान के अंतर को समाप्त किया जाता है।

23. उपभोक्तावाद की इस वैश्विक पहुंच (अतिपहुंच) को विभिन्न सहवर्ती प्रक्रियाओं के जरिए दृष्टांकित व संस्थागत (प्राकृतिक) किया गया है और इन सहवर्ती प्रक्रियाओं में मीडिया व संचार क्रांति की भूमिका शामिल है, जिसे अक्सर कथित 'नागरिक–समाज के विस्तार' के लिए केंद्रीय माना जाता है। संस्कृति व अर्थव्यवस्था की *मध्यस्थता व मीडिएटाइजेशन* के जरिए संस्कृति (सांस्कृतिक पहचान) निर्मित करने के ढंग में बदलाव आया है। उदाहरण के लिए, फ्रेडरिक जेमसन कहते हैं कि 'पण्य (कमोडिटी) उत्पाद अब एक सांस्कृतिक परिघटना है, जिसमें आप किसी उत्पाद को उसकी छवि और उसके आसन्न इस्तेमाल के लिए, दोनों के ही लिए पूर्णतः खरीदते हैं' (जेमसन 2000: 53) जबकि डेविड हार्वे कहते हैं कि 'मीडिएटाइज्ड राजनीति' को सिर्फ छवियों के जरिए ही रूप प्रदान किया जाता है। वह रोनाल्ड रीगन के मामले को मीडिया द्वारा एक 'टेफ्लॉन राष्ट्रपति' (जिन पर आलोचना का कोई असर नहीं पड़ता और जो किसी भी गलती के लिए जवाबदेह नहीं होते) की छवि निर्मित किए जाने के रूप में देखते हैं, परंतु इसने असल में 'स्पष्ट राजनीति को छुपाया है' – जैसे कि सामाजिक कल्याणकारी कार्यक्रमों में कटौती करना (हार्वे 1990 / 2008: 330)।

24. जिस प्रकार सहिष्णुता पर चलने वाले विमर्श ऐतिहासिक रूप से उत्पन्न किए गए सामाजिक पदसोपानक्रमों और अंतरों को स्वाभाविक बनाते हैं, उसी प्रकार उपभोक्तावाद की संस्कृति वैश्विक पूंजी को और इसके चलते राजनीति व लोकतंत्र पर पड़ने वाले प्रभाव को स्वाभाविक बनाती है।

2

भारत में मानवाधिकार आंदोलनः राज्य, नागरिक–समाज और इनसे आगे

नागरिक–समाज ने संस्थाओं व कार्यअभ्यासों के समुच्चय के बीच स्थित इंटरफेस के जरिए एक ठोस व मूर्त क्षेत्र के रूप में अपनी रचना की है जिसके केंद्र में संविधानवाद, नागरिकता, विधि द्वारा शासन व लोकतंत्र है। इन कार्यअभ्यासों और इनसे जुड़े संस्थानों ने समाज के चरित्र का जितना निर्धारण किया उतना ही नागरिक–समाज की प्रकृति का भी किया है। ये दोनों ही एक–दूसरे की पूर्वशर्त हैं, और माइकल वॉल्जर (1995: 302) के अनुसार, 'सिर्फ एक लोकतांत्रिक राज्य ही एक लोकतांत्रिक नागरिक–समाज का निर्माण कर सकता है (और) एक लोकतांत्रिक नागरिक–समाज ही एक लोकतांत्रिक राज्य को बनाये रख सकता है'। यहां इस बात पर जोर देने की जरूरत है कि 'लॉक से लेकर हीगेल तक के लिए नागरिक–समाज का अर्थ एक संवैधानिक व लोकतांत्रिक राज्य के माध्यम से ऐसे संस्थानों का निर्माण करना रहा है' (गुप्ता 1997: 305) जो नागरिकों की बुनियादी नागरिक स्वतंत्रताओं की रक्षा करे और इनका विस्तार करे। अतः, ये नागरिकों को 'स्वायत्त एजेंट'[1] मानने के इस विचार के करीब है कि एक लोकतांत्रिक राज्य और एक लोकतांत्रिकनागरिक–समाज के बीच इस बुनियादी संबंध को कारगर बनाया गया है और यह ऐतिहासिक व सामाजिक रूप से वहनीय बन जाता है। इसीलिए, जबकि नागरिक–समाज अपने में राज्य को शामिल नहीं करता, फिर भी यह "सीमित शक्तियों"[2] वाले राज्य की बात पुरजोर ढंग से करता है, और यह उम्मीद करता है कि ये नागरिकता की परियोजना के द्वारा न केवल सामाजिक समूहों को आरोपित पहचानों पर आधारित उनकी विशिष्ट कमियों से उबारेगा, बल्कि साथ ही सभी के लिए स्वतंत्रता और समानता जैसा भी कुछ अर्जित करेगा। इस विश्लेषण के आधार पर, नागरिक–समाज लोकतांत्रिक राज्य के साथ अपने संबंधों की अनदेखी नहीं कर सकता, और आदर्श तौर पर इसे ऐसा करना भी नहीं चाहिए(भले ही इसे लोकतांत्रिक राज्य पर दबाव ही क्यों न डालना हो), वरना इस बात की कोई गारंटी नहीं होगी कि राज्य क्यों और किस तरह से अपने नागरिकों की उम्मीदों के प्रति उत्तरदायी बना रहेगा या राज्य को ऐसा क्यों और कैसे करना चाहिए।

भारत में मानवाधिकार आंदोलन तीन अलग–अलग चरणों से होकर गुजरा और इसकी शुरुआत नागरिक–समाज के कार्यअभ्यासों द्वारा तय की गई सीमाओं के अंदर से हुई और फिर धीरे–धीरे राजनीतिक सिद्धांतों के नए समूह चिह्नित किए गए जिन्होंने नागरिक–समाज की अनेक मान्यताओं पर सवाल खड़े किए और ये वही मान्यताएं हैं जिनके आधार पर नागरिक–समाज वर्तमान में काम करता है। भारत में मानवाधिकार आंदोलन का पहला चरण 1970 के दशक में एक राजनीतिक विमर्श से आरंभ हुआ जो उपरोक्त वर्णित 'नागरिक–समाज

के विचार' से हू–ब–हू मेल खाता है। दो दशकों से भी अधिक समय तक मानवाधिकार आंदोलन यह मानता रहा कि वहएक नए–नवेले संवैधानिक लोकतांत्रिक राज्य और एक नवजात नागरिक–समाज के बीच पूरक संबंध स्थापित करने में अग्रदूत की भूमिका निभाएगा। इसने संवैधानिक दूरदर्शिता, स्वायत्तता और संस्थानों के उत्तरदायित्व पर बल दिया और नागरिकों के मूलभूत अधिकारों की व साथ ही विधि द्वारा शासन के सिद्धांतोंसे नियंत्रित राज्य की गारंटी दी। परंतु, यह कहा जा सकता है कि 1980 के दशक के मध्य तक राज्य पर निर्भरता और राज्य के साथ अपने अंतर्निहित जुड़ाव के कारण नागरिक–समाज को लेकर जो समझदारी बनी, उस समझदारी से मुक्त होने के अनेक प्रयास किए गए। संवैधानिक दूरदर्शिता के अतिक्रमण और इसकी सीमा, दोनों, के कारण नागरिक–समाज की राज्य पर निर्भरता बनी और राज्य के साथ अंतर्निहित जुड़ाव बना। मानवाधिकार आंदोलन ने नागरिकता और स्वायत्त संस्थानों की कमजोरियों से क्षतिग्रस्त हुए लोकतांत्रिक राज्य से संबंधित बहुत–सी मान्यताओं पर सवाल उठाना शुरू कर दिया था, जो मुक्त करने वाले नहीं थे बल्कि इसे संकुचित करते थे। अपने दूसरे चरण में मानवाधिकार आंदोलन ने अलग ढंग से सोचना शुरू किया, जिसके कारण, कोहेन और आर्तो के अनुसार, विभिन्न राजनीतिक और सामाजिक आंदोलनों[3] ने नागरिक–समाज का प्रतिनिधित्व किया (राज्य से स्वतंत्र और राज्य के विरुद्ध, दोनों रूप से)। येराजनीतिक और सामाजिक आंदोलन लोकतंत्रीकरण की प्रक्रिया को आरंभ व एकजुट करने के लिए राज्य की 'हाई पॉलिटिक्स' और संस्थानिक गतिकी के बाहर थे। 'रैडिकल सामाजिक संघर्ष एक ऐसा नागरिक–समाज निर्मित करने की चाहत रखते थे जो सिर्फ और सिर्फ राज्य द्वारा तय की गई कानूनी और संवैधानिक सीमाओं के तहत कार्य करने वाले "तटस्थ नागरिक–समाज" से परे हो (चंडोक 1998बीः 39)। परंतु, एक 'तटस्थ नागरिक–समाज से उबरने की प्रक्रिया में मानवाधिकार आंदोलन ने नागरिक–समाज की कल्पनाएक ऐसे मुक्तिकारी क्षेत्र के रूप में की जो प्रभुत्व से रहित हो, और आलोचनात्मक संवाद से दूर हो वइसके प्रति संदेहास्पद हो अन्यथा वे राज्य के षडयंत्रों का शिकार बन सकते हैं। अमूर्त व औपचारिक नागरिकता ने एक 'तटस्थ नागरिक–समाज' में शक्ति समीकरणों को धुंधलाने के लिए वही किया, जोराजनीतिक आंदोलनों से जुड़े उल्लासपूर्ण विमर्शों ने नागरिक–समाज को एक विशुद्ध 'स्वतंत्रता वाले क्षेत्र' के रोमांटिक विचार के रूप में कल्पना करने में किया। नागरिक–समाज 'इसी किस्म के सूत्रीकरणों के रूप में उभरता है मानो यह मानवीय मेल–जोलके अन्य क्षेत्रों का चरित्र–चित्रण करने वाले भावावेगों से दूषित नहीं हो... क्योंकि अन्य क्षेत्रों की तरह नागरिक–समाज न तो विवादपूर्ण है और न ही इसमें शक्ति समीकरण मौजूद हैं' (चंडोक 2003ः 242)।

परंतु, सामाजिक व राजनीतिक आंदोलनों के बारे में मानवाधिकार आंदोलन की यह समझदारी कि ये आंदोलन नागरिक–समाज को एक विशुद्ध 'स्वतंत्रता वाले क्षेत्र' के रूप में निर्मित करते हैं, उस समय 'छिन्न–भिन्न' हो गई जब उसका सामना अलग–अलग सामाजिक निर्वाचन–क्षेत्रों को संगठित करने की होड़ में लगे इन विभिन्न आंदोलनों के बीच मौजूद शक्ति की गतिकी व विवादों से हुआ। इनमें एक तरफ एक दमनकारी राज्य और दूसरी तरफ नागरिक–समाज को बनाने वाले मुक्तिकामी राजनीतिक संघर्षों के रूप में कोई स्पष्ट अंतर नहीं था। दरअसल, मानवाधिकार आंदोलन ने यह महसूस किया कि एक विशुद्ध 'स्वतंत्रता वाले क्षेत्र' के रूप में नागरिक–समाज की ऐसी कल्पनाएं अपने आप में आधुनिक समाज में शक्ति निर्माणकरने के तरीके का एक जटिल हिस्सा थीं। अपने तीसरे चरण में, मानवाधिकार आंदोलन ने शक्ति की उस गतिकी से समझौता करना शुरू

किया जो नागरिक–समाज के विमर्श का अंग है ताकि यह उन मुद्दों की पड़ताल कर सके जिन्होंने मानवाधिकार आंदोलन को राजनीतिक सिद्धांतों व कार्यअभ्यासों की ओर जाने के लिए उकसाया। ये राजनीतिक सिद्धांत व कार्यअभ्यास मानवाधिकार आंदोलन को नागरिक–समाज का खाका तैयार करने वाले कार्यअभ्यासों से दूर उन प्रयोगात्मक दायरों के अंदर ले गए जिन्हें हम 'राजनीतिक–समाज' कह सकते हैं। 'राजनीतिक–समाज' एक ऐसा क्षेत्र है जो शक्ति की सूक्ष्म–गतिकी की पहचान करके सामाजिक विवादों की एक व्यापक श्रृंखला का राजनीतिकरण करता है। नागरिक–समाज और एक राजनीतिक–समाज की खोज के बीच का विवाद नए व संयुक्त राजनीतिक कार्यअभ्यासों की खोज के जरिए प्रकट होता है और यह विवाद एक तरफ अमूर्त नागरिकता की सीमाओं के परे गया और दूसरी तरफ इसने 'मुक्त क्षेत्रों' और मुक्त इलाकों की कल्पनाओं को आदर्शीकृत किया। एक नए राजनीतिक–समाज की खोज में सबसे अधिक महत्वपूर्ण रूप से 'लोकतंत्र के लिए संस्थानिक समर्थन निर्मित करने के महत्वपूर्ण' और कठिन कार्य को 'लोकतांत्रित स्पेस' के रैडिकल रूप से पुनर्व्याख्यायित विचारों के साथ मिलाने की संभावनाओं की तलाश करना शामिल था, जो न सिर्फ संगठित राजनीतिक संघर्षों के *अंदर* और इनके *बीच स्थित*, बल्कि इनके *बाहर मौजूद* विभिन्न हाशियाकृत व अधीनस्थ समूहों की एजेंसी को भी बहाल करे।

संस्थानिक कार्यअभ्यासों व रैडिकल राजनीतिक आंदोलनों के बीच के इंटरफेस की गतिकी को उन अनिवार्यताकारी फ्रेम्स के जरिए नहीं समझा जाना चाहिए जो अनालोचनात्मक रूप से एक–दूसरे पर निर्भर रहते हैं, बल्कि इसे शक्ति की गतिकी के उन सूक्ष्म आधारों की पड़ताल के जरिए समझा जाना चाहिए जो हर जगह मौजूद हैं। दूसरे शब्दों में, संस्थानिक कार्यअभ्यासों में स्थित शक्ति को रैडिकल राजनीतिक कार्यअभ्यासों के जरिए मद्धम करके उबरने की आवश्यकता है, जबकि रैडिकल राजनीतिक आंदोलनों को संस्थानिक कार्यअभ्यासों में निहित सिद्धांतों का आदर करने को बाध्य करके नरम बनाए जाने की आवश्यकता है। परंतु, उबरने और नरम बनाने की इस प्रक्रिया की कल्पना उस द्विविभाजित व बाइनरी सांचे में नहीं की गई थी जिसमें नागरिक–समाज ऐसे समझौतों की कल्पना करता है। उदाहरण के लिए, नागरिक–समाज के परे एक नया राजनीतिक–समाज निर्मित करने की अवधि में मानवाधिकार आंदोलन ने लोकतंत्र को सुरक्षित करने में विधि द्वारा शासन व संवाद जैसे संस्थानिक कार्यअभ्यासों के महत्व पर बल दिया ताकि अधीनस्थ समूहों द्वारा राजनीतिक अभिव्यक्तियों को द्विविभाजित या गैर–कानून नहीं बनाया जाए, बल्कि उन्हें सिर्फ राजनीतिक रूप से संदर्भित किया जाए। दूसरे शब्दों में, शिष्टता व सभ्यता के विचार कार्य को एकतरफा ढंग से कानून के बाहर रखते हैं, जबकि इसके ठीक उलट मानवाधिकार आंदोलन 'लोकतांत्रिक स्पेस' के खुलने की संभावना पर जोर देता है। मानवाधिकार आंदोलन'लोकतांत्रिक स्पेस' के खुलने की संभावना पर इसलिए जोर देता है क्योंकि रैडिकल–मिलिटेंट राजनीति राज्य पर दबाव बनाने में समर्थ है, और राज्य को मुद्दों की एक श्रंखला पर संवाद करने के लिए बाध्य करती है। इन मुद्दों में एक तरफ भूमि सुधार के मुद्दों से लेकर आर्थिक सुधार तक के मुद्दे शामिल हैं और दूसरी तरफ विधि द्वारा शासन के संस्थानिक सिद्धांत हैं जो विभिन्न सामाजिक निर्वाचन–क्षेत्रों या अन्य राजनीतिक आंदोलनों से निपटने में मिलिटेंट संघर्षों और उनके द्वारा किए जा सकने वाले अतिरेकों पर लगाम लगाते हैं। ऐसे रास्ते पर चलते हुए, मानवाधिकार आंदोलन विधि द्वारा शासन और विचार–विमर्श जैसे नागरिक–समाज के युगों पुराने बुनियादी सिद्धांतों को नए राजनीतिक कार्यअभ्यासों में परिवर्तित कर रहा था और ये नए राजनीतिक कार्यअभ्यास मिलिटेंट (जिसमें सशस्त्र आंदोलन शामिल हैं) राजनीतिक आंदोलनों के संदर्भ में काम करते हैं न

कि इन्हें समाप्त करते हैं। नागरिक–समाज के कार्यअभ्यासों का यही नया अभिप्राय एक उत्तर–नागरिक–समाज के विमर्श का शुभारंभ करता है।

ठीक इसी समय, मानवाधिकार आंदोलन ने इस विचार की आलोचना की कि सामाजिक व राजनीतिक आंदोलनों के जरिए निर्मित नागरिक–समाज बिना किसी समस्या के 'जनता' की रूमानी सामूहिक इच्छा को संगठित व प्रस्तुत कर सकता है, भले ही यह इच्छा राज्य के विरुद्ध हो, और ऐसा करते हुए यह विभिन्न राजनीतिक आंदोलनों के बीच शक्ति की पार्श्वीय गतिकी (लैटरल पावर डायनामिक्स) के लिए स्वयं को जवाबदेह नहीं ठहराता है (डायमंड 1994: 4)। दूसरे शब्दों में, शक्ति का इस्तेमाल सिर्फ राज्य द्वारा ही नहीं किया जाता, बल्कि निर्वाचन–क्षेत्रों के कथित लक्ष्यों को अर्जित करने के लिए उन्हें संगठित करने के दौरानराजनीतिक आंदोलनों के द्वारा भी किया जाता है। यहां पर, सबआल्टर्न की एजेंसी संगठित राजनीतिक आंदोलनों में निहित नहीं हो सकती है बल्कि संगठित राजनीतिक आंदोलनों के जरिए (यदि यह इसके विरुद्ध नहीं हो) इसकी पड़ताल की गई है, और यहां पर राजनीतिक आंदोलनों के बीच स्थित विवादों की मध्यस्थता करने में, या विशिष्ट राजनीतिक आंदोलनों और उनके अपने निर्वाचन–क्षेत्रों के बीच स्थित विवादों की मध्यस्थता करने में (अब तक जो कल्पना की गई है उसके बजाय) संस्थानिक कार्यअभ्यास ज्यादा रैडिकल–लोकतांत्रिक भूमिका निभा सकते हैं। इस जटिल पच्चीकारी वाले काम से जूझते हुए मानवाधिकार आंदोलन एक नए उत्तर–नागरिक–समाज के विमर्श को गढ़ रहा है, जहां विचारार्थ विषयों और कार्यअभ्यासों की कल्पना इस तरह से की गई है कि ये नागरिक–समाज के विमर्श से मेल नहीं खाते और उसकी सीमा को लांघते हैं।

अंततः, इस अध्याय का समापन एक उत्तर–नागरिक–समाज के विमर्श का शुभारंभ करने में उत्पन्न होने वाली दुविधाओं पर आलोचनात्मक दृष्टि डालने के साथ होता है। उभरते राजनीतिक–समाज के लिए विचारार्थ विषय शक्ति की सूक्ष्म गतिकी (माइक्रोपावर डायनामिक्स) से निपटने के दौरान हाइपर–पॉलिटीसाइजेशन (अति–राजनीतिकरण) की शुरुआत कर सकते हैं जो 'विशिष्टतावादों के प्रसार' की दिशा में ले जाने वाला हो सकता है और यह सभी किस्म की सामूहिकताओं के लिए संकट पैदा कर सकता है और राजनीतिक आंदोलनों के बीच सभी तरीकों की एकजुटता को अर्थ प्रदान कर सकता है क्योंकि यह मूलतः वर्चस्वकारी होता है। मानवाधिकार आंदोलन का वर्तमान समय एक सुस्पष्ट 'नैतिक भाषा' की आवश्यकता पर जोर देने वाला प्रतीत होता है ताकि यह उत्तर–नागरिक–समाज के विमर्श में आवश्यक बनाए जा रहे रैडिकल राजनीतिकरण को रोकने की रामबाण दवा बन सके। वर्तमान में मानवाधिकार आंदोलन यह पड़ताल करने का प्रयास कर रहा है कि क्या 'नैतिकता में अपना एक आंतरिक बल है' (चुर्चिच 1994: 11)। मानवाधिकार आंदोलन में हुए इस बदलाव (उत्तर–नागरिक–समाज के विमर्श के आधार के रूप में राजनीतिक से नैतिक में हुए बदलाव) को समझने के लिए यह स्वाभावित प्रश्न पूछा जाना चाहिए कि नागरिक–समाज में सभ्यता/शिष्टता के विमर्श से एक नैतिक भाषा का सहारा लेने में क्या अंतर है? आखिरकार, ग्राम्शी ने नागरिक–समाज को प्रभुत्वशाली संस्कृति व मूल्यों के बराबर माना था, और यह तर्क दिया था कि इन्हें नैतिक आदेशों में परिवर्तित करके ऐसा होता है जिससे वे अंतहीन रूप से स्वयं को उन परिस्थितियों के 'सामान्य ज्ञान' के रूप में दोहराते व सुदृढ़ीकृत करते हैं; या फिर क्या यह तर्क दिया जा सकता है कि नैतिकता का सहारा लेना उन नए राजनीतिक कार्यअभ्यासों के उदाहरण पेश करने का एक जरूरी तरीका है जो आवश्यक (प्रति–) वर्चस्वकारी स्थिति या सामर्थ्य से (अब तक के हिसाब से) वंचित हैं? जैसा कि स्लावोज जिजेक (1997: 30) कहते हैं, 'बढ़ती राजनीतिक सीमाओं

के रूप में, वैचारिक व राजनीतिक वर्चस्व का ढांचा इस तरह से हमेशा ही उन नियमों के विनियोजन के लिए संघर्षपूर्ण होता है जो "स्वाभाविक रूप से" "अराजनीतिक" महसूस होते हैं। मानवाधिकार आंदोलन के विस्तृत ऐतिहासिक विवरण के आधार पर, भारत में उभरते हुए उत्तर–नागरिक–समाज के विमर्श व राजनीति को समझने के लिए यहां पर दिए गए कुछ बदलावों व दुविधाओं को समझने की आवश्यकता है।

मानवाधिकार आंदोलनों का एक लंबा इतिहास रहा है और इसने भारत में राजनीति की लोकतांत्रिक अंतर्वस्तु को कायम रखने और परिवर्तित करने में महत्वपूर्ण योगदान दिया है। नागरिक स्वतंत्रता संगठन बनाने की पहली संगठित पहलकदमी, संभवतः, जवाहर लाल नेहरू ने 7 नवंबर 1936 को इंडियन सिविल लिबर्टीज यूनियन (आई.सी.एल.यू.) की स्थापना करके की थी जिसके अध्यक्ष रवीन्द्रनाथ टैगोर थे। अधिकारों को न सिर्फ राज्य के स्वेच्छाचारी कार्य (जो बरतानवी औपनिवेशिक शासन का अभिन्न अंग था) के खिलाफ गारंटी के रूप में व्यक्त किया गया था, बल्कि साथ ही एक अधिक न्यायपूर्ण व समानतावादी सामाजिक–आर्थिक व्यवस्था अर्जित करने के आवश्यक साधन के रूप में व्यक्त किया गया था। यही वह दोहरी रणनीति थी जो उपनिवेश–विरोधी संघर्ष का आधार थी और इसने 1928 की मोतीलाल नेहरू समिति और 1931 में कांग्रेस के कराची सत्र सहित विभिन्न उपकरण स्थापित किए जिन्हें मौलिक अधिकारों पर केंद्रित प्रस्ताव ने अपनाया। यह रणनीति प्राकृतिक अधिकारों व अधिकारों को स्पष्ट रूप से व्यक्त करने की प्रत्यक्षवादी (पॉजिटिविस्ट) परंपरा के बीच वैचारिक अंतर का परिणाम थी। प्राकृतिक अधिकारों की परंपरा में, अधिकारों की कल्पना अपरिहार्य, प्रकृति में इनके मूल होने के रूप में की गई है, जबकि प्रत्यक्षवादी (पॉजिटिविस्ट) परंपरा में 'अधिकारों का जन्म न सिर्फ राज्य के कार्य से होता है, वरन ये अपने अस्तित्व के लिए पूर्णतः राज्य पर निर्भर भी होते हैं' (सिंह 2005: 32)। राज्य ही अधिकारों का स्रोत और मुखिया होता है और इसलिए वह कुछ खास विरले व सुनिर्दिष्ट स्थितियों में उन्हें वापस भी ले सकता है। आजादी के पश्चात मानवाधिकार आंदोलन की राजनीति, एक अर्थ में, अधिकारों के विमर्श की इन दो भिन्न परंपराओं (जो उपनिवेश–विरोधी संघर्ष का अंग थे) के निहितार्थों में समझौता करने का एक प्रयास था।[4]

भारत में आजादी के पश्चात मानवाधिकार आंदोलनों के इतिहास की पड़ताल 1970 के दशक की शुरुआत में की जा सकती है। सत्तर के दशक का आंदोलन श्रीमति गांधी के सत्ता में आने और नेहरूवादी युग से सामने आते बदलाव के संक्रमणकालीन क्षेत्र में स्थित था, जो एक तरफ एक सर्वसत्तावादी राज्य के उद्भव की संभावनाओं के संदर्भ में, और दूसरी तरफ एक कल्याणकारी राज्य (जो शासन–व्यवस्था व इसके हाशियाकृत लोगों की लोकप्रिय मांगों के प्रति प्रत्युत्तरशील हुआ करता था) से निरंतर बंधी उम्मीदों के संदर्भ में धीरे–धीरे स्पष्ट हो रहा था। राज्य और संवैधानिक रूपरेखाके विरोध से अधिक, संस्थानों के रोज–ब–रोज होने वाले दुरुपयोग और प्रक्रियाओं के उल्लंघन ने भारत में आजादी के पश्चात मानवाधिकार आंदोलन की शुरुआत के लिए संदर्भ की रचना की।

राज्य व नागरिक–समाज की संपूरकता

बंगलुरु में जुलाई 1972 में सर्वोदय कामगारों की एक बैठक में, जयप्रकाश नारायण ने भारत में लोकतंत्र की सुरक्षा और सुदृढ़ीकरण के लिए व्यापक आधार वाले एक संगठन के निर्माण की पैरवी की और कहा कि संगठन में ऐसे सभी लोग होने चाहिए जो लोकतांत्रिक मूल्यों

को पसंद करते हैं, परंतु शक्ति की राजनीति में दिलचस्पी नहीं रखते (तारकुंडे 1991: 303)। दिल्ली में 13–14 अप्रैल, 1974 को आयोजित हुए एक अखिल भारतीय सम्मेलन में, एक गैर–पार्टी संगठन का निर्माण किया गया जिसे सिटिजन्स फॉर डेमोक्रेसी (यानी सी.एफ.डी.) कहा गया और जिसका लक्ष्य न्यायपालिक, प्रेस, रेडियो, नौकरशाही, राष्ट्रपति कार्यालय, चुनाव आयोग और योजना आयोग जैसे विभिन्न संस्थानों की लोकतांत्रिक व संवैधानिक कार्यप्रणाली को कायम रखने के उद्देश्यों के लिए *आजादी* व *स्वायत्तता* को सुनिश्चित करना था। राजकीय संस्थानों की अधिक कारगर व सक्रिय कार्यप्रणाली के लिए एक दबाव समूह निर्मित करने का यह प्रयोग 25 जून 1975 को 'आंतरिक गड़बड़ी के कारण भारत की सुरक्षा व अखंडता के गंभीर संकट में पड़ जाने' के आधार पर संविधान की धारा 352 के तहत आपातकाल लग जाने के कारण अचानक ही समाप्त हो गया।[5] जयप्रकाश नारायण व उनके अनेक अनुयायियों को निवारक नजरबंदी (प्रीवेंटिव डिटेंशन) में डाल दिया गया। उनके बरी होने के बाद, *नागरिकों* की नागरिक स्वतंत्रताओं या मौलिक अधिकारों की सुरक्षा करने के लिहाज से सी.एफ.डी. के कार्य–क्षेत्र को विस्तारित करने की आवश्यकता महसूस हुई। अक्टूबर 1976 में नई दिल्ली में आयोजित हुए खचाखच भरे एक सम्मेलन में, जयप्रकाश नारायण की अनुपस्थिति में जे.बी. कृपलानी ने पीपुल्स यूनियन फॉर सिविल लिबर्टीज (इसे यहां के बाद पी.यू.सी.एल. कहा जाएगा) का शुभारंभ किया (तारकुंडे 1991: 305)।

आपातकाल के तात्कालिक संदर्भ में और नेहरूवादी युग की व्यापक विरासत की हालिया स्मृति को ध्यान में रखकर, पी.यू.सी.एल. का ध्यान निम्न बिंदुओं तक केंद्रित और सीमित था – (क) आपातकाल के दौरान दमित या समाप्त किए गए अधिकारों का पुनःस्थापन करना (निवारक नजरबंदी कानून को समाप्त करना, न्यायालयों के अधिकार–क्षेत्रों की कटौती को खत्म करना, प्रेस से सेंसरशिप हटाना, और इसी प्रकार की अन्य बातें); (ख) उपलब्ध कानूनी अवलंब के जरिए अतिरेक के लिए उत्तरदायी लोगों को दंडित करना; (ग) महज व्यक्तिपरक बदले लेने के लिए स्वेच्छाचारी उपाय के रूप में आपातकाल के प्रावधानों को अपनाने के खिलाफ सुरक्षा–उपाय तैयार करना (राम 1986: 91)।

पी.यू.सी.एल. का गठन जनता पार्टी से निकटता रखने वाले राजनीतिक व्यक्तियों और धड़ों द्वारा किया गया था जो रैडिकल ह्यूमनिस्ट एसोसिएशन और वकीलों, अकादमिशियनों के पेशवराना निकायों व कुछ स्वतंत्र गांधीवादियों से अलग थे। इसमें एक्टिविज़्म व जन–संगठन से अधिक जोर असल में ऐसी अग्रणी शख्सियतों को जोड़ने पर था जो व्यक्तियों व संस्थानों पर नैतिक या अन्य किस्म के दबाव डाल सकते थे। हालांकि नागरिक अधिकारों के मुद्दे के राजनीतिक संकेतार्थ थे, पर इसे सारतः कानूनी माना गया था और इसलिए संस्थानों को प्रत्युत्तरशील बनाने और आम लोगों (जो सबसे पहले देश के नागरिक थे) के अधिकारों की हिफाजत करने के लिए कानूनी उपाय को ही अक्सर सबसे कारगर तरीका माना गया। न्यायपालिका जैसे राजकीय संस्थानों को नागरिक–समाज संबंधी सरोकारों का उतना ही प्रभावी प्रतिनिधित्व करने वाला माना गया जितना कि वे राज्य की लोक नीति के प्रभावी प्रतिनिधि थे।

आपातकाल हटाए जाने के बाद, 23 मार्च, 1977 को जनता पार्टी सत्ता में आयी। इसके बाद मानवाधिकार आंदोलन ने अस्थाई रूप से अपनी दिशा खो दी क्योंकि पी.यू.सी.एल. के अधिकतर पदाधिकारी (जिन्होंने महत्वपूर्ण भूमिका निभाई थी) जनता पार्टी के भी सदस्य थे। प्रकट रूप में, राज्य व नागरिक–समाज के बीच कोई स्पष्ट व कारगर अंतर मौजूद नहीं था। और चूंकि संस्थानिक सुधार व मौलिक अधिकारों का पुनःस्थापन ही एकमात्र लक्ष्य था, इसलिए ऐसा लगा कि पी.यू.सी.एल. के कुछ अग्रणी सदस्यों द्वारा एक स्वतंत्र

मानवाधिकार संगठन को चलाए जाने की जरूरत नहीं रह गई थी। असल में, 'अगस्त 1977 में आयोजित हुई एक राष्ट्रीय सभा में, कृष्ण कांत जैसे जनता पार्टी के उच्च नेताओं ने यह घोषणा की कि अब नागरिक स्वतंत्रता आंदोलन की कोई जरूरत नहीं रह गई है क्योंकि अब लोकतंत्रवादी सत्ता में आ गए हैं' (सी.पी.डी.आर. 1991: 284)। कुछ वर्ष बाद जब श्रीमति गांधी सत्ता में लौटीं, तो नवंबर 1980 में पी.यू.सी.एल. को पुनरुज्जीवित किया गया। नागरिक अधिकार कार्यकर्ताओं की एक राष्ट्रीय सभा ने पी.यू.सी.एल. को सदस्यता वाले संगठन में तब्दील कर दिया। वी.एम. तारकुंडे इसके अध्यक्ष बने, जबकि अरूण शौरी इसके महासचिव बने और प्रोफेसर रजिनी कोठारी को दिल्ली इकाई का अध्यक्ष चुना गया। संस्थानों पर अपने पूर्ववर्ती ध्यान–केंद्रण के मद्देनजर, उनका तात्कालिक सरोकार एक नए जेल अधिनियम और जेल मैनुअल का मसौदा तैयार करना था।

यह अनेक रूप से मानवाधिकार आंदोलन का पहला चरण ('नागरिक स्वतंत्रताओं वाला चरण') था जो *राज्य व नागरिक–समाज की संपूरकता* के ढांचे के अंदर काम करता था। पी.यू.सी.एल. जैसे संगठनों ने स्वयं को एक नवनिर्मित नवजात लोकतंत्र में राज्य व नागरिक–समाज के बीच उभरती कड़ी के अग्रदूत के रूप में देखा। उनकी यह दृढ़ मान्यता थी कि:

> यह कड़ी दोनों दिशा में काम करती है: एक तरफ, ये समूह (जैसे कि पी.यू.सी.एल. – लेखक द्वारा जोड़ा गया) विचार उत्पन्न करते हैं और तंत्र को संवेग प्रदान करते हैं; दूसरी तरफ, राजनीतिक तंत्र नागरिक–समाज के लिए कार्य–योजना तय करता है और उसमें सुधार करता है। इन दोनों दायरों के बीच प्रवाह और आदान–प्रदान निरंतर चलता रहता है। (फ्रेवर्ट 2005: 68)

नागरिक–समाज को राज्य के बाहर खड़ा होने के लिए संगठित नहीं किया जा रहा था, बल्कि इसका संगठन राज्य को अधिक प्रत्युत्तरशील बनाने और अपने नागरिकों के प्रति अपने संवैधानिक दायित्व का निर्वाह करने के लिए किया जा रहा था। यह समझा जा चुका था कि राज्य को जवाबदेह बनाने के लिए एक जोशीले नागरिक–समाज की जरूरत है, परंतु साथ ही यह जानना भी उतना ही महत्वपूर्ण था कि राज्य और इसकी नीतियां वैधानिक रूप से यह निर्धारित करती हैं कि नागरिकों की स्वयं को संगठित करने की शक्तियां कितनी दूर तक जाएंगी। दूसरे शब्दों में, राज्य का संवैधानिक ढांचा कुछ खास बुनियादी स्वतंत्रताओं की गारंटी देता है और इनका कारगर व क्रमिक उन्नतशील रूप से अहसास किए जाने की जरूरत होती है। इसी अंतर्निहित समझदारी के कारण पी.यू.सी.एल. ने कभी भी जन संगठन बनाने पर उतना जोर नहीं दिया जितना कि उपलब्ध कानूनी उपायों का सहारा लेने पर दिया।[6]

राज्य व नागरिक–समाज की संपूरकता को प्राप्त किया जाना था व इसके बाद लगभग दो आपस में जुड़े कार्यक्रमों को अर्जित किया जाना था, जिनमें से पहला, राज्य व नागरिक–समाज, दोनों, के संस्थानों की स्वायत्तता व स्वतंत्रता को (पुनः)स्थापित करना था और दूसरा, नागरिकों के नागरिक, राजनीतिक और सामाजिक अधिकारों को भावनात्मक रूप से महसूस करके नागरिकता की परियोजना को सुरक्षित व सुदृढ़ीकृत किया जाना था। पी.यू.सी.एल. ने न्यायपालिका जैसे संस्थानों की स्वायत्ता को पुनःस्थापित करने के लिए अनेक पहलकदमियां ली जैसे कि न्यायालयों के अधिकार–क्षेत्र में कटौती के विरुद्ध विरोध–प्रदर्शन करना। पी.यू.सी.एल. द्वारा ली गई इन पहलकदमियों को विधि द्वारा शासन की उपस्थिति के लिए पूर्वशर्त माना गया और शक्ति के स्वेच्छाचारी इस्तेमाल व लोकतांत्रिक अतिक्रमणों को रोकने के लिए आवश्यक माना गया। कानून के समक्ष किसी भी अर्थपूर्ण

समानता की तब तक कोई कल्पना नहीं की जा सकती है जब तक कि मध्यस्थताकारी संस्थानों में जरूरी तटस्थता, जवाबदेही और खुलापन नहीं हो। परंतु, इसके परिणामस्वरूप इस बात को समझा जाना चाहिए कि पी.यू.सी.एल. की यह मान्यता थी कि 'न्यायपालिका की संस्थानिक स्वायत्तता इस स्वतःसिद्ध मान्यता द्वारा पोषित होती है कि सिर्फ राज्य ही व्यक्ति के लिए आवश्यक स्वतंत्रताओं की गारंटी दे सकता है' (गुप्ता 2004: 232)। इसी प्रकार, इसने प्रेस की सेंसरशिप के खिलाफ विरोध–प्रदर्शन करके मीडिया व शैक्षणिक संस्थानों जैसे नागरिक–समाज से संबंधित संस्थानों की स्वायत्ता पर बल दिया, ताकि सूचित राजनीतिक भागीदारी के जरिए एक जवाबदेह व प्रत्युत्तरशील राज्य को कायम रखा जा सके। साथ ही ठीक इसी कारण से पी.यू.सी.एल. ने बहुत पहले ही चुनाव संबंधी सुधारों के महत्व पर बल देना आरंभ कर दिया था, क्योंकि गैर–बराबरी का मुकाबला करने में वोट देने का अधिकार एक अत्यधिक सक्षम उपकरण था, खासकर समाज के सबसे वंचित व असुरक्षित समूहों के लिए। परंतु, भारत जैसे बहुत अधिक खंडों या हिस्सों में बटे समाज में, नागरिक–समाज 'श्रेष्ठताशाही' पर आधारित होता है (इलियट 2004: 23) और ऐसे में सामाजिक समानता की गारंटी के लिए या यहां तक कि जन कल्याणकारी कार्यों को बढ़ावा देने के लिए भी महज संस्थानिक स्वायत्ता का होना ही अपर्याप्त माना गया था। हो सकता है कि संस्थान अत्यधिक सक्षम, स्वयात्त हों और 'आधुनिक सांगठनिक व तर्कसंगत सिद्धांतों' पर आधारित हों और 'नागरिकों की सभी श्रेणियों के लिए खुले हों' (बेटेइले 2004), परंतु तब भी, या ठीक इसी वजह से, वे शायद सुविधाहीन समूहों को प्रवेश देने से इंकार कर दें।[7] इस तरह, संस्थानों की स्वायत्तता पर जोर देने के साथ ही, पी.यू.सी.एल. ने ऐसे 'अधिकार–आधारित नागरिक–समाज' के लिए भी संघर्ष किया जिसमें सभी नागरिकों की पहुंच सभी मौलिक अधिकारों तक हो सके।

पी.यू.सी.एल. ने स्वयं को न सिर्फ दमनकारी प्रावधानों (जैसे कि निवारक नजरबंदी कानून, आपातकालीन प्रावधानों का स्वेच्छाचारी ढंग से सहारा लेने के खिलाफ सुरक्षा उपाय के लिए और एक नए कारागार कानून हेतु दबाव डालने के लिए) के खिलाफ एकजुट किया, बल्कि नागरिकों के रूप में सभी व्यक्तियों व सामाजिक समूहों के लिए समानता की स्थिति अर्जित करने हेतु सकारात्मक सामाजिक अधिकारों (जैसे कि शिक्षा का अधिकार) के लिए भी एकजुट किया। सभी व्यक्तियों को, चाहे उनकी जाति, वर्ग, लिंग और धार्मिक पहचान कुछ भी क्यों न हो, नागरिकों के रूप में मान्यता प्रदान करना उन्हें शुरुआत में कानूनी समानता प्रदान करेगा और आगे चलकर उन्हें उनकी विशिष्ट असुविधाओं से बाहर निकालेगा, और राज्य के विकास संबंधी लक्ष्यों के अंग के रूप में उन्हें यथोचित रूप से शामिल करेगा। इस प्रकार, मानवाधिकार आंदोलन के पहले चरण में, पी.यू.सी.एल. जैसे संगठनों के लिए, 'स्वतंत्रता की एक नैतिकता के रूप में नागरिक–समाज, नागरिकों का निर्माण करके और संस्थानिक स्वायत्ता का समर्थन करके, स्वयं को आधुनिक लोकतांत्रिक संवैधानिक राज्य के रूप में अभिव्यक्त करता है' (पूर्वोक्त)।[8]

राज्य बनाम नागरिक–समाज

परंतु, राज्य की प्रकृति में भारी बदलाव आया है। नेहरू द्वारा राष्ट्र–निर्माण के लिए अपनाए गए स्टेटिस्ट (केंद्रीकृत सरकार) मॉडल के नकारात्मक पक्ष की घोषणा श्रीमति गांधी ने की। नेहरू के शासन में राज्य के कल्याणकारी रुझान के बावजूद, नागरिक–समाज में मौजूद

विभिन्न विवादों से निपटने के लिए इसे अत्यधिक केंद्रीकृत उपकरण के रूप में भी विकसित किया गया। इस प्रक्रिया पर टिप्पणी करते हुए, भीखू पारेख कहते हैं:

> राज्य ही वह एकमात्र जरिया था जिसके माध्यम से समाज के विभिन्न पक्ष एक–दूसरे से संबंधित थे और यह सभी झगड़ों व विवादों में एक पक्ष था। इसलिए यह समस्त राजनीतिक महत्वाकांक्षाओं व ऊर्जाओं का एकमात्र केंद्र और प्रबल वैचारिक भावावेशों का अखाड़ा बन गया था। (पारेख 1995: 44)

यही केंद्रीकरण का वह अंतर्निहित रुझान था जिसे श्रीमति गांधी सुदृढ़ीकृत करने की मंशा रखती थीं और इसलिए उन्होंने पार्टी के अंदर होने वाले चुनावों की अनदेखी करके 'गैर–संस्थानीकरण' की प्रक्रिया आरंभ की, 'प्रतिबद्ध नौकरशाही' और 'प्रतिबद्ध न्यायपालिका' जैसी अनिश्चित अवधारणाएं पेश कीं, विभिन्न राज्यों में अपने चुने हुए मुख्यमंत्री नियुक्त करने के लिए टॉप–डाउन के दृष्टिकोण को बढ़ावा दिया, अनुच्छेद 356 और 352 का दुरुपयोग किया (ब्रास 1992: 40–41)। इनसे अधिक महत्वपूर्ण यह है कि सर्वसत्तावादी और केंद्रीकरण के रुझानों को आगे बढ़ाने के लिए, श्रीमति गांधी कल्याणकारी राज्य के विचार का इस्तेमाल कर रही थीं, जो *राज्य व नागरिक–समाज की संपूरकता* के लिए बुनियादी था। केंद्रीकृत योजना, आधुनिक तकनीक का इस्तेमाल और 'विशेषज्ञों' व टेक्नोक्रेट्स की भूमिका शासन के अविभाज्य अंग बन गए। सक्षमता को बरकरार रखने, 'विकास' संबंधी लक्ष्यों को हासिल करने और राष्ट्र की 'एकता व अखंडता' को सुरक्षित रखने के नाम पर इन तरीकों ने असल में राजनीति या लोकप्रिय भागीदारी और सरकार के बीच की खाई को निरंतर चौड़ा किया।[9] जिस ढंग से आपातकाल के दौरान एक लोक–कल्याणकारी '20–सूत्री कार्यक्रम' की घोषणा की गई थी, उससे एक अर्थ में, यह प्रक्रिया स्पष्ट हो गई। लोक–कल्याणवाद और विकास राज्य के नियंत्रण को बढ़ाने और निर्णयकारी प्रक्रिया में लोकप्रिय भागीदारी से जनता को अलग करने के नए तौर–तरीके बन गए थे। इसके अतिरिक्त, यही वह दौर था जब औद्योगिक वृद्धि में गिरावट आई थी। कई जगहों पर भयानक अकाल की घटनाएं हुई थीं और खाद्यान्नों की कीमतें 40 प्रतिशत तक बढ़ गई थीं। राज्य का सामाजिक आधार खिसककर नए उभरते हुए नवधनाढ्य या *लूम्पेन* वर्ग के पास पहुंच गया था जिसका जन्म मुख्यतः पहले चरण के विकास में हुए रिसावों से हुआ था।[10] इस वर्ग में ठेकेदार, रीयल इस्टेट के दलाल, शराब व्यापारी, किरायाखोर, जुआखोर, सट्टाबाजारिये, सिनेमा प्रोड्यूसर्श और अभिनेता शामिल थे (हरगोपाल व बालगोपाल 1998; सेठी 1975)। इस नए वर्ग की उन्नति के साथ राज्य अधिक दमनकारी होता गया, जो इसके द्वारा शक्ति के इस्तेमाल और कानूनी प्रक्रियाओं में भारी छल–कपट से जाहिर था। उदाहरण के लिए,

> जिन्हें निवारक नजरबंदी से मुक्त कर दिया गया था उन्हें वापस कैद में डाल दिया गया – अक्सर न्यायालय परिसर के बाहर या कैदखानों के दरवाजे पर किन्हीं खास अभियोगों के लिए गिरफ्तार कर लिया जाता था। कुछ राजकीय सरकारों का सबसे पसंदीदा हथकंडा यह था कि व्यक्तियों को आपस में जुड़े अनेक मामलों में फंसाए रखा जाए। इनमें क्षैतिज और उर्ध्वाधर, दोनों किस्म के जुड़ाव थे (राम 1986: 93)।

इस दौर में, सशस्त्र बल (विशेष शक्तियां) कानून का इस्तेमाल असम में किया गया था, राष्ट्रीय सुरक्षा कानून को वैधानिक बना दिया गया और फिर इसे अधिक दमनकारी

बनाने के लिए इसमें दो बार संशोधन किए गए, आतंकवादी और विघटनकारी गतिविधियां (निवारण) कानून बनाया गया और इसे पंजाब से लेकर आंध्र प्रदेश तक हर जगह व्यापक तौर पर लागू किया गया।[11]

यह मोटे तौर पर मानवाधिकार आंदोलन की पूर्ववर्ती *राज्य व नागरिक–समाज की संपूरकता* वाली रूपरेखा से 1980 के दशक के दौरान दूसरे चरण ('लोकतांत्रिक अधिकार का चरण') में हुए बदलाव का सामाजिक व राजनीतिक संदर्भ था, जो एक नई *राज्य बनाम नागरिक–समाज* की रूपरेखा में सामने आया। पिछले चरण के विपरीत, 'विकास कर रहे राज्य के संकट को व्याख्यायित करने और राज्य की शक्ति पर होने वाले हमलों के लिए बौद्धिक तर्क प्रदान करने' के लिए नागरिक–समाज को अब नया बनाया जा रहा था (व्हाइट 1994: 376)। इस प्रकार के संदर्भ में नागरिक–समाज सिर्फ राज्य का विरोध करके ही अर्थपूर्ण बना, और संभवतः यह बात उन अधिकांश उत्तर–औपनिवेशिक व विकासशील समाजों के लिए सच थी जिन्होंने एक अति–विस्तारित राज्य को अपनाया था और जिस राज्य ने एक 'रहस्यमय व अमानवीकृत विकासवाद' को प्रस्तुत किया (बयार्त 1986; साथ ही चंडोक 1998बी; एस्कोबार 1992)। पी.यू.सी.एल. में हुई फूट और दिल्ली में पीपुल्स यूनियन फॉर डेमोक्रेटिक राइट्स (पी.यू.डी.आर.) के गठन ने इस *विरोधमूलक* चरण की शुरुआत की, जो मानवाधिकार आंदोलन की रैडिकल–मिलिटेंट संघर्षों के साथ नई–नवेली अंतरंगता के रूप में प्रकट हुई। इन रैडिकल–मिलिटेंट संघर्षों में मार्क्सवादी–लेनिनवादी संगठनों के सशस्त्र संघर्ष और कश्मीर में व भारत के उत्तर–पूर्वी हिस्सों में राष्ट्रीयता के संघर्ष शामिल थे। लोकतांत्रिक अधिकारों का दृष्टिकोण तब उभरकर सामने आया जब,

कार्यकर्ताओं के एक धड़े को यह महसूस हुआ कि पी.यू.सी.एल. के नेताओं द्वारा 'नागरिक स्वतंत्रताओं' शब्दों का उपयोग स्वयं को (इन) सांकेतिक सुरक्षा उपायों तक सीमित करता था। ज्यादा रैडिकल कार्यकर्ताओं ने 'नागरिक स्वतंत्रताओं' शब्दों की आलोचना के रूप में'लोकतांत्रिक अधिकार' का इस्तेमाल किया। यह गैर–संहिताबद्ध अधिकारों तक का दावा करने की स्वतंत्रता को व्यक्त करता था, या फिर, दूसरे शब्दों में, मौजूदा कानून व्यवस्था के तहत नागरिकों को जो अधिकार प्रदान नहीं किए गए थे उनका भी दावा करने की स्वतंत्रता को व्यक्त करता था। (दत्त 1998: 283)

'लोकतांत्रिक अधिकारों' की रूपरेखा लोकतंत्र में नागरिक की पहचान तय करने वाले उदारतावाद के औपचारिक व प्रक्रियात्मक सिद्धांतों और महज कानूनी अधिकार के तरीके के प्रति आलोचनात्मक थी। एक ऐसे समाज में जहां आर्थिक शोषण 'न्यायिक व राजनीतिक अवस्थिति पर प्रत्यक्ष रूप से निर्भर' नहीं होता, वहां पर नागरिक व राजनीतिक अधिकारों तक पहुंच स्वतंत्र लोकतंत्रीकरण के बजाय औपचारिक लोकतंत्रीकरण का आरंभ करती है (गुडावर्थी व विजय 2000; वुड 1990: 72)। साथ ही लोकतंत्रीकरण को सिर्फ समय–समय पर होने वाले स्वतंत्र व निष्पक्ष चुनावों से नहीं तोला जा सकता है। ऐसा कोई भी समीकरण सिर्फ 'चुनाववाद के दोष' को ही दर्शाता है जो संपत्ति, शक्ति व सामाजिक स्थिति में मौजूद असमानताओं की पूरी तरह से अनदेखी करता है जो 'औपचारिक भागीदारी के कारगर बनने की राह भी कठिन बनाता है' (जयल 2007: 3–4)। इस नई रूपरेखा के साथ पश्चिम बंगाल में एसोसिएशन फॉर प्रोटेक्शन ऑफ डेमोक्रेटिक राइट्स (ए.पी.डी.आर.) दोबारा जागृत हुई जो बाद में एसोसिएशन फॉर दि इस्टैब्लिशमेंट ऑफ डेमोक्रेटिक राइट्स (ए.ई.डी.आर.) के बनने से विघटित हुई और यह विघटन इस मुद्दे पर हुआ कि भारत में ऐसे कोई लोकतांत्रिक अधिकार नहीं हैं जिनकी 'सुरक्षा' की जाए। इस रैडिकल दृष्टिकोण

के साथ पंजाब में ओ.पी.डी.आर. व ए.एफ.डी.आर. का, बंबई में सी.पी.डी.आर. का पुनर्जन्म हुआ और असम में *मानब अधिकार संघर्ष समिति* (एम.ए.एस.एस.) का गठन हुआ। आंध्र प्रदेश में सबसे पहले आंध्र प्रदेश सिविल एंड डेमोक्रेटिक राइट्स एसोसिएशन (ए.पी.सी.डी. आर.) अस्तित्व में आया और बाद में विघटित होकर आंध्र प्रदेश सिविल लिबर्टीज़ कमेटी (ए.पी.सी.एल.सी.) और ओ.पी.डी.आर. बने जो मोटे तौर पर सी.पी.आई. (एम.एल.) के दो अलग–अलग धड़ों का प्रतिनिधित्व करते थे, परंतु दोनों ही 'लोकतांत्रिक अधिकारों' की नई रूपरेखा के अंदर काम कर रहे हैं। इनमें से अधिकांश संगठनों ने अपने राज्यों में विभिन्न रैडिकल–मिलिटेंट संघर्षों से घनिष्ठता रखते हुए काम करना आरंभ कर दिया, जैसे कि सशस्त्र नक्सलवादी आंदोलन और राष्ट्रीयता वाले मिलिटेंट संघर्ष इनका मानना था कि ये ही नए नागरिक–समाज का सर्वोत्तम प्रतिनिधित्व करते हैं और यह नागरिक–समाज विरोधमूलक था व नागरिक क्षेत्र में पूरी तरह से समाया हुआ था।

ए.पी.सी.एल.सी. ने लोकतांत्रिक अधिकारों के लिए अपने संघर्ष की शुरुआत में, 'मुठभेड़ में होने वाली मौतों' और कैद (लॉक–अप) में होने वाली मौतों पर फैक्ट–फाइंडिंग समितियां बनाने पर, विभिन्न मार्क्सवादी–लेनिनवादी पार्टियों के कैद हुए कार्यकर्ताओं को कानूनी सहायता प्रदान करने पर, और नक्सलवादी समूहों के विभिन्न जन–संगठनों द्वारा सार्वजनिक सभाएं, जुलूस व धरना संगठित करने के अधिकार के लिए विरोध–प्रदर्शन करने पर ध्यान केंद्रित किया। मई 1980 में, वारांगल में आयोजित अपने दूसरे राज्य–स्तरीय सम्मेलन में, इसने घोषणापत्र अपनाया और घोषणा की कि इसके केंद्रीय सरोकारों में संघर्ष व विरोध करने के जनता के अधिकार की हिफाजत करना, सामंती जमींदारों, पूंजीपतियों व राजकीय मशीनरी के अत्याचारों का विरोध करना, पुलिस की ज्यादतियों की निंदा करना और साथ ही मौत की सजा को समाप्त करने के लिए लड़ाई लड़ना शामिल है (ए.पी.सी.एल.सी. तिथिरहितः 23)। यह मानवाधिकार आंदोलन का सक्रिय–कार्यकर्तावादी (एक्टिविस्ट) चरण था जो महज कानूनी उपचारों की तलाश करने से कहीं आगे तक गया। इसके सदस्यों में कुछ पूरावक्ती कार्यकर्ताओं के अलावा अग्रणी वकील, अकादमिशियन, कलाकार, कवि, पत्रकार और छात्र शामिल थे। यह बहुत विरोधाभासी था कि सक्रिय–कार्यकर्तावादी (एक्टिविस्ट) चरण में जाने के बावजूद, मानवाधिकार संगठनों ने एक जोशीला, स्वतंत्र व पृथक आंदोलन निर्मित करने के बजाय, स्वयं को एक 'मंच' या एक 'फोरम' के रूप में रैडिकल राजनीतिक आंदोलनों की 'ढाल' के तौर पर पेश करने में, और उनकी ओर से उनके 'विरोध करने के अधिकार' के लिए संघर्ष करने में और इन आंदोलनों के कार्यकर्ताओं व नेताओं को कानूनी व संवैधानिक सुरक्षा–उपाय प्रदान करने पर ज्यादा ध्यान दिया। मानवाधिकार आंदोलन मिलिटेंट डेमोक्रेटिक या मार्क्सवादी–लेनिनवादी आंदोलनों के लिए बाजा बजाने को आतुर था, और इस बात से संतुष्ट था कि राज्य के खिलाफ 'उग्र परिवर्तनकारी तरीकों' का इस्तेमाल करने की तात्कालिक आवश्यकता थी ताकि एक विशाल ढांचागत परिवर्तन लाया जा सके। ऐसे उग्र (कई बार हिंसक) तरीकों को न्यायसंगत ठहराया गया क्योंकि वे उस 'हिंसा के अधिक संस्थागत संस्करणों' का जवाब थे जिसे 'अहिंसक ढंग से अंजाम दिया जाता था' और इन उग्र तरीकों की सराहना सिर्फ तभी की जा सकती थी जबकि हम 'ठीक अपने समाजों के अंदर जारी संरचित, नियमित व अदृश्य हिंसा' पर गौर करना आरंभ करें और महज 'चीजों को होते हुए व हिंसा की स्थितियों की अनदेखी' नहीं करते रहें (पारेख 1990: 131)। यह मानता था कि एक *विरोधमूलक नागरिक–समाज* के निर्माण में रैडिकल मिलिटेंट संगठनों व उनके संघर्षों के साथ घनिष्ठता बनाए रखने की बहुत सीमित, परंतु उल्लेखनीय भूमिका है। अपना आत्मविश्लेषण करने के बाद ए.पी.डी.आर. की कार्यवाही इस

नतीजे पर पहुंची कि 'नागरिक स्वतंत्रता संगठन की मुख्य विशेषता आम लोगों द्वारा चलाए जा रहे लोकतांत्रिक संघर्षों की *ढाल* के रूप में काम करना (था)। एक अर्थ में, यह भूमिका, भले ही यह *सीमित थी*, बहुत महत्वपूर्ण (थी)' (ए.पी.डी.आर. 1991: 6)। लोगों को संख्यात्मक रूप से संगठित करने में भी इसने स्वयं को 'गौण' महसूस किया क्योंकि 'आंदोलन कुछ व्यक्तियों और लोगों के सीमित हिस्सों तक सीमित था' (पूर्वोक्त)।

परंतु, चूंकि 1980 का दशक, नक्सलवादी और राष्ट्रीयता के संघर्षों के अलावे, विभिन्न प्रकार के अन्य संगठित राजनीतिक आंदोलनों (जैसे कि स्त्रियों, दलितों, क्षेत्रीय, अल्पसंख्यकों के और पर्यावरण संबंधी आंदोलनों) के उभरने का दौर भी था, इसलिए मानवाधिकार संगठनों ने धीरे–धीरे इन आंदोलनों के कार्यकर्ताओं के अधिकारों व उनके राजनीतिक सरोकारों की हिफाजत करने के लिए अपने कार्य–क्षेत्र को विस्तारित करना आरंभ किया, जिसने नागरिक–समाज के चरित्र व रूपरेखा का निर्धारण किया। राजनीतिक आंदोलनों ने 'ठोस कार्य' और 'सामाजिक स्व–संगठन' का प्रतिनिधित्व किया जो एक जोशीले नागरिक–समाज के लिए अपरिहार्य माना गया। राजनीतिक आंदोलन भेदभाव के जिन विभिन्न मुद्दों को उठा रहे थे उन मुद्दों ने स्वयं को लोकतांत्रिक अधिकारों की भाषा में सूत्रबद्ध करना आरंभ किया। दिल्ली में हुए सिक्ख विरोधी दंगों पर, 1984 में पी.यू.डी.आर. ने जांच–पड़ताल के बाद एक पुस्तिका प्रकाशित की जिसका शीर्षक था *हू आर दि गिल्टी*। इसमें सीधे–सीधे सत्तासीन कांग्रेस पार्टी से जुड़े कुछ दोषियों के नाम लिखे गए थे। कुछ का मानना है कि इस प्रकाशन के कारण 'नागरिक स्वतंत्रताओं व लोकतांत्रिक अधिकारों के लिए संघर्षरत समूहों ने एक राष्ट्रीय वैधता अर्जित की (देसाई 1991)। यह सच है कि अन्य किसी संगठन ने इतने खुले तौर पर उन नामों को उजागर करने का साहस नहीं किया जिनमें से कुछ बेहद बदनाम हिस्ट्री–शीटर थे। आंध्र प्रदेश में, जुलाई 1985 में *करमछे*दू में हुए भयानक दलित नरसंहार के बाद एक मोड़–बिंदु आया। ए.पी.सी.एल.सी. ने जांच–पड़ताल की और फिर से इसमें शामिल ऊपरी जाति के कुछ जमींदारों के नाम उजागर किए, और दलित संगठनों के साथ ताल–मेल बनाकर काम करते हुए इस मुद्दे को राजनीतिक रूप से तब तक जीवित बनाए रखा जब कि तत्कालीन पीपुल्स वार ग्रुप के सशस्त्र दस्तों ने कुछ अपराधियों को मौत के घाट नहीं उतार दिया।[12] इसके बाद, ए.पी.सी.एल.सी. ने अपने काम को विस्तारित करना आरंभ किया और महिलाओं के विरुद्ध दहेज हत्या व घरेलू हिंसा जैसे अत्याचारों की, विभिन्न जिलों में अकाल व भुखमरी के कारण होने वाली मौतों की, और पर्यावरणीय प्रदूषण से संबंधित मुद्दों की जांच–पड़ताल का काम हाथ में लिया। परंतु, अन्य सामाजिक व राजनीतिक मुद्दों को शामिल करके हुए मानवाधिकार आंदोलन के इस विस्तार में गौर करने वाली बातयह है किइसने इन सभी मुद्दों को दृढ़तापूर्वक *राज्य बनाम नागरिक–समाज* के उस चश्मे से देखा जो मार्क्सवादी–लेनिनवादी समूहों के साथ इसकी घनिष्ठता के कारण इसकी आंखों पर चढ़ा था। उदाहरण के लिए, पी.यू.डी.आर. ने *हू आर दि गिल्टी* नामक अपनी रिपोर्टमें इस बात को दृढ़ता से रेखांकित किया था कि सिक्खों के विरुद्ध दंगे संगठित करने में सत्तासीन कांग्रेस पार्टी की भूमिका थी और ऐसा करते हुए पी.यू.डी.आर. ने नागरिक–समाज में बढ़ते सांप्रदायीकरण पर अन्य किसी भी संवाद को नजरअंदाज कर दिया था। पुनः, ए.पी.सी.एल.सी. की जांच–पड़ताल का मुख्य केंद्र वह जातिगत गंठजोड़ (इस मामले में *कम्मा जाति* का) था जो राज्य के विभिन्न संस्थानों (विधानसभा, न्यायपालिका और पुलिस) सक्रिय रूप से काम करता था। ऐसा नहीं है कि ये मुद्दे या फिर यह दृष्टिकोण महत्वपूर्ण नहीं था, लेकिन किसी भी तात्कालिक अर्थ में मानवाधिकार आंदोलन का सरोकार नागरिक–समाज संबंधी स्तर पर शक्ति–संबंधों की

मौजूदगी व दोहराव को और भेदभाव के रूपों को (जैसे कि बढ़ते सांप्रदायीकरण और कठोर जातिगत पदसोपानक्रमों को) रेखांकित करने में नहीं था। इसने इस संभावना पर विचार नहीं किया कि मानवाधिकार के उल्लंघन के सभी रूप सीधे राज्य से नीचे की ओर प्रवाहित हुए हों ऐसा जरूरी नहीं है, यद्यपि इन्हें निश्चित तौर पर राज्य द्वारा सक्रिय प्रश्रय मिला हो सकता है।

नागरिक–समाज संबंधी स्तर पर मानवाधिकारों के उल्लंघन का यह मुद्दा नक्सलवादियों द्वारा पुलिस के खिलाफ की गई सैन्य कार्यवाहियों के दौरान, दुर्घटनावश, हुई मासूम या आम लोगों की हत्या से साफ तौर पर बल्कि हृदयविदारक रूप से जाहिर है।[13] मानवाधिकार संगठनों ने ऐसी घटनाओं के जबाव में इस तर्क का सहारा लिया कि 'एक नागरिक अधिकार संगठन सिर्फ राज्य द्वारा की जाने वाली हिंसा से सरोकार रखता था और "व्यक्तिगत हिंसा" का सरोकार इसके दायरे में नहीं आता' – यह अवस्थिति शुरुआत में ए.पी.सी.एल.सी. के नेताओं द्वारा जुलाई 1985 को मुख्यमंत्री के लिए लिखे गए एक खुले पत्र में ली गई थी, और इसके बाद जब भी 'व्यक्तिगत हिंसा' के शिकार लोगों की ओर उनके सरोकार व उत्तरदायित्व के बारे में उनसे सवाल किया गया तो इसी जवाब को जस–का–तस दोहरा दिया जाता था। लोकतांत्रिक अधिकारों वाले चरण के कुछ अग्रणी कार्यकर्ता–बुद्धिजीवियों ने सक्रिय रूप से 'पक्षपापूर्ण' अवस्थिति का बचाव करते हुए तर्क दिया कि:

> इसका कारण बहुत आसान है। भारत जैसे कानून–आधारित राज्य में, जहां व्यक्तिगत हिंसा या कानून–हीनता से निपटने के लिए एक विस्तृत संहिता, कानूनों, प्रक्रियाओं, संस्थानों व प्रर्वतनकारी एजेंसियों का पूरा जमावड़ा मौजूद है, वहां इसकी तुलना में राज्य की शांतिपूर्ण या हिंसक कानून–हीनता को देखने–संभालने के लिए सही मायनों में कोई लगाम या नियंत्रण नहीं हैं, और वास्तविक व्यवहार में राज्य ही समाज में लोकतांत्रिक अधिकारों का सबसे शक्तिशाली उल्लंघनकर्ता है। (सिंह 1993: 82)

परंतु, यह अवस्थिति क्रांतिकारी दलों के विभिन्न धड़ों के बीच उभरी अंतर्सामूहिक दुश्मनी व हत्याओं में 'व्यक्तिगत हिंसा' को शांत करने के लिए, एकाधिक अवसरों पर, ए.पी.सी.एल.सी. द्वारा किए गए हस्तक्षेपों के ठीक उलट है। ये हस्तक्षेप क्रांतिकारी दलों के साथ घनिष्ठता के चलते किए गए थे और इस तरह के मुद्दों पर किसी तरह के दीर्घकालिक आत्मचिंतन का कम योगदान था। समाज के विभिन्न हिस्सों से बढ़ती आलोचना के बावजूद और राज्य द्वारा मानवाधिकार आंदोलन की अवस्थिति में मौजूद इस स्पष्ट दोष के जानबूझकर किए जाने वाले चालाकीपूर्ण इस्तेमाल की आलोचना के बावजूद, लोकतांत्रिक अधिकारों के संगठनों ने अपनी *राज्य बनाम नागरिक–समाज* वाली रूपरेखा पर आलोचनात्मक ढंग से चिंतन करने से इंकार कर दिया।

इस शुरुआती अनिच्छा को एक दमनकारी राज्य के तात्कालिक संदर्भ में समझा जा सकता है जिसने मानवाधिकार आंदोलन की वृद्धि और विस्तार को रोकने के लिए देश भर में उस समय के अग्रणी नागरिक अधिकार कार्यकर्ताओं गिरफ्तार किया और उन पर शारीरिक हमले किए गए और उनका अपहरण किया गया। कुछेक उदाहरणों का उल्लेख करें, तो असम में राज्य की पुलिस के सक्रिय समर्थन से सुल्फा (आत्मसमर्पण किए हुए उल्फा) के लोगों ने पराग दास (जिनकी उल्फा के साथ राजनीतिक व सांगठनिक घनिष्ठता थी, जो एम.ए.एस.एस. के साथ थे और एक अग्रणी असमिया दैनिक अखबार के लोकप्रिय संपादक थे) की गोली मारकर हत्या कर दी थी। आंध्र प्रदेश में, गोपी राजन्ना, नर्रा प्रभाकर रेड्डी और हाल में पुरुषोत्तम (ये सभी ए.पी.सी.एल.सी. के पदाधिकारी थे) की पुलिस ने क्रूरता के

साथ हत्या कर दी थी; के. बालगोपाल पर हमला किया गया, उन्हें 'नकल–डस्टर' (हाथ में पहना जाने वाला धात्विक हथियार) से मारा गया और *प्रजाबंधु* नामक संस्था से स्वयं को संबोधित करने वालों द्वारा (अगस्त 1989 में) उनका अपहरण किया गया, और वी.एम. तारकुंडे (पी.यू.सी.एल. के तत्कालीन अध्यक्ष) व के.जी. कन्नाबीरन (लंबे समय तक ए.पी.सी.एल.सी. के अध्यक्ष रहे) पर मदुरई में एक सार्वजनिक सभा में हमला किया गया। इसके बाद ए.पी.सी.एल.सी. के अध्यक्ष रहे लक्ष्मण का भी राज्य की पुलिस की सक्रिय भागीदारी के साथ भाड़े के आदमियों के तौर पर काम कर रहे आत्मसमर्पण कर चुके नक्सलवादियों ने अपहरण किया। शारीरिक हमलों की संख्या में इस प्रकार की बढ़ोत्तरी ने मानवाधिकार आंदोलन में शामिल लोगों की संख्या में लगातार कमी की, जिसे अगाम्बेन *'होमो सेसर'* कहते हैं यानी जब लोगों का जीवन तक कानूनी या नागरिक अधिकारों से वंचित कर दिया जाए (अगाम्बेन 2003), और इसने राज्य को प्राथमिक मानने और संभवतः मानवाधिकारों के एकल उल्लंघनकर्ता मानने की मानवाधिकार संगठनों की समझदारी को और अधिक पुख्ता किया और इस तरह से उनके *राज्य बनाम नागरिक–समाज* की रूपरेखा को सही साबित किया। इन हमलों के साथ ही कार्यकर्ताओं के बलिदान व हरदम चौकस रहने ने उन्हें अपनी राजनीति के सहीपन के लिए एक तैयारशुदा 'नैतिक' तर्क प्रदान किया।

नागरिक–समाज का तात्पर्य अब एक 'मजबूत जनता' से था जिसके विमर्श में विचारों का निर्माण करना, निर्णय लेना और राजनीतिक कार्य करना शामिल था और यह महज जनता (या 'कमजोर जनता') की राय निर्मित करने का क्षेत्र नहीं रह गया था (फ्रेसर 2004: 102–3)।[15] इसके बाद इसने उन्हें यह तैयारशुदा तर्क दिया कि राज्य द्वारा अपनाए गए इन गैर–कानूनी तौर–तरीकों ने ही एक *विरोधमूलक नागरिक–समाज* के निर्माण में प्रति–हिंसा की रणनीतियों का इस्तेमाल करना अपरिहार्य (और संभवतः सभ्य भी) बना दिया है। इस प्रकार, मानवाधिकार आंदोलन 'नागरिक–समाज के मिथ्या–अहंकारों' पर विचार करने और एकमात्र राज्य पर अपना ध्यान केंद्रित करने का त्याग करने को तैयार नहीं था, क्योंकि इसका अर्थ नागरिक–समाज को और इसमें मौजूद आंदोलनों को कमजोर करना होता और राज्य का सुदृढ़ीकरण करना होता। अंदर छिपे डर में इस बात की बहुत अधिक आशंका थी कि विभिन्न प्रकार के उल्लंघन उसके खिलाफ एकजुट हो जाएंगे और इससे 'राज्य उनके शिकंजे से निकल जाएगा'। राज्य के नियंत्रण–क्षेत्र को गैर–कानूनी बनाने और कम से कम रखने के प्रयास में, उन्होंने यथासंभव सचेतन तौर पर न्यायालयों जैसे औपचारिक संस्थानों के बाहर रहकर काम किया। यह दिलचस्प है कि मानवाधिकार आंदोलन के पहले चरण में यह नागरिकों के प्रति अपने संवैधानिक जिम्मेदारियों का त्याग करके राज्य को अपने शिकंजे से मुक्त नहीं करना चाहता था, जबकि दूसरे चरण में यह राज्य को विघटित करने व गैर–कानूनी बनाने के किसी भी मौके को छोड़कर राज्य को अपने शिकंजे से मुक्त नहीं करना चाहता था। इस तरह इसने सीधे–सीधे इस धारणा को सुदृढ़ किया कि नागरिक–समाज की प्रकृति राज्य की प्रकृति द्वारा निर्देशित थी, और इस प्रकार नागरिक–समाज के दो संस्करणों (संपूरक व विरोधमूलक) के बीच की नाजुक परंतु मजबूत कड़ी को उघाड़कर सामने रख दिया।

इस प्रकार, 1980 के दशक ने मानवाधिकार आंदोलन में संबंध–विच्छेद जैसा बदलाव देखा और मानवाधिकार आंदोलन ने नागरिक–समाज की रचना एक विशुद्ध 'स्वतंत्रता वाले क्षेत्र' के रूप में करने का प्रयास किया जो पूरी तरह से राज्य के 'बाहर' स्थित था, और साथ ही इसमें विभिन्न मिलिटेंट व रैडिकल राजनीतिक आंदोलन शामिल थे। पी.यू.डी.आर. और ए.पी.सी.एल.सी. जैसे संगठनों का पुरजोर यकीन था कि विभिन्न राजनीतिक

आंदोलनों को नागरिक–समाज से जोड़ने वाली बात 'उनकी साझा धारणा थी कि राज्य दमनकारी शक्ति का भंडारगृह है जो बार–बार नागरिकों के खिलाफ जाकर खड़ा होता है। नागरिक–समाज के अन्यथा अलग–अलग इकाइयों को यही तथ्य सामंजस्यता प्रदान करता है कि राज्य ही व्यक्तिगत स्वतंत्रता का संभावित और असल उल्लंघनकर्ता है और यह कि इसकी शक्ति को सामूहिक रूप से ही चुनौती दी सकती है' (महाजन 2004: 181)। दूसरे शब्दों में, स्वायत्तता की तलाश करने और राज्य का निरंतर पर्दाफाश करने के लिए, मानवाधिकार आंदोलन ने नागरिक–समाज के अपने संस्करण में विविधता के बजाय सामंजस्यता पर जोर दिया (शिल्स 1991: 9)।[16]

यह विडम्बनापूर्ण है कि सामंजस्यता पर दिए गए इस जोर से नागरिक–समाज पर चल रहे राजनीतिक आंदोलन के विमर्श ने एक चक्र पूरा कर लिया। मानवाधिकार आंदोलन के पहले चरण में नागरिकता की परियोजना ने (एक 'अधिकार–आधारित नागरिक–समाज' के जरिए) सामाजिक पदसोपानक्रमों की ताबूत पर कील ठोकने के लिए औपचारिक व कानूनी समानता के अपने प्रावधान के साथ जो किया, वही काम 'लोकतांत्रिक अधिकारों' वाले चरण में एक विशुद्ध 'स्वतंत्रता वाले क्षेत्र' के रूप में नागरिक–समाज के विचार ने नागरिक–समाज को शक्ति संबंधों से वंचित करने के लिए किया। यहां पर नागरिक–समाज में मौजूद उत्पीड़नों को 'नागरिक–समाज में मौजूद गड़बड़ियों के रूप में देखा गया। सिद्धांततः, बलपूर्वक शासन का संबंध राज्य से है जबकि नागरिक–समाज स्वतंत्रता का क्षेत्र है और इन तर्कों के अनुसार मानव की मुक्ति नागरिक–समाज की स्वायत्तता में, इसके विस्तार और समृद्धि में, (और) राज्य सेइसकी मुक्ति में निहित है...' (वुड 1990: 74)। नागरिक–समाज में पदसोपानक्रमों के खिलाफ संघर्षों का *प्रतिनिधित्व* करते हुए, राजनीतिक आंदोलन इस मुगालते में पड़ गए कि वे स्वयं ही नागरिक–समाज का *मूर्त–रूप* हैं।[17] दूसरे शब्दों में, नागरिक–समाज के दोनों संस्करणों (जिसे राज्य द्वारा निर्मित किया गया है और जिसे इसके बाहर स्थित माना जाता है) में अलग–अलग तरीकों से शक्ति संबंध बने हुए थे, और भले ही ढंके–छिपे हुए थे परंतु स्वयं को सक्रिय तौर पर पुनरुत्पादित करने के लिए छोड़ दिए गए थे। ये दोनों संस्करण राज्य के साथ अपने संबंध के अपने क्षण में एक–दूसरे से अलग–अलग, विभाजित, पृथक और विरोधी दिखाई पड़ते हैं, परंतु शक्ति संबंधों को दोहराने के अपने क्षण में ये जटिल रूप से जुड़े हुए थे। इसलिए दोनों संस्करणों ने एक–दूसरे का समर्थन किया औरएक–दूसरे के लिए आवश्यक बने रहे। इसलिए, अलगाव का क्षण ही *प्रतिच्छेदन का क्षण* भी था। राज्य के अतिक्रमणों में संलग्न रहने व उसका विरोध करने, और कानूनी रूप से 'तटस्थ बनाए गए नागरिक–समाज' से बाहर निकलने का रास्ता तलाशते हुए, मानवाधिकार आंदोलन ने सक्रिय रूप से एक 'एक्यकारी नागरिक–समाज' की रचना की। नागरिक–समाज के 'अधिकारों पर आधारित' संस्करण से नागरिक–समाज के एक विशुद्ध 'स्वतंत्रता वाले क्षेत्र' की ओर आगे बढ़ने में, मानवाधिकार आंदोलन *'लॉजिक ऑफ सर्कुलैरिटी'* को दोहरा रहा था या इसका उदाहरण पेश कर रहा था, जहां छिन्न–भिन्न पड़े हुए शक्ति संबंध स्वयं को एकजुट कर लेते हैं।

परंतु, 1990 के दशक की शुरुआत के साथ *राज्य बनाम नागरिक–समाज* का सख्त ढांचा लगातार अस्थिर होता गया। इस समय के आस–पास का संदर्भ विभिन्न राजनीतिक आंदोलनों (नागरिक–समाज को गठित करने वाले) *के अंदर* और *उनके बीच* बढ़ते विवादों की अभिव्यक्ति के कारण अनेक अंतर्विरोधों के सामने आने से मिलता है। एक अर्थ में, मानवाधिकार आंदोलन अचानक से सकते में पड़ गया, और दलितों, स्त्रियों व क्षेत्रीय आंदोलनों की रैडिकल अभिव्यक्ति (न सिर्फ राज्य के विरुद्ध बल्कि एक–दूसरे के विषय

में भी) ने अपने सख्त युग्मों (रिजिड बाइनरीज) व शुद्ध संपूर्णताओं की चौहद्दियां तोड़ दी। इसका एक महत्वपूर्ण आरंभ–बिंदु 30 जनवरी 1993 को आंध्र प्रदेश के *कोय्यूर* में हुए एक अपहरण के मामले में देखा सकता है जब पी.डब्ल्यु.जी ने विशाखापत्तनम जिले से एक आदिवासी एम.एल.ए. का अपहरण कर लिया। विभिन्न दलित संगठनों ने (जिनमें दलित महासभा सबसे अग्रणी थी) दलित नेताओं के सामने (जो कमजोर और अरक्षित थे और साथ ही संख्यात्मक रूप से बहुत थोड़े–से थे) गंभीर आपत्तियां प्रकट की कि दलित नेताओं को 'कमजोर निशाना' समझकर ऐसी मांगें पूरी करवाने के लिए उठा लिया जा रहा है जिन मांगों का उनसे कोई लेना–देना नहीं है। उन्होंने बहुत ही प्रासंगिक वैचारिक व राजनीतिक प्रश्न उठाए जिसे उन्होंने अति–वामपंथी समूहों की 'जाति–अंध राजनीति' कहा।[18] राज्य ने भी प्रतिक्रिया करने में अपना समय लिया और इन नए उभरते विवादों को पकने दिया। जो सामने आया वह न तो यह तथ्य था कि महज राज्य–विरोधी गतिविधि चुक गई है या इस राज्य–विरोधी गतिविधि ने विभिन्न राजनीतिक संघर्षों के सरोकारों को संबोधित कर दिया है, और न ही इसने इन्हें कथित तौर पर स्वतंत्रता व मुक्ति के विचारों से युक्त एक 'ऐक्यकारी नागरिक–समाज' में बिना किसी समस्या के एकजुट किया।

ए.पी.सी.एल.सी. ने 'संकट' के समाधान के लिए हस्तक्षेप करते हुए अपहृत व्यक्ति की रिहाई की मांग की। 'व्यक्तिगत हिंसा' पर अपनी पूर्ववर्ती अवस्थिति का त्याग करके, संभवतः पहली बार, ए.पी.सी.एल.सी. के तत्कालीन अध्यक्ष ने लिखाः

> सरकार और पी.डब्ल्यु.जी. के बीच के विशिष्ट मुद्दे से असंबंधित व्यक्तियों का अपहरण करने के कार्यअभ्यास का हम ए.पी.सी.एल.सी. में कभी भी अनुमोदन नहीं करते हैं। मानवाधिकार कार्यकर्ताओं के रूप में हम इस प्रकार के राजनीतिक कार्यअभ्यास के विरुद्ध हैं। लोगों को चाहे पुलिस गैर–कानूनी ढंग से हिरासत में ले या फिर विशिष्ट मुद्दों से असंबंधित लोगों का नक्सलवादी अपहरण करें और उन्हें बंधक के तौर पर रखें, दोनों ही स्थिति में हमारी अवस्थिति एक समान है। (कन्नाबीरन 1993: 495)[19]

राज्य बनाम नागरिक–समाज के सख्त ढांचे से मुक्त होने के कारण नए प्रश्नों की जमीन मजबूत हुईः

> मानवाधिकार कार्यकर्ताओं के लिए, कोयूरू (और इससे पहले गुर्थेडु) ने स्वयं मानवाधिकार की अवधारणाओं के संबंध में, अवधारणा को विस्तारित करने के औचित्य और इस प्रकार मानवाधिकार के प्रचालन–क्षेत्र को बड़ा करने के संबंध में सवाल खड़े किए थे। रैडिकल और लोकतांत्रिक आंदोलनों के साथ इसके कैसे संबंध होने चाहिए? लोकतांत्रिक व्यवस्था के अंदर उपलब्ध संस्थानों के साथ काम करते हुए क्या इसकी कोई बदलावकारी भूमिका होगी? क्या यह सिर्फ राज्य के अपराधों का लेखा–जोखा रखने का काम करेगा? इसी प्रकार के सभी प्रश्नों पर बहस की जरूरत है। (पूर्वोक्तः 498)

ए.पी.सी.एल.सी. के युवा कार्यकर्ताओं द्वारा उठाए गए सवालों की श्रृंखला के जरिए, नागरिक–समाज के स्तर पर शक्ति की गतिकी की समस्या व मानवाधिकारों के उल्लंघनों का यह रुझान उनके राज्य–स्तरीय व जिला–स्तरीय बैठकों में अभिव्यक्त हुआ और केंद्रीय स्थान प्राप्त कर पाया। वर्ष 1993 में कुरनूल सम्मेलन के दौरान, उन्होंने एक संवेदनशील मुद्दे से शुरुआत की और इस बात को उठाया कि नक्सलवादियों द्वारा 'जासूस' कहकर मारे गए लोगों में से बड़ी संख्या अनुसूचित जाति, अनुसूचित जनजाति और अन्य पिछड़ा

वर्ग के समुदाय के लोगों की थी। ये लोग तथाकथित 'सामान्य' जीवन में नहीं लौट पाए क्योंकि इसके लिए किसी तरह की सामाजिक नेटवर्किंग मौजूद नहीं थी और इस वजह से उन्होंने अक्सर पुलिस के दबाव के सामने घुटने टेक दिए और आत्मसमर्पण के बाद सशस्त्र टुकड़ियों और उनके ठिकानों के बारे में सूचना दे देते जो कई बार बहुत अधिक महत्वपूर्ण होती थी। इसी तरह, यह तर्क दिया गया कि विभिन्न राजनीतिक आंदोलनों में सक्रिय पुरुष सदस्यों द्वारा महिलाओं के खिलाफ 'मौन' भेदभाव और हिंसा होती थी जिसकी 'निजी' या 'व्यक्तिगत' मामला कहकर अनदेखी नहीं की जा सकती। दस्तावेज पत्रों में एक पुराना नजरिया था जो राज्य बनाम नागरिक–समाज की रूपरेखा को सुदृढ़ करते हुए तर्क दे रहा था कि 'क्रांतिकारी दृष्टिकोण' से अलग व स्वायत्त और इससे भी महत्वपूर्ण रूप से इसके प्रति आलोचनात्मक रुख रखने वाला कोई स्वतंत्र 'मानवाधिकार दृष्टिकोण' नहीं हो सकता, और दूसरी तरफ नया नजरिया था जो नागरिक–समाज में होने वाले उल्लंघनों के प्रति अधिक आलोचनात्मक रुख पेश कर रहा था। ये दस्तावेज पत्र छापे गए और सदस्यों के बीच बांटे गए और सभी जिला स्तरीय बैठकों में इस पर दो साल से अधिक समय तक बहस जारी रही। जून 1996 में हैदराबाद में 'लोकतांत्रिक आंदोलन व मानवाधिकार संबंधी दृष्टिकोण' पर एक राष्ट्रीय सम्मेलन का आयोजन किया गया। इसका उद्देश्य बहस को लोगों के बीच लेकर जाना और साथ ही अन्य राष्ट्रीय स्तर के लोकतांत्रिक अधिकार संगठनों के विचार इकट्ठा करना था। बाद में, 1997 के उत्तरार्द्ध में ए.पी.सी.एल.सी. के गुंटूर सम्मेलन के दौरान, उन्होंने दो प्रतिस्पर्द्धी नजरियों के बीच चुनाव कराया और ए.पी.सी.एल.सी. में फूट पड़ गई जिसके कारण एक नए संगठन का निर्माण हुआ जिसे ह्यूमन राइट्स फोरम (एच.आर.एफ.) कहा गया।

नागरिक–समाज बनाम राजनीतिक–समाज

इस नई फूट के साथ मानवाधिकार आंदोलन के तीसरे चरण का आगाज हुआ जिसे हम 'मानवाधिकार चरण' कहते हैं। यह चरण *नागरिक–समाज बनाम राजनीतिक–समाज* की रूपरेखा के साथ काम करने लगा और इसमें स्वायत्त संस्थानों व नागरिकता के सुस्थापित सिद्धांतों पर काम करने वाले नागरिक–समाज के विचार का सहारा लेना या विभिन्न राजनीतिक आंदोलनों द्वारा प्रतिनिधित्व किए जाने वाले विशुद्ध 'स्वतंत्रता वाले क्षेत्र' के रूप में नागरिक–समाज के विचार का सहारा लेना आसान नहीं था। यह नया क्षेत्र न तो राज्य के साथ ताल–मेल में था, न ही इसका संपूरक था और न ही महज इसके खिलाफ था। नई रूपरेखा का तात्कालिक ध्यान नए राजनीतिक–समाज की पहचान करने और इसका निर्माण करने पर था और ऐसा करते हुए इसका जोर नागरिक–समाज के स्तर पर होने वाले मानवाधिकार के उल्लंघनों को तय करने और उनकी निंदा करने पर था और इन उल्लंघनों में रैडिकल राजनीतिक आंदोलनों द्वारा किए जाने वाले उल्लंघन शामिल थे और इस तरह यह व्यापक सामाजिक मुद्दों का राजनीतिकरण करता था। इसके अतिरिक्त, नई रूपरेखा ने राज्य–विरोधी गतिविधि के इर्द–गिर्द संचालित हो रहे विभिन्न राजनीतिक संघर्षों की एकता का प्रयास करने या इसे बनाए रखने की अपर्याप्तता की (और ऐसा करते हुए स्वतंत्र क्षेत्रों व हाशियाकरण (मार्जिनलाइजेशन) के फैलाव की विधियों की पहचान नहीं करने) और उनके बीच पारस्परिक टकरावों के संभावित क्षेत्रों की गणना करने पर भी जोर

दिया और इस प्रकार प्रत्येक आंदोलन की स्वायत्तता पर जोर देने की जरूरत को रेखांकित किया। मानवाधिकार आंदोलन अब नागरिक–समाज के जाल (लॉजिक ऑफ सर्कुलैरिटी) से बचना चाहता था जो या तो मिलिटेंट सघर्षों की पहचान गैर–नागरिक के रूप में करता था (राज्य के नजरिए से – और इस पर निर्भर नागरिक–समाज के विचार से) क्योंकि वे गैर–कानूनी थे, या फिर जो अपरिहार्य रूप से विरोधमूलक थे और इसलिए सभ्य व नैतिक थे (राजनीतिक आंदोलनों के नजरिए से – और इस पर निर्भर नागरिक–समाज के विचार से) क्योंकि वे स्वतंत्रता व मुक्ति के लक्ष्य को पूरा कर रहे थे। इसलिए, इस लॉजिक ऑफ सर्कुलैरिटी की पहचान करने और इस पर सवाल खड़े करने के प्रयास में, मानवाधिकार आंदोलन नागरिक–समाज से आगे बढ़ने का प्रयास कर रहा था और रोजमर्रा के नीरस घटनाक्रम में नए की तलाश कर रहा था।

अपने उद्‌घाटन पर्चे में एच.आर.एफ. ने 'लोकतांत्रिक अधिकार के नजरिए' से अपने नए 'मानवाधिकार वाले नजरिए' के मतभेदों का वर्णन किया और नागरिक–समाज के स्तर पर मानवाधिकारों के उल्लंघनों के प्रतिकूल प्रभावों को सामने रखा। पर्चे में कहा गया था कि 'हमारा यकीन है कि हिंसा के अन्यायपूर्ण और गलत इस्तेमाल की खुले तौर पर निंदा की जानी चाहिए भले ही ऐसा करने वाला कोई लोकप्रिय आंदोलन ही क्यों न हो और हमें इसकी निंदा इसलिए नहीं करनी चाहिए कि यह हिंसा है बल्कि इसलिए करनी चाहिए क्योंकि यह अन्यायपूर्ण है' (ह्यूमन राइट्स फोरम 2000: 4)।

इसने सभी प्रकार के भेदभावों को स्वतंत्र रूप से और समान दृष्टि से देखने का आग्रह किया और तर्क दिया किः

> राज्य के राजनीतिक ढांचे और जाति, वर्ग व लिंग के सामाजिक–आर्थिक ढांचों को उत्पीड़नकारी ढांचों के रूप में कुछ मान्यता मिली है, परंतु अधिकारों के आदोलन की नजरों में इन्हें अभी *समान महत्व* मिलना बाकी है। राज्य–व–वर्ग की रूपरेखा बिना किसी स्पष्ट कारण के प्रभुत्वकारी बनी हुई है। परंतु, जाति व लिंग, दोनों ही न सिर्फ हिंसक दमन के बल्कि अधिकारों के नियमित व छिपे रूप में इंकार के भी प्रमुख स्रोत हैं। ऐसा कोई जरिया नहीं है जिससे इनके प्रभाव को राज्य और/या वर्ग के प्रभाव से कमतर गंभीरता वाला आंका जा सके। (पूर्वोक्तः 1)

अंततः, सिर्फ राज्य–विरोधी गतिविधि के इर्द–गिर्द एक 'ऐक्यकारी नागरिक–समाज' पर आधारित एकजुटता की अपर्याप्तता (और संभवतः असंभाव्यता) पर जोर देते हुए, इसने आगे तर्क दिया किः

> अधिकारों के बारे में हमारी सोच को अचेतन रूप से निर्देशित करने वाली राज्य–व–वर्ग की रूपरेखा मिलिटेंट–वामपंथी आंदोलनों से और राज्य व उत्पीड़नकारी वर्गों से उन्हें दमन की जिन समस्याओं का सामना करना पड़ा है उनसे आई है। लेकिन यदि हम दलित आंदोलन व स्त्रियों के आंदोलन से और विभिन्न अल्पसंख्यकों, धार्मिक, सजातीय या भाषागत समूहों की राजनीति से भी समान रूप से सीखने को तैयार हैं, तो इन आंदोलनों ने अधिकांशतः मौजूदा राज्य व राजनीतिक तंत्र में उपलब्ध लोकतांत्रिक राजनीतिक स्पेस और राजनीतिक व नागरिक अधिकारों का इस्तेमाल करके स्वयं को सशक्त बनाने का प्रयास किया है। (पूर्वोक्तः 2)

लगभग इसी समय कमेटी ऑफ कर्संड सिटिजंस (सी.सी.सी.) नामक एक स्वतंत्र संगठन का उदय हुआ। इसका लक्ष्य शुरुआत में राज्य व रैडिकल राजनीतिक आंदोलनों के बीच

और साथ ही नागरिक–समाज के अंदर हितों के विभिन्न टकरावों के बीच भी एक नए 'लोकतांत्रिक स्पेस' की तलाश करना था, और इस प्रकार उस संकुचित नागरिक स्पेस के अंदर उन्हें पुनः मिलाने की कठिनाई को सामने लाना था। दिलचस्प बात यह है कि इसने अधिकांशतः अपने सदस्यों को आंध्र प्रदेश के विभिन्न नागरिक अधिकार संगठनों से लिया था, और दमनकारी राज्य व नागरिक अधिकारों के संगठनों के बीच गतिरोध की इस स्थिति के सामने, *राज्य बनाम नागरिक–समाज* के कठोर खांचे में काम करते हुए ये सदस्य स्वयं को कुछ भी कर पाने में असमर्थ महसूस करते थे। कमेटी ने अपनी पहली प्रकाशित रिपोर्ट की प्रस्तावना में यह घोषणा की किः

> जिस समूह को कमेटी ऑफ कर्संड सिटिजंस *(पुआरा स्पंदन वेदिका)* के नाम से जाना जाता है उसका गठन किसी प्राधिकारी या संगठन द्वारा नहीं हुआ था। यह स्वयं ही सामने आया, समाज के व्यापक लोकतांत्रिक धड़ों की उस आवाज को गुंजायमान करने के लिए जन्मा जिसे राज्य और क्रांतिकारी दलों द्वारा लोगों की जिंदगियों के साथ खेले जाने वाले खेल को देखने के लिए चुप करा दिया गया था और जो इस खेल को देखते–देखते थक चुकी थी। (कमेटी ऑफ कर्संड सिटिजंस 1998: 1)

मानवाधिकार आंदोलन ने राज्य और क्रांति के बीच एक नए 'लोकतांत्रिक स्पेस' की खोज करने से शुरुआत की, और यह नागरिक–समाज के अंदर मौजूद दरारों के जरिए देखने–सोचने लगा। उभरते हुए राजनीतिक–समाज के रूप में देखे जा रहे इन नए संगठनों के आग्रह पर, इसने उत्तर–नागरिक–समाज के इसी सुविधाजनक स्थान से सवालों की एक श्रृंखला खड़ी करनी चाही। मानवाधिकार आंदोलन का मार्गदर्शन करने वाली रूपरेखा पिछले दो चरणों के अनुभव पर आधारित थी और यह रूपरेखा शक्ति संबंधों को इसके सभी अनगिनत रूपों (फिर से कहें, तो राजनीतिक आंदोलनों *के अंदर* और *इनके बीच* स्थित इसके रूपों सहित) में सुलझाने व इनकी आलोचना करने का एक प्रयास थी। परंतु, मानवाधिकार आंदोलन ने यह महसूस किया कि महज आलोचना करने (या तो राज्य की अथवा राजनीतिक आंदोलनों की) से आगे बढ़ना महत्वपूर्ण था क्योंकि 'बलपूर्वक शक्ति पर अधिकार करने की उम्मीद रखने वाली किसी भी परिवर्तनकारी गतिविधि के लिए मार्गदर्शक के रूप में सिर्फ और सिर्फ आलोचनात्मक दृष्टिकोण अनुपयोगी होता है...' (बालगोपाल 1997: 84)। इसीलिए, नागरिक–समाज के आगे उभर रही गतिकी के लिए आवश्यक संस्थानिक समर्थन का निर्माण करना भी जरूरी था। नागरिक–समाज का प्रतिनिधित्व करने वाले राजनीतिक आंदोलन आलोचना को 'पवित्र रैडिकल दृष्टिकोण' के रूप में अधिकांशतः राज्य के खिलाफ एकमात्र अपना ही विशेषाधिकार मानते थे और उन्होंने इस प्रश्न की अनदेखी की कि 'स्थिर व स्थायी संस्थानिक रूपों को हासिल करने के लिए और स्वयं को सीमित करने वाले गुणों को मूर्त रूप प्रदान करने के लिएसामाजिक आंदोलनों की क्या क्षमताएं हैः यदि उन्हें शासन करना है, तो उन्हें कौन शासित करता है?' (खिलनानी 2001: 32)। बदलती राजनीतिक गतिकी के साथ कदम से कदम मिलाकर चलने के लिए, यह दोहरा काम (संस्थानों व मानकों की आलोचना करने व उन्हें निर्मित करने का या अलग ढंग से कहें तो 'नियमों के साथ' एक खास किस्म का 'रैडिकलवाद' अर्जित करने का प्रयास करना) सिर्फ तभी संभव था जबकि मौजूदा सिद्धांतों व कार्यअभ्यासों की पुनः कल्पना की जाती और उन्हें पुनः व्याख्यायित किया जाता। ऐसा करते हुए नागरिक दायरे द्वारा उन पर आरोपित

सीमाओं से आगे बढ़ा जाता और यह दिखाने की कोशिश नहीं की जाती 'मानो' हर चीज़ 'इतिहास में पहली बार' सृजित किए जाने का इंतजार कर रही है।[22]

संस्थानों व मानकों की आलोचना करने व उन्हें निर्मित करने के काम को एकसाथ हाथ में लेने के लिए, 'नियमों के साथ रैडिकलवाद' एक उत्तर–नागरिक–समाज के विमर्श के लिए नए वहनीय आधार के रूप में उभरा था। इस प्रक्रिया का एक पहलू यह था कि दूसरे पहलू को सीमित और प्रतिबंधित नहीं किया जाए या उसे विस्थापित करने और उसका स्थान लेने का काम नहीं किया जाए, बल्कि रैडिकल ढंग से नए राजनीतिक कार्यअभ्यास के लिए एक–दूसरे को पारस्परिक ढंग से पुनः आकार देने (रीकॉन्फिगर करने) वाले नए रास्ते खोले जाएं। नागरिक–समाज की नींव रखने वाले सिद्धांतों (जैसे कि विधि द्वारा शासन व संविधानवाद, व्यक्तिगत अधिकार, सभ्यता व खुले सिरे वाली चर्चाएं आदि) को पुनः आकार देने (रीकॉन्फिगर करने) की जरूरत थी, न कि इन्हें सुरक्षित, नागरिक व द्वि विभाजित तरीके के अंदर अमल में लाना जारी रखने की जैसे कि ये नागरिक–समाज में उपलब्ध थे या फिर इन्हें बुर्जुआ सिद्धांत कहकर इनकी आलोचना करने या इन्हें खारिज करने की अथवा महज 'न्यायिक भ्रम' कहने की जरूरत नहीं थी (मेसजारोस 1985)। यह प्रतीत होता है कि एच.आर.एफ. के बुद्धिजीवी–कार्यकर्ताओं ने इस मुद्दे को नागरिक–समाज के सिद्धांतों (जैसे कि विधि द्वारा शासन) को रीकॉन्फिगर करने या पुनर्व्याख्यायित करने जैसे शब्दों में व्यक्त करते हुए कहा किः

> चलिए मान लेते हैं कि विधि द्वारा शासन का विचार निजी संपत्ति की चोरों से सुरक्षा करने के लिए जन्मा था जो एक निजी मामला नहीं बल्कि एक सार्वजनिक दायित्व था और यह पूंजी के संचय के हित में था, परंतु फिर चोरों को पता चला कि विधि द्वारा शासनमें उनके पास भी कुछ अधिकार हैं। यह खास तौर पर शिक्षाप्रद है, क्योंकि चोर किसी भी अर्थ में एक 'वर्ग' नहीं हैं और न ही वे अपने हित में समाज पर दबाव डालने में समर्थ रहे हैं, जैसे कि उदाहरण के लिए मजदूर वर्ग अपने हित में ऐसा करने में समर्थ रहा है और इसने विधि द्वारा शासन के विचार को लिया व स्वयं अपने लिए कुछ अधिकार प्राप्त हेतु अपने हित में इसे पुनर्व्याख्यायित किया... इसलिए, यह विचार कि सभी महत्वपूर्ण सामाजिक विचार (अंतिम विश्लेषण के तौर पर) किसी न किसी वर्ग के हितों को व्यक्त करते हैं दरअसल आंशिक सत्य है। (बालगोपाल 1997: 97)

इसके अतिरिक्त, मानवाधिकार आंदोलन ने यह तर्क दिया कि यह जरूरी नहीं है कि विधि द्वारा शासन का सामान्यीकृत व्यवहार विरोध के उन तरीकों को द्विविभाजित करे या अमान्य बना दे जिन्हें अधीनस्थ समूह और उनकी ओर से संघर्षरत राजनीतिक आंदोलन अपनाते हैं, जिनमें सशस्त्र–मिलिटेंट तरीके शामिल हैं।[23] एच.आर.एफ. ने अपने उद्घाटन पर्चे में जो कहा था उसे याद करें, कि वे लोकप्रिय आंदोलनों द्वारा की जाने वाली हिंसा की निंदा करते हैं 'इसलिए नहीं कि यह हिंसा है बल्कि इसलिए क्योंकि ये अन्यायपूर्ण हैं'। यहां तक कि सी.सी.सी. ने नक्सलवादियों के साथ हुई अपनी वार्ताओं में कभी भी यह एकपक्षीय मांग नहीं उठाई कि वे 'हथियार डाल दें' जो कि अक्सर 'शांति वार्ताओं' के जरिए संवाद आरंभ करने में अपरिहार्य होता है और जबकि आज दिन तक सरकार ने इसे 'शांति वार्ताओं' पूर्वशर्त बनाए रखा है।[24] इसके उलट, मानवाधिकार आंदोलन ने 'लोकतांत्रिक ढंग से विधि द्वारा शासन' को पुनर्व्याख्यायित करके मिलिटेंट आंदोलनों के लिए जरूरी 'लोकतांत्रिक स्पेस' निर्मित किए जाने की संभावनामहसूस की और आगे चलकर इस स्पेस

को ज्यादा जवाबदेह बनाया जा सकता था और इस प्रक्रिया में कानूनी और गैर–कानूनी के बीच स्थित आधाररेखा को धुंधला बनाया जा सकता था। एक 'लोकतांत्रिकढंग सेविधि द्वारा शासन' के निर्देशों का पालन करने को इच्छुक मिलिटेंट राजनीति ही एक ऐसे राज्य पर वैधानिक दबाव डाल सकती थी जो राज्य अन्य किसी स्थिति में अरक्षित वर्गों के लोगों की आजीविका व बुनियादी अस्तित्व सहित इसी तरह के मुद्दों की एक व्यापक श्रृंखला पर संवाद स्थापित करने में अनिच्छुक था।

विधि द्वारा शासन के विचार को फिर से महत्व देकर, मानवाधिकार आंदोलन भी संवाद की उन द्विविभाजित धारणाओं (यानी संवाद बनाम मिलिटेंट राजनीति) की सीमाओं को तोड़ रहा था जिन्हें नागरिक–समाज की सीमाओं के अंदर इस ढंग से गढ़ा गया था। सभ्यता–शिष्टता के नाम पर और 'कानून व व्यवस्था' को कायम रखने की निरपेक्ष पूर्वशर्त स्थापित करने में विचार–विमर्श व संवाद के कार्यअभ्यासों की ऐसी बाइनरी निर्मितियां एक वर्चस्वकारी परियोजना बन गई जो आगे चलकर संप्रभुता के नाम पर दमन के इस्तेमाल को जायज ठहराती हैं। नागरिक–समाज के अंदर मौजूद इन कार्यअभ्यासों के बीच वर्चस्वकारी समतुल्यता का पर्दाफाश करने में, मानवाधिकार आंदोलन ने उन्हें राजनीतिक रूप से संदर्भित करने का प्रयास किया। मानवाधिकार आंदोलन ने तर्क दिया कि एक निरपेक्ष पूर्वशर्त के रूप में सभ्यता–शिष्टता (जो 'विधि द्वारा शासन' को कायम रखने और राज्य की संप्रभुताकारी शक्ति को दोहराने के रूप में खुद को झुकाती–बदलती है), दरअसल, एक स्वतंत्र व निष्पक्ष संवाद को और 'बोलने की आदर्श स्थिति' की संभावना को बाधित करती है क्योंकि इसे अक्सर आचरण के एक तरीके के रूप में आरोपित किया जाता है ताकि यह 'पक्षपात या पक्षधरता के अतिरेकों के खतरे से उदारवादी लोकतांत्रिक समाजों की रक्षा कर सके जिसे यह स्वयं उत्पन्न करती है' (शिल्स 1991: 14)।

परंतु, उसी समय, मानवाधिकार आंदोलन ने राजनीतिक आंदोलनों को नागरिक–समाज (जिसमें जवाबदेही नहीं थी) के अंदर उपलब्ध सुरक्षित उपायों का सहारा लेने का अवसर देने से इंकार कर दिया। उदाहरण के लिए, नागरिक–समाज के विमर्श ने 'सरकारों के विरुद्ध जनता' के सामान्य समीकरण को संभव बना दिया। असल में, पूर्वी यूरोप के संकट के दौरान नागरिक–समाज के विचार का जो पुनरुत्थान हुआ, वह एक 'शानदार नारे' पर आधारित है – 'हम जनता हैं'। 'सन 1989 की गोलमेज वार्ताओं में एक पक्ष को "पार्टी–गवर्नमेंटल" और दूसरे पक्ष को समाज–संबंधी (इसने स्वयं को भी यही कहा) कहा गया' (जेरेमेक 1992: 6)। एकजुटता आंदोलन ने सभी सामाजिक शक्तियों को एक सर्वव्यापी नागरिक–समाज में ऐक्यबद्ध करने का प्रयास किया। इसलिए, उस समय राजनीतिक संघर्षों को 'एक शानदार भावनात्मक एकता' के इर्द–गिर्द लाने वाले नागरिक–समाज की राजनीति से आगे बढ़ने की जरूरत थी (पूर्वोक्तः 12), और इसके लिए ऐसे प्रश्नों की श्रृंखला खड़ी की गई जिनके सच्चे अर्थ नागरिक–समाज के ढांचे से परे मौजूद थे। इन प्रश्नों में इस तरह के प्रश्न शामिल थे कि क्या क्रांतिकारी समूह यह दावा कर सकते हैं कि उनके सभी काम 'जनता' *द्वारा* किए जाने वाले काम थे? क्या क्रांतिकारी पार्टी के सभी कार्यों (इसे अतिरेकों पढ़ें) को इसलिए माफ किया जा सकता था क्योंकि उन्हें 'जनता' के व्यापक हितों में किया गया था? मिलिटेंट आंदोलनों की राजनीति किन वजहों से जिम्मेदार थी और राज्य व मिलिटेंट आंदोलनों के बीच 'चक्रीय हिंसा' की स्थिति में विभिन्न व पृथक सामूहिकताओं व व्यक्तियों के बढ़ते कष्टों के लिए उनके जवाब क्या होने चाहिए थे? इसी प्रकार, उन्होंने उपलब्ध लोकतांत्रिक अवसरों, जैसे कि 73वें संशोधन के बाद नए संस्थानों

द्वारा दलितों व स्त्रियों से वंचित समूहों के लिए प्रदान किए गए लोकतांत्रिक अवसरों, के साथ जुड़ने की जरूरत पर और इसीलिए समय–समय पर बिना हिंसा के चुनाव कराए जाने की जरूरत पर भी बल दिया; इसी संदर्भ में मानवाधिकार आंदोलनों ने नक्सलवादी दलों को चुनावों का बहिष्कार करने के उनके आह्वान पर पुनर्विचार करने के लिए प्रेरित किया। 'लोकतांत्रिक अधिकारों' के ढांचे की आलोचना करते हुए, मानवाधिकार आंदोलनों ने अब तर्क दिया कि (संवैधानिक–लोकतांत्रिक) संस्थानों व प्रक्रियाओं का लाभ उठाना और वास्तविक लोकतंत्र को अर्जित करना पारस्परिक रूप से अपवर्जनकारी (सिर्फ किसी एक का संभव होना) मशक्कत हो यह जरूरी नहीं है (लोकतांत्रिक प्रक्रियाओं का विश्लेषण करने में इन प्रक्रियाओं के वास्तविक होने और महत्वपूर्ण होने के बीच के फर्क होने के बावजूद)। दरअसल ये एक–दूसरे की सहायता कर सकते हैं, बशर्ते कि हम उन्हें यह समझदारी प्रदान कर सकें कि औपचारिक लोकतंत्र में मौजूद नागरिक–समाज के कार्यअभ्यास व संस्थाएं 'लोकतंत्र के आगे बढ़ने व पीछे हटने, समृद्ध होने व वंचित होने की एक विरोधाभासपूर्ण एकता का प्रतिनिधित्व करते हैं' (वुड 1990: 72)। अंततः, सी.सी.सी. ने नक्सलवादी दलों द्वारा 'जनता' से निपटने में की गई क्रूरता को 'पुलिस कैम्पों में इस्तेमाल किए गए थर्ड डिग्री के तरीकों के समान ही निंदनीय ठहराया' (कमेटी ऑफ कर्संड सिटीजन्स 1998)। ऐसे अतिरेकों ने न सिर्फ समाज में क्रूरता बढ़ाई बल्कि साथ ही व्यक्तियों व समूहों के लिए बिना किसी डर के अपनी राय, असहमति प्रकट करने व राजनीतिक कार्यों का चुनाव करने के 'लोकतांत्रिक स्पेस' को भी घटाया और इस प्रकार यह 'जनता' के जीवन पर नियंत्रण कायम करने के लिए उनसे उनके समृद्ध अनुभवों को छीन लेता है, जो उत्तर–क्रांतिकारी समाजों तक में भी एक भरपूर जीवन के लिए अपरिहार्य है।[25]

इन सूत्रीकरणों के पीछे व्यक्तिगत व सामूहिक अधिकारों के आपसी संबंधों को फिर से गढ़ने की मंशा छिपी हुई थी। नागरिक–समाज का विमर्श फिर से अस्पष्टता की राह पर बढ़ गया है – या तो 'जनता' के रूप में लोगों की एकता का स्तुतिगान व रूमानीकरण करने की कमजोरी के रूप में अथवा समाज या समूह से अत्यधिक–पृथक्कृत रूप में व्यक्तिगत अधिकारों के विचार की जोश के साथ हिफाजत करने के रूप में। उपरोक्त में से कुछ मुद्दे उठाकर, मानवाधिकार आंदोलन यह बता रहा था कि 'हालांकि व्यक्ति–केंद्रित अधिकारों और समूह केंद्रित अधिकारों के बीच का अंतर पर्याप्त रूप से वास्तविक है, परंतु ये दोनों एक–दूसरे के लिए अपवर्जनकारी नहीं हैं या ये दोनों हमेशा से एक–दूसरे के शत्रु नहीं रहे हैं' (बालगोपाल 1997: 91)। इन्हें एक–दूसरे के प्रति अनिवार्यतः संपूरक के रूप में फिर से गढ़े जाने की आवश्यकता है। अधिकांशतः व्यक्तिगत अधिकार, जैसे कि स्वतंत्र रूप से बोलने का अधिकार संचार के अधिकार को पहले से मानकर चलते हैं और इस प्रकार इनमें समूह का कोई विचार निहित होता है, इसी प्रकार अधिकांश सामूहिक अधिकारों को व्यक्तिगत अधिकारों से संपूरित किए जाने की जरूरत होती है ताकि सामूहिकताओं के अंदर कमियों व असमानताओं को समाप्त किया जा सके। व्यक्तियों को भी अधिकारों की आवश्यकता होती है न सिर्फ समूह के अंदर बल्कि समूह के खिलाफ भी, उदाहरण के लिए, किसी एक कर्मचारी के किसी हड़ताल में शामिल नहीं होने का अधिकार या उपरोक्त मामले में चुनावों का बहिष्कार करने के माओवादी आह्वान का समर्थन नहीं करने का अधिकार; किसी राष्ट्रीयता के एक सदस्य का असहमत होने का अधिकार और राष्ट्रीयता के संघर्षों द्वारा और अन्य सशस्त्र आंदोलनों द्वारा किए गए अतिरेकों के खिलाफ बोलने का अधिकार आदि। उत्तर–नागरिक–समाज के उभरते हुए विमर्श अपनी इसी प्रकार की विविध संयुक्त

स्थितियों के जरिए (औपचारिक व वास्तविक लोकतंत्र के बीच; विधि द्वारा शासन व प्रतिरोध के मिलिटेंट तरीकों के बीच; संवाद–की–शिष्टता व क्रांतिकारी राजनीति के बीच; कानूनी व गैर–कानूनी या कानून व राजनीति के बीच)[26] साफ–स्पष्ट ढंग से बनाए गए क्षेत्रों को या तो राज्य/नागरिकता के द्वारा या फिर रैडिकल राजनीतिक आंदोलनों के द्वारा नष्ट कर देते हैं, और वह सब जो सामाजिक या 'सभ्य' है उसे राजनीतिक बना देते हैं।

मानवाधिकार आंदोलन द्वारा आरंभ किए गए बदलावों के संदर्भ में, राजनीतिक आंदोलनों ने सामान्यतः और क्रांतिकारी दलों ने खास तौर पर, उत्तर–नागरिक–समाज के विमर्श में अपनी भी स्थिति तय की और यह दावा किया कि वे नागरिक–समाज में मौजूद दोनों टकरावों में शामिल होंगे और साथ ही 'जनता' के बीच से अरक्षित वर्गों को स्वतंत्र रूप से राजनीतिक भागीदारी करने देने के लिए जवाबदेह व जिम्मेदार होंगे। उन्होंने यह तर्क दिया कि क्रांतिकारी दल नागरिक–समाज में मौजूद टकरावों को जानते हैं और इसलिए:

> ठीक इसी कारण से जनता का मार्गदर्शन क्रांतिकारी नेतृत्व द्वारा किया जाना चाहिए ताकि क्रांति को सफल बनाने के लिए लोगों व उनके द्वारा गढ़े जाने वाले संयुक्त फ्रंट के बीच के अंतर्विरोधों को जनता समझ सके। जब वे इन दो चीजों को समझ जाते हैं, तो जन न्यायालयों में होने वाले अतिरेकों, कुछ अवसरों पर किसी मध्यवर्गीय किसान तक की भूमि पर कब्जा करने और लोगों के बीच अंतर्विरोधों से निपटने के अन्य गलत तरीकों का समाधान स्वयं हो जाएगा। (रवि 1993: 1471)

इसी तरह, क्रांतिकारी प्रक्रिया, जैसा कि उनका दावा है, 'जन भागीदारी' को प्रोत्साहित करने के काम में लगी हुई थी। परंतु, मानवाधिकार समूहों को यह अहसास करने की जरूरत है कि ऐसी किसी प्रक्रिया के दौरान गल्तियां और अतिरेक होना लाजिमी था और इस प्रक्रिया की किसी अन्य ढंग से कल्पना करना गैर–द्वंद्ववादी है। इसलिए यह अहसास करना महत्वपूर्ण था कि:

> जब स्वयं नेतृत्व ग्राम–स्तर के अंतर्विरोधों से निपटता है तो इससे अतिरेकों के कम होने की संभावना होती है, लेकिन जब लोगों के हाथ में पहलकदमी छोड़ दी जाती है, तब एक सामंतवाद विरोधी संघर्ष में इस तरह की अराजकता लाजिमी हो जाती है, परंतु उनका अनुभव उन्हें चेतना के उच्चतर धरातल पर ले जाएगा। पहला विकल्प पूरी तरह से अव्यावहारिक है और अगर यह व्यावहारिक होता तब भी आखिर कौन–सी जन–दिशा पहली प्राथमिकता वाली... सही होती? शक्ति को कौन केंद्रित कर रही है? भविष्य के समतावादी समाज की गारंटी कौन देगा? जनता की पहलकदमी या नेतृत्व की ओर से आरोपित किए गए निर्देश? (पूर्वोक्त)

इसी उभरते उत्तर–नागरिक–समाज के ढांचे के बीच सी.सी.सी. ने राज्य व क्रांतिकारी दलों के बीच शांति वार्ताओं के जरिए एक नए किस्म के संवाद की प्रक्रिया आरंभ की। अक्टूबर 15–18, 2004 के दौरान हुई वार्ता की मुख्य विषयवस्तु यह थी कि राज्य और क्रांतिकारी आंदोलनों को समाज के अरक्षित हिस्सों के बीच सतत जारी भय व अनिश्चितता की स्थिति कम करने के लिए जवाबदेही लेने का प्रयास करना चाहिए और यह उनके चुनाव व उनकी आवाज को बाकी सभी चीजों में वरीयता दिए जाने की आवश्यकता है और यह सिर्फ तभी संभव है जबकि नवीकृत सिद्धांतों का उनके संयुक्त तरीकों में पालन किया जाए।[27]

परंतु, बदले हुए सिद्धांतों का उदाहरण पेश करने और राजनीति के लिए एक टिकाऊ आधार के रूप में उत्तर–नागरिक–समाज की रूपरेखा को कारगर बनाने के नवीकृत

प्रयासों से निपटने की अवधि में, मानवाधिकार आंदोलन को यह महसूस हुआ कि इसे नागरिक–समाज की व्यापक दृष्टि या अधि–संगठनात्मक सिद्धांतों (मेटा–ऑर्गनाइजिंग प्रिंसिपल्स) (स्व–हित का बुनियादी विचार) के साथ और अधिक विरोध करना व निपटना पड़ेगा। राजनीतिक आंदोलनों को स्व–चिंतनकारी प्रक्रिया की ओर बढ़ने के लिए उकसाने में, [जहां उन्हें न सिर्फ शक्ति संबंधों (क्योंकि ये शक्ति संबंध व्यापक समाज में अपने संरचित व संस्थानीकृत पैटर्नों में स्पष्ट थे) पर सवाल खड़े की जरूरत थी बल्कि साथ ही अपने अंदर झांकने की जरूरत भी थी कि स्वयं उनके संघर्षों से इन्हें पुनरुत्पादित करने व दोहराए जाने की कितनी संभावना थी] मानवाधिकार आंदोलन ने इस दुविधा का सामना किया कि नागरिक–समाज में संस्थानीकृत हितों की भाषा के अंदर और इनके जरिए काम करते हुए आंदोलन स्व–चिंतन के उदाहरण पेश करने में कितने सक्षम थे। 'दरअसल, नागरिक–समाज के सभी आदर्श प्रवक्ता इस तथ्य के सामने आने तक जीवित रहे थे कि नागरिक–समाज न केवल भंगुर है बल्कि यह स्व–विघटनकारी भी है... हम यह नहीं मान सकते कि अत्यधिक व्यक्गितवाद व स्व–हितकारी कार्यों के अतिरिक्त किसी अन्य आधार पर लोग एक–दूसरे से संबंध कायम कर पाएंगे' (चंडोक 2003: 28)। हॉब्स, एडम स्मिथ, हीगेल, टॉकवेल और मार्क्स का एक मत था कि स्व की तलाश करने वाली वैयक्तिकता के रूप में गतिविधि की प्रकृति व विषय–क्षेत्र पर, अहंकार, लालच, भोगासक्ति, और आक्रामक प्रतिस्पर्द्धा के अनुसार (और ये सिर्फ बाजार में ही नहीं बल्कि अधिकारों की भाषा के जरिए स्वयं नागरिक दायरे में भी व्यक्त होते हैं) नागरिक–समाज स्वयं को अभिव्यक्त करने वाले स्व–हित के इर्द–गिर्द संगठित था। उदाहरण के लिए, स्त्रीवादियों ने यह रेखांकित किया कि अधिकार आणविक व्यक्तिवाद व स्वयं की तलाश करने वाले व्यवहार को प्रोत्साहित करते हैं जो समूह से अत्यधिक–अलगाव को बढ़ाता है और इसलिए अनिवार्यतः (और ज्ञानमीमांसीय रूप से) पुरुष–केंद्रित थे।[28] इनमें से प्रत्येक दार्शनिक ने अत्यधिक स्व–हित की बेलगाम वृद्धि पर लगाम कसने या रोकने के लिए स्वयं अपने चुने हुए विकल्प प्रदान किए। जहां हीगेल ने सामूहिक उद्देश्य की भावना प्रदान करके उत्पादन संबंधों के ढांचे से उभरने वाले पेशेवर साहचर्यों में अपना विश्वास जताया, वहीं टॉकवेली ने सभी साहचर्यात्मक गतिविधियों (गिरिजाघरों से लेकर साहित्यिक व वैज्ञानिक संघों तक और इससे आगे मनोरंजनात्मक निकायों तक) को विशेषाधिकर प्रदान किया क्योंकि उन्हें पुरजोर ढंग से यह महसूस होता था कि 'राजनीतिक संस्थान ही सभी संस्थानों की मां थी' क्योंकि ये राजनीतिक संस्थान ही स्वयं साहचर्य का सामान्य विचार सिखाते हैं जिससे नागरिक गुण पोषित होते हैं; एडम स्मिथ ने एक अधिक अमूर्त मनोविज्ञान पर भरोसा किया जो एक नैतिक व्यवस्था की रचना करने में समर्थ 'नैतिक भावनाओं' को (राज्य की सहायता से) निकाल बाहर करता है।

मानवाधिकार आंदोलन ने यह महसूस किया कि ऐसे सूत्रीकरणों में प्रति–मूल्य (काउंटर–वैल्यूज़) एकलमार्गी सिद्धांतों (स्टैंड–अलोन प्रिंसिपल्स) या कार्यअभ्यासों में संकुचित हो जाते हैं और स्व–हित पर वरीयता प्राप्त नहीं कर पाते और उनके पास किसी तरह नागरिक–समाज के अंदर जगह पाने के अलावा और कोई चारा नहीं रहता। इसके अतिरिक्त, स्व–हित को विशेषाधिकार प्रदान करने वाले नागरिक–समाज में बाध्यताओं के रूप में सभी 'नैतिक भावनाएं' औपचारिक हो जाती हैं, और इस प्रक्रिया में सामाजिक सामूहिकताएं स्वतभावतः सिर्फ न्यायिक और अनुबंधकारी बनकर रह जाती हैं जिसमें एकजुटता व 'गहरी समझदारी' के लिए कोई संभावना शेष नहीं रहती है। ये प्रतिबंध किसी राजनीतिक–समाज को 'परस्पर विरोधी धड़ों में टूटने से या अंतर्मुखी विशिष्टतावादी (पर्टीकुलैरिस्टिक) हितों के समूहों में विघटित होने से' रोकने के लिए अपर्याप्त होंगे?[29] एक अर्थ में, मानवाधिकार

आंदोलन जल्दी ही उस कठिनाई को समझ पाया जो उत्तर–नागरिक–समाज के मानकों व सिद्धांतों के उदाहरण पेश करने के लिए बिना किसी समस्या के इन्हीं राजनीतिक आंदोलनों की ओर देखने में पेश आती। भले ही ये राजनीतिक आंदोलन नए संयुक्त सिद्धांतों को मान्यता देते और उन पर अपनी स्थिति पेश करते, परंतु यह कठिनाई तब तक मौजूद रहती जब तक कि ये राजनीतिक आंदोलन विभिन्न प्रकार के हितों के लिए होने वाले संघर्षों के इर्द–गिर्द स्वयं को संगठित व गोलबंद किए रखते।[30]

ठीक इसी संदर्भ में, यह प्रतीत होता है कि मानवाधिकार आंदोलन हित–केंद्रित से उत्तर–नागरिक–समाज के विमर्श व राजनीति के एक टिकाऊ आधार के रूप में *मूल्य–केंद्रित ढांचे* में एक अधिक स्पष्ट बदलाव का सुझाव दे रहा है। बेशक, एक मूल्य–केंद्रित ढांचा यह मानता है कि उनके इर्द–गिर्द मौजूद हित व संघर्ष ही नए मूल्यों के लिए सर्वाधिक महत्वपूर्ण स्रोत हैं और यह कि हितों को हमेशा ही मूल्यों के रूप में अवधारणाबद्ध व महसूस किया जाता है न कि सिर्फ 'केवल हितों' के रूप में। परंतु, 'हितों के इर्द–गिर्द होने वाली गतिविधि (जिस हद तक यह सफल रहती है) समाज में नए मूल्य उत्पन्न करती है और उनका प्रसार करती है। लेकिन एक बार फिर से यह व्युत्पादित (डेरिवेटिव) या गौण है। इसी व्युत्पादित या गौण अर्थ में, राजनीतिक गतिविधि एक मूल्य–गतिविधि होती है, और पुनः यह महत्वपूर्ण है, परंतु सिर्फ व्युत्पादित या गौण अर्थ में। मुख्यतः यह हितों पर केंद्रित है, कोई जरूरी नहीं कि ये हित हमेशा ही संकीर्ण या स्वार्थपूर्ण हों, बल्कि कई बार ये बहुत व्यापक भी होते हैं, इसके बावजूद ये हित ही हैं' (बालगोपाल आगामी)। दूसरे शब्दों में, चूंकि हित मूल्यों की ही ठोस अभिव्यक्ति होते हैं, इसलिए मूल्यों को हितों के रूप में नहीं देखा जा सकता है। मूल्यों की हिफाजत और यहां तक कि उनके लिए संघर्ष करना भी *'स्वयं में एक कार्य'* हो सकता है जिसके लिए राजनीतिक कार्यअभ्यासों के एक अलग क्रम की आवश्यकता होती है और जिसे अक्सर विशिष्ट व ठोस हितों के लिए संघर्षरत राजनीतिक आंदोलनों द्वारा पूरा नहीं किया जाता या संभवतः पूरा किया ही नहीं जा सकता। इस अर्थ में, मानवाधिकार आंदोलन में एक बहुत ही महीन परंतु बहुत महत्वपूर्ण बदलाव दिखता है और यह बदलाव मूल्यों के अधिक सार्वभौमिक व निश्चित ही बिल्कुल अलग अपील व पहुंच को साकार करने की जरूरत को व्यक्त करने में दिखता है। स्व–हित द्वारा परिसीमित और इनके इर्द–गिर्द संरचित नागरिक–समाज के विमर्श और राजनीति के अंदर व इसके जरिए इन मूल्यों की कल्पना और इनका कार्यअभ्यास दोनों ही कठिन हैं। सिर्फ एक उत्तर–नागरिक–समाज की रूपरेखा में ही इस भिन्नता को साकार किया जा सकता है और साथ ही राजनीति के लिए एक टिकाऊ आधार बनाया जा सकता है।

वर्तमान क्षणः राजनीति से आगे?

उत्तर–नागरिक–समाज की राजनीति के लिए एक संघटनकारी आधार की अपनी खोज में, मानवाधिकार आंदोलन एक नए नैतिक आयाम को रेखांकित करके, *नागरिक–समाज बनाम राजनीतिक–समाज* की अपनी रूपरेखा को फिर से सूत्रबद्ध करता प्रतीत हो रहा है।[31] ऐसा करने में, यह आगे तर्क देता है कि हितों के संदर्भ में मूल्यों को फ्रेम करना न सिर्फ अपर्याप्त है बल्कि इसके साथ ही मूल्यों के लिए एक भौतिक (सामाजिक या फिर राजनीतिक के रूप में) आधार की खोज करना (भले ही कितना ही अपरिहार्य क्यों न हो) भी अपर्याप्त है।

इसके उलट, हितों व मूल्यों के बीच के इंटरफेस को फिर से गढ़े जाने की आवश्यकता है और इस इंटरफेस को गढ़ने का आधार यह हो 'कि न सिर्फ हमारी नैतिक समझ का एक सामाजिक आधार होता है (जैसा कि ऐतिहासिक भौतिकवादी हमें बताते हैं) बल्कि हमारे सामाजिक उपकरणों का भी एक नैतिक आधार होता है' (बालगोपाल 1997: 96)। यह तथ्य है कि विभिन्न राजनीतिक संघर्षों के जरिए विशिष्ट हितों को हमेशा सार्वभौमिक सिद्धांतों (जैसे कि समानता या न्याय) के आधार पर फ्रेम किया जाता है और इसी आधार पर उनके लिए संघर्ष किया जाता है और यह एक गहरे पैठे व अंतर्निहित 'मानवीय नैतिक समझ' की विशेषता है। इसलिए नागरिक–समाज पर आधारित कार्यअभ्यासों के स्वरूप को बदलने में (जैसे कि अधिकारों की भाषा), यह जानने–पहचानने की आवश्यकता होती है कि 'अधिकार ही मुख्यतः नैतिक मानक होते हैं और उन्हें मुख्यतः या स्पष्ट रूप से राजनीतिक के रूप देखे जाने के परिणामस्वरूप मानवाधिकार आंदोलन में सांप्रदायिक बंटवारे और गतिहीनता की स्थिति ही पैदा होती है'।[32] इस प्रकार की रूपरेखा में मानवाधिकार आंदोलन स्वयं भी *पूर्णतः* एक राजनीतिक आंदोलन नहीं बना रह सकता है बल्कि इसे स्पष्ट रूप से नैतिक आयाम को सामने लाने की जरूरत होती है; और इसलिए 'राजनीतिक आंदोलन व मानवाधिकार आंदोलन इसी तरह हितों व मूल्यों के दो धरातलों पर मौजूद रहते हैं (बालगोपाल आगामी)। मानवाधिकार आंदोलन द्वारा नैतिक क्षेत्र में किए गए इस स्थान परिवर्तन को उत्पीड़ितों के संघर्षों के दौरान इतिहास में हुए सामाजिक बदलाव के तरीके पर पुनर्विचार करने के तरीके में देखा–समझा जा रहा है और इन संघर्षों में 'उन्होंने *उसी रूप में* उत्पीड़न का मुकाबला नहीं किया बल्कि उनके अपने हितों को नुकसान पहुंचाने वाले दूसरों के उत्पीड़नों से मुकाबला किया'।[33] उत्पीड़न के खिलाफ *उसी रूप में* संघर्ष नैतिकता या सदाचार के क्षेत्र में ही होता है या सिर्फ तभी संभव होता है। उत्पीड़न के खिलाफ *उसी रूप में* संघर्ष को'अन्याय के खिलाफ संघर्ष की प्रत्यक्ष निरंतरता के रूप में गलत ढंग से देखा गया है। यह विचार कि अन्यायपूर्ण सामाजिक ढांचों को नष्ट करने के लिए आवश्यक बल ही एक न्यायसंगत आधार पर समाज का पुनर्निर्माण करेगा... उसे इस सदी की घटनाओं ने पर्याप्त रूप से एक भ्रम सिद्ध कर दिया है' (बालगोपाल 1995: 60)।

विभिन्न नैतिक मानकों के विशिष्ट उदाहरणों के बावजूद, 'भौतिक' या राजनीतिक क्षेत्र में होने वाले संघर्षउसी रूप में समाज के लिए एक सामान्य नैतिक बुनियाद को सुरक्षित या सुदृढ़ करें ऐसा जरूरी नहीं है।[34] मानवाधिकार आंदोलन को (सार्वभौमिक) नैतिकता/मूल्यों को पुनःस्थापित करने के लिए मानवीय संघर्ष का मूर्त रूप बनना था, जबकि राजनीतिक आंदोलनों ने विविध सामाजिक समूहों के (विशिष्ट) हितों की सुरक्षा करना जारी रखा। इसलिए, मानवाधिकार आंदोलन को नागरिक–समाज से आगे जाकर एक नए 'लोकतांत्रिक स्पेस' के प्रतिच्छेदन पर काम करने की आवश्यकता है, और इसके पास राजनीतिक आंदोलनों से दूर रहने और साथ ही उनके साथ ताल–मेल कायम करके काम करने का कठिन कार्य है। नैतिक आचरण का एक विमर्श निर्मित करने के लिए इसे अपनी स्वायत्तता बरकरार रखनी होगी, और नजदीकी बनाए रखनी होगी ताकि यह सभी राजनीतिक संघर्षों में कारगर रूप से दखल दे सके। इस प्रकार, मानवाधिकार आंदोलन के पास विभिन्न राजनीतिक संघर्षों व जीवन स्थितियों के अंदर छिपे और इनके द्वारा निर्मित मूल्यों को *बाहर लाने* का स्पष्ट कार्य है। इसके बाद इसे इन मूल्यों को सामाजिक जीवन के नए क्षेत्रों पर (जिनकी कल्पना विशिष्ट राजनीतिक आंदोलनों द्वारा नहीं की गई है बल्कि जो इन्हें अस्तित्व में लाए हैं) लागू करना है और साथ ही ऐसे मानकों को स्वयं आंदोलनों पर भी लागू करना है। और

अतंततः, इन मूल्यों को अधिक सामान्य ढंग से संस्थानीकृत करना है ताकि मानवता को इन मूल्यों के लिए पुनः शुरू से संघर्ष नहीं करना पड़े। इस प्रकार, मानवाधिकार आंदोलन को राजनीतिक आंदोलनों के साथ ताल–मेल रखते हुए काम करना है ताकि यह विशिष्ट हितों के लिए किए जाने वाले राजनीतिक संघर्षों में मौजूद मूल्यों को सामने ला सके, और साथ ही इसे हित–आधारित संघर्षों की सीमाओं के बारे में चेतावनी देकर राजनीतिक संघर्षों की आलोचना भी करनी है और अंततः मूल्यों का संस्थानीकरण करना है (मूल्यों का सामान्यीकरण करके और मूल्यों को विशिष्ट राजनीतिक संघर्षों के संदर्भ से आगे ले जाकर और फिर स्वयं राजनीतिक आंदोलनों के कार्यअभ्यास का मूल्यांकन करने में इन मूल्यों को मानकों के रूप में लागू करना)। इस प्रकार सामान्यीकरण के रूप में संस्थानीकरण की जरूरत के साथ आलोचना का मेल करना है।

हितों और उनके लिए होने वाले संघर्षों व मूल्यों के बीच मानवाधिकार आंदोलन द्वारा नजदीकी संबंध स्थापित करने के बावजूद, क्या इन्हीं मूल्यों हेतु व उनके इर्द–गिर्द होने वाले नियत कार्यअभ्यास को विशेषाधिकार प्रदान नहीं करता और प्रजातियों के किसी अंतर्निहित गुण (इसकी गहरी 'नैतिक समझ') को राजनीति का नया आधार नहीं बनाता जो कि स्वयं राजनीतिक से अमूर्त नैतिक के क्षेत्र में एक निर्णयकारी वापसी का संकेत है? यह *वापसी* नागरिक–समाज द्वारा सामाजिक या नागरिक/सभ्यता को विशेषाधिकार बनाने से किस प्रकार अलग है? मानवाधिकार आंदोलन का यह *अमूर्त* एक विशुद्ध 'स्वतंत्रता वाले क्षेत्र' के रूप में नागरिक–समाज की अमूर्त नागरिकता या समान रूप से आदर्शीकृत कल्पना से (जिसे मानवाधिकार आंदोलन रैडिकल राजनीतिकरण के अपने प्रयासों में अपनी जगह से हटाने का इरादा रखता है) किस प्रकार अलग है? यह विचार की सार्वभौमिकता या सार्वभौमिक सरोकार ऐतिहासिक रूप से अनुकूलित किए गए राजनीतिक कार्यअभ्यास से पैदा नहीं होते हैं बल्कि 'मानवीय नैतिक समझ' से पैदा होते हैं जो अमूर्त, अनैतिहासिक होती है और अमूर्त व अनैतिहासिक होने के अंतिम अर्थ में वर्चस्वकारी होती है – रैडिकल राजनीतिक विचार ने हमेशा ही और विशिष्ट सैद्धांतिक अर्थों में इस विचार की एकमत से आलोचना की।

मार्क्स व एंगेल्स ने ऐसी 'नैतिक रूढ़ि' के रूप में इसे खारिज किया 'जिसके अपने स्थायी सिद्धांत हैं और जो इतिहास से ऊपर स्थित हैं'; सार्त्र ने 'बुर्जुआ नैतिकता' के रूप में इसकी आलोचना की, जो 'अमूर्त बुर्जुआ कानून की भांति' है; त्रॉत्स्की ने इसे 'अनुभवातीत नैतिक मानक' कहकर खारिज किया जो 'औचित्य के प्रश्न' का जवाब देने के लिए अपर्याप्त है; अल्थूसे ने 'अमूर्त मानववाद' कहकर खारिज किया; नॉर्मन गेरास ने 'रिक्त नैतिक शिक्षा देना' कहा जहां 'महज नैतिक शिक्षा देना मानव मुक्ति का कार्य पूरा करने में असमर्थ होता है' और जूडिथ बटलर ने 'नॉर्मेटिव सार्वभौमिकता के अलंकार' कहा जो 'स्वयं ही अपनी शक्ति के खेल को परिशुद्ध, रूप–परिवर्तन व विस्तारित करता है'।[35] निचोड़ के तौर पर, नैतिक 'आदर्शवाद' को विभिन्न परंतु अंतर्संबंधित दावों में पेश किया गया है:

> पहली बात, वे नैतिक सिद्धांत, मूल्य, दृष्टिकोण और आदर्श ऐतिहासिक रूप से बदलती भौतिक परिस्थितियों (यानी सामाजिक कार्यअभ्यासों खासकर आर्थिक कार्यअभ्यासों) से स्वतंत्र होते हैं इन पर निर्भर नहीं; दूसरी बात, स्वतंत्र होने के कारण वे बाहरी व अपरिवर्तित होते हैं; तीसरी बात, यह कि वे सार्वभौमिक होते हैं यानी सभी के लिए मान्य होते हैं; चौथी बात, यह कि ये ही होते हैं जो भौतिक सामाजिक यथार्थ को आकार प्रदान करते हैं। (एडग्ले व ब्रिसेट 1990: 27)

मानवाधिकार आंदोलन को एकमात्र ढंग से एक अमूर्त नैतिक क्षेत्र के अंदर रखने का यह प्रयास, दरअसल, विरोधाभासी ढंग से, नैतिक व राजनीतिक आयामों के बीच के अंतर के सतत रूप से ठोस ऐतिहासिक अनुभव के जवाब में हुआ है। नैतिक व राजनीतिक आयामों के बीच का अंतर पहले से ही विभिन्न राजनीतिक आंदोलनों के विमर्शों में एक अंतर्निहित स्तरपर मौजूद है, जिसका अर्थ यह नहीं है कि इन आंदोलनों के अंदर कोई नैतिक् आयाम नहीं है, बल्कि यह है कि उनमें एक विशिष्ट प्रकार की अमूर्त और अलग–थलग स्थित नैतिकताहै जो जारी राजनीतिक संघर्षों से कटी हुई है।[36] यह विडंबनापूर्ण है कि राजनीतिक आंदोलनों में पहले से मौजूद नैतिक अनिवार्यतावाद के जवाब में, मानवाधिकार आंदोलन मानो अमूर्त नैतिकता को सुरक्षित करने के 'वृहद' कार्य पर अपना हक जताने हेतु और हितों के लिए संघर्ष को परिसीमित करने हेतु राजनीतिक आंदोलनों की निंदा करते हुए अपनी किस्म की सीधी नैतिकता में पड़ गया।[37] मानवाधिकार आंदोलन के वर्तमान प्रत्युत्तर की पड़ताल नैतिक अनिवार्यतावाद के कुछ पाठांतरों में किया जा सकता है जिनका सामना इसे विभिन्न राजनीतिक आंदोलनों के साथ अपनी अंतक्रिया के दौरान करना पड़ा था।

सबसे पहले, मानवाधिकार आंदोलन में हुए ऐसे बदलाव (राजनीतिक से नैतिक) के अधिक अस्तित्ववादी (एग्जिस्टेंशियलिस्ट) कारणों की पड़ताल इस तथ्य में की जा सकती है कि राजनीतिक व नैतिक के बीच *द्वि–विभाजन* के इस तरह के तर्कों की ओर आकर्षित होने वाले अधिकांश कार्यकर्ता सामाजिक रूप से (जाति, वर्ग व लिंग के आधार पर) अधिक 'विशेषाधिकार–प्राप्त' ऊपरी तबकों से ताल्लुक रखते थे। उन्हें अक्सर अलगाव की एक गंभीर भावना का सामना करना पड़ता था क्योंकि उनके इर्द–गिर्द मौजूद राजनीतिक आंदोलन अपना नेतृत्व करने या यहां तक कि अपने संघर्षों का अंग बनने की इच्छा करने वाले लोगों से अपवर्जनकारी जैविक संबंधों (एक्सक्लूसिव ऑर्गेनिक लिंकेजेस) की मांग कर रहे थे।[38] अस्मिताओं या पहचानों के इस स्व–मूल्यांकन (या असल में नैतिकी–करण) को मानवाधिकार आंदोलन ने राजनीतिक आंदोलनों का अपवर्जनकारी हितों की तलाश करने वाले एक अलग–थलग पड़े तरीके में बदलाव के रूप में देखा। ये अपवर्जनकारी हित उभरती राजनीतिक गतिकी *के प्रति* और *इसके अंदर*व्यावहारिक प्रत्युत्तरों से भरे हुए हैं और सबसे महत्वपूर्ण रूप से नैतिक आयाम से वंचित हैं। इसलिए मानवाधिकार आंदोलन अब एक अमूर्त नैतिक आयाम के स्वयं अपने पाठांतर (वेरिएंट) को लादना और बाहर से घुसाना चाहता है जो उन सभी लोगों के लिए लोकतांत्रिक संवाद का रास्ता खोलेगा जो इन आंदोलनों के साथ जैविक रूप से नहीं जुड़े हुए हैं।

दूसरी बात, मानवाधिकार आंदोलन के सामाजिक आधार, यानी मध्य वर्ग, की प्रकृति हमेशा से संदिग्ध रही थी। मिलिटेंट वामपंथी आंदोलन इसे निंदात्मक अर्थ में हमेशा से 'पेटी बुर्जुआजी' कहता रहा है और अक्सर मजाक उड़ाते हुए इसे 'क्रांति का मध्यवर्गीय दस्ता' कहता रहा है। मानवाधिकार आंदोलन के अनेक कार्यकर्ता भी स्वयं इस धारणा को मानते रहे हैं, और इस अस्पष्टता को यह किस्सा बेहद स्पष्टता से सामने रखता है:

> दिल्ली में हुई एक चर्चा (पी.यू.सी.एल. के तत्वावधान में) मानवाधिकार की सक्रियता की 'वैधता' की समस्या आश्चर्यजनक रूप में सामने आ गई और कुछ बातें इस तरह की भी हुईं कि मानवाधिकार समुदायों के लिए यह जरूरी है कि वे 'मध्य वर्गों को प्यार से' वापस मूल्य/मिशन पर भेजे... अभी ज्यादा वक्त (नहीं) गुजरा जबकि अनेक अग्रणी मानवाधिकार समुदायों ने मंडल–विरोधी प्रर्दशन का समर्थन करने के लिए मध्य वर्ग की ठीक ही *(राजनीति*

के कार्यअभ्यास में नैतिक अवसरवाद के प्रश्न को निर्धारित करना) आलोचना की थी। (बक्शी 1998: 349)

एक अन्य संदर्भ में, लंबे समय तक ए.पी.सी.एल.सी. के उपाध्यक्ष रह चुके और अब सी.सी.सी. के सदस्य बन गए एक व्यक्ति कहते हैं, 'असल में, मध्य वर्ग रीढ़विहीन हो गया है और दमनकारी राज्य के खिलाफ अपना आपा खो बैठा है। कुछ उदारवादी कार्यकर्ताओं ने बहुत जल्दी अपनी अवस्थिति बदल ली है। वे न सिर्फ समझौते करते हैं बल्कि धीरे–धीरे पतित होकर स्व–हितकारी व आत्म प्रशंसा करने वाले लोगों का वर्ग बन गए हैं' (हरगोपाल 1998: 367)। पहले इस संबंध में दिए जा चुके अन्य कारणों के अलावा, मध्य वर्ग की इस अंतर्निहित नैतिक कमजोरी के बोध ने मानवाधिकार आंदोलन को कभी भी एक स्वतंत्र व विश्वसनीय राजनीतिक आंदोलन के रूप में अपनी पहचान नहीं बनाने दिया।[39] इसलिए मानवाधिकार आंदोलन को अब इस कथित अपंगता से उबरने के लिए एक प्रत्युत्तर व साधनों, दोनों के ही तौर पर स्पष्ट नैतिक शब्दों में मुद्दे उठाने की जरूरत महसूस होती है। मानवाधिकार आंदोलन के अंदर यह बाध्यकारी तनाव तब तक कायम रहेगा जब तक कि वे स्वतंत्र (क्योंकि यह मिलिटेंट वाम समूहों के साथ मध्य वर्ग से संबंधित इस धारणा को मानना जारी रखे हुए है) और अलग रूप में काम करने के लिए तैयार नहीं हो जाते और इसमें मध्य वर्ग की एक सकारात्मक भूमिका को समझना और विभिन्न संगठित आंदोलनों में इसके योगदानों को स्वीकार करना शामिल है।

हालांकि नागरिक–समाज के कुछ अध्येता नागरिक–समाज में लोकतंत्रीकरण की प्रक्रियाओं को मध्य वर्ग व पेशेवर समूहों में वृद्धि से जोड़कर देखते हैं क्योंकि ये आधुनिकीकरण से जुड़े हुए हैं (व्हाइट 1994), जबकि कुछ अन्य यह मानते हैं कि सिंगापोर जैसी जगहों में जब लोकतंत्र दबाव में था तो 'शासन–व्यवस्था ने सामंजस्यता व एशियाई मूल्यों का आह्वान करके... मध्य वर्ग को अपना लिया था' (इलियट 2004: 31)। इसके उलट, मार्क्सवाद, स्तालिनवाद व माओवाद ने सामान्यतः सामाजिक प्रगति को मध्य वर्ग की समाप्ति से जोड़कर देखा (ब्रेंकमैन 1999)। विश्लेषण के ये दोनों संस्करण मध्य वर्ग के एकाश्मी (मोनोलिथिक) चरित्र को देखते–समझते हैं; मध्य वर्ग की वृद्धि व भूमिका को कोई लोकतंत्र के लिए जरूरी मानता है तो कोई इसे वर्चस्वकारी संबंधों के बने रहने के रूप में देखता है। मध्य वर्ग जिस राजनीति को करता प्रतीत होता है उसका क्रियात्मक अंग, एक तरफ, रैडिकल परिवर्तन को रोकना है, और दूसरी तरफ, सामाजिक शक्ति को कुछ खास मुद्दों को सामने लाने में समर्थ बनाना है जो आसानी से 'आसन्न अनुभव' और लोकप्रिय लामबंदी के अधीन नहीं आते हैं। रेमंड विलियम्स ने मध्य वर्ग की भूमिका पर रैडिकल वामपंथी समूहों की पारंपरिक अवस्थिति की आलोचना करते हुए तर्क दिया कि:

> मध्य वर्ग के प्रभावशाली नेतृत्व या नए आंदोलनों व अभियानों की मध्यवर्गीय सदस्यता का महत्व परिवर्तन की निर्धारित एजेंसियों के किसी अपचयनकारी विश्लेषण में नहीं मिलता है। पहली बात, यह इस तथ्य में है कि मध्य वर्ग के पास सुविधाजनक असहमति के लिए कुछ मात्रा में सामाजिक दूरी उपलब्ध है। दूसरी बात, यह इस तथ्य में है कि नए आंदोलनों व अभियानों के सर्वाधिक महत्वपूर्ण अवयव स्वतंत्र सूचना तक इनकी पहुंच पर रैडिकल रूप से निर्भर करते हैं, जो इन्हें उच्चतर शिक्षा के जरिए मिलती है, हालांकि एकमात्र रूप में नहीं, और यह कि सर्वाधिक निर्णयकारी तथ्यों में कुछ को आसन्न अनुभव से नहीं बल्कि सचेतन विश्लेषण से उत्पन्न किया जा सकता है। (विलियम्स 1983: 252)

और निश्चित ही मानवाधिकार आंदोलन ऐसा ही एक आंदोलन है जो 'उपलब्ध सामाजिक दूरी' पर निर्भर है और एक अपवर्तित (रिफ्रैक्टेड) 'राजनीतिक संस्कृति' का निर्माण करने में शामिल है जिसे अक्सर (हालांकि हमेशा नहीं) 'आसन्न अनुभव से निर्मित करना' कठिन होता है।[40] इस प्रकार, नागरिक–समाज का विमर्श लोकतंत्र को मध्य वर्ग से जोड़कर देखता है, जबकि रैडिकल राजनीतिक आंदोलन (खासकर मिलिटेंट वामपंथी संगठन) इसे मध्य वर्ग की समाप्ति से जोड़ता है, परंतु ये दोनों ही अवस्थितियां आगे चलकर ठोस विश्लेषण से कन्नी काटती हैं और राजनीतिक को एक या दूसरे किस्म की नैतिक–शिक्षा से प्रतिस्थापित करती हैं।[41] संभवतः, उत्तर–नागरिक–समाज के विमर्श द्वारा मध्य वर्ग के योगदान (ऐसे उभरते हुए विमर्श व राजनीति के लिए) की ज्यादा बारीक समझ अर्जित करने से यह विमर्श अधिक समृद्ध बनेगा। यह तर्क दिया जा सकता है कि मध्य वर्ग को अवांछित विशेषाधिकार दिए जाने पर यह सार्वजनिक स्पेस में कुलीनतावादी दावे पेश कर सकता है, परंतु यही वह वर्ग है जो 'आसन्न अनुभव' से एक दूरी बनाकर मुद्दे उठा सकता है और इन मुद्दों में हाल के पर्यावरणवादी व पारिस्थितिकी–तंत्र संबंधी मुद्दे शामिल हैं। राजनीतिक आंदोलन इसी दृष्टिकोण के जरिए नागरिक–समाज के अध्येताओं के द्वि–विभाजित व नैतिक–शिक्षा संबंधी दृष्टिकोण को रोक सकते हैं और मध्य वर्ग की ऐतिहासिक व राजनीतिक भूमिका की पहचान कर सकते हैं।

अंततः, मानवाधिकार आंदोलन में 'गतिरोध' से बचने के लिए नैतिक प्रस्ताव की तलाश मार्क्सवादी सिद्धांत में मौजूद नैतिक औपचारिकतावाद के कारण हुई और रैडिकल वामपंथी आंदोलनों में यह नैतिक औपचारिकतावाद साधन–साध्य के मुद्दे के इर्द–गिर्द सतत रूप से राजनीतिक सिद्धांत विकसित करने से उनके द्वारा इंकार किए जाने में प्रतिबिंबित होता है। इसलिए, 'लोकतांत्रिक अधिकारों' वाले चरण में, मिलिटेंट मार्क्सवादी–लेनिनवादी संघर्षों के साथ मानवाधिकार आंदोलन की निकटता के अवशिष्ट प्रभाव के रूप में नैतिक भाषा को समझा जा सकता है। 'मार्क्सवाद और नैतिकता' शीर्षक से अपने दिलचस्प अध्ययन में स्टीवेन ल्यूक्स कहते हैं कि, एक तरफ, मार्क्सवाद ने यह 'दावा किया है कि नैतिकता विचारधारा का एक रूप है, और इस प्रकार इसका मूल सामाजिक, अंतर्वस्तु भ्रामक होती है और यह वर्गीय हितों को पूरा करती है... और यह कि पूंजीवाद व राजनीतिक अर्थशास्त्र, दोनों, की मार्क्सवादी आलोचना नैतिक नहीं बल्कि वैज्ञानिक है... जबकि दूसरी तरफ मार्क्स व मार्क्सवादी लेखन में, अंतर्निहित व स्पष्ट रूप से, नैतिक निर्णय भरे हुए हैं' (ल्यूक्स 1985: 3)। नैतिकता व राजनीति के बीच यह अज्ञात सतत जुड़ाव, अधिकांशतः क्रांतिकारी नैतिकता के बारे में 'परिणामवादी तर्क' के आधार पर, नैतिक औपचारिकवाद के रूप में पुनः प्रकट होता है। उदाहरण के लिए, मार्लेउ पांटी ने कुछ किस्म के अति–परिणामवाद सुझाए हैं 'जिनमें किसी कार्य का सटीक अर्थ इसे दीर्घकालिक परिणामों द्वारा निर्धारित किया जाता है' (पूर्वोक्तः 137), जबकि हर्बर्ट मर्क्यूज ने 'सामान्य मानकों' को स्थापित करके क्रांतिकारी हिंसा पर सीमाएं आरोपित करने का तर्क दिया है और ई.पी. थॉम्पसन ने 'जिस किसी समय पर और जिस हद तक आकस्मिकताएं इजाजत दें' मानवतावादी दृष्टिकोणों को अपनाने की संस्तुति की है ताकि वे उस साध्य का निषेध नहीं करें जिसके लिए क्रांति एक साधन है (उद्धरण गेरास 1990: 29 व 34 से लिया गया है)।[42] आकस्मिक नैतिकता की ऐसी पैरवी से परे, मार्क्सवादी सिद्धांतकार नैतिक सिद्धांतों को राजनीतिक मानकों में व इसके उलट परिवर्तित करने के साधन बताने में हिचकिचाते रहे थे। रैडिकल वामपंथी आंदोलन यह

समझाने में असफल रहे कि 'क्रांतिकारी हिंसा' में क्या शामिल है। स्वीकार्य या अस्वीकार्य 'रणनीतियां' और 'कार्यनीतियां' क्या हैं इन मुद्दों पर मानवाधिकार आंदोलन की ओर से कुछ प्रयास हुए जिनमें अधिकांशतः व्यर्थ गए। उदाहरण के लिए, उन्होंने मानकों पर चर्चा की जैसे कि आम लोगों की हो रही हत्याओं को सख्ती से रोकना;[43] मासूमों को बंधक बनाए जाने को सख्ती से रोकना;[44] अपंग बनाने, विरूपित करने और यातना देने जैसे थर्ड डिग्री के तरीकों के इस्तेमाल को सख्ती से रोकना;[45] और जलाकर धीमी मौत मारने को सख्ती से रोकना;[46] परंतु ये सतत संवाद के रूप में आगे नहीं बढ़ पाए या ठोस मानकों या कार्यअभ्यासों के समुच्चय के रूप में फलित नहीं हो पाए। सामान्य रूप से यह माना जाता था कि, जैसा त्रॉत्स्की ने कहा, 'क्रांति युद्ध के रूप में आती है और इसे सामान्य या सर्वोत्तम नैतिक मानकों के जरिए बांधा नहीं जा सकता' (गेरास 1990: 33)।[47] मूल्यों को वास्तविक बनाने के ऐसे ऐतिहासिक क्षणों की हानि जो शुद्ध नैतिकता के क्षण के लिए शाश्वत इंतजार के रूप में पुनः प्रकट होती है (बहुत–कुछ अल्थूसे में दुष्प्राप्य 'अंतिम क्षण' की भांति)। आश्चर्यजनक रूप से, तेलंगाना सशस्त्र आंदोलन के दौरान स्त्रीवादियों द्वारा (जिस पर हम चौथे अध्याय में ध्यान केंद्रित करेंगे) रैडिकल वामपंथी आंदोलन पर (जिसके विरुद्ध मानवाधिकार आंदोलन नैतिकता की स्पष्ट पहचान की अनुपस्थिति कीशिकायतें करता रहा है) ठीक इसी शुद्ध/अमूर्त नैतिकताका आरोप लगाया गया था। जिस तरह नैतिकता की अनुपस्थिति आज एक समस्या है, उसी तरह नैतिकता की उपस्थिति उस समय एक समस्या थी।

नतीजतन, मानवाधिकार आंदोलन ने उत्तर–नागरिक–समाज के विमर्श का उदाहरण पेश करने के अपने प्रयासों में, इस विमर्श को विभिन्न संयोगकारी तरीकों में और उनकी जमीनी स्थिति में मूल्य–केंद्रित रूपरेखा के प्रस्तावित बदलाव में सूत्रबद्ध किया जिसे अधिक सुदृढ़ीकृत करने और हितों व मूल्यों के बीच इसके द्वारा बनाए गए बुनियादी संबंध में निर्मित करने की आवश्यकता है। संभवतः, यह सिर्फ तभी संभव है जबकि इस आवश्यकता को संदर्भित किया जाए कि राजनीतिक आंदोलन नैतिकी–करण और परिसीमनों का सहारा क्यों लेते हैं और नागरिक–समाज में शक्ति जिस प्रकार संरचित है उससे इसका क्या संबंध है। ऐसा महत्वपूर्ण संवाद सिर्फ तभी संभव है जबकि राजनीतिक आंदोलन को भी आश्वासन दिया जाए कि इस प्रकार के उत्तर–नागरिक–समाज के प्रस्तावित संयोगकारी तरीके और मूल्य–केंद्रित रूपरेखा यह मानती है कि संघर्ष, टकराव व शत्रुताएं 'प्रत्येक मानव समाज में अंतर्निहित हैं और यह हमारी सत्ता–मीमांसा संबंधी स्थिति को निर्धारित करती है' (मॉफे 1993: 3)। इस समकालीन 'विशिष्टताओं के विस्फोट' में, टकराव, सह–अस्तित्व और सशक्तीकरण के बीच एक जटिल पतन हुआ है। न तो इन्हें पृथक्कृत किया जा सकता है और न ही कार्यअभ्यासों का ऐसा समुच्चय बनाया जा सकता है जिसे अन्य पर विशेषाधिकार प्राप्त हो। जिग्मट बॉमन ने ठीक ही सुझाया है, 'बिना टकराव के कोई संलग्नता नहीं, बिना संलग्नता के सह–अस्तित्व की कोई उम्मीद नहीं... मेरा सुझाव है कि टकराव आधुनिकता की तरल अवस्था है जो सह–अस्तित्व का प्रचलित रूप है। इसे चिड़चिड़ा देने वाली हिचकी की तरह अस्थाई मानकर अब इसका उपचार नहीं किया जा सकता है' (बॉमन 2001: 138)। इस 'पतन' को पहचानने में और मूल्यों को अमल में उतारने के कोई अलग तरीके या स्तर के नहीं होनेमें, हम खुले टकरावों को 'समझौताहीन नैतिक मूल्यों व अनिवार्यताकारी पहचानों के बीच एक विवाद से प्रतिस्थापित करके' उनसे बच सकते हैं (मॉफे 1993: 6)। दूसरे शब्दों में, एक अधिक

वहनीय विवेचना की जरूरत है कि राजनीतिक आंदोलन कैसे और कब हित–आधारित राजनीति द्वारा पेश की गई सीमाओं का अतिक्रमण करके उन कामों में गहरे पैठने लगते हैं जिनमें औपचारिक, न्यायिक व अनुबंधकारी संबंधों से परे सहअस्तित्व व एकजुटता शामिल होती है जो नागरिक–समाज नामक नागरिक क्षेत्र को क्षति पहुंचाते हैं।

इसी संदर्भ में हमें यह समझने की जरूरत है कि, जैसा कि मानवाधिकार आंदोलन समझाने का प्रयास कर रहा है, राजनीति का प्रतिनिधित्व सीधे–सरल ढंग से पहले से स्थापित श्रेणियों (जैसे कि स्व हित या कार्यअभ्यासों) द्वारा नहीं किया जा सकता। अधिकारों जैसेकार्यअभ्यास स्व–हित व प्रतिस्पर्द्धी नैतिकता की भाषा के द्वारा अनुकूलित व सीमित किए जाते हैं; भले ही इनका इस्तेमाल विरोधमूलक आंदोलन में और इनके जरिए ही क्यों न किया जाए, और ये उन मौजूदा उपकरणों और साध्यों को मूर्त रूप देने व पुनरुत्पादित करने में ही समाप्त हो जाते हैं जिनका विरोध करने का ये इरादा रखते हैं। इस प्रकार के मूर्त रूप एक न्यूनतावादी (मिनिमलिस्ट) दृष्टिकोण व एजेंडा का संकेत देते हैं जो नागरिक–समाज जैसे प्रभुत्वशाली क्षेत्रों का अतिक्रमण करने में नाकाम रहते हैं। 'यह ऐसा है मानो हम उन श्रेणियों से (भले ही उनमें हमारा जीवन कितना भी असुविधाजनक व विरोधाभासी क्यों न हो) "बाहर निकलने" से डरते हैं जो हमें कम से कम प्रतिनिधित्व व प्राधिकार के एक मुखौटे के साथदार्शनिक नगर–राज्य में एक ठिकाना देता है' (फिन 1996: 175–75)। हमें *लॉजिक ऑफ सर्कुलैरिटी* की तरह काम करने वाली इन घेरने वाली कांटेदार तारों से बाहर निकलने की जरूरत है और इसके लिए सिर्फ आलोचना करना काफी नहीं है बल्कि इसके साथ ही (जैसा कि मानवाधिकार आंदोलन तर्क देता है) नागरिक–समाज की सीमाओं से आगे बढ़कर विरोधमूलक राजनीति की नींव रखने वाले (सिर्फ 'तटस्थ किए गए नियमों' को नहीं) मौजूदा सिद्धांतों को नए कार्यअभ्यासों व संस्थानिक रूपों में बदलना होगा। यह सबसे अच्छी तरह से तभी संभव है जबकि प्रस्तावित संयोगकारी रूपों और मूल्यों में इनकी पैठ को स्वयं राजनीतिक आंदोलनों के साथ कारगर बनाया जाए, और उनके राजनीतिक चरित्र को अधिक समृद्ध किया जाए व उनकी बदलती गतिकी की पड़ताल की जाए न कि इन्हें महज स्थैतिक या आवश्यकीय रूप से अपने में बंद मान लिया जाए।

इसी संदर्भ में फिर से, शक्ति संबंधों के अनगिनत रूपों से समझौते करने के दौरान, हमें राजनीतिक आंदोलनों में जारी बदलावों के प्रति संवेदनशील होने की जरूरत है। वर्तमान राजनीति में, तमाम राजनीतिक आंदोलनों को अपने हितों (चाहे बाह्य हों या फिर आंतरिक) की तलाश करने के अर्थ में अपवर्जनकारी होना अधिकाधिक कठिन महसूस होता जा रहा है। ये अंतःस्फोट की प्रक्रियाओं के अधीन हैं, जिसमें कोई भी पहचान या सामाजिक समूह कभी भी बंद नहीं हो सकता, और इसके बजाय ये रैडिकल रूप से बाहरी तौर पर खुले होते हैं और नई मांगों के प्रति आंतरिक रूप से भी खुले होते हैं और लोकतंत्रीकरण की संवाद प्रक्रियाओं में निरंतर व्यवस्थित होते हैं जो परिणामस्वरूप अंतः–व्यक्तिपरक संचार (जिसमें अन्य संयुक्त कार्यअभ्यासों के साथ, आवश्यकीय रूप से आसन्नता से परे हितों व मूल्यों का एक संयोग होता है) के इर्द–गिर्द नई व्यक्तिपरकताओं में अभिव्यक्ति पाते हैं। इस अध्याय में आरंभ किए गए संवाद की निरंतरता के तौर पर हम यह विश्लेषण करने का प्रयास करेंगे कि किस प्रकार से इन नई व्यक्तिपरकताओं और प्रक्रियाओं ने वर्तमान में अन्य के अलावे दलित व नक्सलवादी आंदोलनों में और इन संघर्षों के बीच उभरते इंटरफेस व परिणामतः पड़ी दरारों में उदाहरणों का रूप लिया है। अगले अध्याय

में हम उत्तर–नागरिक–समाज की राजनीतिक पहचानों व कार्यअभ्यासों के लिए उभरती अंतः–व्यक्तिपरकता और इसके निहितार्थों को समझेंगे।

टिप्पणियां

1. हॉथोर्न (हॉथोर्न 2001) का मानना है कि नागरिक–समाज में व्यक्ति नागरिक तभी हो सकता है जबकि 'व्यक्ति के निजी दायरे' में राज्य के अतिक्रमण से उनकी सुरक्षा की जाती हो (पृष्ठ 276)।
2. देखें एडवर्ड शिल्स 'दि वर्च्यु ऑफ सिविल सोसाइटी', *गवर्नमेंट एंड अपोज़िशन*, 26(1) (शिशिर 1991): 3–20
3. देखें कोहेन व आर्तो 1992
4. विस्तृत ऐतिहासिक वर्णन के लिए अश्विनी रे (2003) देखें, और साथ ही 16–17 जुलाई, 1949 को मद्रास में आयोजित इंडियन सिविल लिबर्टीज़ सम्मेलन में दाखिल आलेखों का संग्रह भी देखें जिसका शीर्षक है 'सिविल लिबर्टीज़ इन इंडिया'। इस महत्वपूर्ण संग्रह का सुझाव देने के लिए मैं उज्जवल कुमार सिंह का शुक्रगुजार हूं।
5. बिपिन चंद्रा ने अपनी पुस्तक (2003) में नागरिक स्वतंत्रता आंदोलन के निर्माण में जे.पी. की भूमिका की पूरी तरह अनदेखी की है और इसलिए वह एकतरफा नतीजे पर पहुंचते हैं कि 'संपूर्ण क्रांति' में 'फासीवादी रुझान' थे।
6. के. बालगोपाल (1987) देखें। वह कहते हैं कि इस अवधि के दौरान भी:

    > प्रीवेंटिव डिटेंशन एक्ट (निवारक निरोध कानून), आर्म्ड फोर्सेज़ (स्पेशल पावर्स) एक्ट और भारतीय सुरक्षा कानून संबंधी नियमों का अत्यधिक इस्तेमाल किया गया; व्यापक क्षेत्रों में सेना को नियुक्त किया गया और "गड़बड़ी वाले क्षेत्रों" की सूचना प्रभावित हुई थी। लेकिन ये सभी मुख्यतः उत्तर–पूर्व की आदिवासी राष्ट्रीयताओं और बाकी देश में कम्युनिस्ट नेतृत्व वाले किसानों और मजदूरों के खिलाफ थे। इसने सांविधानिकता की दृष्टि से राज्य की प्रतिष्ठा को बिल्कुल भी खराब नहीं किया।

7. श्रेष्ठताशाही और पेशेवर–प्रवृत्ति के बीच बढ़ते अंतर्विरोध, और भारत में शैक्षणिक संस्थाओं में सामाजिक न्याय के मुद्दों पर विस्तृत जानकारी के लिए (अजय गुडावर्थी 2004) देखें।
8. यह एक अलग मसला है कि आज जबकि हमारी दिलचस्पी लोकतांत्रिक संवैधानिक राज्य व नागरिकता में है, तो कृष्ण कुमार जैसे अध्येता नागरिक–समाज के विचार को याद किए जाने की अत्यधिक जरूरत पर शंका करेंगे। वह कहते हैं:

    > परंतु, यह अधिक महत्वपूर्ण प्रश्न है कि क्या हमें नागरिक–समाज की अवधारणा की जरा भी जरूरत है... यदि हम राज्य की शक्ति, बहुलतावाद व विविधता को मान्यता व बढ़ावा देने, अधिकारों को परिभाषित करने के प्रति सरोकार रखते हैं... तो भला संवैधानिकता, नागरिकता व लोकतंत्र जैसी अवधारणाओं की भाषा और शब्दावली में क्या गड़बड़ है? ऐसा प्रतीत होता है कि इनमें से किसी को भी नागरिक–समाज की अवधारणा को जागृत करने की जरूरत नहीं है' (कुमार 1993: 390–91)।

9. इस प्रक्रिया के विस्तृत वर्णन के लिए, देखें पार्थ चटर्जी (1994); साथ ही देखें रजनी कोठारी (1988)।
10. *लूम्पेन* वर्ग और *लूम्पेन* पूंजी शब्द की व्याख्या के लिए, ब्रीमैन 2002 देखें।
11. (बालगोपाल 1987: 42)। वह दरअसल यह बताते हैं कि इसमें पोस्टल बिल, कमीशन ऑफ एन्क्वायरी एक्ट में संशोधन आदि जैसे कम कानून शामिल थे। इससे मिलते–जुलते विवरणों के लिए नागरिक अधिकारों पर लोकायन बुलेटिन के उसी विशेष अंक के अन्य लेख, विशेषकर सुमंत बनर्जी का लेख, देखें।

12. पीपुल्स वार ग्रुप (पी.डब्ल्यु.जी.) का बिहार के माओइस्ट कम्युनिस्ट सेंटर के साथ विलय हो जाने के बाद कम्युनिस्ट पार्टी ऑफ इंडिया (माओइस्ट) हो गया था और यह इससे पहले अक्टूबर 2004 में आंध्र प्रदेश सरकार के साथ शांति वार्ता से पहले का संदर्भ है।
13. आम लोगों ने भी कई बार अपनी जानें गवाईं, या फिर ज्यादातार उन्होंने अपनी जानें तब गवाईं जब पुलिस ने ज़ान–बूझकर उनका इस्तेमाल 'ढाल' के रूप में किया। उदाहरण के लिए, जब पुलिस को अपने 'सशस्त्र कामों' के अंग के तौर पर दूर–दराज के क्षेत्रों की यात्रा करनी होती है, तब वह यात्रा के लिए आधिकारिक वाहनों के बजाय यातायात के सार्वजनिक साधनों का इस्तेमाल करती है।
14. अक्सर राजकीय अधिकारी, नौकरशाह और पुलिस यह कहते रहे हैं कि इसमें 'दोहरे मानदंड' तो शामिल हैं ही, साथ ही उन्होंने 'गैर–कानूनी संगठनों' के साथ मानवाधिकार आंदोलनों की नजदीकी की कलई भी खोली है।
15. उदारतावादी परंपरा के अंदर, नागरिक–समाज की कल्पना एक ऐसे 'क्षेत्र के रूप में की गई है जहां नागरिक सामाजिकता के लिए, साझा सरोकार वाले मुद्दों पर विचारों के आदान–प्रदान और विचार–विमर्श के लिए, राजनीतिक राय निर्मित करने के लिए अपने साथ के नागरिकों के साथ मिल–जुल सकते हैं। *यह एक ऐसा दायरा नहीं था जहां ये विचार राजनीतिक कार्यों में तब्दील होते* और निर्णय लेने में काम आते' (फ्रेवर्ट 2005: 63)। विचार और कार्य के बीच के ऐसे अंतर जे. एस. मिल के शास्त्रीय उदारतावादी सूत्रीकरण से उत्पन्न होते हैं, और यह सूत्रीकरण 'व्यावहारिक या अनुमानपरक, वैज्ञानिक, नैतिक या धर्मशास्त्रीय, समस्त विषयों पर राय और भावनाएं प्रकट करने की निरपेक्ष आजादी' (मिल 1963: 138), के साथ विस्तृत प्रतिबंधों सहित 'कार्य करने की स्वतंत्रता' प्रदान करता है। मानवाधिकार आंदोलन का पूर्ववर्ती चरण इस प्रकार के उदारतावादी सूत्रीकरण के करीब था और इसीलिए इसने काम का जिम्मा (जिसमें विधायी और प्रशासनिक शक्तियां शामिल हैं) राज्य पर छोड़ दिया।
16. पूर्वी यूरोप के संकट के बाद हुए नागरिक–समाज के पुनरुत्थान ने सामंजस्यता पर ज़ोर दियाजो इसका केंद्रीयसंघटक था। स्लावोज जिजेक की बात पर गौर करें तो एकजुटता आंदोलन ने निश्चित तौर पर साम्यवाद के खिलाफ सभी परस्पर–विरोधी सामाजिक शक्तियों की सामंजस्यता का प्रतिनिधित्व किया।

> रूढ़िवादी राष्ट्रवादियों ने साम्यवादियों पर आरोप लगाया कि उन्होंने सोवियत स्वामियों के लिए पोलिश हितों के साथ गद्दारी की; व्यापारियों ने उन्हें बेलगाम पूंजीवादी गतिविधि की राह में रोड़े के रूप में देखा; कैथोलिक चर्च के लिए साम्यवादी अनैतिक अनीश्वरवादी थे; किसानों के लिए वे उस हिंसक आधुनिकीकरण का प्रतिनिधित्व करते थे जिसने ग्राम्य जीवन को पटरी से उतार दिया था; कलाकारों व बुद्धिजीवियों के लिए साम्यवाद उत्पीड़न व मूर्खतापूर्ण सहमति का पर्यायवाची था; कामगारों ने देखा कि पार्टी की नौकरशाही न सिर्फ उनका शोषण करती थी बल्कि पार्टी की ओर से उन्हें अपमानित भी किया जाता था; पुराने भ्रम–मुक्त वामपंथियों ने उनमें सच्चे समाजवाद को दगा देने वाले देखे। (जिजेक 1997: 31)।

17. अनुरूपता के तौर पर सतीश देशपांडे के अवलोकन को याद करना अनुचित नहीं होगा कि भारत में मध्य वर्ग राष्ट्र का प्रतिनिधित्व करने के बजाय स्वयं ही राष्ट्र बन रहा था (देशपांडे 2004)।
18. आंध्र प्रदेश में दलित और मार्क्सवादी–लेनिनवादी समूहों के बीच चली बहस को और एक–दूसरे के बारे में उनकी बदलती धारणा के बारे में विस्तार से जानने के लिए देखें, अजय गुडावर्थी (2005) जिसका संशोधित संस्करण ही इस किताब का तीसरा अध्याय है।
19. साथ ही हरगोपाल 1993 भीदेखें।
20. यहां इस्तेमाल की गई राजनीति–समाज की अवधारणा पूरी तरह से पार्थ चटर्जी द्वारा हाल में दी गई अवधारणा जैसी नहीं है, और इसके बजाय यह सामाजिक मुद्दों व कार्यअभ्यासों के एक व्यापक दायरे का राजनीतिकरण करने की एक व्यापक प्रक्रिया को दर्शाती है। परंतु, इस बात से इंकार नहीं किया जा सकता कि नागरिक–समाज में मौजूद वर्चस्वकारी कार्यअभ्यासों की आलोचना के प्रति और इसे शक्ति संबंधों के एक क्षेत्र के रूप में दर्शाने के प्रति व सबआल्टर्न द्वारा दिए गए विकल्पों (रैडिकल या अन्य प्रकार के) के साथ राजनीतिक रूप से समझौता करने की जरूरत का दृष्टिकोण

पेश करने में साझा सरोकारों के संदर्भ में कोई आच्छादन या ओवरलैप नहीं हैं। पार्थ चटर्जी के राजनीतिक–समाज के विचार के लिए उनकी पुस्तक (2004) देखें। इस अवधारणा से जुड़ी बहस पर इस किताब के पांचवें अध्याय में ध्यान केंद्रित किया जाएगा।

21. 'नियमों के साथ रैडिकलवाद' को मैंने चीना मिएविल (2006) की पुस्तक में दिए एक उपशीर्षक से उधार लिया है।
22. जैसा कि हमने पहले कहा है, 'मानो' वाला तरीका नागरिक–समाज के उन तौर–तरीकों में से एक है जो बहुलता व प्रतिच्छेदन के बीच मरीचिका का निर्माण करता है। युग्म रचनाओं (बाइनरी कंस्ट्रक्शंस) को सृजित करने के लिए नागरिक–समाज किस तरह से 'मानो' वाले तरीके पर निर्भर है इस संबंध में अधिक तर्कों के लिए 'ओमर कुट्टी' की 'सिविक एंजाइटीज़ एंड दलित डेमोक्रेटिक कल्चर' (गुडावर्थी 2012ए) देखें।
23. नागरिक–समाज में कर्ताओं (एक्टर्स) के पास मौजूद विरोध के तरीकों के चुनाव के संबंध में जैसा कि नीरा चंडोक कहती हैं:

> वे विरोध के अनुमोदित तरीकों (न्यायालयों, हड़तालों, जनता द्वारा कदम उठाने, विरोध, और जुलूसों) का इस्तेमाल तब तक कर सकते हैं जब तक ये विधि द्वारा शासन के तहत रहते हैं... परंतु, नागरिक–समाज के कर्ता राज्य को उन तरीकों से चुनौती नहीं दे सकते जिनकी यह अनुमति नहीं देता – जैसे कि मिलिटेंसी...
>
> (चंडोक 2003: 54)

24. असल में, मेधा पाटकर और अन्य लोगों के अंतहीन कष्टों और नर्मदा बचाओ आंदोलन (एन.बी.ए.) द्वारा की गई मांगों से निपटने में राज्य की उदासीनता से उत्तेजित अरुंधति रॉय कहती हैं कि एन. बी.ए. को बावजूद इसके या सिर्फ इसलिए गंभीरता से नहीं लिया गया क्योंकि यह शांतिपूर्ण और अहिंसक संघर्ष है, जबकि उत्तर–पूर्व व नक्सलवादी दलों के मिलिटेंट समूह राज्य के साथ तर्कसंगत संवाद के लिए राज्य पर दबाव डालने में सफल हुए।
25. मानवाधिकार आंदोलन में बदलाव के बढ़ते महत्व को सी.सी.सी. के इन अवलोकनों के प्रति पी.डब्ल्यु. जी. के जवाब में भी महसूस किया जा सकता था। पी.डब्ल्यु.जी. ने बाद में अपने जवाब में कहा, "हालांकि सरोकार रखने वाले नागरिकों की रिपोर्ट में कुछ कमियां हैं, लेकिन हम महसूस करते हैं कि कमेटी ऑफ कंसर्ड सिटिजंस ने मूलतः *लोकतांत्रिक दृष्टिकोण* दिखाया है' (कमेटी ऑफ कंसर्ड सिटिजंस 1998: 18)।
26. कानून, अधिकार व राजनीति के संबंध पर हम इस किताब के चौथे अध्याय में विस्तारपूर्वक पड़ताल करेंगे।
27. अधिक ब्योरों के लिए आंध्र प्रदेश सरकार व कम्युनिस्ट पार्टी ऑफ इंडिया (माओइस्ट) के बीच हुई हाल की शांति वार्ताओं को देखें, (कमेटी ऑफ कंसर्ड सिटिजंस 2006)।
28. इस किताब का अध्याय 4 कुछ विस्तार से कानून व अधिकारों के मुद्दे पर स्त्रियों के संघर्षों के प्रत्युत्तर की पड़ताल करता है।
29. मिलते–जुलते प्रश्नों की एक श्रृंखला पर की गई चर्चा के लिए, फोले व एडवर्ड्स 1996 देखें।
30. 'राजनीतिक–समाज' के पार्थ चटर्जी के विचार की आलोचना में हमने हित आधारित राजनीति की सीमा की पड़ताल करने में अपर्याप्तता के इसी मुद्दे के इर्द–गिर्द अपना ध्यान केंद्रित किया है। इस कारण से भी मैंने इस अध्याय में राजनीतिक–समाज के अपने इस्तेमाल की भिन्नता को रेखांकित किया है और पांचवें अध्याय में इस आलोचना पर विस्तार से लिखा है।
31. निम्नलिखित अवस्थिति को मुख्यतः डॉ. के. बालगोपाल (अग्रणी मानवाधिकार कार्यकर्ता और सिद्धांतकार और एच.आर.एफ. के पदाधिकारी) ने एच.आर.एफ. तथा अन्य राजनीतिक आंदोलनों (नए *राजनीतिक–समाज बनाम नैतिक समाज* की नई रूपरेखा की संभावना को प्रतिबिंबित करने वाली इस तरह की अवस्थिति की ओर आकर्षित होने वाले) के कुछ सदस्यों व कार्यकर्ताओं साथ सूत्रबद्ध किया गया है। परंतु, इसे अभी एक निश्चित संस्थानिक रूप ग्रहण करना है, हालांकि इसमें फिर से इस नए बदलाव द्वारा एच.आर.एफ. को अव्यक्त रूप से अपने साथ खींच लिए जाने के संकेत हैं,

और इसलिए मैं इस नई रूपरेखा को मानवाधिकार आंदोलन के किसी निश्चितकारी दौर के बजाय एक क्षण के रूप में व्यक्त करना पसंद करता हूं।

32. (बालगोपाल। आगामी)। इस भावी किताब की विषय–वस्तु के संक्षिप्त सारांश के लिए देखें, अजय गुडावर्थी और जी. विजय (2004)। मानवाधिकार आंदोलन के अनिवार्य नैतिक आधारों से उपेंद्र बख्शी सहमत जान पड़ते हैं, और तर्क देते हैं किः

> मानवाधिकारों के, आवश्यकता के, सामाजिक सिद्धांत को "अच्छे" व "बुरे" सामाजिक आंदोलनों से संबंधित नैतिक निर्णय के लिए आधारों की तलाश करनी थी... यह शक्ति की नैतिकता (चाहे राज्य में हो, नागरिक–समाज में, या फिर बाजार में हो) को स्पष्ट करके मानवीय सामाजिक विकास में "पूर्वनिर्धारित दिशात्मकता" प्रदान करने की तलाश करता है (2002: 120–21।

परंतु, यह स्पष्ट नहीं है कि उपेंद्र बख्शी इस 'नैतिक निर्णय' को सामान्यतः 'सामाजिक आंदोलनों' में और खासकर मानवाधिकार में राजनीति के बरअक्स कैसे रखते हैं। हालांकिं वह इस विचार से सहमत जान पड़ते हैं कि मानवाधिकार आंदोलन (राजनीतिक) 'शक्ति' के विचार से जिस तरह संबंधित है और 'सामाजिक आंदोलन' इस विचार से जिस तरह संबंधित हैं उनके बीच कुछ अनिवार्य अंतर हैं, और इसलिए यह 'तब समझ में आता है कि नए सामाजिक आंदोलनों के अधिकांश समसामयिक सामाजिक सिद्धांत और इतिहास मानवाधिकार आंदोलनों पर उस ढंग से ध्यान केंद्रित नहीं करते हैं जैसे कि वे किसी सामाजिक आंदोलन पर करते हैं' (पूर्वोक्त)।

33. (बालगोपाल 1995: 59)। तात्कालिक हितों को अर्जित करने से आगे जाने वाले मुक्ति के मिलते–जुलते विचारों को विभिन्न विचारधारात्मक रूपरेखाओं वाले लेखकों के एक बड़े तबके में देखा जा सकता है। उदाहरण के लिए, प्रसिद्ध लातिनी अमेरिकी दार्शनिक व शिक्षाविद पाउलो फ्रिएरे रैडिकल सामाजिक संघर्षों के बारे में कहते हैं कि इनमें:

> अर्थवत्ता के लिए, उत्पीड़ितों को अपनी मानवता पुनः प्राप्त करके उत्पीड़कों के उत्पीड़नकर्ता की भूमिका में नहीं आना चाहिए, बल्कि इसके बजाय उन्हें दोनों के बीच मानवता के पुनःसंस्थापक की भूमिका निभानी चाहिए... तभी यह उत्पीड़ितों का महान ऐतिहासिक व मानवीय कार्य होगाः स्वयं को और साथ ही अपने उत्पीड़कों की भी मुक्ति (1972: 31)।

गांधी ने फिर से यह तर्क दिया कि उत्पीड़ितों को उत्पीड़न से नफरत करने की जरूरत है, जैसे कि अछूत बनाए जाने के चलन से, और उन्हें उत्पीड़कों से नफरत नहीं करना चाहिए और इसलिए हमारे संघर्षों में हिंसा का कोई स्थान नहीं है और इसमें उत्पीड़कों का 'हृदय परिवर्तन' के प्रयासों को शामिल करने की जरूरत है। देखें, राघवन अय्यर (1978)।

34. विभिन्न रैडिकल संघर्षों के मुकाबले में खड़े वर्तमान समय के मानवाधिकार आंदोलन के संदर्भ में उभरा 'भौतिक' व 'नैतिक' के बीच अलगाव का यह विचार, उपनिवेश–विरोधी राष्ट्रीय आंदोलन द्वारा औपनिवेशिक शासकों का मुकाबला किए जाने के तरीके सेविचित्र ढंग से साम्य रखता है। पार्थ चटर्जी कहते हैं: 'उपनिवेश–विरोधी राष्ट्रवाद ने साम्राज्यवादी शक्ति के साथ *अपनी राजनीतिक लड़ाई के आरंभ होने से काफी पहले ही* औपनिवेशिक–समाज के अंदर संप्रभुता के स्वयं अपने क्षेत्र का निर्माण किया। यह सामाजिक संस्थानों व कार्यअभ्यासों को दो क्षेत्रों – भौतिक व आध्यात्मिक – में विभाजित करके ऐसा करता है' ख्जोर मेरा, (1993: 6)। यही वह अलगाव था जिसे बाद में उपनिवेशवाद के विरुद्ध 'राजनीतिक' संघर्ष में आरोपित कर दिया गया था। भारत जैसे वर्गीकृत समाज में ऐसे अलगाव और इसके दोहरे निहितार्थों (जो संभवतः वर्तमान के मानवाधिकार आंदोलन के संदर्भ में भी, और इसके द्वारा प्रतीतगत रूप से अपनाए जाने वाले नैतिक आयाम द्वारा चिह्नित नई दिशा के संदर्भ में प्रासंगिक है) के लिए जी. अलॉसियस (1998) देखें।

35. जैसा कि मानवाधिकार आंदोलन ने ध्यान दिलाया, यहां पर यह अवश्य जोड़ा जाना चाहिए कि इनमें से अधिकांश सिद्धांत हितों की सीमाओं के अंदर काम करते हैं जिनका स्व से परे सामाजीकरण किया गया है। उदाहरण के लिए, मार्क्सवाद यह तर्क देगा कि नैतिक आस्था नहीं बल्कि वर्गीय हित आवाम को अपना समाज बदलने के लिए प्रेरित करते हैं।

36. असल में, मानवाधिकार आंदोलन द्वारा निर्मित *राजनीतिक–समाज* (नागरिक–समाज के विरोध में) नैतिकी–करण की आलोचना का एक प्रयास था; यह प्रत्येक आंदोलन के स्व–मूल्यवर्द्धन में स्वतः स्पष्ट है या फिर यह राजनीतिकरण की एक प्रक्रिया आरंभ करने के बजाय और राज्य के विरुद्ध नागरिक–समाज के दायरे का नैतिकी–करण करने या सबआल्टर्न्स का चुनाव व तैयारी करने के मामले में स्व–मूल्यवर्द्धन करने में स्वतः स्पष्ट है। परंतु यहां पर इस प्रक्रिया को शुरु हो जाने के बाद भी नैतिक–राजनीतिक विभाजन को पुनः पेश करने में प्रतीतगत रूप से पीछे हटने वाला कदम जान पड़ता है।
37. इसलिए यह विभाजन राजनीतिक आंदोलनों को हितों के क्षेत्र के अंदर उनके संघर्षों का पुनर्मेल करके 'कठिनाई से बाहर' निकालता है। कुछ अध्येताओं ने इस सूत्रीकरण के प्रति उनका जवाब मिलने की अवधि के दौरान यह सुझाव दिया है कि नैतिक व राजनीतिक आयामों के बीच विभाजन के बजाय आवश्यकता इस बात की है कि 'नैतिक स्व का राजनीतिक स्व में और नैतिक प्रश्नों का राजनीतिक प्रश्नों में परिवर्तन किया जाए। इसका अर्थ यह बिल्कुल भी नहीं है कि राजनीतिक रूप से असंगठित लोगों के आंदोलनों पर नैतिक विमर्श को लादा जाए...' (अरूण के. पटनायक 1995: 1202)। साथ ही देखें, (गुडावर्थी 1996)।
38. उदाहरण के लिए, दलित महासभा ने इस बात पर जोर दिया कि अपनी सभी बैठकों में मंच पर 'सिर्फ दलितों' का ही कब्जा होगा और ऊपरी जाति के कार्यकर्ता चाहे जितनी भी सहानुभूति क्यों न रखें और चाहे कितने ही रैडिकल क्यों न हों उन्हें ऐसा करने की इजाजत नहीं होगी। 'गैर बनाने' की यह प्रक्रिया अन्य सभी को स्थायी रूप से 'गैर' बना देती है। निश्चित ही, यह दलित आंदोलन के नैतिक अनिवार्यतावाद का ही एक प्रकार है। परंतु, राजनीतिक आंदोलन प्रभुत्वशाली नागरिक–समाज में स्वयं अपने लिए स्थान तलाशने हेतु अनिवार्यतावाद का यह रास्ता क्यों अपनाते हैं इस सवाल को ऐतिहासिक बनाने की जरूरत है और नागरिक–समाज में शक्ति को जिस तरह से संरचित किया जाता है उस तरीके से समझे जाने की जरूरत है, और साथ ही आगे बढ़ने के लिए राजनीतिक आंदोलन के संघर्ष के प्रक्षेप–पथ में एक क्षण के रूप में भी समझे जाने की जरूरत है। अगले अध्याय में इसका विस्तृत विवरण दिया गया है।
39. इसके अतिरिक्त, जब कभी भी मानवाधिकार आंदोलन के अंदर लोगों ने रैडिकल वामपंथी संघर्षों के लिए असुविधाजनक सवाल खड़े किए, तब उन्होंने भूमिगत मिलिटेंट कार्यकर्ताओं के बरअक्स मानवाधिकार कार्यकर्ताओं के सुविधाजनक 'मध्यवर्गीय जीवन' की चर्चा छेड़ दी। इस प्रकार, बलिदान के स्तर ने राजनीतिक अवस्थितियों की प्रमाणिकता व सहीपन को स्थापित किया। अक्सर, मानवाधिकार कार्यकर्ताओं ने व्यक्तिगत बातचीत में इस बात पर असंतोष प्रकट किया जिसे वह मौन *'नैतिक ब्लैकमेलिंग'* कहते हैं; जबकि रैडिकल वामपंथी समूहों से निकटता रखने वाले कार्यकर्ता ऐसे तर्कों की सराहना करते हैं। पिछले बिंदु की तुलना में, यहां पर एक भिन्न प्रकार का नैतिकी–करण है। यहां पर मध्य वर्ग का (अ–)नैतिकी–करण मध्य वर्ग में नैतिकता की स्थायी कमी के संदर्भ में है।
40. भारत में मानवाधिकार आंदोलन पर (फील्ड वर्क के आधार पर) नजदीक से ध्यान देने वाले अन्य अध्येता भी मिलते–जुलते विचार व्यक्त करते हैं:

> इस प्रकार, नागरिक अधिकार आंदोलन (सिविल राइट्स मूवमेंट) अपने मूल में एक खास किस्म की "राजनीतिक संस्कृति" (ऐसी संस्कृति जो समाज के साथ लोकतांत्रिक व्यवहार करती है) के लिए एक आंदोलन है। संस्थानीकरण की संभावना में यकीन और राज्य–समाज के संबंधों को प्रशासित करने वाले मानकों व कार्यअभ्यासों की हिफाजत करना नागरिक अधिकार आंदोलन के केंद्रीय प्रयास रहे हैं... यह आंदोलन की मजबूती व कमजोरी, दोनों, है... (साथ ही) यह इस अर्थ में कमजोरी है कि यह नागरिक अधिकार आंदोलन की संगठनबद्धता की संभावना पर गंभीर पाबंदियां लगाता है। रोजमर्रा की रोजी–रोटी के लिए संघर्षरत व्यापक जनता को नागरिक अधिकार आंदोलन के तहत संगठित नहीं किया जा सकता है। परंतु यदि नागरिक अधिकार आंदोलन जनता को भयानक दमन के खिलाफ संगठित कर सकता, तब भी यह एक तदर्थ या अस्थायी किस्म की संगठनबद्धता ही होती... इस प्रकार, नागरिक अधिकार आंदोलन अपने उद्देश्य के (लोकतांत्रिक संस्कृति उत्पन्न करने के) अनुसार या कम

से कम अपने मूल या केंद्रीय उद्देश्य के अनुसार मध्य वर्ग के पास जाने के लिए ही बाध्य है (ककराला 1993: 415–16)।

41. भारत जैसे देशों में जहां उदारीकरण के पश्चात मध्य वर्ग व्यापक रूप से विभेदीकृत हुआ है, वहां मध्य वर्ग और इसकी राजनीतिक भूमिका का विश्लेषण करना बहुत जटिल कार्य है और यहां तक कि इसे सामान्य तौर पर 'मध्य' वर्ग कहना भी बहुत जटिलता पैदा करता है। 'नए मध्य वर्गों' की उत्पत्ति की व्याख्या के लिए देखें सतीश देशपांडे (2000) और लीला फर्नांडीज (2007)।
42. यहां, जबकि 'सामान्य मानक' अमूर्त नैतिकता बन सकते हैं, तो संभाव्य दृष्टिकोण व्यवहारिकतावाद (प्रैग्मेटिज्म) के गड्ढे में गिर सकते हैं। वास्तव में चुनौती इस बात की है कि आखिर हम ऐसे राजनीतिक सिद्धांत किस प्रकार से उत्पन्न करें जिनसे नैतिक मानक पैदा हो सकें और फिर से राजनीतिक कार्यअभ्यास के लिए खुला रवैया रखें? हम स्व–धारणा और राजनीतिक व्यवहार के लिए आवश्यक निश्चितता को आपस में कैसे जोडें क्योंकि यह अमूर्त नैतिकता से बचने के लिए जरूरी है? दक्षिण अफ्रीका के एक कम्युनिस्ट क्रांतिकारी अपनी बेहद भावप्रवण संस्मृति में लिखते हैं,

    वर्ष 1975 में, मैं एक युवा और बेहद आदर्शवादी क्रांतिकारी था, और अपने विश्वासों के लिए आत्म–बलिदान करने को तैयार था। मुझसे पहले यातनाएं झेलने वाले सभी लोगों और उन्हींकी तरह की यातनाएं झेलने वाले मेरे साथ के सभी लोगों के साथ मुझे घनिष्ठ जुड़ाव महसूस होता था; और मुझे हमारे मुक्ति आंदोलन की परंपराओं के प्रति एक उत्तरदायित्व महसूस हुआ। इसी ने मुझे शक्ति दी। यही वह चीज थी जिसने मेरे प्रतिरोध को संभव बनाया। और यही वह चीज थी जिसके कारण मैं यातनाओं से टूटा नहीं या मायूसी में नहीं डूबा। अपनी गिरफ्तारी के 24 साल बाद यह लिखते हुए मेरे विचारों में जो स्पष्टता है वह उस वक्त नहीं थी। अब मुझे लगता है कि उस वक्त मैं बहुत भोला–भाला था। इन सबके बावजूद, सच यही है कि विचारों की यह स्पष्टता ही मेरी नाव को किनारे तक पहुंच पायी (सटनर 2001: 3)।

    दूसरे शब्दों में, हम ऐसे कार्यकर्ता कैसे पैदा करें जो निश्चितता के साथ समाजवाद के लिए मुकाबला करें और फिर भी इसकी सफलता को लेकर दिमाग खुला रखें? इस मुद्दे पर शुरुआती चर्चा (जो किसी भी तरह से संपूर्ण या पर्याप्त नहीं है) के लिए, देखें नॉर्मन गेरास (1995)। साथ ही, देखें केट सोपर (1987)। इस बिंदु पर अधिक चर्चा इस किताब के अंतिम अध्याय में की जाएगी।
43. यह मुद्दा एक घटना के बाद सामने आया जिसमें वारंगल में वामपंथी मिलिटेंट्स ने एक रेलगाड़ी में आग लगा दी थी जिसके परिणामस्वरूप अनेक यात्रियों की मृत्यु हो गई थी। परंतु, बाद में पी.डब्ल्यु. जी. ने घटना की जिम्मेदारी ली और घटना के शिकार बने लोगों के परिवारजनों से मांफी मांगी।
44. भारी संख्या में हुए अपहरणोंमें सबसे महत्वपूर्ण कोय्यूर में एक आदिवासी नेता का अपहरण था, जिसकी चर्चा इस अध्याय की शुरुआत में की गई है और इससे पहले सात आई.ए.एस. अधिकारियों का अपहरण किया गया था। इन आई.ए.एस. अधिकारियों में एस.आर. शंकरन शामिल थे जिसे अक्सर *'गुथेडु अपहरण'* कहा जाता है और एस.आर. शंकरन न सिर्फ गरीबों के लिए काम कर रहे एक ईमानदार अधिकारी थे बल्कि बाद में क्रांतिकारियों व राज्य के बीच शांति वार्ता की शुरुआत करने मेंउन्होंने सी.सी.सी. का नेतृत्व किया।
45. इस मुद्दे को आम तौर पर 'भेदियों' की हत्या के संबंध में उठाया गया था लेकिन यह खास तौर पर तब सामने आया जब पी.डब्ल्यु.जी. के सदस्यों की एक टोली ने गलती से एक युवा लड़की को बंधक बना लिया और जानकारी हासिल करने के लिए यातनाएं दीं।
46. खासकर यह मुद्दा हाल ही में तब सामने आया जब माओवादियों ने सल्वा जुडूम (छत्तीसगढ़ में राज्य द्वारा प्रायोजित माओवाद–विरोधी दस्ता) से संबंध रखने के संदेह में झोपड़ियों में आग लगा दी थी। इस प्रक्रिया में अनेक स्त्रियों व कुछ बच्चों ने अपनी जान गंवाई।
47. सशस्त्र आंदोलनों के समाज–शास्त्र पर कुछ गहन अवलोकनों के लिए और मानकों को विकसित करने में उनकी अनिच्छा व कठिनाई के लिए देखें (बालगोपाल 2006)।

3

दलित एवं नक्सलवादी संघर्षः अस्मितावादी राजनीति से परे राजनीतिक पहचानें

नागरिक या सामाजिक दायरे में नागरिक–समाज के केंद्रीय कार्यअभ्यासों से जुड़ा विचार यह है (जिसके बारे में हमने पिछले अध्याय में चर्चा की है) कि यह स्वैच्छिक कार्य के जरिए साहचर्यात्मक जीवन को रेखांकित करता है। माइकल वाल्जर नागरिक–समाज को 'बिना जोर–जबर्दस्ती वाले मानवीय साहचर्य का क्षेत्र और साथ ही इस क्षेत्र को परिपूर्ण करने वाले संबंधों के ताने–बाने का समुच्चय (परिवार, आस्था, हित व विचारधारा के लिए निर्मित किए गए)' कहते हैं (वाल्जर 1995: 1)। 'बिना जोर–जबर्दस्ती वाले मानवीय साहचर्य' विभिन्न रूप ग्रहण करते हैं जिनमें अन्य के अलावे स्वैच्छिक संगठनों, क्लबों, गैर–सरकारी संगठनों व राजनीतिक आंदोलनों का निर्माण करना शामिल है। स्वैच्छिक संघ नागरिक–समाज के विचार के केंद्रीय तत्व होते हैं क्योंकि इनसे यह अपेक्षा की जाती है कि ये अंतर्संबंधित क्षेत्र का निर्माण करते हैं जो एक स्तर पर केंद्रीकृत संस्थाओं की शक्ति पर लगाम लगाते हैं और दूसरे स्तर पर रचनात्मक सामाजिक मानकों को पोषित करते हैं, 'सामान्यीकृत विश्वास व सहयोग' को सुदृढ़ीकृत करते हैं और बहुलतावाद को प्रोत्साहित करने व उसका जश्न मनाने के बजाय आरोपित पहचानों द्वारा निर्मित अंतर्मुखी अनुकूलनों (इनवर्ड ओरिएंटेशन) से निजात दिलाते हैं।

> संघ विभिन्न हितों को प्रतिनिधित्व प्रदान करने, विभिन्न कार्यों को करने और क्षमताओं के व्यापक दायरे को विकसित करने के माध्यम से बहुलतावाद को प्रोत्साहित करते हैं। संगठनों का कोई एक समुच्चय इन भूमिकाओं, क्षमताओं व हितों के एक छोटे–से उपखंड से ज्यादा को कवर करने की उम्मीद नहीं कर सकता है, इसलिए नागरिक–समाज *के अंदर* बहुलतावाद अनिवार्य है। (एडवर्ड्स 2010: 30)

बहुलतावाद का यही सिद्धांत स्वैच्छिक संघों को अनुमति प्रदान करता है और उनकी भूमिका पर जोर देता है कि स्वैच्छिक संघ आरोपित या 'आदिकालीन' गंठजोड़ से परे हैं और (जैसा कि रॉबर्ट पूतनम तर्क देते हैं) सामान्यीकृत विश्वास को निर्मित करने के लिए रास्ता तैयार करता है और यह सामान्यीकृत विश्वास ही राजनीतिक गतिविधि व लोकतंत्र को संभव और जीवंत बनाता है।

नागरिक–समाज के कार्यअभ्यासों के साथ अपनी अंतक्रिया के संदर्भ में (स्वैच्छिक कार्य, संवैधानिक–लोकतांत्रिक राज्य के साथ जुड़ाव और बहुलतावाद के जश्न पर विशेष जोर के साथ), भारत में जाति आधारित संघर्षों की पड़ताल भी तीन अलग–अलग चरणों में की जा सकती है। इन विभिन्न चरणों का विश्लेषण दलित आंदोलन के नक्सलवादी आंदोलन

(जो इसी सामाजिक समूह को वैचारिक रूप से एक अलग सुविधाजनक बिंदु के जरिए संगठित कर रहा था) के साथ जारी संवाद के संदर्भ में किया जा सकता है। हालांकि इसका रास्ता मानवाधिकार आंदोलन की तुलना में थोड़ा अलग और मिले–जुले किस्म का था, परंतु मूल प्रयासों को दलित राजनीति पर आरोपित सीमाएं (नागरिक–समाज में शक्ति को संरचित करने के तरीके द्वारा) तय करने के संघर्ष के रूप में देखा–समझा जा सकता है। हालांकि जाति व्यवस्था जन्म लेने के आधार पर तय की गई आरोपित पहचानों पर आधारित है, परंतु जाति–आधारित संगठन व संघर्ष इससे आगे जाते हैं और स्वयं को एक स्वैच्छिक पहचान प्रदान करते हैं। भारत में जाति संबंधी संघर्ष की राजनीतिक भूमिका न सिर्फ उत्तरोत्तर बढ़ती 'जाति के धर्मनिरपेक्षीकरण' नामक प्रक्रिया के रूप में आरंभ हुई, बल्कि इसने उन्हें 'सुविचारित संघों' के खांचे में भी ढाला जिसने 'आरोपित–स्वैच्छिक के द्वि–विभाजन को चुनौती दी और एक तीसरे क्षेत्र (मिश्रित श्रेणी) के लिए रास्ता साफ किया। यह इस द्वि–विभाजन को जोड़ने के प्रयास में स्वतंत्रता व अ–स्वतंत्रता के क्षेत्रों के बीच के अंतर को भी नहीं मानता' (रूडॉल्फ 2008: 279)।

भारत के दक्षिणवर्ती राज्य आंध्र प्रदेश में गतिकी के एक गहरे अध्ययन और वहां के विशिष्ट संदर्भ के रूप में, दलित आंदोलन के पहले चरण को नागरिक–समाज में व्याख्या के लिए खुले–सिरे वाले स्वैच्छिक संघीय जीवन पर पूर्णतः जोर देकर धीरे–धीरे दलित राजनीति के लिए ज्यादा जगह बनाने के रूप में और इसे आरोपित व स्वैच्छिक अभिलाक्षणिकताओं वाले तरह–तरह के संयोगों से उपजने वाली राजनीति से प्रतिस्थापित करने के रूप में देखा–समझा जा सकता है।[1] जातिगत संघ व संघर्ष संचार व संगठन के लिए जरूरी माध्यम प्रदान करते हैं जो विभिन्न जातियों के बड़े हिस्सों को नागरिक–समाज में अधिकारों व लाभों की मांग करने वाली 'उच्च राजनीति' व राजनीतिक लोकतंत्र की प्रक्रियाओं से जोड़ते हैं; और इस प्रक्रिया में वे जातिगत समूहों को भी रैडिकल रूप से राजनीतिक बनाते हैं, ताकि उनकी अपनी विशिष्ट पहचान की आलोचनात्मक पड़ताल के लिए वैचारिक रास्ते प्रदान कर सकें और गर्व व आत्म–सम्मान के लिए संघर्ष के जरिए एजेंसी का दावा करने वाले मुद्दे उठाकर प्रभुत्वशाली व तथाकथित ऊपरी जातियों द्वारा महज आरोपित कर दी गई जातिगत पहचान (जो इसे कठोर, अपरिवर्तनीय व संरचित बनाती है) को 'स्व–प्रदत्त' पहचान में परिवर्तित कर सकें। ऐसी एकजुटता की प्रक्रिया में, जाति संघ किसी नागरिक–समाज में संगठन की वे सभी सामान्य विशेषताएं प्राप्त कर लेते हैं जिनके बारे में लॉयड रूडॉल्फ कहते हैं, जैसे कि स्वैच्छिक सदस्यता, नेतृत्व (आनुवांशिक नहीं बल्कि इस आधार पर कि कौन व्यक्ति उनकी मांगों को सबसे प्रभावी ढंग से सूत्रबद्ध कर पाते हैं) और संगठन जिनके पास 'कार्यालय, सदस्यता, शुरुआती नौकरशाही, प्रकाशन हों, और एक अर्द्ध–वैधानिक प्रक्रिया जो सम्मेलनों, शिष्ट–मंडलों व प्रस्तावों के जरिए अभिव्यक्त होती है' (पूर्वोक्तः 7)।[2]

परंतु, सामान्यतः भारत में और विशेषकर आंध्र प्रदेश में दलित संघर्षों को यह अहसास हुआ कि विशिष्टतावादी व सांस्कृतिक अभिव्यक्तियां नागरिक–समाज की कुछ खास केंद्रीय विशेषताओं (जैसे कि नागरिकता, बाहर होने के अधिकार पर आधारित अनुबंधकारी संबंध, व्यक्तिगत अधिकारों की प्राथमिकता, योग्यता आधारित निष्पक्षता आदि) के साथ सतत तनाव की स्थिति में हैं, इसलिए नागरिक–समाज के संस्थानिक दायरों व भाषा के अंदर उनकी स्वीकार्यता सदैव आंशिक व संदिग्ध थी। एक नागरिक–समाज में व्यक्तियों को मुख्यतः कानूनी, औपचारिक व समान नागरिकों के रूप में देखने की अनिवार्यता इतनी

सशक्त होती है कि जाति के उन्मूलन की एक अधिक सार्वभौमिक स्थिति अर्जित करने के लिएविशिष्ट रूप से दलित सामूहिकताओं को संगठित करने की द्वंद्वात्मक पद्धति को अपनाना अधिक आसान हो जाता है। सार्वभौमिक व समान नागरिकता तथा विशिष्ट पहचान के बीच संघर्ष में, इस रणनीति को स्वीकार करने में एक बुनियादी तनाव मौजूद रहता है जिसे राममनोहर लोहिया ने एक बार 'जाति से मुकाबला करने में जाति का इस्तेमाल करो' कहा था। नागरिक–समाज में प्रभुत्व रखने वाले अधिकांश पेशेवरों, योजना बनाने वालों, नौकरशाहों और आर्थिक कुलीनों के लिए संगठित करने के ऐसे तरीके लोकतंत्रीकरण व स्वतंत्रता को विस्तारित करने के लिए महत्वपूर्ण नहीं हैं; इसके बजाय वे ऐसे कार्यअभ्यासों को सामने लाते हैं जो सांप्रदायिक व स्वार्थपूर्ण मांगों व हितों को पाने में लगे रहते हैं और 'राष्ट्र निर्माण' के लिए जरूरी 'सामाजिक दायित्व व अनुशासन' के बुनियादी मानकों का उल्लंघन करते हैं। इसलिए दलित संघर्ष उन लोगों के साथ तनाव की स्थिति में रहते हैं जो 'उदारवादी लोकतांत्रिक या समाजवादी समाज व राज्य को साकार बनाने के प्रतिबद्ध हैं और उनके लिए गहरी समस्याएं खड़ी करते हैं। अनुबंधकारी नागरिक–समाज या विचारधारात्मक सामूहिकता की अर्थवत्ता व वैधता के लिए व्यक्ति को समूह से पहले समय व महत्व दिया जाना चाहिए' (पूर्वोक्तः 59)।

भारत में दलितों की राजनीतिक संगठनबद्धता दो पाटों के बीच फंस गई है:यह एक तरफ, उदाहरणार्थ, संवैधानिक–लोकतांत्रिक राज्य द्वारा स्थापित चुनावों में हिस्सेदारी करके (सार्वभौमिक) लोकतंत्र में योगदान हेतु स्वीकार्यता अर्जित करने और इस प्रकार नागरिक–समाज के प्रवेश–द्वारों को समृद्ध करने, और दूसरी तरफ सामाजिक रूप से खंडित हितों (विशिष्ट) को प्राप्त करने का प्रयास करने के लिए निंदा किए जाने के बीच फंस गई है। ऐसी समकालिकता (स्वीकार किए जाने और निंदा करने की) फायदे (विशिष्टतावादी फायदों) पाने और (सामाजिक) सम्मान के दावे के बीच लगातार दूरी बढ़ाती जाती है, और भेदभाव की प्रक्रियाओं को पहले से कहीं ज्यादा प्रच्छन्न या कपटपूर्ण बना देती है। दूसरे शब्दों में, नागरिक–समाज की प्रक्रियाओं के साथ जुड़ने पर, यह दलित आंदोलन को सभ्य और 'नागरिक गुणों' का पालन करने के रूप में मान्यता देता है और इस तरह इसका सशक्तीकरण करता है, परंतु इसकी विशिष्टतावादी विशेषताओं को सामने लाकर और इन्हें इसके साथ जोड़कर यह सम्मान व मान्यता के इसके वैध दावों को छीन लेता है और इस प्रकार इसकी शक्ति कम करता है। उदाहरण के लिए, संवैधानिक–लोकतांत्रिक राज्य दलितों द्वारा किए जाने वाले 'विशेष' दावों की वैधता को मानता है और भेदभाव से बचाने वाली या आरक्षण संबंधी (जैसा कि इन्हें भारत में इनके अलग संस्करण के रूप में जाना जाता है) नीतियों को लागू करता है ताकि कानूनी रूप से बनाई गई 'अनुसूचित जातियों' को नए अवसर प्रदान किए जाएं; परंतु, यही नीतियां दलितों को 'निरंतर सहनशील' बनाती हैं, 'बराबरी के बजाय दान पर पलने वालों' के रूप में वस्तुकृत या पेश करती हैं, चेहराविहीन 'सांख्यिकीय निकाय' बनाते हैं और तिरस्कार की स्थिति में ले जाकर छोड़ देती हैं। दलित आंदोलन ने नागरिक–समाज के जातीय व मूल कार्यअभ्यासों में (कानून, राजकीय नीतियां और नागरिकता की परियोजना) और इनके जरिए उपलब्ध हितों को प्राप्त करने के लिए रणनीतियों की एक श्रृंखला तैयार की, और इसके बावजूद ठीक इन्हीं लाभों को प्राप्त करने के कारण संचित तिरस्कार का अनुभव करने वाली विशिष्टतावादी पहचान को पहुंचे नुकसान की भरपाई करने के लिए इनसे बाहर निकलने की जरूरत को पहचाना–*इस तरह सार्वभौमिक व विशिष्ट के बीच एक अनूठे द्वंद्वात्मक संबंध को चिह्नित*

किया। इस प्रकार, दलित आंदोलन का पहला चरण (मानवाधिकार आंदोलन के उलट), नागरिक–समाज की राजनीति व विमर्श के प्रति एक तनाव के साथ आरंभ हुआ (यह न तो समायोजित होने में समर्थ था, न समायोजित हो पाया और न ही इसे खारिज कर पाया), और इसने 'सशक्तीकरण–अशक्तीकरण के द्वंद्व' के साथ समझौता करने के लिए अपना एक पैर इससे बाहर बनाए रखा और यह द्वंद्व कमजोर पड़ रहा था और इसका प्रतिनिधित्व नागरिक दायरे में शक्ति के संरचित होने के तरीके में था।

नब्बे के दशक की शुरुआत में दलित आंदोलन के दूसरे चरण में, नागरिक–समाज के साथ इस अंतर्निहित तनाव से समझौता करने में, दलित संघर्ष ने सार्वभौमिक–विशिष्ट के अनूठे द्वंद्व से किनारा कर लिया और लगातार विशिष्टतावाद का उत्सव मनाने की ओर बढ़ने लगा (जिसमें पहचानें अपने अंतर्मुखी और अपने दायरे में बंद थीं) और नागरिक–समाज में बहुलतावाद के आदर्श को मिले विशेषाधिकार ने विशिष्टतावाद को और अधिक मजबूती प्रदान की। दूसरे चरण के बारीक अध्ययन से, हमें नागरिक–समाज में बहुलतावाद की सुस्पष्ट विशेषताका अहसास होता है, जो अंतर्मुखी पहचानों की आलोचना पेश करते हुए, असल में राजनीतिक संघर्षों को किनारे धकेलते हैं ताकि वे ठीक ऐसी ही पहचानें उत्पन्न करें। दूसरे शब्दों में, यह विडम्बनापूर्ण है कि एक तरफ नागरिक–समाज आरोपित पहचानों से घृणा करता है, तो वहीं 'अंतर की राजनीति' व 'पहचान की राजनीति' का उत्सव मनाते हुए यह बहुलतावाद व विविधता के नाम पर अस्मितावादी राजनीति को विशेषाधिकार प्रदान करता है, और इससे नागरिक–समाज से जुड़े कुछ खास बुनियादी पहलुओं का खुलासा होता है। जैसा कि ई.एम. वुड कहते हैं, 'हीगेल द्वारा "नागरिक" की पहचान "बुर्जुआ" के साथ करना जर्मन भाषा के चमत्कार से कहीं ज्यादा है' (वुड 1995: 240)। 'बुर्जुआ समाज' दरअसल एक ऐसी आधुनिक अर्थव्यवस्था को मानता है जो संचय के 'आर्थिकेतर' तरीकों पर निर्भर नहीं है बल्कि शुद्धतः आर्थिक तरीकों (उजरती श्रम) पर निर्भर है। आर्थिक का राजनीतिक व सांस्कृतिक से यही 'अलगाव' उस 'स्वायत्त' सामाजिक व नागरिक दायरे को उत्पन्न होने की अनुमति देता है जिसमें यह उम्मीद की जाती है कि गतिविधियों का आर्थिक प्रक्रियाओं पर सीधा प्रभाव नहीं पड़ेगा। इसीलिए, नागरिक–समाज संघर्ष के उन रूपों को व्यक्त, स्वीकार, संशोधित करता है, उन्हें वरीयता व विशेषाधिकार देता है जिनकी जड़ेंइस तथाकथित 'अलगाव' में धंसी हैं और जो इस 'अलगाव' को कायम रखते हैं।[3] परंतु, अर्थव्यवस्था व राजनीति के बीच यह *अलगाव का क्षण* ही ऐसे *सम्मिलन का क्षण* (शक्ति संबंधों को इनके अनगिनत रूपों में दोहराने में) भी होता है जब राजनीतिक पहचानों को आत्मसमर्थ सांस्कृतिक पहचानों (जो विशिष्ट व सार्वभौमिक के बीच अपने अनूठे द्वंद्व को समाप्त कर लेती हैं) के रूप में उभरने के लिए अनुशासित किया जाता है।

दलित संघर्ष ने पहले चरण में जो गौरव व आत्मसम्मान अर्जित किया था उसे प्रच्छन्न तरीकों से छीन लिए जाने के कारण आंदोलन ने हताशा व घुटन महसूस की जिसकी वजह से मान्यता प्राप्त करने के लिए अस्मितावादी राजनीति में हिमस्खलन के समान जबर्दस्त बढ़ोत्तरी हुई और मान्यता को ऐसे ढंग से फ्रेम किया गया कि इसने आर्थिक पुनर्वितरण से जुड़े मुद्दों सहित अन्य सभी मुद्दों से संबंधित मांगों को जोड़ने की संभावना को बेहद कमजोर बना दिया। 'अस्मितावादी' तरीके में यही वह बदलाव या संकुचन है जिसने दलित आंदोलन को नागरिक–समाज के अंदर (इसके बहुलतावाद के विमर्श के जरिए) फिर से नई स्वीकार्यता प्रदान की और उस तनाव से मुक्त होने का मौका दिया जो इसने पूर्ववर्ती चरण में महसूस किया था। ऐसे चरण के दौरान दलित आंदोलन का प्रतिनिधित्व इसकी अपनी

संस्कृति के मूल्यवर्द्धन व अनिवार्यता की प्रक्रियाओं द्वारा किया जाता है और इस प्रक्रिया में यह स्व–पृथक्कृत पहचान उत्पन्न करते हैं। यह बदलाव अनूठे सार्वभौमिक–विशिष्ट द्वंद्व से एक तरह की वापसी को प्रकट करता है जहां विशिष्टतावाद विशिष्टता को प्रतिस्थापित करता है, 'जिये हुए अनुभव' की अपवर्जनकारी व स्व–पृथक्करण की भाषा का मार्ग चुनकर स्वयं का घेट्टोकरण करता है – यानी, सिर्फ दलित ही दलित की ओर से बोल सकता है और यह कोई साझा पहचान या राजनीति नहीं हो सकती है। व्यापक राजनीतिक एजेंडा (उदाहरण के लिए, पुनर्वितरण के साथ मान्यता की मांगों को जोड़ने के एजेंडा) से पीछे हटकर सिर्फ 'अस्मितावादी' बनने और अपना घेट्टोकरण किए जाने की वजह से, दलित संघर्ष 'दूरी के साथ नस्लवाद' (जैसा किस्लावोज जिजेक बहुसंस्कृतिवाद के विमर्श के जरिए बहुलतावाद को विशेषाधिकार देने के संदर्भ में कहते हैं) के प्रति अतिसंवदेनशील हो गया। 'दूरी के साथ नस्लवाद' का अर्थ है स्थानिक व सामाजिक घेट्टोकरण के जरिए और समुदायों के बीच के अंतरों का नैसर्गिकरण करने के जरिएसमुदायों के बीच दूरी बनाकर नस्लवाद को लागू करना। यह वैसा ही है जैसा कि फॉकाल्ट ने नागरिक–समाज में आधुनिक शक्ति के संदर्भ में गौर किया था जहां स्वायत्तता (इस मामले में पीछे हटने के जरिए अनुभूत और फ्रेम किया गया) का अर्थ और निहितार्थ बढ़ते आत्म–नियंत्रण (सेल्फ–रेग्युलेशन) में व्यक्त होता है। नागरिक–समाज असल में एक 'नए किस्म की सामाजिक शक्ति है जिसमें ऐसे अनेक दमनकारी कार्य होते हैं जो किसी समय राज्य के पास होते थे और जिन्हें अब "निजी" दायरे को दे दिया गया था... सार्वजनिक शक्ति के इस "निजीकरण" ने, एक अर्थ में, ऐतिहासिक रूप से नागरिक–समाज के नए क्षेत्र की रचना की' (पूर्वोक्तः 254)। *स्वायत्तता के रूप मेंअपनी वापसी का* जश्न मनाने वाले दलित संघर्षों का *बहुलतावाद के रूप में दूरी* को विशेषाधिकार प्रदान करने वाले नागरिक–समाज के विमर्श के बीच के आच्छादन ने न सिर्फ इसकी राजनीति को आंतरिक व बाह्य, दोनों तरीके से अनिवार्यता व पृथकता प्रदान की, बल्कि साथ ही पुनर्वितरण के बरअक्स मान्यता की मांगों को द्वि–विभाजित व खंडित किया। इस प्रकार नागरिक–समाज में ढांचागत संतुलन को नहीं छेड़कर दलित राजनीति ने एक नई स्वीकार्यता अर्जित की।

इस समय, जबकि एक तरफ उप–जाति आंदोलन की नई परिघटना में वृद्धि हुई है और दूसरी तरफ नक्सलवादी आंदोलन के साथ नए व निरंतर जारी संवाद के जरिए पूर्ववर्ती राजनीतिक सूत्रीकरणों में (जैसे कि *दलित पैंथर्स)* नक्सलवादी आंदोलन के साथ इसने जो जमीन साझा की थी उसे फिर से वापस पाकर, दलित संघर्षों का समकालीन तीसरा चरण नागरिक–समाज द्वारा आरोपित सीमाओं के परे जाने के प्रयास को रेखांकित करता है। दलित उप–जातियों के बीच टकरावों, उदाहरण के लिए, के संदर्भ में, अपने समकालीन सूत्रीकरणों में, दलित अध्येताओं ने यह तर्क दिया है कि 'दलितों की श्रेणी द्वि–विभाजित रूप से देखी और खड़ी की गई श्रेणियों (जैसे कि "विशेषाधिकार–प्राप्त" और "विशेषाधिकार–रहित" या "अगड़े" और "पिछड़े") का निषेध करती है। यह निषेध खासकर इस बात से प्रभावित है कि ये युग्म या उर्ध्वाधर विरोधी अपने भीतर के क्षैतिज तनावों की अनदेखी करते हैं। इस प्रकार, ये श्रेणियां विशिष्ट सच्चाइयों को अपर्याप्त रूप से पकड़ती हैं और आंतरिक आलोचना की जरूरत को कम करके आंकती हैं' (गुरु 2001: 103)। उत्तर–नागरिक–समाज के दृष्टिकोण का अनिवार्यतः प्रतिनिधित्व करने वाले नए संयोगकारी कार्यअभ्यासों को सूत्रबद्ध करने में (आंतरिक आलोचना को अन्य लोकतांत्रिक संघर्षों, जैसे कि इस मामले में नक्सलवादी आंदोलन, से अंतः–व्यक्तिपरक संचार के साथ

जोड़ना; मान्यता की मांगों और एक नए जाति–वर्ग के दृष्टिकोण के साथ पुनर्वितरण की मांगों के बीच के विभाजन से उबरना, और इसी तरह के अन्य सूत्रीकरणों पर हम विस्तार से चर्चा करेंगे), दलित आंदोलन का इरादा शक्ति के प्रच्छन्न रूपों की अनदेखी करना था। दक्षिणवर्ती राज्य आंध्र प्रदेश में दलितों के विरुद्ध हुए तीन बड़े नरसंहारों (1985 में कारंचेडु में, 1991 में चुंडुरु में और 1998 में वेम्पेंट्टा में) के आख्यान के आधार पर इन प्रक्रियाओं का कुछ विस्तार से विश्लेषण किया गया है।

कारंचेडुः नागरिक–समाज के अंदर या बाहर?

भारत में समकालीन स्वतंत्र दलित आंदोलन की शुरुआत अधीनस्थता के बढ़ते अहसास से हुई जिनमें देश भर में तथाकथित ऊंची जातियों द्वारा किए गए दलितों के अनेक संगठित जनसंहार शामिल हैं। इन सर्वाधिक निर्लज्ज व क्रूर जनसंहारों में से एक, 1985 में तटवर्ती आंध्र प्रदेश के कारंचेडु में हुआ था और दलित प्रतिरोध के उभरने में इसकी भूमिका उल्लेखनीय थी। कारंचेडु नरसंहार की जड़ें इस गांव में विगत चौथाई सदी से अधिक समय के दौरान आए जटिल आर्थिक, राजनीतिक व सांस्कृतिक परिवर्तनों में मौजूद हैं। सन 1970 में तंबाकू की खेती में निपुण कारंचेडु के छोटे कम्मा किसानों ने आंध्र प्रदेश के तेलंगाना क्षेत्र में स्थित करीमनगर जैसे दूर–दराज के जिलों में जाकर बसना और वहां जमीन के बड़े टुकड़ों में तंबाकू की खेती करना शुरू किया, 'जिस समय प्रवासी कम्मा किसानों ने दूसरी जगहों पर तंबाकू व कपास की खेती से जबर्दस्त मुनाफा कमाया उसी समय कारंचेडु के दूसरे किसानों पर भी इसका सकारात्मक असर पड़ा' (आंध्र प्रदेश सिविल लिबर्टीज कमेटी 1985एः 5)। 'अनुसूचित जातियों' ने इस खालीपन को भरा और खेती व लगान को साझा किया। अधिकांश 'अनुसूचित जाति' के परिवार धीरे–धीरे छोटे किसान बन गए। कुछ युवाओं ने शिक्षा और नौकरी भी प्राप्त की।[4]

'अनुसूचित जातियों' की आर्थिक स्थिति में आए इन बदलावों ने गांव में उनकी अत्यधिक अपमानजनक सामाजिक स्थिति (जिसमें अछूत परंपरा, अत्यधिक गुलामी, स्त्रियों का यौन उत्पीड़न और बंधुआ मजदूरी जैसे कार्यअभ्यास शामिल थे) के साथ टकराव पैदा किया। बदली हुई परिस्थिति में, इन सभी भेदभावकारी कार्यअभ्यासों पर सवाल उठने लगे और लोग इन भेदभावों को *महसूस करने लगे।* राजनीतिक रूप से, कारंचेडु में वामपंथी राजनीति का भी इतिहास रहा है जिसने उनकी चेतना में एक निर्णयकारी अंतर पैदा किया।

> 'जमींदारों को करीब–करीब दरकिनार करके, छोटे कम्मा किसानों, काश्तकारों व कृषि मजदूरों ने हरिजनों व दूसरों के साथ मिलकर खुद को कम्युनिस्ट पार्टी से जोड़ लिया। सन 1950 के दशक में, कारंचेडु कम्युनिस्ट पार्टी का एक मजबूत गढ़ था और गांव में आज भी कम्मा बस्ती के एक बड़े हिस्से को आश्चर्यजनक रूप से मास्को कहा जाता है' (पूर्वोक्तः 2)।

बढ़ते टकरावों व तनावों में अभिव्यक्त होने वाले इन सभी 'स्तरों' के बीच के अंतर्विरोध 17 जुलाई 1985 को हुए बर्बर जनसंहार के रूप में फलित हुए। यह घटना देश भर में दलितों द्वारा बढ़ती सांस्कृतिक दावेदारी का और तथाकथित ऊपरी जातियों के नजरिए से बदलती स्थिति के प्रति असहिष्णुता का प्रतिनिधित्व करती थी और इस मामले में कम्मा लोगों ने

इसे व्यक्त किया था। दिनांक 16 जुलाई को एक कम्मा लड़के ने दलितों के पानी के टैंक की सीढ़ियों पर अपनी भैंस को पानी पिलाया, और गंदे पानी को टैंक में वापस जाने दिया जबकि यह टैंक दलितों को पीने के पानी की आपूर्ति करता था। एक लंगड़े दलित युवक और एक दलित स्त्री ने इसका विरोध किया। यही घटना 17 जुलाई की सुबह संगठित जनसंहार में बदल गई जिसमें छह लोग मारे गए और लगभग 25 पुरुषों व स्त्रियों का शरीर व दिमाग इसके बाद ताउम्र अपंग हो गया (पूर्वोक्तः 9)।

इस घटना के तुरंत बाद, गांववाले पास के चिराला कस्बे की ओर दौड़े और वहां कैम्प *(शिविरम)* लगाया। इसी कैम्प में आंध्र प्रदेश के संदर्भ में दलितों से 'विशिष्ट' रूप से जुड़ी मांगों व मुद्दों के इर्द–गिर्द दलित संघर्ष की शुरुआत हुई। शुरुआत में, दलित नेताओं ने ऊपरी जातियों के प्रभुत्व के खिलाफ सांस्कृतिक दावेदारी के मुद्दे पर पूरे राज्य के दलितों को संगठित करना आरंभ किया। एक स्वतंत्र व स्वैच्छिक आंदोलन के लिए इस दृढ़ता ने राजकीय संस्थानों और मुख्यधारा के राजनीतिक दलों, दोनों, से और साथ ही विभिन्न मार्क्सवादी–लेनिनवादी (यहां के बाद से एम.एल.) समूहों के नेतृत्व वाले रैडिकल वामपंथी आंदोलन से भी स्वायत्तता की मांग की। दलित नेताओं ने इस घटना की एम.एल. समूहों द्वारा की गई व्याख्या कि यह 'मजदूरों के खिलाफ जमींदारों का हमला' (यह पीपुल्स वार ग्रुप द्वारा बांटे गए पर्चे का शीर्षक था) को खारिज किया और इसका विरोध किया। इसके स्थान पर उन्होंने यह तर्क दिया कि यह 'कम्मा जमींदारों' द्वारा 'मादीगा कुलियों' पर किया गया हमला था। एम.एल. समूहों से स्वायत्तता की मांग करने के साथ ही, दलित नेताओं ने राजकीय संस्थानों को खारिज किया और यहां तक कि इनमें काम करने वाले दलित नेताओं को (राजनीतिक प्रतिनिधियों और नौकरशाहों, दोनों को) भी खारिज किया। दलित नौकरशाहों को 'दलित डलारीज़' या दलित कम्प्राडोर्स कहा जाता था (इलैया 1995बीः 27)।

एक स्वायत्त व साथ ही स्वैच्छिक संघर्ष के प्रतीकात्मक प्रतिनिधित्व के रूप में, दलित नेताओं ने यह तय किया कि मंच 'सिर्फ दलितों' का ही होगा और सिर्फ वे ही कारंचेडु के मुद्दे पर दूसरों को संबोधित करेंगे। इस बात पर ध्यान देना प्रासंगिक है कि दलित आंदोलन अपने आरोपित आधार की सेवा करने के लिए स्वैच्छिक चारित्रिकता को नहीं अपना रहा था बल्कि यह विरोध की राजनीति के उद्देश्य के लिए अपने आरोपित आधार को सक्रिय कर रहा था। यह तय किया गया था कि तथाकथित ऊपरी जाति के किसी भी व्यक्ति को, चाहे वह कितना भी रैडिकल और दलित उद्देश्य के लिए कितना भी संवेदनशील क्यों न हो, इसकी इजाजत नहीं मिलेगी। 'सिर्फ दलितों' वाली यह मांग उन शुरुआती रूपों में से एक थी जिसके जरिए आंध्र प्रदेश में स्वायत्तता को सूत्रबद्ध किया गया। जितने भी दलित कम्युनिस्ट आंदोलन का हिस्सा थे उन्हें विवादित रूप से 'दलित कम्युनिस्ट' कहा जाने लगा था (पूर्वोक्तः 6)। एक स्वतंत्र दलित 'सामाजिक क्रांति' के मार्गदर्शक सिद्धांत के रूप में अम्बेडकरवाद पैदा हुआ और इस स्वतंत्र दलित 'सामाजिक क्रांति' को बाद में 'नई दलित जनवादी क्रांति' कहा जाने लगा जो 'नई जनवादी क्रांति' के लिए एम.एल. समूहों के एकमात्र वर्ग–आधारित संघर्ष की *निरंतरता व विरोध* दोनों थी। ऐसे वैकल्पिक विवादित सूत्रीकरणों ने एक तरफ आंदोलनों के लिए ऐसी स्थिति उत्पन्न की ताकि वे एक–दूसरे के बरअक्स अपनी अवस्थितियों पर पुनर्विचार करें, और दूसरी तरफ दलित एक्टिविज्म को जान–बूझकर एक स्पष्ट और राजनीतिक चरित्र प्रदान करना था जो महज उन आदिकालीन व आरोपित विशेषताओं से परे हो जो एक नागरिक–समाज में वैध ढंग से मौजूद होने और काम करने की उनकी सामर्थ्य को सीमित करता है। घटना के बाद दो महीने के संघर्ष के

दौरान, दलित नेताओं ने यह तर्क भी दिया कि आंदोलन को 'दलित जैविक बुद्धिजीवियों' की जरूरत है क्योंकि सिर्फ वे ही दलितों की आकांक्षाओं को अवधारणाबद्ध कर सकते हैं और बेहद जरूरी 'सामाजिक नेटवर्क' प्रदान कर सकते हैं (जो अपनी 'ऊंची' जाति के कारण प्रभावशाली लोगों की सामाजिक पूंजी का मुकाबला करने के लिए जरूरी है) जो नागरिक–समाज के अंदर स्पेस पाने के लिए अनिवार्य है।

इसके ठीक बाद ही कारंचेडु को छोड़कर गए दलितों के पुनर्वास के लिए और दोषियों को दंडित करने के लिए संघर्ष शुरू हो गया। पंद्रह अगस्त को काला दिवस मनाया गया और इसके बाद धरना और अनिश्चितकालीन भूख हड़ताल का सिलसिला शुरू हो गया। परंतु, इनमें से कोई भी कदम अग्रसक्रिय ढंग से कदम उठाने के लिए सरकार पर दबाव नहीं डाल सका। सितंबर 1, 1985 को, अंततः एक सार्वजनिक सभा आयोजित की गई जिसमें 'चलो चिराला' नारे के तहत पूरे राज्य भर से दलित जमा हुए। पी.डब्ल्यु.जी. की सांस्कृतिक शाखा *जन नाट्य मंडली* ने सक्रिय भागीदारी की और इसके मुख्य गायक गदर (जो स्वयं भी दलित थे) ने सभा का शुभारंभ किया (रतनम 1998: 111)। इसने दो बातों को रेखांकित किया, पहला, पी.डब्ल्यु.जी. जैसे एम.एल. समूहों के साथ निकटता जिसकी एक स्वतंत्र दलित आंदोलन चाह रखता है और दूसरा, स्वायत्तता कायम रखने का दृढ़ संकल्प जिसके लिए यह दलित नेताओं, लेखकों, गायकों को पेश करता है और दलितों की निम्न जातीय स्थिति से उत्पन्न होने वाली समस्याओं से संबंधित विमर्श की अवधारणा पेश करता है।

इस ऐतिहासिक बैठक के अंत में, राजकीय स्तर के एक स्वायत्त दलित संगठन (दलित महासभा या डी.एम.एस.) की औपचारिक घोषणा की गई। दो अग्रणी दलित नेताओं को सर्वसम्मति से इसका पदाधिकारी चुना गया। एक बार फिर, प्रतिनिधि चुनने के लोकप्रिय मॉडल से इतर, नेताओं का चुनाव एक नागरिक–समाज की प्रक्रियाओं से मिलता–जुलता था और सिर्फ दलितों की आकांक्षाओं को उठाने व इन्हें सूत्रबद्ध करने की इन व्यक्तियों की क्षमता पर आधारित था और राजनीतिक नेताओं के रूप में इनके प्रभाव, संपत्ति, बाहुबल या वंशानुगतता के सिद्धांत पर आधारित नहीं था। बाद में, फरवरी 1986 में, डी.एम.एस. ने तेनाली में अपने पहले राज्य–स्तरीय सम्मेलन का आयोजन किया और अपना घोषणापत्र जारी किया। इसने सामान्यतः समाज के विभिन्न हिस्सों में और खासकर एम.एल. समूहों में अपने प्रति दिलचस्पी जागृत की क्योंकि एक स्वायत्त दलित आंदोलन के विचार को सूत्रबद्ध करने और इसकी अवधारणा पेश करने का यह पहला प्रयास था।

यह घोषणापत्र राज्य में मार्क्सवादी संघर्षों के इर्द–गिर्द निर्मित चेतना से समझौता करने, उसे शामिल करने और विस्तारित करने का ही एक प्रयास था। घोषणापत्र में दलितों को भेदभाव व उत्पीड़न के किन्हीं विशेष रूपों के अधीन रही किन्हीं खास जातियों या सामाजिक समूहों के रूप में परिभाषित नहीं किया गया था। इसके बजाय, विभिन्न धर्मों, जातियों व वर्गों से संबंधित उन सभी लोगों को दलित कहा गया था जो विभिन्न प्रकार के आर्थिक, सामाजिक व सांस्कृतिक भेदभावों के अधीन रहे थे (एक अर्थ में, इसे मार्क्सवादी विचार से अपनाया गया था परंतु एक 'सार्वभौमिक विषय' के 'निर्माण' पर जोर डाला गया था)। दरअसल इसने बहुत विशिष्ट रूप से यह घोषणा की कि छुआछूत प्रथा के जरिए सामाजिक रूप से भेदभाव का शिकार होने वाले लोग दलित नामक इस व्यापक पहचान का केवल एक अंश थे। इस प्रकार, इसने *विशिष्ट व सार्वभौमिक के बीच एक अनूठे द्वंद्व* की बात उठाई जहां 'विशिष्टता या अंतर का मूल्य था परंतु इसका निरपेक्षीकरण करने वाले विशिष्टतावाद का नहीं। सार्वभौम को स्वीकार किया गया परंतु सार्वभौमिकता को नहीं,

कम से कम उस किस्म की सार्वभौमिकता को नहीं जो स्वयं को विशिष्ट के विरुद्ध रखती है और उससे घृणा करती है' (पारेख 2008: 3)।[5]

डी.एम.एस. के एजेंडा में तथाकथित ऊपरी जाति सहित सभी जातियों के गरीब किसानों के बीच संघर्ष करना और उनमें मौजूद इस 'वर्चस्वकारी एकता' को मूर्त रूप देना शामिल था। परिवर्तन की इस स्वायत्त रणनीति को मुख्यतः बुद्ध, फूले और अम्बेडकर द्वारा परिकल्पित सिद्धांतों व सांगठनिक कार्य के अंग के तौर पर देखा–समझा गया था। डी.एम.एस. का मानना था कि ऐतिहासिक रूप से कांग्रेस पार्टी ने फायदों के छोटे–छोटे टुकड़े ही पेश किए और कभी भी परिवर्तन की अधिक बुनियादी मांगें लागू नहीं कीं जिनमें भूमि सुधार व न्यूनतम श्रम को लागू करके आर्थिक बदलाव लाना संभव था। दूसरी तरफ, कम्युनिस्ट पार्टियां 'आर्थिक नियतिवाद' का शिकार थीं और उन्होंने सामाजिक भेदभावों के अनेक रूपों की अनदेखी की। इसलिए एक स्वतंत्र दलित आंदोलन 'सामाजिक क्रांति' और साथ ही 'सांस्कृतिक क्रांति' का लक्ष्य पेश कर रहा था जिसमें जमीन और पूंजी का सामाजीकरण करना शामिल था (ए.पी.डी.एम. 1985: 6)।

परंतु, डी.एम.एस. राजनीतिक शक्ति के बारे में अस्पष्ट था। इसने घोषणा की कि 'राजनीतिक प्रलोभनों' से दूर रहने के लिए यह उन लोगों को शामिल नहीं करेगा जो पहले किसी राजनीतिक दल के सदस्य रहे थे (पूर्वोक्तः 13)। दूसरे शब्दों में, यह तृणमूल स्तर पर एक पारंपरिक नागरिक–समाज संगठन के रूप में बना रहना चाहता था जिसका राजनीतिक शक्ति पर काबिज होने का कोई एजेंडा नहीं था और यह भूमि, शिक्षा, पानी, पुस्तकालय सुविधाओं व सूचना के अधिकार जैसी महत्वपूर्ण मांगों के जरिए सामाजिक भेदभावों को समाप्त करने में योगदान करना चाहता था। डी.एम.एस. ने जमीन को न सिर्फ अपने संघर्ष का केंद्र बिंदु बनाया बल्कि संसदीय राजनीति से दूरी भी बनाए रखी ताकि यह एम.एल. पार्टियों के साथ संयुक्त गतिविधियां कर सके। अपनी मांगों को अर्जित करने के लिए इसने मिलिटेंट–सशस्त्र संगठनों से समर्थन पाने की जरूरत को स्वीकार किया।

एक अर्थ में, डी.एम.एस. द्वारा सन 1970 के दशक के दलित पैंथर्स से अंशतः मिलता–जुलता कार्यक्रम बनाए जाने के रूप में इतिहास स्वयं को दोहरा रहा था और वर्ग संघर्ष चला रहे 'सच्चे रैडिकल वाम' या क्रांतिकारी संगठनइसके तात्कालिक मित्र बन गए। परंतु, इनका संघर्ष सिर्फ मौजूदा वर्ग व्यवस्था के विरुद्ध नहीं था बल्कि इनके शब्दों में यह 'हिंदू सामंती व्यवस्था' के विरुद्ध था (दलिथ पैंथ्रेला घोषणापत्र 1996: 15)। दलित पैंथर्स ने बहुत स्पष्ट रूप से यह कहा कि सामान्य व व्यापक सामाजिक व आर्थिक सरोकारों से रहित सभी संघर्ष जाति पर आधारित हैं ओर 'जातिवादी संघर्ष' हैं। इसलिए उनका मानना था कि दलितों की मुक्ति के लिए 'संपूर्ण क्रांति' की आवश्यकता थी जिसमें समाजवाद के लिए लड़ना शामिल था न कि 'छद्म–राष्ट्रीयकरण' के लिए और इसीलिए कानूनी याचिकाएं, छूट या राहत की मांगें और चुनावी तौर–तरीकों को उतना ही बेकार माना गया था (पूर्वोक्तः 20) जितना कि दलित नामक श्रेणी या विचार किसे प्रस्तुत करता है उसकी एक स्व–पृथक्कृत समझ का सहारा लेना।

परंतु, दलित पैंथर्स के उलट, डी.एम.एस. ने अधिकांश मामलों में मिलिटेंट संघर्षों के साथ मिलकर तथाकथित ऊपरी जाति के दोषियों के खिलाफ कानूनी लड़ाइयां लड़ीं। उदाहरण के लिए, कारंचेडु नरसंहार में इसने नरसंहार के मुख्य दोषी (चेंचु रमैया) के खिलाफ मामले दर्ज किए। डी.एम.एस. के दबाव में सरकार ने एक न्यायिक जांच भी गठित की, परंतु इस जांच समिति ने घोषणा की कि 'इसे नरसंहार के पीछे कोई स्पष्ट कारण नहीं मिल सका,

इसलिए यह अनिर्णायक है' (रतनम 1998: 117)। जिस समय कानूनी मामला अनिर्णायक स्थिति में खिंच रहा था, तभी 6 अप्रैल, 1989 को पी.डब्ल्यु.जी. के एक गुरिल्ला दल ने मुख्य अभियुक्त का भौतिक सफाया कर दिया। पी.डब्ल्यु.जी. ने डी.एम.एस. की निंदा भी की कि इसने अपने शुरुआती क्रांतिकारी व आंदोलनकारी संघर्ष का त्याग करके कानूनी संघर्ष की शरण ली। परंतु दलित नेताओं ने तर्क दिया कि हालांकि पी.डब्ल्यु.जी. के इस कार्य की दलितों के बीच बहुत प्रशंसा हुई, परंतु जब तक दलितों का कानूनी व संवैधानिक जरियों पर भरोसा है और जब तक यह उनका सशक्तीकरण करता है, तब तक इसका अनुपालन करना महत्वपूर्ण है। डी.एम.एस. के संघर्ष की द्वंद्वात्मक पद्धति यह थी कि यह कानूनों, न्यायपालिका, पुलिस व संपूर्ण राजकीय तंत्र का इस्तेमाल भी करता था और ये जिस जातिवादी पक्षधरता से ग्रसित थे उनका यह भंडाफोड़ भी करता था। दलित आंदोलन ने मिलिटेंट संघर्ष की जरूरत से इंकार किए बिना संघर्ष के अन्य रूपों को भी अपनाया। दलित नेताओं का मानना था कि दलितों के खास किस्म के उत्पीड़न ने विभिन्न मोर्चों पर संघर्ष चलाए जाने को जरूरी बना दिया है। राजकीय संस्थानों पर निर्भरता को स्वीकार करने के इस संदर्भ में, डी.एम.एस. के कुछ दलित नेताओं ने मत–भिन्नता के साथ यह तर्क देना शुरू किया कि 'दलितों के लिए राजनीतिक शक्ति' और राज्य का सक्रिय हस्तक्षेप दरअसल एक स्वतंत्र दलित आंदोलन के लिए न सिर्फ अनिवार्य था बल्कि यह अम्बेडकर की राजनीतिक दृष्टि का एक अभिन्न अंग भी था। जैसा कि कुछ दलित अध्येताओं ने कहा, 'अम्बेडकर ने भारतीय दलितों की नागरिकता को पुनःस्थापित करने के लिए राज्य पर अपना विश्वास और भरोसा जताया था। उन्होंने राज्य के हस्तक्षेप की पुरजोर वकालत की थी क्योंकि उन्हें हिंदू सार्वजनिक दायरे पर भरोसा नहीं था और वह इसके प्रति बहुत सशंकित थे' (गुरु 2005: 263)।

इस बहु–आयामी रणनीति में एक तरफ चुनावी राजनीति से और 'राजनीतिक शक्ति पर काबिज होने' के विचार से दूरी बनाना था और मिलिटेंट वाम दलों से निकटता बनाए रखना था, तो वहीं दूसरी तरफ राजकीय संस्थानों के अंदर उपलब्ध कानूनी व अन्य जरियों से समझौता करना और राज्य द्वारा हस्तक्षेप किए जाने के विचार व दूसरों पर राजनीति शक्ति का इस्तेमाल करने का रास्ता खुला रखना था और कई बार इस पर जोर भी होता था। विशिष्ट और सार्वभौमिक के बीच एक अनूठे द्वंद्व के अतिरिक्त, इस बहु–आयामी रणनीति ने असमान संबंध के एक जटिल ताने–बाने को प्रस्तुत किया जिसे दलित संघर्ष नागरिक–समाज *के अंदर* और *इसके साथ* निर्मित कर रहे थे। उनके लिए यह चुनाव करना आसान नहीं था कि वेसिर्फ एक संवैधानिक–लोकतांत्रिक राज्य के साथ सामंजस्यता रखकर काम करने वाले नागरिक–समाज को चुनें या फिरराज्य के राजनीतिक ढांचे के विचार के विरोध में खड़े राजनीतिक आंदोलनों के द्वारा प्रतिनिधित्व किए जाने वाले नागरिक समाज को चुनें। मानवाधिकार आंदोलन ने 'नागरिक अधिकारों' वाले अपने शुरुआती चरण के दौरान एक संस्करण के साथ और 'लोकतांत्रिक अधिकारों' वाले अपने परवर्ती चरण में दूसरे संस्करण के साथ काम किया, परंतु इसके विपरीत, दलित आंदोलन वास्तव में नागरिक–समाज को 'मध्यस्थताकारी स्पेस' के रूप में पुनर्व्याख्यायित कर रहा था (जयराम 2005); उनके द्वारा दावे करते समय और नागरिक–समाज में घुसपैठ करते समय भी, उनका एक पैर बाहर था ताकि वे नागरिक–समाज के संस्थानों की वैचारिक (जाति) पक्षधरता द्वारा लगाई गई सीमाओं का प्रतिरोध कर सकें और साथ ही 'हिंदू सार्वजनिक दायरे' से अखंड रूप से जुड़े शक्ति संबंधों की पहचान कर सकें जो नागरिक–समाज को शुद्ध 'स्वतंत्रता के क्षेत्र' के

रूमानी रूप में देखने से बचाता है। मानवाधिकार आंदोलन के तीसरे चरण के (मानवाधिकार वाले) नजरिए से कुछ सादृश्यता रखते हुए, दलित आंदोलन ने भी लोकतांत्रिक संस्थानों व रैडिकल प्रतिरोध की राजनीति के बीच के इंटरफेस के जरिए जटिल गतिकी का अध्ययन करके लोकतंत्रीकरण की संभावना की पड़ताल करने का प्रयास किया।

नागरिक–समाज से संबंधित और इसके अंदर स्थित कार्यअभ्यासों व संस्थानों के साथ तनाव व इनकी उभरती आलोचना की इसी पृष्ठभूमि में, डी.एम.एस. ने अप्रैल 1989 में आधिकारिक रूप से 'नलुपु' (काला) नामक अपनी पत्रिका आरंभ की। इसका उद्देश्य और ध्यान स्पष्ट रूप से दलित आंदोलन के लिए एक व्यापक रणनीति विकसित करने की जरूरत को रेखांकित करता था और यह नागरिक समाज के *अंदर काम करने* और साथ ही *इसके साथ तनाव* रहने की जरूरत के प्रति सचेत थी। डी.एम.एस. के अध्यक्ष ही 'नलुपु' के संपादक थे। परंतु, यह गौर करना दिलचस्प है कि संपादकीय परिषद में दलित लेखकों के साथ तथाकथित ऊपरी जाति के अग्रणी नागरिक अधिकार कार्यकर्ता, अकादमिशियन और पत्रकार शामिल थे। पत्रिका में जिस तरह के ढांचे और मुद्दों को ध्यान में रखा जाता था वे भी जाति के आधार पर होने वाले भेदभावों को रेखांकित करने के अलावे उस 'व्यापक लक्ष्य' को दर्शाते थेजिनके लिए आंध्र प्रदेश में दलित आंदोलन खड़ा हुआ था। एक अर्थ में, इसकी दिलचस्पी प्रभुत्व व अपवर्जन के इन अन्य तरीकों और जाति व्यवस्था के बीच के संभावित संबंधों को समझने में थी। इसने शराबबंदी आंदोलन जैसे राजनीतिक आंदोलनों पर और आवास समस्या, चिकित्सकीय क्षेत्र में 'ब्रेन ड्रेन' (योग्य चिकित्सकों का विदेशों को पलायन) के लिए जिम्मेदार स्वास्थ्य संबंधी नीतियों, शिक्षा के निजीकरण और इसके प्रभाव, कश्मीर संघर्ष व अन्य अंतर्राष्ट्रीय मुद्दों पर विस्तृत चर्चाएं चलाई। इनमें से अधिकांश मुद्दों के विश्लेषण में वाम राजनीति की वैचारिक निकटता का प्रभाव था, और इसीलिए ये पी.डब्ल्यु. जी. जैसी एम.एल. पार्टियों के साथ एकजुटता बनाने की जरूरत और संभावना को गहनता से प्रतिबिंबित करते थे और इसके बावजूद मौजूदा सामाजिक–कानूनी व्यवस्था द्वारा पेश किए जाने वाले लाभों जैसे कि भेदभाव–विरोधी उपायों से संबंधित नीतियों के लिए लड़ते थे।

इस संदर्भ में, इसने अपने संपादकीय लेखों के जरिए बार–बार यह तर्क दिया कि एम.एल. आंदोलन ढेरों आदिवासियों व दलितों के जीवन को प्रभावित करने वाली मांगों के लिए एक राजनीतिक संघर्ष था। इसने यह तर्क भी दिया कि नक्सलवादी समूहों द्वारा की गई हिंसा राज्य द्वारा जारी हिंसा के जवाब में सिर्फ 'प्रति–हिंसा' थी, और इसलिए इसमें 'अ–नागरिक' जैसा कुछ भी नहीं था। नलुपु ने पी.डब्ल्यु.जी. पर लगाए गए प्रतिबंध और उनकी 'झूठे मुठभेड़ों में की गई हत्याओं' के खिलाफ विरोध किया और इस दौरान जमीन के मुद्दे पर और आंध्र प्रदेश के दूरस्थ गांवों में जमीन के लिए हो रहे मिलिटेंट संघर्षों पर अपना ध्यान केंद्रित किया और कहा कि समाज में परिवर्तन लाने के लिए क्रांति एक प्रशंसनीय तरीका था (नलुपु 1991)। साथ ही, इसने उपलब्ध कानूनी व संवैधानिक उपायों का इस्तेमाल करने के महत्व पर भी जोर दिया। 'नलुपु' ने विभिन्न राजकीय संस्थानों पर लेखों की एक श्रृंखला प्रकाशित की। उदाहरण के लिए, इसने लगातार यह तर्क दिया कि पंचायत राज संस्थानों (पी.आर.आई.) का इस्तेमाल कमजोर सामाजिक समूहों के सशक्तीकरण के लिए किया जाना चाहिए और साथ ही भूमि सुधार लाने के लिए विभिन्न कानूनी प्रावधानों का भी इस्तेमाल किया जाना चाहिए (नलुपु 1991)।[6]

साथ ही, 'नलुपु' ने कुछ एम.एल. समूहों में मौजूद जातिगत भेदभाव को भी सामने रखा। उदाहरण के लिए, इसने 7 मार्च, 1993 की एक घटना का विस्तृत कवरेज किया

जिसमें सी.पी.आई. (एम.एल.) प्रजा पंथ के कार्यकर्ताओं ने डॉ. अम्बेडकर युवजन संघम के साथ अपने सांगठनिक मतभेदों के कारण एक दलित लड़के पर हमला करके उसकी हत्या कर दी। उन्होंने एम.एल. समूहों में 'सांप्रदायिक प्रवृत्तियों' की आलोचना की और साथ ही इन एम.एल. समूहों ने जिस सामाजिक शक्ति को आरोपित किया और अपने यहां दोहराया उसकी आलोचना की और इन प्रवृत्तियों नेकिसी भी अर्थपूर्ण संवाद व गठबंधन को राजनीतिक रूप से समस्यामूलक बना दिया। पुनः, ऐसे जटिल विमर्श (एक तरफ, राजकीय संस्थानों व कानूनी कार्यप्रणाली की आलोचना करना और इनका इस्तेमाल करना, और दूसरी तरफ, एम.एल. संगठनों की आलोचना करना और उनके साथ ताल–मेल बनाकर काम करना) का कारण लाभों को (राज्य द्वारा निर्मित 'अनुसूचित जातियां' जैसी श्रेणियों के जरिए कानूनी सुधार, भेदभाव से बचाने वाली नीतियां और इसी प्रकार के अन्य लाभ) प्राप्त करने की जरूरत और जाति से इतर संघर्षों के साथ संरेखित होने की जरूरत के बीच के तनाव में तलाशा जा सकता है। जाति से इतर संघर्षों के साथ संरेखित होने की जरूरत दो बातों के लिए थी– पहली, जाति–संबंधी उत्पीड़न से मुक्ति के लिए इन संघर्षों के निहितार्थों की पड़ताल करने के लिए, और दूसरी, राज्य द्वारा निर्मित श्रेणियों के जरिए 'विशेष' लाभ प्राप्त करने में निहित वस्तुकरण और कलंक का मुकाबला करने के लिए। जैसे ही उन्हें यह समझ आया कि ये लाभ नई व्यक्तिपरकताएं निर्मित करने के लिए एक आवश्यक स्थिति का अंग हो सकते हैं, वैसे ही उन्हें यह महसूस हुआ कि महज कानूनी आवश्यकताओं या राज्य द्वारा निर्मित श्रेणियों से आगे जाने के लिए भी राजनीति की जरूरत है। दूसरे शब्दों में, दलित आंदोलन नागरिक–समाज में उपलब्ध कार्यअभ्यासों, विचारों व संस्थानों को पुनर्व्याख्यायित करने का प्रयास कर रहा था और इसके लिए वह न सिर्फ लोकतांत्रिक–संवैधानिक राज्य से संबंधित नागरिक–समाज और रैडिकल राजनीतिक आंदोलनों द्वारा प्रस्तुत नागरिक–समाज के विभिन्न संस्करणों को जोड़ने का प्रयास कर रहा था, बल्कि नागरिक–समाज की आंतरिक शक्ति की गतिकी के प्रति भी बहुत अधिक सेचत हो रहा था। इसलिए दलित आंदोलन नागरिक–समाज के अंदर और बाहर, दोनों जगह था।

'नलुपु' के लेखों ने जाति–वर्ग की जटिलताओं को रेखांकित करने में नागरिक–समाज में मौजूद शक्ति की गतिकी के साथ व्यवहार करने के प्रति भी गहरी जागरूकता प्रदर्शित की। उदाहरण के लिए, इसने अन्य पिछड़ी जातियों द्वारा दलितों पर किए गए हमले की घटनाओं पर रिपोर्ट दी जिसने *बहुजनों* की व्यापक एकता के मुद्दे के इर्द–गिर्द उभरती 'आंतरिक' गतिकी को संबोधित करके नई व्यक्तिपरकताएं निर्मित करके दलित आंदोलन की सीमाओं को विस्तारित करने में नई चुनौतियां पेश कीं। यह अम्बेडकर की इस व्याख्या से सहमत था कि जाति ही आधार और अधिरचना, दोनों है (पूर्वोक्त)। नागरिक–समाज में पदसोपानक्रम और इनसे संबंधित शक्ति राजनीतिक, सांस्कृतिक व आर्थिक आयामों के इर्द–गिर्द संरचित थी। अपने कुछेक कार्यअभ्यासों के जरिए परिवर्तन की अनुमति देते समय, नागरिक–समाज भी असमानताओं को निर्मित करने व इन्हें जारी रखने का एक क्षेत्र ही था। इसलिए, जाति से मुकाबला संघर्ष के अन्य रूपों (जो फिर से पदसोपानक्रमों और इनसे संबंधित शक्ति को खुद ही दोहराते हैं) के साथ मिलकर ही किया जा सकता है और जाति से मुकाबला करने के लिए निरंतर अंतः–व्यक्तिपरक संवाद चलाना जरूरी है और इसके लिए एक तरफ, शक्ति के विविध आयामों को आपस में जोड़ने वाला एक एजेंडा तय करना और दूसरी तरफ, नागरिक–समाज के अंदर, बाहर और इसके खिलाफ विभिन्न तौर–तरीकों का इस्तेमाल करना जरूरी है। इस चरण में दलित आंदोलन, पुनर्वितरण के

लिए प्रतिनिधित्व के अन्य राजनीतिक एजेंडा के लिए संघर्ष के विषय–क्षेत्र को संकुचित किए बिना, पहचान हेतु मांगें उठाने की संभावनाओं पर विचार करने के नए तरीकों के लिए तर्क पेश करने के बजाय और अपनी राजनीति को 'अस्मिता की राजनीति' का जश्न मनाने तक ही सीमित रखने की सीमाओं के प्रति अत्यधिक सचेत था। इसकी रूपरेखा निश्चित तौर पर महज बहुलता व भिन्नता के आदर्शों से आगे गई जो विभिन्न मनुष्यों को आपस में जोड़ती थी:

> विभिन्न मनुष्य, अपनी भिन्नताओं को दमित किए बिना और अपनी विशेष आवश्यकताओं से इंकार किए बिना, स्वतंत्र और समान हैं। परंतु, जिस क्षण हम वर्गीय अंतरों को इसकी लोकतांत्रिक कल्पना के अंदर देखने का प्रयास करते हैं, उस समय "अस्मिता की राजनीति" अपनी सैद्धांतिक व राजनीतिक, दोनों ही किस्म की, सीमाओं को उजागर करती है। क्या शोषण और पराधीनता के बिनावर्गीय अंतरों की कल्पना करना संभव है? (वुड 1995: 258)

डी.एम.एस. के नेतृत्व के तहत दलित संघर्ष को परिभाषित करने वाली रूपरेखा ही जाति और वर्ग के बीच की अविभाज्य कड़ी थी।

डी.एम.एस. के नेतृत्व के तहत दलित आंदोलन ने और 'नलुपु' के जरिए इसके वैचारिक प्रोपैगेंडा ने निम्न को प्रस्तावित करने में नागरिक–समाज की राजनीति के साथ अपने अंतर्निहित तनाव के समग्र सूत्रीकरण के लिए शर्तें प्रदान कीः (क) मिलिटेंट व कानूनी तरीके, दोनों का इस्तेमाल करने की जरूरत; (ख) जाति–वर्ग के आयामों के इर्द–गिर्द दलितों की एक व्यापक पहचान को सूत्रबद्ध करना; (ग) नवोन्मेषी संयोगकारी विवादास्पद सूत्रीकरणों के लिए अम्बेडकरवाद और मार्क्सवाद के बीच वैचारिक एकता को रेखांकित करना; (घ) सामाजिक, सांस्कृतिक व आर्थिक मुद्दों के इर्द–गिर्द रैडिकल वाम के संघर्षों के साथ निकटता की आवश्यकता को साकार रूप देना। हालांकि 'नलुपु' का प्रकाशन चार वर्ष (1989–93) के संक्षिप्त कालखंड तक ही हुआ, परंतु जब यह बंद हुआ तब 'प्रत्येक शिक्षित दलित और संपूर्ण दलित समुदाय को यह महसूस हुआ कि उनका सक्षम नेता कहीं खो गया है' (इलैया 1995बी: 38)। दरअसल, नलुपु के अधिकांश अंकों में बार–बार यह प्रचारित किया गया कि यह महज एक पत्रिका नहीं है (उन पत्रिकाओं की तरह नहीं है जो नागरिक–समाज में स्व–पृथक्कृत पाठकों तक उपलब्ध होती है और महज राय बनाने वाले पाठकों के लिए प्रकाशित की जाती है) बल्कि इसका लक्ष्य राजनीतिक उपाय निर्मित करना था और इसलिए यह स्वयं में एक 'आंदोलन' था।[7] जैसा कि मेलुची कहते हैं, यह 'संदेशों के जरिए आंदोलनों' के समान थी, परंतु मेलुची के इस कथन से आवश्यकीय रूप से सादृश्यता नहीं रखती थी कि इसे 'ढांचागत विवादों की मौजूदगी' को कम करने वाला होना चाहिए (मेलुची 1989: 39)।

परंतु, यह प्रश्न करना प्रासंगिक होगा कि क्या नक्सलवादी आंदोलन इस स्थिति में था कि वह दलित आंदोलन द्वारा शुरू किए गए विवादित व रणीनतिक आयामों, परिवर्तनकारी सामग्री के जरिए अभिव्यक्त होने वाले नागरिक–समाज में शक्ति के आयामों के साथ समझौता करने के द्वंद्वात्मक तरीके से मुकाबला कर सके और ताल–मेल बिठा सके। शुरुआत में, यह मार्क्सवाद और अम्बेडकरवाद के वैचारिक मिलन को स्वीकार करने में हिचकिचा रहा था जिसकी अभिव्यक्ति आर्थिक (जमीन के) संघर्षों के साथ सांस्कृतिक मुद्दों की सह–प्रधानता में हुई और सशस्त्र मिलिटेंट संघर्षों के साथ कानूनी–संस्थानिक उपायों का मेल करने के रूप में हुई। नक्सलवादी आंदोलन के लिए इसका अर्थ अनेक तरीकों से क्रांति को हल्का

करना और सुधारवाद की ओर झुकना था। एकदम तात्कालिक तौर पर इसकी अभिव्यक्ति दलित आंदोलन को एक स्वतंत्र राजनीतिक संघर्ष मानने से इंकार करने के रूप में सामने आई और दलित आंदोलन के उस सहवर्ती नजरिए को नकार दिया गया जिसके द्वारा यह स्वयं को नागरिक–समाज *के अंदर, इसके खिलाफ व इससे आगे* रखता था। इसके उलट, नक्सलवादी आंदोलन सशस्त्र विंग को केंद्रीयता में रखकर विभिन्न 'जन संगठनों' के साथ पदसोपानिक संबंध बनाने में पुरजोर यकीन रखता था।[8] इसलिए राजनीतिक संगठन और प्रतिरोध व संगठनबद्धता के उनके तौर–तरीकों में दलित आंदोलन फिट नहीं होता था। दरअसल, बहुत लंबे समय से 'जन संगठन' बनाने को क्रांतिकारी राजनीति के साथ समझौता करने की तरह माना जाता था। सत्तर के दशक के अंत और अस्सी के दशक की शुरुआत तक, विभिन्न ऐतिहासिक कारणों से, अधिकांश मार्क्सवादी–लेनिनवादी (एम.एल.) समूहों ने संगठनबद्धता के वैकल्पिक रूपों के साथ प्रयोग करना आरंभ कर दिया था।

अपनी पूर्ववर्ती अनिच्छा में सुधार करते हुए, उन्होंने 'खुले' 'जन संगठन' गठित करने आरंभ कर दिए। इस प्रकार, पीपुल्स वॉर की केंद्रीय समिति ने अस्सी के दशक की शुरुआत में यह लिखा कि, 'आज हमारे देश में तकरीबन ऐसा कोई भी क्रांतिकारी समूह नहीं है जो सत्तर के दशक की तरह यह मानता हो कि "जन संगठन बनाना अपने आपमें संशोधनवाद है" या फिर "आंशिक संघर्ष करना ही अपने आपमें संशोधनवाद है"' (सी.पी.आई. (एम.एल.) पीपुल्स वॉर की केंद्रीय समिति 1981: 6)। परंतु, उन्होंने अत्यंत न्यून स्वायत्तता का उपभोग करना जारी रखा और इसे क्रांति करने के लिए 'द्वितीयक' या 'गौण' माना था। 'जन संगठनों' को महज 'प्रचारमूलक एजेंसी' या 'भर्ती केंद्र' माना जाता था (सुधाकर 1998: 42)। इनके कार्य की प्रकृति के आधार पर इन्हें तीन व्यापक किस्मों में बांटा गया था। पहली श्रेणी में 'गुप्त जन संगठन' शामिल थे जो क्रांतिकारी (इसे सशस्त्र पढ़ें) राजनीति का प्रचार करते थे और पार्टी के लिए सदस्यों की भर्ती करते थे। दूसरी श्रेणी में 'खुले जन संगठन' थे जो उपलब्ध कानूनी–लोकतांत्रिक व संवैधानिक उपायों का इस्तेमाल करके 'राज्य पर दबाव बनाते थे, इसका भंडाफोड़ करते थे और क्रांतिकारी राजनीति में और अधिक योगदान देते थे'। तीसरी श्रेणी में 'कवर संगठन' थे जो गैर–पार्टी संगठनों के साथ संरेखित किए जाते थे और ये इन संगठनों में सामंतवाद–विरोधी व साम्राज्यवाद–विरोधी संघर्षों का एजेंडा रखते थे। वे मानते थे कि राज्य द्वारा लागू की जाने वाली अत्यधिक दमन की स्थितियों में ऐसे 'रणकौशल' (टैक्टिक्स) जरूरी थे (केंद्र राजकीय निर्माण समीक्षा 2001: 110)। 'जन संगठनों' की ये अधिकांश श्रेणियां, समाजवादी क्रांति का निर्माण करने के समग्र लक्ष्य में विभिन्न खंडों व उनकी विशिष्टतावादी मांगों को (उनकी विशिष्टताओं को कायम रखते हुए) समाहित करने के स्वतंत्र तौर–तरीके विकसित करने का प्रयास करने के बजाय, समाज के विभिन्न हिस्सों में 'नई जनवादी क्रांति' के केंद्रीकृत विचार का प्रचार–प्रसार करने की आवश्यकता को प्रतिबिंबित करती हैं। इसी पृष्ठभूमि में नक्सलवादी आंदोलन ने स्वतंत्र दलित आंदोलन को 'अपने' 'जन संगठनों' के रूप में देखा और इसके नेतृत्वकारी स्थानों में पहुंचकर और इसे 'आंशिक' संघर्ष (इसके लिए यह उपमा दी जाती थी कि 'धारा को समुद्र में मिलना होता है') के रूप में विशेषीकृत करके (दोनों तरीकों से) इसे 'सहयोजित' करने की उम्मीद की।

यह विडंबना है कि जिस समय दलित आंदोलन द्वंद्वात्मक पद्धति से काम करने के लिए स्थान की तलाश करने हेतु और नागरिक–समाज की परिभाषित सीमाओं के साथ समझौता करने हेतु संघर्षरत था, उस समय नक्सलवादी आंदोलन जैसे रैडिकल व

लोकतांत्रिक संघर्षों को ये नए मोर्चे अस्वीकार्य जान पड़े। क्रांतिकारी संघर्ष अपने 'जन संगठनों' के जरिए एक ऐसे 'सामंजस्यकारी नागरिक–समाज' का खाका बनाने में मशगूल थे जो दमनकारी राज्य से पूरी तरह बाहर स्थित हो और अनिवार्यतः इसके खिलाफ/बाहर खड़ा हो। अन्य राजनीतिक आंदोलनों को परखने की उनकी कसौटी यह थी कि वे राज्य से कितनी शत्रुता रखते हैं और राज्य से उनकी कितनी दूरी है। इस प्रकार के मूल्यांकन के संदर्भ में, दलित आंदोलन और इसकी अनेकशः रणनीतियां वैचारिक रूप से विभ्रमित करने वाली दिखाई पड़ीं और सबसे खराब रूप में ये व्यावहारिक छल–छद्म से भरी दिखाई पड़ीं। जैसा कि हमने पिछले अध्याय में पड़ताल की, वे मानवाधिकार संगठनों के विमर्शों के जरिए (लोकतांत्रिक अधिकारों वाले चरण के दौरान जब मानवाधिकार आंदोलन मार्क्सवादी–लेनिनवादी पार्टियों के निकट था) शुद्ध 'स्वतंत्रता के क्षेत्र' के रूप में नागरिक–समाज का निर्माण करने का प्रयास कर रहे थे, और ऐसे रास्ते की तलाश में लगे दलित संघर्ष राजकीय संस्थानों, कानूनी व संवैधानिक व्यक्तिपरकता के साथ अपनी संलग्नता के कारण 'क्रांति को हल्का करने वाले और सुधारवाद की ओर झुकाव रखने वाले' दिखाई पड़े। दलित संघर्षों के कंधों पर अब नागरिक–समाज के दो संस्करणों (संवैधानिक–लोकतांत्रिक नागरिक–समाज और राजनीतिक आंदोलनों के प्रतिनिधित्व वाला नागरिक समाज जो राज्य के बाहर स्थित था) के बीच अजेय मेल निर्मित करने का बोझ था और इस मामले में ये दो संस्करण नक्सलवादी आंदोलन और इसके 'जन संगठन' थे। नागरिक–समाज के दोनों संस्करण दलित आंदोलन द्वारा दृढ़तापूर्वक पेश किए गए कथनों को सीमित करने और जिस द्वंद्वात्मक तरीके से यह काम करने का प्रयास कर रहा था उसके बीच *प्रतिच्छेदित* करते हुए दिखे। जिस समय संवैधानिक–लोकतांत्रिक राज्य कानूनों को प्रभावी ढंग से लागू करने में नाकाम हो रहा था और मिलिटेंट–वाम संगठनों के साथ दलित आंदोलन की निकटता को लेकर शंकित था, उस समय क्रांतिकारी संगठन राज्य के साथ दलित आंदोलन की संलग्नता को लेकर चौकन्ने थे और एक 'सामंजस्यकारी नागरिक–समाज' का निर्माण करने के अपने लक्ष्य हेतु नए वैचारिक सूत्रीकरणों (अम्बेडकरवाद और मार्क्सवाद को जोड़ने) को स्वीकार करने के प्रति राजनीतिक रूप से अनिच्छुक थे। इन दोनों प्रक्रियाओं में दलित आंदोलन ने अपनी पकड़ कमजोर होती हुई और जातीय पदसोपानक्रमों का दोहराव महसूस किया। इस अजेय *सम्मिलन* के संदर्भ में जिसमें दलित राजनीति को पूरी तरह हाशिये में डाल देने की क्षमता थी, दलित आंदोलन को प्रमाणिकता व पहचान की एक नई भाषा के जरिए स्वयं को पुनः स्थापित करना था। संभवतः, यह इस नतीजे पर पहुंचा कि 'सिर्फ दलित' ही दलित राजनीति की विशिष्टता की आवश्यकता को समझ सकते हैं, और इस जैविक संबंध के बिना अन्य राजनीतिक प्रक्रियाएं (चाहे वे कितनी भी संवदेनशील क्यों न हों) उनके राजनीतिक सूत्रीकरणों के पीछे के तर्क को समझ पाने में नाकाम रहीं। यह विडंबनापूर्ण है कि उभरते हुए अस्मितावादी विचार के दावे ने यह पाया कि उसका संपूर्ण सूत्रीकरण बहुलतावाद के विमर्श के जरिए और स्वयं नागरिक–समाज की सीमाओं के अंदर विशेषाधिकार प्राप्त 'अंतरों की राजनीति' के जश्न के विमर्श के जरिए ही संभव है। दलित राजनीति को अब अधिकाधिक यह महसूस होने लगा कि उसका पूर्ववर्ती द्वंद्वात्मक तरीका व्यावहारिक कम और बोझ ज्यादा था। इसके बजाय, ऐसा प्रतीत हुआ कि एक सांस्कृतिक दावे ने एक तरफ नागरिक–समाज पर फिर से कब्जा करने के लिए नए क्षेत्र खोलें हैं और दूसरी तरफ नक्सलवादी आंदोलन के साथ अधिक समान स्थितियों में बलपूर्वक संवाद का रास्ता खोला है।

चुंडुरुः अस्मितावादी राजनीति और अनुशासन की ओर अग्रसर नागरिक समाज

जिस समय नक्सलवादी आंदोलन के अपवर्जनकारी तौर–तरीकों पर आलोचनात्मक संवाद की संभावनाओं की और अधिक पड़ताल की जानी थी और एक साझा जमीन अर्जित करने के साथ विशिष्टता के दावे को जोड़कर स्वायत्तता पाने का एक रास्ता तलाश करना था, उसी समय दलित लेखकों ने मई 1990 में एक और पत्रिका आरंभ की जिसका नाम 'इदुरीता' (बहाव के विरुद्ध तैरना) था। पहले नक्सलवादी आंदोलन का हिस्सा रहे दो महत्वपूर्ण दलित नेताओं ने इसकी शुरुआत की। इन दो महत्वपूर्ण दलित नेताओं में से एक यू.सी.सी.आर.आई. (एम.एल.) समूह से निकले थे और वह पत्रिका के संपादक बने, जबकि दूसरे जो कि संपादकीय परिषद के महत्वपूर्ण सदस्य बने वह पहले पी.डब्ल्यु.जी. के सी.ओ.सी. के सदस्य रहे थे। उन्होंने एकसाथ ही मार्क्सवादी–लेनिनवादी केंद्र की शुरुआत भी की। यह गौर करना दिलचस्प होगा कि पत्रिका ने अपना नजरिया 'मार्क्सवादी–लेनिनवादी' घोषित किया और इसे 'क्रांतिकारी राजनीति के लिए प्रकाशित पत्रिका' कहा, जबकि किसी भी एम.एल. संगठन ने इसे नहीं अपनाया बल्कि दलित संगठनों व लेखकों ने इसके साथ अपनी पहचान जोड़ी। अम्बेडकरवाद और मार्क्सवाद में एकता के वैचारिक आधार का यह इतना सुस्पष्ट सूत्रीकरण अधिकांश दलित समूहों को स्वीकार्य था परंतु अधिकांश एम.एल. पार्टियों को यह मान्य नहीं था। इदुरीता के संपादकीय ने पत्रिका के उद्देश्यों की घोषणा इस प्रकार कीः (क) जाति व लिंग के नए उभरते नजरियों के बरअक्स विभिन्न क्रांतिकारी समूहों के अंदर मौजूद लोकतंत्र–विरोधी, सर्वसत्तावादी प्रवृत्तियों की आलोचना करना; (ख) क्रांतिकारी समूहों व स्वायत्त दलित संगठनों, दोनों के द्वारा जाति पर चर्चाएं आमंत्रित करना। यह माना गया कि यह सभी प्रगतिशील समूहों के लिए एक ऐसा मंच होगा जहां उनके सैद्धांतिक व वैचारिक मतभेदों पर चर्चा होगी ताकि उनके बीच एकता की संभावना बन सके (राव 1991)। आत्म–चिंतन की जरूरत पर और अधिक बल देते हुए 'इदुरीता' ने स्वयं को डी.एम.एस. के नेतृत्व वाले दलित आंदोलन व साथ ही विभिन्न क्रांतिकारी समूहों, दोनों से स्वायत्त घोषित किया। किसी राजनीतिक आंदोलन के लिए स्वायत्त होने का दावा करने की पहचान जहां राज्य के साथ इसका जुड़ाव नहीं होने पर निर्भर थी, वहीं 'इदुरीता' ने नई गतिकी की शुरुआत करते हुए शक्ति की उस गतिकी के साथ चर्चा करने पर बल देते हुए उस पर अपना ध्यान केंद्रित किया जो 'लोकतांत्रिक स्पेस' (राज्य से स्वायत्त होने का दावा करने वाले) के लिए आंतरिक व अविभाज्य थी। 'इदुरीता का पुरजोर यकीन था कि दलित और नक्सलवादी आंदोलन, दोनों की राजनीति में आलोचनात्मक हस्तक्षेप करना मात्र ही उनके बीच एक सार्थक संवाद को संभव व उद्देश्यपूर्ण बनाएगा। जहां तक दलित आंदोलन का प्रश्न है, (क) यह डी.एम.एस. के उस जाल में फंसने के प्रति आलोचनात्मक था जिसमें यह उसी ऊपरी जाति वाले राज्य से अनुनय–विनय करने पर अत्यधिक निर्भर था जो स्वयं जातिगत भेदभाव को जारी रखे हुए था; (ख) इसने डी.एम.एस. के कार्यक्रम में आने वाले बदलावों का विश्लेषण किया और इसे चेतावनी दी कि इसकी राजनीति सिर्फ अनुसूचित जातियों और अनुसूचित जनजातियों को संगठित करती थी और उन बहुजनों व अन्य गरीबतर समुदायों से संबंध रखने वाले मुद्दों को संबोधित नहीं करती जिन्हें इसने शुरुआत में 'दलित' श्रेणी के तहत रखे जाने की बात कही थी; (ग) इसने डी.एम.एस. की आलोचना की कि वह जमीन व अन्य आर्थिक मुद्दों के लिए संघर्ष करने के अपने शुरुआती

एजेंडा की अनदेखी कर रहा था और इसके बजाय सरकार से मुआवजा व आरक्षण की मांग करने तक ही स्वयं को सीमित कर रहा था। इसने तर्क दिया कि समय के साथ दलित आंदोलन ने स्वयं को 'सामाजिक–सांस्कृतिक' दायरे तक ही सीमित कर लिया था और इस प्रकार संघर्ष कर रहा था मानो दलितों की मुक्ति बढ़ती आर्थिक असमानताओं के मुद्दे को संबोधित किए बिना ही हो जाएगी जबकि आर्थिक असमानताओं को सिर्फ जमीन के पुनर्वितरण के जरिए ही समाप्त किया जा सकता है। 'इदुरीता' निश्चित ही एक नई रूपरेखा की तलाश में था जो दलित आंदोलन का घेट्टोकरण करने की किसी भी आशंका को समाप्त करके इसे अधिक उग्र–परिवर्तनकारी बना सके। एक अर्थ में यह डी.एम.एस. द्वारा तय किए गए एजेंडा को आगे बढ़ा रहा था परंतु दिलचस्प बात यह है इसे डी.एम.एस. द्वारा अपने उद्देश्य को आगे बढ़ाने में की जाने वाली हिचकिचाहट के लिए इसकी आलोचना करने का (आलोचना की आलोचना करना) एक तरीका मिल गया था।

दूसरी तरफ, इसने राज्य में मौजूद एम.एल. समूहों के कार्यअभ्यास पर महत्वपूर्ण मुद्दों की एक श्रृंखला उठाई। इसके द्वारा रेखांकित की गई अन्य विभिन्न आलोचनाओं में से एक यह थी कि भले ही एम.एल. समूहों ने दलित आंदोलन के भीतर सक्रिय होकर स्वायत्त दलित (और साथ ही स्त्रियों के आंदोलन के लिए, जिस पर अगले अध्याय में ध्यान केंद्रित किया जाएगा) आंदोलन के लिए बाहरी समर्थन प्रकट किया हो, परंतु उन्होंने हमेशा ही या तो इन आंदोलनों को एम.एल. समूहों में मिला लिए जाने का प्रयास किया या फिर नेतृत्वकारी स्थानों पर कब्जा करने का प्रयास किया ताकि वे उन्हें वर्ग संघर्ष के अंतर्गत डाल सकें। इसी प्रकार, यह भी कहा गया कि एम.एल. समूहों ने स्वायत्तता की तलाश करने वाले सभी आंदोलनों पर 'संशोधनवादी', 'कैरियरवादी', 'अवसरवादी', 'शासक वर्ग के भाड़े के सिपाही' और 'साम्राज्यवाद के एजेंट' का ठप्पा चिपकाकर, स्वायत्तता पर जारी विमर्श पर वर्चस्व कायम कर लिया था। ऐसा मुख्यतः इस वजह से था क्योंकि उनका मानना था कि राजनीतिक अभिव्यक्तियों की स्वायत्तता या बहुलता को मान्यता देना महज एक 'रणकौशल' (टैक्टिक्स) था ताकि वे इन स्वतंत्र संघर्षों को अपने में समाहित कर ले क्योंकि उनके पास 'जन समर्थन' था। यह तर्क भी पेश किया गया कि एम.एल. पार्टियों द्वारा निर्मित किए गए पृथक जाति–विरोधी व स्त्रियों के दल, एक बार फिर से, महज एक 'रणकौशल' था और ये संगठन कोई भी सांगठनिक या वैचारिक स्वायत्तता नहीं रखते थे (पूर्वोक्त)। राजनीतिक विचारधाराओं व सांगठनिक रूपों की बहुलता के विशेषाधिकार के रूप में स्वायत्तता से संबंधित राजनीतिक विमर्श में, 'इदुरीता' ने स्वायत्तता के 'रणकौशलात्मक' (टैक्टिकल) विचारों व 'ठोस' विचारों के बीच एक महत्वपूर्ण विभाजन की ओर ईशारा किया। परिवर्तन की रणनीति के तौर पर एक 'रणकौशलात्मक' दृष्टिकोण के राजनीतिक व वैचारिक औचित्य पर चर्चा ने, *सामान्यता के साथ बहुलता* की जरूरत या विभिन्न राजनीतिक सूत्रीकरणों व उनके एजेंडा के बीच एकता की जरूरत, विभिन्न सामाजिक खंडों व आर्थिक, राजनीतिक एवं सांस्कृतिक क्षेत्रों में उनकी विविध राजनीतिक मांगों के बीच संबंध स्थापित करते हुए विशिष्टता को कायम रखने की जरूरत के बीच मेल कराने की आवश्यकता पर जारी संवाद में नए आयाम खोले।

मिलिटेंट–लोकतांत्रिक आंदोलनों द्वारा स्वायत्तता के रणकौशलात्मक व ठोस विचारों के द्वि–विभाजन को अब नागरिक–समाज में गहरे पैठी हुई और ढांचागत असमानताओं के बरअक्स समझने का प्रयास किया जा रहा था। दूसरे शब्दों में, यह प्रश्न उठाया जा रहा था कि विभिन्न राजनीतिक आंदोलनों के बीच किस प्रकार की स्वायत्तता या बहुलता उनकी

विशिष्टता को कायम रख सकती है और इसके बावजूद नागरिक–समाज के अंदर मौजूद ढांचागत असमानताओं से ठोस ढंग से उबार सकती है? पहले चरण में अपनी लामबंदी के दौरान प्राप्त अनुभवों के आधार पर उस समय संगठित दलित आंदोलन सोच–विचार कर रहा था और इस बात के प्रति सचेत था किः

> इस समय नागरिक–समाज और दलित–समाज के बीच (एक) विवाद उभर रहा है। इनमें से पहला, जातिगत हिंदू संप्रदायों की वैचारिक व ढांचागत शक्तियोंके मेल द्वारा निर्मित हुआ है। दलित–समाज ने भी नए अधिकारों के संपर्क में आने और सवर्णों की ओर से होने वाले हिंसक प्रतिरोध का सामना करने से पुनः जन्म लिया और पुनः आकार ग्रहण किया। (नागराज 1993: 8)

इस बात की आसन्न आवश्यकता महसूस की गई कि दलित प्रतिरोध को निर्मित किया जाए ताकि यह नागरिक–समाज में मौजूद ढांचागत – आर्थिक, राजनीतिक व सांस्कृतिक – असमानताओं का मुकाबला करने और इनसे उबारने की जरूरत के साथ बहुलता की आवश्यकता का मेल करा सके।

दलित समूहों और एम.एल. संगठनों के बीच जारी संवाद में 'इदुरीता' के हस्तक्षेप से इसने निम्न अर्थों में ठोस रूप ग्रहण कियाः (क) जाति के आधार पर भूमि का वितरण; (ख) एम.एल. समूहों में नेतृत्वकर्ता 'सिर्फ दलित' हों इसे अनिवार्य बनाना, और (ग) भारतीय स्थिति में एकमात्र विकल्प के रूप में अम्बेडकर व मार्क्सवाद के संयुक्त दर्शन को ही सैद्धांतिक रूप से स्वीकार करना। नब्बे के दशक की शुरुआत में चुंदूर में हुए दलितों के नरसंहार ने इन विकल्पों को अधिक औचित्य प्रदान किया। एक बार फिर से, न सिर्फ अधिक मजदूरी या जमीन की मांगों के जवाब में, बल्कि आत्म–सम्मान और गौरव के लिए दलितों द्वारा पहचान के दावे को लेकर भी तथाकथित ऊपरी जाति के समुदायों ने कटु प्रतिक्रिया दी। इस बार 6 अगस्त 1991 को चुंदूर में 10 से अधिक दलितों की क्रूरता से हत्या कर दी गई (ए.पी.सी.एल.सी. 1991: 8, 13)। घटना के तुरंत बाद, उग्र वैचारिक मतभेदों के बावजूद, एम.एल. व दलित समूहों ने ज्वाइंट एक्शन कमेटी गठित की जिसमें डी.एम.एस., सी.पी.आई. (एम.एल.) विमोचन, यू.सी.सी.आर.आई. (एम.एल.), सोशलिस्ट रेवोल्युशनरी फोरम और अम्बेडकर यूथ एसोसिएशन शामिल थे। अतीत की तुलना में, इस संयुक्त गतिविधि की खास बात यह थी कि वे दलित और एम.एल. आंदोलनों के 'आंतरिक' मुद्दों को इसमें शामिल करने को तैयार थे। दलितों ने खुलकर घोषणा की कि दलित आंदोलन के लिए 'प्रति–हिंसा' अनिवार्य है (उन्होंने अब मांग की कि वे मृतकों को गांव के ठीक बीच में दफनाएंगे और वे तथाकथित ऊपरी जातियों से टकराने को तैयार थे जो कारंचेडु के पीड़ितों के मामले में नहीं हुआ था और उन्होंने गांव वापस लौटने से इंकार कर दिया था और संघर्ष को पास के कस्बे तक सीमित रखा था), जबकि एम.एल. समूहों ने यह स्वीकार किया कि सांस्कृतिक एवं गौरव व आत्म–सम्मान जैसे पहचान के मुद्दे इस संघर्ष के केंद्रीय मुद्दे होंगे और 'सिर्फ दलित' ही इस संघर्ष का नेतृत्व करेंगे। इस तरह के आदान–प्रदान ने साफ तौर पर वह जटिलता प्रदर्शित की जिसमें एक तरफ अंतः–व्यक्तिपरक संचार को आगे बढ़ाने का प्रयोग था और लोकतांत्रिक आंदोलनों के बीच एकजुटता की संभावना पैदा करना था और दूसरी तरफ प्रत्येक आंदोलन व उनकी अपनी पहचान की विशिष्टता को उग्रतापूर्वक कायम रखना शामिल था।

परंतु, चुंदूर में हुए नरसंहार से उत्पन्न हुए 'संकट' की घड़ी में, इस पारस्परिक आदान–प्रदान के और प्रत्येक राजनीतिक आंदोलन के आंतरिक एजेंडा और रणनीतियों को शामिल करने के इस शुरुआती दृष्टांत के बाद, सार्वजनिक विमर्श ने एक अलग मोड़ लेना आरंभ किया। संकट की घड़ी में प्रदर्शित हुई 'लेन–देन' की यह तत्परता आंदोलनों की राजनीतिक संपदा का अविभाज्य अंग नहीं बन पाई। इसके उलट, 'सामान्य स्थिति' में वापस लौटने की व्याकुलता आंदोलनों को आय–व्यय का विश्लेषण करने की दिशा में ले गई कि 'संकट' की तात्कालिकता में अपने एजेंडा और रणनीतियों में उनके द्वारा किए बदलावों से उन्होंने क्या 'हासिल किया और क्या गंवाया'। ऐसा प्रतीत होता है कि *प्रक्रिया* और *घटनाओं* के बीच के गुणात्मक अंतर ने, इसके परिणामस्वरूप खुलने/समावेश करने और बंद होने/अपवर्जित करने में अपना प्रभाव डाला। 'संकट' की घड़ी में, दलित और नक्सलवादी आंदोलनों के एजेंडा व रणनीति में किए गए 'परिवर्तनों' के कारण, वे अचानक अपने द्वारा दी गई (अनावश्यक) छूटों को सूत्रबद्ध करने लगे और इस तरह एक–दूसरे से उनकी पारस्परिक अपेक्षाएं बढ़ गईं, और इसी अनुपात में स्वयं अपनी विशिष्टता को बनाए रखने की बेचैनी भी बढ़ी। परंतु, 'सामान्य स्थिति' में लौटने के संदर्भ में बढ़ी हुई अपेक्षाएं समाप्त हो गईं और अब 'संकट' की घड़ी में किए गए बदलावों से चिपके रहने या उन्हें बदलने तात्कालिक या दबावकारी जरूरत नहीं रह गई थी। घटनाओं व प्रक्रिया के बीच का *खेल* 'संकट' व 'सामान्य स्थिति' के बीच के संबंध में अभिव्यक्त हुआ जिसने ई.पी. थॉम्पसन के शब्दों में (हाथ जोड़ने की होड़ के संदर्भ में) संभवतः 'भीड़ का नियतिवाद' (गैदरिंग डिटरमिनिज्म) का रूप लिया (थॉम्पसन 1985)। घटनाओं/संकट व प्रक्रिया/सामान्य–स्थिति के बीच का *खेल* स्वयं ही परिणामों को निर्धारित करने की स्वतंत्र क्षमता ग्रहण कर लेता है। 'अन्य' आंदोलनों के एजेंडा व रणनीतियों को शामिल करके संशोधन करने वाले प्रत्येक आंदोलन ने इसे अपने से बाहरी समझा और जो 'छूटें' उन्होंने दीं उनके कारण अपनी विशिष्टता को गंवा देने की बेचैनी महसूस करने लगा और यह समझने लगा कि 'संकट' की घड़ी में घटी खास घटनाओं के समय जो भी बदलाव उन्होंने किए वे महज रणकौशल थे और अपनी प्रकृति व अंतर्वस्तु में ठोस या दीर्घकालिक नहीं थे। विशिष्ट घटनाओं के समय जो उफान मौजूद होता है वह उस वक्त शांत हो जाता है जब वे अपनी समझ से राजनीति की सामान्य या नियमित प्रक्रिया में वापस लौट जाते हैं। यह विडंबना है कि संवाद में संलग्न होने का रुझान एक प्रक्रिया के रूप में विशिष्ट घटनाओं द्वारा रेखांकित और यहां तक कि गठित होता है परंतु घटनाओं के शांत होते ही यह समाप्त हो जाता है। दलित और नक्सलवादी आंदोलनों के बीच जारी संवाद के इस मामले में, विशिष्ट घटनाओं (जैसे कि दलितों का नरसंहार) ने एक–दूसरे को पारस्परिक रूप से प्रभावित करने के उनके प्रयासों को रेखांकित और एकजुट किया, परंतु जैसे ही घटनाएं पुरानी पड़ीं वैसे ही प्रक्रिया की 'सामान्य स्थिति' में लौटने में आंदोलन असफल हो गए और इसके बजाय उन्होंने अपने बीच के मौजूदा व परिचित अंतराल को और अधिक सुदृढ़ बनाया।

दलित और नक्सलवादी आंदोलनों के बीच जारी संवाद समाप्त हो गया और उनकी बीच की खाई और अधिक चौड़ी हो गई जो प्रक्रिया व घटनाओं के बीच के, ठोस और औपचारिक या रणकौशलात्मक के बीच के युग्मों की एक श्रृंखला के जरिए अभिव्यक्त हुई। इसके बाद इन युग्मों ने स्वयं को जाति–वर्ग के उस व्यापक दृष्टिकोण में प्रकट किया जिसके जरिए ये आंदोलन पुनः कार्य करने का प्रयास कर रहे थे। इस प्रकटन (या रूप–परिवर्तन) में, आंदोलनों ने स्वयं को अपनी वैचारिक अवस्थिति के प्रमाणिक संस्करणों के जरिए और

उनका दावा करते हुए प्रस्तुत किया। नक्सलवादी आंदोलन ने अधिक ओजपूर्ण ढंग से वर्गीय लामबंदी की जरूरत का दावा किया, तो दलित आंदोलन अधिक पृथक्कृत और अपने में बंद 'पहचान की राजनीति' का दावा करने की दिशा में बढ़ा। इस प्रकार इनमें से प्रत्येक आंदोलन उस विशिष्टता को पाने की ओर बढ़ा जिसे उनके अनुसार उन्होंने एक–दूसरे को अपने में समाहित करने के दौरान हल्का कर दिया था। इस विभाजित दृष्टिकोण को सुदृढ़ीकृत करने में, दलित आंदोलन को नागरिक–समाज के दृष्टिकोण के साथ एक साझा जमीन मिली। पृथक्कृत और अपने में बंद 'पहचान की राजनीति' पर नए सिरे से जोर देकर अपनी विशिष्टता का दावा करते हुए, दलित आंदोलन को बहुलता व 'अंतर की राजनीति' के विमर्श में अपनी अनुगूंज और समतुल्यता मिली जो नागरिक–समाज में पहले से ही एक विशेषाधिकृत व जश्न मनाने वाली स्थिति में मौजूद था। नागरिक–समाज के केंद्र में रहे विभिन्न कार्यअभ्यासों व विमर्शों में से एक 'अंतर की राजनीति' का जश्न मनाने के रूप में बहुलता का विमर्श रहा है। जैसा कि ई.एम. वुड ने गौर किया कि बहुलता के विमर्श में इन सांस्कृतिक पहचानों का जश्न उन आर्थिक–वर्गीय अंतरों से इनकी पृथकता में मनाया जाता है जिनमें ये सांस्कृतिक पहचानें मौजूद रहती हैं। दलित आंदोलन द्वारा नई पहचान का दावा और सूत्रीकरण करने के बाद ये पहचानें नागरिक–समाज के विख्यात दायरों में वाइल्ड कार्ड एंट्री की तरह कारगर हो जाती है, और इन्हें नए अर्थ में गर्व व मान्यता प्राप्त होती है जिसने इसने अपनी समझ में गंवा दिया था। परंतु, दलित राजनीति में अपवर्जनकारी 'मान्यता की राजनीति'से आए इस नए मोड़ ने, नागरिक–समाज के प्रवेश–द्वारों में नई प्रविष्टि देकर इन्हें गर्व व पहचान का जो नया अर्थ दिया, उसने इससे जाति–वर्ग के इसके दृष्टिकोण को छीन लिया और संरचित आर्थिक व सामाजिक असमानताओं के विरुद्ध संघर्ष करने की क्षमता को कुंद किया।

नैन्सी फ्रेसर ने पाया कि सांस्कृतिक भिन्नताओं का जश्न मनाने की अनुमति देते हुए, 'अंतर की राजनीति' का विमर्श वर्गीय अंतरों से निपटने में मददगार नहीं हो सकता है जिसके परिणामस्वरूप 'मान्यता–पुनर्वितरण की दुविधा' ('मान्यता की राजनीति' के लिए आदर्श रणनीतियां जो राजनीतिक आंदोलनों को पुनर्वितरण की राजनीति के लिए उनके संघर्षों से दूर कर देती हैं) उत्पन्न होती है। अंतरों के लिए यह जरूरी है कि सांस्कृतिक भिन्नताओं को दृढ़ता से पेश किया जाए जो सामान्य आर्थिक या वर्गीय शोषण के विरुद्ध संघर्ष के लिए आवश्यक एकजुटता का निर्माण करने वाली प्रक्रियाओं को बाधित करती हैं। नागरिक–समाज में बहुलता के विमर्श की विशिष्टता इस क्षेत्र में पहले से मौजूद और सुरक्षित संरचित असमानताओं के तर्क के संदर्भ में काम करते हैं। जैसा कि वाल्जर कहते हैं,

> नागरिक–समाज असमानता के प्रभावों को प्रतिबिंबित करता है और इनके सुदृढ़ होने और बढ़ने की संभावना होती है, फिर चाहे यह बाजार संघों को शामिल करें या नहीं करें। ऐसा इसलिए, क्योंकि प्रत्येक संगठित समूह संसाधनों की लामबंदी भी होता है; समूह के सदस्य जितने अधिक संसाधन अपने साथ लाते है, समूह उतना ही शक्तिशाली होता है। समूह जितना अधिक शक्तिशाली होगा, अपने द्वारा एकत्रित किए गए संसाधनों का प्रभाव बढ़ाने में वह उतना ही अधिक समर्थ होगा। अतः, नागरिक–समाज का सामान्य नियम यह है कि इसके सबसे शक्तिशाली सदस्य और अधिक शक्तिशाली होते जाते हैं। (वाल्जर 2002: 39)।

ऐसे में, यह 'सामान्य नियम' उन विकल्पों पर शर्तें लादता है और उन्हें सीमित करता है जिनका इस्तेमाल राजनीतिक आंदोलनों द्वारा किया जा सकता है या किया जाता है।

नागरिक–समाज में बहुलता व सांस्कृतिक राजनीति के विमर्शों के जरिए एक नई पहचान पाने में, दलित आंदोलन के लिए सशक्त बनने का क्षण ही वर्गीय राजनीति के साथ स्वयं को संरेखित करने से दूर जाने और सामाजिक असमानताओं के संस्थानिक ताने–बाने के विरुद्ध संघर्ष छेड़ने से दूर जाने का क्षण भी है। ऐसा नहीं है कि 'मान्यता की राजनीति' को 'मान्यता–पुनर्वितरण की दुविधा' से निजात पाने के लिए पुनः कारगर नहीं बनाया जा सकता, परंतु अस्मितावादी राजनीति के रूप में इसे दृष्टांत के रूप में पेश किया जाना ही इस खाई को पाटे जाने के काम को बेहद मुश्किल बना देता है। परंतु, यह एक समाजशास्त्रीय यथार्थ है कि पहचान व संस्कृति को राजनीतिक रूप से एकल श्रेणी के रूप में निर्मित किया जाता है जिसके कारणों की पड़ताल हमने अनिवार्यताओं की किस्मों की मैपिंग में की है, परंतु यह इन पहचानों पर पड़ने वाले आर्थिक व सामाजिक असमानताओं के प्रभाव को कम नहीं करता है। इस प्रकार, नागरिक–समाज में प्रवेश करने के साथ ही दलित राजनीति एक नई चुनौती का सामना करती है। हालांकि यह सांस्कृतिक रूप से नया स्थान पाने का दावा कर सकता है, परंतु इसे यह नया क्षेत्र/स्थान आर्थिक असमानताओं के विरुद्ध जारी इसके पहले के संघर्षों और नक्सलवादी आंदोलन के साथ इसके जारी संवाद के 'बदले' मिला है। परंतु, इसके साथ ही यह समझे जाने की जरूरत है कि नागरिक–समाज में शक्ति की गतिकी को नाकाम करने व प्रतिस्थापित करने के लिए, विभिन्न प्रकार के एजेंडा (आर्थिक, राजनीतिक और सांस्कृतिक) को अंतर्संबंधित करने पर इनके कार्य करने के लिए कोई सीधा–सरल या स्वतंत्र स्थान नहीं मिलता। इसे *एक पहचान का दावा* करके प्राप्त किया जाना होता है और परिणामतः सरंचित शक्ति से *समझौता* करना होता हैः चुनौती की समकालिकता अंधा बना देने वाली और कष्टकारक हो सकती है। इसलिए, नागरिक–समाज के अंदर राजनीतिक आंदोलनों को और अधिक हाशिए में धकेल दिया जाता है ताकि वे आंतरिक रूप से आपस में एकजुट (इसे सारतत्वीकरण पढ़ें) हो सकें जिससे संवेग को निर्मित किया जा सके और बनाए रखा जा सके और विशिष्टता को मान्य बनाने व इसे असरदार बनाने का दावा किया जा सके।

दूसरे शब्दों में, विशिष्टता के लिए स्थान तलाश करने के लिए सांस्कृतिक पहचानों का सारतत्वीकरण किया जाता है, परंतु इन संघर्षों का द्वि–विभाजित विषय–क्षेत्र (अर्थव्यवस्था का स्थान लेती संस्कृति) मौजूदा व परेशान करने वाली असमानताओं के प्रभाव के तहत उनकी पहचानों से जुड़ी अनन्यता व गर्व का क्षरण करती है। आंदोलनों को वैचारिक व राजनीतिक रूप से एक ही समय पर अपने सभी रूपों में (आर्थिक, राजनीतिक व सांस्कृतिक) शक्ति से समझौता करना होता है, परंतु समाजशास्त्रीय व आनुभविक रूप से वे अनुक्रमित होते जाते हैं। इन सबके साथ उन्हें 'अनेक प्रतिच्छेदनकारी अंतरों के बदलते नेटवर्क' की ओर बढ़ने के लिए निरंतर संघर्ष करने की आवश्यकता होती है ताकि वे संरचित शक्ति संबंधों को सीमित कर सकें, और 'राजनीति का भौतिकत्व' समकालिकता को सीमित करने के लिए उन्हें अनुकूलित करता है। पुनः, अमेरिका में नस्लवाद–विरोधी संघर्षों के संदर्भ में इस प्रक्रिया की जटिलता पर विचार करते हुए, नैन्सी फ्रेसर (फ्रेसर 2008: 38–39) कहती हैं किः

> नस्लवाद–विरोधी विखंडनवाद का दीर्घकालिक लक्ष्य वह संस्कृति है जिसमें पदसोपानिक नस्लीय द्वि–विभाजनों को विभेदीकृत जनसमूह (डी–मासीफाइड) और अनेक प्रतिच्छेदनकारी अंतरों के बदलते नेटवर्क से प्रतिस्थापित किया जाता है... पुनः, इसका प्रमुख दोष यह है

कि नस्लवाद–विरोधी विखंडनवादी राजनीति और नस्लवाद–विरोधी समाजवादी अर्थशास्त्रीय राजनीति, दोनों को अधिकांश गैर–गोरे लोगों के तात्कालिक हितों व पहचानों से बहुत दूर कर दिया है, क्योंकि ये फिलहाल सांस्कृतिक रूप से निर्मित हैं।

दूसरे शब्दों में, जैसा कि वाल्जर ने देखा, नागरिक–समाज में असमानताओं को बढ़ाने वाली जिन प्रक्रियाओं को सुरक्षित बना दिया गया है वे स्वयं ही आंदोलनों को अपवर्जनकारी अस्मितावादी राजनीति का रास्ता अपनाने की ओर ले जाती हैं। इस प्रकार, दलित राजनीति अपनी वैचारिक अनिवार्यताओं (जाति–वर्ग के दृष्टिकोण को निर्मित करने वाली) और अपने आनुभविक आयामों के बाध्यताकारी तर्क के बीच एक और द्वंद्व का सामना करती है।

अधिक अस्मितावादी जोर की दिशा में होने वाले इस बदलाव की शुरुआत को 'इदुरीता' में नए सिरे से रेखांकित की गई इस मांग में देखा जा सकता है कि क्रांतिकारी पार्टियों के नेतृत्वकारी स्थानों में 'सिर्फ दलित' (यानी अनुसूचित जाति और अनुसूचित जनजाति) ही होने चाहिए। यह मांग उनकी शुरुआती अवस्थिति से अलग थी जिसमें जाति–वर्ग दृष्टिकोण पर जोर था और अम्बेडकरवाद व मार्क्सवाद को मिलाने का प्रयास किया गया था। 'इदुरीता' के विभिन्न संपादकीय लेखों में यह तर्क दिया गया था कि एम.एल. समूहों के अधिकांश नेता ऊपरी जाति के थे और अपने छात्र जीवन के दौरान कुलीन संस्थानों से आंदोलन में जुड़ने वाले लोग निम्न बुर्जुआ वर्ग के थे। इसने तर्क दिया कि उनकी 'निम्न बुर्जुआ' व 'ऊपरी जाति' की प्रवृत्तियां, निश्चित तौर पर बाद में उनकी कार्यप्रणाली व निर्णयों में प्रतिबिंबित हुई। उन्होंने यह कहा कि टी. नागी रेड्डी, कॉमरेड पुला रेड्डी जैसे नक्सलवादी नेता, अपनी तमाम रैडिकल पहचानों के बावजूद, मूलतः जमींदार समुदाय से ताल्लुक रखने वाले ऊपरी जाति के नेता थे। यही वजह थी कि जिन स्थानों पर संघर्ष करने वालों का बहुलांश दलित था वहां यह आंदोलन तृणमूल स्तर पर जैविक रूप से संगठित होने में नाकाम रहा। उन्होंने इसके संभावित समाधान के रूप में यह सुझाव दिया कि नेतृत्वकारी स्थानों पर *अनिवार्य रूप से* अनुसूचित जातियों, अनुसूचित जनजातियों व अन्य पिछड़ा वर्ग की पृष्ठभूमि वाले सदस्यों को ही होना चाहिए। आंध्र प्रदेश में अधिकांश दलित संगठन पुरजोर रूप से इस विचार से सहमत थे और उन्होंने इसका प्रचार किया। उन्होंने महसूस किया कि इस बात पर सहमति थी कि प्रत्येक आंदोलन में विकसित हुए सिद्धांतों को पारस्परिक रूप से अपनाकर और अपने में शामिल करके ही वे एकजुटता निर्मित कर सकते हैं। जिस समय दलित आंदोलन जमीन का मुद्दा उठा रहा था और सशस्त्र तरीकों को मान्य व वैध राजनीतिक तरीका स्वीकार कर रहा था, उस समय एम.एल. समूहों को जाति के अनुसार जमीन के वितरण के सिद्धांत को शामिल करना चाहिए था ताकि यह *अनिवार्य* हो जाता कि उनके नेता 'सिर्फ दलित' और बहुजन ही होंगे (राव 1991)। 'उपस्थिति की राजनीति' को मिले नए बल की दिशा में आए इस बदलाव ने यह माना 'कि निर्णयकारी निकायों की संरचना में होने वाले परिवर्तन से चर्चा किए जाने वाले मुद्दों व नीतियों के चरित्र में भी बदलाव आ जाता है' (फिलिप्स 1995: 167)। जाति आधारित भेदभाव के विरुद्ध संघर्षों के लिए सार्वजनिक विमर्श की शर्तें तय करने में, और रैडिकल वाम संगठनों के साथ उनके संवाद की शर्तें तय करने में, नेतृत्वकारी स्थानों को दलितों के लिए ही उपलब्ध रखने की यह मांग ही केंद्रीय बिंदु बन गई।

इसके जवाब में, विभिन्न एम.एल. समूहों ने 'रणकौशलात्मक दृष्टिकोण' की समस्या से उबरने और वास्तविक बदलाव से इसके अलगाव व लोकतांत्रिक आंदोलनों के बीच बढ़ते

विभाजन की समस्या से उबरने के साधन के रूप में नेतृत्वकारी स्थानों में 'सिर्फ दलितों' को रखने की अनिवार्यता को खारिज किया। उन्होंने 'उपस्थिति की राजनीति' द्वारा पेश की गई नई चुनौतियों का मुकाबला 'विचारों की राजनीति' को सुदृढ़ बनाकर किया और यह तर्क दिया कि कम्युनिस्ट ऐसे लोग होते हैं जो वास्तव में जाति, वर्ग और लिंग के पूर्वाग्रहों से मुक्त हो चुके हैं और इसलिए इन्हें इन श्रेणियों (जन्म के आधार पर) में डालना अपचयनवाद (रिडक्शनिज्म) है और अस्मितावादी राजनीति की दिशा में जाना अस्वीकार्य है। उन्होंने आगे कहा कि ऐसे प्रस्ताव 'इदुरीता' के प्रयोग की अंतर्निहित धारणा से उत्पन्न हुए हैं ताकि मार्क्सवाद को अम्बेडकरवाद से जोड़ा जाए या इन्हें बराबरी के स्तर पर रखा जाए, जो हमेशा एक निष्फल प्रयास बना रहेगा क्योंकि अम्बेडकर सबसे खराब तौर पर एक 'निम्न बुर्जुआ सुधारक' थे और सबसे अच्छे तौर पर एक 'रैडिकल सुधारक' थे। उन्होंने तेभागा और तेलंगाना में सशस्त्र आंदोलनों के दमन के अंग के रूप में अनुसूचित जातियों व अनुसूचित जनजातियों पर हुए अत्याचारों के उदाहरण पेश किए जिनकी अम्बेडकर ने निंदा नहीं की जो परिवर्तन के प्रति उनके संकुचित व संवैधानिक रूप से सीमित विचारों को प्रतिबिंबित करता था (राव 1991)। एम.एल. समूहों द्वारा दिए गए जवाब से 'विचारों की राजनीति' और 'उपस्थिति की राजनीति' के बीच विरोध उभरकर सामने आया जिसका आंध्र प्रदेश में दलित व नक्सलवादी आंदोलनों के बीच अंतः व्यक्तिपरकता के भावी उभरते सार्वजनिक विमर्श पर दीर्घकालिक प्रभाव पड़ा। इस उभरते विरोध व युग्म के निर्मित होने में, यह बात कहीं खो गई कि 'विचारों व उपस्थिति के आपसी संबंध में ही हम प्रतिनिधित्व की बेहतर न्यायपूर्ण व्यवस्था पाने की उम्मीद कर सकते हैं, न कि किसी एक या दूसरे के बीच झूठे विरोध में' (फिलिप्स 1995: 25)।

आंध्र प्रदेश में स्वायत्त दलित आंदोलन के इतिहास के ठीक इसी महत्वपूर्ण बिंदु पर, स्वायत्त दलित आंदोलन द्वारा निर्मित सामाजिक व राजनीतिक स्पेस पर अधिकार जमाने के लिए बहुजन समाज पार्टी (बी.एस.पी.) का उदय हुआ जिसने चुनावी राजनीति के साथ अपने सहज जुड़ाव के जरिए अस्मितावादी राजनीति को और अधिक सुदृढ़ किया और उभारा। चुनावी राजनीति का अपना ही एक अलग स्वर और तेवर होता है। वे उन तौर–तरीकों को वरीयता देते हैं जो हित–साधने वाले सामाजिक व राजनीतिक मुद्दों को उठाते हैं और ज्यादा तात्कालिक अनुभवों को पेश करते हैं। वे स्पष्टतः पहचान में आने वाले सामाजिक समूहों को चुनते हैं न कि अधिक जेनेरिक या बिखरे–फैले हुए एजेंडा को जैसे कि पर्यावरणीय मुद्दे क्योंकि पर्यावरणीय मुद्दों से पूरी दुनिया के प्रत्येक व्यक्ति का सरोकार है परंतु इसका कोई 'स्वाभाविक' निर्वाचन–क्षेत्र नहीं है। चुनावी प्रतिनिधित्वकारी राजनीति, एक तरफ, जाति–आधारित समूहों को 'धर्मनिरपेक्ष बनाने' की प्रक्रिया की दिशा में ले गई और इस तरह इसने नागरिक–समाज के अंदर प्रवेश किया, और दूसरी तरफ, एक लंबे समय के दौरान उन्हें अपवर्जनकारी समूहों में परिवर्तित किया जिससे वे तात्कालिक महत्व वाले हितों को पेश करने और उनके लिए सौदेबाजी करने की प्रक्रिया में लग गए। एक बार फिर से, एक अनूठे वृत्ताकार तरीके ने (जिसमें नागरिक–समाज में सामाजिक शक्ति काम करती है) स्वयं को चुनावी राजनीति व अस्मितावादी राजनीति के आपसी गंठजोड़ में प्रस्तुत किया। इसने लोकप्रिय चुनावी राजनीति हेतु लोगों को संगठित करने में, अधिक स्वैच्छिक व धर्मनिरपेक्ष प्रकृति ग्रहण करने के लिए जाति समूहों को शाबाशी और शुभकामनाएं दीं, लेकिन लोगों को इस प्रकार संगठित करने के परिणामस्वरूप जब ये सामाजिक समूह आंतरिक रूप से घनीभूत हो गए (ताकि अपने संख्याबल के साथ ही अपने 'समुदाय की

रचनात्मक शक्ति' का इस्तेमाल कर सकें), तो इन सामाजिक समूहों की निंदा की गई और इन्हें अवैध कहा गया। इस प्रकार, जिस समय चुनावी राजनीति में अपने प्रवेश के लिए बी.एस.पी. की प्रशंसा की गई, तभी 'वोट बैंक' की 'संकुचित' राजनीति में शामिल होने के लिए इसकी आलोचना व निंदा भी की गई।

विजाग में 1998 में हुए डी.एम.एस. के दूसरे राज्य स्तरीय सम्मेलन में, बी.एस.पी. के साथ गंठजोड़ के मुद्दे पर डी.एम.एस. के नेतृत्वकर्ताओं के बीच जबर्दस्त मतभेद उभरकर सामने आए। डी.एम.एस. का एक धड़ा (जिसका नेतृत्व इसके अध्यक्ष कर रहे थे) गंठजोड़ व चुनावी राजनीति में सक्रिय भूमिका निभाने के पक्ष में था। उन्होंने अपनी अवस्थिति बताने के लिए एक पर्चा निकाला जिसका शीर्षक 'बी.एस.पी. एवारिकोसम, एंडुकोसम' ('बी.एस.पी., किसके लिए और क्यों') था। डी.एम.एस. के दूसरे धड़े ने इसका बहिष्कार किया और तर्क दिया कि उन्हें सभी किस्म की दलीय राजनीति से दूर स्वायत्त बने रहना चाहिए और पूरी तरह से संसदीय राजनीति में हिस्सेदारी करने वाले एक राजनीतिक दल मात्र में बदल दिए जाने के बजाय आंदोलनात्मक–मिलिटेंट राजनीति व लोकप्रिय जनसंगठन को मिलाने वाले एक द्वंद्वात्मक सूत्रीकरण के जरिए 'सामाजिक क्रांति' हेतु एक मोर्चे के रूप में काम करना चाहिए (रतनम 1998: 119)। परंतु, डी.एम.एस., दलित कला मंदिर, दलित राइटर्स, आर्टिस्ट एंड इंटलैक्चुअल युनाइटेड फ्रंट (डी.डब्ल्यु.ए.आई.यू.एफ.), अम्बेडकर यूथ एसोसिएशन और विभिन्न क्रांतिकारी संगठनों में स्थित कुछ दलित भी बी.एस.पी. से आकर्षित हुए और अंततः बी.एस.पी. में शामिल हो गए।

बी.एस.पी. में अपने विलय से दलित आंदोलन को जो लाभ हुए और इसके जो तात्कालिक कारण थे उनमें से एक यह था कि इससे इसने दलितों (अनुसूचित जातियों व अनुसूचित जनजातियों) और बहुजनों (अन्य पिछड़ा वर्गों) को एकसाथ लाने में सफलता प्राप्त की, जिसमें स्वायत्त दलित आंदोलन अपने जाति–वर्ग के दृष्टिकोण के कारण नाकाम रहा था। यह देखा गया कि अस्मितावादी सांस्कृतिक आंदोलन के साथ राजनीतिक शक्ति के लिए लामबंदी किए जाने से पिछड़ी जातियों में एक उफान आया था, जिसका युवा समुदाय, खासकर उत्तरी तेलंगाना जिलों का युवा समुदाय, बी.एस.पी. की ओर आकर्षित हुआ (श्रीनिवासुलु 1994: 2386)। कांशीराम ने अपने अभियान के दौरान कहा कि बी.एस.पी. के प्रयासों के कारण अन्य पिछड़ा वर्गों को नई चेतना मिली और इसकी प्रतिक्रिया में कांग्रेस पार्टी विभिन्न उपायों के जरिए उनमें फूट डालने का प्रयास कर रही थी और 'ओ.बी.सी. कमीशन' का निर्माण करना इसी प्रयास का एक अंग था। एक राजनीतिक आंदोलन व एक राजनीतिक दल के मिलन ने ऊपरी तौर पर दलित राजनीति के लिए एक व्यापक क्षेत्र निर्मित किया जिसे एक स्वायत्त आंदोलन निर्मित नहीं कर सका था।

उसी समय, बी.एस.पी. को उस चेतना का (एकता निर्मित करने और आर्थिक, राजनीतिक व सांस्कृतिक एजेंडा को आपस में जोड़ने की चेतना का) प्रतिवाद करना पड़ा जिसे एम.एल. समूहों ने दलित आंदोलन के साथ अपने सतत संवाद के जरिए राज्य के दलितों में पहले ही निर्मित की थी। कुछ दलित लेखकों ने बी.एस.पी. के उदय को स्वयं में वह 'सामाजिक क्रांति' कहा जिसे लाने में एम.एल समूह नाकाम रहे थे। उन्होंने यह भी कहा कि केंद्र में बी.एस.पी. द्वारा शक्ति अर्जित करने के साथ ही 'संपूर्ण क्रांति' आ जाएगी और यह 'नई जनवादी क्रांति' का 'भारतीय संस्करण' है और इसके पश्चात सिर्फ 'समाजवादी क्रांति' का लक्ष्य अर्जित करना शेष रह जाएगा। जैसा कि अम्बेडकर ने कल्पना की थी, बी.एस.पी. ही चिर–आकांक्षित 'राजकीय समाजवाद' स्थापित करेगी। बी.एस.पी. ने न सिर्फ क्रांतिकारी

भाषा का इस्तेमाल किया बल्कि उनके एजेंडा को भी अपने में सहयोजित कर लिया। इसके नेताओं ने घोषणा की कि तेलंगाना क्षेत्र में भूमि सुधारों को लागू किया जाएगा। इसके अतिरिक्त, यह पी.डब्ल्यु.जी. से प्रतिबंध हटा देगी, अर्द्धसैनिक बलों को वापस बुला लेगी और सभी झूठे मुठभेड़ों को रोक देगी (राव 1994: 10)। विभिन्न दलित समूहों के नेताओं ने बी.एस.पी. के अंदर से भी एम.एल. पार्टियों के साथ किसी तरह की घनिष्ठता बनाए रखने के विचार को मानते रहने का प्रयास किया। परंतु, 'संसदीय रास्ता बनाम सशस्त्र विद्रोह' सबसे महत्वपूर्ण द्वि–विभाजन के रूप में सामने आया और पी.डब्ल्यु.जी. जैसे महत्वपूर्ण एम.एल. समूहों ने अब बी.एस.पी. जैसी दलित राजनीति से दूरी बना ली। इस प्रकार, राजनीतिक शक्ति व सामाजिक परिवर्तन, दोनों, को प्राप्त करने के लिए, संसदीय राजनीति का कानूनी संवैधानिक उपायों के साथ मेल ही दलित आंदोलन की प्रमुख या यहां तक कि एकमात्र रणनीति बन गई। आंदोलनात्मक–मिलिटेंट उपायों और कानूनी–संवैधानिक उपायों के बीच जिस संतुलन को सावधानीपूर्वक बनाए रखने का प्रयास किया जा रहा था उसे अब कायम नहीं रखा जा सकता था, और समय बीतने के साथ दलित आंदोलन पर इसका गहरा प्रभाव पड़ा क्योंकि दलित आंदोलन पूर्णतः सांस्कृतिक पहचान व समुदाय की भाषा के जरिए अपना एजेंडा निर्धारित कर रहा था।

हालांकि विधानसभा चुनावों में बी.एस.पी. कोई भी सीट प्राप्त नहीं कर सकी, परंतु इसने दलित सामाजिक–राजनीतिक आंदोलन को एक ऐसे आंदोलन में बदलने की प्रक्रिया को तेज किया जिसका एकमात्र लक्ष्य राजनीतिक शक्ति अर्जित करना था। आंध्र प्रदेश में बी.एस.पी. के बाद वाले चरण में, उत्तर प्रदेश व अन्य राज्यों में बी.एस.पी. की सफलता से प्रेरित होकर, दलित संगठनों ने एकजुट होने व राजनीतिक मोर्चे गठित करने और सशक्तीकरण की रणनीति के रूप में चुनावी राजनीति के रास्ते पर चलना जारी रखने के स्वतंत्र प्रयास किए। ऐसा ही एक महत्वपूर्ण प्रयोग लगभग 22 अग्रणी दलित संगठनों को मिलाकर महाजन फ्रंट का निर्माण करना था। यह उप–जाति के दलित जन–संगठनों को मिलाकर बना था जिसमें अन्य के अतिरिक्त मादीगा दंडोरा व मल समरभेरी जैसे दलित जन–संगठन शामिल थे। महाजन फ्रंट ने भी बी.एस.पी. की तरह क्रांतिकारी भाषा को अपनाने का प्रयास किया और यह घोषणा की कि वे बी.एस.पी. के मुकाबले कहीं अधिक रैडिकल होंगे क्योंकि वे 'सामाजिक न्याय' और 'समाजवादी न्याय' के बीच के अंतर को समझते हैं। उनका संघर्ष कथित तौर पर 'ब्राह्मणवाद व पूंजीवाद' दोनों के खिलाफ था, जैसा कि अम्बेडकर ने बताया था (महाजन फ्रंट 1999: 2)। परंतु, असलियत में:

> यह एक किस्म की दोहरी व्यवस्थाओं वाले सिद्धांत (जो यहां तक कि स्वयं अम्बेडकर के दृष्टिकोण से पूरी तरह जुड़ा था – मेरे द्वारा जोड़ा गया) की दिशा में ले जाता है, जिसने पूंजीवाद और ब्राह्मणवाद (जातिवाद) को शोषण के पृथक व्यवस्थाओं के रूप में देखा, जिसमें से पहले के साथ वर्ग संघर्ष से और दूसरे के साथ जातिगत संघर्ष से मुकाबला होगा... "पूंजीवाद" और "ब्राह्मणवाद" की दोहरी व्यवस्थाओं ने विश्लेषण के लिए उपयोगी बातें और तरीके प्रदान किए परंतु इसने दोनों व्यवस्थाओं के बीच जुड़ाव के प्रश्न को पूरी तरह से बिना किसी समाधान के छोड़ दिया (ओमवेट 2001: 146–47)।

सी.पी.आई. (एम.एल.) जनशक्ति जैसी कुछ क्रांतिकारी पार्टियां और उनके प्रयोग पूरी तरह से 'दोहरी व्यवस्थाओं' वाले दृष्टिकोण पर आधारित थे। इसने उनके 'जन मोर्चे' डी.ए.एफ.ओ.डी.ए.एम. (दलितों व अल्पसंख्यकों का एक संयुक्त मोर्चा) का गठन किया। परंतु,

डी.ए.एफ.ओ.डी.ए.एम. ने वर्गीय दृष्टिकोण के संगत किसी तरह का जुड़ाव रखे बिना, एक ज्यादा अपवर्जनकारी अस्मितावादी दृष्टिकोण अपनाया। अलग–थलग या 'पृथक्कृत' सामांतर संघर्षों के जरिए स्वायत्तता का विचार सूत्रबद्ध हुआ। एक तरफ सशस्त्र दस्ते (गुरिल्ला दस्ते) ने वर्गीय राजनीति को लागू किया, तो वहीं 'जन संगठन' ने पहचान पर आधारित जातीय राजनीति लागू करने का प्रयास किया। पृथक्कृत राजनीति के रूप में स्वायत्तता के कारण सी.पी.आई. (एम.एल.) जनशक्ति के अंदर अनेक टूट–बिखराव हुए। इसके अनेक कार्यकर्ताओं ने प्रासंगिक बिंदु उठाए कि अम्बेडकर ने भूमि सुधारों व साम्यवाद के मुद्दे को संबोधित नहीं किया और बौद्ध धर्म शासक वर्ग की विचारधारा का हिस्सा है। ये वैचारिक प्रणालियां ही किसी कम्युनिस्ट पार्टी के किसी 'जन मोर्चे' का एकमात्र आधार कैसे हो सकती हैं? (पर्चा 1994)[9]। आगे चलकर, इन तर्कों के परिणामस्वरूप सी.पी.आई. (एम.एल.) जनशक्ति अनेक समूहों में टूट गई जिनमें सी.पी.आई. (एम.एल.) जनशक्ति (रजन्ना), सी.पी.आई. (एम. एल.) जनशक्ति (वीरन्ना), और 17 मई समूह (सी.पी.आई. (एम.एल.) जनशक्ति अदिनांकित) शामिल थे। ये टूट इसलिए महत्वपूर्ण थे क्योंकि इन्होंने इस बात को उजागर किया कि स्वायत्तता या बहुलता की व्याख्या पृथक वैचारिक आधारों वाले समांतर (द्वि–विभाजित) संघर्षों का नेतृत्व करने के रूप में नहीं की जा सकती है और पूर्ववर्ती द्वंद्वात्मक तरीके के प्रतिस्थापन के रूप में ये पृथक वैचारिक आधार वाले संघर्ष अंतर्संबंधित होते हुए भी प्रभुत्व व हाशियाकरण के विभिन्न आयामों को एक ही समय पर संबोधित करने की कठिनाई व जटिलता के प्रति सचेत थे।

यह विडंबना है कि इसी समय के दौरान सी.पी.आई. (एम.एल.) पीपुल्स वार ने जाति के पृथक संगठन बनाने के विरुद्ध अपने पूर्ववर्ती अवस्थिति की आलोचना करते हुए जाति–विरोधी 'जन संगठन' बनाए जाने को प्रोत्साहित किया। राजनीतिक अखाड़े की गतिकी पर गौर करना दिलचस्प है कि जैसे–जैसे दलित आंदोलन अस्मितावादी राजनीति की दिशा में बढ़ा, वैसे ही एम.एल. संगठनों ने जाति–वर्ग की रूपरेखा में अधिक गहरी पैठ बनाने के लिए अपने दृष्टिकोण को बदला। इसके बावजूद या फिर दृष्टिकोणों में अंतर्संबंधित बदलावों के कारण ही आंदोलनों के बीच *मतभेद और दूरी* बढ़ती रही। इस बात को रेखांकित किया जाना चाहिए कि जातिगत अत्याचारों के विरुद्ध इन 'जन संगठनों' का निर्माण सी.पी.आई. (एम.एल.) पीपुल्स वॉर पार्टी के अंदर के कार्यकर्ताओं द्वारा उठाए गए विभिन्न मुद्दों के परिणामस्वरूप और साथ ही एक सशक्त व स्वायत्त दलित आंदोलन के प्रभाव के फलस्वरूप किया गया था। दलित आंदोलन में शामिल होने के लिए पी.डब्ल्यु.जी. के अनेक महत्वपूर्ण नेता क्रांतिकारी पार्टी छोड़कर चले गए थे। उन्होंने तीन दशकों से अधिक समय तक चले अथक संघर्ष के बावजूद नेतृत्व में दलितों के नहीं होने के कारणों पर सवाल खड़े किए थे और दलितों को *अनिवार्य रूप से* नेतृत्वकारी स्थानों में रखे जाने के प्रति उनकी अनिच्छा पर सवाल खड़े किए थे।

ऐसे ही कुछ सवालों के जवाब में, सी.पी.आई. (एम.एल.) जनशक्ति द्वारा *'मार्क्सवाद–लेनिनवाद, माओ–त्से तुंग विचारधारा और क्रांतिकारी आंदोलन'* पर 9–12 मार्च 1995 में हैदराबाद में आयोजित एक अंतर्राष्ट्रीय सेमिनार में, सी.पी.आई. (एम.एल.) पीपुल्स वार ने 'भारतीय क्रांति की खास विशेषताएं और इन समस्याओं के समाधान के लिए मार्क्सवादी दृष्टिकोण' शीर्षक से एक आलेख–पत्र प्रस्तुत किया था। उनके आलेख–पत्र को अनेक अर्थों में जाति के प्रश्न पर पार्टी के नजरिए में आए बदलाव के प्रतिबिंबन के रूप में देखा गया। भारत में क्रांतिकारी राजनीति की अनेक विशिष्टताओं की चर्चा करते हुए,

उन्होंने एक एकीकृत क्रांतिकारी पार्टी की अनुपस्थिति, अत्यधिक केंद्रित राजकीय मशीनरी की मौजूदगी, राष्ट्रीयता के संघर्षों की विशिष्टता, सांप्रदायिकता की समस्या, संसद व अन्य विधायी निकायों की मौजूदगी जैसी अनेक विशिष्टताओं को गिनाया जिनमें जाति को भारतीय स्थिति में एक अनूठी व महत्वपूर्ण समस्या माना गया। इसने यह स्वीकार किया किः

> कम्युनिस्ट्स के बीच जाति के प्रश्न को यांत्रिक तौर पर एक सुपर–स्ट्रक्चरल श्रेणी के रूप में देखने की सामान्य प्रवृत्ति रही है जिसे मौजूदा सामाजिक व्यवस्था में एक सामाजिक क्रांति के जरिए दूर किया जा सकता है या इसे वर्ग संघर्ष के समाधान के बाद ही इसे एक प्रश्न की तरह उठाया जा सकता है... इन्होंने जाति के प्रश्न से निपटने के लिए कोई कार्ययोजना या ठोस कार्यक्रम नहीं बनाया। (सी.ओ.सी. सी.पी.आई. (एम.एल.) पीपुल्स वॉर 1995ः 14)।

हालांकि इसने इस बात पर जोर दिया कि सिर्फ नव जनवादी क्रांति के बाद ही पूर्ण समाधान संभव है, परंतु उन्होंने फिर भी मार्क्स की प्रसिद्ध उक्ति को बदलकर इसे विवादित रूप दे दिया, 'भारत का अब तक का समस्त इतिहास वर्ग व जाति के संघर्षों का इतिहास है' (पूर्वोक्त)। उन्होंने बुद्ध, बसवन्ना, नारायण गुरु, ज्योति राव फूले और अम्बेडकर जैसे 'सुधारकों' के योगदान को स्वीकार किया, जिनकी रचनाओं व विचारों का व्यापक प्रचार–प्रसार 1985 में हुए कारंचेडु नरसंहार के बाद जन्मे स्वायत्त दलित आंदोलन ने किया था। परंतु, स्वायत्त दलित संगठनों के बारे में उनका मानना था किः 'हमें ऐसे संगठनों के कार्यकर्ताओं के साथ जातिगत भेदभाव से संबंधित विशिष्ट मुद्दों पर एक संयुक्त मोर्चा बनाने और सावधानीपूर्वक उनके नेतृत्वकर्ताओं की बुर्जुआ सुधारवादी प्रकृति व सीमाओं का पर्दाफाश करने की नीति अपनाना चाहिए' (पूर्वोक्तः 16)।

इसी समझ के साथ उन्होंने नए जाति–विरोधी 'जन संगठन' बनाने के काम को प्रोत्साहित किया। कुल निर्मूलन प्रौढ़ता समिति (के.एन.पी.एस.) की स्थापना 1998 में विजयवाड़ा में की गई। इसने ओंगोले में 18–19 फरवरी, 2001 में अपने दूसरे राज्य स्तरीय सम्मेलन का आयोजन किया। अन्य अनेक 'जन संगठनों' ने इसकी कार्यवाहियों में हिस्सेदारी की, जिनमें ए.पी.सी.एम.एस., वी.आई.आर.ए.एस.ए.एम., ए.पी.सी.एल.सी., रैशनल सोसाइटी और बी.सी. राइट्स प्रोटेक्शन कमेटी शामिल थे। इनमें से अधिकांश संगठन मोटे तौर पर पीपुल्स वार ग्रुप से सहमत थे। इन कार्यवाहियों में अपनाए गए प्रस्तावों ने दलित समस्याओं व आंदोलन को अन्य विभिन्न राजनीतिक व आर्थिक संघर्षों के साथ मिलाने का दृष्टिकोण प्रतिबिंबित किया, जिन्होंने दलितों को भी प्रभावित किया था। इन प्रस्तावों में अर्थव्यवस्था के निजीकरण के विरुद्ध संघर्ष करना, हैंडलूम मजदूरों की आत्महत्याओं को 'सरकार द्वारा की गई हत्याएं' घोषित करना शामिल था और ये लोककल्याणकारी कार्यों के बजट में की जाने वाली कटौतियों के विरुद्ध थे और इन्होंने दलितों के विरुद्ध अत्याचार करने वाले अपराधियों को दंडित करने की मांग की (कुल निमूर्लन 2001ः 24)। यह कहा गया कि दलित आंदोलन को इन सभी मुद्दों के विरुद्ध संघर्ष करना है जो न सिर्फ दलितों को बल्कि समाज के अन्य असहाय हिस्सों को भी प्रभावित करते हैं, जो खेदजनक रूप से डी.एम. एस. के नेतृत्व के तहत दलित आंदोलन का शुरुआती दृष्टिकोण था।

के.एन.पी.एस. ने अपने घोषणापत्र में इनमें से एक प्रासंगिक मुद्दा उठाया था। इसे 'जाति समूहों के अंतर्गत वर्गों' के संदर्भ में, 'सिर्फ दलितों' को विशेषाधिकार देने वाले सूत्रीकरण पर आधारित पहचान के विरुद्ध आलोचना के रूप में प्रस्तुत किया गया था। जहां स्वायत्त दलित आंदोलन ने नए वर्गों को दलितों के सशक्तीकरण के रूप में देखा था, वहीं के.एन.

पी.एस. ने कहा कि दलितों के बीच पनपने वाला यह नवजात बुर्जुआ वर्ग 'दलितों के लिए राजनीतिक शक्ति' के नारे में दिलचस्पी रखता था क्योंकि आर्थिक शक्ति तो इसने पहले ही हासिल कर ली थी। इस वर्ग का जुड़ाव पारंपरिक 'सामंती शासक वर्गों' के साथ भी था (कुल निर्मूलन समिति प्रनालिका अदिनांकितः 14)। के.एन.पी.एस. ने सामंतवाद और साम्राज्यवाद के विरुद्ध संघर्षों के जरिए एक बार फिर से दलित आंदोलन को कम्युनिस्ट आंदोलन से जोड़ने का प्रयास किया। इसी प्रकार, इसने जातिगत पहचानों के उन्मूलन का मुद्दा उठाया और स्वायत्त दलित आंदोलन द्वारा दलितों के जुटान से दलितों को विखंडित करके व बढ़ती हुई वर्गीय असमानताओं के विरुद्ध एक एजेंडे के साथ जाति आधारित राजनीति को जोड़कर संभव होते देखा। के.एन.पी.एस. ने यह बात उठानी चाही कि 'इस संदर्भ में, मान्यता के प्रश्न पुनर्वितरणकारी संघर्षों को संपूरित करने, उन्हें सहायता देने और उन्हें समृद्ध करने में कम योगदान देते हैं और इन्हें हाशियाकृत करने, ग्रहण लगाने और प्रतिस्थापित करने में अधिक योगदान देते हैं (फ्रेसर 2000: 108)।

इसने दावा किया कि जाति–वर्ग के इस समेकित दृष्टिकोण के कारण ही, के.एन.पी.एस. पिछड़ी जातियों और दलितों के बीच उभरते विवादों से संबंधित विभिन्न मुद्दों को, और दलितों के अंदर स्थित विभिन्न उप–जातियों को दलित आंदोलन से अधिक कारगर रूप से संबोधित कर सका जबकि दलित आंदोलन के पास अस्मितावादी आंदोलन के चश्मे से इनके साथ निपटने का कोई तरीका नहीं था (पर्चा 1999)। के.एन.पी.एस. ने भी द्वंद्वात्मक तरीके से अपने जाति–वर्ग के दृष्टिकोण के माध्यम से अर्थव्यवस्था के निजीकरण के मुद्दे को उठाया। हालांकि इसने निजी क्षेत्र में दलितों के लिए आरक्षण की मांग की, पर साथ ही इसने इस प्रकार से अर्थव्यवस्था के निजीकरण के विरुद्ध संघर्षों में उन्हें लामबंद भी किया। पीपुल्स वॉर ग्रुप के साथ इसकी व्यापक सहमति के बावजूद, के.एन.पी.एस. ने सशस्त्र संघर्ष और चुनावी राजनीति के बीच खुले तौर पर कोई पक्ष नहीं लिया। जाति–वर्ग के द्वंद्वात्मक रूप से जुड़े अपने दृष्टिकोण के साथ, के.एन.पी.एस. ने एक बार फिर से न सिर्फ 'अस्मितावादी मॉडल' का अविभाज्य अंग रहे वर्ग/पुनर्वितरण के मुद्दों के 'प्रतिस्थापन की समस्या' से निपटने का प्रयास किया बल्कि साथ ही यह दलितों को संगठित करने और उन्हें क्रांतिकारी राजनीति से जोड़ने में भी कारगर जान पड़ा।

नक्सलवादी आंदोलन द्वारा फिर से किए गए ऐसे रैडिकल सूत्रीकरणों के *जवाब* के रूप में, दलित आंदोलन ने उस अस्मितावादी राजनीति को और अधिक सुदृढ़ीकृत किया और मजबूत बनाया जिसे इसने कुछ समय से लागू किया हुआ था। दलित समुदाय के बीच से हाल ही में उभरे 'जैविक बुद्धिजीवियों' ने एक स्व–पृथक्कृत पहचान निर्मित करने की और अधिक अपीलें कीं और इसकी प्रमाणिकता के दावों का आधार यह था कि अपने जन्म के कारण 'सिर्फ दलितों' ने ही सामाजिक अपमान व बहिष्कार के 'स्वानुभूत–अनुभव' का अनुभव किया है। इस नवीकृत सांस्कृतिक फ्रेमिंग के आधार पर और 'राजनीति के सांस्कृतिकरण' के परिणामस्वरूप दलित अध्येताओं ने यह कहना आरंभ किया किः

> इतिहास के निर्माताओं को ही इतिहास का लेखक होना चाहिए ताकि इतिहास और इतिहास के निर्माताओं के बीच का ताल–मेल एक जीवंत ताल–मेल हो। इस अर्थ में, पश्चिमी और भारतीय उच्च जाति के अध्येता/इतिहासकार 'अन्य' थे और उन्होंने अपने नजरिए से दलित बहुजन का इतिहास लिखा। इसलिए, 'अन्यों' व 'हमारे' के बीच के अंतर ने उस इतिहास की आत्मा को विरूपित कर दिया... इसलिए, यथार्थ को सच्चे अर्थ में ग्रहण करने के लिए जैविक होना कहीं अधिक बुनियादी है। (इलैया 2004: 227)[10]

यह कहा गया था कि 'जैविक होना' रैडिकल रूप से वैकल्पिक 'दलित–बहुजन ज्ञानमीमांसा' से वैचारिक परियोजनाओं को सूत्रबद्ध करने में मदद करता है और इस 'दलित–बहुजन ज्ञानमीमांसा' के 'ज्ञान का स्वयं अपना सिद्धांत है जो प्रकृति के साथ अपने रोजमर्रा की अंतक्रिया में स्वयं को उत्पादित और पुनरुत्पादित करता है...' (इलैया 2001: 110)। तर्क का यह तरीका न सिर्फ प्रमाणिक प्रातिनिधित्वों के लिए बल्कि उन नैतिक दावों के संदर्भ में भी 'ज्ञानमीमांसीय दावों' से और अधिक सुदृढ़ीकृत हुआ जिनमें 'बाहरी' का कोई स्थान नहीं था। 'बात सिर्फ इतनी है कि गैर–दलितों के पास दलितों के बारे में सिद्धांत प्रतिपादित करने का कोई नैतिक अधिकार नहीं है' क्योंकि गहरी पैठी हुई 'अक्षमता किसी वैकल्पिक अवधारणा को पेश करने या देने में असमर्थ है क्योंकि इन अध्येताओं ने दलित अनुभव को दलित अनुभव के बाहर खड़े होकर सैद्धांतीकृत किया है' (गुरु 2002: 5004)। यह देखना प्रासंगिक होगा कि नैतिक भाषा या नैतिक प्रमाणिकता में होने वाला यह बदलाव और अन्य लोकतांत्रिक आंदोलनों पर इस प्रकार के विमर्श का पारस्परिक सर्पिल प्रभाव कैसे रहा, उदाहरण के लिए 'अमूर्त नैतिकता' का मानवाधिकार आंदोलन के आह्वान पर हुआ असर जिसके बारे में हमने कुछ हद तक पिछले अध्याय में चर्चा की है।

इस चरण के दौरान दलित अध्येताओं ने यह तर्क किदया कि इन दावों की उत्कृष्टता सिर्फ और सिर्फ इस अनुभव पर आधारित है – एक ऐसे अनुभव पर जिसे पुनरुत्पादित नहीं किया जा सकता है। दूसरे शब्दों में, 'दलितों का स्वानुभूत–अनुभव उनकी जीवनशैली को साझा करना, उनके साथ रहना और उनकी तरह होने में निहित नहीं है, बल्कि इस अर्थ में उनके जैसा होने में है जिसमें आप उनके सिवाय अन्य कुछ भी नहीं हो सकते हैं.... स्वानुभूत–अनुभव का अर्थ अनुभव करने की स्वतंत्रता नहीं है, बल्कि यह अनुभव में स्वतंत्रता की अनुपस्थिति है' (सरूक्कई 2007: 4045)। इसलिए प्रमाणिकता के दावे एक ऐसे पृथक्करण से उत्पन्न होते हैं, जहां न तो अनुभव को साझा किया जा सकता है और न ही दोहराया जा सकता है। साथ ही यह उन रास्तों को भी बंद करता है जिसके जरिए पूर्ववर्ती चरण में (अंतः व्यक्तिपरकता के जरिए) ज्ञान उत्पन्न करने की आंतरिक कार्यप्रणालियों को समझा जाता था; क्योंकि यह एक ऐसा ज्ञान है जिसे अब आंतरिक रूप से बंद 'स्वानुभूत–अनुभव' से और 'सिर्फ दलितों' द्वारा उत्पन्न माना जाता है। ऐसा जान पड़ता है कि यहां 'एक विषय (सब्जेक्ट) होने के अनुभव और विषय के बारे में अनुभव' के बीच इस गैर–समस्यामूलक विघटन में एक बदलाव आया जिसमें स्व की पूर्णता का एक भाव निहित है। यह पड़ताल नहीं की गई कि 'उनके अपने इतिहास और उनके जारी संघर्षों के बीच (सिर्फ इनके बीच) संवाद' (इलैया 2004: 227) का रास्ता खोलने के अर्थ में अनुभव की यह 'सामाजिक' पूर्णता संकीर्णता उत्पन्न कर सकती है या नहीं। जिस तरह बाहरी 'अकथनीयता' का एक आयाम मौजूद है जो 'अंतः–व्यक्तिपरक संचार' को सीमित करता है, उसी तरह आंतरिक संकीर्णता का एक मजबूत आयाम भी मौजूद हो सकता है जो 'स्वानुभूत अनुभव' वाले विभिन्न समूहों के बीच आपसी संवाद को मुश्किल कर देता है – उदाहरण के तौर पर दलित महिलाओं और उनके ज्यादा प्रभुत्वकारी पुरूष समकक्षों के बीच या दलितों की विभिन्न उप–जातियों के मध्य संवाद (जो आगे चलकर घटित हुआ, और इसे हम इस अध्याय के अगले भाग में देखेंगे)।

कहीं बड़ी प्रक्रियाओं का उपोत्पाद (एपिफेनोमेना) के तौर पर नहीं वरन व्याख्या के आरंभिक बिंदु के तौर पर, 'स्वानुभूत अनुभव' स्वयं से उपजने वाली अस्मितावादी राजनीति की सत्यता पर कई सवाल खड़े करता है। जैसा कि जोन स्कॉट कहते हैं, 'पूरी तरह से

अनुभव पर आधारित होना अनुभव की *ऐतिहासिकता* को अदृश्य बना देता है और उन्हीं नियमों एवं शर्तों को पुनः पैदा कर देता है जिन पर वह अनुभव वास्तव में आधारित होता है – और इसी कारणवश यह परिवर्तन में योगदान नहीं दे सकता' (स्कॉट 1992: 24)। दूसरे शब्दों में, एक निश्चित अनुभव पर सवाल–जवाब करने के लिए खुद को अपने 'स्वानुभूत अनुभव' से *(भीतर–विरुद्ध–परे)* जोड़ने, उस पर आत्म–चिंतन करने और उससे दूरी लेने की जरूरत होती है। अन्यथा अनुभव के उपलब्ध प्रभुत्वकारी कार्यअभ्यासों व सूत्रीकरणों से प्रभावित होने की संभावना बनेगी और वह उन्हें सक्रिय रूप से दोहराने लगेगा। इन प्रस्तावों का अभिप्राय यह तर्क करना नहीं है कि अनुभव संरचनाओं (चाहे वे भाषा–संबंधी हों या कोई अन्य[11]) की एक अवधारणा है बल्कि संभावना के इस पहलू को आगे रखना है कि यह ज्ञानमीमांसा के नजरिए पर बिलकुल भी आत्मनिर्भर नहीं है क्योंकि 'अनुभव एक सीधा–सादा तथ्य न होकर ऐसे तत्वों का एक जटिल समूह है जिनका स्पष्टीकरण करने और उन पर गहन–चिंतन करने की जरूरत है' (मार्टिन 1990: 48)। सारग्राहितावाद और सामाजिक–ऐतिहासिक गतिकी से ताल–मेल न रख पाने की असमर्थता के उलट, यह चिंतन 'अंतः–व्यक्तिपरक संवाद' के उन अंतरालों में स्थित है, जिस पर दलित आंदोलन ने खुद को और ज्यादा संगठित तौर पर उभारने के लिए खुद ही जोर दिया, इससे पहले कि वह पूरी तरह अपवर्जनकारी अस्मितावादी दिशा में चला जाता।

जैसा कि हमने कहा है और अभी तक समझाने की कोशिश की है, अस्मितावादी राजनीति की दिशा में जाने को नागरिक–समाज में सामाजिक शक्ति के निर्मित होने के तरीके के साथ इसके जटिल इंटरफेस के द्वारा समझा जा सकता है। परंतु, इस तरह के इंटरफेस की प्रकृति और बनावट हरेक समाज के इतिहास, स्मृति, भाषा, प्रतीकों और अन्य सामाजिक आयामों की विशिष्टता से निर्धारित होती है। जहां अस्मितावादी राजनीति की दिशा में अग्रसर एक नया चरण बहुलता के विमर्शों और विशिष्ट सांस्कृतिक पहचानों के जश्न के साथ गुंथ गया, वहीं एक–दूसरे से इस जुड़ाव की प्रकृति ऐतिहासिक, भाषाई और प्रतीकों के विशिष्ट विमर्शों पर निर्भर होती है जो कि किसी नागरिक–समाज के क्रियात्मक पहलूओं पर हावी रहते हैं। दूसरे शब्दों में, इसी तरह से नागरिक–समाज एक सार्वजनिक क्षेत्र की तरह तैयार होता है। एक सार्वजनिक क्षेत्र तौर पर अपनी भूमिका में नागरिक–समाज एक ऐसा 'गैर–वैधानिक, न्यायेतर, सार्वजनिक क्षेत्र बन जाता है जिसमें सामाजिक भिन्नताएं, सामाजिक समस्याएं, लोक नीति, सरकारी कार्य और समुदाय के मामले व सांस्कृतिक पहचान विकसित होती हैं और उन पर विमर्श होता है' (मैकक्लेन व फ्लेमिंग 2000: 312)। यह उन तौर–तरीकों को दर्शाता है जिनके द्वारा सामान्य समस्याएं पेश की जाती हैं, उन पर वाद–विवाद होता है और ऐसा समझा जाता है कि उनका समाधान किया जा चुका है; जहां साझा हित तैयार करने की कोशिशें की जाती हैं, और खासकर विवादों के 'शांतिपूर्ण' समाधान के लिए एक नागरिक क्षेत्र का निर्माण करने के तरीके के तौर पर 'दूसरों को कुछ अधिकार–क्षेत्र सौंपने की इच्छा, उन लोगों में अपनी सी कुछ समानताएं देख पाने की क्षमता जो आपसे अलग हैं और इसके कारण ज्यादा प्रभावशाली ढंग से साथ काम कर सकना...' (एडवर्ड्स 2010: 64) शामिल होता है।

भारत जैसे पृथक्कृत और पदानुक्रमित समाज में इस तरह के सार्वजनिक क्षेत्र का निर्माण न केवल 'निर्मित' होने की चिरस्थायी स्थिति में रहता है बल्कि यहां इस बात का पता कर पाना भी मुश्किल हो जाता है कि इतिहास में किस व्यक्ति या किस चीज के कारण ऐसी जनता तैयार हो गई है जो 'सर्वसम्मति' और विचार–विमर्श की अनुरूपता पर आधारित है।

विभिन्न दावे और उनके खंडन हमेशा होते ही रहेंगे, जैसे कि उपनिवेश–विरोधी संघर्ष के दौरान राष्ट्रवादी नेताओं द्वारा 'निर्मित होते राष्ट्र' के दावे का तत्कालीन दलित विद्वानों द्वारा 'राष्ट्रविहीन राष्ट्रवाद' का तर्क देकर खंडन किया जाता रहा। परंतु, सार्वजनिक क्षेत्र के रूप में राज्य, राष्ट्र और नागरिक–समाज की निकटता को ध्यान में रखते हुए, इनमें से किसी को भी दूसरे के बिना या दूसरे से अलग करके नहीं समझा जा सकता। इस संदर्भ में, शायद उपनिवेश–विरोधी आंदोलन की प्रकृति और उसका नेतृत्व अभी भी सार्वजनिक क्षेत्र के रूप में नागरिक–समाज के लहजे और बनावट को आकार देने और निर्धारित करने का काम करता है। इसमें गांधी की भूमिका और उनके द्वारा नागरिक–समाज को एक सार्वजनिक क्षेत्र की तरह तैयार करने के लिए सार्वजनिक जीवन में इस्तेमाल की गई भाषा और प्रतीक पूरी तरह उपयुक्त हैं।[12] उपनिवेशों के विरोध में की गई लामबंदी के दौरान उनके द्वारा पेश की गई भाषा और प्रतीक–चिह्न आज भी सार्वजनिक नीतियों, संस्थानों और राजनीतिक प्रक्रियाओं को, खासतौर पर कानूनी तरीके से विवादों का 'समाधान' करने लिए शर्तें पेश करने और नैतिक व्यक्तिपरकता को सांस्कृतिक पहचानों के लिए जरूरी तौर पर उपलब्ध कराने के लिए, प्रभावित करती हैं।

जैसा कि दस्तावेजों और शोधों में अच्छी तरह प्रमाणित है गांधी ने 'दूसरों को कुछ अधिकार–क्षेत्र सौंपने की इच्छा' के साथ एक नागरिक क्षेत्र तैयार करने के लिए और खासतौर पर जाति के सवाल के संदर्भ में हिंदुत्व के दर्शन, भाषा और प्रतीकों का प्रमुखता से इस्तेमाल किया (चटर्जी 2006; मूर 1985)। उनके उपवास और आश्रमों के प्रतीक, 'राम–राज्य' की उनकी भाषा, या वे भजन जिन्हें वे सार्वजनिक सभाओं के शुरू होने से पहले गाने पर जोर देते थे या सत्याग्रह का उनका दर्शन, सभी एक नैतिक स्व के निर्माण के लिए बेहद जरूरी थे और यह नैतिक स्व ही अहिंसा और 'विवादों के शांतिपूर्ण समाधान' के लिए एक नागरिक क्षेत्र निर्मित करने के लिए एक स्रोत और बुनियादी आधार थे। इस संदर्भ में, दार्शनिक/नैतिक, भाषा–शास्त्रीय/सीमेंटिक और सांकेतिक/प्रदर्शनात्मक प्रस्तावों को सार्वजनिक क्षेत्र की वास्तविक–काल (रीयल–टाइम) की कार्यविधियों के संचालन में 'अनुभव' की श्रेणी की केंद्रीयता हमारी इस चर्चा के लिए लुभावनी होने के साथ ही साथ बेहद महत्वपूर्ण भी है। उस समय गांधी द्वारा अनुभवजन्य (संज्ञानात्मक के विपरीत) वर्गों को विशेष दर्जा देने और आज की दलित राजनीति का सम्मिलन, हमें उस भूलभुलैया जैसे इलाके की एक झलक देता है जिस पर राजनीतिक आंदोलन काम करते हैं ताकि सार्वजनिक क्षेत्र के तौर पर नागरिक–समाज के निर्मित किए गए क्षेत्र में मौजूद वैध नागरिक क्षेत्र को पुनः हासिल किया जा सके।

हिंदू प्रधान सार्वजनिक क्षेत्र बनाने की गांधीवादी पद्धति (जिसकी व्यंग्यात्मक रूप से दलितों और यहां तक कि नारीवादियों ने भी पिछले कुछ समय में स्पष्ट रूप से आलोचना की है) भी उसी अनुभवजन्य प्रणाली द्वारा चिह्नित और बाधित हो गई जिसकी तरफ अस्मितावादी राजनीति के उभरने के साथ ही दलित राजनीति अपना रुख कर चुकी है। 'विशिष्ट राजनीतिक रणनीतियों के बारे में', गांधीवादी विचार 'विशेष संदर्भों में उन विचारों से फूटकर निकलते थे जिनका राजनीति से दूर–दूर तक संबंध नहीं था' (बिलग्रामी 2003: 4159)। उदाहरण के तौर पर, ब्रह्मचर्य की अवधारणा राजनीति के गांधीवादी मत से महत्वपूर्ण रूप से जुड़ी थी। गांधी कहते थे, 'ब्रह्मचर्य का मतलब केवल शारीरिक आत्म–नियंत्रण नहीं है। यह इससे कहीं ज्यादा है। इसका मतलब है सभी इंद्रियों पर पूरी तरह नियंत्रण होना... मैं अपने विचारों पर यह नियंत्रण नहीं पा सका हूं... शायद कहीं कोई कमी रह गई

है जो साफ तौर पर नेतृत्व की विफलता का कारण है...'[13] इसीलिए गांधीवादी राजनीतिक आचरण जितना जाहिर करता है उससे कहीं अधिक छुपाता है, यानी यह उस जटिल 'आंतरिक' प्रक्रिया को उजागर नहीं करता है जिसमें सिर्फ वही चीजें शामिल हैं 'जिन्हें सिर्फ आप और आपका ईश्वर ही जानता है। जाहिर है कि उन्हें शब्दों में बयान नहीं किया जा सकता' (गांधी 2007: 8)। गांधी की 'अंतरात्मा की आवाज' ही वह एकमात्र 'तानाशाह' थी जिसके सामने वह आत्मसमर्पण करने के लिए तैयार थे (वह 'अंतरात्मा की अदालत' के सिवा किसी भी अन्य अदालत को स्वीकार नहीं करते थे) और इसने उन्हें एक नैतिक अनुभव प्रदान किया – सत्य का अनुभव, जो कि 'स्वानुभूत अनुभव' से जुड़ा हुआ एक अनुभवजन्य विचार है न कि एक संज्ञानात्मक विचार। इस 'नन्ही सी आवाज' के आदेश ही अंतिम और सर्वोपरि होते थे और उन्हें उनके 'राजनीतिक' आचरण के लिए निर्विवाद मार्गदर्शन प्रदान करते थे। वर्ष 1916 में गांधी ने लिखा था, 'जीवन में कुछ ऐसे पल आते हैं जब हमें कुछ चीजों के लिए किसी बाहरी प्रमाण की जरूरत नहीं होती। हमारे अंदर छुपी एक 'नन्ही सी आवाज' हमें बताती है कि हम सही राह पर हैं...'[14] यही वह 'व्यक्तिगत अंतरात्मा' है जिसका गांधी सामाजीकरण करने के लिए चिंतित रहते थे 'न कि सामाजिक अंतरात्मा या चेतना का आतंरिकीकरण करने' के लिए (पूर्वोक्तः 123)[15]

अंतरात्मा (या सत्य या ईश्वर) का अनुभव तब तक नैतिक समानुपात में नहीं हो सकता जब तक कि वह आपके 'स्वानुभूत अनुभव' का हिस्सा न हो। यदि 'स्वानुभूत अनुभव' चुनाव या स्वतंत्रता के संपूर्ण अभाव के बारे में है तो गांधी ने सच्चे सत्याग्रही के अपने विचार को प्रतिपादित करने के लिए इस अभाव पर खासा जोर दिया है। इस सत्याग्रही का कर्तव्य है, 'अपने विश्वासों के लिए आध्यात्मिक एकांतता या सार्वजनिक उपहास का सामना करना और यदि जरूरी हो तो राजनीतिक शहादत या शारीरिक मृत्यु तक का कष्ट भोगना'।[16] अंतरात्मा के आदेशों को वास्तविक जीवन में लागू करना कर्म करने की असीमित स्वतंत्रता से नहीं बल्कि उसके संपूर्ण अभाव को समझने के साथ जुड़ा हुआ है, और इसीलिए 'गांधी की कल्पना का नागरिक सत्याग्रही उन कानूनों के उल्लंघन के लिए जेल में डाल दिए जाने का विरोध नहीं कर सकता, जिन्हें वह अनैतिक और अनुचित समझता हो। वह स्वेच्छा से और सरलता के साथ उल्लंघन के लिए दिया गया दंड भुगतता है और *शांति से* जेल के अनुशासन और उससे जुड़ी कठिनाइयों को *स्वीकार करता है...*' ख्जोर मेरा, (पूर्वोक्तः 155)। अंतरात्मा की यह बाध्यताएं और दायित्व एक प्रकार से किन्हीं सौंपे गए दायित्वों से ज्यादा मजबूत हैं। बात दरअसल यह है कि दायित्वों की केंद्रीयता पर जोर देते हुए (जो कि भीतर की ओर संचालित होती हैं – अपनी अतंरात्मा की ओर) गांधी हर किसी के कंधों पर एकसमान नैतिक बोझ डालना चाहते थे जिससे विभिन्न सामाजिक पदानुक्रम और असमानताएं बेअसर हो जाएं। उन्हें महसूस हुआ कि दायित्वों की भाषा को आंतरिक रूप से सामान्यीकृत कर वह बाहरी असमानताओं को गैर–जरूरी बनाना चाहते थे। यह दायित्व हर किसी के लिए समान (जो व्यक्तिगत तौर पर पाए जा सकने के बावजूद) 'स्वानुभूत अनुभव' पैदा करेंगे। वह दरअसल भौतिक स्थिति से कहीं ज्यादा नैतिक स्थिति में परिवर्तन लाना चाहते थे। परंतु, इस आशंका की पूरी तरह अनदेखी की गई कि भारत जैसे पदसोपानीकृत समाज में ऐसे सामान्यीकरण प्रत्येक व्यक्ति की 'नैतिक शुद्धता' की दिशा में ले जाने वाले हो सकते हैं और इसके बावजूद हो सकता है कि यह सामाजिक पदसोपानक्रमों को जस का तस छोड़ दें। दूसरे शब्दों में, उत्पीड़न एक 'अमूर्त नैतिक स्थिति' थी जिसका सामाजिक, आर्थिक, भौतिक व ऐतिहासिक स्थितियों से कोई ठोस जुड़ाव नहीं है।[17] यह संबंध–विच्छेद

या 'अलगाव' दरअसल गांधीवादी दर्शन का परिणाम और इसकी आलोचना रही है, और इसके समांतर एक दृष्टिकोण रहा है जिसे दलित आंदोलन ने अस्मितावादी राजनीति की दिशा में आगे बढ़ने के दौरान अपनाया।

इसके अतिरिक्त, गांधी में मौजूद इस प्रकार के अंतर्मुखी स्वानुभूत–अनुभव (पुनः दलितों के अस्मितावादी दावों से बहुत अधिक मिलते–जुलते) के आधार पर उत्पन्न हुए विचार, ज्ञान व व्यवहार सामाजिक नहीं बल्कि अपवर्जनकारी थे। इसे 'राजनीतिक सिद्धांतों' के रूप में न तो दोहराया जा सकता था और न ही ये 'राजनीतिक सिद्धांतों' के रूप में उपलब्ध थे। 'उनके (गांधी के) लिए अंतरात्मा व इसकी मुक्ति, हालांकि ये दूसरों के लिए प्रासंगिक थे, सिद्धांतों से प्राप्त नहीं होते थे। नैतिकता (इस प्रकार से) सिर्फ अंतरात्मा के विषय में थी, सिद्धांतों के बारे में नहीं' (बिलग्रामी 2003: 4162)। इस प्रकार, गांधी ने अपनी नैतिकता को प्राप्त करने का जिस तरह प्रयास किया उसमें और उनके व उनके 'निर्माता' के बीच एक बंद आंतरिक रूप से 'स्वानुभूत–अनुभव' से निकलने वाले राजनीतिक व्यवहार में संकीर्णता थी। ये 'आधिभौतिक पूर्वमान्यताएं' और 'अप्रमाणेय मान्यताएं'[18] अपने आप में प्रश्नातीत हैं क्योंकि ये मीमांसा के लिए खुली नहीं हैं बल्कि ये एक वर्णनातीत नैतिक अनुभव होती हैं। परंतु, बिलग्रामी दृढ़तापूर्वक तर्क देते हैं कि 'इस नैतिकता का रूमानीपन तेजस्वितापूर्ण है। अच्छाई, अच्छे कार्य किसी प्रकार से इस दुनिया में प्रवेश कर लेते हैं और अन्य सभी लोगों को प्रभावित करते हैं। वे ठीक किस तरह से ऐसा करते हैं यह पूछना बुरा है, और इस रूमानीपन को बर्बाद कर देता है। अच्छाई एक तरह का रहस्यमय संक्रमण है' (पूर्वोक्तः 4163)। इसके अतिरिक्त, बिलग्रामी के लिए, अनुभव की अवर्णनीयता 'स्व–पृथक्कृत नैतिक लोगों को बिल्कुल भी प्रोत्साहित नहीं करती', बल्कि यह एक अत्यधिक मानवीय अभ्यास था क्योंकि गांधी ने नैतिक आस्था व नैतिक आलोचना के बीच के संबंध को तोड़ दिया था। दूसरे शब्दों में, सत्याग्रही 'नैतिक नमूने' थे जो उन नैतिक मूल्यों के प्रति आत्म–विश्वास से पूरी तरह भरे हुए होते हैं जिन्हें वे अनुकरणीय बनाना चाहते हैं। परंतु वे दूसरों की निंदा करने के लिए स्वयं को नैतिक रूप से श्रेष्ठ नहीं मानते थे, बल्कि उनके सामने उदाहरण पेश करके उन्हें प्रेरित करते थे। इसलिए, 'दूसरों से हम ज्यादा से ज्यादा सिर्फ इसीलिए निराश हो सकते हैं कि वे हमारे उदाहरण का अनुकरण नहीं करेंगे, और स्वयं अपने प्रति निराशा का यह अंश रहेगा कि हम अपना उदाहरण पेश नहीं कर सके' (पूर्वोक्त)। निराशा का यह पहलू आत्म–चिंतन और आत्मालोचना की एक निरंतर प्रक्रिया को कायम रखे हुए दिखाई पड़ सकता है, परंतु यह केवल औपचारिक होता है। दूसरों को अपने रास्ते पर चलने के प्रेरित करने की विधि खुली और आत्मालोचनात्मक हो सकती है, परंतु यदि नैतिक मूल्य दांव पर लगे हों, तो कोई समझौता नहीं हो सकता है।[19] यह अक्सर दूसरों को मूक दर्शक बना देता है जिनके लिए इसमें योगदान देने का बहुत कम मौका होता है। असहमति रखने वाले पक्षों को दया–भाव के आधार पर बिना–सोच–विचारपूर्ण सर्वसहमति के लिए 'बाध्य' किया जा सकता है। गांधी का दृढ़ मत था कि 'उनके ज्ञान–चक्षु *तर्क द्वारा नहीं,* अपितु सत्याग्रही के कष्टों द्वारा खुले हैं।' इसके विकल्प के रूप में, हम यह तर्क दे सकते हैं कि दलित आंदोलन अपने अस्मितवादी अवतार में ऐसी ही मिलती–जुलती प्रक्रिया अपनाता है जिसमें अंतः व्यक्तिपरक संचार की संभावना का रास्त संकीर्ण बना दिया जाता है जबकि अंतः व्यक्तिपरक संचार ही जातिगत पदसोपानक्रमों को अस्थिर करने वाली विखंडन की रणनीतियों की कल्पना का और दलित श्रेणी को रैडिकल व्याख्या व विनियोजन के नए रूपों के लिए उपलब्ध कराने की कल्पना का अभिन्न अंग था। यहां स्व–पृथक्कृत आनुभवित दावों द्वारा सोच–विचारपूर्ण प्रक्रियाओं (तर्कों) के प्रतिस्थापन में होने वाले दोहराव को रेखांकित

करने की आवश्यकता है। इस प्रकार, दलित आंदोलन द्वारा आनुभविक श्रेणियों की दिशा में बढ़ने पर, ऐसा प्रतीत हुआ कि गांधी ने 'नैतिक अनुभव' को जिस तरह की भाषा व केंद्रीयता प्रदान की थी, उसी तरह की भाषा व केंद्रीयता के जरिए दलित आंदोलन ने सार्वजनिक दायरे में पहले के प्रभुत्वशाली आख्यान के मुकाबले एक प्रति–आख्यान उत्पन्न किया, और कानूनी, संस्थानिक व संज्ञानात्मक कार्यअभ्यासों की तुलना में सार्वजनिक दायरे के लिए अधिक कानूनी व बुनियादी आनुभविक विमर्श की रूपरेखा साझा की।

परंतु, मान्यता की मांगों के आनुभविक दायरे के साथ मजबूती से जुड़ी दलितों की अस्मितावादी राजनीति किसी न किसी तरह से उन सामाजिक कार्यअभ्यासों को सुदृढ़ीकृत करती हुई जान पड़ी जिन्हें उसने पिछले चरण में आगे बढ़ाना चाहा था। संभवतः, उन सामाजिक समूहों व प्रक्रियाओं को मान्यता प्रदान करने की बहुत अधिक जरूरत थी जिनमें वे फंसे हुए थे और जो 'क्षेत्रीय रूप से पृथक्कृत' नहीं थे बल्कि जैसा ई.पी. थॉम्पसन ने कहा ये अंशतः 'भौतिक जीवन का अभिन्न अंग' थे। इसलिए यह 'देखना महत्वपूर्ण है कि ऐतिहासिक अपवर्जन, अपमान, या बेइज्जती बर्दाश्त करने वाले समूहों के सदस्यों को फलने–फूलने के लिए वास्तव में नए सामाजिक कार्यअभ्यासों की जरूरत हो सकती है। उन्हें हमेशा ही *मान्यता* की तलाश नहीं रहती है'। (अपिहा 2006: 20)। अक्सर कोई विशेष पहचान या अनुभव सामाजिक जीवन की अर्थवत्ता समझने, खास राजनीतिक प्रक्रियाओं के साथ संलग्न होने के लिए महज एक नजरिया हो सकता है और यह विरोधमूलक राजनीति के लिए गैर–समस्यामूलक संसाधन पेश नहीं करता है। चाहे हिंदू सार्वजनिक दायरे की गांधीवादी निर्मिति हो या सांस्कृतिक पहचानों के आग्रह के रूप में बहुलवाद की अपवर्जनकारी भाषा के जरिए अपनी राजनीति को सूत्रबद्ध करने में नागरिक–समाज की सीमाओं के अंदर काम करने वाली समकालीन दलित राजनीति हो, दोनों परिवर्तन का महज एक अल्पतम एजेंडा ही तय कर पाए जो बहुत दुखद रूप से स्वयं को पराजित करने वाला हो सकता है। इस प्रकार,

> मान्यता की राजनीति के पीछे बहुत दूर तक नहीं जाना भी उतना ही महत्वपूर्ण है। यदि मान्यता का अर्थ सामाजिक जीवन में किसी व्यक्ति की पहचान पर ध्यान देना है, तो पहचान के सशक्त मानकों को विकसित करना मुक्तिकामी नहीं बल्कि उत्पीड़न करने वाला हो सकता है... मान्यता व एक नए किस्म के उत्पीड़न के बीच कोई स्पष्ट सीमा–रेखा नहीं है। (पूर्वोक्तः 20–21)

इस उत्पीड़न को, किसी सामाजिक समूह का निर्माण करने वाले विभिन्न अवयवों के बीच एक महत्वपूर्ण संवाद को बंद करने के संदर्भ में, अन्य किसी स्थान के बनिस्पत आंतरिक रूप से अधिक मजबूती के साथ महसूस किया जा सकता है। ऐसे में, प्रमाणिकता का दावा पेश करने के लिए *आंतरिक मौन* को बरकरार रखना एक पूर्वशर्त बन जाएगा। ऐसी जालसाजियां आगे चलकर दलित राजनीति को वे प्रश्न खड़ा करने में असमर्थ बना सकती हैं जो उस परिवर्तनकारी राजनीति के लिए केंद्रीय प्रश्न हैं जिसकी कल्पना दलित आंदोलन ने अपने जाति–वर्ग के दृष्टिकोण के साथ शुरुआत में की थी। इसमें वे प्रक्रियाएं शामिल हो सकती हैं जो

> शिक्षा के प्रसार से... अपने हालात व उत्पादन संबंधों से स्वामी की ओर से पर्यवेक्षी नौकरियों या राज्य की ओर से प्रशासकीय/अर्द्ध–प्रशासकी नौकरियों से, उनके अलगाव के कारण (वे) वर्ग में संक्रमण का प्रतिनिधित्व करती हैं। दलितों में एक हिस्सा, अपेक्षाकृत

> छोटा ही सही, ठेकेदारों, छोटे–पैमाने के उद्योगपतियों, पेट्रोल पंप के मालिकों, ट्रांसपोर्टरों और हाल–फिलहाल में सेवा विक्रेताओं के रूप में बुर्जुआ के तौर पर उभरा... ये नए दौर के दलित निम्न बुर्जुआ के प्रोटोटाइप के उभरने को दर्शाता है जो नवउदारवादी विचारधारा, अस्मितावादी राजनीति व समुदायवादी धारणाओं के एक अजीबोगरीब मिश्रण में आस्था रखता है। (तेलतुंबड़े 2007: 293–94)[20]

इस संकीर्णता के साथ ही, प्रभुत्वकारी हिंदू सार्वजनिक दायरे की राजनीति (जिसने भौतिकता से रहित नैतिकता के आदर्शों को लागू किया) और सामाजिक व आर्थिक असमानताओं की समस्याओं से 'पृथक्कृत' बहुलता व पहचान के एक विडंबनापूर्ण सम्मिलन की शुरुआत हुई। दलित राजनीति के अंदर इस प्रकार की जालसाजी से निपटने व इसे निषिद्ध करने के दौरान और अधिक अरक्षित उप–जातियों के लिए 'प्रमाणिकता की राजनीति' के प्रतिकूल प्रभावों के कारण, दलितों के अंदर स्थित विभिन्न उप–जातियों द्वारा चलाए गए नए आंदोलन में सामाजिक, आर्थिक, राजनीतिक व सांस्कृतिक मुद्दों को पुनः एकसाथ जोड़ने के नए तौर–तरीके उभरे, जिन्होंने एक बार फिर से नागरिक–समाज के अंदर सुरक्षित मौजूदा विमर्शों (शक्ति के) को प्रतिस्थापित करने का प्रयास किया।[21]

वेम्पेंटाः नागरिक समाज बनाम 'दलित समाज'

दलितों के विरुद्ध हुए एक और नरसंहार के बाद ही, उन विमर्शों को फिर से आरंभ किया गया जिन्हें पहले खारिज कर दिया गया था। परंतु, इस बार का संदर्भ कहीं अधिक जटिल था और यह मानवाधिकार आंदोलन द्वारा झेले गए संकट से बहुत मिलता–जुलता था जिसके लक्षण विभिन्न राजनीतिक आंदोलनों *के अंदर* और *इनके बीच* बढ़ते विवादों द्वारा प्रस्तुत बहुस्तरीय अंतर्विरोधों के जरिए प्रकट हुए। नब्बे के दशक के मध्य तक, दलित आंदोलन को न सिर्फ अन्य राजनीतिक आंदोलनों के साथ (जिनमें एम.एल. पार्टियां और राज्य के स्तर पर दलित महिलाओं से जुड़े विशिष्ट मुद्दों को उठाने वाले बढ़ते स्त्री आंदोलन शामिल थे) समझौता करना पड़ा था, बल्कि साथ ही उप–जाति समूहों से स्वायत्तता व न्याय की उठती 'आंतरिक' मांग से भी जूझना पड़ा था। उप–जाति आंदोलन ने इस ऐतिहासिक तथ्य को सामने रखा कि दलित कभी भी, सांस्कृतिक या आर्थिक रूप से, एक समांगी समूह नहीं रहे थे और वे हमेशा से ही:

> पेशे, संख्याबल, भौगोलिक फैलाव व धार्मिक कृत्यों की स्थिति के अनुसार आंतरिक रूप से विभेदीकृत रहे थे... उनके बीच स्पष्ट तौर पर पदसोपानिक क्रम रहा है और प्रत्येक समूह खास किस्म की जीवन शैली प्रदर्शित करता रहा है... उनके बीच मौजूद रही विविधता के बावजूद, संविधान द्वारा उन्हें एक साझा पहचान प्रदान की गई। (रामास्वामी 1986: 399)

इस यथार्थ के साथ निपटने के लिए उप–जाति आंदोलन ने एम.एल. आंदोलन और इसके जाति–आधारित संगठनों (जैसे के.पी.एन.एस. ने चुंदूर नरसंहार के बाद जाति–वर्ग की रूपरेखा पेश की – जिसमें 'जातिगत समूहों के अंदर वर्गों' का प्रश्न पेश किया गया था) द्वारा पहले उठाई गई मांगों से मिलते–जुलते मुद्दे उठाए। वर्ष 1995 में मादीगा रिजर्वेशन पोरता समिति (एम.आर.पी.एस.) के नेतृत्व व प्रतिनिधित्व में उप–जाति आंदोलन का समकालीन संस्करण अस्तित्व में आया।[22] इस आंदोलन के दोनों महत्वपूर्ण नेताओं,

कृष्णा मादीगा और क्रुपाकर मादीगा, का पहले नक्सलवादी पार्टियों के संगठनों से जुड़ाव रहा था। एम.आर.पी.एस. ने 'जातिगत समूहों के अंदर वर्गों' के मुद्दे उठाने में अस्मितावादी मॉडल से आगे बढ़कर जाति–वर्ग की रूपरेखा अपनाई जो मल समुदाय द्वारा आरक्षण के गैर–समानुपातिक विनियोजन के कारण संगठित हुआ और यह मांग की कि राज्य में अनुसूचित जातियों को आवंटित 15 प्रतिशत आरक्षण को उचित रूप से पहचाने गए 59 दलित समुदायों के उप–समूहों के बीच पुनः विभाजित और निश्चित कर दिया जाए (बालगोपाल 2000: 1076)। पी.डब्ल्यु.जी. समर्थित के.एन.पी.एस. की ही तरह, एम.आर.पी.एस. ने भी उन 90 प्रतिशत मादीगा लोगों पर विमर्श आरंभ किया जो गांवों में रहते थे और जिन्हें भेदभाव से सुरक्षित करने के सिद्धांत द्वारा निर्देशित सार्वजनिक नीति के अंग के तौर पर न सिर्फ आरक्षण की बल्कि जमीन की भी जरूरत थी। एम.आर.पी.एस. ने भी यह बहस चलाई कि क्या अर्थव्यवस्था के निजीकरण से दलित समुदायों को लाभ होगा या फिर इससे उनके पास मौजूद अवसर भी छीन जाएंगे और यह कि क्या उन्हें निजी पूंजी को विस्तारित करने व सुरक्षित करने वाली प्रक्रियाओं के विरुद्ध संघर्षरत अन्य आंदोलनों के साथ संरेखित होने की आवश्यकता है। इसी प्रकार, विभिन्न संगठनों ने एम.आर.पी.एस. पर यह मांग करने का दबाव भी डाला कि अनुसूचित जातियों के आरक्षण के उप–खंडों के अंदर ए, बी, सी और डी समूहों में स्त्रियों के लिए 50 प्रतिशत आरक्षण लागू किया जाए।

एम.आर.पी.एस. उन लाभों व अवसरों के अनुचित एकीकरणों का जवाब दे रहा था जो अन्य सामाजिक, आर्थिक व राजनीतिक क्षेत्रों में से शिक्षा की संस्थानिक प्रवृत्तियों व ताने–बाने, रोजगार व जमीन के अधिकारों से उत्पन्न हुए थे। यह देखा जा सकता था कि 'शैक्षणिक संस्थानों में मल और मादीगा लोगों के लिए मोटे तौर पर 64:36 के अनुपात में जगहें उपलब्ध थीं' (शंकरन 1998: 210)।[23] अस्सी के दशक तक मल लोगों में शिक्षित लोगों का प्रतिशत बढ़कर 12.9 प्रतिशत तक हो गया था जबकि मादीगा लोगों में यह 6.2 प्रतिशत था। इसी प्रकार, राज्य विधानसभा की कुल 294 विधानसभा सीटों में से 39 आरक्षित सीटों के अंदर मल लोगों का प्रतिनिधित्व 70.50 प्रतिशत था जबकि मादीगा लोगों का प्रतिनिधित्व 29.50 प्रतिशत था। सार्वजनिक क्षेत्र के उपक्रमों के लिए, पुनः, मल लोगों ने 75.90 प्रतिशत रोजगार के अवसर प्राप्त किए जबकि मादीगा लोगों को उपलब्ध नौकरियों में से महज 24.10 प्रतिशत ही मिल पाए। ये आंकड़े तब और अधिक गंभीर रूप ग्रहण कर लेते हैं जब हम उनकी आबादी के अनुपात के संबंध में अवसरों की असमानता को देखते हैं क्योंकि अनुसूचित जाति की आबादी में मादीगा लोगों का हिस्सा 46.94 प्रतिशत है जबकि मल लोगों का हिस्सा 40.99 प्रतिशत है (मुथैया 2004: 191)। लाभों के इस एकीकरण का अंश इस तथ्य से उत्पन्न होता है कि मल लोगों की अधिकांश आबादी तटवर्ती आंध्र प्रदेश के अधिक संपन्न क्षेत्र में निवास करती है, जबकि मादीगा लोग मुख्यतः तेलंगाना और रायलसीमा के अधिक पिछड़े क्षेत्रों में रहते हैं। परंतु, इससे दो उप–जातियों के बीच संसाधनों व अवसरों के असमान वितरण को नकारा नहीं जा सकता क्योंकि 'किसी भी क्षेत्र के अंतर्गत, दलित जातियों में न सिर्फ सामाजिक असमानता है बल्कि प्रत्येक समुदाय के सदस्यों द्वारा आरक्षण प्राप्त करने के तुलनात्मक अनुपात में भी असमानता है' (बालगोपाल 2000: 1078)।

एम.आर.पी.एस. की मांगों के जवाब में, आंध्र प्रदेश की राज्य सरकार ने न्यायाधीश रामचंद्र राजू (सेवानिवृत्त) को एक सदस्यीय जांच आयोग के लिए नियुक्त किया और उन्होंने मई 1997 में उप–श्रेणीकरण की आवश्यकता का समर्थन करने वाली अपनी रिपोर्ट दाखिल की

(शंकरन 1998: 208)। दिनांक 6 जून, 1997 को, सरकार ने अनुसूचित जातियों को चार श्रेणियों में उप–विभाजित करने के लिए एक सरकारी आदेश जारी किया, जिसमें समूह ए में रेल्ली और अन्य सहित लगभग 12 जातियां, समूह बी में मादीगा व अन्य जातियां, समूह सी में मल एवं संबंधित जातियां, और अंततः समूह डी में आदि–आंध्रा शामिल थे जिन्हें आरक्षण की नीति लागू होने के बाद सबसे अधिक लाभ मिला। (बालगोपाल 2000: 1078)। तब तक मादीगा लोगों के संगठित होने का मुकाबला करने के लिए मल लोगों ने अपना संगठन बना लिया और इसका नाम रखा मल महानाडु और इसने 18 सितंबर, 1997 को हाई कोर्ट में कुछ तकनीकी आधारों पर सरकारी आदेश को *अल्ट्रा वाइरीज* (किसी की कानूनी शक्ति या प्राधिकार के परे) ठहराया। मल लोगों ने कटु तर्कों के साथ प्रतिक्रिया करना जारी रखा और दलितों के पक्ष में 'भेदभाव से बचावकारी' उपायों के विरुद्ध तथाकथित ऊपरी जातियों द्वारा दिए जाने वाले तर्कों की तरह उनकी काट की। मल लोगों ने मादीगा लोगों के पिछड़ेपन के लिए अनेक बनावटी कारण गिनाए जिनमें उनकी क्षेत्रीय स्थिति का अलग होना, मादीगा लोगों के जाति–आधारित पेशे में होना जबकि मल लोगों में ऐसा नहीं होना शामिल थे और इसी वजह से उन्होंने स्वयं को शिक्षित किया और उन्हें सरकारी नौकरियां मिलीं, और अंततः उन्होंने संयुक्त संघर्ष की सतही अपील की ताकि आंध्र प्रदेश में अनुसूचित जातियों की आबादी में बढ़ोत्तरी के साथ आरक्षण के प्रतिशत को बढ़ाया जा सके। इनमें से किसी भी तर्क ने मल लोगों में ऐसी किसी भी इच्छा को प्रदर्शित नहीं किया कि वे मादीगा लोगों के हितों को शामिल करें या दलित राजनीति को दोनों उप–जातियों को प्रभावित करने वाले मुद्दों के इर्द–गिर्द ले जाने की संभावना के बारे में अधिक ठोस ढंग से विचार करें। यही वह विकट जटिलता थी जो वेम्पेंटा की घटना में बदली जिसमें दोनों उप–जातियों के बीच हिंसा हुई। इस घटना ने दलित आंदोलन को अपने पूर्ववर्ती द्वंद्वात्मक तरीके में पेश किए गए अपने कुछ सूत्रीकरणों के बारे में सोचने को और अस्मितावादी राजनीति की अपनी हालिया समझ को दूर करने के बारे में सोचने को विवश किया।

आंध्र प्रदेश के रायलसीमा क्षेत्र के कुर्नूल जिले में स्थित वेम्पेंटा में गुटबंदी की प्रभुत्वकारी संस्कृति थी। गांव का संपूर्ण आर्थिक, राजनीतिक और सामाजिक जीवन जमींदारों के उन अलग–अलग धड़ों या गुटों के नियंत्रण में था जिनके सीधे संबंध (या तो एम.एल.ए. के रूप में या फिर प्रतिनिधियों पर उनके नियंत्रण के जरिए) तेलगू देशम पार्टी (टी.डी.पी.) या कांग्रेस के साथ थे। लगभग 1980 में, सी.पी.आई. (एम.एल.) पीपुल्स वॉर ग्रुप ने जमीन के लिए और मजदूरी में बढ़ोत्तरी के लिए संघर्ष खड़ा करने हेतु इस गांव में प्रवेश किया। तकरीबन 1996 में, पार्टी के नेतृत्व में भूमिहीन मजदूरों ने मंदिर की जमीनों पर कब्जा कर लिया। इस जमीन को 80 मादीगा, 56 मल और 129 पिछड़ी जाति व नीचले वर्ग (जिनमें कुछ तथाकथित ऊपरी जाति के लोग शामिल थे) के परिवारों में पुनर्वितरित किया गया। प्रत्येक परिवार को आधा एकड़ जमीन मिली (वीरासम 1998: 19–11)। चूंकि मादीगा समुदाय में ज्यादा परिवार भूमिहीन थे इसलिए मादीगा लोगों को ज्यादा जमीन बांटी गई। इन संघर्षों और जमीन मिलने के परिणामस्वरूप गांव के मादीगा लोगों में निश्चित तौर पर आत्मविश्वास और आत्मसम्मान की भावना पैदा हुई। अब वे ज्यादा खुले तौर पर पीपुल्स वॉर ग्रुप के 'जन संगठन' के अंग भी बन गए थे। जाहिरा तौर पर, इससे वे गांव में प्रभुत्व रखने वाले तथाकथित ऊपरी जाति के जमींदार रेड्डी परिवार के और पिछड़ी जाति समुदाय के ताल्लुक रखने वाले भूतपूर्व सरपंच के कोपभाजन बने। पी.डब्ल्यु.जी. की रणनीति के मुकाबले, जमींदार और भूतपूर्व सरपंच ने अन्य पिछड़ी जातियों को व गांव के मल लोगों

को लामबंद किया और इसके लिए उन्होंने जमीन के वितरण में उनके साथ हुए अन्याय को आधार बनाया। वे गांव में मादीगा परिवारों का सामाजिक बहिष्कार संगठित करने की हद तक गए और वह भी तब जबकि राज्य पहले से ही एम.आर.पी.एस. के नेतृत्व में एक मजबूत उप–जाति (मादीगा) आंदोलन की जकड़ में था।

मादीगा परिवारों को अपनी फसल बेचने के लिए खुद अपना बाजार लगाने को और खुद अपनी पंचायतें बनाने को बाध्य किया गया। इसने जमींदार, मल लोगों और अन्य पिछड़ी जातियों को एक तरफ किया और पी.डब्ल्यु.जी. व मादीगा लोगों को दूसरी तरफ किया और इस तरह उनके बीच के विवाद को अधिक तीखा बनाया। इसके साथ ही, गांव में सांगठनिक शत्रुता के अंग के तौर पर, दूसरे एम.एल. संघटन प्रतिघटना ने दुखद रूप से जमींदारों के साथ हाथ मिला लिया ताकि वह पी.डब्ल्यु.जी. की पकड़ को कमजोर कर सके क्योंकि उस समय तक पी.डब्ल्यु.जी. गांव के भूमिहीन मजदूरों (मुख्यतः मादीगा लोग) के बीच लोकप्रिय था। इस बढ़ते विवाद के कारण, पी.डब्ल्यु.जी. ने भूतपूर्व सरपंच की हत्या कर दी जो, जैसा कि पहले बताया जा चुका है, पिछड़ी जाति का था। इसकी प्रतिक्रिया में, पहले ही जाति–वर्ग की लाइनों पर ध्रुवीकृत हो चुके गांव में हिंसा भड़क उठी, और 16 जुलाई, 1998 को जमींदारों ने मल लोगों व अन्य पिछड़ी जातियों के सक्रिय समर्थन से मादीगा समुदाय के स्त्री–पुरुषों का क्रूरता से नरसंहार कर दिया। उन्होंने एक चिता तैयार की और नौ मादीगा पुरुषों की क्रूरतापूर्वक हत्या करके (कुछ के हाथ काटकर और कुछ के सिर काटकर) उन्हें इस चिता में फेंक दिया।

यह वेम्पेंटा में हुई घटना की महज सारांश है जिसने कई सवाल खड़े किए जिसमें से कुछ नए थे और कुछ सवाल दलित आंदोलन के पूर्ववर्ती चरण में उठाए जा चुके थेः गांव में जाति और वर्ग के बीच के अंतर्विरोध की प्रकृति क्या थी? क्या इसे दलित आंदोलन द्वारा उस समय लागू की जा रही अस्मितावादी राजनीति से प्रभावित नागरिक–समाज की सीमाओं के अंदर सुलझाया जा सकता था? तब फिर, एक ओर उप–जातियों व दलित राजनीति और दूसरी ओर एम.एल. की राजनीति के बीच के विवादों में क्या संबंध था? एम.एल. समूहों की सशस्त्र–मिलिटेंट रणनीति की क्या भूमिका है? इन प्रश्नों पर दलित, एम.एल. और मानवाधिकार कार्यकर्ताओं व संगठनों के दृष्टिकोण अलग–अलग थे, परंतु इन प्रश्नों ने दलित राजनीति को पुनः सूत्रबद्ध करने के लिए एक नया संदर्भ भी प्रदान किया।

इस नए संदर्भ ने स्वयं को तब सूत्रबद्ध किया जब इन सभी संगठनों ने घटना के विरुद्ध (यानी, मुख्यतः जमींदारों के विरुद्ध और राज्य की मौन–सहमति के विरुद्ध) प्रतिरोध करने के लिए *तत्काल* एक संयुक्त मोर्चा बनाया। इस संयुक्त मोर्चे में दलित बहुजन महासभा, बी.सी. वेल्फेयर एसोसिएशन, पी.यू.सी.एल., ए.पी.सी.एल.सी., पी.डी.एस.यू., पी.ओ. डब्ल्यु.–स्त्री विमुक्ति, ए.आई.पी.आर.एफ. और वी.आई.आर.ए.एस.ए.एम. समेत अन्य संगठन शामिल थे। दिनांक 2 अगस्त 1998 को उन्होंने इस घटना पर एक संयुक्त राज्य स्तरीय सम्मेलन आयोजित किया। आंध्र प्रदेश में राजनीतिक आंदोलनों के इतिहास में यह पहली बार था कि यह सम्मेलन इन संगठनों के बीच मतभेदों व *सर्वसम्मति* की संभावना पर चर्चा करने के उद्देश्य से आयोजित किया गया था। इन 'जन संगठनों' के बीच मतभेदों के बावजूद घटना के तुरंत बाद एक संयुक्त मोर्चा बनाने का यह कदम इसलिए संभव हो पाया क्योंकि इनमें से सभी द्वंद्वात्मक तरीके से यह समझ सकते थे कि सरोकारों का उभरता साझापन व मुद्दों का स्पष्ट आच्छादन उनके बीच के विवादों व शक्ति की गतिकी के साथ सहअस्तित्वमान था जिसके लिए पृथकतावाद व घेट्टोकरण की जगह संवाद की

प्रक्रियाएं चलाने की आवश्यकता थी। हालांकि पुनर्वितरण के मुद्दे अब दलित आंदोलन के लिए 'आंतरिक' उप–जाति आंदोलन के अंग बन गए थे, परंतु एम.एल. समूह जाति–आधारित हिंसा पर बहस और चर्चा के लिए ज्यादा से ज्यादा जवाबदेह और सामने आते जा रहे थे क्योंकि जाति–आधारित हिंसा में गतिशीलता की मांगों के साथ मान्यता व आत्मसम्मान पाने की आकांक्षा थी; इसके बावजूद इसने एक बार फिर से यह प्रदर्शित किया कि संकट के रूप में सामने आने वाली कुछ खास घटनाओं की घड़ी में राजनीतिक आंदोलन अलग ढंग से प्रतिक्रिया देते दिखाई पड़ते हैं। 'घटनाओं की राजनीति' ने उन घटनाओं से पहले की राजनीतिक प्रक्रिया का अंग रही बहसों की प्रकृति को रेखांकित किया, और साथ ही संवाद को ऐसे अधिक वहनीय कार्यअभ्यासों में फलीभूत होने से रोका जो विभिन्न राजनीतिक आंदोलनों के राजनीतिक खजाने को समृद्ध कर सकते हैं। परंतु, इस मामले में, जैसा कि हम चर्चा करेंगे, एम.आर.पी.एस. द्वारा इस प्रकार की घटनाओं के बहुत समय बाद तक संवाद चलाए रखने के तरीके से 'घटनाओं की राजनीति' द्वारा इस प्रक्रिया को बाधित करने की क्षमता को न्यूनतम कर दिया।

दलित बहुजन महासभा जैसे जातिवादी संगठनों ने यह तर्क दिया कि इस घटना के महत्वपूर्ण आयामों में से एक आयाम पी.डब्ल्यु.जी. की 'जाति के प्रति अंधी राजनीति' थी। वे जमींदारों द्वारा जातिगत लाइनों पर लोगों को लामबंद करने की आशंका को नहीं भांप सके। जमींदार न सिर्फ रेड्डी परिवारों को बल्कि दूसरी अन्य पिछड़ी जातियों व मल समुदायों को भी संगठित कर सके थे। जातिगत भिन्नताओं ने सामूहिक लामबंदी व नफरत को आसान बना दिया था। कुछ दलित लेखकों ने तर्क दिया कि वेम्पेंटा हमेशा से एक 'कम्युनिस्ट गांव' था, परंतु अतीत में कभी भी ऐसी घटनाएं नहीं हुई थीं। इसका कारण यह था कि कम्युनिस्ट संगठनों का नेतृत्व 'रेड्डी कम्युनिस्टों' के पास था और इसलिए वह रेड्डी जमींदारों के घनिष्ठ संरक्षण का लाभ उठाता था। कम्युनिस्ट समूह और जमींदार इस विवादकारी स्थिति में इसलिए पहुंचे क्योंकि नेतृत्व दलितों के हाथ में चला गया था। यह देखना दिलचस्प है कि वेम्पेंटा में पी.डब्ल्यु.जी के स्थानीय दस्तों के नेता मादीगा समुदाय से ताल्लुक रखते थे और मादीगा लोगों के बीच से उनके अधिक समर्थक होने का यह एक अच्छा–खासा कारण हो सकता था (डी.बी.एम.एस. 1998: 136)।

कुछ दलित लेखकों ने यह भी माना कि अनुसूचित जातियों व अन्य पिछड़ी जातियों के बीच एक जातीय अंतर्विरोध था। इस जटिल व श्रेणीकृत स्थिति की वजह से अम्बेडकर का यह मानना था कि सामाजिक–सांस्कृतिक बदलाव में हिंसक और मिलिटेंट तरीकों की भूमिका बहुत सीमित होती है। उन्होंने यह तर्क भी दिया कि इनमें से किसी भी समस्या का समाधान न तो दस्ते के एक्शन और न ही व्यक्ति की हत्या से हो सकता है क्योंकि वे एक अराजनीतिक–सैन्यवादी दृष्टिकोण को प्रदर्शित करते हैं जो स्वयं जातिगत अंतर्विरोधों से नहीं निपट सकते हैं। उप–जाति के विवादों का समाधान करने के एक तरीके के रूप में, दलित संगठनों ने जमीन और संपत्ति का बंटवारा 'विभिन्न जातियों की आबादी के प्रतिशत' के अनुसार करने और 'राजकीय शक्ति' को दलित–बहुजन समूहों द्वारा नियंत्रित करने की जरूरत का सुझाव दिया (पूर्वोक्तः 70)। परंतु, जिस तरह से एम.एल. आंदोलन अपनी पूर्ववर्ती 'जाति के प्रति अंधी' राजनीति से निपटने के लिए जूझ रहे थे, उसी तरह अस्मितावादी रुख अपनाने वाला दलित आंदोलन भी एक स्पष्ट नजरिया विकसित करने में नाकाम रहा औ इसलिए वह मुख्यतः 'उप–जाति' के प्रति अंधा आंदोलन बना रहा।

पी.डब्ल्यु.जी. ने 'जाति के प्रति अंधे संघर्ष' का नेतृत्व करने के आरोप के अपने जवाब में कहा कि मारे गए लोगों में सिर्फ मादीगा स्त्री और पुरुष ही नहीं थे बल्कि उनमें से चार लोग पिछड़ी जाति के समुदाय से भी ताल्लुक रखते थे, और यह भी एक तथ्य था कि इस नरसंहार में भाग लेने वाले अधिकांश लोग अन्य पिछड़ी जातियों के समुदाय से थे जो भूतपूर्व सरपंच के अनुयायी थे और कुछ मल लोग शामिल थे जो पारंपरिक रूप से जमींदार के धड़े के साथ थे। इसी प्रकार, उन्होंने कहा कि जमीन का वितरण जाति के आधार पर नहीं बल्कि भूमिहीनता के आधार पर ही किया जा सकता है। उदाहरण के लिए, पिछड़ी जाति के समुदाय वाले धड़े के नेताओं में शक्तिशाली भूस्वामी थे, आखिर हम इन बहुजनों को किस तरह से वर्गीकृत करें? दलित लेखकों में से एक लेखक द्वारा इस्तेमाल किए गए उद्धरण के जवाब में, उन्होंने लिखा कि वेम्पेंटा नरसंहार में 'मनु की न्याय–व्यवस्था' लागू की गई थी और इसे तथाकथित ऊपरी जातियों द्वारा नहीं बल्कि भूतपूर्व सरपंच द्वारा लागू किया गया था जो खुद पिछड़ी जाति का था। एम.एल. संगठनों ने कहा (जैसा कि उप–जाति संघर्ष का नेतृत्व करते हुए बाद में एम.आर.पी.एस. ने किया) कि 'इन जातिगत समूहों के अंदर मौजूद वर्गों' की पहचान करके ही दलित–बहुजनों के बीच से एकता कायम करना संभव है (गुरुवय्या 1999ः 40)।

यही वह नया अहसास था जिसे 'मान्यता की राजनीति' को पाने की जरूरत थी लेकिन महज उस अस्मितावादी राजनीति के खांचे में नहीं जो प्रमाणिक स्वानुभूत–अनुभव के विचार के इर्द–गिर्द लोगों को लामबंद और पृथक्कृत करती है, बल्कि इसे नई राजनीतिक पहचानें और व्यक्तिपरकताएं निर्मित करके पाने की जरूरत थी। इन नई राजनीतिक पहचानों व व्यक्तिपरकताओं को 'मान्यता–पुनर्वितरण की दुविधा' से निपटने के लिए तैयार किया गया था जो दलित आंदोलन को नागरिक–समाज में बहुलतावाद के एक प्रभुत्वकारी व अनुशासनकारी विमर्श की सीमाओं से आगे ले जाते हैं क्योंकि इन सीमाओं के अंदर सांस्कृतिक पहचानों का 'महज' उत्सव मनाया जाता है। दूसरे शब्दों में, मान्यता की रूपरेखा ऐसे किसी ढंग से नहीं बनाई जाती जिससे यह पुनर्वितरण के मुद्दों को अनिवार्यतः प्रतिस्थापित करे या यह समूह की पहचानों को मूर्त रूप प्रदान करके 'अलगाववाद, असहिष्णुता और अंधराष्ट्रवाद, पितृसत्तात्मकता व सर्वसत्तावादिता' को प्रोत्साहित करे (फ्रेसर 2000ः 108)। पहचान का यह मॉडल गलत मान्यता को 'एक स्वतंत्र सांस्कृतिक नुकसान' के रूप में देखता है जिसके कोई 'सामाजिक संरचनागत आधार' नहीं होते और इस प्रकार 'संस्थानीकृत अभिप्राय और मानकों' के साथ इसके जुड़ाव को कमजोर करता है और इनके दोहराव को दुर्बल बनाता है (पूर्वोक्तः 110)। इसलिए, नैन्सी फ्रेसर के अनुसार, गलत मान्यता की समस्या को सामाजिक पराधीनता के रूप में देखा जाना चाहिए, जो पहचान के मॉडल से 'स्टेटस मॉडल' की ओर जाने को दर्शाता है। जैसा कि फ्रेसर कहती हैंः

> इस दृष्टिकोण से, गलत मान्यता न तो मानसिक विकृति है और न ही एक स्वतंत्र सांस्कृतिक नुकसान है, बल्कि यह सामाजिक पराधीनता का एक संस्थानीकृत संबंध है। तदनुसार, गलत मान्यता का होना महज दूसरों के नजरियों, आस्थाओं या प्रतिनिधित्वों के बारे में बुरी सोच रखना या, उन्हें नीचा समझना या उनका अवमूल्यन करना मात्र नहीं होता। इसके बजाय यह सामाजिक अंतक्रिया में पूर्ण साझीदार की स्थिति देने से इंकार करना होता है जो उस सांस्कृतिक मूल्य के संस्थानिक ताने–बाने का परिणाम होता है जो दूसरों को अपने मुकाबले सम्मान या प्रतिष्ठा से रहित मानता है। (पूर्वोक्तः 113–114)

उप–जाति आंदोलन ने अन्य मुद्दों के अलावा शिक्षा में भेदभाव, रोजगार, जमीन का स्वामित्व और राजनीतिक प्रतिनिधित्व के 'संस्थानिक ताने–बाने' के मुद्दे उठाकर एक 'स्टेटस मॉडल' की दिशा में इस बदलाव को रेखांकित किया और साथ ही इन्हें आत्म–सम्मान और गरिमा के दावे के आधार पर मान्यता की आकांक्षाओं से भी जोड़ा। इसलिए, एम.आर. पी.एस. ने मान्यता के लिए संघर्ष को वितरण के लिए संघर्ष के साथ पारस्परिक रूप से अपवर्जनकारी नहीं बनाया। भेदभाव के 'संस्थानिक ताने–बाने' पर सवाल खड़ा करने के साथ ही उन्होंने सांस्कृतिक मान्यता के स्वतंत्र दावे भी किए और इस प्रकार किए ताकि ये पुनर्वितरणकारी संघर्षों को और अधिक मजबूत बनाएं। उन्होंने सांस्कृतिक प्रभुत्व, गैर–मान्यता व अपमान के जरिए होने वाले 'सांकेतिक अन्यायों' के सामाजिक ताने–बाने को बदलने के लिए सांस्कृतिक मुद्दों की एक श्रृंखला उठाई। शुरुआत के लिए, उन्होंने मादीगा शब्द से जुड़े अर्थ को बदलने के लिए प्रयास किए। मादीगा शब्द के साथ गाली और 'गंदगी' जुड़ी हुई थी और उन्होंने यह तर्क दिया कि यह शब्द *महा* (अधिक) + *आदि* (शुरुआत से) + *गा* (गतिमान) से मिलकर बना है जिसका अर्थ है भारत के मूल निवासी। एम.आर.पी.एस. ने मादीगा लोगों को 'भारत के मूल राजाओं' के रूप में लोकप्रिय बनाकर पुनः आत्म–सम्मान का दावा किया (मुथैया 2004: 186)। एम.आर.पी.एस. ने ऐतिहासिक नायकों व मिथकशास्त्र के आधार पर स्वयं के लिए एक पृथक पहचान और एक पृथक हैसियत का भी दावा किया।

अनेक ऐतिहासिक कारणों से, इस समय भिन्न–भिन्न नामों से प्रसिद्ध विभिन्न सामाजिक समूहों से मादीगा के इतिहास को सुनिश्चित किया जा सकता है।

> उदाहरण के लिए, अरुंदतियार ही मादीगा हैं जो यह दावा करते हैं कि ऋषि वशिष्ठ की पत्नी अरुंधति उनकी जाति से थीं। जाम्बावुलु भी मादीगा हैं जो अपने मूल की पड़ताल प्राचीन ऋषि जाम्भव के साथ करते हैं। पुनः, मतंगी लोग भी यह दावा करते हैं कि उन्होंने कन्नड़ प्रदेश में शासन किया था और वे भी मादीगा हैं। (उमा 1986: 399)।[24]

इसी प्रकार, संकेतों व 'परंपरा' (जो किसी भी संस्कृति के महत्वपूर्ण घटक हैं) पर पुनः काम करके, एम.आर.पी.एस. ने उनके पारंपरिक संगीत वाद्य यंत्र ढोलक को अपने आंदोलन का प्रतीक–चिह्न बनाया जिसे असल में *'दंडोरा'* कहा जाता था जो ढोल बजाने के कार्यअभ्यास की ओर संकेत करता है। एम.आर.पी.एस. ने तर्क दिया कि पारंपरिक रूप से गांव की *जजमानी* व्यवस्था की सेवा में ढोल बजाया जाता था, परंतु अब यह 'न्याय की पुकार' का प्रतीक होगा।[25] इसी प्रकार, मादीगा लोगों के उप–जाति आंदोलन ने ऊर्जा के और 'सत्ता के समक्ष सत्य बोलने' के प्रतीक–चिह्न के रूप में स्वयं अपने जाति की देवी *मथम्मा* (*आदिशक्ति* का एक रूप) को पुनर्जीवित किया और सार्वजनिक रूप से उसकी उपासना की और दंडोरा आंदोलन इसी प्रतीक के उद्देश्य के लिए खड़ा हुआ था। उन्होंने डॉ. अम्बेडकर की भूमिका और विचारों पर ही एकमात्र जोर दिए जाने के विपरीत बाबू जगजीवन राम की स्मृति जगाकर, उपनिवेशवाद–विरोधी व जाति–विरोधी संघर्षों के दौरान अपनी ऐतिहासिक विरासत को रेखांकित किया। परंतु, एम.आर.पी.एस. ने यह सावधानी बरती कि वह अम्बेडकर के विचारों व सूत्रीकरणों का त्याग न करें या उनकी अवमानना नहीं करे, बल्कि उनका हवाला दे और अन्य उप–जातियों (यानी महार समुदाय के अतिरिक्त) के दलित नेताओं के विचारों को भी साथ में लेकर चले। उन्होंने समानता व भातृत्व या एकता के बीच एक मजबूत संबंध स्थापित करने के अम्बेडकर के विचारों का हवाला दिया, ताकि

बात को इस बिंदु पर लाया जा सके कि मदीगा लोग उप–श्रेणीकरण की मांग इसलिए कर रहे थे क्योंकि अम्बेडकर के सपनों को साकार करके अंततः जाति का उन्मूलन करने के लिए विभिन्न उप–जातियों के बीच एकता कायम की जा सके।

एम.आर.पी.एस. ने जो प्रतीकात्मक कार्य किए उनमें सबसे अधिक प्रभावशाली यह था:

> अपने नामों के साथ जाति का टैग जोड़ो... चूंकि "मादीगा" को चाहे किसी मादीगा व्यक्ति को या फिर किसी अन्य को पुकारने के लिए बोला जाए, दोनों ही स्थितियों में इसे गाली जैसा माना जाता था, इसलिए यदि कोई आपको "कृष्णा मादीगा" कहकर पुकारे तो उसके साथ उलझना सबसे ज्यादा परेशान करने वाला होता था... यह कहा जाना चाहिए कि मादीगा आंदोलन द्वारा जान–बूझकर अपनाई गई यह युक्ति ऊपरी जाति के अहंकार को तोड़ने के लिए अब तक के सभी कामों में सबसे अधिक प्रभावशाली थी (बालगोपाल 2000: 1077)।

उन्होंने श्रमपूर्वक प्रत्येक प्रतीक–चिह्न पर दोबारा काम किया (चाहे यह नाम में जाति जोड़नी हो, पारंपरिक संगीत वाद्य–यंत्रों को अपनाना हो, स्वयं अपनी देवी या अतीत के नेतृत्व की याद ताजा करनी हो) और यह उन्होंने अपनी महज संस्कृति का मूल्यवर्द्धन करने या एक स्व–पृथक्कृत (नैतिक) पहचान की कल्पना करने के लिए नहीं किया था, बल्कि उन्होंने यह गरिमा व 'भागीदारी में बराबरी' के लिए किया था। उदाहरण के लिए, जूते बनाने या ढोल बजाने के अपने पारंपरिक कौशल में गर्व का अनुभव करते हुए मादीगा लोगों ने 'मुख्यतः पारंपरिक प्रौद्योगिकी पर आधारित व विरासत में मिले कम पारिश्रमिक वाले श्रम के कामों के दायरे से बाहर निकलने और हिंदू समाज के अंदर बहुत कम सम्मान मिलने या व्यापक ज्ञान अथवा सामाजिक विकास के बेहद कम अवसर मिलने के दायरों से बाहर निकलने' की मांग की (पूर्वोक्तः 1078)। उप–जाति आंदोलन उस विशिष्ट प्रकार के क्षरण व जड़ता का प्रतिरोध कर रहा था जिसका सामना वे कर रहे थे और इस दौरान वे उन सभी प्रकार के शारीरिक श्रम वाले कामों को सांस्कृतिक रूप से सही ठहरा रहे थे व उनका सम्मान कर रहे थे जिनमें वे संलग्न थे और साथ ही इन्हें करने के लिए जिस ज्ञान–आधारित कौशल की जरूरत थी उसे मान रहे थे। दूसरे शब्दों में, उन्होंने इस बात को सामने रखा कि पहचान या *भिन्नता* का समाज में नए मूल्य स्थापित करने हेतु सांस्कृतिक रूप से पुनः काम करने से कोई बैर नहीं है, उदाहरण के लिए, इस मामले में ब्राह्मणवादी ऊंच–नीच के मूल्यों वाले समाज में मानसिक व शारीरिक श्रम के बीच अंतर होता है लेकिन ऐसे में शारीरिक श्रम की गरिमा को पुनः स्थापित किया जाना चाहिए। इसी प्रकार, समाज में इन पहचानों को जिस नजर से देखा जाता है, उसमें 'भौतिक रूप से' जीवन स्तर सुधारने के लिए पुनर्वितरण की बात उठाई जानी चाहिए।[26]

ऐसी कोई भी सारग्रहितावादी (ऐशेंशियलिस्ट) मान्यताएं नहीं हैं जो मान्यता की राजनीति द्वारा निभाई गई भूमिका से निकली हों, और *भिन्नता* के दावों में क्या शामिल हैं उन्हें पहले कभी क्या निर्धारित किया गया है इसके अनुसार नहीं, बल्कि ऐतिहासिक रूप से सुनिश्चित किया जाना चाहिए। किसी एक अवसर पर, अस्मितावादी राजनीति के रूप में मान्यता के दावे, बिना किसी शक के, पुनर्वितरणकारी दावों को प्रतिस्थापित कर सकते हैं और समूह की पहचान को मूर्त रूप प्रदान कर सकते हैं, जैसा कि उन्होंने चुंदूर नरसंहार के बाद किया और इस प्रक्रिया में उन्होंने संवाद को अपनी जगह पर रोक दिया और प्रमाणिकता के अनिवार्यताकारी दावे पेश किए, जबकि दूसरे अवसरों पर इन्हें किसी ऐसे ढंग से निर्मित

किया जा सकता है कि ये अन्य सामाजिक, आर्थिक व राजनीतिक मांगों के साथ खड़े होकर इन्हें मजबूत करते हों। आइरिश मैरियन यंग ने, नैन्सी फ्रेसर के सूत्रीकरणों की अपनी आलोचना में, इसी प्रकार गरिमा व सांस्कृतिक पहचान की विशिष्टता का दावा करने वाले संघर्षों व आर्थिक समानता के लिए होने वाले संघर्षों के बीच संपूरकता की संभावना पर बल दिया। नैन्सी फ्रेसर ने अपने पूर्ववर्ती सूत्रीकरण में यह तर्क दिया कि 'समूह की विशिष्टता' की मांग करने वाले मान्यता के सभी संघर्षों ने पुनर्वितरण के परिवर्तनकारी लक्ष्यों के साथ अंतर्विरोध प्रकट किया और इस प्रक्रिया में उन्होंने 'मान्यता–पुनर्वितरण की दुविधा' (फ्रेसर के शब्दों में) उत्पन्न की। अफ्रीकी–अमेरिकी लोगों के आंदोलनों के संदर्भ में, फ्रेसर ने यह तर्क दिया कि 'हालांकि पुनर्वितरण का तर्क व्यवसाय से 'नस्ल' को बाहर रखता है, परंतु मान्यता का तर्क समूह की विशिष्टता का मूल्यवर्द्धन करता है... नस्लवाद–विरोधी एक ही समय पर 'नस्ल' को खत्म करने और साथ ही नस्लीय समूह की विशिष्टता का मूल्यवर्द्धन करने के लिए कैसे मुकाबला कर सकता है?' (फ्रेसर 2008: 27)। इस प्रकार के बाध्यताकारी द्वि–विभाजन से असहमत होकर, यंग ने तर्क दिया कि:

> यह सत्य हो सकता है कि कुछ गतिविधियां और लेखन रंग वाले लोगों के आंदोलनों की सांस्कृतिक रूप से पुष्टि करते हैं और इस प्रकार सांस्कृतिक सशक्तीकरण व मान्यता को मुक्ति का एक अंग बनाते हैं। परंतु, अधिकतर रंग वाले लोगों के सांस्कृतिक गर्व और पहचान की पुष्टि करने वाले ऐसी मान्यता को आर्थिक न्याय और सामाजिक समानता के जरियों के रूप में मानते हैं (यंग 1997: 103)।[27]

जातीय संघर्षों के संदर्भ में, इस अंतर को सबसे अच्छी तरह से चुंदूर नरसंहार के बाद दलित राजनीति में आए बदलाव के जरिए समझा जा सकता है क्योंकि चुंदूर नरसंहार के बाद दलित राजनीति ने 'स्वानुभूत–अनुभव' को अनिवार्य माना जो सभी 'दूसरों' को बाहरी बना देता है और साथ ही भूमि सुधार और न्यूनतम वेतन सहित सभी मांगों को दोयम दर्जे की मांग बना देता है। हालांकि कारंचेडु नरसंहार के बाद दलित आंदोलन का दृष्टिकोण, अपने द्वंद्वात्मक तरीके में, यह था कि विशिष्ट सांस्कृतिक पहचान का दावा पेश करके एक सांस्कृतिक स्पेस निर्मित किया जाए और साथ ही इसे आर्थिक पुनर्वितरण की मांगों से जोड़ा जाए और नक्सलवादी संघर्ष जैसे अन्य राजनीतिक आंदोलनों के साथ (जिनके पास आर्थिक समानता हासिल करने का मिलता–जुलता एजेंडा था) एकता निर्मित करने का प्रयास किया जाए। उप–जाति आंदोलन ने, खासकर वेम्पेंटा नरसंहार के बाद, सांस्कृतिक विशिष्टता की मांग पेश करके ज्यादा बहुरंगी दृष्टिकोण को ज्यादा पुरजोर ढंग से पेश किया और इसे विखंडनवादी सांस्कृतिक राजनीति के साथ ही परिवर्तनकारी आर्थिक पुनर्वितरण से जोड़ा ताकि यह 'भागीदारी में बराबरी' हासिल कर सके। उप–जाति आंदोलन का यह दृष्टिकोण नैन्सी फ्रेसर की बदली हुई स्थिति के संगत है और नैन्सी फ्रेसर ने मान्यता की विभिन्न रणनीतियों की जरूरतों का अहसास करके बाद में यह तर्क दिया कि:

> कुछ मामलों में (गलत मान्यता वाले समूहों को) अत्यधिक आरोपित की गई या निर्मित की गई विशिष्टताओं से बाहर निकालने की जरूरत हो सकती है। दूसरे मामलों में, उन्हें अभी तक कमतर करके देखी गई विशिष्टता को ध्यान में रखने की जरूरत हो सकती है। इसके बावजूद, दूसरे मामलों में, उन्हें प्रभुत्वशाली या सुविधा–प्राप्त समूहों पर ध्यान देने और बाद वाले की विशिष्टता (जो मिथ्या रूप से सार्वभौमिक होने का दिखावा कर रही है) को छोड़ने

> की जरूरत हो सकती है। वैकल्पिक तौर पर, उन्हें ठीक उन्हीं शर्तों को विखंडित करने की जरूरत हो सकती है जिनमें विशेषीकृत अंतरों की इस समय व्याख्या की जाती है। अंततः, उन्हें उपरोक्त सभी की, या इनमें से कई की जरूरत हो सकती है... और वह भी पुनर्वितरण के साथ संयोग में।[28] (फ्रेसर 2000: 115–16)

पुनर्वितरण के साथ मान्यता के विभेदीकृत दावों को जोड़ने वाले इस प्रकार के दृष्टिकोण ने, न सिर्फ अन्य सभी उप–जातियों के लिए तर्क करने हेतु नए दरवाजे खोले (जिनमें मादीगा लोगों से सांस्कृतिक और आर्थिक तौर पर 'निम्न' उप–जातियां भी शामिल थीं) बल्कि साथ ही सापेक्षतः आर्थिक रूप से अधिक विकसित मल लोगों द्वारा पेश किए गए उप–श्रेणीकरण के विरुद्ध 'लड़ाइयां' छेड़ने का आधार भी प्रदान किया और वह भी इस ऐतिहासिक तथ्य को ध्यान में रखते हुए कि मल लोगों ने भी सांस्कृतिक रूप से छुआछूत प्रथा को झेला था और इसीलिए सामाजिक रूप से पराधीनता में रखने वाली जाति व्यवस्था के विरुद्ध किए जाने वाले संघर्षों में वे उनके संभावित साझीदार हैं। दूसरे शब्दों में, एम.आर.पी.एस. इस बात को जानता था कि सांस्कृतिक तौर पर मल लोगों के साथ एकता बनाने और साथ ही 'जाति समूहों के अंदर वर्गों' के नए गठन का प्रतिरोध करने की भी आवश्यकता है।[29] पुनर्वितरण के साथ मान्यता को जोड़ने व एकता के साथ प्रतिरोध को जोड़ने के प्रयास उप–जाति आंदोलन को नागरिक–समाज में संस्थानीकृत एकमात्र अस्मितावादी राजनीति का सीमित उत्सव मानने और संकुचित स्व–हित आधारित संघर्ष व राजनीतिकरण करने से आगे ले गए। अधिक विशेषाधिकार–प्राप्त व संगठित मल लोगों की तुलना में मादीगा लोगों के न्यायपूर्ण हकों को नहीं दिए जाने का प्रतिरोध करते हुए, उप–जाति आंदोलन मौजूदा जाति व्यवस्था के विरुद्ध चल रहे संघर्षों में एकता कायम करने के जरिए भी तलाश रहा था। इसी उद्देश्य के साथ इसने मल लोगों को यह याद दिलाया कि आरक्षण की 'लड़ाई' अंततः सरकारी शिक्षण संस्थानों व सरकारी नौकरियों तक ही सीमित थी और किसी भी स्थिति में ये अवसर कम हो रहे थे और शीघ्रता से कम वेतन और थोड़ी–सी सुरक्षा देने की अनुबंध वाली नौकरियों में तब्दील हो रहे थे। जबकि सच्चाई यह थी कि अनुसूचित जातियों का बहुलांश ग्रामीण क्षेत्रों में रहता था और सिर्फ 14 प्रतिशत आबादी 'शहरी भीड़–भाड़' में रहती थी और यह बात दोनों ही जातियों के लिए सच थी, और लगभग सभी मादीगा व मल लोग भूमिहीन खेत मजदूरों के रूप में ग्रामीण क्षेत्रों में काम कर रहे थे।

उप–जाति आंदोलन की ओर से लिख रहे बुद्धिजीवियों ने भी यह बात सामने रखी कि प्रत्येक उप–जाति समुदाय विशिष्ट था लेकिन इसके साथ ही छुआछूत प्रथा को झेलने की अपनी साझा विशेषता के कारण वे मजबूत रूप से एक–दूसरे से जुड़े हुए थे। इतिहास का सबसे दुखद और कड़वा सत्य इस बात का गवाह था कि:

> कारंचेडु की घटना में यदि मादीगा लोग शिकार हुए थे, तो चुंदूर की घटना में शिकार होने वाले मल लोग थे। हमलावरों व आक्रमणकारियों के लिए इस बात से कोई फर्क नहीं पड़ता था कि अछूत समुदाय मल है या मादीगा। अनुसूचित जाति के समुदाय के लिए अंतिम सत्य यही है कि अत्याचारों के इन सभी मामलों में वे एकजुट होकर डटे रहे। (शंकरन 1998: 210)

साझेपन की इस समझदारी की कमी ने ही वेम्पेंटा नरसंहार को संभव बनाया। एम.आर.पी.एस. ने एकता व प्रतिरोध पर समान रूप से जोर देकर दोनों प्रभुत्वशाली उप–जातियों के बीच साझा उद्देश्यों को उठाया; उदाहरण के लिए, उन्होंने 1997 में आंध्र प्रदेश की सरकार

द्वारा लोकप्रिय गायक गदर (जो मल थे) की हत्या के प्रयास के विरुद्ध संघर्षों का नेतृत्व किया। एम.आर.पी.एस. का मानना था कि डॉ. अम्बेडकर के एकता व भातृत्व के सपने को साकार करने के लिए उप–जातियों के बीच समानता आवश्यक थी, और उप–श्रेणीकरण दरअसल उप–जातियों को एकसाथ होने और 'एकता के स्वर्णिम दौर' की शुरुआत करने का अवसर देता है ताकि वे जाति व्यवस्था को जड़ से उखाड़ने और इसका 'उन्मूलन' करने के साझा उद्देश्य के लिए संघर्ष कर सकें (मुथैया 2004: 207)। इस प्रकार, एम.आर.पी.एस. जाशुआ और 'मामास' शब्द (मादीगा + मल) देने वाले भोई भीमन्ना जैसे दलित कवियों व दार्शनिकों के आदर्शों को साकार करने के लिए संघर्षरत था, ताकि उन्हें पारस्परिक सम्मान पर आधारित नई व्यक्तिपरकता के आधार पर एकजुट किया जा सके (चिन्नैया 1998: 7)।

प्रतिरोध जारी रखते हुए अधिक प्रभावशाली मल समुदाय से एकता कायम करने की जरूरत के प्रति सचेत रहते हुए, एम.आर.पी.एस. का विमर्श इस बात के प्रति भी उतना ही सचेत था कि मादीगा लोगों से 'निम्न' स्थिति वाली जातियों के साथ एकता कायम करना और उनके साथ न्याय करना भी जरूरी है। इस अर्थ में, एम.आर.पी.एस. अन्य सभी छोटी उप–जातियों के मुद्दों को उठाने और उनका प्रतिनिधित्व करने के लिए भी तैयार था क्योंकि उप–श्रेणीकरण के जरिए न्याय का विचार सिर्फ इसी ढंग से अर्थपूर्ण हो सकता था। अन्य सभी उप–जातियों का प्रतिनिधित्व करने में यह निहित है कि स्व–हित की संकुचित दृष्टि से बाहर निकला जाए और धीरे–धीरे 'अन्याय की निंदा करने में कम से कम से कुछ हद तक स्वयं अपनी निंदा करना भी शामिल है' इस विचार की दिशा में बढ़ा जाए। दूसरे शब्दों में, 'एक जातिवादी उत्पीड़क कोई अनजान एलियन नहीं होता... बल्कि यह प्रत्येक व्यक्ति की पहचान का हिस्सा होता है' (बालगोपाल 2000: 1076)।

इस प्रकार, एम.आर.पी.एस. ने न सिर्फ प्रभुत्वकारी मल लोगों के विरुद्ध बल्कि न्यायसंगत होने की जरूरत के प्रति अत्यधिक सचेत रहते हुए उन मादीगा लोगों के विरुद्ध भी मुद्दे उठाए जिन्होंने अन्य के अलावे दक्कलिस व मादीगा सिंधु जैसी उप–जातियों के साथ भेदभाव किया। इस बात को ध्यान में रखते हुए, एम.आर.पी.एस. ने भेदभाव से अधिक ग्रस्त उप–जातियों (जैसे कि रेल्ली और अन्य 12 ऐसी जातियां) में से कुछ के अधिकारों को सुरक्षित करने के लिए संघर्ष किया और इन उप–जातियों को उप–श्रेणीकरण के समूह ए में रखा गया था जिससे मादीगा लोगों के नेतृत्व में श्रेणीकरण के लिए किए गए संघर्ष के जरिए उन्हें सर्वोच्च वरीयता दी गई। दरअसल, एम.आर.पी.एस. ने न सिर्फ अन्य अनुसूचित जातियों को अपना समर्थन दिया, परंतु दंडोरा आंदोलन द्वारा प्रेरित लंबडा, कोया, यादव, गौड़ व अन्य जैसी पिछड़ी जातियों तक भी अपना समर्थन विस्तारित किया, और ये पिछड़ी जातियां संसाधनों के अधिक समान पुनर्वितरण और अपने सांस्कृतिक कार्यअभ्यासों की अधिक गरिमापूर्ण मान्यता के लिए संघर्ष कर रही थीं।

इस प्रकार, सीढ़ीदार जातिवादी ढांचे पर नियत की गई सभी जातिवादी पहचानों को अस्थिर करने वाली विखंडन की राजनीति के साथ सांस्कृतिक विशिष्टता का दावा करने की दिशा में धीरे–धीरे आगे बढ़ने के लिए और 'अनेक, युग्म–रहित, तरल व निरंतर बदलते अंतरों के क्षेत्र' को कायम रखने के लिए, जाति के विरुद्ध संघर्षों की पुनः रूपरेखा निर्मित करने का सचेतन प्रयास किया गया था। दूसरे शब्दों में, विखंडन के जरिए परिवर्तनकारी समाधान 'अंतर्निहित सांस्कृतिक–मूल्यांकनकारी ढांचे को बदलकर अपमान का निवारण करेंगे। मौजूद समूह की पहचानों व विभेदीकरणों को अस्थिर करके, ये समाधान न सिर्फ इस समय अपमानित समूहों के सदस्यों के आत्म–सम्मान को बढ़ाएंगे। बल्कि, वे साथ होने, जुड़ाव व स्व के प्रत्येक व्यक्ति के अहसास को बदल देंगे' (फ्रेसर 2005: 83)।

दंडोरा 'सभी के लिए' न्याय हेतु एक स्व–घोषित आंदोलन था। उप–जाति आंदोलन से निकला 'सभी के लिए' न्याय का सिद्धांत, 'दिए गए सामाजिक ढांचे या संस्थान द्वारा प्रभावित सभी लोगों के लिए' न्याय की मांग कर रहे 'सर्वजन को प्रभावित करने वाले सिद्धांत' को रेखांकित करते हुए विखंडन की राजनीति को दर्शाता है (फ्रेसर 2005ः 82)। एम.आर.पी.एस. और उनकी ओर से लिखने वाले बुद्धिजीवियों ने आगे कहा कि न्याय के ऐसे सार्वभौमिक रूपों से किसी भी प्रकार का संबंध–विच्छेद (जैसा कि चुंदूर नरसंहार के बाद अपवर्जन की भाषा के इस्तेमाल के जरिए देखा गया) निश्चित ही या तो ब्राह्मण या फिर अनुसूचित जातियों, अथवा उनके अंदर स्थित खंडों के 'एकाधिकार' में फलित होगा। ऐसी सार्वभौमिकता (जो सार्वभौमवाद से भिन्न है) की अनदेखी करने में एक किस्म का 'दलित फासीवाद' निहित होगा, जो कांचा इलैया द्वारा बताए गए सवर्णों के 'आध्यात्मिक फासीवाद' से बहुत हद तक मिलता–जुलता है (मुथैया 2007ः 30)।

नवीकृत संयोगकारी उपायों (सार्वभौमिक सरोकारों व विखंडन की राजनीति के साथ हितों के संयोग) के जरिए, एम.आर.पी.एस. नैतिकता और राजनीति या हितों को दो पृथक 'स्तरों' या 'क्षेत्रों' में द्वि–विभाजित करने की आवश्यकता से ठीक उसी तरह उबरता हुआ जान पड़ा, जिस प्रकार एच.आर.एफ. के प्रतिनिधित्व में मानवाधिकार आंदोलन ने अपने समय में तर्क दिया था। विभिन्न आंदोलनों द्वारा इन 'क्षेत्रों' का प्रतिनिधित्व किए जाने की आवश्यकता थी जिसमें मानवाधिकार आंदोलन ने स्वयं को नए मूल्यों या नैतिकता तक व अन्य सभी राजनीतिक आंदोलनों ने स्वयं को हितों के लिए किए जाने वाले संघर्षों तक सीमित करके इन्हें आगे ले जाने और बनाए रखने की भूमिका स्वयं अपने कंधों पर ले ली। उप–जाति के आंदोलन ने विभिन्न उप–जातियों के विशिष्ट हितों के लिए किए जाने वाले संघर्षों को सार्वभौमिक व विखंडनात्मक (डिकंस्ट्रक्टिव) वाले 'सर्वजन को प्रभावित करने के सिद्धांत' के साथ रैडिकल रूप से संयुक्त किया। दूसरे शब्दों में, इसने अमूर्त नैतिकता की समस्या से उबरने और इसे राजनीतिकृत नैतिकता से प्रतिस्थापित करने के लिए मानवाधिकार आंदोलन द्वारा किए गए को भेद को ('विशिष्ट हितों को नुकसान पहुंचाने वाले' उत्पीड़न का मुकाबला करने और 'सामान्य उत्पीड़न' के विरुद्ध संघर्ष करने के बीच के भेद को) मिटा दिया।

इसी प्रकार, एम.आर.पी.एस. के नेतृत्व वाला दंडोरा आंदोलन भी रैडिकल राजनीति को तात्कालिक अनुभव से जोड़ने की समस्या को संबोधित करता हुआ जान पड़ा। चुंदूर नरसंहार के बाद दलित राजनीति ने स्वयं दलितों के तात्कालिक 'स्वानुभूत–अनुभव' पर आधारित अस्मितावादी राजनीति को सूत्रबद्ध किया जिसमें 'अन्य' जातियों वाले समूहों व व्यक्तियों के लिए दलित संघर्षों का अंग बनने या इनका प्रतिनिधित्व करने के लिए कोई स्थान नहीं था। रैडिकल व विरोधमूलक राजनीति और विशिष्ट निर्वाचन–क्षेत्रों के अनुभवों के बीच निरंतरता बनाने में न सिर्फ दलित आंदोलन के साथ बल्कि सभी किस्म की आलोचनावादी राजनीति (और सिद्धांत) के साथ एक सामान्य समस्या पेश आती रही। नैन्सी फ्रेसर (फ्रेसर 1997एः 91) कहती हैं कि नई रैडिकल व्यक्तिपरकता का निर्माण करनाः

> समाजवाद के साथ एक समस्या रही है। संज्ञानात्मक रूप से अप्रतिरोध्य होने के बावजूद, यह आनुभविक रूप से दूर की कौड़ी है। ऐसा प्रतीत होता है कि विखंडन के जुड़ जाने ने समस्या को अधिक गंभीर बना दिया है। अधीनस्थ सामूहिकताओं के साथ जुड़ी उनकी मौजूदा पहचानों की ओर से संघर्षों को प्रेरित करने में, यह बहुत अधिक नकारात्मक और प्रतिक्रियाशील, यानी अधिक विखंडनवादी हो सकता है।

एम.आर.पी.एस. ने न सिर्फ एक आंदोलन को प्रेरित किया बल्कि इसने विशिष्ट समूहों की मांगों व पहचानों को 'सभी के लिए' न्याय के साथ जोड़ने और इसके साथ ही ठीक इन्हीं पहचानों को अस्थिर बनाने में भी सफलता प्राप्त की। यहां पर अनुभव एक जोड़ की तरह काम करता है और बोलने, प्रतिनिधित्व करने व संघर्ष करने की क्षमता के साथ तात्कालिक व विशिष्ट हितों को जोड़ता है और वह अन्य उप–जातियों व पिछड़ी जातियों के ठीक इसी प्रकार के विभिन्न 'विशिष्ट' हितों की ओर से ऐसा करता है।[30]

अंततः, एम.आर.पी.एस. ने जाति के मुद्दे को महज 'द्विसंयोजक' (जिसमें सांस्कृतिक गैर–बराबरी के साथ आर्थिक गैर–बराबरी शामिल है) के रूप में नहीं बल्कि 'त्रिसंयोजक' (जिसमें सांस्कृतिक व आर्थिक गैर–बराबरी के साथ राज्य द्वारा निर्मित श्रेणियों के जरिए राजनीतिक शक्ति या कानूनी क्रियान्वयन के साथ खास तौर पर जुड़ी समस्याएं शामिल होती हैं) के रूप में भी समझने का शुरुआती प्रयास किया। चूंकि कानूनी पहलू नागरिक–समाज के लिए आधार–रेखा (बेसलाइन) होते हैं और राज्य द्वारा लाए जाने वाले विधेयक सामाजिक संबंधों को प्रशासित करने व परिवर्तित करने के लिए सबसे महत्वपूर्ण कार्यप्रणाली होते हैं, इसलिए कानूनी प्रक्रियाओं के कारण होने वाले हाशियाकरण की पहचान करना नागरिक–समाज की सीमाओं का अतिक्रमण करने और इनसे बाहर निकलने के लिए एक महत्वपूर्ण तरीका बन जाता है। सामाजिक मुद्दों को (जैसे कि जाति को) सिर्फ सांस्कृतिक व आर्थिक के बीच 'द्विसंयोजी' ताल–मेल के रूप में समझे जाने की समस्या यह है कि यह राज्य की विशिष्टता (राजनीतिक) की अनदेखी करता है, जिससे 'यह एक ऐसा माध्यम बन जाता है जिसके जरिए सांस्कृतिक व आर्थिक प्रक्रियाएं विकसित होती हैं। नौकरशाही के रूप में कल्याणकारी राज्य, राजनीतिक शक्ति का वर्गीकरण करने के रूप में कल्याणकारी राज्य और जाहिरा तौर पर राजनीतिक शक्ति के इस्तेमाल से प्रजा (सबजेक्ट्स) को पैदा करना, सुधारात्मक उपायों के साथ दंडात्मक उपायों को मिलाना' (फिल्डमैन 2002: 417–18) और इसी प्रकार के अन्य तत्वों की अनदेखी की जाती है और उन्हें किनारे धकेल दिया जाता है। दूसरे शब्दों में, एम.आर.पी.एस. ने राज्य को 'सेवा प्रदान करने वाले तटस्थ माध्यम' के रूप में देखा और अपना ध्यान एक बार फिर से इस बात पर लगाया कि राज्य किस तरह से श्रेणीकरण व निर्णयकारी प्रक्रियाओं के अपने तरीकों के जरिए 'नौकरशाहाना, निर्भर व अनुशासित प्रजा' को पैदा करता है। 'द्वि संयोजी' मॉडल में 'अवधारणा के स्तर पर राज्य की अधीनस्थकारी स्थिति विडंबनापूर्ण है' जो 'पुनर्वितरण व मान्यता की राजनीति के प्रति राज्य की अतिशय केंद्रीयता का एक प्रतिबिंबन' हो सकता है; पैचन मार्केल कहते हैं कि 'मान्यता का व्याकरण' अपने आप में अराजनीतिक बनाने वाला हो सकता है – यानी यह राज्यों की प्रक्रियाओं का वर्गीकृत करता है, 'उनकी आबादियों को समझने–योग्य और शासन करने योग्य बनाता है' (पूर्वोक्तः 418)।[31]

भारत में अनुसूचित जातियों के वर्गीकरण का इतिहास बहुत पुराना है। सन 1931 में भारत के जनगणना कमिशनर के तौर पर जे.जे. हटन द्वारा 'दमित वर्गों' या कुछ मामलों में 'बाहरी जातियों' की सूची तैयार की गई थी जिनमें छुआछूत प्रथा से पीड़ित समुदाय शामिल थे। एक अनुसूची में सूचीबद्ध 'दमित वर्गों' को विशेष सुरक्षा प्रदान करने के लिए इस सूची को बाद में 1935 के गवर्नमेंट ऑफ इंडिया एक्ट द्वारा अपनाया गया, इसीलिए इन्हें अनुसूचित जातियां कहा जाता है। 'इस प्रकार अनुसूचित जातियां संवैधानिक रूप से

घोषित जातियों, समुदायों या समूहों के एक जमावड़े का प्रतिनिधित्व करती हैं जो छुआछूत प्रथा के पारंपरिक कार्यअभ्यास से पीड़ित रही हैं' (गैलेंटर 1984; शंकरन 1998ः 209)। स्वतंत्रता–पश्चात और 1950 में संविधान को लागू किए जाने के बाद, भारत के राष्ट्रपति ने अनुच्छेद 341 के प्रावधान के अनुसार अनुसूचित जातियों की एक सूचित जारी की जिसमें अनुसूचित जातियों को 'प्रत्येक राज्य व केंद्र शासित प्रदेशों के संबंध में पृथक रूप से निर्दिष्ट किया गया था' (पूर्वोक्त)। अनुच्छेद 341 स्पष्ट रूप से कहता है कि अनुसूचित जातियों की सूची को सिर्फ संसद द्वारा ही संशोधित किया जा सकता है। आंध्रा हाई कोर्ट के पूरे बेंच द्वारा उप–श्रेणीकरण प्रदान करने के सरकारी आदेश को *अल्ट्रा वाइरीज* (किसी की कानूनी शक्ति या प्राधिकार के परे) घोषित करने में यही दो मुद्दे (अनुसूचित जातियों की परिभाषा और सिर्फ संसद द्वारा उनके संशोधन का प्रावधान) विवादास्पद आधार बने। हाई कोर्ट ने कहा कि आंध्र प्रदेश सरकार द्वारा किया गया उप–श्रेणीकरण अनुसूचित जातियों की सूची में एक परिवर्तन को दर्शाता है जिसे सिर्फ संसद द्वारा परिवर्तित किया जा सकता है और यह राज्य सरकारों के दायरे में नहीं आता है। इसने आगे कहा कि चूंकि अनुसूचित जातियों की पहचान सभी जातियों में से 'निरपेक्ष रूप से' या 'सर्वाधिक पिछड़ी' जातियों के रूप में की गई थी, इसलिए इनमें भी अधिक पिछड़ी जातियों की पहचान करना कुछ खास जातियों को (यानी जो अपेक्षाकृत विकसित हैं) अनुसूचित जातियों की सूची से बाहर रखने के समान होगा। न्यायालय ने 'छूने योग्य लोगों' और अछूतों या सवर्णों व *पचमा* लोगों के बीच के अंतर के आधार पर अनुसूचित जातियों के ऐतिहासिक मूलों की अनदेखी की जिसका जातियों के बीच पिछड़ेपन की सीमा से ऐसा कोई लेना–देना नहीं था। यह एक अलग मामला है कि यह सच्चाई है कि अनुसूचित जातियां सभी जातियों में 'सबसे अधिक पिछड़ी' हैं। 'यह व्याख्या करने की बहुत ही अजीब प्रक्रिया है जो भावार्थ को उलट देती है और इस व्याख्यायित या शब्दाडंबरपूर्ण अभिव्यक्ति को एक सुनिश्चित विशेषता बना देती है और कहती है कि पिछड़ेपन का कोई पैमाना है जिसके आधार पर जातियों को इसमें रखा गया है...' (बालगोपाल 2000ः 1079)।

मल लोगों ने उप–श्रेणीकरण के विरुद्ध अपने अभियान का नेतृत्व न्यायालय के निर्णय और इसके पीछे मौजूद तर्क का इस्तेमाल करके किया और इस बात को दोहराया कि 'अनुसूची में निर्दिष्ट व अधिसूचित सभी जातियां एक इकाई हैं जिन्हें अनुसूचित जातियां कहा जाता है।' उन्होंने यह भी कहा कि नागरिक के रूप में मादीगा लोग न्यायालयों व उनके कानूनी निर्णयों का सम्मान करने के लिए बाध्य हैं और अधिक लामबंदी करके राजनीतिक व कानूनी संस्थानों पर दबाव बनाना (क्योंकि मल लोगों को यह अन्यायपूर्ण महसूस हुआ), राज्य में गड़बड़ी व अराजकता को प्रोत्साहित करने जैसा है जिसके न सिर्फ मल व मादीगा समूहों पर, बल्कि अन्य सभी सामाजिक समूहों पर भी प्रतिकूल प्रभाव पड़ेंगे। ऐसे तर्कों ने लोगों का ध्यान आकर्षित किया और इन तथ्य था कि उप–श्रेणीकरण अब न्यायाधीन या सब–जुडिस था (और वह भी आने वाले लंबे समय तक) और इस सबसे एम.आर.पी.एस. के लिए और अधिक राजनीतिक लामबंदी करना कठिन हो गया, और आंदोलन लंबे समय के लिए गतिरोध की स्थिति में पहुंच गया।

उप–जाति आंदोलन द्वारा विवादित इस नई स्थिति ने प्रश्नों की एक श्रृंखला खड़ी की जिनमें संस्थानीकरण की गतिकी और राजनीतिक आंदोलन निर्मित करने की गतिकी के बीच के संबंध का मुद्दा शामिल था; वे आखिर कितने परस्पर अपवर्जनकारी हैं या आखिर वे कब

वास्तव में संपूरक बनते हैं? इसी प्रकार, सामाजिक यथार्थ की विषमांगता और अंतर्विरोधी स्थिति के विरुद्ध कानून के अंदर विलक्षणता (सिंगुलैरिटी) पर जोर देने के इस पहलू ने कानूनी उपायों का सहारा लेने वाले राजनीतिक अपवर्जन के संदर्भ में अनेक अवधारणात्मक मुद्दे उठाए। इसके बाद, यह इस बात को उठाता है कि सामाजिक प्रक्रियाओं की तरलता या जटिल विषमांगता को बाधित करके क्या कानून (अपनी परिभाषा के अनुसार) सिर्फ अपनी विलक्षणता में ही अर्थपूर्ण है, या फिर यह वास्तव में एक संक्रमणशील प्रकृति को अपना सकता है? क्या कानून किसी भी मुद्दे पर एक राजनीतिक या सामाजिक सर्वसहमति निर्मित करने के लिए एक वैकल्पी अथवा प्रतिस्थापी के रूप में काम कर सकता है? किसी जारी राजनीतिक संवाद और लामबंदी के संदर्भ में कानून को भाग्य–नियंता की स्थिति प्रदान करना, क्या वंचितों को लाभ पहुंचा सकता है या फिर क्या यह उन्हें सक्रिय भागीदारों से ऐसे लोगों में बदल सकता है जो मौजूदा सामाजिक व्यवस्था को वैकल्पिक राजनीतिक उपायों के जरिए कानून के अधीन रहने वाली निष्क्रिय प्रजा में सांगोपांग रूप से तब्दील कर सकते हैं? क्या कानून के पास स्वयं में एक स्वतंत्र क्षमता है या फिर यह वास्तव में राज्य की शक्ति की महज एक ठोस अभिव्यक्ति है? फिर इसी संदर्भ में, क्या प्रतिरोध की राजनीति में यह मांग शामिल है कि वह सामाजिक समूहों को कानूनी तौर पर अधिक सशक्त या अशक्त बनाए और राजकीय नियंत्रण में क्षरण या बढ़ोत्तरी करने की दिशा में आगे बढ़ाए?

इस प्रकार के सभी अवधारणात्मक प्रश्न तब और अधिक जटिल बन जाते हैं जब कानून इस प्रकार के राजनीतिक प्रबंधकों के हाथ में हों जो 'आबादियों' को प्रबंधित करके शक्ति को अपने हाथों में केंद्रित करना चाहते हैं और स्वयं को लोकतांत्रिक जवाबदेही से अलग करना चाहते हैं। एम.आर.पी.एस. के मामले में, इसने एक तरफ राजनीतिक लामबंदी की दिशा में बढ़ना जारी रखा जो अब अत्यधिक कठिनतर होती जा रही थी और दूसरी तरफ, जैसा कि एक्सेल होनेथ ने तर्क दिया, यह मानना कि आत्म–सम्मान के लिए राज्य के बचावकारी उपायों के जरिए उन्हें भी कानूनी संबंधों में समान सम्मान की जरूरत थी, और इसलिए उन्हें उप–श्रेणीकरण की मांग के इर्द–गिर्द संघर्ष जारी रखने की आवश्यकता थी (होनेथ 2001: 50)।[32]

भारत में दलित राजनीति ने उभरते हुए उत्तर–नागरिक–समाज के विमर्श को मजबूती से पकड़ा। उन्होंने बिखरी हुई सामाजिक शक्ति को बाधित करने के लिए काम करने के अपने द्वंद्वात्मक तरीके को पुनः बहाल किया, और नागरिक–समाज के अनुशासनात्मक प्रभावों ने अस्मितावादी राजनीति के इसके चयनित उत्सव में स्वयं को अभिव्यक्त किया। दलित राजनीति अस्मितावादी राजनीति के रूप में मान्यता की फ्रेमिंग करने से आगे निकल चुकी है या अनेक विवादास्पद हस्तक्षेपों व कार्यअभ्योसों के जरिए संस्कृतिवाद का मूल्यवर्द्धन करने से आगे बढ़ चुकी है जिसमें निम्न शामिल हैं: पुनर्वितरण के साथ मान्यता प्राप्त करने के विभेदीकृत व बहुआयामी तरीकों को जोड़ना; सार्वभौमिक सरोकारों व विखंडन की राजनीति के साथ हितों को जोड़ने के आधार पर दलितों की एकता पर जोर देने के साथ उप–जातियों के 'आंतरिक' प्रतिरोध को मिलाना, और साथ ही रैडिकल व विरोधमूलक राजनीति को तात्कालिक अनुभव के साथ जोड़ना। अंततः, इसे यह महसूस हुआ कि संस्कृति व अर्थव्यवस्था पर जोर देने वाले द्विसंयोजी तरीके से त्रिसंयोजी तरीके की दिशा में बढ़ना जरूरी है जहां 'मान्यता का व्याकरण' राज्यों की प्रक्रियाओं को वर्गीकृत करने का एक ऐसा उपकरण हो सकता है जो सक्रिय आंदोलनों को राज्य की महज आज्ञाकारी प्रजा में तब्दील कर सके।

यदि सरकारी–प्रशासनिकता (गवर्नमेंटैलिटी) के नियामक दांव–पेंचों के लिए 'सामाजिक' क्षेत्र एक 'प्रबंधनीय' क्षेत्र बना रहे, तो कानूनी तौर–तरीके और विधि–निर्माण की प्रक्रियाएं नागरिक–समाज के ढांचे का बुनियाद बने रहते हैं। दलित राजनीति इन स्थितियों की असमाधेय जड़ता व ढिठाई के प्रति लगातार अधिकाधिक सचेत थी जो राजनीतिक आंदोलनों को इनमें धकेल सकती थीं, परंतु फिर भी उसने उप–श्रेणीकरण जैसे विधेयकों की मांग करना जारी रखा। दलित राजनीति स्त्रीवादी राजनीति से सीख सकता था जिसने 'कानून से परे जाने' के इस मुद्दे पर पर्याप्त चिंतन किया था। भारत में स्त्रियों के आंदोलन ने अपने इर्द–गिर्द मौजूद कानूनी प्रक्रियाओं और संस्थानिक बनावट के हस्तक्षेपों के कारण सामाजिक प्रक्रियाओं को खंड–खंड में बांटने के इस मुद्दे से संबंधित समझदारी विकसित करने में विलक्षण योगदान दिया था और अपने प्रयासों को इसके जरिए बिना किसी समस्या के संपूरित करने के बजाय, राजनीतिक लामबंदी को सीमित करने व परिवर्तनकारी प्रक्रिया को बाधित करने वाले इसके सहवर्ती प्रभाव को समझा था। इसलिए स्त्रीवादियों ने यह मुद्दा उठाया कि क्या कानून में बदलाव लाने के लिए इस पर इतना अधिक ध्यान केंद्रित किया जाना चाहिए या नहीं, जैसा कि अतीत में राजनीतिक आंदोलनों ने किया था, और यदि वे ऐसा करते हैं तो विरोधमूलक राजनीति की गतिकी के अंदर इन बदलावों को क्या स्थान दिया जाना चाहिए। अगले अध्याय में हम स्त्रीवादी राजनीति, ऐसी परिवर्तनकारी दुविधाओं से निपटने पर अपना ध्यान केंद्रित करेंगे।

टिप्पणियां

1. नागरिक–समाज की यह बात न सिर्फ दक्षिणी महाद्वीपों के लिए बल्कि यूरोपीय और अमेरिकी नागरिक–समाजों के लिए भी सच है क्योंकि वहां भी सजातीय (एथनिक), धार्मिक व नस्लीय पहचानों की समान रूप से भरमार है। 'जातीय संघ अमेरिका में सजातीय समूहों (एथनिक ग्रुप्स) से बहुत अधिक मिलते–जुलते हैं। सभी बड़े शहरों में पोलिश, जर्मन, आइरिश और लैटिनो क्लब्स में ऐसे सदस्य है जिन्होंने इनके साथ अपनी पहचान को जोड़ा है' (रूडोल्फ 2008: 278–79)। यहां तक कि तथाकथित पेशेवर संघों में भी आरोपित पहचानों की खींच–तान व दबाव मौजूद हैं।
2. इस प्रकार के संघर्ष ठीक किस तरह से एक क्षेत्र के रूप में नागरिक–समाज के साथ समझौता कर रहे हैं और इससे आगे बढ़ने का क्या अर्थ है इस पर अधिक जटिल व संदर्भित विश्लेषण का आग्रह करने वाले नागरिक–समाज विषयक संगठन की विशेषताओं को अपना लेने का आंदोलनों का यह गुण, पार्थ चटर्जी के अनुसार, नागरिक–समाज और राजनीतिक–समाज के बीच एक और युग्म निर्मित करता है मानो इन्हें एक के ऊपर एक आंशिक आच्छादन के साथ व्यवस्थित किए बिना स्पष्ट तौर पर प्रतिचित्रित किया जा सकता हो। इस किताब के पांचवें अध्याय में हम इस पर अपना ध्यान केंद्रित करेंगे।
3. यही वह दिखाई पड़ने वाला 'पृथक्करण' है जो 'औपचारिक लोकतंत्र' को एक ही समय पर स्वीकार करने और मान्य बनाने, तथा बोलने की स्वतंत्रता व विधि द्वारा शासन जैसे उदारवादी सुरक्षा–उपायों को साथ लेकर चलने के कार्य को, तथा उदारवाद द्वारा उन पर आरोपित की गई सीमाओं के परे जाकर आंतरिक रूप से उन पर पुनः काम करने के कार्य को कठिन बना देता है। मानवाधिकार आंदोलन के समकालीन चरण में उभरते विमर्शों के संबंध में, यही तर्क हमने इस किताब के दूसरे अध्याय में दिया है।
4. यहां इस बात पर गौर करना महत्वपूर्ण है कि कानूनी श्रेणी के जरिए 'अनुसूचित जाति' में होने से उत्पन्न हुई व्यक्तिपरकता दलित होने से स्पष्ट रूप से भिन्न होती है। जैसा कि हम बाद में तर्क

देंगे, दलित राजनीति को इस टूट–बिखराव का सामना करना पड़ा और इन दोनों के महत्व को पुनः रेखांकित करना पड़ा और इन दोनों को पुनः जोड़ना पड़ा ताकि वह कानूनी व्यक्तिपरकता के साथ होने वाली संभावित निष्क्रियता से उबर सके, और एक विशिष्ट संस्कृति व दलितों के रूप में पहचान का दावा करने वाले स्व–पृथक्कृत विषयों का निर्माण करके स्वयं को पूर्ण बना सके।

5. एक तरफ, डी.एम.एस. यह विचार पेश कर रहा था कि सिर्फ दलितों को ही अपने संघर्षों का नेतृत्व करना चाहिए और दूसरी तरफ, दलितों के पारंपरिक अर्थ को विस्तारित कर रहा था (अनुसूचित जातियों के रूप में) ताकि यह मौजूदा वर्ग व जातीय ढांचे द्वारा हाशियाकृत लोगों को अपने में शामिल कर सके। इसने सार्वभौमिक व विशिष्ट के बीच के उस अनूठे द्वंद्व की प्रकृति को रेखांकित किया जिसे दलित आंदोलन के पहले चरण ने सूत्रबद्ध किया था।
6. स्थानीय पंचायत राज संस्थाओं के साथ समझौता करने और काम करने में 'लोकतांत्रिक स्पेस' के इस्तेमाल पर जोर देना, मानवाधिकार आंदोलन के अंग के तौर पर सी.सी.सी. द्वारा माओवादी आंदोलन को प्रभावित करने के लिए दिए गए तर्कों और प्रयासों से बहुत मिलता–जुलता था।
7. संभवतः कोई भी यह तर्क दे सकता है कि पत्रिकाओं को कायम रखने और चलाने के कार्यअभ्यासों का रूप अंतर्वस्तु की प्रकृति में नागरिक–समाज की तरह था जबकि स्व–प्रतिनिधित्व के तरीके ने ऐसे किसी भी स्पष्ट जुड़ाव की संभावना को धुंधला कर दिया था।
8. इस बात पर गौर करना दिलचस्प है कि क्रांतिकारी पार्टियों की बोलचाल की भाषा में, हालांकि सशस्त्र दस्तों को 'पार्टी' के बराबर रखा जाता था (जिसकी अपनी खुद की रणनीति, सैन्य व राजनीतिक दस्ते भी होते थे), जबकि खुले, कानूनी व पंजीकृत संगठनों को 'जन संगठन' कहा जाता था। अलग–अलग हिस्सों (दलित, स्त्री, नागरिक अधिकार) पर ध्यान केंद्रित करने वाले सभी संगठनों को 'जन संगठन' कहा जाता था। महत्वपूर्ण बात यह है कि 'जन' के विचार का गैर–विभेदीकृत व्युत्पत्ति–संबंधी इस्तेमाल और साथ ही 'नागरिक' कार्यअभ्यासों की सीमाओं के अंदर इन संगठनों की स्थिति, दोनों के संदर्भ में इसने नागरिक–समाज के क्षेत्र के साथ अपने आच्छादन (ओवरलैप) को रेखांकित किया।
9. उन्होंने 'अम्बेडकरवादः नए शासक वर्ग की वैकल्पिक विचारधारा' (अम्बेडकरिज्मः आइडियोलॉजी फॉर अ न्यू रूलिंग क्लास ऑल्टरनेटिव) शीर्षक से आधिकारिक पत्रिका 'रेड स्टार' में इससे मिलते–जुलते बिंदु उठाए।
10. कांचा इलैया की पुस्तक *व्हाई आई एम नॉट अ हिंदू* (इलैया 1996) यह व्याख्या करने के पहले प्रयासों में से एक थी कि दलितों के रोजमर्रा के विभिन्न सांस्कृतिक कार्यअभ्यास जातिवादी–हिंदू कार्यअभ्यासों से अलग थे और कई बार ये उनसे पूरी तरह भिन्न होते हैं। आंशिक–आत्मकथात्मक अस्तित्ववादी शैली में लिखी गई यह पुस्तक इस बात को पुष्ट करने का प्रयास करती थी कि स्वयं लेखक की जातिगत पृष्ठभूमि और इससे जुड़े आनुभविक आयाम जाति से संबंधित मुद्दों के दृष्टिकोण की प्रकृति और विश्लेषण की अंतर्वस्तु को निर्धारित करने में महत्वपूर्ण है।
11. जैसा कि जोआन स्कॉट कहते हैं, 'अनुभव एक भाषाशास्त्रीय घटना है – जिसके बाद यह सवाल उठता है कि इसका विश्लेषण किस तरह से किया जाए', जो यह मानकर चलता है कि अनुभव 'किसी परिघटना का एक बाइ–प्रोडक्ट होता है जिसका मूल पूर्णतः व्यक्ति से बाहर भाषाशास्त्रीय ढांचों में होता है' (जोआन स्कॉट, पूर्व उद्धृत रचना)। यह एक अलग बात है कि अर्नेस्टो लाक्लाऊ और शैंटत माउफे भाषाशास्त्रीय और परि–भाषाशास्त्रीय ढांचों में किसी तरह का विभेद करने से इंकार करते हैं और ऐसे विभेद करने के लिए फॉकॉल्ट की आलोचना करते हैं, जिन्हें वे अपुष्ट मानते हैं (लाक्लाऊ व माउफे 1985; 1990)। साथ ही, न्यू लेफ्ट रिव्यू द्वारा 1990 में प्रकाशित 'पोस्ट–मार्क्सिज्म विदआउट अपोलॉजीस' देखें।
12. परंतु, गांधीवादी राजनीति और दर्शन तथा नागरिक–समाज के आपसी संबंध पर विभिन्न दृष्टिकोण व अवस्थितियां मौजूद हैं। रूडॉल्फ जैसे उदारवादी अध्येता यह तर्क देते हैं कि 'गांधी नागरिक–समाज के एक मेधावी व अथक सर्जक थे' और उन्होंने आश्रम जैसे संस्थानों के सीधे–सरल तरीकों का इस्तेमाल करके लोगों को संगठित किया, जो अमेरिका के कॉफी–हाउस तरीकों का भारतीय समकक्ष था, और सीधे–सरल प्रतीक–चिह्नों के जरिए अशिक्षित जनता के साथ संवाद स्थापित किया। इस

प्रकार, उन्होंने 'उदारवादी व लोकतांत्रिक दायरों' के साथ जुड़े अर्थों' को नए रूप प्रदान किए। पार्थ चटर्जी जैसे उत्तर–औपनिवेशिक अध्येताओं ने तर्क दिया कि गांधी नागरिक–समाज के उदारवादी/पश्चिमी विचार के कटु आलोचक थे, और इसलिए उन्होंने तर्कसंगतता के बाहर जाकर नए कार्यअभ्यास प्रस्तुत किए और नए शहरी केंद्रों से बाहर गांवों के रूप में नए स्थान प्रस्तुत किए। परंतु, उत्तर–औपनिवेशिक अध्येता नागरिक–समाज की गांधीवादी आलोचना के साथ ही नागरिक–समाज की दलितवादी आलोचना, दोनों, को अनुचित ढंग से पेश करते हैं और कभी भी यह सवाल नहीं उठाते कि ऐसी साझा जमीन के मौजूद होने पर भी, दलित गांधी के प्रति इतने आलोचनात्मक क्यों हैं (रूडॉल्फ और रूडॉल्फ 2006; चटर्जी 2006)।

13. (रूडॉल्फ और रूडॉल्फ 2006: 211)।
14. गांधी द्वारा *यंग इंडिया* (अय्यर 1972: 124) में। उन्होंने यह भी कहा कि, 'स्वयं अपनी चेतना की आवाज के विरुद्ध काम करने वाला सत्याग्रह का नेता बेकार है और इसका अर्थ है कि वह सभी किस्म के विचार रखने वाले लोगों से घिरा है' (पूर्वोक्तः 299)।
15. इसलिए उन्होंने कहा कि, 'चेतना की अब तक घुटी–दबी हुई आवाज द्वारा संप्रेषित होने वाला मानवीय स्वर कभी भी दूर तक नहीं पहुंच सकता। मैं यह मानता हूं कि इस दुनिया में सिर्फ एक ही उत्पीड़क है और वह है मनुष्य के अंदर की अब तक घुटी–दबी हुई आवाज' (पूर्वोक्तः 121)।
16. गांधी ने आगे कहा कि,

    व्यक्ति की स्थिति चाहे जो भी हो, चाहे यह स्थान उसने चुना हो या उसे इस स्थान पर किसी नेता ने नियुक्त किया हो, फिर उसे मौत की या अपमान की परवाह किए बिना संकट की घड़ी में अपने स्थान पर बने रहना चाहिए (पूर्वोक्त)।

17. यह शब्दावली मधु किश्वर द्वारा (किश्वर 1985: 1699) इस्तेमाल की गई थी। मैं रामचंद्र गुहा का आभारी हूं कि उन्होंने मुझे यह सुझाव दिया और इस लेख का संदर्भ प्रदान किया।
18. राघवन अय्यर सत्याग्रह को समझने के एक संभावित तरीके के रूप में इसका हवाला देते हैं (अय्यर 1972: 287)।
19. यद्यपि, कारगर रूप से संवादपरक प्रकृति वाले एक सार्वजनिक दायरे को निर्मित करने के गांधीवाद दृष्टिकोण मिलते हैं। देखें भट्टाचार्य (2005) और रूडॉल्फ (1967/2003)।
20. कुछ अन्य दलित बुद्धिजीवियों ने यह कहा कि,

    दलित उद्देश्यों को उठाने का दावा करने का स्वांग करने वाले लोग विनीत भाव के साथ अपने घृणित दृष्टिकोण का प्रचार–प्रसार करते रहे हैं और उनका यह दृष्टिकोण सिर्फ उनका ही हित साधता है। वे दलित उद्देश्यों का इस्तेमाल धूर्तता के साथ अपने व्यक्तिगत हित साधने के लिए ही करते हैं। दरअसल, आम दलित जनों के बीच सामाजिक चौकसी का नितांत अभाव है जिसका व्यावहारिक लाभ ये स्वघोषित दलित और साथ ही गैर–दलित 'मसीहा' उठाते हैं (गुरु 2005: 7–8)।

21. गांधीवादी दर्शन और समकालीन दलित राजनीति की तुलना करने वाले उपरोक्त तर्क मेरे पिछले प्रकाशन (गुडावर्थी 2008) से लिए गए हैं।
22. हालांकि वर्तमान चरण में एम.आर.पी.एस. ने उप–जातियों की ओर से पुनः संघर्ष आरंभ किया और उप–जातियों का प्रतिनिधित्व किया, परंतु इस मुद्दे को अनेक संगठन पहले उठा चुके थे और इनके लिए संघर्ष कर चुके थे। वर्ष 1931 में ही, मादीगा लोगों के उत्थान के लिए संघर्ष करने वाले पहले संगठन के रूप में अरुंधथीय महासभा की स्थापना हुई, और बाद में 1981 में, मादीगा कर्मचारियों की पहली पीढ़ी द्वारा अरुंधथीय बंधुसेवा मंडली की स्थापना की गई (मुथैया 2004: 188)। वर्ष 1982 में आंध्र प्रदेश मादीगा संघम की शुरुआत के ठीक बाद ही, 1990 में दक्षिण भारत आदिजांभव/अरुंधथीय समाख्या की और फिर एम.आर.पी.एस. की स्थापना हुई (पूर्वोक्त)।
23. वर्ष 1991 की जनगणना के अनुसार, आंध्र प्रदेश में अनुसूचित जातियों की कुल आबादी 1,05,92,000 थी जो पूरी आबादी का 15.9 प्रतिशत है। जबकि 1991 की ही जनगणना के अनुसार, भारत में

अनुसूचित जाति की आबादी 13.82 करोड़ थी जो भारत की कुल आबादी का 16.48 प्रतिशत था (शंकरन 1998: 209)।

24. दरअसल, मादीगा लोगों द्वारा आत्म–सम्मान के दावों का परिणाम मूल्य–वर्द्धन के रूप में नहीं हुआ बल्कि इसके उलट, एम.आर.पी.एस. ने मलों की छवि बिगाड़ने वाली कुछ लोकप्रिय पौराणिक कहानियों को सुधारा और ऐसी कहानियों को हतोत्साहित किया। उदाहरण के लिए, पहले मादीगा लोगों ने यह मानना शुरू कर दिया था कि 'मलों का जन्म देवी पार्वती के माहवारी के रक्त से हुआ था और इसीलिए उनका नाम मैला या दूषित पदार्थ से निकला है। परंतु मलों ने दावा किया कि उनका जन्म देवी पार्वती की माला से हुआ था (रेड्डी 1951: 3)। इसके अतिरिक्त, आंध्र प्रदेश में मल लोगों व मादीगा लोगों को दाहिने–हाथ वाले समूह और बाएं–हाथ वाले समूह माना जाता है जो सांक्यमुनि और युगमुनि की पौराणिक कथा पर आधारित है और होलेया (मल) और मादीगा लोगों के पूर्वज प्रवेश–द्वार के क्रमशः दाहिनी और बाएं तरफ खड़े होते थे (पूर्वोक्तः 4)। बाद के दौर में, दाहिने और बाएं ने अलग–अलग अर्थ ग्रहण कर लिए, जिनमें से एक अर्थ यह था कि सभी 'दाहिने हाथ वाले खंड की जातियां रामानुज के अनुयायी होने का दावा करती हैं जबकि बाएं हाथ वाले खंड की जातियां शैव होने का दावा करती हैं' (पूर्वोक्त)। दूसरा अर्थ यह है कि मादीगा लोगों को कचरा बीनने के अपने पारंपरिक पेशे के कारण बाएं हाथ वाले कहा जाता है।

25. एम.आर.पी.एस. के अध्यक्ष ने यह घोषणा की कि उनका हथियार बंदूक नहीं बल्कि ढोल है। उन्होंने कहा कि वे इतनी जोर से ढोल बजाएंगे कि या तो सत्तासीन वर्ग को उनकी मांगें सुननी होंगी या फिर 'इसकी आवाज से उनके कान के पर्दे फट जाएंगे' (मुथैया 2004: 187)।

26. भारत में यह अक्सर देखा जाता है कि जब कभी भी तथाकथित ऊपरी जाति वालों को नौकरी के कम होते अवसरों या वंचित समूहों के आरक्षण के विरुद्ध प्रतिरोध करना होता है, तो वे या तो जूता–पालिश करके या फिर सड़कों पर झाड़ू बुहारने का काम करके प्रतिरोध करते हैं। आखिर इन थोड़े से 'नीच' कामों (क्योंकि ये शारीरिक श्रम के काम होते हैं) को करके वे क्या जताना चाहते हैं कि ये काम उनकी जाति की स्थिति और जीवनशैली के हिसाब से उनकी प्रतिष्ठा के नीचे के काम हैं।

27. हालांकि अपने जवाब में यंग यह सुझाव देते जान पड़ते हैं कि मान्यता स्वयं में एक साध्य होने के कारण असल में पुनर्वितरण को प्रतिस्थापित करती है। संभवतः, यह तर्क देना अधिक उचित होगा कि एक साध्य के रूप में मान्यता के लिए लड़ना अपने आप में समस्या नहीं है, बल्कि इसके द्वारा स्पष्टतः पुनर्वितरण को प्रतिस्थापित करने में समस्या है, हालांकि ऐसा भी किया जा सकता है जबकि, उदाहरण के लिए, मान्यता का इस्तेमाल साधन के रूप में सिर्फ राजनीतिक शक्ति के लिए किया जाए न कि आर्थिक पुनर्वितरण के लिए। असल में, मान्यता को एक साध्य के रूप में स्वीकार नहीं करना यह छाप छोड़ता है कि यह राजनीतिक आंदोलनों की द्वितीयक स्तर की मांग है। इस प्रकार, जैसे कि लोकतंत्र के संदर्भ में अमर्त्य सेन तर्क देते हैं, मान्यता की सर्वश्रेष्ठ अवधारणा वह है जिसमें इसे सामाजिक संबंधों के लोकतंत्रीकरण के लिए साध्य और साधन, दोनों के रूप में देखा जाता है।

28. फ्रेसर की बदली हुई अवस्थिति यंग के साथ (जिसका ऊपर उल्लेख किया गया है) और जुडिथ बटलर के साथ (बटलर 1997) हुई उनकी बहसों से उत्पन्न हुई। ये संशोधन उनके चार लेखों में दिखते हैं (फ्रेसर 1996; 1997(ए); 1997(बी) और 2000)।

29. एक अर्थ में, यंग ने यह तर्क देते हुए जिस बात को स्वीकार किया था कि, 'जब तक समूहों की सांस्कृतिक अवमानना ढांचागत आर्थिक उत्पीड़नों को उत्पन्न या सुदृढ़ करती है, तब तक दोनों संघर्ष निरंतरता में होते हैं' (यंग 2008: 64), इसकी तुलना में एम.पी.आर.एस. ने अधिक जटिल यथार्थ का सामना किया था। जबकि इस मामले में, छुआछूत परंपरा के कारण मल लोग सांस्कृतिक रूप से मादीगा लोगों के समान ही बदनाम थे, परंतु आर्थिक रूप से वे मादीगा लोगों की तुलना में अधिक संपन्न थे क्योंकि उन्हें आरक्षण का बहुत अधिक हिस्सा मिल रहा था। इसके अतिरिक्त, मल लोग स्वयं भी मादीगा लोगों के साथ छुआछूत का व्यवहार करते थे जो उनके साथ आर्थिक संघर्षों में शामिल होने की समस्या को अधिक बढ़ाता था और ऐसे राजनीतिक आंदोलन में मल लोगों को साझीदार बनने में समस्या बढ़ाता है।

30. चूंकि वर्गीय राजनीति का समाजवादी एजेंडा आनुभविक रूप से बहुत दूर की बात थी, इसलिए अनेक अध्येताओं ने इस कमी से उबरने के तरीके सुझाए थे। इनमें सबसे उल्लेखनीय तर्क यह है कि वर्गीय अंतरों को भी गलत मान्यता के रूप में समझा जाए, जिसमें मौजूदा संपत्ति संबंधों के कारण विशिष्ट सामाजिक समूह, जैसे कि कामगार, 'मान्यता की कमी' के जूझते हैं। परंतु, इस प्रकार का दृष्टिकोण, जैसा कि फ्रेसर ने रेखांकित किया, राजनीतिक अर्थशास्त्र के आयाम (जिसमें बाजार की कार्यप्रणाली और प्रौद्योगिकीय नवोन्मेष शामिल होते हैं) के लिए जवाबदेह नहीं होता है (सायेर्स 2005; फ्रेसर व होनेथ 2003)।
31. (मार्केल 2000)।
32. समान कानूनी संबंधों के जरिए आत्म–सम्मान अर्जित करने के अलावा, होनेथ यह मानती हैं कि मान्यता के किसी भी विचार के लिए साझा मूल्यों वाले समुदायों के अंदर अंतरंग संबंधों में प्यार व देखभाल के जरिए आत्म–विश्वास और भरोसे के जरिए आत्म–सम्मान अर्जित किया जा सकता है।

4

स्त्रीवादी राजनीति एवं कानूनी व्यक्तिपरकताः परिवर्तनकारी दुविधाओं से निबटने की चुनौती

साहचर्यात्मक जीवन के साथ या इसके स्थान पर, नागरिक–समाज की राजनीति राज्य द्वारा निर्मित विधान पर भी जोर देती है। जैसा कि माइकल एडवर्ड्स (एडवर्ड्स 2010: 60) कहते हैं:

> (इन) असमानताओं के साथ स्पष्ट तौर पर निबटना नागरिक समाजों के लिए एक पूर्वशर्त है, और इस कार्य में "बराबरी का खेल" रखने के लिए सरकारी कदमों को शामिल करना, गैर–बराबरी के विरुद्ध कानून बनाना, "खेल के नियमों" को बदलना, श्रम एवं अन्य मानकों की सुरक्षा करना, पर्याप्त सामाजिक सुरक्षा व बच्चों के देखरेख संबंधी इंतजामों की गारंटी देना आवश्यक है, और साथ ही उन सभी कामों को करना आवश्यक है जिन्हें साहचर्यात्मक जीवन, फर्में और परिवार स्वयं अपने लिए नहीं कर सकते या नहीं करेंगे।

नागरिक–समाज की बुनियाद का आधार–वाक्य यह है कि लोकतांत्रिक सरकारों द्वारा स्थापित किए गए विधान, सिसेरो के शब्दों में, नागरिकों को उस सीमा तक स्वतंत्र बनाते हैं जिस सीमा के बाद वे कानून के दास होते हैं। जब सामुदायिक संबंध एवं पारंपरिक परिवार प्रकटतः 'स्वाभाविक रूप से' अनुकूलित किए गए सामाजिक संबंधों पर (जैसे कि लिंग, जाति, नस्ल एवं रक्त–संबंध) आधारित हों और इन्हें कानूनी रूप से निर्मित (स्वतंत्र एवं समान) लोगों (प्रजा) से प्रतिस्थापित कर दिया जाता है, तो मध्यस्थता के एक महत्वपूर्ण बिंदु के रूप में कानून सामने आता है। मार्क्स ने 'यहूदी प्रश्न पर' (ऑन दि ज्युइश क्वेश्चन) नामक अपने चर्चित लेख में कहा है कि सामंती सामाजिक विन्यासों से लोकतांत्रिक गणतंत्रों का उदय होना रियासतों से संबंधित विशेषाधिकारों के खात्मे के साथ जटिल रूप से जुड़ा हुआ है और इसके परिणामस्वरूप नागरिक–समाज का जन्म होता है जहां विरासत में मिले अधिकार के बजाय आधुनिक व धर्मनिरपेक्ष कानून के जरिए निजी हितों को प्राप्त करने का प्रयास किया जाता है। मैकिंनॉन जैसी स्त्रीवादी 'कानून द्वारा सार्वभौमिक वायदे को पूरा करने हेतु' बाध्य करके आधुनिक कानून में मौजूद इस संभावना की पड़ताल करती हैं। इस प्रकार, 'मैकिंनॉन के कानूनी सिद्धांत व विधि संबंधी प्रस्ताव इन स्थितियों को ही गैर–कानूनी बनाकर, व कानून में इनका राजनीतिकरण करके स्त्रियों को इन स्थितियों से मुक्त करने का प्रयास करते हैं' (ब्राउन 1995: 130)। ऐसे सूत्रीकरण यह मानते हैं कि स्त्रियों को कानून में स्थित मर्दवाद में सुधार लाने की व स्त्रियों को अधीनता से उबारने के एक कारगर उपकरण के रूप में इसका इस्तेमाल करने की जरूरत है। स्त्रियों को

अधिकारों के लिए संघर्ष करके अर्जित की जाने वाली कानूनी व्यक्तिपरकता प्राप्त करने की आकांक्षा रखनी चाहिए जो व्यक्तियों को 'शारीरिक अखंडता व निजता व वैयक्तिकता का एक दायरा' प्रदान करता हो भले ही इसे अमूर्त ढंग से एक 'अमूर्त समुदाय' की सदस्यता ग्रहण करनी पड़ी हो (विलियम 1991)। असल में, हो सकता है कि अमूर्तन द्वारा समानता वैसी ही हो जैसे कि वस्तुकरण के बिना मुक्ति।

भारत में स्त्रीवादी राजनीति के रूप में स्त्रियों के आंदोलन का विस्तृत अध्ययन भी आंध्र प्रदेश के संदर्भ में किया गया है। स्त्रीवादी आंदोलनों का कानून के साथ संबंध सूत्रबद्ध करने में और नागरिक–समाज के अलावा राज्य व बाजार के साथ भी इन आंदोलनों के संबंधों की मध्यस्थता करने हेतु, स्त्रियों के आंदोलन के अलग–अलग चरण नहीं, वरन तीन भिन्न *क्षण* रहे हैं क्योंकि समस्त स्थानों पर सार्वजनिक–निजी के बीच फर्क की रूपरेखा अति–महत्वपूर्ण थी और इसीलिए अन्य स्थानों से उदाहरण लिए जाने को इसी जनता का अंग माना गया था। सार्वजनिक–निजी के बीच फर्क की मुख्य विशेषता को ध्यान में रखकर, स्त्रियों के आंदोलन ने नागरिक–समाज में संरचित शक्ति से और जनता के अंग के तौर पर अन्य संबंधित संरचनाओं से निपटने का प्रयास किया। सार्वजनिक व निजी के बीच के इस अति–महत्वपूर्ण अंतर के अंतर्गत और इसके कारण, स्त्रियों के आंदोलन ने आगामी परिवर्तनकारी दुविधाओं से निपटने में अलग–अलग क्षण महसूस किए।

स्त्रीवादी अभिव्यक्ति में पहले क्षण के रूप में, 1970 व 1980 के दशकों के दौरान, स्त्रियों के आंदोलन ने कानून के स्थान और लैंगिक मुद्दों के संबंध में राजकीय कदमों के संदर्भ में (जिसके बारे में इसने पाया कि यह अंतर्विरोधी है) दुविधा के साथ निपटने से शुरुआत की और स्त्रियों की स्वतंत्रता पर अप्रत्यक्ष विनियम तैयार करने के एक तरीके के रूप में कानून व राज्य की दृश्य लैंगिक–तटस्थता की दुविधा के साथ निपटने से शुरुआत की (कॉनेल 1990; मैकिंटॉस 1978)। 'यदि आधुनिक राज्य स्वयं में "सामान्य पितृसत्तात्मक" है' (मिएस के उकसाऊ शब्दों में), तो 'क्या ऐसे राज्य से लैंगिक भेदभाव के विरुद्ध विधान बनाने की उम्मीद की जा सकती है?' (कॉनेल 1990: 513)। सत्तर और अस्सी के दशकों के दौरान, स्त्रियों के आंदोलन ने बहुविध, विरोधाभासी व विवादित दृष्टिकोण अपनाए जिन्होंने आंदोलन को अलग–अलग दिशाओं में खींचा; मानवाधिकार आंदोलन में मौजूद मिलती–जुलती अस्पष्टताओं पर टिप्पणी करने वाले उपेंद्र बख्शी ने इस संदर्भ में कहा कि स्त्रियों के आंदोलन में चार किस्म के दृष्टिकोण थे।

> 'नास्तिवादी' (निहिलिस्ट)... यह संदेह करते हैं कि समस्त कानून स्त्रियों की मुक्ति के संघर्ष की प्रकृति व एजेंडा को विचलित करने, भटकाने व इसका अराजनीतिकरण करने की चाल होते हैं। इसके ठीक उलट, 'ईसाई मत के प्रचारक' (ईवैंजिलिस्ट) विधि के शासन के प्रति गहरी वचनबद्धता रखते हैं... 'नरमदलवादी' (मॉडरेट) कानून की समर्थकारी भूमिका की प्रशंसा करते हैं परंतु यह मानते हैं कि कानूनी बदलावों से महत्वपूर्ण सामाजिक बदलावों की शुरुआत नहीं हो सकती है... 'संकलनवादी' (इकेक्टिक्स) सामाजिक चिंतन व कार्यकलाप के लिए कानून के इस्तेमाल के महत्व के बारे में ज्यादा सोच–विचार किए बिना कानून का इस्तेमाल करते हैं। (गांधी 1992: 267–68)

उन्होंने आगे कहा कि 'स्त्रियों की मुक्ति के लिए संघर्ष करने व कदम उठाने के लिए वचनबद्ध लोगों के लिए कानून व्यवस्था हमेशा से एक बड़ी पहेली रहा है' (पूर्वोक्त)। अस्सी

का दशक 'कानूनी सुधार के स्वर्ण युग' के नाम से जाना जाता है। स्त्रियों के आंदोलन का विषय–क्षेत्र विस्तारित करने के लिए रोजगार का अधिकार, उचित पारिश्रमिक, कीमतों में बढ़ोत्तरी, शिक्षा, स्वास्थ्य, पोषण और पर्यावरण जैसे अनेक मुद्दों को शामिल करने के अतिरिक्त, यह दौर अनेक कानूनी सुधारों का गवाह भी रहा था जिनमें बलात्कार के विरुद्ध बिल व दहेज–विरोधी कानून जैसे महत्वपूर्ण सुधार शामिल थे। इन्हें प्रभावी ढंग से स्त्रियों के लिए कारगर बनाने या ऐसे विधानों तक स्वतंत्र रूप से पहुंच बना सकने में नाकामी के बावजूद, स्त्रीवादियों ने यह तर्क दिया कि 'कानून सुधार के अभियानों का असली मूल्य स्वयं वे अभियान थे क्योंकि इन अभियानों ने स्त्रियों को संगठित करने और राजनीतिक मांगों को सूत्रबद्ध करने में सहायता की' (मुखोपाध्याय 2007: 204)। स्त्रियों के आंदोलन के लिए कानून व राज्य की पहेली का सूत्र 'राज्य के अंदर और बाहर' होने में था (पूर्वोक्त) या एक ही समय पर 'राज्य का विरोधी व पक्षधर' होने में था (फिलिप्स 2002: 82)। कानून व राज्य के प्रति उनके नजरिए ने नागरिक–समाज के प्रति उनके नजरिए को निर्धारित किया व प्रभावित किया। चाहे जो भी हो, नागरिक–समाज को स्त्रियों के लिए शक्ति–समीकरणों से भरा हुआ माना जाता था क्योंकि ये या तो निजी क्षेत्र में स्थित थे या इसकी ओर धकेले जाते थे और इस निजी क्षेत्र की संरचना अवशिष्ट शक्ति के द्वारा होती थी; उन्होंने इसी रूप में राज्य व कानून को समझा था और इस समझ ने नागरिक–समाज में अवसरों व उठाए जाने वाले कदमों के उद्देश्य की प्रकृति को निर्धारित किया।

अस्सी के दशक में, सार्वजनिक व निजी आपसी संबंध की मध्यस्थता के लिए कानून के प्रति अपने 'बहुविध, विरोधाभासी व विवादित दृष्टिकोणों' से निपटते हुए, स्त्रियों के आंदोलन ने अपने दूसरे अलग क्षण का अनुभव किया। जब कभी भी आंदोलन विविध रणनीतियों के साथ गुत्थम–गुत्था हुए, तो ऐसा प्रतीत हुआ कि वे उस लॉजिक ऑफ सर्कुलैरिटी में फंस गए हैं जिसमें नागरिक–समाज काम करता है और शक्ति संबंधों का पुनरुत्पादन करता है। परंतु, जैसा कि हमने पिछले अध्यायों में चर्चा की है, विविध रणनीतियों के जरिए काम करके ही वे शक्ति संबंधों से उबरने व उन्हें रोकने हेतु अपनी राजनीति को एक नया अर्थ भी प्रदान कर सके। घबराहट के क्षण ही नए अर्थ निकालने व संयोगकारी रणनीतियों को अपनाने के क्षण भी थे जो नागरिक–समाज में सुदृढ़ शक्ति संबंधों का मुकाबला करने के लिए आवश्यक हैं। इस मामले में, घबराहट के क्षणों की पहचान नुक्कड़ों–चौराहों में होने वाले विरोध की राजनीति की अनुपस्थिति से होती है, जिसके बदले कानूनी सुधार पर जोर दिया गया। यह पिछले क्षण में विधि–निर्माण के लिए होने वाली राजनीतिक लामबंदी और संघर्ष करने के विपरीत था। नुक्कड़ों–चौराहों में होने वाले विरोध की राजनीति को 'छोड़ दिए जाने' के साथ और कानूनी सुधार पर जोर दिए जाने से अंतर्संबंधित बात यह थी कि इसका रूपांतरण 'स्त्रीवाद के पेशेवर होने' और स्त्रियों के आंदोलन का गैर–सरकारी संगठनीकरण (एन.जी.ओ.–आइजेशन) में हो गया था जिसमें अकादमिक दायरों, कॉलेजों व विश्वविद्यालयों में वुमेंस स्टडीज के नए केंद्रों, पेशेवर व वैतनिक स्त्रीवादी एक्टिविज्म, और स्त्रियों के लिए स्थानीय व विदेश से वित्तपोषित गैर–सरकारी संगठनों में 'शरण लेना' (इन्हीं तक सिमट जाने के संदर्भ में) शामिल था। एक अर्थ में, स्त्रियों के आंदोलन ने नागरिक–समाज से ताल्लुक रखने वाले संगठनों की सभी औपचारिक विशेषताओं को अपना लिया। परंतु, आंतरीकरण के इस क्षण में स्त्रियों के आंदोलन के बारे में संभवतः सबसे खास बात यह थी (आंध्र प्रदेश के संदर्भ में) कि इसे स्वयं को देह, यौनिकता व इसी प्रकार के संबंधित मुद्दों को उठाने (जिन्हें अन्यथा जनता में इनके प्रतिरोध के अधिक लोकप्रिय रूपों में

उठाना आसान नहीं था) के अवसर में बदल लिया था। दूसरे शब्दों में, औपचारिकीकरण का क्षण ही रैडिकल राजनीतिकरण का क्षण भी था। इसमें यह भी स्पष्ट था कि सांस्कृतिकरण की प्रक्रियाएं निजी क्षेत्र की नैतिक भाषा व नैतिक बुनियादों में ज्ञानमीमांसीय पक्षधरता की अधिक मीन–मेखी आलोचना की दिशा में ले जाती हैं। मानवाधिकार आंदोलन व दलित राजनीति के विपरीत, स्त्रीवादी राजनीति ने लगातार नैतिकता की भाषा की आलोचना पेश की, और वह सार्वजनिक–निजी के भेद को बनाए रखने में नैतिकता की भूमिका को समझ सकी, और इसीलिए उसने एक अलग राजनीतिक विमर्श पर जोर दिया जो इसके नारे में प्रतिबिंबित हुआ: 'व्यक्तिगत ही राजनीतिक है'।

स्त्रियों के आंदोलन में तीसरे व सबसे सामयिक क्षण की पड़ताल 1990 के दशक में की जा सकती है जिसकी शुरुआत नव–उदारवादी सुधारों और बाजार द्वारा व बाजार की नई अत्यधिक सक्रिय भूमिका के दौर में हुई। आंध्र प्रदेश के संदर्भ में, इस क्षण को शराबबंदी आंदोलन में नुक्कड़ों–चौराहों में होने वाले विरोध की वापसी से चिह्नित किया गया जो स्त्रियों के आंदोलन में सामूहिक संघर्षों के सबसे बड़े व अभूतपूर्व संघर्षों में से एक था और जिसमें 800 से अधिक गांवों की स्त्रियों ने भागीदारी की। राज्य व नागरिक–समाज के साथ ही, स्त्रियों के आंदोलन को भी अपनी रणनीतियों की रूपरेखा बदलनी पड़ी ताकि वे राज्य, नागरिक–समाज व बाजार के बीच बदलते इंटरफेस के साथ उभरने वाली परिवर्तनकारी दुविधाओं को इन रणनीतियों में शामिल कर सकें, हालांकि ये सभी जन–समुदाय में स्थित थे। इसे अब स्वयं पर सवाल उठाना पड़ा कि क्या कानून की और राज्य व नागरिक–समाज की भी आलोचना करने वाले इसके कुछ सूत्रीकरण, स्वतः, सामाजिक स्पेस व बाजार की राजनीतिक वैधता को मजबूत करेंगे, क्या ये यह सवाल उठाएंगे कि क्या वास्तव में 'बाजार के बजाय राज्य पर निर्भर रहना अधिक अच्छा है' (दहलेरुप 1994: 118)। परंतु, इन दायरों के बीच संभावित सौदेबाजी के बजाय, स्त्रीवादी राजनीति इस नतीजे पर पहुंची कि राज्य व बाजार के बीच चुनने के लिए लगभग कुछ भी नहीं बचा है क्योंकि शासन के आधुनिक रूपों ने इन दोनों को दो 'पृथक दायरे' में तो रखा है परंतु इनके बीच की विभाजन रेखा को धुंधला दिया है जबकि कानून–व्यवस्था द्वारा परिसीमित नागरिक–समाज का दायरा बेअसर था।

जिस तरह बाजार को 'प्रजा के वैयक्तिकीकरण' की एक प्रक्रिया की आवश्यकता होती है, उसी तरह राज्य की विकासपरक योजनाओं को भी इसकी आवश्यकता होती है जैसे कि सब्सिडी व ऋण, जिसमें 'हित–धारकों' के रूप में लोग ही विकास की जाने वाली वस्तुएं होते हैं। 'योजनाओं की सफलता के लिए उपकरण–तंत्र (इंस्ट्रूमेंटैलिटी) के मूल्यों व आर्थिक तर्कसंगतता की आवश्यकता होती है, जो सामूहिक संघर्ष के साथ मुकाबला करते हैं' (कामत 2002: 157)। शासन में सुधार के जरिए कानून, राज्य व बाजार के तौर–तरीकों के बीच बढ़ते विलय में एक नया *सम्मिलन* शामिल है जो ऐसी नई रणनीतियों की मांग करता है जो स्त्रियों के आंदोलन के अंग के तौर पर सम्मिलन के प्रभावों का मुकाबला करने पर जोर देती हों। दूसरे शब्दों में, शासन के नए रूपों ने आर्थिक सुधारों के संदर्भ में कानूनी सुधारों को संभव बनाया है जिससे नव–उदारवादी सुधारों के दुष्प्रभावों (बढ़ती सामाजिक व ढांचागत असमानताओं) को कम से कम करने के बजाय, कानून ने असल में उस विचारधारा व तौर–तरीकों को पेश किया जिसने बाजार को मजबूत बनाया। इसलिए, स्त्रीवादी राजनीति ने एक तरफ स्वयं कानून के ढांचे की गहन ज्ञानमीमांसीय समझ विकसित करने का प्रयास किया, और दूसरी तरफ उस संदर्भ को समझने का प्रयास किया जिसमें

राज्य अत्यधिक वैधानीकरण के व इसके परिणामस्वरूप पड़ने वाले वैचारिक व सामाजिक प्रभावों के एक चरण में प्रवेश कर रहा था।

स्त्रीवादी आंदोलन ने तर्क दिया कि यहां पर महज उस राज्य के चरित्र की बात नहीं थी जिसने परिवर्तन के उद्देश्यों के लिए शंकित अपने विधान निर्मित किए, बल्कि उस कानून की बात थी जो विविधता को बाधित करता है और 'जटिलता को समाप्त करता है'। यह दरअसल कानून ही है क्योंकि इसमें राजनीतिक प्रक्रियाओं के आगे–पीछे होने के संवेग को रोकने व बाधित करने की प्रवृत्ति है; एक राजनीतिक उपकरण के रूप में कानून उन विवादास्पद संबंधों के परे देखने में असमर्थ है जिनके बीच कानूनी मुकाबला संभव है और जिन्हें दंडात्मक कार्य के जरिए सुधारे जाने की आवश्यकता है। सही जगह पर लाने की अपनी स्वाभाविक प्रवृत्ति के चलते, कानून प्रभुत्वकारी स्थितियों व उन स्थितियों की वर्चस्वकारी समझदारी को मूर्त रूप प्रदान करता है। कानून द्वारा धर्म, जाति, लैंगिक पहचान, वैवाहिक स्थिति व वर्ग की विविधता की 'पहचान' मूर्त रूप प्रदान किए जाने के क्षण में ही की जाती है, और इसलिए 'भिन्नता' के कारण भेदभाव सुदृढ़ीकृत होता है। यह राजनीतिक आंदोलनों की रणनीतियों को इनके संस्थानीकृत संस्करण में पुनरुत्पादित करने के लिए अपनाता है। इस संस्थानीकृत संस्करण का 'विविधता व बहुलता से विरोध' है। असल में, 'कोई कानून तब तक कानून नहीं है जब तक कि यह हर किसी पर लागू होता हो' और कानून का इस ढंग से काम करना 'नैसर्गिक' है। इसके अतिरिक्त, कानून रोजमर्रा के 'तुच्छ ब्योरों से ऊपर' होता है और इन्हें अपवादों से अविचलित होने की जरूरत होती है क्योंकि कानून की यही संकीर्णता स्वंच्छद दिखने वाली विशिष्टताओं को स्पष्टता प्रदान करती है।[1] अकील बिलग्रामी कहते हैं कि 'कानून का विचार स्वयं कानून से भी अधिक बुनियादी किसी चीज से निकलता है, जैसे कि किसी सिद्धांत का विचार, अधिक सामान्यीकरण, अधिक अमूर्तन जैसे किसी चीज से...' (बिलग्रामी 2007: 324)। कानून का अंतर्मुखी ढांचा इस बात की अनदेखी करता है और इससे स्वतंत्र होता है कि 'नागरिकों के इस या उस समूह' की कानून के प्रति क्या प्रतिक्रिया होगी (पूर्वोक्त: 320)।

दूसरे शब्दों में, कानून के विशिष्ट परिणाम (खासकर वे परिणाम जो इसका इरादा नहीं होते हैं) कानून को बनाते समय इसका विचारणीय अंग नहीं हो सकते हैं इसलिए ये अक्सर एक नीति के रूप में कानून की प्रभाविता पर इसके अप्रभावी क्रियान्वयन के विरुद्ध एक गलत बहस को जन्म देते हैं, मानो इन दोनों के बीच कोई संबंध नहीं हो। उदाहरण के लिए, अतीत में अनेक दमनकारी कानून, जैसे कि टाडा, पोटा और अफ्स्पा, नियमित रूप से मानवाधिकारों का दुरुपयोग व हनन करते रहे हैं और इनका पुलिस व सशस्त्र बलों के दृष्टिकोण से उतना ही लेना–देना है जितना कि उन प्रावधानों की प्रकृति के साथ है जो उन शक्तियों को इन उल्लंघनों के लिए दंड–मुक्त करते हैं जिनके 'अंतर्गत' ये कानून काम करते हैं। यही बात घरेलू हिंसा के विरुद्ध लागू होने वाले कानून के साथ महसूस की गई जो इस बात को ध्यान में नहीं रख सका कि हिंसा के संदर्भ में स्त्रियां क्या अपेक्षा करती हैं, और राजनीतिक अर्थव्यवस्था की बदलती प्रकृति के साथ इसके बहुविध जुड़ाव हैं। कानून की अपर्याप्तता पर विचार करते हुए स्त्रीवादियों ने लिखा,

> हमें ऐसा लगता है कि जिस समय हमने कानून/सार्वजनिक संस्थानों की स्त्रियों के लिए "एक्शन" के एक प्राथमिक स्थल के रूप में स्थापना की, तब दो प्रक्रियाएं धुंधली पड़ गईं। पहली, "परिवार/पति के साथ कारगर संबंधों" को पुनः प्राप्त करने के स्त्रियों के प्रयास; दूसरी, कानून व संस्थानों के क्षेत्र से बाहर के उनके कार्य (सुनीथा 2006: 4358)।

इस प्रकार, नागरिक–समाज में कानूनी व्यक्तिपरकता के प्रति स्त्रीवादी दृष्टिकोण का इतिहास नए क्षेत्रों को खोलने और इन क्षेत्रों को बंद होने से रोकने के लिए इनकी सुरक्षा करने में कानून के इस्तेमाल की जटिल संभावनाओं के कंटीले रास्ते पर चलने का इतिहास रहा है।

स्त्रीवादी राजनीति ने न सिर्फ इस या उस विशिष्ट कानून की सीमाओं और सुधारों की जरूरत के मुद्दे को पेश किया, बल्कि विधि–निर्माण के तरीके के मसले को पेश किया, अपने ठोस व प्रक्रियात्मक दोनों पहलुओं में, कि विधि–निर्माण का तरीका किस प्रकार होता है और इस तरह से कानून की सीमाओं के अंदर जो प्राप्त करना संभव है उसे किस तरह से सीमित करता है। चूंकि कानून नागरिक–समाज का एक बुनियादी 'महत्वपूर्ण बिंदु' है, इसलिए स्त्रीवादी आंदोलन ने एक ऐसी राजनीति को सूत्रबद्ध करने की जरूरत को रेखांकित किया जो न सिर्फ कानून की अवमूल्यित करता हो, बल्कि कानून पर ही एकमात्र ध्यान केंद्रित किए जाने की आलोचना को द्वंद्वात्मक रूप से अंतर्संबंधित करने की संभावना को आवश्यक बनाता हो। यहां पर इस संदर्भ को समझा जाना चाहिए कि 1980 के दशक के दौरान स्त्रीवादी राजनीति कई बार कानूनी सुधार लाने को लालायित हुई और इस पर उसने मुख्य रूप से अपना ध्यान केंद्रित किया और साथ ही यह तर्क दिया कि 'नागरिकता के कानून व अधिकार... (इसके बावजूद) उनके लिए एक उपलब्ध विकल्प हैं जिन्हें दीर्घ काल से चले आ रहे उत्पीड़न की स्थितियों के तहत इनसे वंचित कर दिया गया था' (सुदंर राजन 2003: 170)। उत्तर–नागरिक–समाज की राजनीति नागरिक–समाज की उन केंद्रीय प्रक्रियाओं की *संघटनकारी अस्पष्टता* से उबरने का प्रयास करती है जो मुक्तिकामी विमर्शों व कार्यअभ्यासों को (जैसे कि 'प्रगतिशील विधान') की अनुमति देती हैं ताकि भेदभाव के प्रभाव सुदृढ़ीकृत हों और साथ ही छिप जाएं और इस प्रक्रिया में ऐसे उपकरणों की 'गिरगिटी प्रकृति' को उजागर कर दें। इस प्रकार, परिवर्तन की राह की दुविधाओं के प्रति हमेशा खुला नजरिया रखते हुए, राजनीतिक आंदोलनों को ऐसे उपकरणों को अपनाने में जरूरी सावधानी बरतने की आवश्यकता हुई और इन दुविधाओं का रूप प्रतिच्छेदन व सम्मिलन के उन प्रकारों ने तय किया जिनकी ओर ये झुकाव रखते थे।

'उत्प्रेरक के रूप में कानून': कानून का सभ्य–करण या नागरिक–समाज का वैधीकरण?

भारत में नागरिक–समाज के विकास में कानून की केंद्रीयता व राजनीतिक प्रक्रियाओं के प्रति कानूनी व्यक्तिपरकता को औपनिवेशिक राज्य की विरासत व स्वतंत्रता–पश्चात के दौर में विकासशील राज्य की आह्लादकारी भूमिका के संदर्भ में समझा जा सकता है।[2] ब्रिटिश औपनिवेशिक शासन ने राजनीतिक वैधता की केंद्रीयता व लोकप्रिय सहमति को कानून व्यवस्था व विधि द्वारा शासन से प्रतिस्थापित किया। बरतानवी शासन द्वारा पेश की गई पश्चिमी कानूनी संरचनाओं ने एक तरफ औपनिवेशिक शासन को संगठित किया और दूसरी तरफ सामाजिक संबंधों को वैधानिक बनाया जिन्होंने इस प्रक्रिया में प्रथा, धर्म व गांव की श्रेणियों का स्पष्ट व आधुनिक संस्करण उत्पन्न किया।[3] परिणामस्वरूप, स्वतंत्रता प्राप्त होने के बाद के दौर में, वैधता या लीगैलिटी (उदारवादी) लोकतंत्र व अर्थव्यवस्था, दोनों को और इनके सहवर्ती कार्यअभ्यासों को विस्तारित करने का एक तरीका बन गई।

लोकप्रिय सहमति की प्रक्रियाओं को सहयोजित करके और साथ ही बाधित करके, भारत जैसे उत्तर–औपनिवेशिक देशों में कार्यअभ्यासों का संस्थानीकरण अपने बाहरी व आंतरिक संस्करणों में जारी रहा। बाहरी तौर पर, उत्तर या समृद्ध देशों से दक्षिण या गरीब देशों में 'लोकतंत्र का निर्यात' करना और इसके साथ जुड़े आर्थिक कार्यअभ्यासों को अपनाना, अत्यधिक रूप से कानूनी ढांचों के प्रत्यारोपण पर निर्भर करता था और इसलिए 'आर्थिक वैश्वीकरण विधि द्वारा शासन की अनिवार्यता को पोषित कर रहा है और इसके लिए वह अंतर्राष्ट्रीय निवेशकों की मांग के अनुसार स्थिरता, पारदर्शिता व जवाबदेही पेश करके सरकारों पर दबाव डाल रहा है' (कैरोथर्स 1998: 98)। इसी प्रकार, मध्य वर्ग चुनावी परिणामों को प्रभावित करने की अपनी क्षमता के बजाय अपनी 'सांस्कृतिक पूंजी' के आधार पर (फर्नांडीज 2006) राज्य की निर्णयकारी प्रक्रियाओं पर प्रभाव डालता है, और वैश्विक मध्य वर्ग की स्वयं को राष्ट्र का प्रतिनिधित्व करने वाले वर्ग से स्वयं ही राष्ट्र बन जाने को लेकर स्वयं अपने विषय में जो धारणा है उसमें आए बदलाव के साथ (देशपांडे)[4], आंतरिक तौर पर वैश्विक मध्य वर्ग की बढ़ोत्तरी के कारण कानून में बदलाव लाकर मुख्यतः व गुप्त रूप से 'चोरी–छुपे सुधारों' को क्रियान्वित करना संभव हुआ, जैसे कि अनुपालनकारी कानूनों का निर्माण, मुख्यतः अनुबंधकारी संबंधों का सम्मान करने के रूप में विधि द्वारा शासन को पुनर्व्याख्यायित करना, और समानता व न्याय के लोकतांत्रिक सिद्धांतों से अलग करके 'कानून व व्यवस्था' को कायम रखना।

इस प्रकार के चोरी–छुपे लाए गए बदलाव सिर्फ औपनिवेशिक शासन व इसकी उत्तर–औपनिवेशिक विरासत के कारण ही संभव नहीं थे, बल्कि स्वयं कानून जिस प्रकार काम करता है उसके जरिए संभव थे। 'वेबर के विचार में, कानूनी पराधीनता की स्थितियों में राजनीतिक वैधता को समझने के लिए, कानून की अंतर्वस्तु का मूल्यांकन करना आवश्यक नहीं है। कानून का अस्तित्व... चाहे इसकी ठोस अंतर्वस्तु कुछ भी क्यों न हो, स्वयं अपना वैचारिक आधार प्रदान करता है' (हुसैन 2003: 71)। इस रूप में, कानून की अंतर्वस्तु कानूनी पराधीनता के लिए और किसी राष्ट्र की राजनीतिक प्रक्रियाओं में केंद्रीयता लाने हेतु स्वयं कानून के लिए प्रासंगिक नहीं थी, बल्कि, असल में, यह एकदम दूसरी तरह से काम करता है जहां राष्ट्र एक प्रभुत्वकारी व एकसमान कानूनी ढांचा लागू करके अपना वैधानिक अस्तित्व प्राप्त करता है। अपने ढांचे के कारण कानून अंतर्मुखी है और यह स्व–संदर्भ वाले ढंग से तकनीक की स्वयं अपनी संहिता तैयार करता है, और साथ ही स्वयं अपनी वैचारिक तर्कसंगतता प्रदान करता है जो कोई जरूरी नहीं कि समझौते के लिए खुली हो या समाज के ठोस मूल्यों पर चिंतन करने को तैयार हो। दूसरे शब्दों में:

> आधुनिक कानून ने आधुनिक राज्य की वैधता के लिए आधार प्रदान किया; कानून के बिना राज्य केवल शक्ति द्वारा ही शासन कर सकता है, जो इसे अतीत के निरंकुश शासनों जैसा ही बना देगा। इस प्रकार, आदर्श विचार–सरणी ने एक राष्ट्र के लिए एकसमान कानून पर गौर किया और एक राज्य के द्वारा समान प्रशासन करने पर ध्यान दिया। (वर्मा 2006: 27)
> राष्ट्रों की कल्पना करने में कानूनी पराधीनता व केंद्रीयता की बुनियादी भूमिका थी, जहां "कानून, राष्ट्र और राज्य एक–दूसरे को न्यायोचित ठहराते हैं।" (पूर्वोक्त: 32)

औपनिवेशिक काल के दौरान, राष्ट्रवादी आंदोलनों सहित सामाजिक सुधारकों के लिए भी कानूनी सुधार लाना राजनीतिक मुहावरे को लोकप्रिय शैली में पेश करने का एक महत्वपूर्ण

तरीका था। कानूनी सुधार औपनिवेशिक शासन के लिए भी उतना ही जरूरी था जितना कि इसके लिए 'प्रबुद्ध' लोगों व समूहों की ओर से के लिए दबाव डाला गया और इसके परिणामस्वरूप अनेक कानून लागू किए गए।[5] असल में, भारत में कानून को संहिताबद्ध करने की प्रक्रिया इंग्लैंड से काफी पहले ही पूरी हो गई थी। 'भारत के प्रमुख कानून 1860 के दशक में ही संहिताबद्ध कर लिए गए थे। वर्ष 1982 तक, भारत में कानून को संहिताबद्ध करने की प्रक्रिया अनिवार्यतः बंद हो गई थी, जबकि इंग्लैंड में कानून को संहिताबद्ध करने का काम 1882 और 1893 के बीच जाकर हुआ' (पूर्वोक्तः 40)।

यह माना जाता है कि आंध्र प्रदेश में सामाजिक सुधार आंदोलन की शुरुआत कंडुकुरी वीरेसलिंगम ने उन्नीसवीं सदी के उत्तरार्द्ध में की थी। उन्होंने विधवाओं के पुनर्वास, विधवा विवाह, स्त्रियों की शिक्षा, बाल विवाह, अंधविश्वास व *देवदासी* प्रथा के विरोध के लिए अभियान चलाए।[6] आगे चलकर इनमें से प्रत्येक मुद्दे पर कानून व्यवस्था में अनेक बदलाव किए गए जिसके परिणामस्वरूप कानूनी, राजनीतिक व सामाजिक क्षेत्रों में एक आभासी विलय हुआ। वीरेसलिंगम के साथ अनेक अलग–अलग लोगों व संगठनों ने स्त्रियों से जुड़े विभिन्न मुद्दों पर अभियान चलाए। उदाहरण के लिए, रघुपति वेंकटरत्नम नायडू ने सती प्रथा के विरुद्ध अभियान चलाए और इन अभियानों ने 4 दिसंबर 1829 को सती प्रथा के खिलाफ कानून लाने में महत्वपूर्ण भूमिका निभाई और हिंदू विधवाओं को जलाने व दफनाने के काम को दंडनीय बना दिया।[7] साहित्यकार गुरजदा अप्पाराव ने अपनी रचनाओं के माध्यम से *कन्याशुल्क* (दुल्हन का मूल्य) प्रथा के दुष्प्रभावों को उजागर किया क्योंकि इसके परिणामस्वरूप नवयुवतियों को अपने से कहीं अधिक आयु वाले पुरुषों से विवाह करना पड़ता था और इसके कारण वे युवावस्था में ही विधवा हो जाती थीं।[8] मुख्य न्यायाधीश सर अरनॉल्ड व्हाइट और न्यायाधीश मिलर व मुनरो वाली पूरी बेंच ने यह निर्णय दिया कि भारतीय अनुबंध कानून के खंड 23 के संदर्भ में अपनी पुत्री के विवाह के लिए उसके पिता को भुगतान किए जाने का अनुबंध सार्वजनिक नीति के खिलाफ है (जानकी 1999)। ऐनी बेसेंट के प्रयासों से 1917 में वुमेंस इंडिया एसोसिएशन की शुरुआत हुई जिसका मुख्यालय मद्रास में था और जिसकी गतिविधियां दक्षिण भारत के अनेक हिस्सों में संचालित होती थीं। मार्गरेट कजिंस व मुथुलक्ष्मी रेड्डी जैसे इसके अनेक अग्रणी सदस्य स्त्रियों की शिक्षा और बाल विवाह को समाप्त करने के अभियान संगठित करने में सक्रिय थे। बाल विवाह कानून व तलाक तथा उत्तराधिकार संबंधित अन्य कानून लाने में भी इसने बहुत महत्वपूर्ण भूमिका अदा की (पूर्वोक्त)।

सामाजिक सुधारों के चरण के बाद, आंध्र प्रदेश में स्त्रियों के मुद्दों को संबोधित करने वाला अगला प्रमुख दौर तेलंगाना सशस्त्र संघर्ष (1946–51) का समय था, परंतु इस दौरान कानून में बदलाव लाने पर मुख्यतः ध्यान केंद्रित नहीं किया गया। तेलंगाना सशस्त्र संघर्ष ने पत्नियों के साथ मार–पीट करने, बच्चों की देखभाल करने, साफ–सफाई करने और काम के दौरान नवजात शिशुओं को स्तनपान कराने के अधिकार, और लैंगिक हिंसा जैसी 'स्त्रियों की समस्याओं' पर ध्यान केंद्रित किया। साथ ही उन्होंने न्यूनतम वेतन से संबंधित मुद्दों के अलावे, स्त्रियों के लिए शौचालय बनाने हेतु स्थानीय अधिकारियों पर दबाव डालने के लिए भी काम शुरू किया। परंतु, इनका सिंहावलोकन करते हुए स्त्रीवादियों ने तर्क दिया कि इस तरह की 'स्त्रियों की समस्याओं' को जिस कार्ययोजना के तहत हाथ में लिया गया उसने इन समस्याओं को नैतिक समस्याओं के रूप में (संरचित शक्ति संबंधों को समझने का प्रयास करने के बजाय, यह देखना कि क्या करना उचित या सबसे सही है)

सीमित कर दिया था और इन्हें निजी क्षेत्र में चर्चाओं के जरिए हल किया गया और संदर्भगत समझौते तब किए गए जब विवाद पैदा हुए। 'स्त्रियों की समस्याओं' को कानून में बदलाव लाने या जनता की पहलकदमी के जरिए लैंगिक संबंधों को परिवर्तित करने के लिए एक स्पष्ट राजनीतिक कार्यक्रम का प्रस्ताव देने की बात पर ध्यान केंद्रित किए बिना उठाया गया था। स्त्रीवादियों ने यह तर्क भी दिया कि कम्युनिस्ट पार्टी बच्चा जनने की समस्याओं और सशस्त्र दस्तों में शामिल अविवाहित स्त्रियों की समस्याओं पर कोई 'नीति' विकसित नहीं कर सकी। कम्युनिस्ट पार्टी ने भी अकेली स्त्री और उनकी यौनिकता को एक ऐसी 'नैतिक समस्या' माना जिसने पार्टी की कार्यप्रणाली व छवि को नुकसान पहुंचाया। अधिकांश मसलों (जैसे कि स्त्री कॉमरेडों को बच्चा जनने के बाद बच्चे से दूर होने को बाध्य करना) का निपटारा तब किया गया जब वे सामने आए और उन्हें 'एक नैतिक समस्या के रूप में सीमित कर दिया गया और यह खेद प्रकट किया गया कि इससे परिवार की खुशी नष्ट हुई। पुनः, एक राजनीतिक मुद्दे के रूप में इसका कोई विश्लेषण नहीं किया गया जबकि यदि आंदोलन स्त्रियोंके बारे में गंभीर था तो इसे ऐसा करना चाहिए था (स्त्री शक्ति संगठन 1989: 27)। जिन नैतिक शर्तों के अनुसार स्त्रियों को परिभाषित किया गया और उनके बारे में राय बनाई गई, वेनिजी क्षेत्र ('परिवार, घर, घरेलू श्रम और प्रजनन के क्षेत्र') से संबंधित थे।

तेलंगाना सशस्त्र संघर्ष मुख्यतः सामंती व्यवस्था के खिलाफ था। सामंती उत्पीड़न जमीन के संचयन और दलितों व स्त्रियों से संबंधित विभिन्न भेदभावकारी सांस्कृतिक कार्यअभ्यासों के इर्द–गिर्द संरचित था। समूचे हैदराबाद राज्य का चालीस प्रतिशत क्षेत्र *जागीरों* (यानी, आसिफ जही निजाम के वफादार राजस्व अधिकारियों की आनुवंशिक संपत्ति), *संस्थानमों* (निजाम को वार्षिक शुल्क देने वाले पारंपरिक हिंदू शासकों के तहत मौजूद जमीन) और *सर्फ–ए–खास* (अपने निजी खर्चों के लिए निजाम व उसके परिवार द्वारा शासित जमीन) के अंतर्गत आ गया था। शेष 60 प्रतिशत क्षेत्र सीधे राज्य सरकार के प्रशासन के तहत था और यहां *रैयतवाड़ी* प्रथा लागू थी जिसमें विशाल भू–राजस्व एकत्रित करने में बिचौलियों ने महत्वपूर्ण भूमिका निभाई। बिचौलियों ने जमीन का विशाल भू–भाग इकट्ठा कर लिया था (उदाहरण के लिए, प्रताप रेड्डी के परिवार के पास लगभग 1,50,000 एकड़ जमीन थी) और वे जमींदार बन गए (पूर्वोक्तः 4)। भूमि के स्वामित्व का पूरी तरह से केंद्रीकरण होने का अर्थ यह था कि अधिकांश आबादी भूमिहीन थी और अनेक अमानवीय कार्यअभ्यासों के अधीन थी। इन्हीं अमानवीय कार्यअभ्यासों में से एक *वेट्टी* था (जिसका अर्थ मुफ्त सेवाएं होता है) जिसमें विभिन्न जातियों के लोगों (जैसे कि लोहार, बढ़ई और मानवीय श्रम करके जीवन–यापन करने वाली अन्य जातियां)द्वारा जमींदार को मुफ्त सेवाएं दी जाती थीं। 'वेट्टी के लिए बाध्य अधिकांश खेतिहर मजदूर मल व मदीगा लोगों की निम्न व अछूत जातियों से थे' (पूर्वोक्तः 5); इसी प्रकार, *भागेला* प्रथा के तहत आदिवासियों का शोषण किया जाता था। भागेला दास पारंपरिक नौकर–चाकर थे जो अपने स्वामियों से लिए कर्ज के कारण उनसे बंधे हुए थे। अपना कर्ज नहीं चुका पाने की वजह से वे पीढ़ी–दर–पीढ़ी घरेलू श्रम या चाकरी के काम में लगे रहते हैं। इन स्थितियों में स्त्रियों का 'दोहरा शोषण' होता था। वे न सिर्फ जमींदार व सूदखोर के आर्थिक उत्पीड़न से प्रभावित थीं, बल्कि उनका शारीरिक व लैंगिक शोषण भी होता था। बलात्कार हर दिन की कड़वी सच्चाई थी। इन सबके अलावा, *आदि बापा* या रखैल रखने की प्रथा भी मौजूद थी। 'तेलंगाना में आदि बापा रखैल रखने के चलन का ही नाम था जिसमें एक बंधुआ परिवार की युवा लड़की को दुल्हन के

साथ उसके पति के घर जाना होता था जहां वह अपनी मालकिन की सेवा करती थी और मालिक को यौन सेवाएं प्रदान करती थी' (कन्नाबीरन व ललिथा 1989: 182)। तथाकथित ऊपरी वर्ग/जाति की स्त्रियों के उत्पीड़न की प्रकृति गुणात्मक रूप से भिन्न थी। पर्दा, बाल विवाह और कम उम्र में विधवा होना उन अमानवीय कार्यअभ्यासों में से कुछ थे जो इन ऊपरी जाति की स्त्रियों को झेलने पड़ते थे परंतु तेलंगाना के जन आंदोलन में वे प्रमुख रूप से पेश नहीं किए गए।

तेलगू लोगों द्वारा 1921 में आंध्र जन संघम की स्थापना के बाद, सांस्कृतिक अधिकारों का दावा करने के साथ हैदराबाद राज्य की राजनीतिक स्थिति में एक बदलाव आया। 'शीघ्र ही आंध्र जन संघम ने स्वयं को आंध्र महा सभा (ए.एम.एस.) में बदल लिया जो न सिर्फ सामाजिक व सांस्कृतिक, बल्कि राजनीतिक गतिविधि का भी केंद्र बनने वाला था' (स्त्री शक्ति संगठन 1989: 8)। शुरुआत में ए.एम.एस. विभिन्न विचारों वाले लोगों का एक जमावड़ा था, परंतु धीरे–धीरे यह आंध्र कम्युनिस्ट पार्टी के नजदीक आया। कम्युनिस्टों के नेतृत्व में, ए.एम.एस. ने एक 'जन संगठन' का रूप ग्रहण किया। नवंबर 1946 में सशस्त्र प्रतिरोध का निर्णय लिया गया और ग्रामीण सुरक्षा दस्ते बनाए गए और विभिन्न जिलों में जमींदारों के खिलाफ संघर्ष तेज हो गया। यह सशस्त्र आंदोलन तेलंगाना क्षेत्र के कठोर व उत्पीड़नकारी सामंती ढांचे में कुछ रैडिकल बदलाव लाया। यह स्पष्ट है कि कम्युनिस्ट पार्टी ने अपने संघर्ष के दौरान स्त्रियों से जुड़े मुद्दे उठाए। परंतु इन संघर्षों के पीछे राजनीति या इसके अभाव की समस्या थी। 'राजनीतिक संघर्ष के मान्य क्षेत्रों के रूप में लैंगिक विशिष्टता के इन क्षेत्रों को लेकर हमें कोई जागरूकता देखने को नहीं मिली... इन मुद्दों के इर्द–गिर्द हुई लामबंदी ने उनकी निष्ठा व समर्थन हासिल किया जिसे उस अधीनता के स्रोत या इसकी प्रकृति के बारे में जागरूकता बढ़ाने की दिशा में नहीं ले जाया गया' (कन्नाबीरन व ललिथा 187)। पार्टी को अक्सर स्त्रियों को अपने यहां पद प्रदान करना और अपनी प्रतिष्ठा को जोखिम में डालना व लोगों की सहानुभूति समाप्त हो जाने की कठिन स्थिति का सामना करना पड़ा। अक्सर इस तरह के प्रचार की आशंका रहती थी कि यदि स्त्रियां बड़ी संख्या में पार्टी में प्रवेश कर जाएं तो कम्युनिस्ट पार्टी में कोई 'नैतिकता' शेष नहीं रह जाएगी। पार्टी के नेतृत्व ने अक्सर इस पर अस्पष्ट रवैया अपनाया जिसके कारण 'पारंपरिक विचारधाराओं को मजबूती मिली'।

> इसलिए राजनीतिक संघर्ष का अंग बनने के लिए स्त्रियों को पारंपरिक विश्वासों व सामंती दृष्टिकोण के साथ मुकाबला करना पड़ता था। स्त्रियों को इन व्यक्तिगत संघर्षों में मदद देने और उस संघर्ष के संदर्भ का राजनीतिकरण करने से एक नया व प्रगतिशील दर्शन अस्तित्व में आ सकता था जबकि पार्टी को इस संभावना का अहसास नहीं हुआ। (स्त्री शक्ति संगठन 1989: 263)

यदि किसी तरह से स्त्रियां पार्टी में या कुछ मामलों में दस्तों में शामिल हो भी गईं, तो उन्हें अक्सर 'दोयम दर्जे के' व 'सहायताकारी' भूमिकाओं में डाल दिया जाता था। हालांकि, वैचारिक तौर पर पारंपरिक भूमिकाओं को बदलने की बात मान्य थी, परंतु 'रोजमर्रा के व्यवहार में स्त्रियों को हमेशा घरेलू कामों में लगा दिया जाता था'। कुछ स्त्रियां बंदूकें लेकर चलती थीं, परंतु वे आम तौर पर खाना पकाने, संदेश ले जाने और घायल कॉमरेडों की देखरेख में मदद करती थीं।

दरअसल, पी. सुंदरैया ने अपनी पुस्तक *हिस्ट्री ऑफ तेलंगाना पीपुल्स स्ट्रगल* के स्त्रियों पर केंद्रित अध्याय में, एक युवा स्त्री के पत्र का हवाला दिया है जो 1950 में दस्ते में शामिल हुई और एक सक्रिय कार्यकर्ता थी। उसने लिखा, 'हम स्त्रियों को अब भी पुराने नजरिए से ही देखा जाता है कि हम कमतर हैं। यदि हमसे कोई चूक या भूल हो जाए तो हमारे नेता हम पर बहुत ज्यादा भड़क उठते हैं... आपने किसी भी स्त्री को दुश्मन पर किए जाने वाले वास्तविक गुरिल्ला हमलों में भाग लेने की अनुमति क्यों नहीं दी' (पूर्वोक्तः 24)। इसी तरह, अकेली स्त्री को एक समस्या माना जाता था और बाल–बच्चों वाली विवाहित स्त्रियों को अपने परिवारों के साथ पीछे रह जाने के लिए बाध्य किया जाता था। पार्टी ने इन्हें कार्यकर्ताओं की 'व्यक्तिगत' समस्या अधिक माना और राजनीतिक प्रश्न कम और इसके महत्वपूर्ण सांस्कृतिक आयाम थे। पार्टी की 'नैतिक शुद्धता' के लिए अकेली स्त्रियों को एक समस्या समझा जाता था। स्त्रियों पर शादी कर लेने का स्पष्ट दबाव होता था। स्त्रियों की दशा को स्पष्ट करने एक तरीका था विवाह करना और इससे अवांछित यौन संबंधों से भी बचाव होता था। इसके अतिरिक्त, अकेली स्त्रियों व उनकी यौनिकता को पार्टी की अनुशासनिक नजर से होकर गुजरना होता था।

> पार्टी के अनुशासन के तहत स्त्रियों को चेतावनी दी जाती थी कि वे किसी भी आलोचना के अधीन स्त्री का समर्थन नहीं करें। इसने पार्टी के ध्यान केंद्रण की सीमा निर्धारित की और इसकी वजह से अक्सर संस्कृति व विचारधारा के मुद्दों का साफ–स्पष्ट विश्लेषण नहीं करने दिया। दूसरे शब्दों में, संस्कृति व सचेतनता के मुद्दों से नजर चुराने और संगठन को विशुद्ध रूप से एक राजनीतिक संगठन ('वृहदतर राजनीतिक ढांचों के विरुद्ध संघर्षरत) के रूप में देखने के कारण, शक्ति व प्राधिकार के पुराने संबंध न सिर्फ पुनरुत्पादित हुए बल्कि पहले से अधिक मजबूत भी हुए। (कन्नाबीरन व ललिथा 1989: 198)

इन समस्याओं के उठते ही इन्हें सुलझाने का प्रयास निश्चित ही हुआ परंतु यह स्पष्टतः नैतिक किस्म का था राजनीतिक किस्म का नहीं। भारतीय सेना द्वारा गंभीर राजकीय दमन के तहत, पार्टी के पोलितब्यूरो ने 1951 में लंबी चर्चाओं के बाद आंदोलन को वापस लेने का फैसला लिया।[9]

इसके लगभग 15 वर्ष बाद, 1967–71 के श्रीकाकुलम संघर्ष के दौरान स्त्रियों के मुद्दों और वाम आंदोलन के आपसी संबंधों का पुनः आकलन करने का अवसर आया। यह आंदोलन मुख्यतः आदिवासी लोगों के बीच शुरू हुआ और इसका नेतृत्व नक्सलवादियों के हाथ में था। यह एक किसान विद्रोह था जिसमें आदिवासी क्षेत्र और मैदानी क्षेत्र, दोनों जगहों के लोग शामिल थे। यह मुख्यतः जमींदारों व राज्य के गंठजोड़ के खिलाफ था और जंगल के उत्पादों व आदिवासी जमीन प्राप्त करने के लिए था। इस आंदोलन ने गुरिल्ला दस्तों के लिए स्त्री नेतृत्व उत्पन्न नहीं किया। मैदानी क्षेत्रों से आने वाली जिन स्त्रियों ने नेतृत्वकारी स्थान प्राप्त किए, वे दरअसल वह स्त्रियां थीं जिनका पार्टी के नेतृत्व के साथ संबंध था (या तो उनकी पत्नियां थीं या उनकी बेटियां)। परंतु, इस आंदोलन का अधिक महत्वपूर्ण पहलू यह था कि इसने आंदोलन के अंग के तौर पर पहली बार स्त्रियों का एक अलग संगठन बनाया ताकि यह निजी क्षेत्र के अंदर (नैतिक) विनियमों से परे अधिक वैधानिक राजनीतिक स्थिति का दावा कर सके। आंदोलन द्वारा मिलिटेंट स्वरूप ग्रहण किए जाने के बाद गिरिजन महिला संघम का निर्माण किया गया। 'स्त्रियों को बैठकों, जुलूसों, विरोध

अभियानों, सार्वजनिक बैठकों व हड़तालों के लिए संगठित करने में ये संघम बहुत महत्वपूर्ण थे' (विंध्या 1990: 37)। परंतु, यह समझना महत्वपूर्ण है कि ये महिला संघम 'ढीले–ढाले संघ थे जो हमेशा ही मुख्य गिरिजन संघमों से ढांचागत रूप में भिन्न नहीं होते थे' (पूर्वोक्त)।

कानूनी बदलावों के लिए दबाव डालने वाले इन सामाजिक सुधार आंदोलनों की पृष्ठभूमि में और 'स्त्री प्रश्न' के समाधान के लिए नैतिक भाषा का आश्रय लेने वाले कम्युनिस्टों के सशस्त्र संघर्षों से, यह समझना उचित होगा कि कानून और नैतिकता के बीच उभरते संबंध की विशिष्टता क्या थी। एक ऐसे संदर्भ में जहां कानून, राष्ट्र और राज्य एक–दूसरे को न्यायोचित ठहराते हैं और सुदृढ़ीकृत करते हैं, वहां सार्वजनिक और 'राजनीतिक की अवधारणा' को पेश करने के लिए, उन राजनीतिक अभिव्यक्तियों (जैसे कि सशस्त्र आंदोलनों) को सार्वजनिक या नागरिक से बाहर धकेल दिया गया क्योंकि उन्होंने हिंसक उपाय अपनाए। ऐसे में इन राजनीतिक अभिव्यक्तियों के लिए कानून को प्रभावित करना कोई आसान काम नहीं था क्योंकि वे राष्ट्र की प्रभुत्वकारी कल्पना से बाहर स्थित थे, और इसीलिए यह जान पड़ता है कि उन्होंने स्वयं को (सार्वजनिक) नैतिकता की भाषा के जरिए अभिव्यक्त किया। इस प्रकार, भूल की रेखा नैतिकता–हिंसा–निजी–अनागरिक के बरअक्स कानून–राष्ट्र–राज्य–सार्वजनिक–नागरिक के बीच स्थित थी। ऐसे संदर्भों में, सशस्त्र आंदोलन द्वारा नैतिकता की भाषा का आश्रय लेने को सार्वजनिक तक पहुंच बनाने के एक तरीके के रूप में देखा–समझा जा सकता है, जिस तक अन्यथा लोकतांत्रिक संस्थानों की सीमाओं के भीतर कानून व 'हाई पॉलिटिक्स' के जरिए पहुंच बनाई जाती और इनके जरिए अपने ढंग से पेश किया जाता। राज्य और प्रभुत्वकारी नागरिक–समाज द्वारा राजनीतिक आंदोलनों को अनागरिक व सार्वजनिक दायरे से बाहर समझा जाता है और इसका कारण प्रतिरोध के लिए उनके द्वारा हिंसक उपायों का सहारा लेना है। इस संदर्भ को ध्यान में रखकर, चूंकि कानून व नैतिकता के बीच के संबंध को समझना महत्वपूर्ण है, क्योंकि ये समान रूप से महत्वपूर्ण हो सकते हैं, और साथ ही बाहरी तौर पर आरोपित अनागरिकता (अनसिविलिटी) की निर्मितियों व नैतिकता की भाषा का आश्रय लेने के बीच के संबंध और इनके परस्पर प्रभाव को समझने के लिए मददगार हो सकते हैं।[10]

प्रभुत्वकारी कानूनी व राजनीतिक ढांचों (राज्य व नागरिक–समाज) द्वारा निरपेक्ष रूप से खांचाबद्ध कर दिए जाने और पराधीनता (एजेंसी) के विरुद्ध प्रतिरोध पर सीमाएं आरोपित किए जाने से हिंसक स्थिति उत्पन्न होती है, जिसके कारण विरोध के लिए हिंसक उपायों का सहारा लिया जाता है जिसके परिणामस्वरूप भाषाओं (कानूनी, संस्थानिक, राजनीतिक) की वह बहुलता बाधित होती है जिन्हें लेकर (प्रतिस्पर्द्धी राजनीतिक हितों व ढांचों के साथ समझौते करने में) संभवतः राजनीतिक संघर्षों ने प्रयोग किए होते। राजनीतिक आंदोलन का क्षेत्र सिकुड़ने को उनके अनागरिक होने या सार्वजनिक के बाहर होने के रूप में देखा–समझा जाता है जो अक्सर आंतरिक विनियमों (अनुशासनात्मक पद्धतियों का और राजनीतिक संलग्नता को प्रतिस्थापित करने वाले सख्त पदसोपानक्रमों वाले सांगठनिक ढांचों का अधिकाधिक सहारा लेने में प्रतिबिंबित होने वाले) और साथ ही सार्वभौमिक प्रकृति के दिखने वाले कार्यअभ्यासों (नैतिकता) का चुनाव करने, दोनों का आश्रय लेने में अभिव्यक्त होते हैं। इसके द्वारा, राजनीतिक आंदोलन प्रभुत्वकारी ढांचों और उनके कार्यअभ्यासों में (अपने नैतिक पक्ष के जरिए) हस्तक्षेप करने, उन्हें प्रभावित करने और उन पर अपनी स्वयं की विचार–सरणियों को लादने का प्रयास करते हैं जबकि प्रभुत्वकारी ढांचों को पहले से वैध माना जाता है। राजनीतिक के बजाय, नैतिकता की एक सार्वभौमिक भाषा का सहारा

लेना, सार्वजनिक या नागरिक के वैध दायरे में ऐसे तरीकों से हस्तक्षेप करने का एक तरीका सुरक्षित करने के ठीक इसी उद्देश्य की सेवा करता है जिन तरीकों से वे प्रभुत्वकारी ढांचों से चर्चा कर सकते हैं या उन्हें प्रभावित कर सकते हैं। इस संदर्भ में, कानून, नैतिकता व राजनीति के बीच की अंतक्रिया को इस तरह से समझा जाना चाहिए कि नागरिक और अनागरिक राजनीतिक अभिव्यक्तियों के बोध के बीच के इंटरफेस का संदर्भ क्या है।[12] कम्युनिस्ट पार्टी द्वारा लोगों को लामबंद करने का तरीका, एक तरफ राज्य और इसके कानूनी ढांचों के इर्द–गिर्द सिमटे सार्वजनिक या नागरिक दायरे के खिलाफ इस विवाद में सटीकता से प्रतिबिंबित हुआ, और दूसरी तरफ निजी/अनागरिक दायरे, नैतिकता व हिंसा, के अंदर और इसके बीच स्थित जटिल गतिकी के ताने–बाने में प्रतिबिंबित हुआ।[13] परंतु, यह तथ्य कि सशस्त्र संघर्ष (स्वयं अपने बारे में व नागरिक दायरे के बारे में अपने स्व–बोध में) सार्वजनिक या नागरिक स्पेस के बाहर स्थित थे और इसने स्त्रियों के आंदोलन व मिलिटेंट–कम्युनिस्ट राजनीति के बीच के संबंध को आसान नहीं बनने दिया और इसने स्त्रियों के आंदोलन व 'स्त्री प्रश्न' को भी सार्वजनिक व निजी के बीच के विभाजन में शामिल जटिलताओं व दुविधाओं को उजागर करने से दूर कर दिया। दूसरे शब्दों में, कम्युनिस्ट आंदोलन व स्त्रियों के आंदोलन ने स्वयं को नागरिक–समाज की प्रभुत्वकारी प्रक्रियाओं के द्वारा अनागरिक/निजी दायरे की ओर धकेल दिया गया महसूस किया, और इसके कारण उनके बीच का समीकरण सर्वसहमति वाला या सौजन्यतापूर्ण नहीं था।

स्त्रीवादी राजनीति के लिए 1970 और 1980 के बीच के दशक रैडिकल वाम आंदोलनों से और इनके नियंत्रणकारी नैतिक भाषा से स्वायत्तता प्राप्त करने के प्रयासों द्वारा चिह्नित हुए। हालांकि सशस्त्र आंदोलनों को प्रभुत्वकारी सार्वजनिक के बाहर माना गया था (प्रभुत्वकारी नागरिक–समाज द्वारा और राज्य द्वारा, और एक हद तक ये आंदोलन भी स्वयं को इससे बाहर मानते थे), परंतु स्त्रीवादी राजनीति के लिए ये 'उसी' सार्वजनिक के अंग थे। दूसरे शब्दों में, स्त्रियों के आंदोलन की यह राय थी कि राजनीतिक आंदोलनों ने भी उतने ही लैंगिक स्पेस निर्मित किए थे, जितने कि राज्य, नागरिक–समाज और बाजार ने किए थे और स्त्रियों के आंदोलन इन्हीं के खिलाफ न्यायोचित युद्ध लड़ रहे थे। इस अर्थ में, ये सभी 'उसी' सार्वजनिक के अंग थे। सार्वजनिक और निजी के बीच की रेखा स्वयं ही निरंतर बदलती जान पड़ती है और किसी भी स्पष्ट श्रेणीकरण के खांचे में नहीं रहती है, और 'कई बार हम बाजार सहित हर उस चीज को "निजी" कहते हैं जो राज्य नहीं है। कई बार हम निजी को सिर्फ परिवार से जोड़ते हैं, और बाकी हर चीज को सार्वजनिक कहते हैं' (दहलेरुप 1994: 121)। दूसरे शब्दों में, इसी अवधि के दौरान स्त्रीवादी राजनीति ने यह खोज की कि ऐसा कोई सामाजिक या यहां तक कि राजनीतिक स्पेस भी उपलब्ध नहीं है जो लैंगिक शक्ति समीकरणों द्वारा दूषित नहीं हुआ हो। इसी दृष्टिकोण ने नागरिक–समाज की उनकी समझदारी भी निर्मित की,

> सामान्यतः, स्त्रीवादियों ने निजी, घरेलू दायरे को राज्य और/या अर्थव्यवस्था के सार्वजनिक दायरे के बरअक्स रखा। इन मौकों पर, नागरिक–समाज को राज्य, अर्थव्यवस्था, या दोनों के साथ मिला दिया गया और यह एक ऐसा कदम था जो सामान्यतः विभिन्न मध्यस्थताकारी संस्थानों की अनदेखी करने की दिशा में ले जाता है। (डीन 1992: 380)

हमें यहां पर अन्य राजनीतिक आंदोलनों के साथ प्रासंगिक अंतर पर ध्यान देने की जरूरत है, क्योंकि नागरिक अधिकार आंदोलन ने अपने 'नागरिक स्वतंत्रताओं' वाले दौर में और

दलित आंदोलन ने नागरिक–समाज के प्रवेश–द्वारों में बार–बार घुसने के अपने प्रयासों में कम से कम क्षणिक व सापेक्षिक तौर पर नागरिक दायरे तक पहुंच बनाई थी।[14] परंतु, इसके विपरीत स्त्रियों के आंदोलन ने स्वयं को विविध अपवर्जनों के प्राप्तकर्ता वाले सिरे पर पाया।

सार्वजनिक–निजी का अंतर ही वह प्रकाश–स्तंभ था जहां से स्त्रीवादी राजनीति के लिए अनेक व विरोधाभासी रास्ते खुलते थे जिनमें से सही रास्ता कभी भी आसानी से तय नहीं किया जा सकता था, या जिनमें मेल नहीं हो सकता था या जो नागरिक–समाज की सीमाओं के अंदर नहीं हो सकते थे, और इसीलिए स्त्रीवादी '...भी इस बात के प्रति पूरी तरह सचेत थे कि परिवर्तन की रणनीतियों को अनेक स्तरों पर हस्तक्षेप करना होगा। नागरिक–समाज के सुर्ख लाल कलेवर के तहत इसकी चर्चा होना (विरले ही कभी) जरूरी नहीं था' (फिलिप्स 2002: 76)। इसीलिए, ऐने फिलिप्स कहती हैं, 'स्त्रीवादियों की दिलचस्पी इस बात में नहीं थी कि नागरिक–समाज और राज्य के बीच कहां लकीर खींची जाए', क्योंकि अंतिम विश्लेषण के तौर पर 'एक स्त्रीवादी दुनिया की ओर नजर दौड़ाती है और उसे प्रत्येक अस्तित्वमान दायरे में, चाहे यह परिवार हो, बाजार हो, नागरिक–समाज हो, या राज्य के संस्थान हों, एकसमान ताने–बाने स्वयं को दोहराते हुए नजर आते हैं' (पूर्वोक्तः 74)। इस तरह, वे नागरिक–समाज को वैधता प्रदान किए बिना कानून को 'सभ्य बनाने' की दहलीज के अंदर और इसके साथ संघर्ष कर रही थीं, और 'उत्प्रेरक–के–रूप–में–कानून' का इस्तेमाल करके नागरिक–समाज पर प्रभाव डालने के लिए संघर्ष कर रही थीं, ताकि जिस समय स्वयं नागरिक क्षेत्र को वैधता प्रदान की जा रही हो ठीक उसी समय उन्हें निजी के क्षेत्र में वापस धकेल दिए जाने से बचाया जा सके।

> नागरिक–समाज/सरकार की सीमा–रेखा का स्थान निर्धारित करने व इसकी निगरानी करने के लिए, स्त्रीवादी सिद्धांतकारों का एक अलग दृष्टिकोण है। संघ के लिए स्वतंत्रता का तर्क सरकारी हस्तक्षेप से स्वतंत्रता की बात करता है, परंतु समान सुरक्षा कानून को लागू करने की आवश्यकता और समूहों के लिए राजकीय समर्थन के विभिन्न रूपों की वांछनीयता हस्तक्षेप करने का तर्क देती हैं। (रोजेनब्लम 2002: 155)

सत्तर का दशक, मार्क्सवादी–लेनिनवादी समूहों व उनके द्वारा नेतृत्व किए जा रहे सशस्त्र संघर्ष के जबर्दस्त प्रभाव से विविध स्तरों पर स्वायत्तता प्राप्त करने का प्रयास करने वाले स्त्रियों के पृथक समूहों के निर्माण का दशक था। इसमें न सिर्फ स्त्रियों को मुद्दों को सामने लाया गया बल्कि एम.एल. पार्टियों के साथ उनके संबंध पर भी पहली बार अधिक खुले तौर पर बहस शुरू हुई व राजनीतिक तथा वैचारिक रूपों में अवधारणाबद्ध हुई। परंतु इस बात पर गौर करना दिलचस्प है कि इन सभी पृथक स्त्री समूहों के नेतृत्वकारी पदों में मौजूद सदस्य या तो एम.एल. समूहों के हमदर्द थे या भूतपूर्व सदस्य थे। तेलंगाना व श्रीकाकुलम सशस्त्र आंदोलनों के साथ ही, विभिन्न सी.पी.आई. (एम.एल.) समूहों ने शहरी क्षेत्रों में निरंतर, मुख्यतः मध्य वर्ग से, युवाओं को प्रेरित किया। यह प्रेरणा शहरी मध्य वर्ग की स्त्रियों के घर पर उनके 'पारिवारिक मूल्यों' के साथ बढ़ते विवाद के साथ मिल गई। छात्राओं ने प्रोग्रेसिव डेमाक्रेटिक स्टूडेंट्स यूनियन जैसे सी.पी.आई. (एम.एल.) के छात्र समूहों के साथ कीमतों में बढ़ोत्तरी जैसे आंदोलनों में सक्रिय भाग लेना आरंभ किया। परंतु, ऐसे आंदोलनों में रैडिकल वाम संगठनों में अनिवार्यतः पुरुषों से मिलकर बने नेतृत्वकर्ताओं के साथ अपने मेल–जोल के दौरान, उन्हें यह अहसास हुआ कि न सिर्फ स्त्रियों के मुद्दों पर चर्चा करने और उन्हें वरीयता प्रदान करने के लिए, बल्कि नेतृत्वकारी स्थानों में स्वयं

स्त्रियों को आने के अधिक अवसर प्रदान करने के लिए भी स्त्रियों के पृथक संगठन बनाना आवश्यक था। इसने एम.–एल. छात्र संगठनों के साथ इन चर्चाओं को उकसाया कि क्या स्त्रियों के पृथक संगठन बनाए जाने जरूरी थे या नहीं। परंतु, 'पुरुष छात्रों का जवाब मुख्यतः यह था कि स्त्रियों के पृथक संगठन बनाना मार्क्सवाद–विरोधी था, और स्त्रियां स्वयं में कोई वर्ग नहीं हैं; और सिर्फ एक आर्थिक क्रांति ही अंततः और स्वतः स्त्रियों को मुक्ति प्रदान करेगी...' (ललिथा 1998: 5)।

रैडिकल वाम पार्टियों से संबंध–विच्छेद करना कठिन था क्योंकि ऐतिहासिक रूप से सिर्फ वे ही ऐसी राजनीतिक रचनाएं थीं (सामाजिक सुधार के दौर के बाद) जिन्होंने स्त्रियों को लामबंद होने के लिए जरूरी स्पेस प्रदान किया था और इसके बिना नए विकसित होते सार्वजनिक क्षेत्र के अंदर ये स्पेस उपलब्ध नहीं था तथा यह नया विकसित होता सार्वजनिक क्षेत्र स्त्रियों के विरुद्ध प्रभुत्वकारी मूल्य प्रणाली की जकड़बंदी के विरुद्ध नहीं बल्कि उसके साथ संगति में था। ठीक इसी समय उन्होंने विशिष्टतः स्त्रियों से जुड़े मुद्दों को सामने लाने के लिए एक अलग नजरिया व राजनीति विकसित करने की सख्त जरूरत भी महसूस की, जो एम.एल. पार्टियों के लिए गौण या उनके अधीन न हो या जिसे उस निजी–नैतिक क्षेत्र के अंदर सीमित नहीं किया जा सके जिससे वे जूझ रही थीं। स्वायत्तता की यह यात्रा कठिन थी क्योंकि नागरिक–समाज के साथ या इसके अंदर काम करने का विकल्प पाना बहुत अधिक कठिन था क्योंकि नागरिक या सार्वजनिक दायरा स्वयं अपने काम करने के लिए ही स्त्रियों के लिए निजी मूल्यों/क्षेत्रों के भरोसे था और जैसा कि स्त्रीवादियों ने तर्क दिया, 'नागरिक–समाज अक्सर ही मर्दवादी क्षेत्र को प्रकट करता है' और 'नागरिक–समाज में अधिकांश लोग पहले से स्त्री या पुरुष के रूप में अस्तित्वमान हैं, और यौन पदसोपानक्रमों में उनकी स्थिति का उन संगठनों पर विचारणीय प्रभाव पड़ेगा जिनमें उनके शामिल होने की अधिकांश संभावना होगी और साथ ही ऐसे किसी संगठन में शामिल होने की उनकी तीव्रता पर भी इसका महत्वपूर्ण असर होगा' (फिलिप्स 2002: 76)।

राजनीतिक आंदोलनों से जुड़ी स्त्रियों को महसूस हुआ कि उन्होंने सार्वजनिक क्षेत्र में मौजूद श्रेणियों व कार्यअभ्यासों का विरोध किया है, जो उनके विरुद्ध एक 'ज्ञानमीमांसीय पक्षधरता' से ग्रस्त थे और यह कि वे ठीक इन्हीं श्रेणियों के जरिए उनसे संबंधित मुद्दों का एक मिथ्या चुनाव प्रस्तुत करते थे। सार्वजनिक क्षेत्र या नागरिक–समाज जबर्दस्त पितृसत्तात्मक मूल्य प्रणाली के कारण उन्हें अपवर्जित करने में 'दोहरा उत्पीड़नकारी' था, और फिर इसने उन्हें वह रणनीतियां पेश कीं जिन्होंने उनकी अवस्थिति को पहले से अधिक सीमित ही किया। उदाहरण के लिए, नागरिक–समाज कानून की केंद्रीयता व अधिकारों की इसकी सहवर्ती भाषा की बुनियाद पर खड़ा था। परंतु, स्त्रीवादियों ने यह समझा कि:

> न्यायिक मान्यता की रूपरेखा बनाने वाले अधिकार विशिष्ट संज्ञानात्मक गुणों पर आधारित होते हैं। ये गुण, जिनमें तर्कपरकता व स्वायत्तता शामिल हैं, मर्दवादी विशेषता रखते हैं। जब स्त्रियों के पास अधिकार होते हैं, तब उन्हें सिर्फ इस हद तक मान्यता मिलती है कि वे भी पौरुषपूर्ण हैं, या एक मर्दाने मानक का अनुपालन करती हैं। (डीन 1992: 387)

कानून प्रणाली और इससे जुड़ी अधिकारों की भाषा ने नागरिक–समाज के अंदर एक 'मर्दवादी क्षेत्र' की रचना की जिसके परिणामस्वरूप स्त्रियों की अवस्थिति पृष्ठभूमि (निजी में) धकेल दी गई और उसे उनकी मांगों को सूत्रबद्ध करने में अपर्याप्त सिद्ध कर दिया गया।

उनके पास अच्छा जीवन, भावनात्मकता जैसी वैकल्पिक श्रेणियों के साथ एक आत्मिकता (सेल्फहुड) या व्यक्तिपरकता (सब्जेक्टिविटी) निर्मित करने का मिथ्या चुनाव था और नागरिक–समाज में सार्वजनिक जीवन के इतिहास में इनके प्रति रखी जाने वाली बाध्यता को कोई मान्यता प्राप्त नहीं थी, बल्कि उनके पास उस 'स्त्रैण' व्यक्तिपरकता को सुदृढ़ करने की संभावना का बोझ था जिसके विरुद्ध उन्होंने अपना संघर्ष आरंभ किया था। उदाहरण के लिए, नैन्सी हिर्चमैन ने यह तर्क दिया कि चूंकि स्त्रियों के लिए ढेर सारी बाध्यताएं होती हैं, जिनके प्रति असहमति रखना 'न सिर्फ अक्सर अनुपलब्ध होता है बल्कि इनकी प्रासंगिकता अक्सर सवालों के घेरे में होती है' जिसके बाद वह कहती हैं कि 'एक स्त्रीवादी तात्विकता व ज्ञानमीमांसा बाध्यता की दार्शनिक वरीयता से संचालित होगी' (हिर्चमैन 1989: 1241)। दूसरे शब्दों में, 'एक "स्त्रीवादी अवस्थिति" से', संभवतः बाध्यता को प्रदत्त माना जाना चाहिए और 'बाध्यता ही वह मानक है जिसके बरअक्स स्वेच्छा से काम करने की स्वतंत्रता जैसी अन्य चीजें मापी जाती हैं... इस स्त्रीवादी अवधारणा में, बाध्यता की यही धारणा गैर–संतुष्टीकरण के लिए एक व्याख्या की मांग करती है' (पूर्वोक्त)। परंतु, कैरोल पेटमैन यह कहती हैं कि इस ऐतिहासिक बंधन को देखने और इसे समस्यामूलक महसूस करने के बजाय, हम राजनीति के बारे में अपनी सोच के एक नए स्त्रीवादी आरंभिक–बिंदु के रूप में बाध्यता जैसे विचारों को स्वीकार करने लगते हैं (पेटमैन 1992)। इसलिए वह कहती हैं, 'स्त्रीवादियों को दी जाने वाली यह गलत सलाह होगी कि वे स्वतंत्रता की वरीयता का त्याग कर दें... ख्और इसे बाध्यता से प्रतिस्थापित कर दें – मेरा योग, और यदि सभी के लिए स्वतंत्रता को वरीयता से हटा दिया जाए, तो क्या ऐसी किसी राजनीतिक व्यवस्था का निर्माण किया जा सकता है जिसमें सभी का खयाल रखा जा सके' (पूर्वोक्तः 182)।[15]

चुंदूर नरसंहार के बार अस्मितावादी राजनीति के चरण के दौरान दलित आंदोलन ने जिस तरह से एकमात्र अपने 'स्वानुभूत अनुभव' के इर्द–गिर्द राजनीति को सूत्रबद्ध किया था, उसी तरह यहां स्त्री आंदोलन द्वारा भी उसी प्रकार की राजनीति को सूत्रबद्ध करने की संभावना दिखती है। हालांकि स्त्री समूहों के धड़ों ने स्त्रियों द्वारा व स्त्रियों के लिए विशिष्ट राजनीति को सूत्रबद्ध किया जो उनके 'स्वानुभूत अनुभव' पर आधारित थी, परंतु इसने कभी भी वैसी समग्रता ग्रहण नहीं की जैसा कि दलित आंदोलन के मामले में हुआ था। संभवतः, इसकी वजह यह हो सकती है कि स्त्रियों के आंदोलन ने सार्वजनिक–निजी के विभाजन की जिस अपरंपार कठिनाई का सामना किया उसने उनके सामने ऐसा कोई आसान विकल्प पेश ही नहीं किया। चूंकि दलित आंदोलन के पास, अछूत प्रथा जैसे कार्यअभ्यासों के बावजूद, सार्वजनिक दायरे में अपेक्षाकृत अधिक पहुंच मौजूद थी (समुदाय व चुनावी राजनीति के लिए संख्यात्मक शक्ति के विचारों के आधार पर, जिसने राजनीतिक शक्ति पर काबिज होना संभव बनाया), इसलिए वे सार्वजनिक दायरे में सिर्फ व सिर्फ दलितों से संबंधित और दलितों के प्रतिनिधित्व वाली राजनीति सूत्रबद्ध कर सके। नागरिक–समाज के साथ अपने संबंध में, स्त्रियों के आंदोलन के पास या तो अपनी स्त्रैणता को मूर्त रूप प्रदान करने या फिर मर्दवादी दायरों में सिमट जाने का ही विकल्प था। सार्वजनिक दायरे के साथ स्त्री आंदोलन का मुकाबला अधिक कठिन और जटिल था और इसने स्त्री आंदोलन की मुश्किलें बढ़ा दीं कि वह किस तरह से रैडिकल वाम राजनीति से स्वायत्तता अर्जित करने की शर्तें तय करे।

दिनांक 29 सितंबर 1974 को आयोजित एक शहरी सम्मेलन में प्रोग्रेसिव ऑर्गनाइजेशन ऑफ वुमेन (पी.ओ.डब्ल्यु.) नामक एक संगठन की औपचारिक स्थापना की गई। एम.एल. जन

संगठनों के साथ इसका राजनीतिक व वैचारिक संबंध अब भी बहुत अस्पष्ट था। इसने जिस हद तक सार्वजनिक तौर पर सत्ता के साथ मुकाबला किया उस हद ये इसके मित्र थे, परंतु चूंकि ये भी उसी सार्वजनिक का अंग थे (नैतिकता के अपने नियामक विमर्श के जरिए), इसलिए लैंगिक भाषा व राजनीति को दोहराने के लिए ये भी जिम्मेदार थे। इस अवस्था में यह महसूस किया गया कि, स्त्रियों के पृथक संगठन बनाना जरूरी था परंतु स्वायत्तता की प्रकृति स्पष्ट रूप से अवधारणाबद्ध नहीं थी। पी.ओ.डब्ल्यू. के घोषणापत्र से परिवर्तन के राह की यह दुविधा स्पष्ट हो गई थी। एक तरफ इन्होंने एम.एल. समूहों से अपना गंठजोड़ बनाए रखा और दूसरी तरफ इसके बावजूद कुछ अलगाव की घोषणा करते रहे और उन्होंने घोषणापत्र को 'दीर्घकालिक लक्ष्य' और 'तात्कालिक मांगों' में विभाजित किया। दीर्घकालिक लक्ष्यों में सामंती अर्थव्यवस्था, विदेशी शोषण, एकाधिकारी घरानों से मुकाबला और 'उत्पादन–उन्मुख शिक्षा प्रणाली' से संघर्ष करना और वैज्ञानिक समाजवाद का प्रचार करना शामिल था। जबकि तात्कालिक मांगों में दहेज–प्रथा, बाल विवाह, स्त्रियों को अपमानित करने वाली अश्लील कला के विरुद्ध विधान लाने की मांग करना और समान काम के लिए समान वेतन व पैतृक संपत्ति में अधिकार को क्रियान्वित करने के लिए कानून बनाने की मांग करना शामिल था। ये मांगें इस प्रकार से विभाजित थीं कि इसने एक तरफ निजी–नैतिक के तर्क को रैडिकल वाम की रणनीतियों में लागू करना संभव बनाया, और दूसरी तरफ कानून व्यवस्था की केंद्रीयता का विरोध करने व इसे परिवर्तित करने का प्रयास करने हेतु नागरिक–समाज के अंदर विधान लाए जाने के लिए संघर्ष करने को राजनीतिक रूप में ढालना संभव बनाया। दूसरे शब्दों में, उन्होंने रैडिकल वाम की विरोधमूलक राजनीति के साथ निकटता कायम रखी ताकि जन–समुदाय के साथ अपने जुड़ाव का राजनीतिकरण किया जा सके, और वाम समूहों के अंदर काम करने वाले निजी–नैतिक के तर्क को रैडिकल बनाने के लिए स्वतंत्र रूप से कानून के साथ निबटना जारी रखा। उन्होंने दोनों सिरों पर बहस को खुला रखा और इसलिए निरंतर प्रासंगिक प्रश्न उठाना जारी रखा। उदाहरण के लिए, एक एक्टिविस्ट ने पूछा, 'पी.ओ.डब्ल्यु. के मार्क्सवादी–लेनिनवादी रुझान के कारण, संघर्ष को "सर्वहारा" आधार को मानना पड़ा और बस्तियों में इसकी तलाश करनी पड़ी। वाम विचारधारा वाले को यह हैरानी हुई कि भला मध्यवर्गीय स्त्रियां बस्तियों की स्त्रियों (या किसान स्त्रियों) "के लिए" तब तक क्या कर सकती हैं जब तक कि वे पहले अपने यौनिक व पितृसत्तात्मक जुड़ावों को नहीं तोड़ती हैं क्योंकि ये उन्हें बांधे हुए हैं?' (ललिथा 1998: 60)। पी.ओ.डब्ल्यु. को काम करते हुए कुछ ही वर्ष हुए थे कि देश में आपातकाल की घोषणा हो गई। पी.ओ.डब्ल्यु. के अध्यक्ष सहित अन्य महत्वपूर्ण सदस्य अनेक मामलों में गिरफ्तार कर लिए गए। वर्ष 1976 की शुरुआत में, पी.ओ.डब्ल्यु. की लगभग समस्त गतिविधियां समाप्त हो गईं और संगठन के रूप में यह बिखर गया। यह गौर करना दिलचस्प है कि अपनी गतिविधियों की शुरुआत करते समय पी.ओ.डब्ल्यु. ने यह दावा किया था कि इसके सदस्यों में एम.एल. कार्यकर्ताओं की संख्या बहुत कम थी, जबकि 'आपातकाल के समय तक यह घोषणा की गई कि पी.ओ.डब्ल्यु. के अस्सी प्रतिशत संगठनकर्ता एम.एल. पार्टियों के सदस्य बन गए थे' (पूर्वोक्त)। यह हमें इस बात का सुराग देता है कि स्त्रीवादी राजनीति की रणनीति किस तरह से अपवर्जनों के विरुद्ध अपने संघर्ष में अपने पास अनेक विकल्प रखे हुए थी और एक विकल्प के बंद होते ही वे दूसरे विकल्पों को अपना लेती थीं। उन्होंने न तो पूर्णतः किसी रास्ते को बंद रखा और न ही किन्हीं गैर–समस्यामूलक/गैर–लैंगिक क्षेत्रों व जरियों की कल्पना की थी।

परंतु, पी.ओ.डब्ल्यु. द्वारा किए गए प्रयोगों ने निश्चित ही रैडिकल वाम समूहों से स्त्रियों के संगठनों की स्वायत्तता के मुद्दे को अपने एजेंडे पर रखा। आपातकाल के तुरंत बाद ही 1977 में, स्त्रियों के एक अन्य स्वायत्त संगठन स्त्री शक्ति संगठन (एस.एस.एस.) की स्थापना हुई और इसकी सदस्यों में वे स्त्रियां थीं जो पहले वामपंथी व उदारवादी रुझान रखती थीं। उन्होंने ऐसे मुद्दों पर काम करने का प्रयास किया जो उनके विचार से स्त्रियों के लिए प्राथमिक वरीयता रखते थे और साथ ही उन्होंने 'तीसरी दुनिया' की स्त्रियों के अनुभव से निकटता रखने वाला और उनके लिए विशिष्ट दृष्टिकोण को भी सूत्रबद्ध किया। यह नया दृष्टिकोण 1975 के यू.एन. के घोषणापत्र को मिली वैश्विक मान्यता से प्रभावित था जिसने 1975 को अंतर्राष्ट्रीय स्त्री वर्ष (8 मार्च को पहली बार अंतर्राष्ट्रीय स्त्री दिवस मनाया गया था) घोषित किया और 'भारत में स्त्रियों की स्थिति' पर सी.एस.डब्ल्यु.सी. की ऐतिहासिक रिपोर्ट भी जारी की। इसी प्रकार, महाराष्ट्र में महिला समता श्रमिक दल (एम.एस.एस.डी.) जैसे संगठनों ने इस बात को रेखांकित करना आरंभ किया कि 'यौन उत्पीड़न' सभी वर्गों, जातियों व क्षेत्रों की स्त्रियों के लिए एकसमान था। एस.एस.एस. और एम.एस.एस.डी. जैसे संगठन विकासशील विश्व की स्त्रियों के लिए एक साझा व्यक्तिपरकता की ओर देख रहे थे और इसीलिए उन्होंने बलात्कार, दहेज, सांप्रदायिक हिंसा के अंदर यौन हिंसा जैसे मुद्दों के इर्द–गिर्द विरोध व्यक्त करने के लिए स्त्रियों को लामबंद किया और स्त्रियों के लिए और अधिक हॉस्टल बनाए जाने की जरूरत जैसी अन्य मांगों के साथ इन्हें उठाया। यह दौर 'स्वायत्त स्त्री समूहों के जबर्दस्त एक्टिविज्म' के आरंभ होने का गवाह था। महाराष्ट्र में, ग्राम स्वराज समिति (स्व–शासन हेतु जिला स्तरीय संगठन) ने सहादा नामक जन आंदोलन का नेतृत्व किया था जिसमें स्त्री संगठनों ने सक्रिय भागीदारी की थी और इस जन आंदोलन ने उस क्षेत्र के धनी किसानों द्वारा भील कामगारों को काम से हटाए जाने के खिलाफ विद्रोह किया। इस तरह के अभियान अंशतः नक्सलवादियों के 'खात्मे की लाइन' का विरोध करने के लिए किए गए क्योंकि स्त्रियों के संगठनों ने महसूस किया कि नक्सलवादी स्त्रियों की भागीदारी का सीमित क्षेत्र प्रदान करते हैं। 'नक्सलवादियों के खिलाफ आलोचना के मुख्य बिंदुओं में से एक यह था कि वे जन संगठन की अनदेखी करते हैं। इसलिए, सहादा में "जन दिशा" ही एक्शन का मार्गदर्शक सिद्धांत था' (माइस 1976: 480)। स्त्रियों के संगठनों ने कीमतों में बढ़ोत्तरी के खिलाफ अन्य विरोध भी संगठित किए जैसे कि युनाइटेड वुमेन्स एंटी–प्राइस राइज फ्रंट, और बाद में गुजरात में 'नव निर्माण' का आरंभ हुआ।[16] गुजरात में, सेल्फ–एम्प्लॉएड वुमेन्स एसोसिएशन (एस.ई.डब्ल्यु.ए.) जैसे अन्य संगठनों ने तकनीकी सहायता पेश करके और प्रशिक्षण प्रदान करके काम की स्थितियों को सुधारने की दिशा में काम किया। यह देखना दिलचस्प है कि हालांकि सहादा में स्त्रियां नक्सलवादियों द्वारा अपनाए गए विरोध के तरीकों के प्रति आलोचनात्मक थीं क्योंकि वे स्त्रियों को सीमित राजनीतिक स्पेस प्रदान करते थे। एस.ई.डब्ल्यु.ए. जैसे प्रयोग को लेकर स्त्रीवादियों में हिचक थी क्योंकि वे इसे 'सुधारवादी' तरीके मानते थे और एस.ई.डब्ल्यु.ए. ने 'स्वयं भी स्त्रीवादियों से एक दूरी बनाए रखी और यह संभवतः इसलिए क्योंकि इसे महसूस हुआ कि वे "पश्चिमीकृत" (वेस्टरनाइज्ड) थे या बहुत अधिक रैडिकल थे' (कुमार 1993: 103)। रणनीतियों की बहुलता व विरोधाभास ने सार्वजनिक–निजी के विभाजन से निबटने में पेश आने वाली कठिनाई को उजागर किया जो यह दर्शाता था कि स्त्रियों के समूहों द्वारा इनसे समझौता करने या इन्हें पुनर्व्यवस्थित करने के प्रयासों में इसकी सीमाओं की प्रकृति को हर बार अनेक रूप प्रदान किए और इनमें बदलाव किए।

एकांकी नाटकः सार्वजनिक का निजीकरण या निजी का सार्वजनिकीकरण?

परंतु, स्त्रियों के स्वायत्त संगठनों जिन अनेक रणनीतियों के साथ एक ही समय पर प्रयोग करने के ये प्रयास किए तो ऐसा लगा कि ये अल्पकालिक हैं और उन्हीं तक सिमटकर रह गए हैं। आंध्र प्रदेश के संदर्भ में, पी.ओ.डब्ल्यु. द्वारा किया गया पिछला प्रयोग उन्हीं एम.एल. समूहों में फिर से विलय हो जाने के रूप में समाप्त हुआ जिनसे वे स्वायत्तता की मांग कर रहे थे, और बाद का प्रयोग एक स्वतंत्र एस.एस.एस. से शुरू होकर नागरिक–समाज में विलय होने तक रहा। शुरुआत में एस.एस.एस. ने अपना कार्य एक 'जन संगठन के रूप में आरंभ किया और सड़कों पर प्रदर्शन संगठित किया व सभी जातियों व वर्गों की स्त्रियों को लामबंद किया। फिर, धीरे–धीरे इसने एक दबाव समूह के रूप में 'काम करना' आरंभ किया और कुछ स्वतंत्र स्त्रीवादियों के एक्टिविज्म के जरिए सरकारी ढांचों पर दबाव डाला, और बाद में 1979 में फेमिनिस्ट स्टडी सर्कल की स्थापना के साथ स्वयं को एक शोध समूह में परिवर्तित कर लिया। फेमिनिस्ट स्टडी सर्कल ने चर्चाएं, सार्वजनिक बैठकें आयोजित करने व प्रकाशन पर ध्यान केंद्रित किया। परंतु, धीरे–धीरे वे अपनी गतिविधि कायम नहीं रख सके और उन्होंने स्वयं को चर्चाएं आयोजित करने व कुछ प्रकाशन निकालने तक सीमित कर लिया और स्वयं को एक शास्त्रीय नागरिक–समाज संगठन में परिवर्तित कर लिया। स्त्रियों के स्वायत्त समूहों का 'नागरिक–सामाजीकरण' अंशतः अपने सामाजिक आधार को मुख्यतः हैदराबाद जैसे महानगरीय शहरों में काम करने वाली अंग्रेजी शिक्षा प्राप्त शहरी स्त्रियों से आगे विस्तारित करने में इसकी नाकामी का परिणाम था। यह विडंबनापूर्ण है कि जिस सांस्कृतिक पूंजी ने उन्हें (शहरी मध्य वर्ग से संबंध रखने वाली स्त्रियों के रूप में) निजी–नैतिक के तर्क को (क्योंकि यह परिवार के बंद दरवाजों के अंदर काम करता है) दूर करने में सक्षम बनाया, और एजेंसी को पुनः प्राप्त करने व पुनः उसका दावा करने में सक्षम बनाया, उसी ने उन्हें एक नागरिक–समाज संगठन का औपचारिक स्वरूप लेने में सीमित भी किया जिसके ध्यान का केंद्र चर्चा समूह आयोजित करना, स्वैच्छिक संगठन बनाना, और शोध केंद्र स्थापित करना था – और इसने उन्हें ग्रामीण व शहरी क्षेत्रों में खासकर अन्य वर्गों के बीच सामान्यतः लोकप्रिय लामबंदी से दूर किया।

दूसरे शब्दों में, जब उन्हें शहरी मध्य वर्ग की स्थितियों द्वारा प्रदान किए गए एजेंसी के महत्व का अहसास हुआ (मानवाधिकार आंदोलन की तरह स्वयं मध्य वर्ग की प्रकृति को नैतिक शिक्षा दिए बिना), तब भी वे स्वयं अपने वर्ग के अतिरिक्त सामाजिक समूहों के साथ संबंध नहीं गढ़ सके। अपनी वर्गीय लाइन के साथ आंतरिक प्रदेशों में मुख्यतः ग्रामीण गरीबों लामबंद करने वाले एम.एल. समूहों से स्वायत्तता की मांग करने की अवधि में, स्त्रियों के स्वायत्त समूह तथ्यतः ग्रामीण स्त्रियों को संगठित करने में असफल हो गए, और इस तरह से वे उन मुद्दों को उठाने में भी असफल हो गए जो जीवनशैली (ऐसा नहीं है कि यह महत्वपूर्ण नहीं था या राजनीतिक नहीं था, बल्कि यह सीमित था) के (शहरी) सांस्कृतिक एजेंडा से आगे के मुद्दे थे। हालांकि सांस्कृतिक मुद्दों और प्रतिनिधित्व के मुद्दों को सूत्रबद्ध करना अत्यधिक महत्वपूर्ण था, परंतु एम.एल. समूहों के 'अर्थवाद' का जवाब देने की अवधि में स्वायत्त स्त्री समूहों ने धीरे–धीरे स्व–सीमितकारी 'संस्कृतिवाद' के स्वयं अपने संस्करण का मूल्यवर्द्धन कर दिया। नुक्कड़ों–चौराहों की राजनीति (स्ट्रीट

पॉलिटिक्स) से पीछे हटने, और आंदोलन के शहरी क्षेत्रों तक अत्यधिक संकेंद्रित हो जाने के कारण 'स्त्रीवाद के पेशेवरीकरण' और स्त्रियों के स्वायत्त संगठनों के एन.जी.ओ.–करण की परिघटना में क्रमशः वृद्धि हुई।[17]

दलित आंदोलन में संस्कृतिवाद के कारण एक अनन्य *अस्मितावादी राजनीति* की ओर हुआ बदलाव, सार्वजनिक–निजी के सख्त विभाजन के जरिए काम करने वाले एक अनुशासनात्मक नागरिक–समाज के साथ अपनी मुठभेड़ के बाद स्त्रीवादी राजनीति के *पेशेवरीकरण* में हुए बदलाव के साथ तुलना की जा सकती है। एन.जी.ओ.–करण ने राजनीति को स्थानीय बनाया और स्त्रियों के स्वायत्त आंदोलन द्वारा एक ही समय पर अनेक रणनीतियों को लागू करने की ढिठाई (एक सीमा तक) दिखाई गई और '"दैहिक" स्तर पर उत्पीड़न की ढिठाई स्त्रीवादी कार्यअभ्यास को कानून द्वारा पेश की गई स्पष्टता व समरूपता के विमर्श को समझने व इसमें समाहित हो जाने का प्रयास करने की दिशा में ले गई' (मेनन 2004: 13)।[18] एक अर्थ में, यही वह दौर भी था जिसने कानूनी बदलाव लाने के लिए स्त्रीवादी राजनीति को सरकारी ढांचों में 'काम करते' हुए भी देखा। कानूनी लड़ाइयों का अधिकाधिक सहारा लेने ने स्त्रियों के समूहों को नागरिक–समाज की सीमाओं के अंदर और अधिक सुरक्षित किया, और नागरिक–समाज के विमर्शों व श्रेणियों द्वारा पेश की गई सीमाओं को चुनौती दे सकने वाले सामूहिक संघर्ष निर्मित करने की उनकी क्षमता को और अधिक दुर्बल बनाया। यह विडंबनापूर्ण है कि आंदोलन के सिमटने और नुक्कड़ों–चौराहों की संगठित राजनीति के जरिए (सार्वजनिक) स्पेस पर अधिकार करने से साफ तौर पर 'पीछे हटने' के कारण, निजी–नैतिकता अपने जिस तर्क से निरंतर काम कर रही थी उसके कपटपूर्ण तरीकों पर सवाल खड़े करने के लिए नए स्पेस खुले। औपचारिकीकरण का क्षण राजनीतिकरण का क्षण भी था; प्राथमिक तौर पर, फोकॉल्डियन रूपरेखा में, यह वैसे ही है जैसे कि स्वायत्तता का क्षण विनियम के तरीके की भांति था।[19] यहां पर, एक समापन (औपचारिकीकरण) क्षण निजी–नैतिकता के नए मुद्दों को उठाने वाला स्पेस भी खोलता था (इस मामले में, यौनिकता व यौन स्वतंत्रता) और संभवतः इसे उठाना तब तक आसान नहीं हो सकता था जब तक कि स्त्रियों का आंदोलन वृहदतर सामूहिकताओं को लामबंद करने व नुक्कड़ों–चौराहों की विरोधमूलक राजनीति को संगठित करने के काम में लगा हुआ था।

फेमिनिस्ट स्टडी सर्कल का निर्माण चलम के लिए आयोजित किए गए एक शोक प्रस्ताव पर हुए एक विवाद का परिणाम था। चलम एक साहित्यकार थे जो स्त्रियों की यौनिकता के सामाजिक नैतिक नियंत्रणों के विरुद्ध अपनी तीखी आलोचना के लिए जाने जाते थे और यह कहने के लिए विख्यात थे कि पारिवारिक प्रणाली के विनाश के अतिरिक्त ऐसा कोई मार्ग नहीं है जिससे नैतिकता के अत्याचार से स्त्रियों को मुक्ति मिल सकती हो। यू.सी.सी.आर.आई. (एम.एल.) नामक एक कम्युनिस्ट पार्टी का नेतृत्व अपनी स्त्री कार्यकर्ताओं के वैचारिक विचलन से नाखुश था क्योंकि ये एक्टिविस्ट स्त्रियां यह मांग कर रही थीं कि चलम और उनकी रचनाओं को क्रांतिकारी राजनीति का एक अभिन्न अंग मानने की आधिकारिक पुष्टि की जाए और उन्हें पार्टी की सदस्यता से इस्तीफा देना पड़ा था। एस.एस.एस. के भूतपूर्व सदस्यों के साथ ही, ऑर्गनाइजेशन फॉर प्रोटेक्शन ऑफ डेमोक्रेटिक राइट्स (ओ.पी.डी.आर.) जैसे नागरिक अधिकार संगठनों से भी अनेक लोग बाहर निकल गए क्योंकि इन संगठनों में स्त्रियों के प्रश्नों को मान्यता देने की स्वायत्तता नहीं थी। यही वह दौर था जिस समय स्वतंत्र स्त्रीवादियों ने चलम द्वारा पेश किए गए विचारों के पीछे लामबंद होकर नैतिकता के निजी तर्क का पुनः विश्लेषण किया (वोल्गाः अदिनांकित)।

चलम एक गैर–परंपरागत साहित्यकार और सामाजिक आलोचक थे; उन्होंने कंडुकुरी वीरेसालिंगम के समाज सुधार कार्यक्रम से प्रेरणा प्राप्त की और उन्हें यह प्रेरणा स्वयं सुधार के कार्यों की अंतर्वस्तु से अधिक वीरेसालिंगम के द्वारा स्त्रियों से संबंधित मुद्दों को पेश करने के तरीके से मिली।[20] अपनी विभिन्न साहित्यिक रचनाओं के जरिए, उन्हें स्त्री की व्यक्तिपरकता को फिर से हासिल करने में स्त्री की यौनिकता की केंद्रीयता को रेखांकित करने में निपुणता हासिल थी। उन्होंने अपने मुख्य चरित्रों को सचेतन रूप से 'आक्रामक यौनिकता' प्रदान की, और बलिदान, आत्मत्याग और आत्मसमर्पण की इच्छा से पहचानी जाने वाली स्त्री व्यक्तिपरकता को उलटकर 'मुक्त प्रेम' की वकालत की। 'जिस सीमा तक कोई व्यक्ति (या इस मामले में कोई स्त्री) इस विरोधात्मक संबंध में जीता है और मानदंड के विरुद्ध संघर्ष करता है सिर्फ वहीं तक वह स्त्री मानवीय होती है' (विंध्या 2000: 182)। चलम के लिए निजी–नैतिक के तर्क का नियंत्रण इतना पूर्ण था कि सिर्फ विरोधात्मकता के पलों में ही एक स्त्री अपनी व्यक्तिपरकता पुनः प्राप्त करती है। चलम ने स्पष्टता के साथ यह विचार प्रकट किया था कि यौन सुख व इच्छा और प्रजनन की स्वतंत्रता के पूर्ण अधिकार के बिना, हम स्त्रियों की व्यक्तिपरकता के मुद्दों की रूपरेखा बनाने की शुरुआत तक नहीं कर सकते हैं और इसलिए ऐसी स्वतंत्रताओं को सीमित करने वाले सभी संस्थानों (जिनमें परिवार, विवाह और एकनिष्ठ संबंधों की पवित्रता शामिल हैं) को नष्ट करना आवश्यक था। चलम के लिए, शक्ति के विभिन्न आयाम निजी–नैतिक के तर्क के इर्द–गिर्द घनीभूत थे, जो न सिर्फ स्त्रियों के सामाजिक नियंत्रण के एक तरीके को बल्कि उस तरीके को भी प्रतिबिंबित करता है जिसमें समाज में शक्ति सामान्यतः व्यवस्थित थी। शक्ति संबंधों की सामाजिक पुनर्व्यवस्था सांगोपांग ढंग से 'शोषण के बिना यौन संबंधों' को अर्जित करने में व्यक्त होती है।

चलम ब्रह्मो समाज के सदस्य थे और उन्हें इससे निकाल दिया गया था, उनके संबंधियों ने उन्हें बहिष्कृत कर दिया था व 'प्रतिष्ठित' नागरिक या सार्वजनिक इलाकों में उन्हें घर देने से मना कर दिया गया था और इस तरह उन्हें सीमांतीय इलाके में स्थित उस समय के 'हरिजनवाड़ा' में दलितों व मुसलमानों के साथ जाकर रहने को बाध्य किया गया था।[21] वर्ष 1931 में, एक लोकप्रिय तेलगू पत्रिका में धारावाहिक रूप से छप रहे उनके उपन्यास *मैदानम* का प्रकाशन अचानक बंद कर दिया गया था क्योंकि 'पाठकों ने कहानी की निर्लज्जता के विरुद्ध विरोध किया था' (पूर्वोक्तः 185) जिसने शिक्षित व 'सूचित' पाठकों के बीच अभिव्यक्ति व प्रकाशन की स्वतंत्रता में आस्था को तार–तार कर दिया जबकि अभिव्यक्ति व प्रकाशन की स्वतंत्रता को सार्वजनिक दायरे का विस्तार करने के लिए बुनियादी माना जाता था। नागरिक क्षेत्र की तर्कसंगतता का विरोध करने के लिए ही, चलम अक्सर यह कहते थे कि उन्होंने जो भी लिखा है वह 'आम आदमी की घटिया सामान्य बुद्धि' से लिया गया था (चलम 1976: 64)।[22] उभरते हुए सार्वजनिक क्षेत्र ने चलम को हाशिए में धकेल दिया, उन्हें और उनके विचारों को, अलंकारिक व शाब्दिक दोनों तरीके से, बहिष्कृत कर दिया, जबकि ऐसा प्रतीत हुआ कि रैडिकल वाम समूहों ने अनेक तरीकों से राजनीतिकरण के मौके चूककर इस स्थिति को बद से बदतर बना दिया। ऐसे में, उन विविध किस्मों के अंतर्संबंधों को समझने वाली रणनीति लागू करने की जरूरत महसूस हुई जो कभी–कभी ही दिखाई देते थे और ज्यादातर तयशुदा रूपों के पीछे छुपे रहते थे और जिनके बारे में यह लगता था कि रैडिकल राजनीति ने इन्हें संगठित कर लिया है। वाम समूहों ने भी 'देह' के महत्व को शक्ति संबंधों को संकेंद्रित करने वाले एक स्थल के रूप में स्वीकार करने से इंकार कर दिया था, जो उनके विचार से किसी सामाजिक समस्या के प्रति एक

'वैयक्तिक' दृष्टिकोण को प्रतिबिंबित करता था, और 'व्यक्तिपरकता के निजी भावनात्मक क्षेत्र को मूर्त रूप प्रदान करता था जिसे चलम ने अपने उपन्यासों के "रोमांटिक माहौल" के जरिए स्थापित किया था' (विंध्या 2000: 179)।

स्त्रियों के स्वायत्त समूह जिस तरह 'जन संगठन' से सीमित व पेशेवर शोध समूहों में परिवर्तित हो गए, उससे रैडिकल वाम समूहों की उद्विग्नता ने (*वैयक्तिकता के तर्क* (लॉजिक ऑफ इंडीविडुएशन) और मूर्त रूप प्रदान करने की संभावना के साथ) अंशतः स्वयं को न्यायोचित ठहराया, और इससे 'जैव-राजनीति' के तर्क को व्यापक सामूहिक संघर्ष के साथ जोड़ने की संभावना की फिर से अनदेखी हुई। ठीक उसी समय, स्त्रीवादियां निरंतर यह देखती रहीं कि राजनीतिकरण की प्रक्रिया को कमजोर करने वाले निजी-नैतिक के तर्क के अंग के रूप में उनके द्वारा पेश किए गए मुद्दों को अपनाने में वाम समूह आनाकानी करते रहे और इसके बजाय उन्होंने नैतिकीकरण की प्रक्रिया पर जोर दिया। उन्होंने कहा कि 'स्त्रीवाद की तरफ से क्रांतिकारी पहचान की अवधारणा को दी गई चुनौती इस बात में है कि यह यौनिकता व व्यक्तिपरकता की उन समस्याओं को राजनीतिक क्षेत्र में लाती है जिन्हें अब तक क्रांतिकारी विमर्श में दबा दिए जाने की प्रवृत्ति रही है' (पूर्वोक्तः 188)।

राजनीति को पेश करने के दो तरीकों के बीच दीखने वाली संचार की अनुपस्थिति, अधीनता व व्यक्तिपरकता के बीच बढ़ते अंतर्वेधन या फिर मिलन को दर्शाती है। शक्ति के रूप ही कार्यवाही के लिए संदर्भ भी हैं; इस मामले में यौनिकता को वैयक्तिक रूप में (व्यक्तिगत समाधान प्रस्तुत करने वाले) पेश किया गया परंतु इसने 'अपनी शर्तों' पर सार्वजनिक क्षेत्र में भी प्रवेश किया, जहां 'विषयाधीन-व्यक्ति (सब्जेक्ट) एक एजेंट है भले ही वह एक स्वायत्त एजेंट नहीं हो'।

> कम से कम सिद्धांततः, स्वायत्त विषयाधीन-व्यक्ति (सब्जेक्ट) सभी सामाजिक संदर्भों के बाहर अनुभव लेने, तर्क करने, आस्थाओं को अपनाने और कार्य करने में समर्थ होंगे... इसके विपरीत, एजेंट सिर्फ विशिष्ट सामाजिक संदर्भों में ही मौजूद होते हैं, परंतु ये संदर्भ कभी भी ख्यूर्णतः – मेरा योग, यह निर्धारित नहीं करते कि वे स्वयं को किस प्रकार निर्मित करने का प्रयास करते हैं। हालांकि एजेंट आवश्यक रूप से शक्ति/ज्ञान की व्यवस्था के अंदर मौजूद होते हैं...

परंतु इसके बावजूद ये 'इस पृष्ठभूमि को संशोधित करने' की और इस प्रकार विमर्श की नई शर्तें तय करने की कुछ खास क्षमता रखते हैं (बेबिर 1999: 67)। ऐसा जान पड़ता है कि सभी राजनीतिक आंदोलनों ने 'विमर्श की नई शर्तें तय करने' की यह क्षमता स्वयं हड़प ली है और अन्य संघर्षों को यही करने छूट नहीं दी, जिससे उनके बीच संचार अधिक कमजोर पड़ा।[23]

बाद में, चलम के जन्म के सौवे वर्ष के अवसर पर, 1994 में, आंध्र प्रदेश की स्त्रीवादियों ने नुरेला चलम कमेटी (चलम के जन्म के सौ वर्ष का उत्सव मनाने के लिए समिति) निर्मित की; वह जारी बहसों व राजनीति की रोशनी में चलम के महत्व को पुनः स्थापित करने वाले लेखों का एक ग्रंथ भी लाई और राज्य के लगभग बीस शहरों व कस्बों में उन्होंने सार्वजनिक बैठकें आयोजित कीं जिनमें एक बार फिर से राजनीति, कानून, नैतिकता व नागरिक-समाज के आपसी जुड़ावों पर बहस की गहन छानबीन की गई और उनका सिंहावलोकन किया गया।[24] देश के अन्य स्थानों पर भी, स्त्रियों ने इसी प्रकार के मुद्दों पर

ध्यान केंद्रित करना आरंभ किया था जैसे कि प्रस्तुति के बढ़ते सेक्सिस्ट (लिंगवादी) तरीके मीडिया, सिनेमा और फलते–फूलते विज्ञापन उद्योग का अंग बनते जा रहे थे। स्त्रियों के अनेक संगठनों ने एक पृथक कानून के लिए काम करना आरंभ किया जो इससे निपट सके और अश्लीलता की समस्या से राहत देने में उनकी मदद कर सके। अगस्त 1986 में, संसद ने स्त्रियों की अशिष्ट प्रस्तुति (सुरक्षा) बिल को पास किया ताकि सार्वजनिक क्षेत्र में बढ़ती अश्लील संस्कृति को समाप्त किया जा सके। परंतु, कानून की भाषा के द्वारा स्त्रियों के समूहों को बरगलाया गया था क्योंकि कानून के जिन प्रावधानों को इस प्रकार की लैंगिकता के लिए स्थान निर्मित करने व प्रदान करने वाली सामाजिक शक्ति के आयाम को सामने लाना था, उनका स्वर नैतिक किस्म का था। यह कानून अशिष्टता को अनुच्छेद 2(सी) में स्पष्टता से परिभाषित करता है कि इस प्रकार का 'चित्रण स्त्रियों के लिए अशिष्ट और अपमानजनक है या इससे सार्वजनिक नैतिकता भ्रष्ट या क्षतिग्रस्त हो सकती है' (शाह 1992: 225)। स्त्रियों के समूहों ने यह तर्क दिया कि 'कानून कहीं पर भी स्त्रियों, उनके पतन और भेदभाव या दो लिंगों के बीच के शक्ति संबंधों की विशिष्टतः चर्चा नहीं करता है' (पूर्वोक्त: 226), इसके बजाय वह 'सार्वजनिक नैतिकता' पर बड़बड़ाता है, जो मूलतः अस्पष्ट था, और इसकी ठीक इसी अस्पष्टता के कारण सार्वजनिक व्यवस्था को कायम रखने के नाम पर स्त्रियों पर विनियम लागू कर सका और परिणामतः इसने अश्लीलता, फूहड़ता व अशिष्टता की पारिभाषिक समस्याओं में योगदान दिया।

पारिभाषिक समस्याएं कभी भी महज विवादास्पद या महज सांस्कृतिक क्षेत्र में ही नहीं बनी रहीं, बल्कि इन्होंने स्त्रीवादी राजनीति के लिए भी नई चुनौतियां पेश कीं। यहां तक कि स्त्रियों के लिए आर्थिक अधिकारों का दावा पेश करने में भी चुनौतियां पेश कीं। उदाहरण के लिए, अनैतिकता व विवाहेतर संबंधों के अभियोगों का इस्तेमाल भी स्त्रियों के जीवन–यापन के अधिकार से इंकार करने के लिए किया गया। यहां एक बार फिर से, कानून पारिवारिक विचारधारा के अभिन्न अंग के रूप में वर्चस्वकारी पितृसत्तात्मक–यौनिक रीति–रिवाजों का प्रतिबिंबित करता है। सी.आर.पी.सी. के खंड 125 के उपवाक्य 4 व 5 में ऐसे प्रावधान डाले गए जिनमें: (4) यदि कोई स्त्री विवाहेतर संबंध बनाए हुए है तो वह गुजारा भत्ता पाने के लिए अधिकृत नहीं होगी; (5) यदि कोई स्त्री, जिसके पक्ष में इस खंड के तहत आदेश पारित किया जा चुका है, प्रमाणतः विवाहेतर संबंध बनाए हुए है... तो मजिस्ट्रेट उस आदेश को निरस्त कर देगा। जैसा कि फ्लाविया एग्नेस कहती हैं, 'जिन बहुस्तरीय व भिन्न–भिन्न संदर्भों के जरिए यौनिक नैतिकता उभरती है (पितृसत्तात्मकता के मानकों के अनुसार), वह सिर्फ एक ही लक्ष्य की सेवा करती है: स्त्रियों के दावों की वैधता को चुनौती देने की' (एग्नेस 2009: 61)। यौन संबंधी रीति–रिवाजों के इर्द–गिर्द नैतिक विनियम तब और अधिक स्पष्ट रूप से सामने आया जब एकपत्नी के कानूनी नियमों (हिंदू विवाह अधिनियम, 1955 के तहत) का पुरुषों द्वारा उल्लंघन किया गया (खुले तौर पर द्विपत्नी–विवाह का दावा करके) और वह भी गुजारा–भत्ते के स्त्रियों के अधिकार से इंकार करने के लिए (पूर्वोक्त)। न्यायालयों ने गुजारा–भत्ता पाने के अधिकार को न सिर्फ उन स्त्रियों के लिए कठिन बना दिया जो कानूनी तौर पर विवाहित 'पत्नियां' नहीं हैं, बल्कि द्विपत्नी–विवाहों का दावा करने वाले पुरुषों द्वारा किए गए कानून के उल्लंघन की भी अनदेखी की; और इसमें उनके विरुद्ध न तो आपराधिक और न ही नागरिक कार्यवाहियां शामिल थीं।[25]

दूसरी जगहों की तरह ही, आंध्र प्रदेश में *नागरिक–समाज में निहित संघटनकारी अस्पष्टता* (सार्वजनिक नैतिकता कैसे बनती है) का प्रभाव 'फूहड़ता' व 'अश्लीलता' के

मुद्दों पर राजनीतिक आंदोलनों के जवाब में पड़ा क्योंकि राजनीतिक आंदोलनों ने यह महसूस किया कि ये बढ़ती लोकप्रिय संस्कृति का अंग थे। लोकप्रिय संस्कृति व सार्वजनिक नैतिकता के इर्द–गिर्द ऐसा ही एक बड़ा विवाद तब हुआ जब 1995 में रिलीज हुई मुख्यधारा की 'व्यावसायिक' फिल्म 'अल्लुदा मजाका' को (जिसमें मुख्य भूमिका में चिरंजीवी थे) प्रतिबंधित करने के लिए कानूनी हस्तक्षेप की जाने की मांग की गई थी।[26] इस घटना में, चिरंजीवी के 'फैंस क्लब' के समर्थन से अलग, एक तरफ वामपंथी और दक्षिणपंथी विचारधारा के संगठनों ने, और दूसरी तरफ स्त्रियों के स्वतंत्र समूहों ने लोकप्रिय लामबंदी की। एक तरह से, इसमें सभी राजनीतिक दलों के प्रतिनिधि और साथ ही जातियों व वर्गों के सभी हिस्सों से ताल्लुक रखने वाले समूह भी शामिल थे। विवाद कुछ दृश्यों को लेकर था जिसमें नायक 'सीताराम स्वयं को पप्पी (उसकी मंगेतर) व पप्पी की छोटी बहन बप्पी के साथ एक शयनकक्ष में पाता है'। इस फिल्म को प्रतिबंधित करने की एक मांग इसलिए भी थी क्योंकि इसमें नायक को (जो फिल्म में निम्नतर वर्गीय पृष्ठभूमि से संबंध रखता था) अपनी सास (जो उच्च जाति/वर्ग की थी) की तरफ कामेच्छा प्रकट करते हुए दर्शाया गया था। परंतु, इस विवाद के इर्द–गिर्द जो बहस चली उसमें एक तरफ स्त्रियों के दक्षिणपंथी व वामपंथी संगठन थे जो फिल्म पर प्रतिबंध लगाने की मांग कर रहे थे और दूसरी तरफ चिरंजीवी के फैंस क्लब से ताल्लुक रखने वाले निम्न जाति/वर्ग की पृष्ठभूमि वाले ढेरों लोग थे जिन्हें फिल्म पत्रकारों व सिनेमा की लोकप्रिय शैली में अक्सर 'जनता' कहा जाता था और जो यह कह रहे थे कि फिल्म के इन दृश्यों में कुछ भी फूहड़ या अश्लील नहीं था और इस पर प्रतिबंध लगाने से भड़ककर लोग बड़ी संख्या में आत्महत्या करेंगे।

परंतु, मुख्य बात यह है कि 'वामपंथी, दक्षिणपंथी और "अराजनीतिक" लोगों की स्थिति व व्यक्त सरोकारों में भिन्नता के बावजूद इस मामले में विचित्र समानता थी' (श्रीनिवास 1999: 5), जो समस्या को अश्लीलता व फूहड़ता की भाषा में मूलतः एक नैतिक मुद्दे के रूप में पेश किए जाने में व्यक्त हुई थी और स्त्रियों की देह पर लागू होने वाले शक्ति संबंधों व स्त्रियों की देह की राजनीति के संदर्भ में सामने नहीं आई थी।[27] मार्क्सवादी–लेनिनवादी समूहों के स्त्रियों के संगठनों व भारतीय जनता पार्टी (बी.जे.पी.) की भारतीय जनता महिला मोर्चा (बी.जे.एम.एम.), दोनों ने एक तरफ 'पारिवारिक मूल्यों' के टूटने पर विलाप किया, और दूसरी तरफ 'दर्शकों को सिनेमा के शिकार' के रूप में दर्शाया जो मुख्यतः 'जनता' के अंग थे। न तो स्त्रियों के पास और न ही 'जनता' के पास कोई एजेंसी है और दोनों को ही मुख्यतः 'शिकार हुए विषयाधीन–व्यक्तियों' (विक्टिम–सब्जेक्ट्स) के रूप में दर्शाया गया था और इसमें फिल्मों को 'लोकरंजक' बनाने के लिए इनमें अश्लीलता जोड़ने की आशंका भी शामिल है, और 'स्त्री' का चित्रण विशिष्टतः इस प्रकार किया जाता है कि वह ऊपरी जाति/वर्ग की सामाजिक स्थिति से ताल्लुक रखती है।[28] इस विवाद पर अधिक पेचीदे सूत्रीकरण फिल्म आलोचकों व पत्रकारों की ओर से देखने को मिले, जो सही अर्थों में नागरिक–समाज से संबंध रखते हैं। उनमें से कुछ ने यह कहा कि 'अश्लीलता का प्राथमिक स्रोत "यौन–कर्म"' का प्रवेश सिनेमा के जरिए सार्वजनिक (निजी के विपरीत) क्षेत्र में आना है। यह उन कारणों में से एक है कि जनता और अश्लीलता एकसाथ क्यों होते हैं। "हमसे" उलट, शिक्षित, मध्य वर्ग का हिस्सा, 'वे पेड़ों के नीचे झोपड़ियों में रहते हैं, और उनके पास निजता नहीं होती.... उनका यौन–कर्म फिल्मों में प्रतिबिंबित होता है और वे इसका लुत्फ उठाते हैं।' (पूर्वोक्त: 10)। फिर भी, इन तर्कों ने सार्वजनिक व निजी के बीच

की सीमाओं को बदल दिया, और इसमें जनता का अर्थ निम्न वर्गों व जातियों से है और उनकी नैतिकता सार्वजनिक दायरे को लोकप्रिय संस्कृति के रूप में विस्तारित करने का काम करती है जबकि शेष लोगों का संबंध या तो निजी से है या फिर वे जनता के अंदर 'सभ्य' से है। नैतिक नियमों पर आधारित ये अंतर, निजी के अंदर स्त्रियों को संयमित करते हैं और साथ ही सार्वजनिक दायरे तक उनकी पहुंच को निर्धारित करते हैं।[29] 'सार्वजनिक तौर पर संभोग करने' के मुद्दे पर विचार करते हुए, रत्ना कपूर कहती हैं:

> परिणामतः संभोग संबंधी कानून अक्सर स्त्रियों और अन्य लैंगिक उपसमूहों के लिए बेहद विरोधाभासी ढंग से काम करते हैं। कभी–कभी, हस्तक्षेप करने से इंकार करना इस बात पर आधारित होता है कि कुछ संभोग कार्य को सांस्कृतिक व पवित्र स्थान के अंग के रूप में निजी माना जाता है और वे कानूनी हस्तक्षेप से परे होते हैं; जबकि अन्य समयों पर यदि संभोग कार्य सार्वजनिक रूप से हो, और सांस्कृतिक व यौनिक मानदंडों का अतिक्रमण करते हों तो कानूनी हस्तक्षेप को जायज माना जाता है। कानून का इस्तेमाल सार्वजनिक यौन कार्य की सुरक्षा के लिए नहीं किया जाता, और यह इसे दंडित भी कर सकता है। परंतु ऐसे भी मौके आते हैं जब निजी यौनिकता, जैसे कि समलैंगिकता, को सार्वजनिक मान लिया जाता है और इसलिए इसे कानून द्वारा हस्तक्षेप करने के वैधानिक तौर पर अधीन कर दिया जाता है। सार्वजनिक/निजी के अंतर के बदलते इस्तेमाल पर गौर करने से यह धारणा बनती है कि निजी एक ऐसा क्षेत्र है जिसमें भारतीय सांस्कृतिक मूल्यों का सूत्रीकरण व संरक्षण होता है, और इन मूल्यों का केंद्रीय भंडार होती हैं। (कपूर 2005: 32)

एक तरफ, नैतिकता के सार्वजनिक विमर्श और कानून में सार्वजनिक व निजी के बीच के इस बदलते क्षेत्र के साथ निपटने के संदर्भ में और दूसरी तरफ संस्कृति को एक अलग चर राशि (वैरिएबल) के रूप में देखने में ऐसी दुविधाओं का समाधान करने की अक्षमता में, स्त्रीवादी राजनीति ने एक तीसरे भिन्न क्षण में प्रवेश किया। बाजार को राहत देने वाले आर्थिक सुधारों के युग से चिह्नित इस क्षण ने बदलते राजनीतिक अर्थशास्त्र के संबंध में स्त्रियों से संबंधित मुद्दों की स्थिति जानने की और साथ ही इस नए संदर्भ के प्रति राज्य व नागरिक–समाज के दृष्टिकोण पर विचार करने की आवश्यकता पर जोर दिया।

राज्य का स्त्रीकरण: मितव्ययिता की संस्कृति और नागरिक का राजनीतिकरण

विरोधाभासी रूप से, स्त्रियों के आंदोलन का अगला क्षण पिछले क्षण से पूर्णतः भिन्न ढंग से आरंभ हुआ और आजादी मिलने के बाद स्त्रियों द्वारा पूर्ण शराबबंदी की मांग वाले सबसे बड़े व सबसे शक्तिशाली सामूहिक आंदोलन से इस क्षण का आरंभ हुआ।[30] ताड़ी–विरोधी आंदोलन अगस्त 1992 में नेल्लोर जिले के दूरस्थ गांव दुबगुंटा में आरंभ हुआ। अपने गांव में तीन आदमियों के गुमराह होकर पानी के टैंक में गिरने और डूब जाने के बाद, स्त्रियों ने गांव में ताड़ी की बिक्री रोक दी। स्त्रियों ने ताड़ी के ठेलों व जीप को गांव में घुसने से रोक दिया। इसके बाद, गांव की ताड़ी की दूकान बंद हो गई और स्त्रियों को अथाह गरीबी व घरेलू हिंसा से राहत मिली। इस महत्वपूर्ण घटना को प्रौढ़ शिक्षा के लिए निर्मित की

गई बुनियादी किताबों में भी जगह मिली। दुबगुंटा गांव की घटना को एक कहानी के रूप में लिखा गया (*अडवल्लु एकामैइथे* – जब स्त्रियां एकजुट हुईं) और ज्ञान विज्ञान वेदिका (सी.पी.आई.(एम.) का एक संगठन) के स्वयंसेवकों द्वारा सक्रिय रूप से सरकारी पहलकदमी वाले अक्षर दीपम कार्यक्रम के जरिए इसे व्यापक रूप से प्रचारित किया गया। इसके बाद, स्पष्टतः इस सीधे–सादे साक्षरता अभियान ने शुरुआत में नेल्लोर जिले की स्त्रियों के बीच और बाद में चित्तूर में और फिर तेलंगाना क्षेत्र के लगभग सभी जिलों में (लगभग 800 गांवों में) स्त्रियों के बीच एक लहर पैदा की।

अधिकांश स्त्रीवादी संगठनों ने कहा कि 'व्यक्तिगत त्रासदियों' (जिनमें अधिकांशतः घरेलू हिंसा और दुख–दरिद्रता शामिल थे) और अन्य संबंधित सामाजिक–सांस्कृतिक मुद्दों (जिसने असल में कुछ को आत्महत्या करने को भी बाध्य किया) के कारण ताड़ी के विरुद्ध संघर्ष को लामबंद किया। उन्होंने कहा कि 'स्त्रियां हर रोज नशे में धुत्त होकर गाली–गलौच करते हुए लौटने वाले पुरुषों के हाथों अपने व अपने बच्चों पर होने वाले अत्याचारों को सहती रहती थीं' (अन्वेषी 1993: 88)। स्त्रियां पुरुषों के विरुद्ध अधिक आत्मविश्वास के साथ एकजुट होने लगीं और यह एकजुटता ताड़ी की दूकान जैसे 'सार्वजनिक स्थानों' पर भी नजर आई। उन्होंने अपने पतियों के दुर्व्यवहार से तंग आकर 'निजी शर्म' के बंधनों को त्याग दिया व आम जनता में प्रतिरोध की भावना का संचार किया और इस प्रकार उन्होंने सार्वजनिक नैतिकता की निर्मितियों को चुनौती दी।

> हमें स्वयं को यह याद दिलाने की जरूरत है कि स्त्रियों ने संघर्ष के दौरान ठेकेदारों व आबकारी विभाग के अधिकारियों पर झाड़ू व मिर्च पाउडर जैसे "घरेलू हथियारों" से हमले करने, खाना पकाने या खाने से इंकार करने और सार्वजनिक तौर पर अपने पुरुषों की लानत–मलामत करने जैसे कुछ तरीके ईजाद किए थे। (पूर्वोक्तः 90)

दूसरे शब्दों में, उन्होंने रूसो से लेकर मिल द्वारा सावधानी से निर्मित की गई धारणाओं को पुनः गढ़ा और यहां तक कि गांधी की धारणाओं को भी, जिन्होंने (गांधी ने) जोर डालकर कहा था कि 'परस्पर विनिमय और अदला–बदली' द्वारा चिह्नित एक अनैतिक जगत में स्त्रियां ही परिवार में 'नैतिक संयम' का प्रतीक होती हैं, और ऐसे में इन स्त्रियों ने परिवार की संस्था द्वारा निर्धारित की गई सीमाओं से परे नागरिक–समाज में 'परस्पर विनिमय और अदला–बदली' के इर्द–गिर्द बनने वाले गंठजोड़ को चुनौती देने के लिए जनता की पहलकदमी का सहारा लिया। परिवार के अंदर स्थित संबंधों को चुनौती देना मूलतः नागरिक–समाज में पुरुष की अधिकार करने और संचय करने वाले स्व–हितों के इर्द–गिर्द निर्मित संबंधों, संस्थानों व श्रेणियों को चुनौती देना था (और इनसे आगे जाना था)।

घर के वे सामान जो उनके रोजमर्रा के जीवन और पहचान के साथ घनिष्ठता से संबंधित थे, उन्हें नए नया राजनीतिक अर्थ प्रदान किया गया और प्रतीकात्मक रूप से उनके महत्व को नए सिरे से रेखांकित किया गया था। इस आंदोलन में स्त्रियों ने असल में सार्वजनिक व निजी के बीच के पारंपरिक विभाजनों को पुनः तय किया ताकि परिवार, घरेलू हिंसा, और राज्य व शराब की लॉबी के बीच के छुपे अंतर्संबंधों को समझा जा सके। निजी व सार्वजनिक के बीच की रेखाओं को धुंधला करने में, स्त्रियों ने संस्कृति (जैसे कि पितृसत्ता में) और आर्थिक 'विकास मॉडल' की प्रकृति के बीच अधिक मजबूत संबंध पाए जिन्हें 'संस्कृतिवाद' व 'अर्थवाद' दोनों के मिथ्या एंटीथीसिस से उबरने के लिए राज्य

इस्तेमाल कर रहा था, और जो पिछले क्षण में स्त्रियों के आंदोलन व वाम आंदोलन के बीच अंतक्रिया के लिए फ्रेम्स के रूप में काम करते हुए जान पड़ता था। निजी संकेतों के साथ एक सामूहिक संघर्ष निर्मित करने में, इसने परिवार व घरेलू स्थिति के नए मुद्दों के साथ नागरिक दायरे का राजनीतिकरण किया जो पहले नागरिक दायरे के दृश्य व कार्य–प्रदर्शन वाले आयामों के अंग नहीं थे। इसने पूर्ववर्ती उद्विग्नताओं से उबरने में स्त्रीवादियों की मदद की कि किस प्रकारः

> राज्य की शक्ति पर ध्यान देना उन दोनों जरियों को धुंधला बना देता है जिसमें राज्य के सिवाय अन्य कर्ताओं, जैसे कि परिवार, खासकर परिवार के अंदर स्थित पुरुष, के पास परिवार के अंदर के अन्य लोगों के मानवाधिकारों का उल्लंघन करने की शक्ति होती है, और जिन जरियों से राज्य किसी पारंपरिक परिवार के अंदर पुरुषों की शक्ति को सुदृढ़ करता है। (कपूर 1996बी: 5)

शराबबंदी आंदोलन के संदर्भ में, स्त्रियां यह समझ गईं और उन्होंने यह प्रदर्शित किया कि उनके पतियों के दुर्व्यवहार के पीछे ताड़ी के ठेकेदारों, पुलिस, गुंडों, विधायकों, मंत्रियों, अधिकारियों व नौकरशाहों के समर्थन का पूरा ढांचा मौजूद है (कन्नाबीरन 1995: 166)।

संस्कृति के मुद्दों का राजनीतिक अर्थव्यवस्था की बदलती प्रकृति के साथ जुड़ाव स्थापित करके 'शराबबंदी आंदोलन ने न सिर्फ प्रेस व बौद्धिक जगत के एक हिस्से द्वारा पेश किए जा रहे स्त्री प्रश्न को ही उठाया, बल्कि साथ ही उन्होंने तथाकथित जन–प्रतिनिधियों, पुलिस व ताड़ी के ठेकेदारों के बीच के गंठजोड़ को भी अपना निशाना बनाया' (रेड्डी व पटनायक 1993: 1064)। राज्य व बाजार की मुनाफाखोर कार्यप्रणालियों के ढांचे की प्रकृति व चरित्र को समझकर, ताड़ी–विरोधी संघर्ष में शामिल स्त्रियों ने न सिर्फ व्यक्तिगत मुद्दों को राजनीतिक बनाया बल्कि इसके साथ ही वाम आंदोलन व दलित संघर्ष जैसे अन्य राजनीतिक आंदोलनों को भी यह अहसास करने के लिए बाध्य किया कि वर्ग व जाति के रूप में राजनीतिक लामबंदी के लिए परिवार एक महत्वपूर्ण स्थान है।

> हालांकि ताड़ी की बिक्री को कम करने या यहां तक कि रोकने में स्त्रियों को मिली सफलता ने राज्य को सीधे तौर पर प्रभावित किया और इसे एक शानदार "राजनीतिक" एक्शन के तौर पर देखने के लिए बहुत अधिक प्रयास करने की जरूरत नहीं है... स्त्रियां अपने जीवन के अनेक क्षेत्रों को राजनीतिक अर्थों व राजनीतिक मुद्दों के रूप में सूत्रबद्ध भी कर रही हैं। (थरू 1994: 112)

स्त्रीवादी समूहों ने आगे कहा कि ताड़ी–विरोधी आंदोलन ने सामूहिक संघर्षों की राजनीति को *संगठनबद्धता* व लामबंदी के अनूठे व रैडिकल *तरीके* भी प्रदान किए। उनमें से अधिकाश ने यह कहा कि ताड़ी–विरोधी आंदोलन ने एक 'नेतृत्वविहीन' सामूहिकता का प्रदर्शन किया जो नुक्कड़ों–चौराहों की राजनीति के प्रति स्त्रियों का विशिष्ट दृष्टिकोण था। उनके अनुसार, 'संघर्ष का एक बेहद दिलचस्प परिणाम यह था कि इसमें कोई केंद्रीय नेतृत्व नहीं है, (और) इसमें स्त्रियों ने स्वयं अपने गांवों में स्वतंत्र रूप से स्थानीय प्रदर्शन किए और पहलकदमियां लीं और यह आंदोलन सही मायनों में बिखरा हुआ है' (अन्वेषी 1993: 89)। हल्की–फुल्की भिन्नताओं के बावजूद, लगभग सभी गांवों में यही सामान्य पैटर्न था। उन्होंने गौर किया किः

> कुछ जगहों पर हमें एक तरह के प्रवक्ता के आने और उसकी बात सुनने के लिए कहा गया था। कुछ जगहों पर साक्षरता के स्वयंसेवकों ने पहलकदमी की, जबकि अन्य स्थानों पर हमसे मिलने के लिए इकट्ठा हुई सभी स्त्रियां अपनी उपलब्धियों के बारे में सामूहिक रूप से बोलना चाहती थीं। (पूर्वोक्त)

आंदोलन में भागीदारी का सच्चा चरित्र इस तथ्य से प्रकट हुआ कि मुख्य संगठनकर्ताओं को गिरफ्तार करके राज्य आंदोलन पर हमला नहीं कर सका या आंदोलन को दबा नहीं सका। ताड़ी–विरोधी आंदोलन ने लोकतांत्रिक कार्यअभ्यास की गहराई को प्रकट किया और यह दिखाया कि स्त्रियों के सशक्तीकरण के लिए किए जाने वाले संघर्ष का एक केंद्रीय नेतृत्व नहीं हो सकता है (वोल्गा 1994: 180)।[31]

ऐसा प्रतीत होता है कि आंदोलन के सामाजिक आधार की प्रकृति में बदलाव संगठन के नए रूपों का एक समुच्चय व मुद्दों का एक नया समुच्चय सामने लेकर आया, और दरअसल इसके पिछले क्षण में एक नया दृष्टिकोण सामने आया, जो कुछ तरीकों से अलग था और शहरी मध्य वर्गों तक सीमित थे। आंदोलन पर चिंतन करते हुए दलित अध्येताओं ने कहा कि शराबबंदी आंदोलन में सक्रिय स्त्री कार्यकर्ताओं की जातिगत/वर्गीय पृष्ठभूमि ऐसी थी जिसने नागरिक–समाज के साथ समझौता करने में स्त्रीवादी राजनीति की कुछ दुविधाओं को संबोधित करना संभव बनाया (सामूहिक संघर्षों से पीछे हटने की समस्या, संस्कृति को एक अलग–थलग चर राशि के रूप में देखना जिसने पिछले क्षण में उनकी कल्पनाओं को बाधित किया था)। कांचा इलैया कहते हैं:

> चाहे किसी को यह बात पसंद हो या नहीं, परंतु इस आंदोलन से उभरकर सामने आने वाले कार्यकर्ता व नेता भविष्य में गंभीर सवाल उठाएंगे। ऐसे सवाल जिन्हें तृणमूल स्तर की स्त्रियां पतियों, कार्यकर्ताओं व पार्टियों से (संपूर्ण नागरिक–समाज से) करेंगी, और ये उन सवालों से रैडिकल रूप से भिन्न होंगे जिन्हें शहरी मध्यवर्गीय स्त्रियों ने अब तक उठाया है। (इलैया 1992: 2408)[32]

शराबबंदी आंदोलन ने परिवार के बंद दरवाजों के अंदर के स्त्रियों के अनुभव पर खुली चर्चाएं आरंभ करके, और राज्य व बाजार के प्रचालनों में जरूरी बदलाव करने की मांग करके नागरिकों का राजनीतिकरण किया। ऐसा करते हुए, उन्होंने चर्चाओं व विमर्शों के नागरिक–समाज के कार्यअभ्यासों को कहवाघरों, शोध केंद्रों की चौहद्दियों से बाहर निकाला और 'पढ़–लिख रही जनता' को मिलाकर जन का निर्माण किया और इसे नुक्कड़ों–चौराहों की राजनीति के साथ जोड़ा, सबको साथ जोड़ने व उसी समय जनता की राय निर्मित करने और राजनीतिक एक्शन का काम किया।

इसके अतिरिक्त, बिना नेताओं के और अच्छी तरह से सुरक्षित सांगठनिक ढांचों की सीमाओं से बाहर संघर्ष शुरू करने में, स्त्रियों ने नागरिक–समाज के सर्वाधिकरण का विरोध किया और उन्हें अविभेदीकृत 'जन' या 'जनता' बना दिया जिनका नेतृत्व नेता या राजनीतिक पार्टियां करती हैं, इसके बावजूद इसके कारण उन्होंने ऐसे सक्रिय सामूहिक संघर्ष संगठित किए जो जाति व वर्ग के विभेदीकरण (स्त्रियों के अंदर) के प्रति संवेदनशील थे।[33] शराबबंदी आंदोलन के असर को नए व विभेदीकृत संघर्षों की अभिव्यक्ति में महसूस किया जा सकता है। वर्ष 1994 में, कुर्नूल जिले के मद्दुरु गांव की स्त्रियों ने एक महत्वपूर्ण भूमि संघर्ष छेड़ दिया जिसने ताड़ी–विरोधी आंदोलन में उनकी भागीदारी के बाद उनकी विस्तारित चेतना

को प्रतिबिंबित किया। लगभग 60 दलित स्त्रियों ने 'आइडियल वुमेन्स एसोसिएशन' (आदर्श स्त्री संघ) का निर्माण किया और गांव के बाहरी हिस्से पर स्थित बंजर जमीन पर कब्जा करने का फैसला लिया जो सरकार की थी परंतु जिसका इस्तेमाल जमींदार के मवेशियों को चराने के लिए किया जाता था। निःसंदेह, इसने जमींदार व उसके गुंडों के साथ उनका एक विवाद पैदा किया और जमींदार व उसके गुंडों ने अंततः हमला किया और दलित पुरुषों व स्त्रियों को नजदीक के कुर्नूल कस्बे में भागने को बाध्य किया। कारंचेडु व चुंडुर के नरसंहार के बाद लगाए गए पिछले कैम्पों की तुलना में, जमीन के संघर्ष के परवर्ती चरण में लगाए गए कैम्पों तक में भी दलित स्त्रियां सक्रिय थीं (इलैया 1995एः 1–2)।

किसी अन्य स्थान में भी, दलित स्त्रियों ने नए तरह के सवाल उठाए। महाराष्ट्र में, उन्होंने सेटकारी संगठन जैसे किसान आंदोलनों के 'लोकरंजकतावाद' पर सवाल उठाए क्योंकि वे धनी किसानों के हित का प्रतिनिधित्व कर रहे थे जो न्यूनतम वेतन के मुद्दे पर दलित खेतिहर मजदूरों के हित के प्रत्यक्ष विरोध में थे। इसी प्रकार, 'दलित स्त्रियों ने पर्यावरणीय सचेतनता के विकास हेतु ईको–फेमिनिस्ट आह्वान का त्याग नहीं किया था (है)' (गुरु 1995ः 2549)। दलित पुरुषों व स्त्रियों ने औरंगाबाद जिले में सामाजिक वानिकी विभाग द्वारा रोपे गए पौधों को उखाड़ दिया क्योंकि दलितों को जमीन और साथ ही गांव की साझी संपत्ति संसाधनों तक पहुंच बनाने से मना कर दिया गया था। जमीन, साझा संपत्ति संसाधन, पारिस्थितिकीय मुद्दों के इर्द–गिर्द और शराब के विरुद्ध नए संघर्ष छेड़े जाने ने मुद्दों के एक नए समुच्चय की शुरुआत की जिसके केंद्र में सामाजिक, राजनीतिक, आर्थिक व सांस्कृतिक आयामों को आपस में जोड़ने का निरंतर प्रयास करना, और वर्गों, जातियों व क्षेत्रीय स्थानों (शहरी व ग्रामीण क्षेत्रों के बीच अंतर सहित) में जटिल निरंतरताओं व अनिरंतरताओं की पड़ताल करने का प्रयास करना, और आंतरिक मतभेदों व संभावित राजनीतिक होड़ के साथ सामूहिक संघर्षों को गढ़ने में उनके प्रभाव को समझने का प्रयास करना था। राजनीतिक के कार्य–क्षेत्र को विस्तारित करने की प्रक्रिया में, जैसा कि राजेश्वरी सुंदर राजन कहते हैं, 'किसी स्त्रीवादी आंदोलन को दृढ़ आधार प्रदान करने के लिए किसी प्रकार के सारतत्ववाद को रणनीतिक रूप से शामिल किया जाना चाहिए...परंतु ठीक तभी इसे स्त्रियों के बीच अंतरों के प्रति सचेत भी रहना चाहिए' (सुंदर राजन 2003ः 13)।

शराबबंदी आंदोलन के संदर्भ में, सामाजिक संकट की अभिव्यक्ति घरेलू हिंसा, भूख, खराब स्वास्थ्य, बच्चों के लिए शिक्षा के अभाव, निरंतर कर्ज की स्थिति, उनकी संपत्ति (बर्तन–भांडे भी *सरा* (ताड़ी) खरीदने के लिए गिरवी रखना) व उनके मानसिक गुस्से के बढ़ते स्तरों के रूप में हुई और इस सामाजिक संकट की जड़ें (परिवार में मौजूद कठोर व प्रभुत्वकारी पितृसत्तात्मक सांस्कृतिक मूल्यों के अलावा) क्षेत्र के सामान्य आर्थिक संकट में निहित थीं। अस्सी के दशक में, बेरोजगारी उफान पर थी, तनख्वाह में कोई ठोस वृद्धि नहीं हुई थी, बुनियादी सामानों की कीमतें 30–50 प्रतिशत तक बढ़ गई थी, और सब्सिडी में चावल दिए जाने की योजना (आंध्र प्रदेश में दो रुपया किलो चावल) वापस ले ली गई थी (पूर्वोक्त)। ये नीतियां राज्य द्वारा अमीरों की बढ़ती संपदा पर कर लगाकर उन्हें नाखुश करने की अनिच्छा और शराब की लॉबी के साथ गंठजोड़ व राज्य पर मजबूत पकड़ रखने वाले ठेकेदारों के साथ गंठजोड़ का सीधा परिणाम थीं। कल्याणकारी नीतियों को वापस लिए जाने के साथ ही राज्य की एक नीति यह भी थी कि उत्पाद शुल्क के जरिए अपने राजस्व को बढ़ाया जाए। वर्ष 1990–91 में इसने आंध्र प्रदेश में उत्पाद शुल्क से 12 अरब रुपये से कम एकत्रित नहीं किए थे जो पिछले वर्ष के 6.11 अरब रुपयों का लगभग दो

गुना था। राज्य में ताड़ी की खपत 1975–76 के लगभग 5 करोड़ 40 लाख लीटर से बढ़कर 1980–81 में 7 करोड़ लीटर और 1990–91 में 11 करोड़ लीटर तक पहुंच गई थी। राजस्व में लगभग 70–80 प्रतिशत ताड़ी के उत्पाद शुल्क से आ रहा था। ताड़ी बेचने वाली दुकानों की संख्या 1969–70 के 7,159 से बढ़कर 1987–88 में लगभग 22,803 हो गई थी। हालांकि दूकानों की संख्या 1990–91 में घटकर 16,436 रह गई थी, परंतु इसका आंशिक कारण सी.पी.आई. (एम.एल.) पी.डब्ल्यु.जी. द्वारा वारंगल, महबूबनगर, निजामाबाद और करीमनगर जैसे जिलों में चलाए गए अभियान थे जहां पर उनकी पकड़ मजबूत थी, लेकिन इसका अनुपात ताड़ी की खपत में आई कमी के संगत नहीं था। सन 1990 में, अकेले निजामाबाद में 587 ताड़ी की दूकानों में से 351 दूकानें बंद हो गई थीं। इस जिले से मिलने वाले 6 करोड़ रुपये के नियमित राजस्व की तुलना में राज्य सरकार सिर्फ 4 करोड़ रुपये ही वसूल पाई। अक्टूबर 1990 में, उत्पाद शुल्क का नया वर्ष आरंभ हुआ परंतु पी.डब्ल्यु.जी. की धमकी के कारण जिले में ताड़ी की नीलामी नहीं हुई।[34]

स्त्रियों के समूहों के दबाव और दो वर्ष से अधिक समय तक चले संघर्ष के कारण, 16 जनवरी 1995 को तत्कालीन मुख्यमंत्री एन.टी.आर. ने राज्य में शराब पर पूर्ण प्रतिबंध लगाने की घोषणा की। परंतु नए मुख्यमंत्री के रूप में चंद्रबाबू नायडू के चुनाव के साथ ही, उन्होंने इस नीति में संशोधन किया और 1 अप्रैल, 1997 से फिर से शराब की बिक्री आरंभ कर दी और प्रतिबंध केवल ताड़ी पर रहने दिया। ऐसा कहा गया कि आर्थिक सुधारों व मुक्त बाजार के जरिए उदित हो रहे 'स्वर्ण आंध्र प्रदेश' के लिए नीति में यह परिवर्तन आवश्यक था। नायडू ने कहा कि 'पूर्ण प्रतिबंध न तो सफल रहा था और न ही व्यावहारिक था क्योंकि राज्य के अंदर और सीमा पार से यह अंदर आ रही थी' (राव 2004)।[35] शराब की बिक्री प्रति वर्ष लगभग 30 अरब की आय देती है, जिसे 'विकास संबंधी गतिविधियों' (जिसमें स्कूल व नए स्वास्थ्य केंद्र बनाना, कर्ज व अन्य सब्सिडी देना शामिल है, यानि वे सारी चीजें जिनकी मांग स्त्रियां अपनी स्थिति में बेहतरी के लिए कर रही थीं) के लिए और राज्य पर चढ़े 80 अरब के विशाल घाटे की भरपाई के लिए, व लगभग 225 अरब के वैश्विक निवेश को आकर्षित करने के लिए विकसित किए जा रहे नए बुनियादी ढांचे (अधिकांशतः सड़कें) के लिए अंतर्राष्ट्रीय वित्तीय संस्थानों से (ज्यादातर विश्व बैंक से) लिए गए कर्ज के भुगतान के लिए खर्च किया जा सकता है।[36] प्रतिबंध हटाने के बारे में यह कहा गया कि राज्य के वित्त को व्यवस्थित किया जाएगा और स्त्रियों द्वारा राज्य से की जा रही 'उन्हीं' मांगों को पूरा किया जा सकता है। दूसरे शब्दों में, सरकार ने स्त्रियों के संगठनों के तर्कों में निहित 'अंतर्विरोध' की ओर ईशारा किया जिनमें वे राज्य द्वारा अधिकाधिक 'विकास संबंधी' गतिविधियां की जाने की मांग कर रही थीं और ठीक उसी समय 'निरंतर बढ़ते' उत्पाद शुल्क से मिलने वाली आय के सबसे महत्वपूर्ण स्रोत को समाप्त करने की मांग कर रही थीं। नतीजतन, इन तर्कों का संबंध अर्थव्यवस्था की बदलती प्रकृति के साथ था जिसमें राज्य, निर्माण उद्योग व खेती की जगह, शराब, रीयल इस्टेट और हाल ही में खनन से मिलने वाले राजस्व पर अधिकाधिक निर्भर होता जा रहा था।

उत्पादक वर्ग (कृषि व उद्योग दोनों से संबंधित) के महत्व के कम होते जाने और बिचौलियों/ठेकेदार वर्गों (शराब व खनन) व साथ नागरिक कार्यों (अधिकांशतः अंतर्राष्ट्रीय वित्तीय संगठनों से लिए जाने वाले कर्जों पर, जिसने निर्माण उद्योग को जबर्दस्त वृद्धि प्रदान की) में बढ़ोत्तरी होते जाने के साथ राजनीतिक अर्थव्यवस्था की बदलती प्रकृति राज्य की नई नीति के दृष्टिकोण को लाने में केंद्रीय थी। राज्य की नीति आसवकों (डिस्टिलर्स),

शराब मालिकों, होटल मालिकों व ठेकेदारों की लॉबीइंग की युक्तियों द्वारा जबर्दस्त रूप से प्रभावित थी। तेलगू देशम व साथ ही कांग्रेस सरकारों में भी, बड़ी संख्या में कैबिनेट मंत्री स्वयं ही शराब के ठेकेदार थे और उन्होंने अपने स्थानीय इलाकों में अपने नियंत्रण और नकदी–अमीर हो जाने के कारण (जो चुनावों में मुकाबला करने के लिए बेहद जरूरी है) सक्रिय राजनीति में शामिल हो गए थे।[37] संभवतः कोई भी यह देख सकता है कि 'विकासपरक राज्य' को स्थानीय स्तर पर एक 'ठेकेदार–किस्म–के–राज्य' द्वारा प्रतिस्थापित किया जा रहा था जिसमें एक 'संकुचित हो रहे राज्य' के साथ ही एक 'हस्तक्षेपकारी राज्य', दोनों की विशेषताएं थीं, परंतु इसे समझने के लिए ये सूत्रीकरण पर्याप्त नहीं थे। ठेकेदार–किस्म के राज्य को जो विशिष्ट विशेषताएं अलग करती हैं उनमें दीर्घकालिक योजनाओं, संस्थागत मानक व प्रक्रियाओं से विचलन शामिल हैं; झटपट धन कमाना व सट्टा पूंजी तथा वित्तीय पूंजी पर निर्भरता शामिल है; वितरण व खपत पर जोर देना; विश्व बैंक जैसे अंतर्राष्ट्रीय वित्तीय संस्थानों द्वारा दिए गए कर्ज से होने वाले रिसाव के साथ संबंध शामिल हैं।[38]

प्रतिबंध हटाने के बाद, आंध्र प्रदेश में शराब की बिक्री से मिलने वाला कर राजस्व चार दक्षिण भारतीय राज्यों में सबसे अधिक रहा था। वुमेन्स ग्रुप फॉर इंपावरमेंट के अनुसार, राज्य में लगभग 31,000 शराब की दूकानों को शराब बेचने की अनुमति थी, यानी प्रत्येक गांव में शराब की लगभग दो दूकानें थीं (पूर्वोक्त)। इसके अलावा, उनके 'बेल्ट्स' में चारपाई का इस्तेमाल करने वाले 14,000 अनधिकृत काउंटर थे और यहां तक कि किराने की दूकानों पर भी शराब बेची जाती थी। परंतु, जैसा कि सरकार ने तर्क दिया था, राज्य के राजस्व में हुई यह बढ़ोत्तरी 'विकासपरक' गतिविधियों में हुई किसी उल्लेखनीय बढ़ोत्तरी में प्रतिबिंबित नहीं हुई, और इसके उलट सब्सिडी प्राप्त बिजली व सस्ते चावल जैसी कल्याणकारी योजनाओं को नायडू सरकार द्वारा वापस ले लिया गया। उन्होंने कहा कि प्रतिबंध के कारण राजस्व में आई कमी के परिणामस्वरूप जो वित्तीय घाटा बढ़ गया था उसकी भरपाई करने के लिए यह जरूरी था। वर्ष 2004 में, राजशेखर रेड्डी के नेतृत्व में कांग्रेस सरकार सत्ता में आई और यह छोटे किसानों के लिए निःशुल्क बिजली व दो–रुपये वाली योजना जैसी सब्सिडी योजनाओं को वापस लाई, और यह खेती के एजेंडा को फिर से केंद्र में लाकर ही सत्ता प्राप्त कर सकी। परंतु, शराब की बिक्री से राजस्व कमाने की नीति निर्विघ्न रूप से जारी रही और यहां तक कि इसने एक कदम आगे बढ़ने का प्रयास किया और इसके लिए सरकारी आदेश आया कि 25,000 से अधिक आबादी वाले सभी गांवों में जितने चाहे उतने मदिरालय खोले जा सकते हैं और एक बार फिर से यह तर्क दिया गया कि 'विकासपरक' गतिविधियों के लिए अधिक राजस्व जुटाने हेतु यह किया जा रहा है। परंतु, स्त्रियों के समूहों की ओर से पड़े व्यापक दबाव और प्रिंट मीडिया में हुई व्यापक आलोचना के मद्देनजर इसे रोक दिया गया।

इस प्रकार, शराब के विरुद्ध स्त्रियों का आंदोलन उन विविध प्रक्रियाओं के प्रत्युत्तर में और विरोध में था जो घनिष्ठता से अंतर्संबंधित थे। स्त्रियों का आंदोलन राज्य द्वारा शराब को प्रतिबंधित करने से इंकार किए जाने और शराब की खपत व घरेलू हिंसा, मानसिक तकलीफ और स्वास्थ्य पर पड़ने वाले इसके असर को मानने से इंकार किए जाने के विरुद्ध था, जबकि राज्य 'विकासपरक गतिविधियां' करने के लिए शराब की बिक्री से मिलने वाले राजस्व के पक्ष में था। शराब की लॉबी, विधायकों व पुलिस के बढ़ते गंठजोड़ के पक्ष में था। आर्थिक सुधारों के संदर्भ में नए ठेकेदार वर्ग (निर्माण, शराब व खनन) के बढ़ते प्रभाव के पक्ष में था। बुनियादी ढांचे को विकसित करने के लिए राज्य अंतर्राष्ट्रीय वित्तीय संस्थानों

से मिलने वाले वित्तीय सहयोग पर अधिकाधिक निर्भर हो रहा था जिसके परिणामस्वरूप इन संस्थानों ने शासन में सुधार करने के लिए दबाव डालना शुरू किया जिनमें सब्सिडी व अन्य कल्याणकारी नीतियों में कटौती करके वित्तीय जवाबदेही तय करना और नई संस्थानिक रूपरेखा स्थापित करना शामिल था और इसे राजनीतिक आंदोलनों द्वारा की गई लोकप्रिय मांगों सहित अन्य लोकप्रिय मांगों के प्रति प्रत्युत्तरशील होने के बजाय 'विशेषज्ञों' द्वारा ज्यादा 'प्रबंधित' किया जाता था। इसी संदर्भ में, शराब पर प्रतिबंध के लिए स्त्रियों का आंदोलन लोगों को लामबंद करने और सरकार के रवैये का विरोध करने तथा इन सभी प्रक्रियाओं के बीच संबंध स्थापित करने के प्रयास कर रहा था। इसी पृष्ठभूमि में हमें राज्य के कानूनी हस्तक्षेपों के जरिए राज्य के कार्य का अर्थ निकालने की आवश्यकता है जिसके तहत पूरे देश में बढ़ते घरेलू हिंसा से निपटने के लिए घरेलू हिंसा कानून, 2005 लागू किया गया। ऐसे में, भला हम इस बात को किस तरह समझें कि एक तरफ घरेलू हिंसा को समाप्त करने के लिए राज्य ने शराब पर प्रतिबंध लगाने से इंकार कर दिया परंतु दूसरी तरफ घरेलू हिंसा के खिलाफ एक नया कानून लाकर अग्रसक्रिय रूप से कानूनी हस्तक्षेप किया? इसका जवाब अन्य प्रासंगिक प्रश्नों के संबंध में ही प्राप्त किया जा सकता है और इन प्रश्नों में ये शामिल हैंः स्त्रियों के आंदोलन की आर्थिक, राजनीतिक व सांस्कृतिक मांगों को राज्य स्वयं की 'विकासपरक' गतिविधियों से प्रतिस्थापित क्यों करता है या उनके समकक्ष क्यों रखता है? या ऐसा क्यों है कि राज्य द्वारा आरंभ की गई 'विकासपरक' गतिविधियां नाकाम हो गईं या राज्य ने स्त्रियों के आंदोलन द्वारा शराब पर प्रतिबंध लगाकर घरेलू हिंसा समाप्त करने की मांग के सामाजिक, आर्थिक, राजनीतिक व सांस्कृतिक आयामों के बीच अंतर्संबंधों का संज्ञान लेने से इंकार क्यों कर दिया? राज्य द्वारा किए गए ऐसे किसी कानूनी हस्तक्षेप का उस राजनीतिक आंदोलन पर क्या प्रभाव पड़ा होगा जिसने एक सामूहिक संघर्ष का निर्माण करके सार्वजनिक या नागरिक दायरे का राजनीतिकरण किया और जिस सामूहिक संघर्ष ने (सार्वजनिक) नैतिक भाषा व कानूनी विमर्श के जरिए ही समस्या में हस्तक्षेप करने की एक प्रक्रिया, दोनों के लिए स्वयं को एक विकल्प के रूप में पेश किया? अंततः, घरेलू हिंसा को रोकने व कम करने में नए कानून का वास्तव में क्या प्रभाव पड़ा?

शुरुआत करते हुए, यह कहना होगा कि ये सभी हस्तक्षेप व प्रक्रियाएं ऊपरी तौर पर भले ही कितने भी अलग–थलग क्यों न दिखाई पड़ें, परंतु ये अंतर्संबंधित थे। हमें राज्य की 'विकासपरक' गतिविधियों (आधारभूत ढांचे का निर्माण करने पर या सब्सिडी व अन्य कल्याणकारी योजनाएं चलाने पर ध्यान केंद्रित करने वाली) के कार्य–क्षेत्र, प्रकृति व प्रभाव को नवउदारवादी आर्थिक सुधारों को आगे बढ़ाने और शासन में किए गए सुधारों ('प्रशासनिक सुधारों') व बाद में कानूनी सुधारों (तकनीकी हस्तक्षेपों) के जरिए लाए गए नवउदारवादी आर्थिक सुधारों से संबंधित राजनीतिक व संस्थानिक बदलावों के व्यापक संदर्भ में समझने की जरूरत है। दूसरे शब्दों में, राज्य की 'विकासपरक' गतिविधियों की प्रकृति ने जरूरी बुनियादी ढांचे का निर्माण करके आर्थिक सुधारों की प्रक्रिया को तेज किया और कल्याणकारी नीतियों को ऐसे सुधारों के 'अपरिहार्य' प्रतिकूल प्रभाव (बढ़ती सामाजिक व आर्थिक असमानताएं, व जीवन की गिरती गुणवत्ता) को शांत करने के जरिए के रूप में देखा। राज्य की इन 'विकासपरक' गतिविधियों को कानूनी व संस्थानिक 'सुधारों' से और अधिक बल मिला जिनमें संस्थानिक कार्यअभ्यासों के नए तौर–तरीके पेश किए गए थे ताकि एक स्तर पर निजी व वैश्विक पूंजी की अनिवार्यताएं प्रदान की जा सकें (ताकि अनुपालनकारी कानूनों को लागू किया जाए, राज्य की भूमिका को कम किया जाए, लेन–देन के खर्चों में कमी हो, श्रम

कानूनों में सुधार के जरिए सामाजिक खर्चों में कमी लाना, इसी प्रकार के अन्य बदलावों में शामिल थे), और दूसरे स्तर पर असमानताओं व हताशा के सामाजिक प्रभावों को शांत करने के लिए कानूनी हस्तक्षेप (घरेलू हिंसा के विरुद्ध इस प्रकार के कानूनों को लाकर) किए गए। परंतु, इस बात पर गौर किए जाने की जरूरत है कि राज्य ने असमानताओं व हताशा के ढांचागत (आर्थिक, राजनीतिक व सांस्कृतिक के बीच के अंतर्संबंध) कारणों को संबोधित किए बिना कानूनी हस्तक्षेप किए। दूसरे शब्दों में, राज्य ने घरेलू हिंसा के विरुद्ध एक कानून लागू किया और ऐसा करते हुए शराब के विरुद्ध स्त्रियों के आंदोलन ने जिन सामाजिक व आर्थिक स्थितियों को रेखांकित किया था और जो ऐसी हिंसा को कम से कम करने के लिए आवश्यक थे उन्हें बाधित किए बिना किया। ऐसे में, इन कानूनी हस्तक्षेपों (सामाजिक व आर्थिक पहलकदमियों के बिना या इनके स्थान पर) के उन सामाजिक समूहों पर विशिष्ट किस्म के प्रतिकूल प्रभाव पड़े जिन्हें लाभ पहुंचाने के लिए ऐसे कानूनी, तकनीकी बदलाव लाने के पीछे की मंशा थी। शासन के कार्यअभ्यासों ने बढ़ती सामाजिक हताशा व आर्थिक असमानताओं को संबोधित किए बिना कानूनी व संस्थानिक बदलावों की भूमिका को बढ़ाया, और इसके बजाय उन कार्यअभ्यासों को निर्मित किया जिन्होंने व्यापक अलगाव (राजनीति/लोकतंत्र व संस्थानिक प्रत्युत्तर के बीच) निर्मित करने की ही प्रक्रियाओं को समर्थन दिया और शासन के इन कार्यअभ्यासों ने ऐसा एक संस्थानिक डिजाइन निर्मित करके किया जो प्रतिरोध की राजनीति सहित लोकप्रिय लोकतांत्रिक भागीदारी व आकांक्षाओं से कुछ शक्ति अर्जित करता था।

आंध्र प्रदेश आर्थिक सुधारों को लागू करने वाले और 'सुशासन' की अवधारणा पर अत्यधिक निर्भर रहने वाले भारत के अग्रणी राज्यों में से एक रहा है ताकि यह 'सुविधा–प्रदाता' के रूप में एक कारगर भूमिका निभाने वाले राज्य के रूप में दिख सके। गवर्नेंस एंड डेवलपमेंट (1992) नामक विश्व बैंक के प्रकाशन के आधार पर, नई रणनीतियों की पूरी श्रृंखला लागू की गई थी।

> उदाहरण के लिए, सार्वजनिक प्रशासन में कार्यकुशलता को सुधारने के लिए सार्वजनिक प्रशासन में कॉरपोरेट मैनेजमेंट तकनीकें पेश करने जैसी रणनीतियां; लाभप्रदता के मानक पेश करना; गैर–सरकारी संगठनों या निजी एजेंसियों को "अनुबंध देने" या उनके साथ काम साझा करने (सार्वजनिक–निजी साझेदारी के तहत – मेरे द्वारा जोड़ा गया) की सरकार की कार्यप्रणालियां; प्रशासन के विकेंद्रीकरण के स्तर, बाजारीकरण और इस जैसी रणनीतियां अपनाई गईं... (जोसेफ 2001: 1012)।

'सुविधा–प्रदाता' के रूप में राज्य की नई भूमिका के कारण कार्यअभ्यासों के नए समुच्चयों की जरूरत आन पड़ी, जहां शासन संबंधी सुधारों ने व्यक्तियों, संगठनों व विभिन्न उप–प्रणालियों के बीच समन्वयन या 'गैर–पदसोपनिक' व्यवस्था के लचीले तौर–तरीके प्रदान किए। वैश्वीकरण व उदारीकरण की प्रक्रियाओं के जरिए बाजारों को खोले जाने में 'वैश्विक पैमाने पर अर्थव्यवस्था की "असंरचित जटिलता" में इसके संगत बढ़ोत्तरी होना' शामिल था, परिणामतः 'गैर–पदसोपानिक ताल–मेल का सहारा लेकर विभिन्न स्थानगत पैमानों (स्थानीय से लेकर वैश्विक तक के) पर किसी प्रकार की संरचना व व्यवस्था को पुनः आरोपित करने के प्रयासों' की आवश्यकता महसूस हुई (जेसप 1998: 33)। इस प्रकार का ताल–मेल बनाने की प्रक्रिया में ही नए संस्थान व कार्यअभ्यास निर्मित किए गए थे, जिनमें

मुख्यमंत्री (कार्यकारी में) को सी.ई.ओ. में (कॉरपोरेट की नामकरण शैली से मिलते–जुलते अंदाज में) बदल देने के विचार से इतर, विभिन्न विनियामक परिषद स्थापित करना, और 'अंतःस्थापित स्वायत्तता' व 'उपभोक्ता प्रबंधन', ई–गवर्नेंस के विचार पेश करना तथा कंप्यूटरों का आश्रय लेना व हितधारकों की भाषा (जो राज्य द्वारा संचालित *जन्मभूमि* जैसे कार्यक्रमों के जरिए सामने आती है) बोलना शामिल है।

परिणामतः शासन ने नागरिकों की इस प्रकार कल्पना की और उन्हें इस तरह से परिवर्तित किया कि नागरिक राज्य के साथ इस प्रकार से संलग्न हैं कि वे मुख्यतः बाजार में एक उपभोक्ता हैं, और इस प्रकार इन दोनों के बीच के अंतर को समाप्त करने के प्रयास किए गए। इसे दूसरे शब्दों में कहें तो, स्वयं नागरिकता को इस प्रकार परिभाषित किया गया जो राज्य के साथ वार्ताएं करने के संदर्भ में नहीं था, बल्कि 'ढेर सारी एजेंसियों द्वारा प्रदान की जाने वाली सेवाओं' व सामानों का उपभोग करने से संबंधित था (चंडोक 2005: 1033; साथ ही देखें कैनक्लिनी 2001)। दूसरे शब्दों में, उपभोग की तर्कसंगतता को नागरिकता के बदले हुए रूपों के संविधान के साथ जोड़ने का प्रयास हुआ था, जिसमें:

> अनेक पुरुषों व स्त्रियों के लिए... नागरिकता से संबंधित विशिष्ट प्रश्नों, जैसे कि हम स्वयं को किस तरह से सूचित करें व हमारे हितों का प्रतिनिधित्व कौन करता है, के उत्तर अधिकांशतः वस्तुओं की निजी खपत और मीडिया की पेशकशों के जरिए नहीं, वरन लोकतंत्र के अमूर्त नियमों के जरिए या बदनाम राजनीतिक संगठनों में भागीदारी के जरिए दिए गए हैं। (कैनक्लिनी 2001: 5)।

नागरिक–समाज में एक नागरिक होने की पहचान से एक उपभोक्ता के रूप में पुरजोर ढंग से पहचान को बदला जाना (जहां बाजार व नागरिक–समाज के बीच का अंतर धुंधला पड़ जाता है) राज्य का एक राजनीतिक निकाय होने से राज्य को एक तकनीकशाही सुविधा–प्रदाता वाले ढांचे में परिवर्तित कर दिए जाने के कारण संभव हुआ।

इसके परिणामस्वरूप, एक उपभोक्ता की मांगों को कुशलतापूर्वक पूरा करने के लिए राज्य 'विशेषज्ञों' पर अधिक निर्भर रहना आरंभ करता है, जहां '"विशेषज्ञों की समिति" से अपील करना किसी राजनीतिक बहस का समाधान निकालने में एक महत्वपूर्ण उपकरण बन जाता है', और साथ ही यह राजनीतिक समस्याओं को अधिकाधिक रूप से 'तकनीकी' समस्याओं में बदल देता है। इस योजना के तहत, राज्य अधिक संकीर्णतावादी तकनीकों व रणनीतियों का सहारा लेता है जो सार्वजनिक तर्क–वितर्क और जवाबदेही के प्रति कम खुली थीं। 'प्रशासनिक सुधार' लाने के दौरान ज्यादा से ज्यादा मुद्दों को इस प्रकार प्रदर्शित किया गया था मानो वे राजनीति के दायरे से बाहर के विषय हों और इस प्रकार यह कहा गया कि उन्हें 'विशेषज्ञों' के विवेक पर छोड़ दिया जाना चाहिए क्योंकि सिर्फ वे ही इन अत्यंत जटिल व तकनीकी मामलों को संभाल सकते हैं। राज्य अपने नागरिकों/ उपभोक्ताओं को इस बात का यकीन दिलाने का प्रयास करता है कि 'विकास' संबंधी मामले राजनीति के शोरगुल से भरे व अनिश्चितता वाले दायरे से बाहर अधिक आसानी से प्राप्त किए जा सकते हैं, और इस प्रकार वह न सिर्फ लोकतांत्रिक प्रक्रियाओं को 'विकास' के एजेंडा से भटका रहा होता है बल्कि अक्सर इन्हें पारस्परिक रूप से अपवर्जनकारी भी बना रहा होता है।[39] हेबरमास ने गौर किया कि उन्नत पूंजीवादी देश इस बात के गवाह रहे हैं

कि कॉरपोरेट फर्मों के आने के साथ 'सार्वजनिक दायरे' के फैलाव को रोका गया है; इसी प्रकार, नई बहुराष्ट्रीय कंपनियों के रूप में भारत में वैश्विक पूंजी का फैलाव अपने साथ एक विचारधारा लेकर आया जो इस प्रक्रिया को बढ़ाती है जिसमें 'विशेषज्ञों की संस्कृति व व्यापक जनता के बीच का अंतर अधिकाधिक बढ़ता जाता है। विशेषीकृत कार्य व चिंतन की बदौलत जो संस्कृति उत्पन्न होती है वह रोजमर्रा के कार्यअभ्यास में काम नहीं आती है' (हेबरमास 1987: 326)।

परिणामतः, विशेषज्ञों की भूमिका अपने साथ अन्य टेक्नोक्रेटिक प्रक्रियाएं लेकर आती है जैसे कि, उदाहरण के लिए, न सिर्फ वृद्धि व उत्पादकता के आर्थिक मुद्दों का संभावित समाधान निकालने में प्रौद्योगिकी की केंद्रीयता, बल्कि साथ ही संसाधनों तक पहुंच बनाने संबंधी, व जाति तथा लिंग के सामाजिक पदसोपानक्रमों से संबंधित प्रश्नों से जुड़े सामाजिक/राजनीतिक मुद्दों के समाधान निकालने में भी प्रौद्योगिकी को केंद्रीयता प्रदान करना। दरअसल, भारत में प्रशासनिक से पहले संस्थानिक व वैचारिक बदलावों का एक समुच्चय पेश किया गया और इसके पहले तीव्र 'आधुनिकीकरण' का एक दौर चला जिसने तत्कालीन प्रधानमंत्री राजीव गांधी के शब्दों में 'इक्कसवीं सदी के साथ गुपचुप मेल–मिलाप' करने का प्रयास किया। राजीव गांधी के कार्यकाल (1984–89) के दौरान, उन्होंने 'छह प्रौद्योगिकीय मिशन' की घोषणा की, जिनमें पेय जल की समस्या के समाधान के लिए सैटेलाइट्स का इस्तेमाल करना, विदेशी विनिमय घाटे से उबरने के लिए खाने के तेल का उत्पादन तेजी से बढ़ाने हेतु प्रौद्योगिकी का आयात करना, प्रत्येक गांव को आपस में जोड़कर बाजार को आपस में जोड़ने के लिए दूरसंचार क्रांति लाना, अशिक्षा की समस्या का समाधान करने के लिए गांवों में सभी प्राथमिक विद्यालयों को बुनियादी ढांचा प्रदान करने हेतु 'ऑपरेशन ब्लैकबोर्ड' लाना, घरेलू इस्तेमाल व साथ ही निर्यात के उद्देश्यों के लिए दूध के उत्पादन को दोगुना करने हेतु उन्नत डेयरी प्रौद्योगिकी से 'श्वेत क्रांति' लाना, और पोलियों के उन्मूलन के लिए टीकाकरण कार्यक्रम चलाना शामिल थे (चंद्रा 2000)।[40] केंद्र सरकार के 'विशेषज्ञ' वैज्ञानिक सलाहकार के रूप में सैम पेत्रोदा के अंतर्गत इन प्रौद्योगिकीय लक्ष्यों से न सिर्फ यह अपेक्षा की गई कि ये वृद्धि व घाटे की आर्थिक समस्याओं के साथ ही अन्य आर्थिक समस्याओं का भी समाधान कर देंगे, बल्कि इन्हें जातिगत विवादों, लैंगिक भेदभाव व क्षेत्रीय असमानताओं का समाधान करने का जरिया भी बनेंगे।[41] ऐसा जान पड़ता है कि ज्ञान परिषद (नॉलेज कमीशन) के गठन के साथ ही इस प्रक्रिया को भी पुनर्जीवित किया गया है, और इस बात का कोई मूल्य नहीं है कि यह सैम पेत्रोदा को कमीशन के चेयरमैन के रूप में सार्वजनिक जीवन में वापस ले आया।[42] इसके बाद टेक्नोक्रेटिक राज्य यह दावा कर सकता है कि वह सामाजिक व संस्थानिक क्षेत्रों के संपूर्ण दायरे में वैधानिक रूप से प्रवेश कर सकता है क्योंकि बढ़ती टेक्नोक्रेसी द्वारा उत्पन्न की गई समस्याओं (उदाहरण के लिए, संचार में नई प्रौद्योगिकीय खोजों के कारण संभव हो सकी वैश्विक आउटसोर्सिंग के बाद काम करने की नई स्थितियां लागू की गईं) का समाधान सिर्फ अन्य व बेहतर टेक्नोक्रेटिक उपायों के जरिए ही किया जा सकता है। इनमें, उदाहरण के लिए, नई मनोवैज्ञानिक–चिकित्सकीय तकनीकें शामिल हो सकती हैं, जिन्हें नए बी.पी.ओ.'ज़ में काम करने वाले लोगों के लिए बहुत अधिक सुझाया जाता है, और जो काम की स्थितियों में बदलाव लाए बिना उन्हें कार्यकुशल बना सकती हैं और इन काम की स्थितियों में अधिक घंटों तक काम करना, रात की पारियां, व फुर्सत के कम पल शामिल हैं; या फिर स्वतंत्र रूप से स्त्री–बंध्यकरण

कराने की पेशकश दे सकते हैं ताकि स्त्रियों पर बढ़ते यौन हमलों को रोकने की गारंटी दिए बिना 'अवांछित' गर्भधारण की समस्या का समाधान किया जा सके।[43]

तत्पश्चात, राज्य की 'विकासपरक' गतिविधियां/कार्यअभ्यास और नागरिक–समाज पर उनका प्रभाव, प्रशासन के इस तर्क में सुस्थापित हो गए। शासन के कार्यअभ्यासों ने, एक 'टेक्नोक्रेटिक राज्य' स्थापित करके, नागरिक–समाज में स्वैच्छिक कार्य करने की भावना की पहचान के रूप में 'एन.जी.ओ.–करण' की एक संगत प्रक्रिया आरंभ कर दी। एक टेक्नोक्रेटिक राज्य व नागरिक–समाज में गैर–सरकारी संगठनों (एन.जी.ओ.) के बीच आवश्यक वार्ता इसलिए शुरू हो गई क्योंकि अंतर्निहित तौर पर यह मान्यता है कि एन.जी.ओ. अराजनीतिक होते हैं और इन्हें कार्यकुशलता के टेक्नोक्रेटिक विचारों के तहत आसानी से समाहित किया जा सकता है और साथ ही यह स्वैच्छिक कार्यकलाप के मूल्य व भावना का उत्सव भी होगा। शासन संबंधी नए कार्यअभ्यासों के अंग के रूप में या इनके साथ, एन.जी.ओ.–करण को नए कार्यक्रमों के जरिए पेश किया गया, जैसे कि स्वयं–सहायता समूह (एस.एच.जी.) जिन्हें आंध्र प्रदेश में ग्रामीण क्षेत्र में स्त्रियों व बच्चों का विकास (डेवलपमेंट ऑफ वुमेन एंड चिल्ड्रेन इन रूरल एरिया) नामक राज्य के सरकारी कार्यक्रम के तहत डी.डब्ल्यु.ए.सी.आर.ए. समूहों के नाम से भी जाना जाता है। एस.एच.जी. के संबंध में यह कल्पना की गई थी कि ये मूलतः गांवों की हताश स्त्रियों के लिए एक 'सुरक्षा जाल' के रूप में काम करेंगे। आंध्र प्रदेश के विभिन्न जिलों में लगभग 4,65,000 एस.एच.जी. फैले हुए हैं, जिसकी पहुंच लगभग 61.7 लाख गरीब स्त्रियों तक है। अकेले आंध्र प्रदेश में देश के लगभग आधे एस.एच.जी. संगठित हैं, यानी अधिकांश गांवों में कम से कम एक एस.एच.जी. है और लगभग 75 प्रतिशत गांवों में लगभग 15–20 समूह हैं (ग्रामीण विकास विभाग 1999)। इसके अतिरिक्त, एस.एच.जी. के जरिए लागू किए गए सबसे उल्लेखनीय सूक्ष्म–ऋण कार्यक्रम लेन–देन के कम खर्चों (इसे कार्यकुशलता पढ़ें) और 'भौतिक संपत्ति गिरवी रखने की आवश्यकता से छुटकारा दिलाने' के अनुमान पर आधारित थे जिसके पीछे संयुक्त उत्तरदायित्व, समकक्षों की निगरानी व समकक्षों के दबाव (इसे नागरिक–समाज में सामाजिक पूंजी पढ़ें) के सिद्धांत पर आधारित 'नवोन्मेषी' सांगठनिक ढांचे का कारण मौजूद था।[44] दूसरे शब्दों में, यह व्यक्तिगत उत्तरदायित्व व सामुदायिक भागीदारी की नैतिकता को साथ लाकर कार्यकुशलता लाने के अनुमान पर आधारित था। नवनिर्मित ग्रामीण कोऑपरेटिव्स व *मंडल* संघों (कोऑपरेटिव सोसाइटीज एक्ट 1955 के तहत) के जरिए क्रियान्वित की जाने वाली 'विकास संबंधी' अन्य गतिविधियों में बीमा सेवाएं, तथा डेयरी व पोल्ट्री परियोजनाओं जैसी आय पैदा करने वाली योजनाओं को प्रोत्साहन देना शामिल था।

परंतु, (कार्यकुशलता व व्यक्तिगत तथा स्वैच्छिक उत्तरदायित के) दर्शन के परिणामस्वरूप और ऐसी पहलकदमियों को जिस संदर्भ (बाजार संबंधी सुधारों) में पेश किया गया, उसमें यह व्यापक तौर पर देखा गया कि एस.एच.जी. व सूक्ष्म–ऋण कार्यक्रम के जरिए 'विकास' करने का प्रयोग सामाजिक समूहों की आर्थिक स्थिति को पर्याप्त रूप से सुधारने में असफल रहा, और इसके स्थान पर इसने उन समस्याओं के लिए व्यक्तियों को ज्यादा से ज्यादा जिम्मेदार ठहराकर सामाजिक तनाव को बढ़ाया जिन्हें पहले सामूहिक स्तर पर देखा–समझा जाता था और जिन पर (जाति, वर्ग व लिंग के चश्मे से) राजनीति के स्तर पर चर्चा की जाती थी। इन नई पहलकदमियों ने सामूहिक या सामुदायिक संसाधनों पर निर्भरता नहीं बनाई और 'सामाजिक पूंजी' का विस्तार नहीं किया, जबकि सूक्ष्म–ऋण के कार्यक्रमों ने डिफॉल्टर रहे लोगों पर 'अपवर्जनकारी दबाव' डाले जिसका उन लोगों के साथ भी 'समकक्षों

की सहानुभूति पर नुकसानदेह असर पड़ा जो ऋण की राशि का देर से भुगतान कर पा रहे थे (कल्पना 2005)।[45] इसी प्रकार, जैसा कि संगीता कामत आदिवासियों हेतु राज्य की 'विकासपरक' गतिविधियों से संबंधित अपने अध्ययन में गौर करती हैं, पोल्ट्री या नई नकदी फसलों जैसी परियोजनाओं ने तकनीकी ज्ञान व कौशल दिए जाने की मांग की, जिनमें उत्पादन बढ़ाने के लिए पोषण की मात्रा, टीकों का महत्व व अन्य इंजेक्शनों की जानकारी, या फिर खादों व कीटनाशकों की नई व खर्चीली किस्मों के इस्तेमाल की जानकारी पाना शामिल था, और इस प्रक्रिया में इन गतिविधियों ने अर्थव्यवस्था का 'व्यक्तिकरण' किया और सहवर्ती सामाजिक समस्याओं को जन्म दिया। इसके अतिरिक्त, सामाजिक व आर्थिक हताशा के विपरीत नतीजों को दूर करने के लिए किए जाने वाले ऐसे उपायों (चाहे वह बीमा सेवाओं या राज्य की पहलकदमी वाली स्वास्थ्य सेवाओं को प्रोत्साहित करने के लिए नया कदम उठाना हो) ने व्यक्तिकरण की प्रक्रिया को भी सुदृढ़ीकृत किया है। उदाहरण के लिए, स्वास्थ्य संबंधी परियोजनाएं, 'लक्षित समूहों' के विमर्श का सहारा लेकर अपना ध्यान पूरी तरह से देह पर केंद्रित करती हैं, बजाय इसके कि ये परियोजनाएं 'शक्ति के उन विविध संबंधों पर ध्यान दें जो स्वास्थ्य खराब करते हैं', जैसे कि कार्य स्थितियां, कम तन्ख्वाहें, जमीन का अवन्यकरण, अच्छी चिकित्सा सुविधाओं का अभाव, और साथ ही नए औद्योगिक कस्बों में प्रदूषण की समस्या (कामत 2002)।[46]

इस प्रकार, नई स्वयंसेवी भावना का जश्न मनाने के नाम पर समस्याओं के समाधान अधिकाधिक व्यक्तियों या व्यक्तिगत परिवारों के स्तर पर तलाश किए जा रहे थे, और जिम्मेदारी को भी लगातार स्वयं व्यक्तियों पर डाल दिया जा रहा था। चूंकि ऐसे कार्यक्रम 'प्रबंधित' थे और एन.जी.ओ. द्वारा संचालित किए जाते थे, जो कथित तौर पर अराजनीतिक थे, और उन्हें राज्य के सख्त विषय–क्षेत्र से बाहर माना जाता था। इस प्रक्रिया में, कार्यअभ्यासों के इस मैट्रिक्स ने एक तरफ राजनीतिक गतिविधियों और अराजनीतिक गतिविधियों के बीच फॉल्ट लाइनें खींची, और दूसरी तरफ इस बात पर वैचारिक सहमति निर्मित की कि नीतियों व संस्थानों के नए समुच्चय किस तरह से नागरिक–समाज में सभी वर्गों व सामाजिक समूहों के हित में थे, क्योंकि इन्होंने निर्णयकारी प्रक्रिया में 'सामूहिक रूप से' भागीदारी की थी और साथ ही ये लाभ के प्राप्तकर्ता भी थे।[47] शक्ति संबंधों पर ध्यान केंद्रित करने के महत्व को कमतर करना तभी संभव हुआ जब जोर बदलकर व्यक्तिगत स्व–सुधार और नए 'राजनीतिक' अभिव्यक्ति के रूप में 'उद्यमी नागरिकता' पर हुआ जिसने 'उपकरणवादिता (इंस्ट्रूमेंटैलिटी) के मूल्यों व आर्थिक तर्कसंगतता' के आधार पर प्रत्यक्षतः विभिन्न 'विकासपरक' योजनाओं की सफलता में अपना योगदान दिया। असल में, व्यक्तिकरण की नई नैतिकता ने सामूहिक संघर्षों (गैर–राजनीतिकरण की प्रक्रिया आरंभ करने वाले) के लिए जरूरी राजनीतिक स्पेस के साथ सीधा मुकाबला किया और उसके महत्व को कम किया (पूर्वोक्तः 157)।[48] संवर्द्धित करने वाली 'राजनीति–विरोधी मशीन' और व्यक्तिकरण की सम्मिलनकारी प्रक्रियाओं ने मिलकर इसे नागरिक–समाज की सीमाओं के अंदर संभव बनाया, जहां स्वैच्छिक गतिविधि के लिए व्यक्तिगत जिम्मेदारी का बोध और एसोसिएशंस आपस में समाहित हो गए और इनके साथ राज्य की 'विकासपरक' गतिविधियों की अनिवार्यताएं व बाजार की प्रतिस्पर्द्धी नैतिकता थी। ऐसे संदर्भों में, 'इसके बाद नागरिक–समाज स्वयं अपने जीवन के लिए उत्तरदायित्व लेने वाले लोगों के लिए एक कूट नाम बन जाता है' (फिलिप्स 2002: 81)।

इस प्रकार, शासन की प्रक्रियाओं ने एक नया 'टेक्नोक्रेटिक' राज्य व संस्थानों का नया समुच्चय पेश किया जो लोकप्रिय लोकतांत्रिक दबावों से मुक्त थे और बाजार से नए

किस्म की 'विकासपरक' योजनाओं को जोड़ दिया गया, जिसने 'विशेषज्ञों' की भूमिका और आधुनिक प्रौद्योगिकी पर निर्भरता को बढ़ाया, एस.एच.जी. व सूक्ष्म–ऋण जैसे नए कार्यक्रमों को पेश करके नागरिक–समाज का एन.जी.ओ.–करण किया, और नागरिक को मूलतः उपभोक्ता में बदल दिया जो 'ढेर सारी एजेंसियों द्वारा प्रदान की जाने वाली सेवाओं' पर निर्भर थे। इन सभी प्रक्रियाओं ने व्यक्तिगत व संचयी रूप से गैर–राजनीतिकरण (संरचित शक्ति संबंधों व सामूहिक अभिव्यक्तियों के महत्व को कमतर करने में व्यक्त होने वाले) और व्यक्तिकरण (स्वैच्छिक भावना के नाम पर मुख्यतः व्यक्ति को ही जिम्मेदार बनाने में व्यक्त होने वाले) को सुदृढ़ीकृत (लॉजिक ऑफ सर्कुलैरिटी द्वारा चिह्नित) किया। जैसा कि स्त्रीवादियों ने रेखांकित किया, गैर–राजनीतिकरण और व्यक्तिकरण भी पूर्णतः राज्य के कानूनी अधिनियमनों के निहितार्थ थे, खासकर तब जबकि इन्हें सामाजिक व आर्थिक बदलावों की संगति में पेश करने के बजाय इनके स्थान पर पेश किया जाए।

यहां पर कहने का आशय है कि कानूनी बदलावों के प्रभाव को उस संदर्भ में समझे जाने की जरूरत होती है जिसमें उन्हें पेश किया जा रहा था। कानूनी अधिनियमन अपने आप में (चाहे ये प्रगतिशील ही क्यों न हों) सशक्तीकरण करें यह जरूरी नहीं है। इस प्रकार, जब राज्य पीछे हट रहा था और स्वयं को एक टेक्नोक्रेटिक ढांचे में परिवर्तित कर रहा था, नागरिक–समाज से नागरिकता की भाषा छीनी जा रही थी और इसे उपभोक्ताओं की पहचान दी जा रही थी या इसे उपभोक्ताओं की पहचान से प्रतिस्थापित किया जा रहा था, जिसकी मांगें 'मुक्त' बाजार और गैर–सरकारी संगठनों की महारत वाली स्वैच्छिक भावना के जरिए पूरी नहीं हो रही थीं, तब इस संदर्भ में, कानूनी अधिनियमनों का विषय–क्षेत्र संकुचित हो जाता है और जिस संदर्भ में उन्हें पेश किया जा रहा था ये उसे ही सुदृढ़ीकृत करने लगते हैं। जिस समय राज्य प्रतिकूल सामाजिक स्थितियों (उदाहरण के लिए बढ़ते घरेलू हिंसा के कारण बढ़ती हताशा) को दूर करने के नाम पर या उनका प्रतिरोध करने के लिए नए कानून पेश करता है, तभी अन्य संस्थानिक, अवधारणात्मक, आर्थिक व सामाजिक बदलावों को पेश किया जा रहा है ताकि संदर्भ के तर्क व भावना से मेल खाने वाले *(प्रतिच्छेद के बिंदु)* विधानों के विषय–क्षेत्र को परिवर्तित किया जा सके। इस प्रकार, स्त्रियों का सशक्तीकरण करने के स्थान पर घरेलू हिंसा के विरुद्ध एक कानून लाना, और हिंसा के विरुद्ध उन्हें क्षणिक राहत प्रदान करना, व्यक्तिगत जिम्मेदारी के तर्क को सुदृढ़ीकृत करता है, और परिवार में हिंसा के मुद्दे का 'समाधान' करने हेतु एक राजनीतिक मुद्दे को एक तकनीकी मुद्दा बना देता है। एक अर्थ में कानून (और जैसा कि हमने देखा, गैर–राजनीतिकरण व व्यक्तिकरण की दोहरी प्रक्रियाएं शासन में सुधारों के जरिए पेश किए जाने वाले कार्यअभ्यासों के दायरे का अंग थीं) स्त्रियों को चौखटाबंद करता है न कि घरेलू हिंसा को।

भारत में घरेलू हिंसा के विरुद्ध संघर्ष का इतिहास बहुत लंबा और जटिल है। संक्षेप में कहें तो, यह 1980 के दशक में 'दहेज के कारण होने वाली मौतों' के विरुद्ध अभियानों से शुरू हुआ था, और तब यह अहसास हुआ कि यह सिर्फ घर पर होने वाली हिंसा का सामने पेश किया जाने वाला 'एकल' कारण है जो दरअसल इसके होने के अन्य विभिन्न कारणों व रूपों को ढंक देता है। स्त्रियों के आंदोलन को यह अहसास हुआ कि इस एकल कारण के पीछे लामबंदी की अनिवार्यताएं थीं क्योंकि यह ऐसी भाषा बोल रहा था जो कानून में प्रभावी प्रावधान लाने और इनका क्रियान्वयन करने की मांग कर रहा था। अनुच्छेद 304ख ने दहेज के संबंध में हिंसा व मृत्यु की शिनाख्त की, जबकि

498क वह पहला कानून था जिसने घरेलू हिंसा के तथ्य को स्वीकार किया। इसके बाद, ध्यान दहेज से हटकर परिवार में होने वाली हिंसा पर (शारीरिक, यौनिक व मानसिक सहित इसके सभी रूपों पर) चला गया। इसने जरूरी उपचारों के विषय–क्षेत्रों को भी विस्तारित किया, जिसमें आर्थिक स्वतंत्रता, सार्वजनिक दायरे तक पहुंच बनाना, और आपराधिक कानून की गंभीर सीमाओं के बीच के अंतर्संबंध शामिल थे। घरेलू हिंसा के विरुद्ध नए कानून में इन नए विचारों में से कुछ को शामिल किया गया था, और इसे संसद ने 24 अगस्त 2005 को सर्वसहमति से पास कर दिया। नए कानून में दूसरी पत्नी के अधिकारों को मान्यता मिली, इसने हिंसा के विचार में मनोवैज्ञानिक व आर्थिक कारक को शामिल किया, स्त्रियों को अपने पति के घरों में रहने का अधिकार दिया, अंतरिम अवधि तक सुरक्षा प्रदान करने के आदेश संबंधी प्रावधान डाले गए, सुरक्षा प्रदान करने वाले अधिकारियों के रूप में प्रसिद्ध आधिकारिक खंड निर्मित किए, जिन्हें घरेलू हिंसा के मामलों से निपटने के लिए विशेष तौर पर प्रशिक्षण दिया जाता था और सकारात्मक अधिकारी बनाने (गुजारा–भत्ता, भावी हिंसा से सुरक्षा, और बच्चों की देखभाल करने का अधिकार) के प्रावधान रखे गए (सुनीथा 2005: 4102)। परंतु, प्रावधानों में इन 'प्रगतिशील' बदलावों के बावजूद, यह प्रश्न तब भी कायम रहा कि घरेलू हिंसा की रोकथाम में कानूनी अधिनियमन का ठोस प्रभाव क्या था, जिसे हमारे द्वारा पड़ताल की गई खासकर इस संदर्भ में (शासन में सुधारों के जरिए) लाया गया था?

आंदोलन की अवधि के दौरान, घरेलू हिंसा का विरोध करने में स्त्रियां 'जिम्मेदार पतियों की, निर्णय लेने की प्रक्रिया में अपनी भूमिका का, आत्मसम्मान व एक गरिमापूर्ण पारिवारिक जीवन की तलाश कर रही थीं, जो अपने आप में अक्सर उनके द्वारा महसूस की जाने वाली हिंसा में योगदान देते हैं' (पूर्वोक्त)। उन्होंने ऐसे ही कुछ सरोकारों को शराब–विरोधी आंदोलन के दौरान स्वयं अपने चुने हुए साधनों के जरिए सूत्रबद्ध किया था, और इसके लिए वे 'शिकार हुए विषयाधीन–इंसान' की छवि से आगे गईं और साथ ही ऐसे अन्य साधनों के लिए जोर डाला जो मर्दवादी सार्वजनिक दायरे को परिवर्तित करने की क्षमता रखते हों, जैसे कि सार्वजनिक शर्म, और जिसके लिए इसे खुले तौर पर वाद–विवाद में परिवर्तित करने की आवश्यकता नहीं हो क्योंकि ऐसा करने पर संबंधों का त्याग करने या परिवार नामक संस्था को छोड़ने की आवश्यकता होती। दूसरे शब्दों में, वे, निजी को तोड़कर (निजी का परित्याग करके नहीं) जनता की ओर से हस्तक्षेप किए जाने की बाट जोह रहे थे। इन स्थानों (स्पेस) के अंतरालों में उन्हें संबंधों को जारी रखने की व इनमें मौजूद स्वतंत्रता व गरिमा को हासिल करने की संभावना दिखी। इसी अंतिम लक्ष्य को ध्यान में रखकर, स्त्रियों ने हमेशा ही अपने ससुराल में रहने की इच्छा अभिव्यक्त की; जाति व समुदाय के नेटवर्कों के जरिए कानून से बाहर समझौते किए, अपने लिए नए स्पेस हासिल करने के लिए राजकीय संस्थानों का इस्तेमाल करने का प्रयास किया; अपने 'दाम्पत्य प्रेम के बंधनों', और स्नेह, मान्यता व देखभाल करने की मांगों को पूरा करना जारी रखा भले ही ऐसा करते हुए उसे प्राधिकार, दुर्व्यवहार व हिंसा झेलनी पड़ी हो; उन्होंने यह देखा कि परिवार उनके अधिकारों का हनन तो करता है पर साथ ही उन्हें उस वक्त सुरक्षा भी प्रदान करता है जबकि राज्य व कानून की सुदूरवर्ती व धुंधली संरचनाएं उनके प्रति उदासीन या भेदभावकारी होती हैं, यानी मायकों ने स्त्रियों को पराधीन करने व साथ ही उनके द्वारा कानूनी उपायों का सहारा लिए जाने का फैसला करने पर उन्हें समर्थन प्रदान करने, दोनों स्थितियों में एक महत्वपूर्ण भूमिका निभाई है।

राजनीतिक आंदोलनों में स्त्रियों को यह अहसास हुआ कि 'ऐसा कोई एक कारण नहीं है जिसे समाप्त करके संपूर्ण राज्य या मर्दवादी दायरे को ठीक किया जा सकता हो', जिसने पश्चवर्ती व अग्रवर्ती संबंध स्थापित करने और 'उनके संबंध को गैर–सरलीकृत रूप में सूत्रबद्ध करने' की अवश्यकता उत्पन्न की (ब्राउन 1995: 177)। सवाल वास्तव में यह था किः क्या कानून ऐसे अतिक्रमणों की अनुमति देगा?

इसलिए, घरेलू हिंसा के विरुद्ध कानून के प्रावधानों के तहत राहत पाने के लिए राजकीय संस्थानों पर जाने वाले स्त्रियों हेतु, घरेलू हिंसा को रोकने में और स्त्रियों को इससे राहत प्रदान करने में घरेलू हिंसा के विरुद्ध कानून के प्रभाव का अध्ययन करने वाली स्त्रीवादी कार्यकर्ताओं ने यह पाया कि ऐसी स्त्रियों के रवैये में निश्चित तौर पर निरंतरता नहीं थी और इसने यह दर्शाया कि घरेलू हिंसा के विरुद्ध दर्ज किए गए मामलों को वापस लिए जाने की दर बहुत अधिक थी और अक्सर कानूनी प्रावधानों का 'दुरुपयोग' होने की बात भी उठाई गई। इस प्रकार इस आवश्यकता की पुनः पुष्टि हुई कि, सार्वजनिक नैतिकता के अनुसार, स्त्रियों को सामाजिक व सांस्कृतिक तौर पर नियंत्रित किया जाए। कानून द्वारा सृजित की गई कठिनाइयों की प्रकृति पृथक सत्ता रखने वाली, प्रक्रियात्मक व विवादजनक हो सकती है। स्त्रियों की शिकायतों को सूत्रबद्ध करने समस्याओं, और स्त्रियों को अनुभव को एक संस्थानिक रूपरेखा में पेश करने की समस्याओं में 'अनियंत्रित' व विचलित करने वाले स्व को समाप्त करना और इसे एक सुस्पष्ट कानूनी व्यक्तिपरकता से प्रतिस्थापित करना शामिल है। स्त्रियों की एजेंसी को पुनः प्राप्त करने की राजनीतिक प्रक्रिया को उस अनुभव से प्रतिस्थापित कर दिया गया था जिसका निर्माण 'कुछ खास स्थापित प्रक्रियाओं, तकनीकों व परंपराओं' के जरिए होता है। इसके लिए एक 'नीच शिकार हुई–स्त्री' को पेश करने की आवश्यकता होती है जिसे या तो सुरक्षा की या फिर कानून के विनियम की आवश्यकता होती है जो उस स्थिति की पुष्टि करे जिसमें उस स्त्री ने स्वयं को पाया है और इसके लिए अपमान का संज्ञान ले (सुनीथा 2006: 4359)। अधिकारों की भाषा का संबंध महज सशक्तीकरण से ही नहीं होता है, बल्कि, जैसा कि स्त्रीवादियों ने तर्क दिया, यह स्त्रियों को 'राज्य की विषयाधीन–प्रजा' में रूपांतरित करता है, और अपने अनुभवों को कानूनी श्रेणियों/भाषा में अभिव्यक्त करने में उनकी अक्षमता तथा अधिकारों की भाषा से नैसर्गिक रूप से जुड़ी प्रतिस्पर्द्धी नैतिकता की मांगों के अनुसार काम करने में उनकी अक्षमता के कारण यह स्त्रियों को चुप करा देता है। यह मौन ही राज्य के नियंत्रण को बढ़ाता है, अधिक (अतिरेकी) विधान बनाने के लिए तर्कसंगत कारण प्रदान करता है, और धीरे–धीरे स्त्रियों की समस्याओं को व्यक्तिगत बनाता है जिससे सामूहिक इच्छा–शक्ति नष्ट होती है और इस प्रकार गैर–राजनीतिकरण की प्रक्रिया सुदृढ़ीकृत होती है। कानून, अपने ढंग से, व्यक्तिकरण व गैर–राजनीतिकरण की दोहरी प्रक्रियाओं को सुदृढ़ीकृत करता है और राज्य ऐसा घरेलू हिंसा को एक तकनीकी मुद्दे में परिवर्तित करके करता है जिसे संस्थानिक प्रक्रियाओं में पकड़ा जाता है और जिससे इसके व्यक्तिगत 'शिकार' इसका सहारा ले सकें और राज्य स्त्रियों को कानून की सपाट व्यक्तिपरकता में पेश करता है जो स्त्रियों द्वारा की गईं मांगों की जटिल प्रकृति को ध्यान में रखने के लिए जरूरी अतिक्रमणों की अनुमति नहीं देता है।

इसके अतिरिक्त, कानून अधिकांशतः सिर्फ सरलीकृत व मानकीकृत समाधान ही पेश करता है जैसे कि जुर्माना लगाना, और यह उन पारिवारिक व सामाजिक स्थितियों को शामिल नहीं करता जिनमें स्त्रियां होती हैं और जिनके कारण उन्हें ऐसे निवारणकारी व

नागरिक उपचारों की आवश्यकता होती है जो तयशुदा दंड–विधानों से आगे होते हैं। स्पष्टता, एकरूपता और सहवर्ती सरलीकरण (एकसमान नाप के जूतों के हिसाब से सभी पांवों की कटाई–छंटाई करना[49]) का सृजन करने वाली यह प्रक्रिया ही, दरअसल, वह तरीका है जिससे शक्ति कानून व राज्य, दोनों के अंदर संचालित होती है, और इसका इस या उस राज्य से अथवा अच्छे या बुरे कानूनों से बहुत कम लेना–देना होता है। जैसा कि जेम्स स्कॉट कहते हैं:

> अचानक, ऐसा लगने लगा कि स्थायी अंतिम नामों का सृजन, भारों व मापों का मानकीकरण, भूमि–कर संबंधी सर्वेक्षणों और आबादी पंजिकाओं की स्थापना प्रत्येक मामले में, फ्रीहोल्ड भूसंपत्ति की खोज, भाषा व कानूनी विमर्श का मानकीकरण, शहरों का डिजाइन, और परिवहन का संगठन जैसी असंबद्ध प्रक्रियाएं समझ में आने योग्य हो गईं हैं क्योंकि स्पष्टता व सरलीकरण के प्रयास किए गए थे। अधिकारियों ने असामान्य रूप से जटिल, अस्पष्ट, व स्थानीय सामाजिक कार्यअभ्यासों को ध्यान में लिया... और एक मानक खांचा तैयार किया जिसके द्वारा इसे केंद्रीय रूप से दर्ज किया जा सकता था व इसकी निगरानी की जा सकती थी। (स्कॉट 1998: 2)

सरलीकरण व मानकीकरण की इन्हीं अंतर्निहित प्रक्रियाओं ने राज्य द्वारा आरंभ किए गए बदलावों की प्रभाविता को अवरुद्ध करने का कार्य किया। यहां तक कि जब राज्य ने कानून से इतर समाधानों को बढ़ावा देने के लिए पारिवारिक न्यायालयों, महिला पुलिस थानों, परामर्श केंद्रों जैसे नए संस्थानों का निर्माण किया और घरेलू हिंसा को संबोधित करने के लिए स्वास्थ्यचर्या प्रणालियों को पुनर्व्यवस्थित किया, तब भी ये अनपेक्षित परिणामों का मुकाबला करने में या जरूरतों की बहुलता को ध्यान में रखने में अक्षम ही बने रहे; जैसा कि जेम्स स्कॉट नियोजन से संबंधित 'विकासपरक' गतिविधियों के संदर्भ में पुनः कहते हैं: 'गणना करना तो दूर की बात है, कोई भी यह तक नहीं बता सका कि इसके दूसरे या तीसरे क्रम के परिणाम क्या होंगे अथवा इनकी अंतक्रिया के क्या प्रभाव होंगे... उनके शुरुआती हस्तक्षेप का परिमाण इतना जबर्दस्त था कि उनके अनेक गलत कदमों को ठीक तक नहीं किया जा सकता था' (पूर्वोक्तः 344)।

इस प्रकार, सार्वजनिक नैतिकता, शासन संबंधी सुधारों व इसके सहवर्ती संस्थानिक बदलावों तथा गैर–सरकारी संगठनों के जरिए की जाने वाली 'विकासपरक' गतिविधियों को प्रेरित करने में कानूनी हस्तक्षेप (जैसे कि घरेलू हिंसा के विरुद्ध) आदि सब विभिन्न कार्यअभ्यास थे जिनके जरिए राजनीति (शक्ति के मुकाबले के रूप में) कमजोर हुई और इसे इन कार्यअभ्यासों के साथ प्रतिस्थापित करने का प्रयास किया गया जो अनिवार्यतः पृथक प्रणालियां थीं जो स्वयं अपनी शर्तों व अपने आंतरिक पूर्व–प्रदत्त तर्क पर चलती थीं।[50] इस प्रक्रिया में, इस तरह के सभी कार्यअभ्यासों ने व्यक्तिगत तौर पर, और एक–दूसरे के साथ अंतक्रिया में, राजनीतिक मुद्दों के *व्यक्तिगतकरण, गैर–राजनीतिकरण, सरलीकरण व मानकीकरण* की प्रक्रियाओं को सुदृढ़ीकृत किया। इसके बाद नागरिक–समाज के प्रचालन इन कार्यअभ्यासों के लिए एक स्थल के रूप में काम करते हैं ताकि ये कार्यअभ्यास आपस में ताल–मेल *(प्रतिच्छेद के बिंदु)* कर सकें और एक–दूसरे के लिए दुर्जेय आधार प्रदान कर सकें। जिस समय सार्वजनिक नैतिकता कानून के लिए आधार निर्मित करती है, तब कानून ही 'विकासपरक' गतिविधियों को छोड़ने व तितर–बितर करने का तरीका बन जाता है।

नागरिक–समाज ही विभिन्न स्थापित तर्कों का नतीजा व इनकी आरामगाह बन जाता है ताकि ये आपस में ताल–मेल कर सकें और विभिन्न 'अंतक्रिया संबंधी प्रभावों' को निर्मित कर सकें। नागरिक–समाज के अंदर उपलब्ध स्थान (स्पेस) अपने साथ इन 'अंतक्रिया संबंधी प्रभावों' की विशेषताओं व निशानों को ढोते हैं – जिससे ऐसे स्थान जब एजेंट्स के द्वारा हस्तक्षेप की संभावना का द्वार खोलते हैं, तो वे भी सिमट जाते हैं और 'अचल श्रेणियों' में तब्दील हो जाते हैं।

इसलिए नागरिक–समाज एक ऐसे स्थल के रूप में काम करता है जहां भेदभाव का मुकाबला करने में कानून एक कारगर उपकरण के रूप में नजर आ सकता है, परंतु मुद्दों को संस्थानिक, प्रक्रियात्मक और अवधारणामूलक श्रेणियों में अभिव्यक्त करते हुए यह गैर–राजनीतिकरण करता है और समस्याओं का व्यक्तिगतकरण करता है। नागरिक–समाज में अधिकारों की कानूनी भाषा सशक्तीकरण का वायदा करने के साथ ही 'अनुशासनात्मकता के विमर्श के साथ कपटपूर्ण ढंग से सम्मिलित हो जाती है ताकि यह न्यायिक–अनुशासनकारी प्रभुत्व का शानदार ढंग से प्रभावी तरीका निर्मित कर सके' (ब्राउन 1995: 137); जो इसे, एक तरफ, सामाजिक जीवन के सभी क्षेत्रों पर राज्य के विस्तारवादी नियंत्रण की दिशा में ले जाता है, और दूसरी तरफ विधि–निर्माण/कानून का एक 'मिथ्या सहीपन' प्रदान करता है जो इसी के साथ प्रभुत्वशाली को इन्हें हथिया लेने की अनुमति प्रदान करता है और स्वयंसेवी भावना की इसी भाषा के जरिए अरक्षित लोगों का 'सशक्तीकरण' करने से इंकार कर देता है जिसके परिणामस्वरूप 'स्त्रियों की असफलताओं की समस्त जिम्मेदारी व्यक्तियों पर डाल दी जाती है'। इसलिए स्त्रियों के आंदोलन को एक तरफ इन स्थानों के जरिए काम करना पड़ा और वहीं दूसरी तरफ नागरिक–समाज के बंद दायरों के भीतर वे जिस कार्य–क्षेत्र की अनुमति प्रदान करते हैं उससे आगे जाना पड़ा, यानी दोहरा काम करना पड़ा। स्त्रीवादी आंदोलन के समांतर दलित व मानवाधिकार आंदोलन के वे क्षण रहे जिनमें वे इसी प्रकार के काम करने के प्रयास कर रहे थे। इसके बाद स्त्रीवादी राजनीति विभिन्न प्रकार के भेदभावों के प्रति अपनी आवश्यकताओं से आगे निकलकर इन भेदभावों के प्रति 'वैधानिक' मान्यता प्राप्त करने के अधिकारों की दिशा में आगे बढ़ी और अपनी पहचानों के मूर्तीकरण से बचने के लिए और जिस मर्दवादी शर्तों में यह संचालित होती थी उसके साथ सार्वजनिक दायरे में प्रवेश नहीं करने के लिए अधिकारों से आगे निकलकर आवश्यकताओं की दिशा में आगे बढ़ी। वे दहेज–प्रथा या घरेलू हिंसा के विरुद्ध कानूनी विधानों के लिए लड़ सकती थीं परंतु उन्होंने राजनीतिक आंदोलनों पर अधिक भरोसा किया ताकि हिंसा का एक अधिक सांगोपांग नजरिया पेश किया जा सके और कानून व राजनीति के बीच की निरंतरता को जारी रखा जा सके।[51] पीड़ितों की एजेंसी का पुनरुद्धार करने के लिए उन्होंने अनुभव को सामने पेश किया, परंतु इसके जाल से या नागरिक–समाज की कानूनी श्रेणियों के अंदर स्थित मूर्त रूपों से बाहर निकलने के लिए नई व्यक्तिपरकता की तलाश की। इस प्रकार की तलाश में अब सिर्फ 'स्त्रियों के मुद्दों' को राहत प्रदान करना ही नहीं रह गया था बल्कि, जिस प्रकार दलित आंदोलन ने अपने उप–जाति आंदोलन के दौरान 'सभी प्रभावित लोगों' के सिद्धांत को रेखांकित किया था, उसी प्रकार स्त्रियों के आंदोलन ने शराब–विरोधी संघर्ष के दौरान निजी क्षेत्र में प्रभुत्व व कष्टों पर सवाल खड़े किए उसने कारगर ढंग से और समग्र ढंग से सार्वजनिक क्षेत्र को पुनर्निर्मित किया जो कि

'परस्पर विनिमय और अदला–बदली' की जमीन पर स्थित था; और इसके बजाय साझा या सामूहिक परिस्थितियों, व अंतर्निर्भरता के इर्द–गिर्द मौजूद उत्तर–नागरिक–समाज के विमर्श की संभावनाओं के साथ प्रयोग कर रहा था।[52] जैसा कि मैकिनॉन कहती हैं,

> न सिर्फ लड़कों के साथ खेलने की अनुमति मिलनी चाहिए बल्कि यह सवाल करने की भी कि खेलकूद का मुख्य मुद्दा व नैतिकता प्रतिस्पर्द्धा क्यों है। न सिर्फ गंभीरता से लिया जाना चाहिए, बल्कि यह पूछने दिया जाना चाहिए कि योग्यता की परिभाषा किसी कुलीन घराने से संबंध होने में क्यों है। न सिर्फ गरिमा व यौनिकता को छेड़े बिना अस्तित्व प्रदान किया जाना चाहिए, बल्कि उपलब्धि को डॉलरों के बिना भी मापे जाने योग्य होना चाहिए और अपनी देह में वास करना चाहिए और अपनी यौनिकता को उन तरीकों से अभिव्यक्त किया जाना चाहिए जो स्टीरियोटाइप की भाषा में नहीं लिखी गई हो। (मैकिनॉन 1987: 28)

उत्तर–नागरिक–समाज का विमर्श इस प्रकृति के प्रश्न खड़े करता है जो राजनीतिक के कार्य–क्षेत्र को नागरिक–समाज की संरचनाओं द्वारा आरोपित सीमाओं से आगे विस्तारित करता है।

जैसा कि हमने मानवाधिकार आंदोलन, दलित, नक्सलवादी और यहां स्त्रीवादी राजनीति जैसे विभिन्न विरोध आंदोलनों के संदर्भ में कहा है, उत्तर–नागरिक–समाज की राजनीति में अंतर्विरोधी स्थितियों का आपस में गुंथ जाना शामिल है, और यह 'दोहरेपन की रणनीति' पाने का प्रयास करती है ताकि '...स्थानीय व वैश्विक, आकस्मिक व व्यवस्थित, कार्यअभ्यास व संस्थान... संघर्ष की द्वंद्ववादी पद्धति में प्रवेश कर जाएं' (सुंदर राजन 2003: 146)। स्त्रीवादी राजनीति ने विभिन्न क्षणों के जरिए स्थान परिवर्तित करने व उपयोगी को छांट लेने में, नागरिक–समाज को एक ऐसे स्थल के रूप में सामने रखने का प्रयास किया जहां कानून व विधि–निर्माण के क्षेत्र की प्रभाविता को समझने के लिए या फिर नागरिक–समाज में पेश किए जा रहे अन्य कार्यअभ्यासों से अलग करने के लिए इसे एक एकल उपकरण के रूप में नहीं देखा जा सकता। इसके बजाय, राज्य की 'विकासपरक' गतिविधियों के साथ कानून अपने प्रचुर अंतर्संबंधों में ('अंतक्रिया संबंधी प्रभावों') उभरकर आता है, जबकि बाजार में सार्वजनिक नैतिकता व आर्थिक सुधार ऐसे प्रभाव उत्पन्न करते हैं जो अक्सर उसके उलट होता है जिसकी मंशा प्रकट की जाती है या जिसका वायदा किया जाता है। इसलिए, कानून का त्याग कर देना कोई चुनाव नहीं था, बल्कि इसके प्रभावों को उन सीमाओं से आगे ले जाना था जिन्हें नागरिक–समाज *प्रतिच्छेद* के एक स्थल के रूप में निर्मित करता है। यह विभिन्न संयोगकारी स्थितियों में पहुंचकर संभव था जहां कानून का सहारा लेने और इसके मानकीकरण को सामूहिक संघर्षों (तरलता का लक्ष्य रखना) के बरअक्स रखा जाना था, जबकि ये सामूहिक संघर्ष आंतरिक तौर पर जाति, वर्ग व क्षेत्र (मासीफिकेशन के विरुद्ध) के अंतरों के प्रति संवेदनशील थे जो नए सांगठनिक प्रयोगों (नेतृत्वविहीन आंदोलनों) के जरिए ही संभव था जिसने सामाजिक आधार को विस्तारित करके व मांगों को संयुक्त करके सांस्कृतिक मुद्दों को आर्थिक व राजनीतिक आयामों के साथ पुनः जोड़ा; ताकि स्वयंसेवी गतिविधि के रूप में एजेंसी की भाषा से बचा जा सके ताकि यह स्वयं अपने विरुद्ध जा सके और सामाजिक/राजनीतिक विवादों के गैर–राजनीतिकरण व व्यक्तिगतकरण के लिए नई सहमति निर्मित कर सके। यह एक जटिल रास्ता था जिसने संस्थानों, कार्यअभ्यासों और प्रक्रियाओं के बीच 'संघर्ष की द्वंद्वात्मक पद्धति' अपनाई जहां

कोई भी फ्रेम नहीं दिए गए थे बल्कि जिसमें वह प्रयास शामिल था जो उपलब्ध श्रेणियों/कार्यअभ्यासों के विफल हो जाने पर वापस जाने के लिए नए रास्ते तलाश करता था। इन रास्तों का इरादा ठोस व परिवर्तनकारी प्रभाव उत्पन्न करना था न कि किसी मृगमरीचिका ('मिथ्या सहीपन') को जन्म देना।

उम्मीद है कि हमने यह दर्शा दिया है कि समसामयिक आंदोलनों के राजनीतिक कार्यअभ्यास के केंद्र में उनकी 'दोहरेपन की रणनीति' या 'संघर्ष की द्वंद्वात्मक पद्धति' थी जो उन कार्यअभ्यासों की मिथ्या बहुतायत के प्रति एक एंटीडोट था जिन पर नागरिक–समाज निर्भर करता है और जो साथ काम करने में या 'नियंत्रणों व संतुलनों' के रूप में काम करने में मुक्त स्थान सृजित करने के बजाय, दरअसल, 'लोकतांत्रिक स्पेस' को संकुचित करने के लिए आपस में प्रतिच्छेद व सम्मिलन करते हैं। 'लोकतांत्रिक स्पेस' के विस्तार की तलाश ठीक इन्हीं कार्यअभ्यासों (इनके 'अंदर–विरुद्ध–व–परे' काम करने में) के अंतरालों के अंदर की जानी चाहिए। नागरिक–समाज के कार्यअभ्यासों के बरअक्स नागरिक–समाज के बाहर माने जाने वाले कार्यअभ्यासों के बीच (उदाहरण के लिए, नागरिक बनाम राजनीतिक, या कानूनी बनाम गैर–कानूनी/परा–कानूनी) एक युग्म की रचना करके एक 'संघटनकारी बाह्य' की रचना करने में ऐसी द्वंद्वात्मक पद्धति के बाहर स्थित प्रक्रियाओं की पहचान करने का कोई भी प्रयास, अंततः सिर्फ नागरिक–समाज के तर्क को ही सुदृढ़ीकृत करता है, परिवर्तन व अतिक्रमणों को रोकता है, और इसके *लॉजिक ऑफ सर्कुलैरिटी* के जरिए इसे मूर्त रूप प्रदान करता है। ऐसा ही एक सूत्रीकरण पार्थ चटर्जी द्वारा प्रस्तुत 'राजनीतिक–समाज' का विचार है जिसमें रैडिकल होने की संभावना–संपन्नता है और जो नागरिक–समाज से आगे जाने का इरादा रखता है, परंतु स्वयं को नागरिक–समाज द्वारा निर्मित सूक्ष्म–स्थानों में सीमित रखता है परंतु यह उन संभावित तरीकों पर ध्यान नहीं देता जिनमें वे संकुचित/सम्मिलित हो सकते हैं। राजनीतिक आंदोलनों के *द्वंद्वात्मकता के क्षण* में उनके दृष्टिकोण और राजनीतिक–समाज के विचार के दृष्टिकोण (जो अनिवार्यतः नागरिक–समाज के अंदर मौजूद व इसके बाहर माने जाने वाले कार्यअभ्यासों के बीच *युग्मों के क्षण* के जरिए सूत्रबद्ध होता है) के बीच अंतर स्थापित करने में, सिर्फ एक या महज एक ही वायदा (या एक उकसावा) इसके आगे जाने का है। इस विचार पर अगले अध्याय में विस्तृत चर्चा की गई है जो संभवतः हमें यह लुत्फ देगा कि उत्तर–नागरिक–समाज की राजनीति के लिए पूर्वशर्त वह द्वंद्वात्मक पद्धति है जो स्वयं को संयोगकारी स्थितियों में (इनसे छुटकारा पाने के बजाय) प्राप्त करती है।

टिप्पणियां

1. अंतर्मुखी संरचना और रोजमर्रा के ब्योरों की स्वच्छंदता के बीच का यह विभाजन शास्त्रीय संगीत या कला सिनेमा जैसी शास्त्रीय कला और लोकप्रिय 'बॉलीवुड' संगीत या सिनेमा के बीच के विभाजन के समान है। अध्येताओं ने इस ओर ध्यान खींचा है कि ये दोनों रूप किस प्रकार से राष्ट्र की कल्पना में एक अलग स्थान ग्रहण करते हैं। राज्य द्वारा शास्त्रीय को सहारा दिया जाता है जबकि लोकप्रिय को अनुशासित व नियंत्रित किया जाता है। (प्रसाद 2007)। इस बात पर ध्यान देना दिलचस्प है कि शास्त्रीय में सौंदर्यात्मक विचार स्व–संदर्भित होते हैं और इसे बाहरी के प्रभाव से बचाया जाता

है, इसलिए यह 'पवित्र' होता है और सस्ते या 'फूहड़' व्यावसायीकरण के खिलाफ होता है और विकासशील राज्य के तौर–तरीकों से निकटता रखता है; जबकि लोकप्रिय बहुलांश आबादी की बदलती रुचियों व मांगों पर निर्भर करता है, और इसीलिए यह लोगों की ज्यादा पहुंच में होता है परंतु ठीक इसी कारण से यह व्यावसायीकरण की अनिश्चितताओं के भी अधिक करीब होता है और राज्य की निगरानी में होता है। उत्तर–औपनिवेशिक अध्येताओं ने हाई व लो (उच्च व निम्न) संस्कृति के बीच के विभाजन के सिर्फ पहले हिस्से को ही उठाया परंतु बाजार के साथ उस असुविधाजनक सम्मिलन पर उन्होंने शायद ही कभी चिंतन किया जो आलोचनात्मक सिद्धांत या क्रिटिकल थ्योरी के अध्येताओं के लिए अक्सर केंद्रीय प्रश्न रहा है (फ्रेसर 2009)।

2. हमने दूसरे अध्याय में एक अतिविकसित विकासशील राज्य की जटिलताओं की आंशिक पड़ताल की है, जिसमें राज्य की केंद्रीयता के जरिए न सिर्फ समाज को एकजुट रखा गया था बल्कि लोकतंत्र के विचार को भी काट–छांटकर एक सांख्यिकीय परियोजना में बदल दिया गया था। लोकतांत्रिक सिद्धांत, कार्यअभ्यास और संस्थान, जो तार्किक तौर पर राज्य व समाज के बीच के इंटरफेस में फल–फूल सकते थे वे अधिकांशतः प्रतीकात्मक और विमर्शकारी प्रकृति के ही बने रहे और कभी भी कारगर राजनीतिक कार्यअभ्यासों में रूपांतरित नहीं हो सके। नेहरू के शासन के तहत, अन्य बातों के साथ ही अंतः पार्टी चुनाव, संघवाद के सिद्धांत आदि पर परीक्षण नहीं हो सका क्योंकि पार्टी व सरकार के बीच का फर्क हमेशा धुंधला बना रहा (देखें ब्रास 2001)। दरअसल, यही वह विरासत थी जिसे बाद में अलग–अलग समयों पर क्षेत्रीय दलों ने लोकतंत्र के साथ अपने गुप्त संबंधों के दौरान दोहराने का प्रयास किया जिनमें पश्चिम बंगाल में सी.पी.आई. (एम.) और आंध्र प्रदेश में तेलगू देशम पार्टी जैसी अलग–अलग पार्टियां शामिल थीं।
3. उदय मेहता ने अपनी रचना लिबरलिज्म एंड एम्पायर में उस तरीके को अभिव्यक्त किया जिसमें उदारतावाद सार्वभौमिकता का वायदा करता है और फिर भी समाज के विभिन्न हिस्सों को व्यवहार में छोड़ देता है, जिसमें उपनिवेशों की आबादियां शामिल हैं (देखें मेहता 1999)। जैसा कि कपूर कहते हैं, 'मिल ने भारत को अराजक, विशाल और रहस्यपूर्ण बताया था, जिसने भारतीयों को भिन्न बना दिया। भारत सभ्यता के संदर्भ में बहुत पीछे था और असभ्य था, भारत शिशु और पिछड़ा हुआ था और मिल ने कहा कि एक समाज जो सत्ताधारी शक्ति से इतना भिन्न है वह स्वतंत्रता पाने के लिए अधिकृत नहीं है' (कपूर 2005: 24)। कानून का आना ही सार्वभौमिकता व अपवर्जन के इस दावे को संभव बनाता है।
4. उदाहरण के लिए, ऐसा सूचना प्रौद्योगिकी में हुई क्रांति के कारण हुआ था, जिसका नेतृत्व नया पेशेवर वर्ग कर रहा था जो विभिन्न पैरामीटर्स पर आधारित 46 वैश्विक टेक्नोलॉजी हब्स में ग्यारहवें स्थान पर स्थित बंगलुरु के कंप्यूटर क्षेत्र में था। परंतु, एम.एस.एस. पांड्या जैसे कुछ अध्येता मानते हैं कि सूचना प्रौद्योगिकी या आई.टी. ने वृद्धि दर और रोजगार निर्मित करने में जो योगदान दिया है उसे देखते हुए आई.टी. की बातें अधिक हुई हैं जबकि इसका वास्तविक विस्तार उतना नहीं है।
5. इस बात पर गौर करना दिलचस्प है कि किस तरह से लोकप्रिय लामबंदी की जगह कानूनी सुधार किए गए, क्योंकि ठीक यही बात राज्य व नागरिक–समाज की संपूरकता के साथ काम करते हुए नागरिक स्वतंत्रताओं वाले चरण की शुरुआत में मानवाधिकार आंदोलन के साथ भी हुई थी।
6. वीरसलिंगम ने 1874 में *विवेकवर्द्धिनी* नामक साहित्यिक पत्रिका आरंभ करने में महत्वपूर्ण भूमिका निभाई थी। बाद में, 1883 में उन्होंने लोकप्रिय किस्म की *सत हित बोधि* नामक एक मासिक पत्रिका आरंभ की।
7. लता मणि के विवरण में यह स्त्रियों की राजनीति के इतिहास में एक बुनियादी क्षण था।
8. गुरजदा अप्पा राव का नाटक *कन्याशुल्कम* बहुत लोकप्रिय हुआ था और इसे तटवर्ती आंध्र के अनेक हिस्सों में मंचित किया गया था।
9. आंदोलन वापस ले लिए जाने पर स्त्रियों को वापस अपने घर जाने को कहा जाता था और ऐसा कहते हुए इस बात के प्रति अनभिज्ञ होते हैं कि अधिकांश स्त्रियां आंदोलन में इसलिए शामिल हुईं थीं ताकि वे ठीक इसी 'घर' से बाहर निकल सकें। 'यह जागरूकता की ही कमी है कि उनके लिए घर लौटने का क्या अर्थ था और संतुष्टि की यह धारणा कि घर ही आखिरकार उनकी अपनी

जगह है, यह वास्तव में स्त्रियों को चोट पहुंचाती है' (स्त्री शक्ति संगठन 1989: 272)। वे सभी अपने परिवार का बोझ उठाने के लिए अपने निजी जगत में लौट गईं। उनमें से कुछ ने अपने बच्चों को खिलाने–पिलाने के लिए भीख मांगी, कुछ ने शराब उठा ली और दिहाड़ी मजदूरों के रूप में काम किया और कुछ (जैसा कि एक पति कहता है) महज 'खाती और सोती' थीं। संघर्ष में अपनी भागीदारी के जरिए उन्हें कुछ नहीं मिला जिससे वे संघर्ष के बाद भी अपने जीवन को पुनः परिभाषित कर पातीं या अपने जीवन को एक नया अर्थ प्रदान कर पातीं। इसने स्पष्टता से यह दिखाया कि वे संघर्ष की राजनीति के लिए किस कदर हाशियाकृत थीं और इस अर्थ में संघर्ष उनसे कितना दूर था। उदाहरण के लिए, यह तथ्य है कि भूमि पुनर्वितरण कार्यक्रमों में स्त्रियों को जमीन के अधिकार नहीं मिले और यह स्त्रियों की जस की तस स्थिति को दर्शाता है।

10. दरअसल सशस्त्र आंदोलनों द्वारा की जाने वाली हिंसा को लगातार राजकीय हिंसा के विरुद्ध की जाने वाली 'निजी हिंसा' कहा जाता है। हाल ही में कहीं, राजनीतिक आंदोलनों ने इसे 'राजनीतिक हिंसा' कहना शुरू किया है और इसका अर्थ यह है कि यह हिंसा राजनीतिक बदलाव लाने के लिए इस्तेमाल की जाती है। इस संदर्भ में, यह समझना संभवतः महत्वपूर्ण है कि हिंसा का सहारा तब लिया जाता है जब कानूनी रूप से शक्ति प्रदत्त की गई एजेंसी राजनीतिक लक्ष्य अर्जित करने में अपर्याप्त रहती है, जैसे कि भूमि सुधार जिसका लक्ष्य एक महत्वपूर्ण ढांचागत या व्यवस्थागत बदलाव लाना था। इसलिए हिंसा व शक्ति का विरोध किया जाता है, यद्यपि राज्य के जरिए इन्हें आपस में जोड़ा जाता है (अरेंद 1970)।

> हिंसा स्वयं को व्यक्तियों, समूहों, या समाजों के बीच के किसी ऐसे संबंध में अभिव्यक्त करती है जिसमें वह दूसरों की एजेंसी को खारिज करते हुए दूसरों के लिए उन कार्यों को परिभाषित करता है जो उन्हें निश्चित ही करने चाहिए। इसके विपरीत, ऐसे किसी भी संबंध में शक्ति दिखाई देती है... जिसमें व्यक्ति स्वयं अपने लिए अपने कार्यों को निर्धारित नहीं करता है। (वेबिर 1999: 73)

11. आंतरिक विनियम में किसी सांगठनिक ढांचे में पदसोपानक्रम का सख्ती से अनुपालन करना और एक मजबूत अनुशासनकारी भाषा का सहारा लेना भी शामिल होता है ताकि आंदोलन को बेहद मजबूत राजनीतिक रचना के रूप में पेश किया जा सके। जैसा कि हम अगले पन्नों में चर्चा करेंगे, स्त्रियां अक्सर शिकायत करती हैं कि या तो उन पर अनुशासन लागू किया जाता है या फिर उनके द्वारा उठाए जाने वाले मुद्दों को नैतिक कारकों तक सीमित कर दिया जाता है। अनुशासन लागू करने व कानून तथा नैतिकता की भूमिका के बीच निःसंदेह एक संबंध है और यह संबंध इनके आपसी जुड़ाव में निहित समापन की प्रकृति को सामने लाता है और उसे प्रभावित करता है।
12. हालांकि यह चिंता का एक विषय रहा है कि क्या 'अनैतिकता अपने आप में ऐसा कोई व्यवहार हो सकता है कि यह उस प्रकार के व्यवहार को गैर–कानूनी बनाने के लिए पर्याप्त रूप से तर्कसंगत हो' (वेस्सरस्ट्रॉम 1971: 1)। कानूनी दार्शनिकों ने अक्सर यह कहा है कि 'कानून की अवधारणा (और इसकी सजातीय अवधारणाओं) और नैतिकता की अवधारणा (और इसकी सजातीय अवधारणाओं) के बीच कुछ तार्किक जुड़ाव होते हैं'। (पूर्वोक्त)
13. हिंसक उपायों का सहारा लेने और इनके लिए सफाई देने में उतनी ही राजनीति है जितनी कि यह जिस हद तक अथाह बलिदान की मांग करता है उसके आधार पर राजनीति के लिए एक नैतिक आधार प्राप्त करने में, जो परिणामतः किए गए चुनावों व निर्णयों की राजनीतिक प्रमाणिकता या सटीकपन को तय करता है। इनमें से कुछ पहलुओं पर मानवाधिकार आंदोलन पर केंद्रित अध्याय में बात की गई थी कि स्वयं मानवाधिकार आंदोलन ने माओवादी राजनीतिक के बरअक्स इसे जिस अधीनस्थ स्थिति में डाल दिया गया था उससे स्वायत्तता की मांग करने के लिए एक नैतिक भाषा अपनाई थी।
14. यहां जिस अंतर की चर्चा है वह भेदभाव व छुआछूत प्रथा के बीच अंतर की तरह हो सकती है। आम जनता में स्त्रियां अछूतों की तरह थीं, जबकि अन्य राजनीतिक आंदोलनों ने सिर्फ भेदभाव महसूस किया था और इसलिए प्रभुत्वकारी सार्वजनिक दायरे के जरिए काम करना उनके राजनीतिक अनुभवों

के खजाने के अंग के रूप में अपेक्षाकृत अधिक संभाव्य विकल्प था। दलितों व स्त्रियों के विरुद्ध छुआछूत के तरीकों में यह भिन्नता अम्बेडकर द्वारा अपनी बहुत–सी रचनाओं में पेश की गई है और उन पर टिप्पणी की गई है।

15. परंतु, पेटमैन को दिए अपने जवाब में हिर्शमैन फिर से यह कहती हैं: 'स्त्रियों की पराधीनता इसलिए बनी हुई है क्योंकि सिद्धांतकार स्त्रियों के अनुभव में जीवन के सामान्यीकृत पहलुओं को शामिल करने से इंकार करते रहे हैं'। परंतु, मूल बात यह नहीं है कि स्त्रियों के अनुभव को ध्यान में नहीं रखा गया, बल्कि यह है कि इसमें से कितने अनुभव को परिवर्तनकारी राजनीति व समझौते के उद्देश्य के लिए लिया जा सकता है, और इस तरह से हम यहां पर परिवर्तन की राह की दुविधाओं की पहचान कर रहे हैं। यहां पर, गांधी ने राष्ट्रीय आंदोलन के दौरान जिस ढंग से स्त्रियों को संगठित किया था और जिसके लिए दिए गए तरीके से स्त्रियों की सामजिक स्थिति को साथ लेने की रणनीति अपनाई थी और जिसके बारे में मैंने एक अन्य लेख में (देखें गुडावर्थी 2008) कुछ विस्तार से चर्चा की है उनमें कुछ साम्य है।

16. संभवतः, इस बात को उठाना अनुचित नहीं होगा कि केरोसीन तेल जैसे घरेलू सामानों की बढ़ती कीमतों के विरुद्ध स्त्रियों का संगठित होना इन्हें 'स्त्रियों के मुद्दों' के तौर पर प्रदर्शित करता है मानो बढ़ती कीमतों का ताल्लुक सिर्फ और सिर्फ या मुख्यतः स्त्रियों से ही है। इसने स्त्रियों की स्थिति को 'घर चलाने वाली' के रूप में ही सुदृढ़ीकृत किया। उन्होंने बेलन, थालियों व घी के खाली डिब्बों का इस्तेमाल कीमतों में बढ़ोत्तरी के विरुद्ध प्रदर्शनों में किया।

17. नुक्कड़ों–चौराहों की राजनीति से पीछे हटने के बाद, महत्वपूर्ण स्त्रीवादी नेताओं का महत्व बढ़ा और गैर–सरकारी संगठनों द्वारा कहीं ज्यादा छोटे पैमानों पर स्त्रियों से संबंधित मुद्दों को उठाने पर ध्यान केंद्रित हुआ। यह विडंबनापूर्ण है कि कानूनी सुधारों के लिए संघर्ष करने और सशक्तीकरण के जरियों के रूप में कानून का इस्तेमाल करने के दौरान स्त्रियों का आंदोलन व्यक्ति–केंद्रिकता की जिस प्रक्रिया को लेकर चिंतित था वही आरंभ हो गई थी।

18. सामंजस्यता व सुसंगति का इस प्रकार से सहारा लेने की तुलना राजनीतिक आंदोलनों द्वारा (जैसे कि नागरिक अधिकार आंदोलन द्वारा अपने लोकतांत्रिक अधिकारों वाले चरण के दौरान) जिस ढंग से राज्य के विरुद्ध संघर्ष करने हेतु एक सामंजस्यतापूर्ण नागरिक–समाज का निर्माण करने का प्रयास किया गया उसके साथ की जा सकती है, जिसमें विविधता की अनदेखी की गई। हालांकि उस मामले में राज्य के 'बाहर' एक सामंजस्यतापूर्ण स्पेस निर्मित करने का प्रयास किया गया था, जबकि यहां कानूनी संरचनाओं पर आधारित राज्य के जरिए सामंजस्यता निर्मित करने का प्रयास किया गया था।

19. पिछले अध्याय में हमने दलित आंदोलन में अस्मितावादी राजनीति के दौर के संदर्भ में इस पर चर्चा की है।

20. चलम का जन्म 18 मई, 1894 को एक धर्मपरायण ब्राह्मण परिवार में हुआ था और इसी परिवेश में उनका पालन–पोषण हुआ था। उन्होंने लगभग नौ उपन्यास, 18 लघु कथाएं व 14 प्रमुख नाटक लिखे। उनकी चार पुस्तकें स्त्रियों से संबंधित विभिन्न सामाजिक मुद्दों पर टिप्पणी करती हैं, जबकि *स्त्री* नामक पुस्तक स्त्रियों पर प्रबंध ग्रंथ है। उनकी आत्मकथा में स्त्रियों को नियंत्रित करने के विभिन्न कपटपूर्ण व अदृश्य तरीकों को उनके सर्वाधिक कटु रूप में प्रस्तुत किया गया है जो दैनंदिन जीवन में दिखने वाली भय व नियंत्रण की केंद्रीयता को प्रकट करता है।

21. अंबेडकर ने अपने प्रसिद्ध लेख 'दि एनिहिलेशन ऑफ कास्ट' (जाति का उन्मूलन) में स्त्रियों व दलितों की स्थिति के बीच जो समांतर पेश किए हैं उन्हें याद करना यहां महत्वपूर्ण है। उनके अनुसार सिर्फ ये ही वह समूह हैं जो छुआछूत प्रथा के शिकार थे। फर्क सिर्फ इतना है कि दलितों को नियमित रूप से छुआछूत का शिकार होना पड़ता था जबकि स्त्रियां अपनी माहवारी के दौरान ही इसका शिकार होती थीं क्योंकि इस दौरान उन्हें दूषित माना जाता था। मैंने पहले एक अलग संदर्भ में यह बात कही है, नोट 14 देखें।

22. दरअसल काफी बाद में, अनेक दलित लेखकों ने सहज बुद्धि से समाज के प्रभुत्वकारी लोकाचार (इथोस) पर इसी तर्क से सवाल उठाए। उदाहरण के लिए, कांचा इलैया ने कहा कि उनकी रचनाएं उस 'कार्यपद्धति' (मेथडोलॉजी) को प्रतिबिंबित करती हैं जिसे उन्होंने अपनी 'अनपढ़' मां से और

भेड़ें चराने वाले अपनी जाति के गड़रियों से सीखा था। (देखें इलैया 2009)। अगले अध्याय में हम 'राजनीतिक–समाज' में एजेंसी को फ्रेम करने के सवाल के संदर्भ में 'सहज बुद्धि' की समस्या की जटिलताओं पर विचार करेंगे।

23. 'अलग–अलग लोगों की अलग–अलग आस्था होती है और वे एक ही सामाजिक संरचना की पृष्ठभूमि पर अलग–अलग कार्य करते हैं, इसलिए इन संरचनाओं के आगे कम से कम एक अनिश्चित स्थान अवश्य होना चाहिए जहां व्यक्ति यह फैसला कर सके कि किस आस्था का हाथ थामे रखना है और कौन–से काम करने हैं' (बेविर 1999: 68)। यह हमें संरचना–एजेंसी की उस बहस की ओर ले जाता है जिसने 1980 के दशक के दौरान बहुत अधिक ध्यान आकर्षित किया था (देखें कैलिनिकोस 2004; एंडरसन 1980; गिडेंस 1984)।
24. वोल्गा ने *नुरेल्ला चलम* शीर्षक वाला खंड संपादित किया था (स्वेच्छा प्रचुरुनालु, हैदराबाद 1994)। स्त्रीवादियों ने *वल्लु अरुगुरु* (वे छह) नामक एक नाटक भी मंचित किया जिसमें चलम के अलग–अलग उपन्यासों से छह स्त्री नायिकाओं को पेश करके, चलम ने अपने समय में जिन मुद्दों पर चिंतन किया था उनका पुनर्मूल्यांकन किया।
25. विभिन्न मामलों के विस्तृत विवरणों और उच्चतम न्यायलय के निर्णयों के लिए एग्नेस 2009 देखें जिनमें हर बार फैसला पुरुषों के पक्ष में हुआ था क्योंकि कानून ने अंततः स्त्रियों को (यदि वह कानूनी तौर पर विवाहित नहीं रही थी) 'बदचलनी' और 'रखैल' बनने के लिए दंडित किया था। न्यायालयों ने तर्क दिया कि 'यह महत्वहीन है कि पुरुष ने स्त्री के साथ पत्नी की तरह व्यवहार किया। विधान–मंडल की मंशा ही प्रासंगिक है न कि पक्ष (पार्टी) का दृष्टिकोण' (पूर्वोक्तः 62)।
26. देश में हिंदी के बाद तेलगू सबसे बड़ा फिल्म उद्योग है। वर्ष 1981 से, हर वर्ष औसतन 160 से अधिक फिल्में निर्मित होती थीं जिसमें से तिहाई से लेकर आधी तक तेलगू में डब होती थीं और अधिकतर फिल्में अन्य दक्षिण भारतीय भाषा की होती थीं। देश में सबसे अधिक सिनेमा हॉल आंध्र प्रदेश में है। वर्ष 1981 में 1904 सिनेमा हॉल थे जो 1995 में बढ़कर 3080 हो गए लेकिन 2000 में इनकी संख्या घटकर 2763 रह गई। अस्सी और नब्बे के दशक में फिल्म उद्योग का तेजी से विस्तार हुआ और उस समय कई बार यहां हिंदी से अधिक फिल्में बनीं। (श्रीनिवास 1999: 1)
27. इसी प्रकार के विवाद *फायर* (1996) जैसी फिल्मों के आने के बाद हुए थे और *फायर* के मामले में शिव सेना ने भी फिल्म पर प्रतिबंध लगाने की मांग की थी क्योंकि उसके अनुसार यह 'अश्लील' थी और भारतीय संस्कृति के 'विपरीत' थी; बाद में *बैंडिट क्वीन* (1996) में यौनिक गालियों के चित्रण पर बहस चली जिसने फूहड़ता व यौन उत्पीड़न के ईमानदार चित्रण के बीच मौजूद बारीक रेखा को लांघने की कठिनाई का मुद्दा उठाया।

> *अल्लुदा मजाका* के विरोधियों का मुद्दा अश्लीलता था। उनके विभिन्न सरोकारों को अश्लीलता–विरोधी अभियान में अभिव्यक्त होने का अवसर मिला। मैं यह तर्क पेश करना चाहता हूं कि विभिन्न संस्थानिक व राजनीतिक जुड़ाव रखने वाले लोगों ने मिलकर एक *जनता* का निर्माण किया और उनके लिए अश्लीलता ने 'गेटकीपिंग की अवधारणा' के रूप में काम किया जिससे लोकप्रिय सिनेमा पर जारी बहस में उन्होंने अपना हस्तक्षेप किया। (श्रीनिवास 1999: 6)

'गेटकीपिंग की अवधारणा' अर्जुन अप्पादुरई ने दी और इसके जरिए उन्होंने यह बताया कि किस तरह से कुछ खास अवधारणाएं संदर्भ से बाहर मौजूद मुद्दों को सामने लाकर जटिलता को कम करते हैं।

28. 'सत्तर के दशक के उत्तरार्द्ध से निकलने वाली लोकप्रिय फिल्मी पत्रिकाओं की शुरुआत और फिल्मी सितारों के प्रशंसकों की संख्या में आई जबर्दस्त बढ़ोत्तरी इस बात का संकेत थे कि इस दौर में सिनेमा के निम्नवर्गीय दर्शकों की संख्या में बढ़ोत्तरी हुई है' (श्रीनिवास 1999: 1)। इसके साथ ही 'जनता' की कल्पना में स्त्रियों के शामिल होने के विचार की पूरी तरह से अनुपस्थिति भी एक समस्या थी, और जहां परिवार से ऊपरी जातियों का बोध मिलता था वहीं 'जनता' या समुदाय से निम्न जाति/वर्ग का संकेत मिलता था। परंतु, इससे यह तर्क नहीं पेश किया जा रहा है कि निम्न जातियों या वर्गों में पितृसत्तात्मक कार्यअभ्यास नहीं होते थे क्योंकि कई बार

उत्तर–औपनिवेशिक अध्येताओं द्वारा इन हिस्सों के लिए एजेंसी को पुनः स्थापित करने हेतु इसी बात को आधार बनाया जाता है। 'राजनीतिक–समाज' वाले अगले अध्याय में हम सबआल्टर्न की एजेंसी के इस मुद्दे के बारे में अधिक विस्तार से चर्चा करेंगे।

29. सार्वजनिक दायरे तक पहुंच बनाने के मुद्दे में भी जटिल भिन्नताएं हैं। उदाहरण के लिए, सौंदर्य प्रतिस्पर्द्धाओं पर बहस के संदर्भ में, एक तरफ स्त्रियों द्वारा अपने लिए स्वयं चुनाव करने और उनकी पहुंच का दायरा बढ़ने की बात थी, तो वहीं ठीक विरोधाभासी ढंग से उन्हें व्यावसायीकरण की प्रक्रियाओं के अधीन किया जा रहा था और इस प्रकार उनका वस्तुकरण किया जा रहा था।

30. हालांकि, स्त्रियों द्वारा किए गए शराब विरोधी प्रदर्शन के पीछे अपेक्षाकृत एक लंबा इतिहास रहा है। वर्ष 1972 में, श्रमिक संगठन ने सहदा में 'शराब के अड्डों पर जाने व शराब के बर्तनों को तोड़ने' के लिए भील स्त्रियों के समूह संगठित किए और यह विरोध एक वर्ष से अधिक समय तक जारी रहा। कुछ वर्ष पहले उत्तराखंड में भी स्त्रियों ने इसी प्रकार के विरोध किए थे (कुमार 1993)।

31. परंतु, यह जन विज्ञान वेदिका और आंध्र प्रदेश दलित महासभा जैसे राज्य–स्तरीय जन मोर्चों से समर्थन लेने से इंकार नहीं करता था। अकेले नेल्लोर जिले में, जहां जन आंदोलन पहले ही आरंभ हो गया था, इस आंदोलन को शुरुआत में 36 स्वयंसेवी संगठनों वाले एंटी अरेक कोऑर्डिनेशन कमेटी ने संगठित किया था। चित्तूर जिले में 250 स्वयंसेवी संगठन थे जिनमें से अधिकांश में ग्राम स्तरीय समितियां थीं (रेड्डी व पटनायक 1993)।

32. आंध्र प्रदेश में जाति आंदोलन के एक महत्वपूर्ण नेता द्वारा दिए गए इस बयान पर प्रतिक्रिया करते हुए, स्त्रीवादियों के एक धड़े ने इसे 'स्त्रियों के आंदोलन की अत्यंत गलत व्याख्या' कहा था। उन्होंने कहा कि शहरी ऊपरी जाति की स्त्रीवादियों व ग्रामीण क्षेत्रों की स्त्रियों के बीच कोई अंतर नहीं थे (कन्नाबीरन 1995: 163)। इसके विपरीत, 1970 के दशक में स्त्रीवादियों ने घरेलू हिंसा के बारे में सार्वजनिक तौर पर बोलने के अभ्यास को पहले ही प्रोत्साहित किया था व बढ़ावा दिया था। परंतु, स्त्रीवादियों की आलोचना की गई क्योंकि शहरी मध्यवर्गीय स्त्रियां सिर्फ अपने जीवन के लिए प्रासंगिक विचारों का ही प्रचार–प्रसार करती थीं और उन्हें ही अमल में लाती थीं और इनका ग्रामीण स्त्रियों के जीवन से संबंध नहीं होता था। ताड़ी–विरोधी आंदोलन ने इस गलतफहमी को दूर कर दिया। अब यह स्पष्ट है कि ग्रामीण स्त्रियां भी परिवार व घरेलू हिंसा के बारे में सोचती हैं और उनके विचार शहरी स्त्रीवादियों के विचारों से भिन्न नहीं हैं (पूर्वोक्त: 173)।

33. इसी दौरान एम.एल. पार्टियों ने भी कुछ खास मुद्दों के इर्द–गिर्द स्त्रियों को संगठित करने का काम गंभीरता से हाथ में लिया और वे सरलीकृत नैतिक अवस्थितियों से उबरे। वर्ष 1991 में, एक पृथक घोषणापत्र व झंडे के साथ एक स्वतंत्र संगठन क्रांतिकारी आदिवासी महिला संगठन (के.ए.एम.एस.) निर्मित किया गया। धीरे–धीरे स्त्रियों से जुड़े मुद्दों पर आंदोलित संगठित हुआ और 500 से अधिक गांवों में ग्राम–स्तरीय समितियां बनाई गईं (ए.आई.एल.आर.सी. 1993: 21)। बहुत बाद में, 5–12 अगस्त 1994 के दौरान, स्त्री कामरेडों की पहली विशेष बैठक आयोजित की गई और अप्रैल 1995 में पार्टी सदस्यों के लिए एक दृष्टिकोण–पत्र को अंतिम रूप दिया गया। इसकी मुख्य बात वर्ग संघर्ष को स्त्रियों के मुद्दों के मुकाबले रखे बिना इसके साथ जोड़ना था (सी.ओ.सी. (पी.डब्ल्यु.जी.) 1995: 13)। के.ए.एम.एस. ने कुपोषण, बाल मृत्यु, प्रसव मृत्यु, लंबी बीमारी, अंधविश्वास, मानव बलि, काला जादू, जादूगरनियों के रूप में स्त्रियों को मारना, और आदिवासी स्त्रियों के लिए संपत्ति या उत्तराधिकार के अधिकार जैसी विभिन्न समस्याओं को संबोधित किया।

34. इन कार्यों के अलावे, पी.डब्ल्यु.जी. ने शराब–विरोधी आंदोलन से प्रेरणा ली और स्त्रियों के लिए नए 'जन संगठन' बनाए और सशस्त्र दस्तों में स्त्री कार्यकर्ताओं को ज्यादा भर्ती करने में भी उनका यह बदला हुआ दृष्टिकोण प्रतिबिंबित हुआ। वर्ष 1995 तक, प्रजा गुरिल्ला सेना (पी.जी.ए.) में स्त्रियों की संख्या 25 प्रतिशत से कम नहीं थी और पार्टी की संपूर्ण सदस्यता में स्त्रियां लगभग 12 प्रतिशत तक थीं (केंद्र राजकीय निर्माण समीक्षा 2001: 129)। इसके अतिरिक्त, 25 व 26 जनवरी 1994 को, उन्होंने अनेक 'जन संगठनों' के साथ मिलकर स्त्रियों पर राष्ट्रीय स्तर का एक सम्मेलन आयोजित किया। विदेशी वित्तपोषण को स्वीकार करने वाले समूहों को छोड़कर, स्त्रियों के अनेक समूहों के बीच बातचीत हुई और इसके परिणामस्वरूप 10 'जन संगठनों' ने मिलकर सितंबर 1995 में आंध्र प्रदेश

चैतन्य महिला समाख्या (ए.पी.सी.एम.एस.) की स्थापना की। इस स्त्री संघ ने मुख्यतः आंध्र प्रदेश के अनेक कस्बों व शहरों में स्त्रियों को संगठित किया (महिला मार्गम 2000: 2)।

35. यह कहना बहुत दुष्टतापूर्ण था कि यदि प्रतिबंध लागू रहा तो ज्यादा विदेशी निवेशक, खासकर इंफोटेक क्षेत्र से, हैदराबाद में निवेश करने का चुनाव नहीं करेंगे।

36. फिल्म उद्योग के लिए कर में कटौती लागू करते समय यह कहा गया था और सब्सिडी वापस ले ली गई। इसका संबंध आंध्र के तटवर्ती क्षेत्र के धनी किसानों से था जो फिल्मों के निर्माता बन रहे थे और बाद में जिन्होंने सक्रिय राजनीति में भाग लिया और जो राज्य की नीति को प्रभावित करने वाले थे और इन नीतियों में शराब से आय अर्जित करने की विशिष्ट नीति शामिल थी। इन धनी किसानों की प्रकृति शराब की लॉबी से बहुत समानता रखती थी और वे इससे घनिष्ठता से जुड़े थे। अक्सर इस वर्ग के सामाजिक विचार उनके द्वारा निर्मित फिल्मों में प्रतिबिंबित होते थे और इन *अल्लुदा मजाका* इन्हीं फिल्मों में शामिल थी जिसके बारे में हमने पिछले खंड में चर्चा की थी।

37. अभी हाल ही में, अप्रैल 2012 में, राज्य के कांग्रेस अध्यक्ष बोत्सा सत्यनारायण की शराब के सिंडिकेट में संलग्नता पर बहुत तीखा विवाद हुआ था। वह

> आंध्र प्रदेश के तटवर्ती आंध्र क्षेत्र के जिलों में शराब का सिंडिकेट चलाने में संलग्न थे, जो उपभोक्ताओं से खुदरा कीमत से ज्यादा वसूलता था। दैनिक समाचार-पत्रों में से एक ने रिपोर्ट लिखी कि 'सत्यनारायण के मामले में, ए.सी.बी. ख्एंटी-करप्शन ब्यूरो – मेरा योग, ने दावा किया कि उसे विजियानगरम में स्थित दूकानों के साथ उनके जुड़ाव के बारे में सबूत मिले हैं। ए.सी.बी. को पता चला कि सरकार द्वारा लगाई गई नीलामियों में सफल रहे बोली लगाने वाले अनेक लोग या तो शराब की दूकानों के कर्मचारी थे या फिर कैशियर थे। अनेक मामलों में उनके पास बी.पी.एल. वाले राशन कार्ड थे। यह पूछे जाने पर कि लाइसेंसों के लिए 50 लाख रुपयों से लेकर 1 करोड़ रुपयों तक का इंतजाम उन्होंने कैसे किया, एक अधिकारी ने जांच के सामने बताया कि इन दूकानों में से अधिकांश के संबंध सत्यनारायण के परिवार के सदस्यों के साथ थे' (जनयल, इंडियन एक्सप्रेस, 12 अप्रैल, 2012)।

इसके साथ ही, ऐसी रिपोर्टें भी थीं कि अनेक मंत्रियों, एम.एल.ए. और नौकरशाहों के हित सिंडिकेट को चलाने के साथ जुड़े हुए थे।

38. इसके लिए अधिक विस्तृत विश्लेषण और आंकड़े एकत्रित करने की जरूरत है, परंतु यह वर्तमान अध्याय के विषय-क्षेत्र से बाहर है। इस सबके बावजूद यह कहा जा सकता है कि निर्माण-क्षेत्र व शराब के ठेकेदारों, फिल्म निर्माताओं व होटल मालिकों के बीच गंठजोड़ स्थापित हुआ और राज्य पर उनका नया-नया प्रभाव था। यह आंशिक तौर पर राज्य की नई नीति संबंधी दिशा में प्रतिबिंबित हुआ जिसमें फिल्मों को कर संबंधी लाभ मिले, होटल उद्योग को सहारा देने के लिए पर्यटन पर जोर दिया गया, शराब की बिक्री को राज्य का पूर्ण समर्थन मिला, और निर्माण उद्योग का विस्तार हुआ और इस सबके लिए सड़कों का विस्तार किया गया, हाईवे बनाए गए और नई सिंचाई योजनाओं के लिए ठेके बांटे गए। इन सबके साथ, हम नए खनन माफिया को भी जोड़ सकते हैं जो अभी हाल ही में इस सूची में शामिल हुआ था और इस बात को 2009 में कर्नाटक की राज्य सरकार पर 'रेड्डी भाइयों' के असर ने दिखाया। रेड्डी भाई जिस गैर-कानूनी खनन कार्य में संलग्न थे उसे रोकने के लिए उच्चतम न्यायालय को हस्तक्षेप करना पड़ा (रूडोल्फ 2008; भादुड़ी 2010; बर्द्धन 2009)।

39. दरअसल, पार्थ चटर्जी ने बताया कि विशेषज्ञों व राजनीति पर आधारित योजना बनाने के बीच एक सीमा-रेखा खींचने वाली यह प्रक्रिया आजादी के ठीक बाद, योजना आयोग की नियुक्ति करने और पंचवर्षीय योजनाओं के जरिए विकास पर आधारित लक्ष्य हासिल करने के साथ ही आरंभ हो गई थी। वह कहते हैं कि,

> एक तरफ, योजना को ऐसे ढंग से बनाया जाना था ताकि इससे अब तक के औद्योगिक संक्रमण की अनावश्यक कठिनाइयों से बचाया जा सके क्योंकि इससे भारत के गांवों में रहने

वाली जनता प्रभावित होती है। दूसरी तरफ, एक विशाल व विषमांगी उपमहाद्वीप में पैदा होने वाले विवादों के समाधान के लिए योजना को एक सकारात्मक उपकरण बनना था (चटर्जी 1988बीः 60–61)।

40. भारत में टेक्नोक्रेटिक राज्य के उदय के लिए सामान्यतः कोठारी 2005 को भी देखें।
41. इस बात की संभावना नहीं है कि इस प्रकार के प्रौद्योगिकीय हस्तक्षेप व आधुनिकता जाति जैसे जटिल सामाजिक मुद्दों का हल निकाल सकती है। इसके उलट, ये सामाजिक पदसोपानक्रमों को और अधिक सुदृढ़ ही बना सकते हैं। पी. साईनाथ तटवर्ती आंध्र प्रदेश में 'गिलासों के संघर्ष' का साक्ष्य बनी घटनाओं का उदाहरण पेश करते हैं कि किस तरह होटलों व चाय की दूकानों में हिंदू व दलितों द्वारा जाति के अनुसार अलग–अलग गिलासों का इस्तेमाल किया जा रहा था, जो इसी बात को साबित करता है। दलित संगठनों द्वारा बार–बार विरोध किए जाने के बाद इन दूकानों के मालिकों ने प्लास्टिक के कपों का इस्तेमाल शुरू किया जिसने ऊपरी तौर पर 'दो गिलासों वाली प्रणाली' को समाप्त कर दिया (यह 'आधुनिकीकरण' व नई प्रौद्योगिकी का प्रतिनिधित्व करता है), परंतु इसके बावजूद जाति संबंधी पूर्वाग्रह जस के तस बने रहे और बाजार के विस्तार व नई प्रौद्योगिकीय उन्नति के कारण सामने आई एक अमूर्त आधुनिकता के पीछे छुप गए। पी. साईनाथ ने 1999 के बाद दि हिंदू में लेखों की एक श्रृंखला के जरिए इस घटना पर रिपोर्टिंग की। देखें पी. साईनाथ, 'दि बॉर्डर्लीनेस ऑफ कास्ट' (7 अप्रैल, 1999, दि हिंदू)।
42. सैम पेत्रोदा को मुख्यतः भारत में दूरसंचार क्रांति लाने वाला व्यक्ति माना जाता है, विशेषकर हर जगह पाए जाने वाले पीले रंग के पब्लिक कॉल ऑफिसेज (पी.सी.ओ.) का जनक माना जाता है जिसने देश भर में सस्ते व आसानी से उपलब्ध घरेलू व अंतर्राष्ट्रीय पब्लिक टेलीफोनों को शीघ्रता से उपलब्ध करा दिया। वर्ष 2004 में, प्रधानमंत्री का पदभार ग्रहण करने के तुरंत बाद मनमोहन सिंह ने पेत्रोदा को ज्ञान आयोग का चेयरमैन पद ग्रहण करने के लिए आमंत्रित किया। इसे भारत के प्रधानमंत्री का उच्च–स्तरीय सलाहकार निकाय माना जाता था और इसकी स्थापना ज्ञान–आधारित संस्थानों व देश में आधारभूत ढांचे में सुधार लाने के लिए नीतिगत सिफारिशें करने के लिए की गई थी और यह मुख्यतः टेक्नोक्रेटिक (प्रौद्योगिकी–केंद्रित) और मेरिटोक्रेटिक (योग्यता–केंद्रित) तर्क द्वारा संचालित होता था। जुलाई 2009 में, भारत सरकार ने सैम पेत्रोदा को रेलवे में आई.सी.टी. संबंधी एक विशेषज्ञ समिति का नेतृत्व करने के लिए आमंत्रित किया। अक्टूबर 2009 में, सैम पेत्रोदा को पब्लिक इंफॉर्मेशन इंफ्रास्ट्रक्चर एंड इनोवेशंस (सार्वजनिक सूचना आधारभूत–ढांचे एवं नवोन्मेष) पर भारत के प्रधानमंत्री के सलाहकार के रूप में नियुक्त किया गया था और यह कैबिनेट मंत्री के पद के समतुल्य था (देखें http://en.wikipedia.org/wiki/Sam_Pitrod, 11–05–2012 को देखा गया)। बाद में, अप्रैल 2012 में, उन्हें भारत के प्रथम 'नागरिक' के रूप में राष्ट्रपति के पद के लिए एक प्रमुख दावेदार घोषित किया गया था।
43. प्रशासन को सिर्फ स्तरोन्नयन करने वाले उपायों के एक समुच्चय के रूप में ही नहीं देखा जाता, बल्कि अधिकतर इसे सामाजिक, राजनीतिक व आर्थिक आयामों का आकलन करने वाला लेंस माना जाता है और कार्यअभ्यासों का वह 'वास्तविक' समुच्चय माना जाता है जो स्वयं अपनी दुविधाएं निर्मित करता है और नियत पैरामीटर्स के अंदर समाधान प्रस्तुत करता है। सार्वजनिक दायरे से संबंधित कार्यअभ्यासों को आभासी तौर पर बंद दरवाजों के भीतर लागू किया जाता है, और एक वैकल्पिक संदर्भ बिंदु की रचना की जाती है जो 'लोकतांत्रिक अभ्यासों' में संलग्न रहने वाले प्रेरित कार्यअभ्यासों को लागू करती है। बाजार की 'प्रक्रियात्मक तर्कसंगतता' व सरकार की 'बंधी हुई (पदसोपानिक) तर्कसंगतता' के विपरीत, शासन मुख्यतः 'रिफ्लेक्सिव तर्कसंगतता' पर आधारित होता है।

    इसकी सफलता की कुंजी संवाद कायम रखने के प्रति इसकी निरंतर प्रतिबद्धता में, अधिक सूचना निर्मित करने और इसका आदान–प्रदान करने में, अल्पकालिक, मध्यकालिक व दीर्घकालिक समय–सीमाओं के मिश्रण वाले एक–दूसरे पर निर्भर निर्णयों के एक दायरे में शासन के साझेदारों को नियत करने के जरिए मौकापरस्ती को कम करने में है; और साथ ही जो इसमें शामिल हैं उनके बीच एकजुटता बढ़ाने को प्रोत्साहित करके "परिसंपत्ति विशिष्टता"

(असेट स्पेसिफिसिटी) से संबंधित पारस्परिक निर्भरताओं व जोखिमों को आगे ले जाने में है। इस प्रकार यह बाजार के आदान–प्रदान व सरकार के पदसोपानक्रम को संस्थानीकृत समझौतों से संपूरित करता है ताकि सहमति बनाई जा सके और पारस्परिक समझदारी निर्मित की जा सके... इस अर्थ में, शासन की तर्कसंगतता एकल संवाद में नहीं वरन पारस्परिक संवाद में है और इसके कारगर ढंग से काम करने के लिए समय का निवेश करने की आवश्यकता होती है। (जेसप 1998: 29–30)

44. सूक्ष्म–ऋण व सूक्ष्म–उपक्रम परियोजनाएं विश्व बैंक की आपात सामाजिक निधि का अंग रहे हैं, जिन्हें संरचनागत सुधार के दौर से गुजर रहे देशों के लिए एक राहत पैकेज के रूप में निर्मित किया गया है (वेबर 2001)।
45. आंध्र प्रदेश के कुछ गांवों में किसानों की आत्महत्याओं के बाद सूक्ष्म–ऋण से संबंधित आत्महत्याओं की रिपोर्टें आई थीं (पी. साईनाथ)। (किसानों की आत्महत्याओं के लिए एक समाधान के तौर पर, नकदी फसलों के उत्पादन से जुड़े जोखिम के प्रभावों को न्यूनतम करने के लिए पुनः बीमा योजनाएं पेश की गईं)। ऐसा जान पड़ता है कि कृषि क्षेत्र के लिए ऋण वृद्धि में बढ़ोत्तरी से साईनाथ प्रसन्न नहीं हुए। इसके उलट, 3000 से अधिक ग्रामीण बैंकों ने पिछले दशक में अपने दरवाजे बंद कर दिए। वर्ष 1991 से 2003 के बीच, ग्रामीण क्षेत्रों में बैंकों का कवरेज 58 प्रतिशत से कम होकर 48 प्रतिशत रह गया। सरकार के स्वामित्व वाले बैंकों के लिए रुपये 1100 करोड़ की विशालकाय गैर–प्रर्दशनकारी परिसंपत्तियां (नॉन–पर्फोर्मिंग असेट्स) निर्मित करने के लिए जिम्मेदार लोगों को मैक्रो क्रेडिट पॉलिसियों का लाभ दिया जा रहा है। वह कहते हैं, 'गरीब किसान सूक्ष्म–ऋण के व्यावसायिक चक्र में फंस गए हैं' (देखें http://www.southasianpost.com/portal2/ff80808114515da8f20001_Farmers_becoming_domestic_help.do.html, 12–04–2012 को देखा गया)। साथ ही साईनाथ 2007, 2008 देखें।
46. प्रदूषण की समस्या और भविष्य में होने वाले वैयक्तिकरण (जो संघर्षों को कमतर करता है) की समस्या को (पार्थ चटर्जी द्वारा सूत्रबद्ध किए गए 'राजनीतिक–समाज' के विचार की पड़ताल करके) हम अगले अध्याय में उठाएंगे। अन्य बातों के अलावा, 'राजनीतिक–समाज' सूक्ष्म–समझौता–वार्ताओं के आधार पर समुदाय को 'परिवार जैसे' बंधनों के साथ सुदृढ़ीकृत करने के पक्ष में भी तर्क देता है।
47. इन कार्यों को संदर्भ के अर्थों में परिवर्तन के जरिए अर्जित किया जाता है। धर्मार्थ न्यास अधिनियम (चैरिटेबल ट्रस्ट्स एक्ट), 1950 के अनुसारः

   किसी राजनीतिक उद्देश्य को हासिल करना, लोगों में आकांक्षा जागृत करने व उनमें प्रशासन की संरचना में व जिस कार्यप्रणाली के जरिए वे शासित होते हैं उनमें बदलाव लाने की मांग करने की अनिवार्य आवश्यकता उत्पन्न करने के अर्थ में... एक धर्मार्थ उद्देश्य नहीं होता है क्योंकि यह "कानून के अनुच्छेद 9(4) के तहत सामान्य सार्वजनिक उपयोगिता के किसी अन्य उद्देश्य को आगे बढ़ाना होता है।" (कामत 2002: 56 से उद्धृत)

48. स्वयं कामत के शब्दों में कहें तो, विकासपरक गतिविधि राजनीति को गौण बना देती है क्योंकि 'सामाजिक संबंधों को संगठित करने के विषय पर जारी विमर्श व संघर्ष, विकासपरक कार्यअभ्यासों के अंतर्गत अदृश्य व अवैधानिक बना दिए जाते हैं' (कामत 2002: 155)।
49. प्रशासनिक सुधारों के दृष्टिकोण की एक आलोचना यह रही है कि यह एक नाप के जूते के अनुसार सभी पांवों को कांट–छांट देता है और 'ढांचागत–समायोजन' के नाम पर पूरी दुनिया में अंतर्राष्ट्रीय वित्तीय संगठनों द्वारा सुझाए गए एकसमान बदलावों के बारे में भी यही आलोचना रही है और यह 'ढांचागत–समायोजन' मुख्यतः निजीकरण को, बाजारों को खोले जाने और संरक्षणवाद को कम करने को संबोधित करता है, फिर चाहे अर्थव्यवस्था की प्रकृति कुछ भी क्यों न हो और अफ्रीका, एशिया व लातिनी अमेरिका में इन विविध अर्थव्यवस्थाओं के विकास का स्तर कुछ भी क्यों न हो (स्टिग्लिट्ज 2002; साथ ही गुडावर्थी 2009 भी देखें)।
50. पुनः स्कॉट के शब्दों में, जो इन समांतरों में उलझ गए हैं, 'यहां, मेरा मानना है कि शास्त्रीय अराजकतावादी दावे में – कि राज्य, अपने सकारात्मक कानून व केंद्रीय संस्थानों के साथ, स्वायत्त

स्व–शासन के लिए व्यक्तियों की योग्यताओं की अनदेखी करता है – ऐसा कुछ है जो उच्च आधुनिकता के योजना संबंधी खांचों पर भी लागू हो सकता है' (स्कॉट 1998: 349)।

51. इसी प्रकार, राजेश्वरी सुंदर राजन इस बात पर गौर करती हैं कि यौन कर्मियों से संबंधित मुद्दों पर काम कर रही स्त्रीवादियों ने यौन कर्म को गैर–आपराधिक बनाने के जरिए उनके मानवाधिकारों तक पूर्ण पहुंच बनाए जाने की मांग की थी, परंतु इसके साथ ही इस तरह की एक प्रणाली के रूप में वेश्यावृत्ति का विरोध भी किया था।

52. जैसा कि मैकिनॉन खुलकर कहती हैं,

> ...मेरा खयाल है कि ऐसा इसलिए है क्योंकि हमें मालूम नहीं है कि स्त्रियों को स्त्रियों के तौर पर क्या कहना है। मैं स्त्रियों को एक ऐसी भूमिका प्रदान करने का आह्वान करती हूं जिस भूमिका को अभी गढ़ा जाना है और जिस आवाज को कभी दबाया नहीं जा सका उसके नाम पर वह शायद ऐसा कुछ कहे जिसे कभी सुना ही नहीं गया हो (मैकिनॉन 1987: 77)।

5

प्रदूषण और 'राजनीतिक–समाज' के विरुद्ध सामूहिक संस्थाएंः अनागरिक विकास के निहितार्थ

राजनीतिक–समाज को पार्थ चटर्जी द्वारा विकसित किया गया और इसमें एक रैडिकल अवधारणा बनने की संभावना है तथा इसे नागरिक–समाज के 'बाहर संरचित' माना जाता है। वह कहते हैं कि नागरिक–समाज आधुनिक नागरिक संस्थानों का दायरा है जो तर्कपरकता, प्रवेश करने व बाहर जाने के, व्यक्तिगत अधिकारों व नागरिकता के विधान व अनुबंधकारी संबंधों, संप्रभुता व संपत्ति संबंधों द्वारा प्रशासित होता है। भारत जैसे उत्तर–औपनिवेशिक समाजों में, आधुनिकता के ये सिद्धांत व संस्थान न सिर्फ समाज के बेहद सीमित कुलीन हिस्सों का प्रतिनिधित्व करते हैं, बल्कि साथ ही लोकतंत्र के साथ एक असमाधेय विवाद में भी उलझ जाते हैं। इसलिए वह कहते हैं, 'नागरिक–समाज आधुनिक कुलीन समूहों के एक घनिष्ठ मंडली के रूप में, समुदायों के व्यापक लोकप्रिय जीवन से पृथक रूप में, नागरिक स्वतंत्रता व तर्कसंगत कानून की चौहद्दियों में बंद किए गए रूप में सामने आएगा' (चटर्जी 2004: 77)। शेष समाज, असल में समाज के सबआल्टर्न हिस्सों का बहुलांश, को अधीनस्थ के रूप में देखा जाता है क्योंकि वे कुलीनों के प्रभुत्व वाले नागरिक–समाज में जगह नहीं बना सकते हैं, वे अधिकार–प्राप्त नागरिक के रूप में नहीं बल्कि 'आबादियों' के रूप में रहते हैं:

> नागरिक की अवधारणा में नैतिक तौर पर यह शामिल है कि वह राज्य की संप्रभुता में भागीदारी करे, वहीं आबादी की अवधारणा सरकारी अधिकारियों को अपनी "नीतियों" के लक्ष्यों के रूप में (आर्थिक नीति, प्रशासकीय नीति, कानून और यहां तक कि राजनीतिक लामबंदी) देश के निवासियों के एक बड़े हिस्से तक पहुंचने के लिए तार्किक रूप से संचालित किए जा सकने वाले उपकरणों का एक समुच्चय प्रदान करती है। (पूर्वोक्त: 34)

वह कहते हैं कि फूको के बाद शासन–प्रणाली नीति–निर्णय प्रक्रिया में लोकप्रिय या राजनीतिक भागीदारी के आधार पर वैधता अर्जित नहीं करती बल्कि 'लक्षित' समूहों के लिए सरकारी कार्यक्रमों के जरिए लाभ प्रदान करने का दावा करके वैधता अर्जित करती है। हमारे समय का 'मानकीय परिवेश' (नॉर्मेटिव क्लाइमेट) इस तरह का है कि राष्ट्रीय सरकारें व साथ ही वैश्विक एजेंसियां भी ऐसी आबादियों के 'नैतिक दावों' को मान्यता देती हैं जो नागरिक–समाज के दायरे के बाहर जीवन व्यतीत करना जारी रखते हैं। यही वह

बाहरी है जिसे पार्थ चटर्जी राजनीतिक–समाज कहते हैं और जिसे 'सरकार की विकास संबंधी नीतियों से उत्पन्न होने वाली राजनीति' द्वारा चिह्नित किया जाता है। फील्ड स्टडी के आधार पर चटर्जी कहते हैं कि कलकत्ता में अवैध रूप से जमीन पर कब्जा करके रह रहे, गैर–कानूनी ढंग से पानी व बिजली ले रहे और खतरनाक ढंग से रेल की पटरियों के पास बसे लोग इसका एक दिलचस्प उदाहरण हैं। 'सरकारी प्रौद्योगिकी' के ज़रिए, सरकारें ऐसी आबादियों के 'नैतिक दावों' को संज्ञान में लेती हैं, हालांकि सख्ती से कहें तो इन दावों को अधिकार नहीं कहा जा सकता है। यह दायरा और इसमें शामिल आबादियां, 'समुदाय की पारंपरिक संरचना की कल्पना–शक्ति' का सहारा लेने के बजाय, आधुनिक नागरिक–समाज के नियमों का उल्लंघन करके ही जिंदा रहती हैं। उदाहरण के लिए, असमानता द्वारा चिह्नित स्थितियों में शिष्टाचार व भरोसेमंदी पर नागरिक–समाज का जोर न सिर्फ गरीबों से झूठे वायदे करता है बल्कि उनसे संघर्ष व प्रतिरोध करने का उनका अधिकार भी छीनता है (एडवर्ड्स 2009); जिस समाज में कानून तक लोगों की पहुंच एकसमान न हो, वहां कानून–व्यवस्था को नागरिक–समाज की आधार रेखा के रूप में महत्व प्रदान करना, सरकार को इस बात की इजाजत देता है कि वह विकास के नाम पर झुग्गी–झोपड़ियों, रास्तों और आदिवासियों को बलपूर्वक खाली कराए (इलियट 2004; मेनन 2004)। इस प्रकार, 'लोकतांत्रिकरण की राजनीति राज्य व नागरिक–समाज के बीच शास्त्रीय लेन–देन से संचालित नहीं होनी चाहिए, बल्कि इसे कहीं कम परिभाषित, कानूनी रूप से अस्पष्ट, संदर्भगत व रणनीतिगत रूप से चिह्नित राजनीतिक–समाज के दायरे में संचालित होना चाहिए' (चटर्जी 1998ए)।

'राजनीतिक–समाज' का विचार ऐसी 'आबादियों' की पहचान करने में रैडिकल रूप से क्षमतावान है जो इस प्रकार के वैकल्पिक क्षेत्र को शामिल करती हैं जो न तो राज्य के और न ही नागरिक–समाज के एजेंट हैं। ये संघटनात्मक रूप से राजनीतिक भागीदारी की प्रक्रिया से बाहर (इसे अपवर्जित पढ़ें) हैं। 'जीवित रहने व जीवन–यापन के लिए, वे राज्य और नागरिक–समाज या सार्वजनिक दायरे, दोनों के साथ समझौते करते हैं, यानी ऐसे क्षेत्रों के साथ जिसका नेतृत्व अक्सर मध्यवर्गीय बुर्जुआ व सामाजिक रूप से कुलीन लोग करते हैं और जो इनके अधिकार में होते हैं' (कुआन–सिंग चेन 2003)। चटर्जी कहते हैं कि न सिर्फ राज्य बल्कि सुस्थापित 'नागरिक' मानकों का इस्तेमाल करने वाला नागरिक–समाज भी, स्वयं अपने प्रभुत्वकारी हितों की रक्षा करने हेतु, पावर ब्लॉक का अंग बन सकता है और सबआल्टर्न वर्गों को नियंत्रित कर सकता है। ऐसे में, नागरिक–समाज में मौजूद साहचर्य न सिर्फ पहुंच योग्य नहीं होते बल्कि ये पुरजोर रूप से राजनीतिक–समाज में रहने वाले लोगों के हितों के विरुद्ध काम करते हैं, और इसलिए राजनीतिक–समाज के विरोध के तौर–तरीके (उदारवादी) नागरिक–समाज के सिद्धांतों व संस्थानिक मानकों के साथ संगत नहीं होते।

परंतु, यह माना गया है कि:

> "राजनीतिक–समाज" की समस्या को इस रूप में समझा गया है कि यहां होने वाली गतिविधियां जरूरी नहीं कि हमारी इस समझ के अनुसार हों कि क्या "प्रगतिशील" है या क्या "मुक्तिकामी" है। ये सरकारी जमीन पर बसने के अधिकार का दावा करने वाले दखलदारों के संघर्ष हो सकते हैं, परंतु ये अपने धार्मिक नेता के पुनः जीवित होने की आस्था रखकर उसकी लाश को सुरक्षित रखने का प्रयास करने वाला कोई धार्मिक पंथ भी हो सकता है या फिर वेश्यावृत्ति का आरोप लगाकर किसी स्त्री की हत्या करने का किसी ग्राम पंचायत का फैसला हो सकता है। (मेनन 2004)

ये संघर्ष अधिकांशतः 'नागरिक–समाज द्वारा तय किए गए कानून–व्यवस्था व संवैधानिकता के परीक्षणों' में असफल नहीं होते हैं (पूर्वोक्त)। इसलिए, राजनीतिक–समाज में प्रचालनों के वैकल्पिक तरीके को समझने के लिए हमें आधुनिकता–पारंपरिकता के द्विविभाजन से आगे जाकर सोचने की जरूरत होती है, और यह देखने की जरूरत है कि 'पश्चिमी आधुनिकता के रास्ते पर "गैर–आधुनिक" सिर्फ एक पड़ाव नहीं है, बल्कि यह एक ऐसी शर्त है जो हमें किसी बेहद भिन्न दिशा में ले जा सकती है' (निगम 2005: 259)। उदाहरण के लिए, चटर्जी बालक ब्रह्मचारी की मृत्यु का उदाहरण पेश करते हैं जिनके अनुयायियों का यह मानना था कि वह महज *समाधि* में गए हैं और इसलिए उन्होंने उनके शरीर को जलाने से इंकार कर दिया और शीघ्र ही उनका मृत शरीर स्वास्थ्य संबंधी समस्या बन गया और सरकारी अधिकारियों को पहले बातचीत और फिर शक्ति का इस्तेमाल करना पड़ा। यह परंपरा में छुपी कथित 'लूम्पेन संस्कृतियों' और तर्कसंगत मूल्यों वाले 'सांस्कृतिक रूप से समृद्ध' नागरिकों के एक छोटे–से हिस्से के बीच एक शास्त्रीय विवाद है, जो आधुनिकता के उच्च स्थल का प्रतिनिधित्व करता है।

राजनीतिक–समाज (अपने राजनीतिक कार्यअभ्यास के संदर्भ में), राज्य के साथ और नागरिक–समाज में स्थित शक्तिशाली कुलीनों के साथ ऐसे 'संदर्भगत समझौतों' की एक श्रृंखला पेश करता है। विकासपरक कार्यक्रमों के लाभ प्राप्त करने या अपने सांस्कृतिक कार्यअभ्यासों के लिए पुनः स्पेस प्राप्त करने के लिए यह जरूरी है। 'राजनीतिक–समाज से मेरा अर्थ संस्थानों व गतिविधियों के एक ऐसे क्षेत्र से है जहां अनेक मध्यस्थताएं की जाती हैं' (चटर्जी 1997)। आबादियां राजनीतिक दलों का 'रणनीतिक' तौर पर इस्तेमाल करने का सहारा ले सकती हैं और 'गुजर–बसर संबंधी लाभ' पाने के लिए उनकी वोट–बैंक की रणनीतियों में 'सचेतन' तौर पर हिस्सा ले सकती हैं; या फिर अन्य गैर–पार्टी राजनीतिक संरचनाओं पर निर्भर रह सकती हैं जिनमें गैर–सरकारी संगठन, राजनीतिक आंदोलन शामिल हैं, या महज राज्य के साथ रोजमर्रा के 'संदर्भगत समझौतों' की एक श्रृंखला में संलग्न हो सकती हैं, ताकि जनकल्याण हेतु अपने 'नैतिक दावों' को मान्यता प्रदान करने के लिए दबाव डाल सकें। यहां अंतर्निहित धारणा यह है कि उत्तर–औपनिवेशिक समाजों में शक्ति संबंधों तक उनके सूक्ष्म–आधारों (जो शक्ति संबंधों के 'माइक्रोफिसिजेशंस' की प्रक्रिया का अविभाज्य अंग है) के संदर्भ में पहुंचा जाना चाहिए जो लोगों या आबादियों के निर्माण व प्रशासन में प्रतिबिंबित होती है। शक्ति की इस तरह की गतिकी के साथ समझौता करने में, सबआल्टर्न 'संभावित की राजनीति' या 'दैनंदिन जीवन की राजनीति' का (यानी, शक्ति के साथ इसके रोजमर्रा के अर्थ में समझौता करने का) सहारा लेता है। शक्ति के साथ इसके रोजमर्रा के अर्थ में (विशाल कल्पनाओं के जरिए नहीं) समझौता करने के दौरान, राजनीतिक–समाज काल्पनिक संभावना की ओर ईशारा करता है जहां 'समय के साथ अधिकारों व हकों के रोजमर्रा के वितरण पर वास्तविक लेन–देन हावी हो जाते हैं ताकि वास्तव में मौजूद आधुनिक राज्य के अंदर संपत्ति व कानून की ठोस परिभाषाओं को पुनः गढ़ा जा सके' (चटर्जी 2004: 75)। चटर्जी का यह दृष्टिकोण जेम्स स्कॉट द्वारा प्रस्तुत 'किसान प्रतिरोध के रोजमर्रा के रूपों' से सादृश्यता रखता है, जहां जेम्स स्कॉट कहते हैं कि बुनियादी 'आधार यह है कि इस प्रकार का "रूटीनी" प्रतिरोध संचयी रूप से ग्रामीण क्षेत्रों में वर्ग व अधिकारियों के संबंधों पर प्रशंसनीय प्रभाव डाल सकता है' (स्कॉट 1986: 1)। दूसरे शब्दों में, संरचित शक्ति संबंध 'रूटीनी' व प्रतिदिन के प्रतिरोध के जरिए, उनके द्वारा चुने गए रूपों के जरिए (उन रूपों में से जो सभ्यता व कानून–व्यवस्था के

मान्य कार्यअभ्यासों से आवश्यकीय रूप से 'बाहर' होते हैं, उनके जरिए) सबआल्टर्न द्वारा अर्थ ग्रहण करते हैं और परिवर्तित होते हैं।

इसलिए, अपने राजनीतिक कार्यअभ्यास निर्मित करने में राजनीतिक–समाज परिवर्तन के विषय में पार्टी कार्यक्रमों (राजनीतिक निर्माणों को केंद्रीकृत करके) और संस्थानिक रणनीतियों पर प्रश्न खड़े कर रहा है। परिवर्तन की प्रक्रिया को उन रूपों की पहचान करनी होती है जिन्हें अब तक वैध रूप से राजनीतिक नहीं कहा गया है और जो 'राजनीतिक सिद्धांतों' के स्थापित नॉर्मेटिव (मानकीय) दायरे के अंदर नहीं आते हैं। एक अर्थ में, राजनीति के एक क्षेत्र के रूप में राजनीतिक–समाज को सिर्फ तभी समझा जा सकता है जबकि सबआल्टर्न के कार्य को ऐसे किसी नॉर्मेटिव क्रम से नहीं देखा जाता जो इनके संदर्भ के प्रति बाह्य हों या किसी दिए गए संदर्भ के प्रति उनकी समझ व बोध (उनके अपने 'स्वयं' के अनुभव के जरिए) के तरीके के प्रति बाह्य हों। इनमें से कुछ तर्कों को राजनीति के उत्तर–संरचनात्मक विश्लेषण के सामयिक रूपों से लिया गया है, जहां उत्तर–औपनिवेशिक का 'उत्तर' वही है जो उत्तर–संरचनावाद का 'उत्तर' है।[1] उदाहरण के लिए मेलुची कहते हैं कि 'स्वयं को संगठित करने में सक्षम समूहों की संख्या में बढ़ोत्तरी हुई है और वे अपने हितों का प्रतिनिधित्व करते हैं और राजनीतिक आदान–प्रदान की प्रक्रियाओं से लाभ उठाने में सक्षम हैं' (मेलुची 1989: 169)। वह 'नए सामाजिक आंदोलनों' को इसके उदाहरण के रूप में उद्धृत करते हैं कि सामाजिक व राजनीति परिवर्तन किस प्रकार से होते हैं, जो विशाल संरचनागत परिवर्तन या 'अलगाव' के जरिए नहीं होते, बल्कि आकस्मिक 'संदर्भगत समझौतों' के प्रचार–प्रसार के जरिए होते हैं जिनमें 'आणविक परिवर्तन' होता है। परंतु, इन समझौतों का परिणाम 'स्वतंत्रताओं के वास्तविक विस्तार' में होता है, जो चटर्जी के अनुसार, नागरिक–समाज के 'शास्त्रीय' दायरे में होने संभव नहीं हैं।

निचोड़ के रूप में, राजनीतिक–समाज नागरिक–समाज के आधुनिक संस्थागत ढांचे के बाहर स्थित एक 'स्वायत्त क्षेत्र' होता है। यह नागरिकों से मिलकर नहीं, बल्कि 'आबादियों' से मिलकर बनता है; राज्य पर अधिकारों के जरिए नहीं, बल्कि 'नैतिक दावों' के जरिए दबाव डालता है; बुर्जुआ कानून व संस्थानों के जरिए नहीं, बल्कि पैरालीगल उपायों और अधिकारियों के साथ रोजमर्रा के 'संदर्भगत समझौतों' के जरिए काम करता है; इन समझौतों में मध्यस्थता बिचौलियों द्वारा की जाती है जो ऐसे व्यक्ति हो सकते हैं जो आवश्यक सांस्कृतिक पूंजी (अंग्रेजी व कानूनी तथा सांस्थानिक प्रक्रियाओं की जानकारी) रखने वाले शहरी मध्यवर्गीय लोग हो सकते हैं, या विभिन्न राजनीतिक दलों से जुड़े राजनीतिक प्रतिनिधि हो सकते हैं या गैर–सरकारी संगठनों और यहां तक कि राजनीतिक आंदोलनों से जुड़े हो सकते हैं। ये समझौते सबआल्टर्न को गुजर–बसर के लाभ प्राप्त करने में मदद करते हैं, और औपचारिक प्रक्रियाओं से बाहर रोजमर्रा के जीवन–यापन की गारंटी प्रदान करते हैं। परंतु, एक समय के दौरान, इस प्रकार के समझौते कारगर व ठोस बदलाव की दिशा में ले जा सकते हैं, जिसमें मौजूदा संपत्ति संबंधों में बदलाव आना शामिल है। इसलिए, राजनीतिक–समाज राज्य व कुलीनों के प्रभुत्व वाले नागरिक–समाज के सामने एक चुनौती पेश करता है।

ऐसे में, क्या राजनीतिक–समाज के विमर्श और राजनीति, किसी अर्थपूर्ण व ठोस तरीके में, उत्तर–नागरिक–समाज की उभरती राजनीति के अंग हैं, जैसा कि भारत में समकालीन राजनीतिक आंदोलनों द्वारा प्रतिपादित किया गया है? या फिर, विडंबनापूर्ण तरीके से, राजनीतिक–समाज को 'निर्माणकारी बाह्य' के रूप में देखे जाने के बजाय, क्या

नागरिक–समाज के कार्यअभ्यासों, और इस प्रकार इसकी *लॉजिक ऑफ सर्कुलैरिटी* के साथ एक मजबूत *सम्मिलन* हो सकता है? यह अध्याय, आंध्र प्रदेश में प्रदूषण से प्रभावित एक गांव काजीपल्ली में किए गए फील्ड अध्ययन के आधार पर, राजनीतिक–समाज के दृष्टिकोण और भारत में समकालीन राजनीतिक आंदोलनों के दृष्टिकोण (जैसा कि हमने पिछले अध्यायों में चर्चा की है) के बीच कुछ ठोस भिन्नताओं की पड़ताल करने का प्रयास करता है। यह केस स्टडी राजनीतिक–समाज के विचार के केंद्रीय अंग के रूप में कुछ कार्यअभ्यासों को पुनः निर्मित करने में हमारी सहायता करेगी और इनमें बिचौलियों की भूमिका, 'जीवित रहने की रणनीतियां', सबआल्टर्न की प्रतीतगत स्वयंसेविता में एजेंसी का प्रश्न और नागरिक–समाज द्वारा निर्मित विरोध के युग्म के जरिए शक्ति संबंधों के साथ समझौता करने के तौर–तरीके व अन्य मुद्दे शामिल हैं।[2] काजीपल्ली में प्रदूषण के विरुद्ध सामूहिकताओं का मामला, यह प्रदर्शित करने में हमारी सहायता करता है कि प्रदूषण फैलाने वाले उद्योगों को बंद करने की निरंतर मांगें किस प्रकार से सामूहिक लामबंदी व सामूहिक काम पर आधारित थीं और किस प्रकार उन्हें माफिया और बाजार में स्थित आर्थिक कुलीनों (उद्योगपतियों) के साथ गठजोड़ बनाए हुए राज्य के दमन का सामना करना पड़ा। परिणामतः, इसने सामूहिकताओं को तोड़ा और इन्हें खंडित हित–समूह की मांगों व रोजमर्रा के समझौतों (या राजनीतिक–समाज की भाषा में, 'संदर्भगत समझौतों') द्वारा विस्थापित किया, जिन्हें या तो छोटे समूहों के स्तर पर (उपलब्ध सामाजिक स्तर–विन्यासों के इर्द–गिर्द निर्मित) या यहां तक कि व्यक्तिगत स्तर पर किया गया। इसने इसे आगे चलकर ऐसे सामूहिक राजनीतिक कार्य के रूप में बने रहने को अधिकाधिक कठिन बना दिया जो संरचनात्मक बदलावों (इस मामले में उद्योगों को बंद कराना; कृषि को पुनर्जीवित करना) की मांग कर सकता था व उन्हें प्राप्त कर सकता था और जो 'स्वतंत्रताओं के विस्तार' के लिए आवश्यक थे।

राजनीतिक–समाज को, इसकी राजनीतिक संपदा के अंग के रूप में, एक ऐसे क्षेत्र के रूप में पेश किया जाता है जो राजनीतिक रणनीतियों (राजनीतिक आंदोलनों की रणनीतियों सहित) की बहुलता द्वारा निर्मित है। परंतु, केस स्टडी के आधार पर, हमारा तर्क है कि राजनीतिक आंदोलनों द्वारा सामूहिक कार्य की अनिवार्यताएं संदर्भगत रूप से चिह्नित 'रणनीतिक राजनीति' के साथ बिना किसी समस्या के सहअस्तित्वमान नहीं रह सकती हैं। इसके बजाय, समय के साथ, 'संदर्भगत समझौतों' के तौर–तरीके संगठित राजनीतिक आंदोलनों को दूर हटा देते हैं, क्योंकि वे नागरिक–समाज में राज्य, बाजार और कुलीनों का संरक्षण व मान्यता प्राप्त कर लेते हैं। इसलिए, 'राजनीतिक–समाज के प्रशासनिक सिद्धांतों' को चिह्नित करने में और इसके द्वारा वैकल्पिक 'संस्थानीकरण के रूपों' को चिह्नित करने के प्रयास में, यह आवश्यक रूप से 'अस्पष्ट' हो जाएगा, जैसा कि स्वयं चटर्जी गौर करते हैं। हालांकि, इस बात को निस्संदेह रूप से स्वीकार किए जाने की जरूरत है कि अशिष्ट विकास सबआल्टर्न द्वारा संगठित विरोध (जैसा कि हमने पिछले अध्यायों में चर्चा की है, समकालीन राजनीतिक आंदोलनों के रूप में) किए जाने को अधिकाधिक कठिन बनाता जा रहा है और असल में उन्हें गुजर–बसर करने की रणनीतियों की दिशा में धकेल रहा है, तब ऐसे में क्या यह पर्याप्त नहीं है कि विरोध के ऐसे वैकल्पिक रूपों के संकेत–चिह्नों की खोज की जाए जो इन्हें वास्तव में उस स्थिति से बाहर निकाल सकें जिसमें यह गुजर–बसर के लिए कभी खत्म न होने वाला संघर्ष प्रतीत हो रहा है? राजनीतिक–समाज संघटनात्मक रूप से नागरिक–समाज से अलग दिखने की चाह में गुणात्मक रूप से भिन्न राजनीतिक कार्यों (रणनीतिक व संदर्भगत समझौतों के लिए रैडिकल राजनीतिक आंदोलनों,

राजनीतिक दलों व गैर–दलीय राजनीतिक रचनाओं के कार्य) का एक निर्बाध क्षेत्र बन जाता है जो वास्तव में व्यवहार में सहअस्तित्वमान नहीं रह सकते हैं और निश्चित तौर पर एक–दूसरे को विस्थापित करने के पारस्परिक विवाद में पड़ जाते हैं। राज्य, बाजार और नागरिक–समाज, चयनात्मक रूप से और सावधानीपूर्वक विस्थापन की इस प्रक्रिया का समर्थन करते हैं और इसके लिए वे संगठित विरोध की राजनीति पर उन समझौतों को विशेषाधिकार प्रदान करते हैं जो मूलतः उनके संरक्षण पर निर्भर होते हैं और ये संगठित विरोध की राजनीति गुजर–बसर संबंधी लाभों से आगे जाकर अधिक ठोस मांग करने वाली प्रतीत होती है।[3] इसलिए, यह सवाल करना अनिवार्य हो जाता है कि क्या 'संदर्भगत समझौते' वास्तव में, जैसा चटर्जी दावा करते हैं, ठोस रूप से 'स्वतंत्रताओं के विस्तार' की दिशा में ले जाते हैं? क्या राज्य (नागरिक–समाज व बाजार के कुलीनों के साथ गठजोड़ बनाकर) ऐसे विस्तार को अनुमति प्रदान करेगा?

हालांकि, जीवित रहने की रणनीतियों की राजनीतिक रूप से पहचान करना लोकतांत्रिक है, परंतु यह प्रतीत होता है कि ठोस लोकतांत्रिकरण के लिए ऐसे संघर्षों की आवश्यकता होती है जो राजनीतिक–समाज में जीवित रहने की रणनीतियों और नागरिक–समाज में उपलब्ध औपचारिक लाभों व अधिकारों, दोनों से आगे ले जाते हों। सबआल्टर्न राजनीति के सपाट विचारों के अंतर्विरोधों के परिणामस्वरूप, नागरिक–समाज में *औपचारिक अधिकारों* व राजनीतिक–समाज में *जीवित रहने की रणनीतियों* के बीच एक सम्मिलन उत्पन्न होता है, जो मूलतः संरचित शक्ति संबंधों के पुनरुत्पादन की ओर ईशारा करता है और इस प्रकार नागरिक–समाज के बंधनों *(लॉजिक ऑफ सर्कुलैरिटी)* के अंदर एक जाल का संकेत देता है। चटर्जी के राजनीतिक–समाज के विचार में जीवित रहने की रणनीति का विचार 'नैतिक दावों' की भाषा के जरिए पेश किया जाता है, और साथ ही 'सक्षमताओं के दृष्टिकोण' की ओर इशारा करता है। चटर्जी यह मानते हैं कि 'सक्षमताओं के दृष्टिकोण' का परिणाम 'स्वतंत्रताओं के विस्तार' में होता है, जबकि इसके उलट एने फिलिप्स कहती हैं किः

> सक्षमताओं के दृष्टिकोण के केंद्र में नव–उदारवादी एजेंडा है, (और) यह न्यूनतम जरूरी आवश्यकताओं पर ध्यान केंद्रित करता है; यह न सिर्फ पुरुषों व स्त्रियों के बीच, बल्कि सभी देशों के अंदर और बाहर स्थित सभी सामाजिक समूहों के बीच, मानवीय समानता के लिए संघर्ष की गहरी चुनौतियों से कदम पीछे खींचता है जबकि यह मानवीय समानता यह सुनिश्चित करती है कि इंसानों ने कम से कम आय के समग्र अंतर से जुड़ी समस्याओं से निजात पा ली है। (फिलिप्स 2001: 16–17)[4]

सिर्फ औपचारिक या गुजर–बसर संबंधी लाभों को पाने के संदर्भ में, एक तरफ, नागरिक–समाज के साथ राजनीतिक–समाज का सम्मिलन है, और दूसरी तरफ, नागरिक–समाज में पेश हुए *लॉजिक ऑफ सर्कुलैरिटी* को रोकने व इससे आगे बढ़ने के लिए राजनीतिक आंदोलनों द्वारा संयोगकारी उपायों के रूप में सामने आए "संघर्ष की द्वंद्वात्मकता" के जरिए प्रयासरत राजनीतिक आंदोलनों के दृष्टिकोणों में दूरी व भिन्नता है। इन दोनों को राजनीतिक–समाज के विचार के साथ चिह्नित किए जा सकने वाले कार्यअभ्यासों व उभरती *अस्पष्टताओं* के आधार पर और अधिक सूत्रबद्ध किया जा सकता है।[5]

सर्वप्रथम, एक उत्तर–औपनिवेशिक दृष्टिकोण के रूप में, राजनीतिक–समाज की रचना आधुनिकता व इससे संबंधित कार्यअभ्यासों की आलोचना के रूप की गई है, और वैकल्पिक रूप से यह एक 'स्वायत्त क्षेत्र' के अंदर लोकतंत्र/लोकतांत्रिकरण को रेखांकित करने के

लिए, स्थानीय प्रक्रियाओं व कार्यअभ्यासों में अभिव्यक्त होने वाले सबआल्टर्न के जैविक व्यवहार (जिसके रूप में यह इसकी पहचान करता है) को विशेषाधिकार प्रदान करता है। यह कहा जा सकता है कि आधुनिकता व लोकतंत्र के बीच जो विरोध होता है, वह इस बात को देखने में नाकाम रहता है कि 'स्थानीय जगहों की कृत्रिम जैविकता (अपनेपन के व अंतर के विचारों की तो चर्चा ही क्या करनी) का प्रभाव सामाजिक न्याय की भावी साहसिक परियोजनाओं पर पड़ता है' (कैवर 2005: 3733)। आधुनिक के दायरे से बाहर स्थित कार्यअभ्यासों को निश्चित तौर पर विशेषाधिकार प्रदान करने में और 'सामाजिक न्याय' या लोकतांत्रिकरण की एक स्पष्ट परियोजना को कमजोर करने में, राजनीतिक–समाज का विचार बिना सोचे–समझे, 'पहले हमेशा से' मौजूद औपचारिक विचारों व 'सशक्तीकरण' की स्थितियों पर जोर देता है, जो नागरिक–समाज में सामने आने वाले विचारों व स्थितियों से *प्रतिच्छेदित* होता है। उदाहरण के लिए, आर्थिक या वर्गीय संदर्भ में मौजूदा अंतरों (भिन्नताओं) पर सवाल किए बिना, अंतरों (आधुनिक के दायरे से बाहर स्थिति पहचानों व प्रक्रियाओं) का जश्न मनाना पूर्णतः संभव है। राजनीति की सांस्कृतिक फ्रेमिंग और राजनीतिक अर्थशास्त्र की 'आंतरिक' गतिकी के बीच की कड़ी वही थी जिसे हम विभिन्न राजनीतिक आंदोलनों द्वारा समझौतों के संदर्भ में पहले देख चुके हैं (उन्हें नागरिक–समाज में इस 'पृथक्करण' के साथ संघर्ष करना पड़ा था; उदाहरण के लिए, दलित राजनीति ने अस्मितावादी राजनीति के रूप में नागरिक–समाज में नए सिरे से प्रवेश किया और इसके लिए उसने बहुलता व 'अंतर की राजनीति' का सहारा लिया परंतु इस प्रक्रिया में सामाजिक व आर्थिक मुद्दों को धुंधला बना दिया) और जो स्वयं नागरिक–समाज की राजनीति व विमर्श का अभिन्न अंग था। इसलिए यह कहा जा सकता है कि आर्थिक, राजनीतिक व सांस्कृतिक आयामों या प्रक्रियाओं के 'पृथक्करण' की भाषा का सहारा लेने में राजनीतिक–समाज व नागरिक–समाज ओवरलैप करते हैं। यह तथ्य कि यह पेश किया गया 'पृथक्करण' असल में *सम्मिलन* का एक क्षण ('आधुनिक' शक्ति संबंधों के प्रचालन का एक तरीका) है जो राज्य में प्रभुत्वकारी शक्ति संबंधों को परस्पर सुदृढ़ीकृत करता है और इस प्रकार दोहराता है कि नागरिक–समाज व बाजार कमजोर पड़ते हैं और उन पर पर्दा पड़ता है और राजनीतिक–समाज का विचार इस तरीके से सूत्रबद्ध किया जाता है।

दूसरे, राजनीतिक–समाज के विचार के अपने हालिया विस्तार में चटर्जी यह कहते हैं कि यह उस गैर–कॉरपोरेट पूंजी के क्षेत्र के साथ ओवरलैप करता है जो मुनाफा कमाने के तर्क द्वारा पूर्णतः चिह्नित नहीं होता है और यह मुनाफा कमाने का तर्क ही कॉरपोरेट पूंजी के उद्देश्य को परिभाषित करता है, जो बाजार में मौजूद है और नागरिक–समाज के जरिए काम करती है। गैर–कॉरपोरेट पूंजी की कार्यप्रणाली 'जीवन–यापन की जरूरतें प्रदान करने' द्वारा चालित होती है, जो राज्य की उन नीतियों के साथ ओवरलैप करती है जो आदिम संचय के प्रभावों को पलटने के लिए आबादियों को 'कल्याणकारी' चीजें और आजीविका के साधन प्रदान करती हैं। कल्याण सान्याल द्वारा अपनी रचना *रिथिंकिंग कैपिटलिस्ट डेवलपमेंट* में पेश की गई अवधारणाओं (जैसे कि गैर–पूंजीकरण और 'आदिम संचय के प्रभावों को पलटना') पर ध्यान आकर्षित करते हुए चटर्जी कहते हैं कि पूंजीवाद और इसकी कार्यप्रणालियां एक बाह्य की रचना करती हैं, जो 'अनौपचारिक क्षेत्र' या गैर–कॉरपोरेट पूंजी में अभिव्यक्त होती हैं जो पूंजी संचय के सिद्धांतों द्वारा प्रशासित नहीं होते हैं, बल्कि 'जीवन–यापन की जरूरतें प्रदान करने' के संदर्भ में अधिक व्यक्त होते हैं। चटर्जी कहते हैं कि 'नागरिक–समाज में पूंजी वर्चस्वकारी होती है, जबकि राजनीतिक–समाज वह जगह

है जहां गैर–कॉरपोरेट पूंजी को प्रबंधित किया जाता है' जहां 'गैर–कॉरपोरेट पूंजी के तर्क के अनुसार...इन संगठनों का कार्य (सबआल्टर्न के संगठनों का कार्य – मेरा जोड़ा हुआ) बाजार के नियमों और सरकारी विधानों के अंदर सफलतापूर्वक प्रचालन करना है ताकि यह सुनिश्चित हो कि इसके सदस्यों की जीवन–यापन की जरूरतें पूरी हो रही हैं' (चटर्जी 2008: 58)। इस प्रकार राजनीतिक–समाज 'गैर–कॉरपोरेट पूंजी को प्रबंधित करने का क्षेत्र' बन जाता है और 'सामाजिक शांति के समझौते के एक अन्य संस्करण' के रूप में उभरता है (निगम 2008: 62)। राजनीतिक–समाज प्रतिरोध का क्षेत्र नहीं है, बल्कि सामाजिक व राजनीतिक विवादों को 'प्रबंधित' करने का क्षेत्र है, और यह 'उदारवादी स्वादों को सुस्वादु बनाता है', नागरिक–समाज की रणनीति को दोहराता है, जो विरोधों का दमन करता है और इन्हें प्रबंधित करता है और इस प्रकार सभ्यता, कानून–व्यवस्था, विश्वास व सामाजिक पूंजी के विचारों को रेखांकित करने में सामाजिक विवादों का प्रबंधन करता है। दूसरे शब्दों में, नागरिक–समाज एक पृथक 'सामाजिक' क्षेत्र के रूप में उभरता है और इस प्रकार राजनीतिक विवादों का प्रबंधन करने में एक वैचारिक (वर्चस्वकारी) भूमिका निभाता है, जबकि राजनीतिक–समाज भी गैर–कॉरपोरेट के अवशिष्ट (बचे हुए या रेसीड्यूल) क्षेत्र में उभरने वाले विवादों को 'प्रबंधित' करता है, और 'समझौते से प्राप्त शांति' से आगे बढ़ने का रास्ता और उपाय पेश नहीं करता, बल्कि असल में यह इस प्रकार के संतुलन का ही एक अन्य संस्करण है। इसी प्रकार, राज्य सिर्फ गैर–कॉरपोरेट पूंजी के संदर्भ में काम करता है और कॉरपोरेट पूंजी को सहायता व समर्थन प्रदान नहीं करता है, इस बात पर यकीन करने में राजनीतिक–समाज की अवधारणा बाजार व नागरिक–समाज के क्षेत्रों को मूर्त रूप प्रदान करता है, 'मानो' वे स्वतंत्र क्षेत्र हों जो आपस में संबंधित नहीं हों या राज्य पर निर्भर नहीं हों। इसलिए नागरिक–समाज और राजनीतिक–समाज अपने वैचारिक कार्य के संदर्भ में ओवरलैप (सम्मिलन) करते हुए प्रतीत होते हैं।

तीसरे, राजनीतिक–समाज का विचार कथित तौर पर 'नागरिक–समाज के विचार' का विरोध करता है और वह ऐसा नागरिक–समाज में 'अमूर्त नागरिकता' (जो सामाजिक समूहों व पहचानों की विशिष्टताओं को कमजोर करती है) के बरअक्स सबआल्टर्न एजेंसी के जैविक (स्वतःस्फूर्त नहीं) राजनीतिक कार्यों के जरिए अभिव्यक्त होने वाली सबआल्टर्न एजेंसी की पहचान करने व उसे विशेषाधिकार प्रदान करने के माध्यम से करता है। परंतु, सबआल्टर्न को एजेंसी पुनः प्रदान करने का मॉडल स्पष्ट रूप से उस अमूर्तन से जुड़ा हुआ है जो 'अमूर्तन "रचनाकार" का भ्रम पैदा करता है'... यह किसी नेटवर्क से संबंधित होने के निशानों को मिटाता है जो हमेशा रचनाकार के अधिकारों को खतरे में डालता है' (सरट्यू 1988: 44)। सबआल्टर्न 'एक "रचनाकार" के रूप में अपनी वास्तविक स्थिति से इंकार करता है' या 'ऐतिहासिक मूल से इंकार करता है' ताकि वह 'स्वयं अपने एक काल्पनिक स्थान' की रचना कर सके (पूर्वोक्त)।[6] स्वायत्तता व स्व–निर्मित व्यक्तिपरकता के मूल्यवर्द्धित विचार न सिर्फ 'सीधे–सरल स्वयंसेविता' के रूप में प्रकट होते हैं, बल्कि साथ ही उन 'समुदायों' के अंदर सामाजिक पदसोपानक्रमों को भी धुंधला बनाते हैं जो एक 'स्वायत्त क्षेत्र' का प्रतिनिधित्व और निर्माण करते हैं। इस प्रक्रिया में, राजनीतिक–समाज अंतः सबआल्टर्न विवादों और विखंडन की संभावनाओं की अनदेखी करता है, और साथ ही सबआल्टर्न के बीच 'सर्वाधिक अरक्षित' को वर्चस्व प्रदान करता है, जो ठीक वैसा ही है जिस तरह से नागरिक–समाज सामाजिक समूहों की विशिष्टता को धुंधला करता है और सुविधानुसार उनकी 'मौन सहमति' को सामाजिक अनुबंध मान लेता है।[7] इस प्रकार, जिस

तरह नागरिकता के *अमूर्त* विचार नागरिक–समाज में सिर्फ औपचारिक तौर पर भागीदारी प्रदान करते हैं, उसी तरह मौजूदा सामाजिक पदसोपानक्रमों व वर्चस्व की वास्तविक सीमाओं के परे समुदाय के समान रूप से *अमूर्त* विचार राजनीतिक–समाज में मूल्य–वर्द्धित व स्व–पृथक्कृत के रूप में सबआल्टर्न एजेंसी प्रदान करता है।

अंततः, राजनीतिक–समाज को 'निर्मित बाह्य' के रूप में सूत्रबद्ध करने में, चटर्जी विश्लेषण के एक दोहरे तरीके (जैसे कि कानूनी / गैर–कानूनी) को सुदृढ़ीकृत करते हैं जो नागरिक–समाज की ही एक विशेषता है; जिस तरह राजनीतिक आंदोलनों ने रूपांतरण के प्रयास किए हैं, उस तरह से रूपांतरित करने के बजाय, नागरिक–समाज के उपलब्ध सिद्धांत स्वयं को विरोध की ठोस स्थितियों व टिकाऊ परिवर्तन में रूपांतरित नहीं करते हैं।[8] उदाहरण के लिए, सहिष्णुता के उदारवादी सिद्धांत के लिए यथास्थितिवादिता आवश्यक है, जैसा कि हर्बर्ट मार्कस अपने प्रसिद्ध लेख 'रिप्रेसिव टॉलरेंस' में कहते हैं। मार्कस कहते हैं कि विविध व प्रतिस्पर्द्धी दावों को समतुल्य बनाने में सहिष्णुता का सिद्धांत प्रति–वर्चस्वकारी आख्यानों (नैरेटिव्स) को भी तटस्थीकृत करता है, जो बदले में इनसे लाभ प्राप्त करने वाले मौजूदा वर्चस्वकारी कार्यअभ्यासों व वर्गों को सुदृढ़ीकृत करता है (मार्कस 1965)। परंतु, सहिष्णुता के लिए अभिव्यक्ति की स्वतंत्रता भी आवश्यक है जिसे 'दमनकारी सहिष्णुता' के बंधनों से परे रूपांतरित व पुनः रेखांकित किया जा सकता है और जो नागरिक–समाज की सीमाओं के अंदर होता है, ताकि हम उस दिशा में बढ़ सके जहां 'एक नई व्यवस्था हो जो कानून–व्यवस्था और संवाद को आपस में मिला सके और जो संविधान से इतर रास्ता भी अख्तियार कर सके जिसका अर्थ है संविधान द्वारा अनुमेय सुझाए गए संवाद से परे जाकर संवाद कायम करना' (समद्दर 2007: 116)।[9] परंतु, राजनीतिक–समाज द्वि–विभाजन को व नागरिक–समाज में व इसके पूर्वव्याप्त *विरोधों के युग्म* (कानूनी / गैर–कानूनी, सभ्य / असभ्य, नागरिक / राजनीतिक, आधुनिकता / लोकतंत्र व अन्य) को सुदृढ़ीकृत करता है। सभ्यता व कानून–व्यवस्था के 'वैध' क्षेत्र से बाहर स्थित इन कार्यअभ्यासों के माध्यम से सिर्फ काम करके और इन्हें सुदृढ़ीकृत करके, यह उपलब्ध प्रभुत्वकारी कार्यअभ्यासों को और उनके सामर्थ्य व निहितार्थों को अपनाता है, और वहीं दूसरी तरफ अपवर्जित कार्यअभ्यासों की सीमाओं के अंदर सबआल्टर्न कार्यों को सीमित करता है। दिए गए युग्म को अपनाकर, राजनीतिक–समाज आवश्यक रूप से अ–ऐतिहासिक बना रहता है, तात्कालिक व दी गई स्थितियों में (जिन सामाजिक संबंधों में 'वे पैदा हुए हैं' उनकी सीमाओं के अंदर रहते हुए) सबआल्टर्न की एजेंसी व राजनीतिक कार्य को प्रतिबंधित करता है। सबआल्टर्न जैविक रूप में जो भी करता है यह या तो उसका मूल्यवर्द्धन करता है, और इसलिए प्रमाणिक होता है, या फिर यह प्रभुत्वकारी कार्यअभ्यासों में पुनः महत्व प्रदान करने के लिए संभावना–संपन्नता को दुर्बल बनाता है। उदाहरण के लिए, नागरिक / राजनीतिक के बीच विरोध के युग्म में, इस बात की अनदेखी करना अ–ऐतिहासिक होगा कि जो कार्यअभ्यास व संस्थान आज सभ्य माने जाते हैं वे अतीत में हुए राजनीतिक संघर्षों का परिणाम हैं, और सबआल्टर्न के सभी कार्यों को राजनीतिक होने का विशेषाधिकार प्रदान करना, वर्चस्व की भूमिका को दुर्बल बनाता है और सबआल्टर्न के कार्यों की संभावना को वर्चस्वकारी बनाता है। आनुभविक श्रेणियों को विशेषाधिकार (जैविक) प्रदान करना (जैसा कि हमने दलित राजनीति के साथ देखा 'स्वानुभूत अनुभव' के विमर्श के माध्यम से अस्मितावादी राजनीति के रूप में) कोई जरूरी नहीं कि सबआल्टर्न को गरिमा प्रदान करे या उनका सशक्तीकरण करें। प्रदत्त अनुभव

को बिना किसी समस्या के विशेषाधिकार प्रदान करने में, राजनीतिक–समाज यह समझने में नाकाम रहता है कि सामाजिक न्याय अपने आप में बहुस्तरीय होता है और यह कि सबआल्टर्न राजनीति को सरकारितावाद (हित–समूह की राजनीति में और सिर्फ इसी रूप में अभिव्यक्त) द्वारा आरोपित सीमाओं में प्रतिबंधित नहीं किया जा सकता है (जैसा कि चटर्जी बताते हैं) और यह सामूहिक कार्य से अपने अति–पृथक्करण में (जिस प्रकार का 'पृथक्करण', असल में, यह नागरिक–समाज में अधिकारों की प्रतिस्पर्द्धी भाषा के जरिए करता है) अभिव्यक्त नहीं हो सकता है। दूसरे शब्दों में, हालांकि *सबआल्टर्न के संघर्षों को गरिमा प्रदान करने* (उनके सभी रूपों में) की आवश्यकता होती है, परंतु यह अधिक महत्वपूर्ण है कि *गरिमा के लिए संघर्ष* निर्मित करने की उनकी योग्यता की पहचान की जाए ताकि उसे औपचारिक 'सशक्तीकरण' की सीमाओं (सरकारी देखभाल के लिए खैरात पाने या दावे करने तक ही सीमित होने) से परे ले जाया जा सके जिसे राज्य, बाजार व नागरिक–समाज के बीच के गठजोड़ द्वारा आरोपित किया जाता है।

ये ही वह सीमाएं हैं जो *राजनीतिक–समाज की राजनीति* की *राजनीतिक आंदोलनों की राजनीति* से ठोस दूरी को सामने लाती हैं, साथ ही उभरती हुई *उत्तर–नागरिक–समाज की राजनीति* से इसकी दूरी को भी चिह्नित करती है। नागरिक–समाज के साथ ये ही कुछ ओवरलैप हैं (इसके निहितार्थों व इनसे उपजने वाली सीमाओं के संदर्भ में) जिन पर हम एक विस्तृत फील्ड अध्ययन के आधार पर ध्यान केंद्रित करेंगे और जिनकी चर्चा करेंगे।

नए औद्योगिकरण को समझनाः अ–नागरिकता का पूंजी–करण

हैदराबाद के उत्तर–पूर्व में 35 किलोमीटर दूर मेडक जिले के गिन्नारम मंडल में काजीपल्ली नामक एक गांव है। मेडक आंध्र प्रदेश के सबसे पिछड़े जिलों में से एक है। गांव में 506 परिवार रहते हैं और इसकी कुल आबादी 3,000 है। गांव की सामाजिक–आर्थिक पृष्ठभूमि को तालिका 5.1 में प्रस्तुत किया गया है:

तालिका 5.1: पेशागत आंकड़े

क्र. सं.	*श्रेणी*	*परिवारों की संख्या*
1.	छोटे किसान	354
2.	मध्यम किसान	50
3.	बड़े किसान	10
4.	धनी किसान	6
5.	भूमिहीन मजदूर	76
6.	औद्योगिक मजदूर	3
7.	अन्य	7
	कुल	506

स्रोतः फील्ड स्टडी

तालिका 5.2: जाति संबंधी आंकड़े

क्र. सं.	*जाति*	*परिवारों की संख्या*
1.	यादव	40
2.	मुथरसी	141
3.	मुसलमान	101
4.	मंगली	12
5.	चकली	25
6.	गौड़	10
7.	एम. कपु	5
8.	मादीगा	172
	कुल	506

स्रोतः लेखक द्वारा फील्ड स्टडी

उपरोक्त तालिका 5.2 में दिए गए आंकड़ों से यह स्पष्ट है कि औद्योगिक प्रदूषण का शिकार होने वाले लोगों के लिए उपलब्ध संसाधनों की मात्रा बहुत सीमित है। पहली बात यह कि कुल परिवारों का लगभग 82 प्रतिशत खेती पर निर्भर है। इसके अतिरिक्त, 15 प्रतिशत परिवार अपनी आजीविका के लिए खेत मजदूरी में लगे हुए हैं। इन आंकड़ों को एकसाथ रखने पर, लगभग 97 प्रतिशत परिवार खेती पर निर्भर हैं। ग्रीन पीस की रिपोर्ट यह बताती है कि इस क्षेत्र में औद्योगिक प्रदूषण ने 2,000 एकड़ खेती योग्य जमीन को प्रभावित किया है और साथ ही 140 फीट तक की गहराई वाले जल स्तर को भी प्रदूषित किया है।[10] प्रदूषण ने परिवारों को उनके पारंपरिक रोजगार से दूर कर दिया और उनसे उनकी संपत्ति छीन ली। इन गांव वालों के पास कोई वैकल्पिक कौशल नहीं हैं जिससे ये रोजगार के अन्य जरिए चुन सकें। उपलब्ध साक्ष्यों से यह देखा जा सकता है कि स्थानीय उद्योग गांव वालों को रोजगार नहीं देते। हालांकि उद्योग सरकार से इस आधार पर छूट लेते हैं कि वे पिछड़े क्षेत्रों के विकास के लिए योगदान करेंगे, परंतु वास्तविकता में वे स्थानीय आबादी को रोजगार के कोई अवसर प्रदान नहीं करते हैं या कौशल विकास के संदर्भ में सामाजिक गतिशीलता प्रदान नहीं करते। कुछ हाशियाकृत व छोटे किसान जीवन–यापन के लिए अन्य गतिविधियों में भी लगे हुए हैं, और धोबी के तौर पर काम करते हुए, या मत्स्य–पालन, साझा जमीन पर उगे फलों की बिक्री या पशुपालन जैसे व्यवसायों के जरिए उनके पास अतिरिक्त आमदनी कमाने की संभावना होती है।

काजीपल्ली में औद्योगीकरण की शुरुआत आपातकाल के बाद के दौर में हुई जब इंदिरा गांधी ने 1980 के आम चुनावों में मेडक निवार्चन–क्षेत्र से चुनाव लड़ा और वह जीत गईं। इस क्षेत्र को उद्योग विकास क्षेत्र (आई.डी.ए.) के रूप में अपनाया गया था। परंतु, 1989 के बाद ही कहीं इस कस्बे में औद्योगीकरण की गति तेज हुई। सन 1989 के बाद शुरु हुए ये उद्योग बहुराष्ट्रीय व अन्य बड़े राष्ट्रीय कॉरपोरेशंस द्वारा ऋण की लाइसेंसिग व आउटसोर्सिंग पर काम करते थे। इस समय काजीपल्ली व गद्दापोथरम में लगभग 50 उद्योग हैं। हाल ही में यह पता चला कि इन 50 इकाईयों में से 35 इकाईयां केंद्रीय प्रदूषण नियंत्रण बोर्ड

से क्लीयरेंस प्रमाणपत्र लिए बिना काम कर रही हैं। कमीशनरेट ऑफ इंडस्ट्रीज के पास इनमें से कुछ उद्योगों के बारे में रिकार्ड भी नहीं हैं।

ये बहुराष्ट्रीय कॉरपोरेशंस, खासकर अमेरिका के, अपने उत्पादों की आउटसोर्सिंग इसलिए कर रहे हैं क्योंकि बॉमोल एवं ओएट्स द्वारा लगाए गए एक अनुमान के अनुसार यदि अमेरिका को जीरो डिस्चार्ज मानदंड हासिल करना है, तो अमेरिकी अर्थव्यवस्था को 2 अरब अमेरिकी डॉलर खर्च करने पड़ेंगे। अमेरिका में इंवायरोंमेंटल प्रोटक्शन एजेंसी (ई.पी.ए.) 1989 में प्रभाव में आई। ई.पी.ए. ने उत्पादों को, खासकर रासायनिक व धात्विक उत्पादों को, जैव–संचयी विषाक्त पदार्थों के रूप में वगीकृत किया। चूंकि ये रसायन विघटित नहीं होते हैं, इसलिए इनके स्रावित होने से पर्यावरण में विषाक्त पदार्थ जमा होते हैं। इस प्रकार के उत्पादन के साथ 'दूषित सामान' शब्द भी जुड़ा होता है। 'दूषित सामान' उन्हें कहा जाता है जिनके प्रवाह का उपचार करने की लागत स्वयं अंतिम उत्पाद के मूल्य से अधिक होती है। इसलिए, यदि 'दूषित सामान' के उत्पादन में जल, मृदा व वायु की गुणवत्ता के कानून द्वारा तय किए गए मानकों का पालन किया जाए, तो स्पष्टतः यह बहुत महंगा हो जाएगा। यही कारण है कि बहुराष्ट्रीय कॉरपोरेशंस ने उत्पादों के ऋण लाइसेंसिंग के जरिए इन 'दूषित सामानों' का उत्पादन 'तीसरी दुनिया' के उत्पादकों से कराने का रास्ता अपनाया। दूसरी तरफ, राष्ट्रीय कॉरपोरेशंस 'दूषित सामानों' के उत्पादन की आउटसोर्सिंग इस उद्देश्य से कर रहे हैं क्योंकि उन्हें आई.एस.ओ. 2001 व इस तरह के गुणवत्ता संबंधी अन्य प्रमाणपत्र मिल जाएंगे जो विदेशी बाजारों में अपने उत्पादों का निर्यात करने के लिए पूर्वशर्त होते हैं। आउटसोर्स होने वाले इस प्रकार के उत्पादन काजीपल्ली व गद्दापोथरम औद्योगिक क्षेत्रों में स्थित इकाइयों द्वारा भी किए जा रहे हैं। प्रदूषण करने वाली औद्योगिक इकाइयों के साथ गंठजोड़ स्थापित करने वाली ऐसी बहुराष्ट्रीय कंपनियों में शॉ वालेस, बिल गेट्स फाउंडेशन द्वारा निर्मित किए जा रहे एड्स–रोधी टीकों व रेड्डी लैब्स की पहचान हमारे शोध में की गई है। सार्वजनिक उपभोग के लिए स्वच्छ उत्पादन का दावा करने वालों में इस तरह के अन्य बहुत से बड़े घराने शामिल हो सकते हैं।

दिलचस्प बात यह है कि 1991 में एम.ओ.डी.वी.ए.टी. पेश किया गया जिसने छोटे पैमाने के उद्योगों को गति प्रदान की। चूंकि एम.ओ.डी.वी.ए.टी. स्रोत पर लगने वाला कर होता है, इसलिए छोटे पैमाने के उद्योगों को इससे लाभ हो रहा है क्योंकि उन्हें कच्चे माल, चुंगी कर आदि पर अनेक छूट दी जा रही है। इसके अतिरिक्त, छोटे पैमाने की कंपनियां श्रम भी सस्ते में लेती हैं। इसलिए, उनके लिए एम.ओ.डी.वी.ए.टी. कम रहता है। नतीजतन यह स्पष्ट है कि यदि बड़े कॉरपोरेशंस को बिचौलिये मिल जाएं या फिर उनके द्वारा आउटसोर्स किए गए उत्पाद अपेक्षाकृत कम कीमत पर निर्मित हों, तो इन उत्पादों को उनके द्वारा स्वयं निर्मित किए जाने की तुलना में कम खर्च होगा। मेडक एक पिछड़ा क्षेत्र रहा है और यहां के लिए उद्योगों को मिलने वाले फायदों का पैकेज बहुत आकर्षक है। हालांकि तकनीकी रूप से यह क्षेत्र मेडक के अंतर्गत आता है, परंतु यह शहर से महज 35 किलोमीटर दूर है और आधारभूत ढांचे तक पहुंच आसान है। औद्योगीकरण के इस मॉडल को 'नया औद्योगीकरण' कहा जाता है और श्रम मानकों व पर्यावरणीय प्रदूषण के निर्मम उल्लंघनों के संदर्भ इसे समाज पर बहुत अधिक खर्च लादने वाला माना जाता है (विजय 1999; 2003)। हालांकि उद्योगों के उत्पादों का बाजार स्थानीय नहीं है, परंतु कानून द्वारा स्थापित किए गए मानकों के उल्लंघनों के संदर्भ में औद्योगीकरण के इस मॉडल में अ–नागरिकता अंतर्निहित है। गैर–नागरिक ढंग से विनिर्माण करने के

कार्यअभ्यासों के लिए स्वाभाविक रूप से यह जरूरी है कि इनके अ–नागरिक कार्यों में राजनीतिक दायरों के साथ लॉबीईंग करना, नौकरशाही को रिश्वत देना, माफिया व इसी प्रकार के अन्य अ–नागरिक कार्यअभ्यासों के साथ गंठजोड़ बनाना स्पष्टतः शामिल हो। इस अर्थ में, अ–नागरिकता अपरिहार्य व ढांचागत बन जाती है।

'विकास' की पेशकशः प्रदूषण व सामाजिक व्यय

काजीपल्ली के जलाशय में प्रदूषण के उच्च स्तर पिछले 16 वर्ष के दौरान यहां पर फेंके गए विषाक्त औद्योगिक प्रवाहों के परिणाम थे। अनेक रिपोर्टों ने पानी की जगहों को खतरनाक स्तर तक पहुंचाए गए नुकसानों के बारे में झुठलाए नहीं जा सकने वाले साक्ष्य प्रदान किए और इन रिपोर्टों में काजी चेरुवु और जमीन के पानी के बारे में जवाहर लाल नेहरु प्रौद्योगिकी विश्वविद्यालय (जे.एन.टी.यू.) के पर्यावरण विभाग द्वारा 1998 में दी गई एक तकनीकी रिपोर्ट, आंध्र प्रदेश प्रदूषण नियंत्रण बोर्ड (ए.पी.पी.सी.बी.) द्वारा जलाशयों में पानी की गुणवत्ता पर मासिक अपडेट्स और न्यायाधीश गोपाल राव की अध्यक्षता में आंध्र प्रदेश हाई कोई द्वारा गठित समिति की रिपोर्ट (जिसने 2004 में फैक्ट फाइंडिंग रिपोर्ट जमा की) शामिल हैं। अपने शोध के एक अंग के रूप में, हमने स्वतंत्र रूप से पानी के नमूनों की जांच 1997 में यज्ञ लैब्स द्वारा कराई और फिर 2003 में एंवायरोंमेंटल प्रोटेक्शन ट्रेनिंग एंड रिसर्च इंस्टीट्यूट (ई.पी.टी.आर.आई.) द्वारा 2003 में कराई ताकि एक ही स्थानों में एकत्रित किए गए पानी के नमूनों की गुणवत्ता की तुलना की जा सके। इनके परिणामों को नीचे तालिका 5.3 में दिया गया है:[11]

तालिका 5.3: 1997–2003 के पानी के नमूनों की जांच के नतीजों के लिए तुलनात्मक आंकड़े

क्र. सं.	*पैरामीटर*	*सामान्य रेंज*	*नमूना 1*		*नमूना 2*		*नमूना 3*		*नमूना 4*	
			1997	*2003*	*1997*	*2003*	*1997*	*2003*	*1997*	*2003*
1.	पी.एच.	7–8.5	4.2	7.2	7.8	7.2	7.6	7.2	8.1	7.3
2.	घुला हुआ ठोस	500 मिग्रा/ली	3900	2860	7600	2900	970	2865	7960	1860
3.	क्लोराइड	200 मिग्रा/ली	340	930	520	855	550	855	250	445
4.	सल्फेट्स	200 मिग्रा/ली	260	509	320	488	340	495	140	545
5.	फ्लोराइड	1.0 मिग्रा/ली	1.8	.752	2.5	.759	2.3	.600	1.0	.666
6.	मैग्नीशियम	30 मिग्रा/ली	300	347	300	346	300	272	180	347
7.	कैल्शियम	75 मिग्रा/ली	700	594	500	644	600	594	200	495

स्रोतः लेखक द्वारा 1997 में फील्ड स्टडी। परिणाम यज्ञ लैब्स, अम्बरपेट द्वारा संचालित परीक्षणों पर आधारित हैं।

लेखक द्वारा 2003 में किया गया फील्ड वर्क। परिणाम ई.पी.टी.आर.आई., गाछीबोली द्वारा संचालित परीक्षणों पर आधारित हैं।

तालिका 5.3 में दिए गए आंकड़े यह साबित करते हैं कि काजीपल्ली के जलाशय के पानी में अलग–अलग रसायनों की मौजूदगी सामान्य स्तरों से बहुत अधिक है, और साथ ही कुछ संकेतक यह भी दर्शाते हैं कि 2003 में प्रदूषण के स्तर 1997 की तुलना में अधिक हैं। हालांकि, लोगों की लंबी लड़ाई की बदौलत प्रदूषण के स्तर नियंत्रित हुए हैं, परंतु इससे नियामक अधिकारी दोष–मुक्त नहीं हो जाते हैं, क्योंकि पानी में अनुमेय सीमाओं से अधिक मात्रा में मौजूद नुकसानदेह रसायनों की उपस्थिति को नियंत्रित करने में नाकाम होने के कारण वे प्रदूषण नियंत्रण के मानकों का निर्ममतापूर्वक उल्लंघन कर रहे हैं। इस तरह से अधिकारीगण न सिर्फ स्थानीय निवासियों के जीवन, संपत्ति व स्वास्थ्य को खतरे में डाल रहे हैं, बल्कि प्रकृति में मौजूद जीवन के उन अन्य रूपों के लिए भी खतरा पैदा कर रहे हैं जिन पर समुदाय अपने जीवन–यापन के लिए निर्भर है। इसलिए, तालिका 5.3 में दर्शाए गए आंकड़ों का आकलन इस रूपरेखा के अंतर्गत किया जाना चाहिए।

प्रदूषण के परिणामस्वरूप, 32 गांवों की लगभग 7,000 एकड़ जमीन अंशतः या पूर्णतः नष्ट हो गई है (जे.एन.टी.यू. रिपोर्ट 1998)। इसके अतिरिक्त, मछलियों व मवेशियों की संख्या में आई कमी की भी अनेक रिपोर्टें प्रकाशित हुई हैं जिन पर कई ग्रामीण समुदाय अपने जीवन–यापन के लिए निर्भर हैं (फील्ड के आंकड़े, 1997–98, 2003–05)। ग्रीन पीस द्वारा जारी स्वास्थ्य संबंधी रिपोर्टों ने प्रभावित गांवों के निवासियों की स्वास्थ्य संबंधी स्थिति के बारे में चौंकाने वाले तथ्य उजागर किए (कृपया तालिका 5.4 देखें)।

इस प्रकार, हमें पता चलता है कि प्राकृतिक पर्यावरण को बहुत अधिक नुकसान पहुंचाया गया है और औद्योगिक प्रदूषण की वजह से स्थानीय समुदायों को बहुत ही अधिक व्यय करना पड़ा है।

तालिका 5.4: प्रभावित गांवों में रोग की घटना

रोग/प्रभावित अंग	*होने के अवसर*
तंत्रिका तंत्र	नियंत्रित समूह की तुलना में 3 गुना अधिक
रक्त–प्रवाह प्रणाली	नियंत्रित समूह की तुलना में 2 गुना अधिक
श्वसन प्रणाली	नियंत्रित समूह की तुलना में 3.81 गुना अधिक। 20 में से 1 प्रभावित।
पाचन तंत्र	नियंत्रित समूह की तुलना में 1.98 गुना अधिक
रक्त व रक्त–निर्मित करने वाले अंग	नियंत्रित समूह की तुलना में 2.914 गुना अधिक। 35 लोगों में से 1 प्रभावित।
अंतःस्रावी, पोषण–संबंधी व मेटाबोलिक प्रणालियां	नियंत्रित समूह की तुलना में 1.84 गुना अधिक। 35 लोगों में से 1 प्रभावित।
निओप्लाज्म्स (रसौली)	नियंत्रित समूहों की तुलना में 11 गुना अधिक
त्वचा व अंतः त्वचीय ऊतक	नियंत्रित समूहों की तुलना में 2.67 गुना अधिक
जन्मजात विरूपताएं, विकृतियां व क्रोमोसोम संबंधी असामान्यताएं	नियंत्रित समूहों की तुलना में 3.93 गुना अधिक
कैंसर	नियंत्रित समूहों की तुलना में 11 गुना अधिक

स्रोतः ग्रीन पीस, 2004.

यह अध्याय प्रदूषण के विरुद्ध किए गए सामूहिक कार्य पर ध्यान केंद्रित करता है और इस बात की पड़ताल करने का प्रयास करता है कि किस प्रकार राजनीतिक–समाज के विचार को मुख्यतः जीवित रहने के लिए आसन्न हित–समूह की राजनीति के साथ विभिन्न 'रणनीतियों' या 'संदर्भगत समझौतों' (कांटैक्सचुअल नेगोशिएशंस) को आपस में मिलाने के रूप में समझा गया और व्यावहारिक अर्थ में यह अवहनीय बन जाता है और साथ ही अपनी प्रकृति में नागरिक–समाज से संबंधित निहितार्थों को दोहराता है (सुदृढ़ शक्ति संबंधों को पुनरुत्पादित करता है)। इस उद्देश्य के लिए, इस अध्ययन ने तीन प्रासंगिक सामाजिक समूहों (कृषक समुदाय, युवा व स्त्रियों) का विश्लेषण किया है जो प्रदूषण फैलाने वाले उद्योगों के विरुद्ध लामबंदी करने के लिए आदर्श हैं क्योंकि इन तीनों समूहों के संगठित संघ हैं। यह शोध अध्ययन इस बात का परीक्षण करने के लिए भी संचालित किया गया था कि पूरे ग्रामीण समुदाय को प्रभावित करने वाले प्रदूषण की समस्या से निपटने के लिए ये संघ क्या कर रहे थे। अध्ययन में शामिल किए गए संघों में कुल 40 किसानों की सदस्यता वाली कलुष्य व्यतिरेक रैतू समिति (के.वी.आर.सी.), कुल 50 सदस्यों वाला शिवाजी यूथ एसोसिएशन, और कुल मिलाकर लगभग 100 स्त्री सदस्यों वाले डी.डब्ल्यु.सी.आर.ए. सूक्ष्म–ऋण समूह शामिल थे। अध्ययन को दो चरणों में संचालित किया गया था। वर्ष 2003 में किए गए एक पूर्ववर्ती अध्ययन का आकलन किया गया और 40 किसानों के एक सैंपल से प्रतिक्रियाएं ली गईं। दूसरा सर्वेक्षण 2005 में किया गया जो इन तीनों समूहों के 30 प्रत्युत्तरदाओं के नमूने पर आधारित था। इस प्रकार इस अध्ययन में कुल 70 प्रत्युत्तरदाता हैं। प्राथमिक डेटा एकत्रित करने के लिए एक संरचित प्रश्नावली व अनौपचारिक साक्षात्कार का इस्तेमाल किया गया था। प्राथमिक डेटा (आँकड़े) को एकत्रित करने के संबंध में, यह पता चला कि चूंकि विभिन्न समांग समूहों के प्रत्युत्तरदाताओं के बीच अनुभव साझा किस्म का था इसलिए उनके आख्यानों में दोहराव थे। इससे यह नतीजा भी निकला कि सैंपल के प्रत्युत्तरों को इन संघों द्वारा प्रतिनिधित्व किए जाने वाले सामाजिक समूहों का सामान्य दृष्टिकोण भी माना जा सकता है।

राजनीतिक–समाज: हित–समूह की राजनीति या न्याय हेतु सामूहिक संस्थाएं?

प्रदूषण की समस्या और इसके निहितार्थों का अध्ययन करते हुए, हमें पता चला कि जब भी लोगों ने अपनी सामूहिक गतिविधि के जरिए संरचनागत प्रश्न खड़े किए, तो उन्हें पुलिस जैसे दमनकारी राज्य के उपकरण से उत्पीड़न के असभ्य तरीके झेलने पड़े हैं और साथ ही संगठित माफिया का दमन भी झेलना पड़ा है। इस असभ्यता ने उनकी राजनीतिक गतिविधि को कमजोर किया। काजीपल्ली में औद्योगिक प्रदूषण के शिकार लोगों ने जब इस प्रकार के संरचनागत प्रश्न खड़े किए और समस्या से निपटने का प्रयास किया, तो उन्हें जो अनुभव हुए उनके बारे में नीचे बताया गया है। उद्योगों द्वारा गांव के जलाशय को प्रदूषित किए जाने के मुद्दे के इर्द–गिर्द केंद्रित गांव के विवाद ने एक सामूहिक रूप ग्रहण किया और संरचनागत मांगें उठाई। गांववालों द्वारा प्रदूषण फैलाने वाले उद्योगों को बंद किए जाने की मांग को अनेक कारणों से एक संरचनागत मांग के रूप में देखा जा सकता है। जैसा कि पहले ही बताया जा चुका है, अपने जलाशय के प्रदूषित होने से पहले

काजीपल्ली के गांववाले अपने जीवन–यापन के लिए मुख्यतः खेती पर और इससे जुड़ी अन्य पारंपरिक गतिविधियों पर निर्भर थे। इस प्रकार विवाद किसानों व उद्योग के बीच के विवाद के रूप में अभिव्यक्त हुआ। दूसरे, जैसा कि औद्योगीकरण की प्रकृति से संबंधित आख्यान में पहले ही बताया जा चुका है, ये उद्योगपति इस शब्द के क्षेत्रीय अर्थ में बाहरी लोग थे, क्योंकि वे मुख्यतः आंध्र प्रदेश के तटवर्ती आंध्र व रायलसीमा क्षेत्रों से ताल्लुक रखते थे। पृथक तेलंगान राज्य की बढ़ती आकांक्षाओं के संदर्भ में यह क्षेत्रीय आयाम विशेष महत्व ग्रहण कर लेता है।[12]

इसके अतिरिक्त, दो अन्य कारणों से भी क्षेत्रीय आयाम प्रासंगिक है। हालांकि, उद्योग नीति के अनुसार ग्रामीण क्षेत्रों में औद्योगीकरण के मुख्य उद्देश्यों में से एक यह था कि पिछड़े क्षेत्रों का विकास किया जाए और यह 'औद्योगिक विकास क्षेत्रों' की नीति थी तथा इस तरह से यह छूटों व इस प्रकार के अन्य लाभों को न्यायोचित ठहराती थी, परंतु यह देखा गया कि इन उद्योगों ने इन पिछड़े क्षेत्रों के विकास की दिशा में बहुत सीमित योगदान दिया। स्थानीय लोगों को इन उद्योगों में रोजगार के अवसर नहीं प्रदान किए गए। और इन उद्योगों द्वारा निर्मित किए जाने वाले उत्पाद स्थानीय बाजार के लिए भी नहीं थे।

यह भी देखा गया कि प्रदूषण के शिकार लोगों में स्थानीय आबादी के अनेक हिस्से शामिल थे जिनमें भूमिहीन, पशुपालक, कारीगर और पारंपरिक सेवा क्षेत्र में काम करने वाले लोग आते थे, और इन सभी को आय, रोजगार व संपत्तियों का नुकसान उठाना पड़ा और साथ ही इन उद्योगों की स्थापना के कारण उनके स्वास्थ्य पर भी बुरा असर पड़ा और स्थानीय हस्तशिल्प तथा छोटे पैमाने के उद्योगों के लिए अन्यायपूर्ण प्रतिस्पर्द्धा पेश हुई। उद्योगों ने भारी मुनाफा कमाया और शक्तिशाली स्थानों पर मौजूद लोगों के साथ गंठजोड़ कायम किया तथा अपने तुच्छ हितों के लिए अपनी क्षमता के अनुसार तंत्र का दुरुपयोग किया। परिणामतः, समस्या सिर्फ प्रदूषण की नहीं रह गई बल्कि असल में इसने विशिष्ट सामाजिक वर्गों के बीच विवाद का रूप ग्रहण कर लिया, जिसमें एक तरफ हाशिए पर मौजूद लोग थे जिन्होंने धनी व शक्तिशाली लोगों के विरुद्ध आवाज उठाई थी। इस प्रकार स्थानीय आबादी द्वारा प्रदूषण फैलाने वाले उद्योगों को स्थाई तौर पर बंद कर दिए जाने की मांग की गई जिसे किसान समुदाय द्वारा गैर–जिम्मेदार उद्योगों से निपटने के एक प्रयास के रूप में देखा जा सकता है; साथ ही स्थानीय समुदाय द्वारा बाहरी उद्योगपतियों के विरुद्ध जोशीले विरोध के रूप में देखा जा सकता है; और इसके अतिरिक्त यह विशिष्ट अरक्षित सामाजिक वर्गों की धनिकों व शक्तिशालियों के गंठजोड़ के विरुद्ध की गई मांग भी थी। इन सभी अर्थों में, प्रदूषण फैलाने वाली औद्योगिक इकाईयों को स्थाई तौर पर बंद करने की मांग एक संरचनागत मांग बन गई।

काजीपल्ली में प्रदूषण फैलाने वाली औद्योगिक इकाईयों को स्थाई तौर पर बंद करने की मांग, असल में, 1989 के बाद कई अवसरों पर की गई थी। काजीपल्ली व अन्य प्रभावित गांवों के ग्रामीणों ने, फोरम अगेन्स्ट पॉल्यूशन, जन विज्ञान वेदिका सहित अनेक अलग–अलग संगठनों के नेतृत्व में, और इन गांवों के राजनीतिक प्रतिनिधियों के नेतृत्व में रैलियां निकालीं और धरना दिया।[13] परंतु, विरोध–प्रदर्शन करने वालों पर लाठियां भांजी गई और उनके प्रतिनिधियों को गिरफ्तार कर लिया गया। वर्ष 1994 में फिर से, जब गांववालों ने उद्योगपतियों का विरोध करने के लिए एक और अभियान शुरू किया, तो उन पर माफिया द्वारा हमला बोला गया और कुछ हद तक विरोध के बावजूद उन्हें मारकर खदेड़ दिया गया और उनमें से अनेक को गांव छोड़कर जाने के लिए बाध्य तक किया

गया क्योंकि उनकी जान को खतरा पैदा हो गया था। इस घटना के बाद जो गांव वाले गांव छोड़कर भाग गए उनके विरुद्ध हत्या के प्रयास सहित अनेक मामलों में मुकदमे दर्ज किए गए। वर्ष 1995 में एक और घटना हुई, जिसमें कुछ राजनीतिक प्रतिनिधियों के नेतृत्व में उन्होंने उद्योगों पर हमला किया, और उद्योगपतियों को लूटा व उन पर हमला किया। एक बार फिर, विरोध करने वाले गांव वालों पर हत्या के प्रयास का मुकदमा दर्ज किया गया और जबरन वसूली के लिए मामला दर्ज किया गया। उत्पीड़ित लोगों के इन कार्यों ने 'विवादास्पद राजनीति व सामूहिक कार्यों' की भूमिका में राजनीतिक की रचना करने और उनकी व्यक्तिपरकता को शामिल करने में योगदान दिया। जैसा कि राजनीतिक–समाज इसके बारे में बताता है, यह वैसा कोई आसान नतीजा नहीं हो सकता है जो आधुनिकता से उनकी दूरी को प्रदर्शित करे और उनके द्वारा 'अविजित, अनोखे की खोज करने, लोगों की व्यक्तिपरकता की विशिष्टता व स्वायत्तता की खोज करने' के रूप में पेश किया जाए (आलम 1983ः 47)। लामबंदी के तरीकों की मंशा अंतिम–लक्ष्यों को अर्जित करने की होती है और लामबंदी के तरीके 'पारंपरिक रूप' (सामाजिक, धार्मिक या सांस्कृतिक) लेने के बजाय विरोध की प्रकृति तय करते हैं। राज्य व नागरिक–समाज का प्रत्युत्तर भी मुख्यतः इसी पर निर्भर करता है। इस मामले में, राज्य ने विरोध करने वालों बहुत निर्ममता से आड़े हाथों लिया क्योंकि वे ऐसी मांगें कर रहे थे जो संरचनागत प्रकृति के थे और साथ ही बहुत प्रभावशाली व अधिकारियों से अच्छे संपर्क रखने वाले उद्योगपतियों के विरुद्ध थे। इसलिए, यह बहुत अधिक संभव है कि सामूहिक कार्य एक 'अविजित व अनोखा' रूप ग्रहण कर सकता है जो शायद नागरिक–समाज के आधुनिक संस्थानिक ढांचों से बाहर हो परंतु इसके बावजूद यह संरचनागत प्रकृति की मांगें नहीं उठा सकता, और इसके बाजय ऐसी मांगें उठाता है जो असल में नागरिक–समाज के लिए सीधे–सरल (औपचारिक) हों। सीधे–सरल (गुजर–बसर) के ऐसे मामलों में, भले ही सामूहिक कार्य 'पारंपरिक रूप' ग्रहण करें, नागरिक–समाज इन्हें स्वयं अपने संस्थानिक तर्क के अंदर सहयोजित कर लेता है। आधुनिक व पारंपरिक के बीच, या आधुनिकता व लोकतंत्र के बीच एक युग्म बनाने में, राजनीतिक–समाज *प्रतिच्छेद के बिंदुओं* को समझने में (इस मामले में, उद्योगपतियों जैसे प्रभुत्वशाली वर्गों के विशेषाधिकारों को पुनरुत्पादित करने में) नाकाम रहता है जिन्हें नागरिक–समाज की कार्यप्रणाली वास्तव में प्रदान करती है।

पुनः 2005 में, गोआ फाउंडेशन द्वारा उच्चतम न्यायालय में दाखिल किए गए शपथ–पत्र के आधार पर उच्चतम न्यायालय ने एक सार्वजनिक सुनवाई का आदेश दिया क्योंकि इनमें से कई उद्योग केंद्रीय प्रदूषण नियंत्रण बोर्ड से अनापत्ति प्रमाण–पत्र प्राप्त किए बिना ही 1994 से काम कर रहे थे। परंतु, जिस ढंग से इस सार्वजनिक सुनवाई का संचालन किया जा रहा था उसके विरुद्ध गांववालों ने आपत्ति दर्ज की। प्रदूषण के प्रभाव की आकलन की रिपोर्टें (पॉल्यूशन इंपैक्ट असेसमेंट रिपोर्ट्स) कई गांवों तक नहीं पहुंची थीं और सुनवाई की तारीखें भी गांववालों के बीच साफ ढंग से प्रचारित नहीं की गई थीं, और उनमें से कुछ ने यह शिकायत भी की थी कि उन्हें सार्वजनिक सुनवाई में जाने से रोकने के प्रयास में फोन भी किए गए थे। इन सभी घटनाओं में जो बात बहुत स्पष्ट तौर पर सामने आई वह यह थी कि राज्य और बाजार के तुच्छ हित न सिर्फ गंठजोड़ बनाकर काम कर रहे थे बल्कि प्रतिरोध की राजनीति को रोकने के लिए अक्सर दमनकारी और कपटपूर्ण उपायों का सहारा भी ले रहे थे। परंतु, अब राजनीतिक–समाज, और इससे पहले 'सबआल्टर्न स्टडीज... कमोबेश छल–कपट, उकसावे व भ्रम की संभावना का निषेध करते हैं' (पूर्वोक्तः 46), जो शक्ति के

संचालित होने व स्वयं को दोहराने के तरीके का अविभाज्य अंग रहे हैं। इस पहलू की अनदेखी करना असल में 'बाह्य संरचनागत अंतक्रिया व दृढ़ता के संपूर्ण क्षेत्र को बंद कर देता है' और 'ऐतिहासिक संविधान' या 'राजनीति की भौतिकता' का निषेध करता है (हैनलन 2000; समद्दर 2007)।

परंतु, इन सभी धमकियों के बावजूद, गांववालों ने विशाल संख्या में स्वयं को संगठित किया, न्यायालय की सुनवाई में भाग लिया और उद्योग के विरुद्ध गवाही दी। अपने विरुद्ध यह सब होता हुआ देखकर, उद्योगों के प्रतिनिधियों ने ग्रीन पीस के कार्यकर्ताओं के साथ मार–पीट करके सार्वजनिक सुनवाई को बाधित करने का प्रयास किया जिसके परिणामस्वरूप गांववालों ने क्रुद्ध होकर विरोध किया। इसके बाद हुए उपद्रव में पुलिस के असिस्टेंट सब–इंस्पेक्टर (ए.एस.आई.) को चोटें आईं। बाद में, लोगों को संगठित करने में शामिल रहे ग्रीन पीस का कार्यकर्ता और एक शोधकर्ता जब पुलिस थाने में एफ.आई.आर. दर्ज कराने गए, तो सर्कल इंस्पेक्टर ने उनसे अभद्र व्यवहार और मार–पीट की। बाद में जब उसे अहसास हुआ कि ये पीड़ित दरअसल कार्यकर्ता हैं जिनका गांववालों के विरोध से कोई लेना–देना नहीं है, तो पुलिस के एडिशनल सुपरिंटेंडेंट ने कार्यकताओं से माफी मांगी और उन्हें आश्वासन दिया कि सर्कल इंस्पेक्टर के विरुद्ध कार्यवाही की जाएगी। परंतु, उद्योग के प्रतिनिधियों व सर्कल इंस्पेक्टर के विरुद्ध शिकायतें दर्ज करने के बावजूद, किसी भी मामले में कोई कार्यवाही नहीं की गई। इसके बजाय ग्रीन पीस कार्यकर्ता व शोधकर्ता सहित 62 गांववालों के विरुद्ध धारा 307 सहित (जो हत्या के प्रयास के लिए आपराधिक मुकदमा था) भारतीय दंड संहिता के आठ अनुच्छेदों के तहत मामले दर्ज किए गए। इसके बाद कांस्टेबल गांवों में गए और गांववालों को यह धमकी देकर ब्लैकमेल करने लगे कि उनके नाम एफ.आई.आर. में डाल दिए जाएंगे और पैसे की मांग करने लगे। काजीपल्ली का सरपंच[14] उद्योगपतियों के समर्थन में था और उसने गांववालों को यह कहते हुए धमकाया कि यदि उद्योगपतियों के विरुद्ध लामबंदी करने के लिए ग्रीन पीस के एक कार्यकर्ता व एक शोधकर्ता को पुलिस पीट सकती है, तब भला सामान्य गांववालों की क्या बिसात है? इसका गांववालों पर वांछित असर पड़ा क्योंकि उनकी नजर में ग्रीन पीस के कार्यकर्ता और शोधकर्ता उन लोगों में से थे जिनकी पहुंच नागरिक–समाज के शहरी कुलीनों तक थी और नौकरशाही व राज्य के मंत्रियों तक उनकी जान–पहचान थी। यदि उन लोगों को पुलिस हिरासत में मारा–पीटा जा सकता है, तब भला सामान्य गांववालों को कौन सुरक्षा प्रदान करेगा? इस डर से वे दूसरे दिन सार्वजनिक सुनवाई से दूर रहे, और उद्योगपति ठीक यही चाहते थे।

सार्वजनिक सुनवाई के दूसरे दिन उद्योगपति 12 डी.सी.एम. मिनी बस में ऐसे लोगों को भरकर लाए जिन्हें उद्योगपतियों के पक्ष में बयान देने के उद्देश्य के लिए पैसे दिए गए थे। कई गांववालों ने सूचना दी कि कुछ गांवों के सरपंचों व कुछ गांववालों ने रिश्वत लेकर ये बयान दिए। इस तरह, जिसे लोकतांत्रिक प्रक्रिया होना था जिसमें गांववाले खुलकर अपनी राय प्रकट कर पाते उस प्रक्रिया को उद्योगपतियों के प्रतिनिधियों ने तहस–नहस कर दिया और इसके लिए उन्होंने अशिष्टता के कार्यों का सहारा लिया और इससे पहले पुलिस ने गांववालों को धमकाकर उन्हें दूसरे व तीसरे दिन की सार्वजनिक सुनवाई से दूर रखा।

उपरोक्त आख्यान यह दर्शाता है कि जब भी सामूहिक कार्य के इर्द–गिर्द संरचनागत मांगें पेश की जाती हैं तो यह बाजार, नागरिक–समाज व राज्य को सुदृढ़ीकृत करता है ताकि वह गैर–नागरिक तरीके प्रदर्शित करे और लोगों की राजनीतिक गतिविधि का दमन

करे। संस्थानों की ऐसी गैर–नागरिकता का ही यह नतीजा है कि राज्य अपनी वैधता खो देता है और प्रभुत्वकारी हितों के साथ अन्यायपूर्ण तरीके से मिल जाता है। राजकीय उपकरण, जिसका प्रतिनिधित्व इस मामले में प्रदूषण नियंत्रण बोर्ड (पी.सी.बी.) ने किया और पुलिस, जिसके बारे में माना जाता है कि वह कानून को लागू करेगी लेकिन जिसने असल में न्याय को पलटने के लिए न्यायेतर उपायों का सहारा लिया, और इस प्रकार यह दर्शाया कि मनमाने व असंगत व्यवहार के जरिए राज्य का इस्तेमाल किया जा सकता है, जो विवादों की स्थिति में निष्पक्ष मध्यस्थ की इसकी छवि के लिए अत्यधिक नुकसानदेह है। इसके अतिरिक्त, माफिया जैसे तत्वों (मुख्यधारा के राजनीतिक दलों के साथ इनके जुड़ाव के कारण) के विरुद्ध कोई कदम उठाने में राज्य की नाकामी, और उद्योगपतियों द्वारा गांववालों के विरुद्ध किए गए हिंसा के कार्यों पर प्रतिक्रिया करने से इसके द्वारा इंकार किया जाना यह दर्शाता है कि नागरिक–समाज की संस्थानिक 'कानून–व्यवस्था' के दायरे के अंदर, संगठित राजनीतिक विरोध के लिए असल में बहुत कम जगह बची थी। इसके उलट, ज्यादा राजनीतिक कार्य कानून–व्यवस्था की सीमाओं को और राज्य व कुलीनों द्वारा अपनाए जाने वाले अधिकाधिक छल–कपटपूर्ण रूपों को दर्शाते हैं, और इस प्रक्रिया में कानूनी कार्यअभ्यास गैर–कानूनी कामों का स्वयं अपना समुच्चय उत्पन्न करते हैं।

कानूनी व गैर–कानूनी के बीच, ये *प्रतिच्छेद के बिंदु* इस तथ्य को दिखाते हैं कि आधुनिक शक्ति विरोध के युग्म द्वारा संचालित होती है। इस प्रकार की शक्ति को प्रतिस्थापित करने या दरकिनार करने के लिए, महज उन कार्यअभ्यासों पर जोर डालना जिन्हें कानूनी या नागरिक के रूप में मान्यता दिए जाने से बाहर कर दिया गया है (इस मामले में गैर–कानूनी या पैरालीगल कार्यअभ्यास), जैसा कि राजनीतिक–समाज का क्षेत्र करता है, नागरिक–समाज के प्रभुत्वकारी कार्यअभ्यासों व क्षेत्र को मूर्त रूप देने में सिर्फ आधुनिक शक्ति के तौर–तरीकों को सुदृढ़ ही करता है, 'मानो' यह शुद्धतः कानून का दायरा था, और इस प्रकार यह उस *लॉजिक ऑफ सर्कुलैरिटी* का अविभाज्य अंग बन जाता है जिसके जरिए नागरिक–समाज संचालित होता है।[15] ऐसे ही संदर्भों में, *लॉजिक ऑफ सर्कुलैरिटी* से उबरने के लिए जटिल संयोगकारी तरीकों को अपनाना अनिवार्य हो जाता है, जैसा कि अनेक राजनीतिक आंदोलनों ने किया। इस मामले में, इसमें कानून व इसकी सीमाओं का पर्दाफाश करना शामिल हो सकता था, और इसके बावजूद मौजूदा कानूनों का सहारा लिया जा सकता था और साथ ही कानूनों को उनकी संवैधानिक सीमाओं से परे पुनः महत्व प्रदान करने का प्रयास किया जा सकता था; इस प्रकार इसमें गैर–कानूनी या पैरालीगल उपायों, गैर–नागरिक या अवैध कार्यअभ्यासों के रूप में समझे जाने वाले कार्यअभ्यासों को संदर्भित करना शामिल हो सकता है, परंतु यह *विरोध के युग्म वाले क्षण* में नहीं, बल्कि पारस्परिक संलग्नता के जरिए और *संघर्ष की द्वंद्वात्मक पद्धति के क्षण* में हो सकता है।

नागरिक–समाज में राज्य से गंठजोड़ के साथ बढ़ती अ–नागरिकता के अर्थ में, राजनीतिक गतिविधि एक और रुझान दर्शा सकती है। अ–नागरिकता की बढ़ती घटनाओं के परिणामस्वरूप यह देखा गया है कि संरचनागत मांगों (इस मामले में उद्योगों को बंद करना) को हासिल करने के लिए जो चीज एक राजनीतिक गतिविधि के रूप में शुरू होती है, वह तात्कालिक हित–आधारित राजनीति के मुकाबले में (एक द्विविभाजित तरीके में) खड़ी हो जाती है। राज्य, नागरिक–समाज और बाजार के बीच सम्मिलन, जैसा कि हम चर्चा कर चुके हैं, हित–समूह की राजनीति को इस प्रकार फ्रेम करता है कि वे धीरे–धीरे सामूहिक हितों के किसी भी विचार को प्रतिस्थापित कर देते हैं। संरचित

शक्ति संबंधों और यहां तक कि सामूहिक हित से संबंधित सवाल उठाना भी अधिकाधिक कठिन होता जाता है, और इसके बजाय सबआल्टर्न्स को 'गुजर–बसर के फायदों' के लिए 'जीवित रहने की रणनीतियां' तैयार करने के लिए मजबूर कर दिया जाता है। 'संदर्भगत समझौतों' के जरिए और इनके रूप में अभिव्यक्त होने वाली हित–समूह की राजनीति अधिक व्यावहारिक दिखने लगती है और सामूहिक हित दूर के ख्वाब नजर आने लगते हैं। दूसरे शब्दों में, नागरिक–समाज का क्षेत्र तात्कालिता की मांगों को संरचित शक्ति संबंधों के विरुद्ध की जाने वाली मांगों से अलग करने लगता है, क्योंकि अन्यथा हित–समूह की राजनीति ने स्वयं ही न्याय के लिए सामूहिकताओं का रूप ले लिया होता और इसे ऐसा कर लेना चाहिए था। पुनः, यह एक तरीका है जिससे शक्ति कुलीनों के प्रभुत्व वाले नागरिक–समाज में संचालित होती है और ऐसा नागरिक–समाज हितों व मूल्यों या न्याय के बीच एक कृत्रिम सीमा–रेखा खींचता है। जैसा कि हमने दूसरे अध्याय में चर्चा की है, मानवाधिकार आंदोलन ने हितों पर मूल्यों को तरजीह देकर युग्म को सुदृढ़ीकृत किया, दूसरी तरफ हम देखते हैं कि राजनीतिक–समाज सामूहिक न्याय से संबंधित प्रश्न उठाने की किसी भी जरूरत को दरकिनार करता है और यह मानता है कि जिस समय नागरिक–समाज उन्हें 'पृथक' करता है, तभी उनका हित–समूह की राजनीति में विलय होना तय है। बात यह नहीं है कि पृथक्करण को या विरोध के युग्म को सुदृढ़ किया जाए या उन्हें एक सरल अविभेदीकृत सातत्य में विलीन किया जाए, बल्कि बात यह है कि 'संघर्ष की द्वंद्वात्मक पद्धति' के रूप में राजनीतिक मध्यस्थता प्रदान की जाए जो उन दोनों के बीच किसी भी बनावटी पृथक्करण को अनुमति नहीं दे जिसे नागरिक–समाज (राज्य से गंठजोड़ के साथ और अपने अ–नागरिक कार्यअभ्यासों के जरिए) उदाहरण के रूप में पेश करने का प्रयास करता है।[16] दूसरे शब्दों में, हितों व मूल्यों के बीच कोई अनिवार्य संबंध नहीं है, बल्कि बात उस तरीके की है जिसमें ये फ्रेम्स सुदृढ़ शक्ति समीकरणों को पलटने में सक्षम या अक्षम बनाते हैं और जो आगे चलकर व कारगर ढंग से संबंध की प्रकृति का निर्धारण करता है।

असल में, तात्कालिकता व अनुभव के मुद्दों का सामूहिक व संरचनागत मुद्दों से यह 'पृथक्करण', और रोजमर्रा की प्रक्रियाओं व कार्यअभ्यासों (समझौतों) द्वारा संरचनागत प्रभाव डालने की अनुमति प्रदान नहीं करना, (राजनीतिक–समाज के उलट, जो असमस्यामूलक सातत्य ग्रहण कर लेता है) अपने आप में शक्ति की प्रभुत्वकारी संरचनाओं का दोहराव व संचालन का विशिष्ट तरीका है। 'प्रभुत्व दरअसल प्रतीत होने वाले द्वैत विश्व की रचना करने के माध्यम से काम करता है' जो अनेक रूप ग्रहण कर सकता है और रोजमर्रा की राजनीति में ढेरों तरीकों से सामने आ सकता है। उदाहरण के लिए, कार्तेशियन ढांचे में, प्रचालन का भौतिक तरीका इसके मानसिक तरीके से पृथक हो सकता है जो हित–समूह की द्विविभाजित राजनीति की तलाश को सबआल्टर्न के एक सचेतन *चुनाव* के रूप में देखा जाना संभव बनाता है और इसलिए यह तर्क देना संभव है कि 'यह बेहद गरीब गांववालों के तात्कालिक हित में है कि वे शक्ति के लगभग सभी मुकाबलों में आधिकारिक सच्चाइयों को वरीयता दें' (स्कॉट 1986: 321)। सबआल्टर्न की एजेंसी की ऐसी रचनाएं इसके बाद यह मान लेती हैं कि शक्ति 'सामान्य जीवन के प्रति बाह्य' है क्योंकि यह अमूर्त और अवैयक्तिक है और इसलिए यह 'वास्तविकता के बाहर, घटनाओं के बाहर, समय के बाहर, समुदाय के बाहर और व्यक्ति के बाहर प्रतीत होती है' (मिशेल 1990: 568)। इस प्रकार, अनन्य व द्विविभाजित हित–समूह की राजनीति की तलाश (शक्ति का एक क्षण होने के

बजाय) शक्ति और संरचनाओं के बाहर स्थित जान पड़ती है जो स्पष्टतः सबआल्टर्न को इसमें सक्षम बनाती है कि वे 'नए तरीकों की खोज करें जिनमें वे यह चुनाव कर सकें कि वे किस प्रकार प्रशासित होना चाहते हैं' (चटर्जी 2004: 77)।

वास्तविकता में, हमें यह पता चलता है कि चूंकि समाज कई संरचनाओं के आधार पर श्रेणीबद्ध है, इसलिए इस समाज के अंदर हित भी श्रेणीबद्ध होते हैं। ऐसे श्रेणीबद्ध समाज द्वारा राजनीतिक मध्यस्थता के बिना शुरू की जाने वाली किसी भी राजनीतिक गतिविधि के मामले में, हितों का साझापन सिर्फ सांकेतिक महत्व ग्रहण करता है, जो सामूहिक की एक कृत्रिम एकता के लिए आधार प्रदान करता है। जहां सामूहिक राजनीतिक गतिविधि और मध्यस्थता व्यवस्था पर दबाव डालती है और ऐसी स्थितियां उत्पन्न करती है जिससे व्यवस्था सामूहिक की मांगों को अपने में सहयोजित करने को बाध्य होती है, तो वहीं राजनीतिक–समाज में स्थित व्यक्तियों या छोटे समूहों के हित–समूह वाले कार्यों को हमेशा वह स्थान प्रदान किया जाता है जिससे वे अपने द्विविभाजित तरीके से मांगों को आगे बढ़ा सकें। हित–आधारित राजनीतिक–समाज में संचित 'गुजर–बसर हेतु फायदों' के परिणामस्वरूप, ऐसे लाभ पाने वाले समूह अपनी मांगों को एक ऐसी सामूहिक गतिविधि के साथ नत्थी करने में अधिकाधिक यह कठिनाई महसूस करने लगते हैं जो न सिर्फ कमजोर करती है बल्कि बोझ लगने लगती है, जहां एकजुटता के सभी रूप वर्चस्वकारी जान पड़ते हैं। आगे हमें काजीपल्ली में हित–समूह की राजनीति में इसके रुझान दिखते हैं, और इस प्रकार 'हमें अर्थ बनाम यथार्थ के एक वृहद युग्म के रूप में हमें जो दिखाई देता है उसकी रचना करने में प्रभुत्व के आधुनिक रूपों की प्रभाविता को समझा जाना चाहिए' (मिशेल 1990: 559)।

दूसरे शब्दों में, राज्य व नागरिक–समाज के कुलीनों के आपसी गंठजोड़ के जरिए संचालित होने वाले 'प्रभुत्व के आधुनिक रूप' हित–समूहों को सिर्फ 'गुजर–बसर के फायदे' अर्जित करने की अनुमति देते हैं और 'जीवित रहने की रणनीतियों' और 'संदर्भगत समझौतों' पर अधिकाधिक निर्भर होते हैं। प्रभुत्व के ये आधुनिक रूप अनिवार्यतः सामूहिक कार्य के विरोध में होते हैं और इनके तरीकों को कमजोर बनाते हैं जबकि सामूहिक कार्य में संरचनागत मांगों को तैयार करने की क्षमता होती है और यह राज्य व नागरिक–समाज में स्थित कुलीनों के बीच हितों के *सम्मिलन* पर सवाल उठा सकता है। 'प्रभुत्व के आधुनिक रूप' स्वयं को इस प्रकार के विरोध के युग्म के जरिए प्रस्तुत करते हैं जो वास्तविकता का 'निर्माण' इस प्रकार से करते हैं कि सिर्फ 'संदर्भगत समझौते' ही स्वीकार्य (और समझदारी भरे) प्रतीत होने लगते हैं, और असल में इन्हें ही सबआल्टर्न के काम के पसंदीदा चुनाव के रूप में प्रस्तुत किया जाता है। इस प्रकार के समझौतों को अनन्य रूप से विशेषाधिकार प्रदान करके, 'राजनीतिक–समाज' न सिर्फ वर्चस्वकारी कुचक्रों की भूमिका को देखने में कमोबेश चूक जाता है बल्कि साथ ही नागरिक–समाज में *लॉजिक ऑफ सर्कुलैरिटी* के अंग के रूप में एजेंसी को 'सामान्य स्वैच्छिक कार्य' के रूप में देखने लगता है, और ठीक तभी द्वंद्वात्मकता को अवरुद्ध करके एजेंसी को कमजोर करने की प्रक्रिया के क्षण में राजनीतिक मध्यस्थता के कार्य–क्षेत्र की अनदेखी करता है। जैसा कि राजनीति–समाज द्वारा प्रस्तुत किया जाता है, 'इस प्रकार, पहला यह कि तथाकथित वर्चस्वकारी विधारधाराएं इस अर्थ में वर्चस्वकारी नहीं होती हैं कि गरीब लोग इनके जरिए देख–समझ सकते हैं, और दूसरा यह तर्क कि प्राधिकार की कार्यप्रणाली के लिए नॉर्मेटिव अधिरचनाएं आवश्यक हैं, इन दोनों के बीच कम से कम एक संभावित अंतर्विरोध है' (पूर्वोक्तः 549)।

वर्ष 1989 में, लोगों ने उद्योगपतियों के विरुद्ध संरचनागत मांगें उठाने के लिए धरना देने का उपाय अपनाया, जिसके बाद उन्हें लाठियां खानी पड़ीं और गिरफ्तारियां हुईं, और इसके ठीक बाद सामूहिक/संरचनागत मांगों ने सिर्फ और सिर्फ हित–समूह की राजनीति का आकार ग्रहण किया।[17] प्रदूषण फैलाने वाली इकाइयों को बंद करने के लिए कहने के बजाय, गांववालों ने यह मांग की कि उन्हें आजीविका और (गुजर–बसर) के लिए आय अर्जित करने के अवसर प्रदान किए जाएं। मुख्यतः औषधि व रसायन भारी मात्रा में निर्मित करने की प्रक्रिया में उद्योगों ने अवशिष्ट के रूप में शुष्क राख का उत्पादन किया। इस राख का इस्तेमाल गांव की सीमा में स्थित ईंट की भट्टियों में ईंट बनाने के लिए किया जा रहा था। इस संबद्ध उद्योग में रोजगार तलाश करने के अतिरिक्त, गांववालों ने इसी प्रकार के अन्य कामों में भागीदारी की पेशकशें भी कीं जैसे कि पानी के टैंकरों का प्रबंधन करना, निर्माण संबंधी ठेके लेना और यातायात संबंधी अन्य गतिविधियों में शामिल होना। परंतु, उन्हें इन उद्योगों में रोजगार नहीं मिला। कुछ युवाओं को उन उद्योगों में रोजगार मिला जो *काजी तालाब* को प्रदूषित करने के लिए सीधे तौर पर जिम्मेदार नहीं थे। बल्कि ये उद्योग गांव से कहीं अधिक दूरी पर किसी अन्य स्थान पर थे और इसके बावजूद इन उद्योगों में भी युवाओं को दिहाड़ी ठेका कर्मियों के रूप में ही रोजगार मिल सका।

वर्ष 1995 में जब गांववालों ने उद्योगों में लूट–पाट की थी, हालांकि तब इन उद्योगों ने अपने प्रचालन बंद नहीं किए थे, परंतु उस वक्त उद्योगों का प्रतिनिधित्व करने वाले मॉडल इंडस्ट्रियल एसोसिएशन और गांव का प्रतिनिधित्व करने वाले सरपंच, जिला परिषद के अध्यक्ष व गांव प्रमुखों के बीच समझौता ज्ञापन (एम.ओ.यू.) पर हस्ताक्षरों का आदान–प्रदान किया गया था।[18] गांव को रुपये 4,00,000 का भुगतान किया गया था। इस धनराशि से एक सामुदायिक भवन व गांव की सड़कों का निर्माण और गांव के विकास के लिए ऐसी ही अन्य गतिविधियां करने का काम हाथ में लिया गया था। बदले में, गांववालों से कहा गया कि प्रदूषण फैलाने वाले उद्योगों के विरुद्ध उनके द्वारा दाखिल किए गए सभी मामलों को वापस ले लिया जाए। परंतु, इससे असहमति रखने वाले कुछ समूहों ने न्यायालय में मामले जारी रखने का फैसला किया। वर्ष 1998 में, आंध्र प्रदेश उच्च न्यायालय के निर्देशानुसार प्रदूषण फैलाने वाले सभी उद्योगों को बंद कर दिया गया। इन उद्योगों ने उच्चतम न्यायालय का दरवाजा खटखटाया और उच्चतम न्यायालय द्वारा बंद किए जाने के आदेश के विरुद्ध स्टे ऑर्डर हासिल किया। वर्ष 1999 में, आंध्र प्रदेश के मुख्यमंत्री, चंद्रबाबू नायडू ने प्रदूषण के मुद्दे पर एक वक्तव्य जारी किया जो शराब की बिक्री से राजस्व अर्जित करने के प्रश्न पर उनके दृष्टिकोण से मिलता–जुलता था, जिसमें उन्होंने कहा कि 'ये उद्योग देश के लिए विदेशी मुद्रा कमा रहे थे और प्रदूषण के मुद्दे पर प्रदूषण नियंत्रण अधिकारियों को नरमी से पेश आना चाहिए। यदि उद्योगों को नुकसान पहुंचाया जाता है, तो इससे वृद्धि पर बुरा असर पड़ सकता है'।

वर्ष 2001 में, उच्चतम न्यायालय में दाखिल किए गए मामले के आधार पर, उच्चतम न्यायालय ने एक आदेश जारी किया जिसमें प्रदूषणकारी इकाइयों के रूप में सूचीबद्ध 18 उद्योगों को तब तक बंद करने के लिए कहा गया जब तक वे पानी की गुणवत्ता और पानी में प्रदूषण की कमी के सुझाए गए मानकों का पालन नहीं करते। परंतु, कुछ समय तक बंद रखे जाने के बाद, प्रदूषण नियंत्रण बोर्ड ने उद्योगों को फिर से खोल दिया। उसी वर्ष, उच्चतम न्यायालय ने अपने एक फैसले में कहा कि उद्योगपतियों को उन किसानों

को हर्जाना देना होगा जिनकी जमीनों को प्रदूषण के कारण नुकसान पहुंचा है। हर्जाने की राशि दे दी गई, जो बहुत कम थी और प्रति एकड़ प्रति वर्ष रुपये 1,700 थी। यह धनराशि किसानों को बीज के लिए आने वाली लागत मूल्य के समतुल्य भी नहीं थी। इसके अतिरिक्त, भूमिहीनों को कोई भी मुआवजा नहीं मिला। इसी फैसले के अंग के रूप में, हैदराबाद शहर को जल की आपूर्ति करने वाली मंजीरा नदी से गांव को भी पेय जल की आपूर्ति की गई थी।

वर्ष 2002 में, गांव की मांगों में एक मांग को कागजों पर अनुमति मिलनी थी। जिला कलेक्टर ने काजीपल्ली जलाशय की मरम्मत का काम शुरू करने के आदेश दिए। कलेक्टर ने इस उद्देश्य के लिए उद्योगों से रुपये 9,00,000 की धनराशि एकत्रित करने का आदेश दिया। परंतु, उत्साह की क्षणिक अवधि बीत जाने के बाद, जब गांव में काम आरंभ करने के लिए ग्रासहोपर्स[19] को भेजा गया तो शीघ्र ही गांववालों का उत्साह निराशा में बदल गया। जिस दिन काम शुरू होना था उस दिन गांव में उत्सव का माहौल था और कार्यस्थल पर पूजा की गई। परंतु, मिट्टी के चंद ढेर हटाने के बाद ही ग्रासहोपर्स ने काम रोक दिया और वे फिर कभी काम जारी रखने के लिए वापस नहीं लौटे। काम जारी रखने के बारे में संपर्क किए जाने पर, मेडक के कलेक्टर ने गांव के प्रतिनिधियों से कहा कि उद्योगपति निर्धारित धनराशि देने को राजी नहीं थे और सरकार इसके लिए उनके साथ 'वार्ता' कर रही थी।

वर्ष 2003 में, प्रदूषण के मुद्दे ने मीडिया का ध्यान पर्याप्त रूप से आकर्षित किया। क्षेत्रीय प्रेस और क्षेत्रीय इलेक्ट्रॉनिक मीडिया ने व्यापक रूप से इस मुद्दे को कवर किया। काजीपल्ली के लोगों की ओर से के.जी. कन्नाबीरन (पी.यू.सी.एल. के राष्ट्रीय अध्यक्ष) ने कई बार प्रदूषण नियंत्रण बोर्ड के सामने प्रतिनिधित्व किया। समस्या पर नए सिरे से ध्यान आकर्षित किए जाने के कारण, आंध्र प्रदेश उच्च न्यायालय के सेवानिवृत्त मुख्य न्यायाधीश जस्टिस गोपाल राव की अध्यक्षता में एक जांच कमीशन गठित किया गया। कमीशन के सदस्यों ने जब गांव का दौरा किया, तो वे जलाशय की स्थिति देखकर भौचक्के रह गए। इस दौरे के बाद, गांववालों से प्रदूषण से संबंधित उल्लंघनों के साक्ष्य प्रदान करने को कहा गया। गांववालों ने चौकसी दस्तों के रूप में काम करना आरंभ किया और इस प्रक्रिया में कई उद्योगों को दूषित पदार्थ जलाशय में पानी ले जाने वाली एक धारा में प्रवाहित करते हुए पकड़ा और उद्योग के परिसर के बाहर ठोस विषाक्त कचरा जलाते हुए पकड़ा। कानूनों के उल्लंघन की इन घटनाओं को देखते हुए, इनके अनुपालन की सुनिश्चितता के लिए उद्योगों से रुपये 25 लाख का एक बांड लिया गया और उन्हें चेतावनी दी गई कि और अधिक उल्लंघन किए जाने पर इस रकम को जब्त कर लिया जाएगा।

वर्ष 2004 में, ग्रीन पीस ने स्वास्थ्य संबंधी अपनी रिपोर्ट प्रकाशित की। रिपोर्ट में प्रदूषण से प्रभावित गांवों में रोग की स्थितियों की तुलना उन गांवों से की गई जो प्रदूषण द्वारा प्रभावित नहीं थे। स्वास्थ्य संबंधी रिपोर्ट ने कुछ अफसोसजनक रुझान उजागर किए। यह सुझाया गया कि जन्मजात रोगों और कैंसर समेत कई प्रकार के रोग, गैर–प्रदूषित गांवों की तुलना में प्रदूषण से प्रभावित गांवों में कहीं अधिक थे। असल में, गैर–प्रदूषित गांवों की तुलना में प्रदूषण से प्रभावित गांवों में कुछ रोगों के होने के मामले 200–300 गुना तक अधिक थे। इन नतीजों के बाद, कम से कम एक प्राथमिक स्वास्थ्य केंद्र स्थापित किए जाने की आवश्यकता महसूस की गई जिससे गांव में रेफर करने वाला अधिकारी हो ताकि इसके जरिए रोगी शहर में सरकारी अस्पतालों में निःशुल्क उपचार प्राप्त कर सकें।

परंतु, आज तक इस संदर्भ में कुछ भी हासिल नहीं हुआ और गांव अब भी अपने प्राथमिक स्वास्थ्य केंद्र की प्रतीक्षा कर रहा है।

इसलिए, कुल मिलाकर हमें यह पता चलता है कि काजीपल्ली में औद्योगिक प्रदूषण के शिकार लोग अपनी समस्याओं के निवारण के लिए ज्यादा कुछ हासिल नहीं कर सके या अपने गांव में प्रदूषण फैलाने वाले उद्योगों से छुटकारा नहीं पा सके। हालांकि सामूहिक हितों पर विचार करने वाली कई मांगें की गई थीं, और जैसा कि हमने परिभाषित किया है वे आवश्यकीय रूप से संरचनागत नहीं थीं, जिसमें उद्योगों में रोजगार के अवसर, जलाशय की मरम्मत करना, गुणवत्ता के मानदंडों का पालन करना, बिना उपचारित दूषित प्रवाहों को गांव के जलाशय में डालने से उद्योगों को रोकना और रेफर करने वाले अधिकारी के साथ एक स्वास्थ्य केंद्र की स्थापना करना शामिल था, परंतु अब तक इनमें से कोई भी मांग क्रियान्वित नहीं हुई है।

राजनीतिक–समाजः बिचौलियों का समाज और खंड–खंड में बांटने की प्रक्रियाएं

वर्ष 1989 में जब गांववालों को फैक्टरियों की अवशिष्ट शुष्क राख को बेचने, या परिवहन व निर्माण–कार्य के ठेके पाने के अवसर मिल गए, तो गांववालों ने बड़ी संख्या में इन कामों को पाने की अपनी इच्छा व्यक्त की। असल में, जितनी संख्या में गांववाले वायदे किए गए इन कामों को पाने के लिए इच्छुक थे, उनकी तुलना में ये अवसर बहुत कम प्रतीत हुए। परिणामस्वरूप, काम पाने के लिए गांववालों के बीच झगड़े शुरू हो गए। उद्योगपतियों ने 'रणनीति के तौर पर' स्थानीय संरपंचों को यह अधिकार दिया कि वे यह तय करें कि ये काम किन्हें दिया जा सकता है। यह फैसला 'रणनीतिक' इस अर्थ में था कि सरपंचों को आसानी से उद्योगों के पक्ष में बरगलाया जा सकता था क्योंकि उन्हें समय–समय पर रिश्वत मिलती रहती थी। चूंकि उद्योगपतियों के लिए सरपंचों की पक्षधरता बार–बार बदलती रहती थी, इसलिए अवसरों का आवंटन करने की इस प्रणाली ने एक ऐसी स्थिति उत्पन्न की जिसमें सिर्फ उन्हीं गांववालों को ये अवसर प्रदान किए गए जिन्होंने उद्योगपतियों को यह आश्वासन दिया कि वे प्रदूषण की बदतर होती समस्या को लेकर आवाज नहीं उठाएंगे। इसलिए प्रदूषण के विरुद्ध मुकाबला कर रहे लोगों का एक धड़ा संघर्ष से पीछे हट गया। यह अपनी आजीविका के लिए उद्योग पर उनकी निर्भरता का परिणाम भी था। यहां तक कि, प्रदूषण का मुकाबला करने के लिए किसानों द्वारा गठित मुख्य संगठन, कलुष्य व्यतिरेक रैतू कमिटी (के.वी.आर.सी.) के अध्यक्ष ने वास्तव में सबसे प्रदूषित औद्योगिक इकाइयों में से एक में निर्माण–कार्य के ठेके में काम करना शुरू कर दिया। इसमें अधिक फायदा उनका था जो किसान अपेक्षाकृत बेहतर स्थिति में थे या जिनके पास वाहन (ट्रैक्टर आदि, निर्माण–कार्य के लिए सामग्री को लाने–ले जाने के लिए जरूरी वाहन) थे या फिर जो मजदूर इकट्ठा कर सकते थे।

चूंकि सरपंचों का उद्योगपतियों के साथ चोली–दामन का साथ था, इसलिए ऐसे कई अन्य तरीके भी थे जिनके माध्यम से वे उद्योगपतियों की ओर से काम करते हुए गांववालों को प्रदूषण के विरुद्ध संघर्ष में भागीदारी करने से रोक सकते थे। इन *नियंत्रण के उपायों* में

से कुछ की यहां पर चर्चा करना प्रासंगिक होगा। अपने पारंपरिक पेशों (खासकर खेती) को बदलने की इस पृष्ठभूमि में, प्रदूषण के विरुद्ध संघर्ष में सक्रिय रूप से शामिल रहे किसान जाहिरा तौर पर उद्योग के अंदर अवसर प्राप्त नहीं कर सकते थे। के.वी.आर.सी. के सक्रिय पदाधिकारियों में से एक अपनी आजीविका गैर–लाइसेंसशुदा पत्थर खदान में काम करके अर्जित कर रहा था। उसके लिए ऐसा करना संभव था क्योंकि उसके पास एक ट्रैक्टर था जिसका इस्तेमाल वह निर्माण–कार्य से जुड़ी कंपनियों के लिए ग्रेनाइट पत्थर और कांक्रीट लाने–ले जाने के लिए करता था। उस किसान ने अपने काम के लिए मजदूर रखने हेतु रुपये 1,00,000 का कर्ज ले रखा था। काम पूरा हो जाने के बाद किसान ने मजदूरों को उनका भुगतान किया और जब वह निर्माण–कार्य में लगी कंपनी का सामान पहुंचाने वाला था तभी सरपंच ने उसे बुलवाया और धमकी दी कि पत्थर के अवैध खनन में काम करने के लिए वह उसे गिरफ्तार करवा देगा। अपनी गिरफ्तारी की आशंका से घबराकर और अपना कर्ज नहीं चुका पाने की आशंका से डरकर, किसान ने सरपंच का कहा मान लिया और उद्योगों के विरुद्ध संघर्ष करने से पांव पीछे खींच लिए। इस तरह, दबाव में आकर, किसान ने के.वी.आर.एस. से दूरी बना ली।

पुनः 1995 में, जब ग्राम प्रमुखों व माडल इंडस्ट्रियल एसोसिएशन के बीच समझौता ज्ञापन (एम.ओ.यू.) पर हस्ताक्षर किए गए, तब अच्छी–खासी तादाद में किसान प्रदूषण संबंधी शिकायतों को लेकर न्यायालय के पास नहीं पहुंचे। ऐसा इसलिए हुआ क्योंकि उन्हें उद्योगों की तरफ से गांव में प्रदूषण फैलने के कारण कुल रुपये 4,00,000 का मुआवजा मिला था। मुआवजे का भुगतान करने का यह फैसला भी मनमाना था क्योंकि सभी किसानों को रकम नहीं मिली थी। एक बार फिर, सिर्फ उन्हीं किसानों को मुआवजा दिया गया जिन्होंने यह आश्वासन दिया था कि वे प्रदूषण के विरुद्ध राजनीतिक गतिविधि से दूरी बना लेंगे। समझौता ज्ञापन (एम.ओ.यू.) पर हस्ताक्षर करने वालों में से एक जे.पी.टी.सी. का चेयरमैन था और उसके पास गांव में लगभग 40 एकड़ जमीन थी और वह दिए गए मुआवजे का फायदा उठाने वालों में से एक था। प्रभावित जमीन के एकड़ की संख्या के संदर्भ में वह सबसे अधिक नुकसान उठाने वाले पीड़ितों में से एक था। यह व्यक्ति 1989 के बाद से किसानों को संगठित करने में सक्रिय था। इस प्रकरण के बाद, हालांकि वह प्रदूषण के विरुद्ध प्रतिरोध करने वाले गांववालों की गतिविधियों में जब–तब अपनी उपस्थिति दर्ज कराता रहता था, परंतु उसने प्रदूषण के विरुद्ध प्रतिवाद करने से जुड़ी संगठनकारी गतिविधियों से दूरी बना ली थी।

इसके अतिरिक्त एक अन्य घटना में हम औद्योगिक प्रदूषण के विरुद्ध होने वाली गतिविधियों को खत्म करने के तरीकों को देख सकते हैं। ये ऐसे तरीके थे जिनसे उद्योग उन किसानों से निपट रहा था जिनके मवेशी प्रदूषित पानी पीने के बाद मर रहे थे। इससे पहले, किसान अपने मवेशियों को सरकारी पशु–चिकित्सालय में ले जाया करते थे और डॉक्टरों द्वारा जांच के बाद एक प्रमाणपत्र प्राप्त करते थे जिसमें कहा गया होता था कि मवेशी की मौत संभवतः विषाक्त रासायनिक पानी पीने के कारण हुई थी। यह प्रमाणपत्र शहर में स्थित सरकारी पशु–चिकित्सालय द्वारा मृत पशु पर इससे आगे की फॉरेंसिक जांच शुरू करने के लिए जरूरी होता था, जिसके बाद पुलिस में एक एफ.आई.आर. दाखिल की जा सकती थी और इसके आधार पर एक कानूनी सम्मन जारी किया जा सकता था। इस कानूनी सम्मन का इस्तेमाल मृत पशु के लिए मुआवजे की मांग करने हेतु किया जा सकता था। ये सभी शिकायतें व मामले उद्योगों के विरुद्ध साक्ष्य बढ़ाने वाले थे। इससे डरकर,

उद्योगपतियों ने गांववालों को सरकारी पशु चिकित्सालय में जाने से रोका या पुलिस में शिकायतें दर्ज कराने से रोका। उन्होंने कहा कि विषाक्त पानी पीने से जिनके मवेशी मर जाएं उन्हें अपने सरपंच के माध्यम से उद्योगों के पास आना चाहिए। और कई वर्ष तक जब भी गांववालों के मवेशी मारे जाते, तो उन्हें मुआवजा मिल जाता। परंतु उद्योगपतियों ने इससे सफलतापूर्वक यह सुनिश्चित किया कि उद्योगों द्वारा किए गए प्रदूषण के कारण मवेशियों की मौतों के कोई भी साक्ष्य नहीं मिलें।

वर्ष 2004 में, जब सरपंच पद के लिए पंचायत चुनाव होने वाले थे, तब एक नया उम्मीदवार एकसूत्रीय एजेंडा के साथ सामने आयाः उसने कहा कि वह काजीपल्ली गांव में प्रदूषण की समस्या का समाधान करना सुनिश्चित करेगा। इस उम्मीदवार को गांव द्वारा चुन लिया गया। जल्दी ही, इस नए सरपंच ने 50 उद्योगों पर प्रदूषण फैलाने का आरोप लगाकर नोटिस जारी किए। उद्योगपतियों को गांव के साथ समझौता करने के लिए बुलाया गया। तीस उद्योगपतियों ने समझौता बैठक में भाग लिया जिसे के.जी. कन्नाबीरन (पी.यू. सी.एल.) और जी. हरगोपाल (ए.पी.सी.एल.सी.) ने संबोधित किया, जो समझौतों के लिए मध्यस्थ की भूमिका निभा रहे थे। इस समझौते में, सरपंच ने एकदम साफ–साफ कहा कि गांव द्वारा कोई भी मुआवजा तब तक स्वीकार नहीं किया जाएगा जब तक कि उद्योगों की ओर से गांव के जलाशय को प्रदूषित करना पूरी तरह से बंद नहीं कर दिया जाता और इसके मरम्मत का काम नहीं करवा दिया जाता। दूसरे दौर की वार्ता कुछ सप्ताह बाद रखी गई। इसी बीच, सरपंच ने एक निजी समझौता किया और गांव के लिए मुआवजे का एक पैकेज स्वीकार कर लिया और कुछ पैसा गांववालों में बांट दिया। एक बार फिर, न तो जलाशय की मरम्मत का काम हुआ और न ही प्रदूषण में कमी आई। सबसे बढ़कर, 2005 में हुई एक सार्वजनिक सुनवाई में, इस सरपंच ने एक बयान दिया कि गांव के विकास के लिए औद्योगीकरण अपरिहार्य है, और पुरजोर ढंग से कहा कि गांव में उद्योगों को बंद नहीं किया जाना चाहिए।

घटनाओं की यह श्रृंखला राजनीतिक प्रतिनिधियों (जैसे कि इस मामले में सरपंच) पर और स्कूल के शिक्षकों, स्थानीय नगर–निगम के अधिकारियों, स्थानीय पुलिस थाने के अधिकारियों और प्रमुख मध्यवर्गीय निवासियों (जिन्हें चटर्जी ऐसे अन्य लोगों में शुमार करते हैं) पर 'संरचनागत निर्भरता' को सामने लाई और ये लोग बिचौलियों के रूप में 'लोगों की गतिविधियों में शामिल हुए', जो चटर्जी के अनुसार 'संरक्षक–ग्राहक के संबंध' को सुदृढ़ करने के बजाय तंत्र के काम करने के लिए नए अवसर प्रदान करते हैं। इसी प्रकार, चटर्जी यह भी कहते हैं कि 'प्रतिस्पर्द्धी चुनावी लामबंदी' के तर्क ने सबआल्टर्न को 'एक नया रणनीतिक संसाधन' प्रदान किया है। स्पेक्ट्रम के एक छोर पर, 'स्वायत्त क्षेत्र' के रूप में राजनीतिक–समाज का मूल्यवर्द्धन किया गया और सबआल्टर्न ने जैविक एजेंसी प्रदान की, और दूसरे छोर पर जैविक एजेंसी को बिचौलियों पर निर्भरता द्वारा प्रतिस्थापित कर दिया गया जिनकी धारणाएं व संवेदनशीलताएं भिन्न थीं। चटर्जी की रचना *पॉलिटिक्स ऑफ दि गवर्न्ड* की समीक्षा करते हुए गायत्री स्पिवाक कहती हैं, 'पुस्तक का समापन उत्पादक अंतर्विरोध पर एक शानदार टिप्पणी से होता है – जब लेखक लोकप्रिय राजनीति का दामन छोड़ देता है और नव–उदारवाद की सेवा में लगे शहरीकरण का मुकाबला करने के लिए "स्व–चेतनासंपन्न लोगों को इकट्ठा करने" की प्रशंसा में कसीदे पढ़ता है। यह अंतर्विरोध राजनीति की भौतिकता में शामिल विवादों की विस्तारकारी और विविधतापूर्ण प्रकृति से उबरने में अनिच्छा प्रकट करता है, और इसके बजाय 'सरकारी देख–रेख हेतु दावों' के

लिए संघर्ष की सीमा निर्धारित करता है। राजनीतिक–समाज बिचौलियों *(पैरवीकार)* की भूमिका का चयनात्मक पाठ भी करता है जो औपनिवेशिक प्रशासन के साथ समझौता करने में गरीब सामाजिक वर्गों की निर्भरता से जन्म लेते हैं।[20]

> *पैरवीकार* एक तरफ दबाव डालता है, फाइलों को आगे बढ़ाता है, प्रक्रिया को तेज करता है और व्यवस्था से लाभ प्राप्त करता है, और दूसरी तरफ वह गलत जानकारी देता है, लक्षित समूहों को भ्रमित करता है और व्यक्तिगत लाभ अर्जित करता है। यह संस्थान का नकारात्मक और शोषणकारी आयाम है जो स्वयं संस्थान के विरुद्ध बोलता है और उपयुक्त उपाय अपनाकर इसे समाप्त करने का आह्वान करता है। (रेड्डी व हरगोपाल 1985: 1161)

स्टुअर्ट कॉरब्रिज अपने फील्ड वर्क के आधार पर यह देखते हैं कि काजीपल्ली के गांववालों की दुर्दशा की भांति ही, बिहार के वैशाली जिले में भी 'गांववाले विकासपरक योजनाओं, पंचायत अधिकारियों के दायित्वों और गरीबों के अधिकार के बारे में अंधेरे में हैं। ऐसे में, पंचायत सदस्य ऐसी परियोजनाएं लेने के लिए स्वतंत्र होते हैं जिनका लेखा–परीक्षण (ऑडिट) करना कठिन होता है' (कॉरब्रिज एवं अन्य 2005: 205)।[21] इस प्रकार जब जन–प्रतिनिधि, काजीपल्ली की भांति, प्रदूषित करने वालों के पक्ष में चले जाते हैं तब प्रदूषण के विरुद्ध राजनीतिक सक्रियता के जरिए जनता का प्रतिनिधित्व करने वाले लोग स्वयं को ज्यादा अरक्षित स्थिति में पाते हैं और आम लोगों के बीच से निकले राजनीतिक कार्यकर्ता अपने प्रतिरोध को जारी रखने में नाकाम हो जाते हैं। ऐसी परिस्थितियों में, 'रणनीतिक राजनीति' के लिए राजनीतिक सक्रियता का त्याग कर दिया जाता है जिसमें मुआवजे की बढ़ती संस्कृति की चपेट में आकर या तो सिर्फ व्यक्तिगत लाभ पाने की या फिर समुदाय की तात्कालिक जरूरतों को पूरा करने की आकांक्षा होती है और इनसे प्रदूषण जैसी समस्या का समाधान नहीं निकलता है।

कुल मिलाकर, ऊपर दिए गए विभिन्न उदाहरण यह दर्शाते हैं कि 'राजनीतिक–समाज' के अंदर जिसे 'रणनीतिक राजनीति' या 'संदर्भगत समझौतों' के रूप में वर्णित किया गया है वह सामाजिक गतिशीलता को बेहद खंडित तौर पर सुनिश्चित कर सकते हैं। उदाहरण के लिए, उपरोक्त मामलों में अपने विरोध के कारण गांववालों को समय–समय पर धनराशि मिली। के.वी.आर.एस. के जिन किसान कार्यकर्ताओं ने उद्योगों में रोजगार के अवसर प्राप्त करने के कारण या फिर आय अर्जित करने की अपनी गैर–कानूनी गतिविधियां जारी रखने के लिए स्थानीय प्रशासन पर अपनी निर्भरता के कारण 'रणनीतिक तौर पर' अपने संघर्ष की तीव्रता कम की थी या आगामी गतिविधियों से दूरी बनाई थी, उन्हें व्यवस्था में कुछ हद तक सहयोजित हो जाने के रूप में देखा जा सकता है। परंतु, फायदों के लिए ये छोटे–समूह की 'रणनीतियां' और व्यक्ति–केंद्रित समझौते समग्र सामूहिक हित व सामूहिक कार्य को कारगर रूप से प्रतिस्थापित करते हैं और ये दोनों काम स्थानीय लोगों को सामूहिक मांगों (जैसे कि जलाशय की मरम्मत का काम, विषाक्त प्रवाह को गांव के जलाशय में डालने से रोकना और गांव के लिए एक स्वास्थ्य केंद्र बनाना और इसी प्रकार के अन्य कार्य) का त्याग करने पर मजबूर करके किए गए, और साथ ही बेरोक–टोक बढ़ रहे प्रदूषण के कारण समुदाय द्वारा झेली जा रहीं सामान्य स्वास्थ्य संबंधी गड़बड़ियों के उपचार के लिए उठाए जा रहे खर्च के रूप में समुदाय को व्यापक हितों का त्याग करने पर बाध्य किया गया। समुदाय द्वारा उठाए जाने वाले इन प्रत्यक्ष खर्चों के अतिरिक्त, 'रणनीतिक राजनीति' का सामुदायिक जीवन पर, सामाजिक ताने–बाने, सामाजिक संबंधों पर और लोगों के बीच

एकजुटता पर दीर्घकालिक प्रभाव पड़ा। चटर्जी अपनी पक्षधरता प्रकट करते हुए कहते हैं कि उस स्थिति से बहुत दूर जहां समुदाय 'सामूहिक रूप से एक परिवार की भांति' संघर्ष करता है, वहां ये सभी कारक सामूहिकता को एक खास किस्म से समाप्त करते हैं। यह ठीक उसी तरह होता है जैसे स्त्रीवादियों ने सहवर्ती सामाजिक व आर्थिक बदलावों को ध्यान में रखे बिना 'समुदाय–केंद्रित' सूक्ष्म–ऋण के कार्यक्रम आरंभ किए और घरेलू हिंसा के विरुद्ध कानूनी हस्तक्षेपों के निहितार्थों के संदर्भ में राजनीतिक गतिविधि जारी रखना बहुत कठिन हो गया। अगले कुछ पैराग्राफ में हम समस्या के उन आयामों का वर्णन करेंगे।

एक स्थानीय किसान नरसन्ना कहते हैं:

> पंचायत भ्रष्ट है और कुछ नेता तो अपराधी भी हैं। ये नेता किसी के भी लिए जवाबदेह नहीं हैं। जब पी.सी.बी. ने प्रदूषण फैलाने वाले उद्योगों को बंद कर दिया, तब सरपंच गया और उसने अनापत्ति प्रमाणपत्र दे दिए और इन उद्योगों को दोबारा खुलवा दिया। और हम किसान अपनी आजीविका के लिए इन उद्योगों पर निर्भर हैं; हममें से कुछ लोग पानी की आपूर्ति करते हैं, कुछ राख का कारोबार करते हैं, कुछ निर्माण–सामग्री की आपूर्ति करते हैं और इसी तरह के दूसरे काम करते हैं। यदि हम विरोध–प्रदर्शन में हिस्सा लेंगे, तो हम अपनी रोजी–रोटी गंवा बैठेंगे...

यह तथ्य है कि गांव के किसानों को जिन भयानक दबावों के अधीन रखा गया था उसके परिणामस्वरूप उन्होंने स्वयं को उद्योगों से जुड़ी विभिन्न गतिविधियों से जोड़ रखा था। इसके अतिरिक्त, स्वास्थ्य संबंधी गड़बड़ियों का उपचार कराने पर आने वाले खर्चों के संदर्भ में उनकी भौतिक जरूरतों और दायित्वों, उनकी बेटियों की शादियां और बच्चों की शिक्षा ने भी स्थानीय लोगों को प्रदूषण के विरुद्ध चल रहे संघर्ष को अपना समर्थन देने से पीछे हटने के लिए बाध्य होना पड़ा और प्रदूषण फैलाने वाले उद्योगों के पदाधिकारियों के साथ व्यक्तिगत समझौते करके चुपचाप वित्तीय मुआवजा स्वीकार करने को बाध्य होना पड़ा।

इसी प्रकार, एक स्थानीय किसान की मां, अमीना कहती हैं, 'लोग जब विरोध से कोई समाधान निकलने की संभावना देखते हैं, तब एकजुट होते हैं। लेकिन अगर उन्हें ऐसी कोई संभावना नजर नहीं आ रही हो, तो वे उद्योगपतियों के साथ व्यक्तिगत सौदेबाजी करना पसंद करते हैं और जो मिल सकता है वो ले लेते हैं।' जैसे ही व्यक्तिकरण की प्रक्रियाओं द्वारा अवसर प्राप्त करने की जरूरत पूरी हो जाती है (जिस तरह से घरेलू हिंसा के विरुद्ध कानून का प्रचार–प्रसार हो जाने के बाद घरेलू हिंसा की समस्या से निपटने के लिए स्त्रियों को 'सीमित' कर दिया गया था), जैसा कि डी.डब्ल्यु.सी.आर.ए. की समन्वयक, पद्मजा कहती हैं, 'प्रतिस्पर्द्धी संस्कृति ने परिवारों के बीच तुलनाओं को हैसियत में वृद्धि के संदर्भ में बढ़ाया है। और व्यक्तिपरक व्यवहार समुदाय को कमजोर बनाता है।' व्यक्तिपरकता और प्रेरित प्रतिस्पर्द्धी नैतिकता (जैसा कि अधिकारों की भाषा के साथ हुआ था) के परिणामस्वरूप, डी.डब्ल्यु.सी.आर.ए. में सक्रिय एक अन्य सदस्य, वेंकटरमानी कहती हैं: 'हाल ही में, गांव के परिवारों के बीच झगड़ा–झंझट बहुत बढ़ गया। परिवारों ने आपस में समस्याओं, संसाधनों या श्रम की साझीदारी बंद कर दी। विस्तारित परिवारों के सदस्यों के बीच आपसी मदद करने की परंपरा कमजोर पड़ गई।' अपने फील्ड सर्वेक्षण के दौरान, हमें ऐसे अनेक वृद्ध लोग मिले जिनकी शिकायत थी कि उनकी देखभाल नहीं की जाती और 'एकल परिवार' (चटर्जी की अभिव्यक्ति का इस्तेमाल करते हुए) के रूप में रहने के

बजाय उनकी अनदेखी की जा रही है। इसे गांव के सामुदायिक जीवन में सबसे प्रत्यक्ष विवाद के रूप में देखा जा सकता है।

इससे हम, संभवतः, यह नतीजा निकाल सकते हैं कि हताशा के एक खास स्तर के बाद, समुदाय के भीतर सामाजिक बंधन एक–दूसरे को आपस में जोड़े नहीं रख सकते हैं और इसलिए समुदाय की भूमिका और प्रकृति को न तो प्रदत्त के रूप में लिया जा सकता है और न ही सामाजिक व आर्थिक संकट को दूर करने के लिए 'रचनात्मक तरीकों' में निश्चित रूप से निर्मित होने के रूप में लिया जा सकता है, जैसा कि राजनीतिक–समाज का विचार सूत्रबद्ध करता है। इसके बजाय, स्वयं समुदाय ही तनाव में आ सकता है और राज्य पर या नागरिक–समाज के अंदर कुलीनों पर दबाव डालने की जगह इसे बढ़ते अंतः–सबआल्टर्न विवादों द्वारा प्रतिस्थापित कर दिया जाता है। सबआल्टर्न के अंदर और इनके बीच स्थित मजबूत सामुदायिक बंधनों के जरिए सामाजिक संबंधों की रचना करने में, राजनीतिक–समाज एक तरफ समुदाय पर राजनीतिक अर्थशास्त्र की बदलती प्रकृति के प्रभाव की अनदेखी करता है, और दूसरी तरफ समुदाय के अंदर सामाजिक विवादों के रूप में भड़कने की सामाजिक पदसोपानक्रमों की संभावना (जैसा कि हमने उप–जाति से संबंधित विवादों के मामले में देखा) की अनदेखी करता है, और इसके बजाय यह सिर्फ बाजार के प्रतिकूल प्रभाव को कम करने में सामुदायिक कार्य की संभावना–संपन्नता को ही ध्यान में रखता है। दूसरे शब्दों में, नागरिक–समाज में प्रक्रियाएं (जैसे कि हाशियाकरण) 'क्षेत्रीय रूप से पृथक्कृत' नहीं हो सकती हैं, और इसके बजाय ये अधिक जेनेरिक होने की, सामाजिक संबंधों के सभी रूपों को फैलाने व अपने दायरे में समेटने की संभावना रखती हैं; जिसमें हाशियाकरण की प्रक्रियाओं को नागरिक–समाज के औपचारिक अनुबंधकारी संबंधों के बाहर स्थित सामाजिक संबंधों के अंदर पुनरुत्पादित होने के परिणाम के रूप में देखा जा सकता है, परंतु इसके प्रभाव के तहत ये (समुदाय के अंदर स्थित सामाजिक पदसोपानक्रमों, जैसे कि जाति, या लिंग, के आधार पर) अपेक्षाकृत कमजोर सामाजिक समूहों पर दबाव डालती हैं। असल में, यह कहा जा सकता है कि 'राजनीतिक–समाज' एक 'संघटनकारी बाह्य' या प्रतिरोध का क्षेत्र होने के बजाय, दरअसल एक अवशिष्ट क्षेत्र है जो नागरिक–समाज की प्रक्रियाओं व कार्यअभ्यासों को दोहराता है। उदाहरण के लिए, जीवित रहने हेतु पैरालीगल उपायों को अपनाने का औचित्य कानून–व्यवस्था व शिष्टता द्वारा चिह्नित नागरिक क्षेत्र के 'बाह्य' के रूप में या इसके विरोध के रूप में सामने नहीं आता है, बल्कि वास्तव में यह नागरिक–समाज के 'गैर–कानूनी' व 'अशिष्ट' कार्यअभ्यासों को ही दोहरा रहा होता है। इस प्रकार, यह इस बात को समझने के लिए अनिवार्य हो जाता है कि 'सामाजिक स्थितियां विभिन्न सांगठनिक व वैचारिक बारीकियों को उत्पन्न करती हैं' बजाय इसके कि ये सबआल्टर्न द्वारा किए जाने वाले चुनावों को सारभूत बनाएं जो 'अनुभव की अलघुकरणीयता व स्वायत्तता के दृढ़–आग्रह से और आत्म–निर्णय हेतु सक्षमता के दृढ़–आग्रह से निकलने वाली सीधी–सरल स्वेच्छा से उत्पन्न होते हैं' (हैनलन 2000: 82)।

गांव की 'किसानी संस्कृति', जो पहले सामुदायिक उत्साह व कई स्थानीय त्योहारों के उल्लासपूर्ण जश्न के रूप में प्रदर्शित होती थी, वह भी अ–नागरिक विकास का शिकार हुई। त्योहार मौसमों से जुड़े होते हैं और उनका समय कृषि अर्थव्यवस्था के अनुसार होता है और इनके प्रतीक–चिह्न कृषि से जुड़े होते हैं। बेरोक–टोक प्रदूषण के कारण गांव में खेती को हुए नुकसान का प्रतिकूल प्रभाव गांव की 'किसानी संस्कृति' पर भी पड़ा, और यह महज एक जमावड़ा भर रह गया जिसमें गांव की आबादी से सामूहिकता की अभिव्यक्ति का

लोप हो गया। अब मोहर्रम के सिवाय अन्य कोई भी उत्सव सामूहिकता की मजबूत भावना के साथ नहीं मनाया जाता और मोहर्रम में हिंदू व मुस्लिम, दोनों ही आबादियां एकसाथ भागीदारी करती हैं। एक स्थानीय किसान नरसिम्हा कहते हैं कि 'पहले सभी गांववाले खेती पर निर्भर रहा करते थे और भरपूर सामुदायिक जीवन था।' राहत देने वाली बात यह है कि धार्मिक उत्सव अपने रूप में जारी रह सकते हैं, परंतु इनकी अंतर्वस्तु में जबर्दस्त बदलाव आ सकता है (जो अंतः–सबआल्टर्न विवादों की संख्या में बढ़ोत्तरी के प्रभाव को दर्शाता है) और समय के साथ यह बढ़ता जाता है, और इसलिए महज 'धार्मिक चिह्नों का इस्तेमाल करना ही एक वर्ग को दूसरे से अलग नहीं करता है बल्कि इन्हें इस्तेमाल करने का ढंग इन्हें अलग करता है' (गुप्ता 1985: 8)।

इसके अतिरिक्त, सबआल्टर्न के अंदर होने वाला विखंडन गांव में सामाजिक समूहों की पारस्परिक धारणाओं में परिलक्षित होता है; एक तरफ किसानों का मानना है कि युवाओं की वचनबद्धता गांव के लिए बहुत कम रह गई है, तो वहीं युवाओं का आरोप है कि मुआवजा मिलते ही किसान संघर्ष से अपने कदम पीछे खींच लेते हैं। और स्त्रियां गांव की पितृसत्तात्मक संरचनाओं में जकड़ी हुई हैं, जो उन्हें प्रदूषण की समस्या के विरुद्ध कदम उठाने के संबंध में स्वतंत्र निर्णय लेने से रोकते हैं। स्त्रियों के हितों को सिर्फ परिवार के हितों तक सीमित माना जाता है और उनके पास सामाजिक भूमिका निभाने के लिए कुछ खास नहीं रहता है। चूंकि उनकी मुख्य प्राथमिकता अपने परिवारों में पुरुष सदस्यों की आजीविका को प्रोत्साहित करने वाली मानी जाती है, इसलिए स्त्रियां बमुश्किल ही यह उम्मीद कर सकती हैं कि वे गांव की व्यापक समस्याओं, जैसे कि औद्योगिक प्रदूषण का मुद्दा, से निपटने में रचनात्मक भूमिका निभा सकती हैं। इस तरह, आज के दिन गांव में विभिन्न सामाजिक समूहों के बीच एकजुटता (चटर्जी के शब्दों में, 'नैतिक उत्साह') का संपूर्ण अभाव है। परिणामतः, युवक संघ, किसानों का संगठन और डी.डब्ल्यु.ए.सी.आर.ए. एक–दूसरे के साथ काम करने में असमर्थ हैं। ऐसे में सामूहिकता की भावना को जो चीज कायम रखेगी, ऐसा जान पड़ता है कि वह राजनीतिक मध्यस्थता की प्रकृति पर बहुत अधिक निर्भर है जो 'नैतिक अंतर्वस्तु के साथ उनकी सामूहिक पहचान में निवेश करने' के बजाय नुकसान के साझा अनुभवों को सामने लाती है। परंतु, चटर्जी का मानना है कि 'यह शासितों की राजनीति का समान रूप से महत्वपूर्ण अंग है; ताकि यह आबादी समूहों के अनुभवजन्य रूप को समुदाय का नैतिक गुण प्रदान कर सके' (चटर्जी 2004: 57)।

राजनीति को नैतिक से प्रतिस्थापित करने (एक ऐसी दुविधा जिसे हमने राजनीतिक आंदोलनों में देखा है) के इसी लालच की आलोचना स्त्रीवादियों द्वारा की गई है, जो 'नैतिक समुदाय' के आंतरिक पदसोपानक्रमों व भेदभावों को सुदृढ़ीकृत करने की कीमत पर इसे गढ़ने और इसकी हिफाजत करने के संदर्भ में इसके निहितार्थों को सबसे अच्छी तरह से समझते हैं। केरल में विधवाओं के संगठनों की सदस्यों के साक्षात्कारों की एक श्रृंखला के साथ अपने फील्ड कार्य के आधार पर, जे. देविका का मानना है कि:

> विधवाओं व परित्यक्त स्त्रियों का एक 'नैतिक समुदाय' निर्मित करने का कोई भी प्रयास दोषपूर्ण हो सकता है, न सिर्फ इसलिए क्योंकि पहले इसकी भंगुरता देखी गई है बल्कि इसलिए भी क्योंकि यह शुद्धता वाली विधवा होने के मानक पर आधारित हो सकता है जिसे इसी प्रकार के दूसरे समूहों द्वारा साझा नहीं किया जाता है। उदाहरण के लिए, शुद्धता के मानक पर आधारित पहचान निर्मित करने का आग्रह, विधवाओं के लिए ठीक इसी प्रकार की वंचना से पीड़ित किसी अन्य समूह, वयानद की तथाकथित आदिवासी 'अविवाहित माताओं',

> के साथ गंठजोड़ बनाना असंभव बना सकता है। इस प्रकार के गठजोड़ सिर्फ तभी निर्मित किए जा सकते हैं जबकि विधवाएं ऐसे राजनीतिक गठजोड़ निर्मित करने में समर्थ हों जो ऐसी नैतिक एकता पर निर्भर नहीं करते हों, बल्कि उत्पीड़न व वंचना के साझा अनुभवों को रेखांकित करते हों। सिर्फ इसी प्रकार से विधवाएं असहिष्णु पहचानों को पुनःस्थापित करने और सामाजिक रूढ़िवादिता को सुदृढ़ीकृत करने के डर से बच सकती हैं जिनकी राजनीतिक–समाज में मौजूदगी को चटर्जी स्वीकार करते हैं। (देविका 2007: 230)

ऐसे में, राजनीतिक को यह विशेषाधिकार मिलना आधुनिकता के क्षेत्र के अंदर बने रहने के प्रति किसी अमूर्त उद्विग्नता से नहीं निकलती बल्कि उस सबआल्टर्न की व्यक्तिपरकता के भौतिक विवादों व 'ऐतिहासिक संविधान' से निकलती है जिसे न तो पूरी तरह स्व–निर्मित होने के रूप में और न ही महज सरकारी देखभाल की मांगों तक सीमित करने के रूप में निर्धारित किया जा सकता है। विधवाओं के संगठनों के संघर्षों के संबंध में देविका पुनः इस बात पर गौर करती हैं कि:

> मांगों के बारे में सवालों के जवाब देते हुए, कार्यकर्ताओं ने किसी सरकारी श्रेणी के अंदर स्वयं को सीमित किए जाने को खारिज किया, और स्वयं को एक ऐसे हित समूह के रूप में परिभाषित किया जिनकी राज्य से सीधी–स्पष्ट मांगें थीं। परंतु, वे इस बात के प्रति पूर्णतः सचेत थे कि विधवाओं ने जिन उत्पीड़नों को झेला था उनके स्रोत अनेक थे और ये सभी सामाजिक दायरों में स्थित थे, और इन्होंने "समूह के हित" को इस प्रकार से सूत्रबद्ध किया ताकि यह "विधवा" की अमूर्त श्रेणी की आंतरिक जटिलता को उजागर कर सकें। यह वास्तव में प्रति–वर्चस्वकारी राजनीति की संभावना के द्वार खोलता है जो स्वयं में विधवा होने की बुनियादी स्थितियों की आलोचना पेश करता है।[22] (पूर्वोक्तः 27–28)

राजनीतिक–समाज, निस्संदेह, हमें विरोध में खड़े सबआल्टर्न्स की गतिकी और नागरिक–समाज के मानकों की विषमता की विशिष्टता को समझने में सक्षम बनाता है। इस अर्थ में, यह लोकतंत्रीकरण की प्रक्रिया की हमारी समझ को राज्य व नागरिक–समाज के शास्त्रीय, सुरक्षित व निर्धारित क्षेत्रों से आगे ले जाता है। परंतु, इस क्षेत्र की आंतरिक गतिकी की मैपिंग से इसके सपाट होने का पता चलता है और यह *द्वंद्वात्मकता के क्षण* को चकमा देता है और स्वयं को एक निर्बाध 'वैकल्पिक' क्षेत्र के रूप में प्रस्तुत करने के बजाय, यह उस *युग्म के क्षण* को सुदृढ़ीकृत करता है जो नागरिक–समाज में शक्ति के प्रचालित होने का केंद्रीय तरीका होता है। सबसे पहले, कलकत्ता के जमीन पर कब्जा करने वाले राज्य को एक 'नैतिक शक्ति' के रूप में अपने 'दावों' की पहचान कराने में सिर्फ इसीलिए सफल हो सके क्योंकि वे राज्य या नागरिक–समाज के प्रमुख हितों के साथ विवाद में नहीं पड़े, और ऐसा होने पर वे संरचनागत प्रश्न उठाते, जैसा कि काजीपल्ली में गांववालों ने किया; इसलिए, यह (नहीं) बताया जा सकता है कि 'रणनीतिक राजनीति' देश भर में विभिन्न झुग्गी–झोपड़ियों को उजाड़े जाने से क्यों नहीं रोक सकी और विस्थापित लोगों को 'संदर्भगत रूप से' व 'इंस्ट्रूमेंटल रूप से' काम करने वाले राज्य द्वारा पुनर्वास प्रदान क्यों नहीं किया जा सका।[23] इसलिए, यह 'रणनीतिक' हित–समूह समझौतों को स्वीकार करने के प्रणालीगत (सिस्टेमिक) तर्क का अंग है जो आगे चलकर संगठित सामूहिक कार्य को प्रतिस्थापित करेगा। इस बात पर विचार करना अपरिपक्तापूर्ण है कि विरोध के ये अलग–अलग रूप एक अविभेदीकृत 'राजनीतिक–समाज' में सहअस्तित्वमान रह सकते हैं।

दूसरी बात, जमीन पर कब्जा करने वालों का 'राजनीतिक–समाज' 'रणनीतिक राजनीति' द्वारा पोषित था और एक 'समुदाय' या 'एकल परिवार' के रूप में उभरना एक विसंगति है। इसके उलट, एक समय के दौरान 'रणनीतिक' या सिर्फ हित–समूह के समझौते किसी समुदाय का अधिक अरक्षित ही बनाते हैं, और इस प्रकार सामाजिक समूहों व व्यक्तियों को निजी फायदे पाने की ओर ले जाते हैं। काजीपल्ली में मुआवजे की बढ़ती संस्कृति और युवाओं, वृद्धों, किसानों व स्त्रियों के बीच कम होती एकजुटता इसका प्रमाण है और ऐसे 'समझौते' सामूहिक हितों के विरोध में जा खड़े होते हैं, और उपलब्ध सामाजिक स्तर–विन्यासों (स्ट्रैटिफिकेशंस) के इर्द–गिर्द अभिव्यक्त होते हैं। 'सामुदायिक त्योहार' सामुदायिक जीवन के सिर्फ सांकेतिक रूपों के तौर पर सामने आते हैं और इनमें कलकत्ता में जमीन पर कब्जा करने वालों के पुनर्वास के लिए सामूहिक कार्य को सहारा देने के लिए जरूरी संसाधन, रोजगार व सम्मानजनक जीवन प्रदान करना या काजीपल्ली के लोगों के लिए उद्योगों को बंद करना व कृषि को पुनर्जीवित करना शामिल नहीं है। अंततः, 'रणनीतिक राजनीति' के रूप में 'राजनीतिक–समाज' सिर्फ उस राजनीति को प्रतिबिंबित करता है जो अरक्षित लोगों के लिए सतत असुरक्षा निर्मित करती है और यह गतिशीलता के अरक्षणीय (अनसस्टेनेबल) विचारों को पोषित करके करती है या जिसका इस्तेमाल राजनीतिक–समाज के अंदर स्थित सिर्फ उन सामाजिक समूहों द्वारा किया जा सकता है जो बिचौलियों का संरक्षण पाने के लिए बेहतर स्थिति में हों, जैसे कि सामाजिक कुलीन, सरकारी पदाधिकारी और राजनीतिक नेता। जैसा कि चटर्जी कहते हैं, 'इन्हीं मिलती–जुलती स्थितियों में अन्य समूहों के साथ जुड़ावों का एक बड़ा दायरा बनाने' से दूर, यह सिर्फ अरक्षित लोगों (जैसे कि काजीपल्ली में आजीविका के न्यूनतम संसाधनों या उपायों से वंचित भूमिहीन लोग) को दूर करने की संभावना को बढ़ाती है। समाज के इन हिस्सों के लिए, 'कल्याणकारी नीतियों' के जरिए उनकी आवश्यकताएं पूरी करने की दिशा में काम करने के बजाय, जैसा कि चटर्जी का मानना है, राज्य अधिकाधिक अशिष्ट बनता जाता है और बाजार में अशिष्ट विकासात्मक प्रक्रियाओं को सहायता प्रदान करता है। यह उन स्थितियों में स्पष्ट था जिनमें गांववालों को झूठे मामलों में फंसाया गया, धमकियां दी गईं और सार्वजनिक सुनवाई के दौरान माफिया द्वारा हमला किया गया और यह सब काजीपल्ली में स्पष्टतः पक्षपातपूर्ण पुलिस की क्रूरतापूर्वक गतिविधियों से इतर था।

राजनीतिक–समाज की राजनीति इन सीमाओं की चर्चाओं से यह स्पष्ट है कि यह अरक्षित सामाजिक समूहों को नागरिक–समाज की पेशकशों की औपचारिकता से आगे ले जाने में नाकाम रही है, और इसके बजाय 'जीवन–यापन संबंधी लाभों' के रूप में एक अन्य किस्म की औपचारिकता प्रस्तुत करती है जो 'जीवित रहने की रणनीतियों' पर सतत निर्भरता के रूप में प्रतिबिंबित होती है। इस संदर्भ में, हमें राजनीतिक आंदोलनों की वापसी पर और 'संघर्ष की द्वंद्वात्मकता' को बनाए रखने वाले संयोगकारी उपायों को गढ़ने व निर्मित करने के उनके चुने हुए रास्ते जोर देने की आवश्यकता है। इसके लिए महज 'राजनीति के सांस्कृतिकरण' की आवश्यकता ही नहीं है, बल्कि 'संस्कृति के राजनीतिकरण' की भी आवश्यकता है, जिसमें नागरिक–समाज और साथ ही राजनीतिक–समाज द्वारा अनगिनत तरीकों से पेश किए जाने वाले *वैकल्पिक युग्मों* से आगे जाने के लिए रास्तों की तलाश करना शामिल है। चटर्जी ठीक ही कहते हैं कि नागरिक–समाज की आधाररेखा के रूप में कानून–व्यवस्था उन अन्य विभिन्न रूपों को कमजोर करती है जिनका सहारा सबआल्टर्न्स ले सकते हैं। परंतु, इसमें पैरालीगल उपायों के जरिए काम करने वाली राजनीतिक–समाज

का एक स्पष्ट वैकल्पिक व स्व–पृथक्कृत क्षेत्र शामिल नहीं है, बल्कि इसके लिए संयोगकारी उपायों की आवश्यकता होती है; यानी एक ऐसी राजनीति जो नागरिक–समाज में विभिन्न प्रभुत्वकारी कार्यअभ्यासों को अपनाने की अनुमति देती है और यह उनकी अंतक्रिया में सृजित स्थानों के जरिए उन्हें पुनः महत्व प्रदान करके ऐसा करती है; जैसा कि मानवाधिकार आंदोलन ने विधि द्वारा शासन के सिद्धांत करके जरिए काम करके और साथ ही मिलिटेंट प्रतिरोध की राजनीति को वैधता प्रदान करके व संदर्भित करके किया, या जिस तरह से स्त्रीवादी राजनीति राज्य की 'विकासपरक' गतिविधियों व घरेलू हिंसा के विरुद्ध कानून निर्मित करने के *प्रतिच्छेदन* के प्रति जागरूक थी, जहां इन दोनों ने गैर–राजनीतिकरण व व्यक्तिगतकरण की प्रक्रियाओं को जाहिर किया, और इस प्रकार, कानून को पुनः महत्व प्रदान करके इसे नागरिक–समाज द्वारा आरोपित सीमाओं के बाहर प्रतिरोध की राजनीति के साथ जोड़ने की आवश्यकता प्रकट की।

अंततः, 'रणनीतिक राजनीति' या 'संदर्भगत समझौतों' के जरिए एजेंसी की फ्रेमिंग करके और इसे विशेषाधिकार प्रदान करके, राजनीतिक–समाज विखंडन के एक स्व–पराजयकारी तर्क में प्रवेश करता है, और सामूहिक संघर्षों का व्यक्तिकरण करता है, जिसका पछतावा स्त्रीवादी राजनीति को घरेलू हिंसा के विरुद्ध कानूनी प्रावधानों को अपनाने के परिणामस्वरूप हुआ। परंतु, इससे न तो 'नैतिक समुदायों' ('एकल परिवार') की रचना करके और न ही बिचौलियों के रूप में संरक्षकों ('स्व–चेतन लोगों को इकट्ठा करके') की तलाश करके अपना रास्ता बनाने के जरिए उबरा जा सकता है, जैसा कि चटर्जी कहते हैं, बल्कि अपने सामाजिक आधार को विस्तारित करके और आंतरिक भिन्नताओं के प्रति जागरूक होकर, और आर्थिक, राजनीतिक व सांस्कृतिक आयामों या एजेंडा के बीच अंतः संबंधों को विस्तारित करके ही इससे उबरा जा सकता है, जैसा कि उप–जाति आंदोलन के जरिए नक्सलवादी आंदोलन के साथ निरंतर संवाद बनाए रखने की अवधि में दलित आंदोलन ने किया। इसलिए, राजनीतिक आंदोलनों के इन सूत्रीकरणों में हमें ऐसे संकेत–चिह्नों को बहुत गौर से देखने की जरूरत है और इन्हें 'वैकल्पिक' रैडिकल उत्तर–नागरिक–समाज के विमर्श व राजनीति में अवधारणाबद्ध करने और शामिल करने की जरूरत है। एक तदर्थ व आरंभिक रूप में, इस प्रकार के सैद्धांतीकरण की चर्चा हम, उपसंहार के स्थान पर, इस किताब के अगले अंतिम अध्याय में करने का प्रयास करेंगे।

टिप्पणियां

1. यहां मैंने एंथनी एपिहा के लेख के यादगार शीर्षक 'इज दि पोस्ट– इन पोस्टमॉडर्निज्म दि पोस्ट– इन पोस्टकोलोनियल?' से प्रेरित होकर लिखा है। (क्रिटिकल इंक्वायरी, खंड 17, अंक 2, विंटर 1991)।
2. हाल ही में मेरे द्वारा संपादित ग्रंथ में (गुडावर्थी 2012ए), संपूर्ण भारत के विभिन्न केस स्टडीज के आधार पर मैंने इन मुद्दों की चर्चा की है।
3. व्यक्तिगत बातचीत के दौरान, अरुंधति रॉय ने एक बार यह कहा था कि जब तक किसान आत्महत्याएं करते हैं तब तक कुलीनों और मध्य वर्ग की तरफ से जबर्दस्त प्रतिक्रिया व सहानुभूति रहती है; लेकिन अगर वे प्रतिरोध करने का, और उसमें भी सशस्त्र प्रतिरोध करने का फैसला करते हैं, तो वही कुलीन वर्ग उनका तिरस्कार करने लगता है। इसलिए, यह कहा जा सकता है कि राजनीतिक–समाज के 'संदर्भगत समझौते' सबआल्टर्न के कार्य के अधिक स्वीकार्य रूप होते हैं क्योंकि यह नागरिक–समाज द्वारा स्थापित शिष्टता की सीमाओं के अंदर काम करता है।

4. गरीबी पर सवाल खड़े करने से न्यूनतम आय सुनिश्चित करने में आया यह बदलाव अनेक रूपों में अभिव्यक्त होता है। हाल ही में, योजना आयोग ने घोषणा की कि गरीबी की रेखा से ऊपर होने के लिए ग्रामीण क्षेत्रों में रुपये 23 और शहरी क्षेत्रों में रुपये 32 की आमदनी होनी जरूरी है। यह उस राजनीतिक बदलाव को भी दर्शाता है जो 1970 के दशक में भूमि सुधार की मांग कर रही थी लेकिन अब मौजूदा जमीन को 'भूमि अधिग्रहण' से बचाने में जुटी हुई है।
5. यह महज इत्तेफाक नहीं है कि नागरिक–समाज और साथ ही राजनीतिक–समाज, दोनों क्षेत्रों की रचना तटस्थीकृत अस्पष्टताओं व विरोधाभासों की एक शृंखला के जरिए हुई है। यह इन दोनों प्रतीतिगत रूप से 'पृथक' क्षेत्रों की पद्धति व राजनीति में सम्मिलन को दर्शाती है। इसलिए यह कहा जा सकता है कि पृथक्करण का क्षण ही सम्मिलन का क्षण भी होता है।
6. ऐसा जान पड़ता है कि यह शर्तें, जैसे कि "स्वयं अपनी जगह होना" और अपनी वास्तविक स्थिति से इंकार करना, जॉन रॉल्स द्वारा 'मूल बिंदु' व 'अज्ञानता के पर्दे' के इर्द–गिर्द न्याय के अपने सिद्धांत का सूत्रीकरण किए जाने के तरीके के साथ ओवरलैप करती हैं।
7. हालांकि यह अवश्य स्वीकार किया जाना चाहिए कि राजनीतिक–समाज की अपनी सबसे हालिया व्याख्या में, चटर्जी यह स्वीकार करते हैं कि सबआल्टर्न को खंड–खंड में बांटना संभव है भले ही इसका कारण सामाजिक संरचनाओं की प्रकृति नहीं बल्कि प्रशासकीयता (गवर्नमेंटैलिटी) हो। वह कहते हैं:

   > लाभ पाने की आकांक्षा रखने वालों को खंड–खंड में बांटना और इस तरह से राज्य के संभावित विरोध को बांटना ही मूल मंशा है। उद्योग के लिए जमीन का अधिग्रहण किए जाने के विरोध में भारत में हाल में हुए विरोध–प्रदर्शनों की सबसे उल्लेखनीय विशेषता यह है कि लगातार किसान एकजुटता का पुराना राग अलापते रहने के बावजूद, स्पष्टतः दिखता है कि इन गांवों में लोगों के अच्छे–खासे हिस्से इन विरोध–प्रदर्शनों में भाग नहीं लेते क्योंकि उन्हें लगता है कि वे सरकारी नीति का लाभ पाना चाहते हैं (चटर्जी 2008: 60)।

8. मजदूर वर्ग के संघर्षों के संदर्भ में, 'संघटक बाह्य' (कांस्टिट्यूटिव आउटसाइड) के विचार की व्याख्या करते हुए, लाक्लाऊ कहते हैं कि:

   > ...विवाद उत्पादन के पूंजीवादी संबंधों (जिसमें मजदूर को महज श्रम शक्ति के विक्रेता के रूप में देखा जाता है) के अंदर नहीं है बल्कि उत्पादन के संबंधों और उनके बाहर स्थित मजदूर की पहचान के बीच है। जैसा कि हम आगे देखेंगे, यह संघटक बाह्य किसी भी विरोधपूर्ण संबंध में अंतर्निहित होता है (लाक्लाऊ 1990: 12)।

   और इसलिए इतिहास में पहले मौजूद रही संरचनाओं व कार्यअभ्यासों के साथ कोई भी सुसंगति या निरंतरता नहीं होती है।
9. कुछ खास अधिकार या सिद्धांत जैसे कि सहिष्णुता किस प्रकार से प्रभुत्वकारी पदसोपानक्रमों को सुदृढ़ीकृत करते हैं और अधिक विनाशकारी रूपांतरणों की दिशा में जाने की आवश्यकता पैदा करते हैं, इस संबंध में विस्तृत विवरण के लिए हर्बर्ट मार्कस की 'दमनकारी सहिष्णुता' (रिप्रेसिव टॉलरेंस) देखें।
10. 'मेडक जिले में सामुदायिक स्वास्थ्य की दशा', ग्रीन पीस भारत, बंगलुरु, 2004 देखें। साथ ही, दक्कन क्रॉनिकल 'डर्टी नक्कवगु डिस्ट्रॉईंग फार्मलैंड्स, कॉजिंग इलनेस', 19 अगस्त, 1996 भी देखें।
11. हालांकि काजीपल्ली गांव *काजी तालाब* के ठीक नीचे स्थित है, परंतु जलाशय की वास्तविक स्थिति गांव से लगभग 250 मीटर की दूरी पर है। यह एक तरह से पानी के गांव में पहुंचने तक प्रदूषण को कम कर देता है। इसलिए हमने इस अंतर को दर्शाने के लिए अलग–अलग नमूने एकत्रित किए। तालिका 5.3 में, नमूना 1 को सीधे जलाशय से एकत्रित किया गया है। नमूना 2 और 3 को नहर से लिया गया। नमूना 2 नहर के उस स्थान से लिया गया जो जलाशय के करीब था और नमूना 3 गांव के एकदम करीब स्थित नहर के हिस्से से लिया गया। नमूना 4 बोर के पानी का नमूना है जिसका इस्तेमाल हाल तक पीने का पानी एकत्रित करने के लिए किया जाता था। इन प्राथमिक आंकड़ों

को कमीशनरेट ऑफ इंडस्ट्रीज, ग्रीन पीस, ई.पी.टी.आर.आई. और अन्य रिपोर्टों से प्राप्त आंकड़ों के द्वितीयक स्रोतों से अनुपूरित किया जा सकता है।

12. पृथक तेलंगाना राज्य के लिए चले आंदोलन के ब्योरों के लिए अजय गुडावर्थी (2011बी) 'टैंग्लस ऑफ तेलंगाना' *इंडियन एक्सप्रेस,* जुलाई 11, 2011 देखें। साथ ही, कोडंडा राम रेड्डी (2007) भी देखें।
13. राष्ट्रीय राजमार्ग को बाधित करना सबसे महत्वपूर्ण तरीका रहा है।
14. ग्राम पंचायत का अध्यक्ष।
15. राज्य द्वारा की जाने वाली न्यायेतर हत्याओं का अधिकाधिक सहारा लिए जाने को हम इसके साथ जोड़कर देख सकते हैं। परंतु, यह राज्य द्वारा अपने 'उदारवादी' होने का प्रमाण देने के रूप में फांसी की सजा को समाप्त किए जाने का प्रयास करने और यातनाओं के विरुद्ध सम्मेलनों में अधोहस्ताक्षरी बनने के साथ–साथ हो रहा है। भले ही यह 'कानूनी रूप से' फांसी की सजा को समाप्त करता है, लेकिन यह न्यायेतर हत्याओं (जिन्हें 'मुठभेड़ों में होने वाली मौतें' कहा जाता है) का और लापता किए जाने के मामलों का (जो, उदाहरण के लिए, कश्मीर में प्रचुर मात्रा में होता है, और वहीं राज्य आर्म्ड फोर्सेस स्पेशल पावर्स एक्ट (आफ्सपा) पर वार्ता करने की इच्छा भी जाहिर करता है) अधिकाधिक सहारा लेता जाता है। इस प्रकार, एक तरफ यह सामान्य व अ–समान्य कानूनों के बीच जुड़ाव–गुंथाव *(लॉजिक ऑफ सर्कुलैरिटी)* की ओर ले जाता है, और दूसरी तरफ अ–समान्य कानूनों व न्यायेतर कार्यअभ्यासों की ओर ले जाता है।
16. हितों व मूल्यों या न्याय के लिए संघर्षों का आवश्यकीय रूप से ऐसा कोई समीकरण नहीं होता है, जहां कोई किसी अन्य को निश्चित तौर पर प्रतिस्थापित करे जैसा कि मानवाधिकार आंदोलन ने एक हद तक कहा, अथवा राजनीतिक–समाज के अनुसार ये एक सातत्य के रूप में मौजूद नहीं रहते हैं। उदाहरण के लिए, जैसा कि हमने दलित राजनीति पर आधारित तीसरे अध्याय में चर्चा की है, उप–जातिगत संघर्षों द्वारा चिह्नित इसके तीसरे चरण के दौरान, उन्होंने अधिक सार्वभौमिक मानकों के उदाहरण पेश करके, जैसे कि 'सर्व–प्रभावित' का सिद्धांत, हितों के लिए संघर्षों के बीच निरंतरता का निर्माण किया।
17. यहां हम कह सकते हैं कि सबआल्टर्न, जैसा कि चटर्जी कहते हैं, वर्चस्वकारी दांव–पेंचों को ध्यान में रखकर विचार करते हैं, परंतु कोई जरूरी नहीं कि उनके पास यह मौका हो कि वे इसके अनुसार राजनीति को सूत्रबद्ध कर सकें, और इसलिए नागरिक–समाज के साथ गंठजोड़ बनाए हुए राज्य द्वारा आरोपित उपायों की शरण में चले जाते हैं। परंतु, चटर्जी, सहज स्वेच्छावादिता के अपने मॉडल में, इसे शरण में जाने के रूप में चिह्नित करने में नाकाम रहते हैं, क्योंकि वह समस्त भौतिक संदर्भों के बाहर स्थित सबआल्टर्न के चुनावों का मूल्यवर्द्धन करते हैं।
18. जिला परिषद का चेयरमैन।
19. मिट्टी निकालने व हटाने के काम में लाया जाने वाला भारी इंजीनियरिंग उपकरण जिसे लोकप्रिय रूप से प्रोक्लेनर कहते हैं।
20. '*पैरवीकार* एक बिचौलिया होता है जिसके पास प्रशासनिक प्रणाली पर दबाव डालने के पेशेवराना कौशल होते हैं और वह ऐसा *प्यर्वि* के जरिए करता है यानी अधिकारियों से काम कराने के लिए उन तक पहुंच बनाने की कला और इस तरह वह अपने काम कराने के लिए प्रशासन का चक्का हिलाते हैं' (रेड्डी व हरगोपाल 1985: 1149)।
21. बिचौलियों के बारे में चटर्जी का सकारात्मक पाठ भी पश्चिम बंगाल के विशिष्ट संदर्भ में अपने स्रोत का आभार प्रकट करता है जिसमें पार्टी और सरकार के बीच एक खास किस्म की विलय जाहिर हुआ था। असल में, यह विलय राजनीतिक–समाज के विचार के इर्द–गिर्द मौजूद अनेक मान्यताओं व सूत्रीकरणों की विफलता है। दरअसल, आंध्र प्रदेश के मुख्यमंत्री के रूप में चंद्रबाबू नायडू ने भी डी.डब्ल्यु.ए.सी.आर.ए. जैसे कार्यक्रमों के जरिए पार्टी व सरकार के बीच विलय के इसी प्रकार के प्रयोग दोहराने के प्रयास किए, और वह इस तरह के दावे करने के अभ्यस्त हो चुके थे कि वह भी 'सी.पी.एम. की भांति' अगले 20 वर्ष तक सत्ता में बने रहेंगे। परंतु, उनकी पार्टी 2004 में विधानसभा के चुनावों में हार गई।

22. देविका इस बात पर गौर करती हैं कि विधवाओं के संगठनों की मांगे भी काजीपल्ली में किए गए संरचनात्मक प्रकृति के मांगों से मिलते–जुलते थे और ये मांगे:

> पेंशन बढ़ाने और नियमित रूप से दिए जाने तक सीमित नहीं थीं बल्कि इसमें गरीबी से ऊपर उठाने वाली गतिशीलता को सुनिश्चित करने के उपाय शामिल थे, जो बीसवीं सदी के मध्य में केरल में कल्याणकारी मांगों की यादें बहुत अधिक ताजा करते थे। इसलिए, नियमित और बेहतर पेंशन के साथ ही, उन्होंने बुजुर्ग विधवाओं के लिए स्वास्थ्य की निःशुल्क देखभाल, शिक्षा हेतु सहायता और गरीब विधवाओं के बच्चों का विवाह, परित्यक्त स्त्रियों के लिए परियोजनाएं, जमीन, घर, वृद्धाश्रम, कानूनी सहायता और उनके मुद्दों पर रिपोर्ट देने के लिए एक जांच कमीशन गठित करने की मांग की। (देविका व राजश्री, 2012: पृष्ठ 223)

वे इस बात पर भी अड़े हुए थे कि कल्याणकारी पेंशन का उनका दावा खैरात में मिलने वाला अपमानजनक टुकड़ा नहीं था, बल्कि वे भी "खेतिहर मजदूरों" या ऐसे अन्य लोगों की तरह जिन्होंने समाज के लिए कड़ी मेहनत की है कामगारों का एक समूह हैं। विधवा एक ऐसी "कामगार है जिसने अपने नियोक्ता को खो दिया है"। ये मांगे सरकारी देखरेख पाने के लिए महज "रणनीतियां" प्रकट नहीं करती हैं बल्कि उन्हें महज व्यावहारिकता की सीमाओं में जकड़ने वाले किसी भी संरक्षण को दरकिनार करने वाली अधिक सत्यनिष्ठ मांगों के जरिए अपनी गरिमा को पुनः प्राप्त करने के संघर्षों को प्रतिबिंबित करती हैं।

23. परंतु, पार्थ चटर्जी सरकारी जमीन पर कब्जा करने वालों को हटाने और उन्हें बलपूर्वक हटाए जाने की अधिकाधिक आशंका वाले न्यायालय के आदेश को उद्धृत करते हैं; 'इस प्रकार रणनीतिक राजनीति के संतुलन के लिए बहुत हद तक संभव है कि वह इन कब्जा करने वालों को आगामी कल हटाए जाने हेतु पर्याप्त फेर–बदल करे...राजनीतिक–समाज में रणनीतिक राजनीति का ऐसा ही तुच्छ तर्क होता है' (*पॉलिटिक्स ऑफ दि गवर्न्ड,* दिल्ली। पर्मानेंट ब्लैक, 2003, पृष्ठ 60)। परंतु, वह इसके बावजूद यह स्वीकार नहीं करते कि ऐसी 'रणनीतिक राजनीति' संगठित राजनीति गतिविधि के स्थान पर फलती–फूलती है और दरअसल संगठित राजनीति गतिविधि के साथ किसी 'राजनीतिक–समाज' में सहअस्तित्वमान नहीं रह सकती है।

6

नागरिक समाज के बाद की राजनीति की ओर

यह जान पड़ता है कि वर्तमान समय एक 'गहरे राजनीतिक भटकाव' से चिह्नित है। राजनीतिक आंदोलनों में उपलब्धि की भावना का लोप होता जा रहा है या वे दिग्भ्रमित हो रहे हैं। प्रगति के विचार जटिल व अनुत्पादक होते जा रहे हैं और सत्य के विचार की सरलता खो गई है। संप्रभुता व इसके कारण प्राप्त अधिकारों पर, स्वैच्छिक कार्य व संस्थानीकरण, कानून और इसकी सहगामी नैतिकता, अमूर्त नागरिकता व अस्मितावादी राजनीति के साथ लोकतांत्रिकरण की संभावना पर जो उम्मीद लगाई गई थी उसके गलत होने का अहसास हुआ और ये सभी नागरिक–समाज के विचार व इससे जुड़ी उम्मीदों के लिए बुनियादी हैं। ये सभी श्रेणियां तब और अधिक व असीम रूप से जटिल प्रतीत होती हैं जब ये लोकतांत्रिकरण की प्रक्रियाओं के लिए एक–दूसरे से अंतक्रिया करते हुए 'अंतक्रिया संबंधी प्रभाव' उत्पन्न करती हैं। राजनीतिक आंदोलन शक्ति और इसकी स्थिति की जड़ता का सामना करते हैं, और ऐसा प्रतीत होता है कि वे अब उत्पीड़क और उत्पीड़ित के बीच स्पष्ट विभेद का दावा कर पाने तक की स्थिति में नहीं हैं, जिसमें 'समीकरण के एक तरफ सच्चाई व अच्छाई हो और दूसरी तरफ शक्ति और दमन हो' (ब्राउन 2001: 27)। आंदोलनों को अपने लक्ष्य प्राप्त करने में न तो हिंसा समर्थ बनाती है और न ही अहिंसा और हृदय परिवर्तन की बातें शक्तिशाली के रवैये को नरम बनाती हैं। जहां लोकतंत्र को लेकर मायूसी और निराशा की भावना व्याप्त है, वहीं क्रांति को लेकर अरुचि और अविश्वास की भावना मौजूद है। परंतु, 'लकवाग्रस्त भटकाव' लाने वाले इन सबके बीच राजनीतिक करवाई निलंबित नहीं हुई और यह हमें ग्राम्शीयन कथन 'ज्ञान की निराशावादिता और इच्छाशक्ति की आशावादिता' की याद दिलाती है। यह जान पड़ता है कि भारत में राजनीतिक आंदोलन अंधेरे में संघर्ष करते रहे हैं, जिनमें अक्सर न तो बदलाव की निश्चितता रही है और न ही अनिश्चितता का जश्न मनाने का विशेषाधिकार रहा है; और इन संघर्षों में न किसी कल्पना के लिए कोई प्रेरणा रही है और न ही परिवर्तन की प्रक्रियाओं को जकड़े रखने वाली अंतहीनता के बोझ को हटा देने की शक्ति रही है।

ऐसे संदर्भ में, नागरिक–समाज की श्रेणियों विचारों, कार्यअभ्यासों और संस्थानों ने *संघटनकारी अस्पष्टताओं* को उत्पन्न किया है और 'लोकतात्रिक स्पेस' को संकुचित किया है (उपलब्ध कार्यअभ्यासों व उनके द्वारा लक्षित प्रभावों के बीच के अंतर को पेश करके) जो 'विश्लेषणात्मक नपुंसकता और राजनीतिक लक्ष्यहीनता' को बढ़ावा देती है, ताकि सामाजिक नियतिवाद स्थापित हो और राजनीति से हाथ खींच लेने की तीव्र इच्छा उत्पन्न हो। किसी समाज में रहने के विभिन्न क्षेत्र या तरीके (राज्य, नागरिक–समाज और बाजार) 'विरोधाभासों के स्थानांतरण' की प्रक्रिया में संलग्न हैं, जो अंततः शक्ति संबंधों को दोहराने

में 'पृथक' क्षेत्रों के कार्यअभ्यासों का *सम्मिलन* करते हैं, बजाय इसके कि ये लोकतंत्र में इन क्षेत्रों द्वारा किए जाने वाले अतिक्रमणों के विरुद्ध 'नियंत्रण व संतुलन' की तरह काम करें। एक ओर, राज्य यह अपेक्षा करता है कि नागरिक–समाज में स्थित गैर–सरकारी संगठन सार्वजनिक वस्तुएं मुहैया कराने के इसके कार्य को अपने हाथ में ले, तो वहीं नागरिक–समाज (प्रतिस्पर्धा, कुशलता और उपभोग के सिद्धांतो के द्वारा) तेजी से बाजारीकृत हो रहा है, और (मुक्त) बाजार बदले में राज्य से सहायता और समर्थन की उम्मीद करता है। वे न केवल राजनीति में स्पष्टता की कमी के रूप मे परिलक्षित होते हैं बल्कि विभिन्न तौर–तरीकों के बीच विकल्प की कमी को भी दिखाते हैं।[1] इस प्रकार, 'एक विश्लेषणात्मक अवधारणा के तौर पर, नागरिक–समाज का समकालीन विचार और इससे जुड़े क्षेत्र–संबंधी मॉडल एक गंभीर पारिभाषिक अस्पष्टता से ग्रस्त हैं' (एडवर्डस व फोले 2001: 4)।

विभिन्न क्षेत्रों के बीच 'आच्छादित आम–सहमति' के परिदृश्य में, ऊपरी तौर पर राजनीतिक क्रियाकलापों के लिए एक तटस्थ जमीन प्रदान करके और सभी लोगों के लिए एक साझा स्थान के बारे मे भ्रांति फैलाकर, नागरिक–समाज ने अपनी वैधता का दावा पेश करता है। यह समझा जा सकता है कि नागरिक–समाज को एक तटस्थ राजनीतिक शक्ति के रूप में माना गया है जो न तो वाम से और न ही दक्षिण से संबंध रखता है और इसके माध्यम से यह उम्मीद की जाती है कि ये लोकतांत्रिक राजनीति को समर्थ बनाएगा। आज नए वामपंथियों से लेकर दक्षिणपंथियों तक और विश्व बैंक, राज्य द्वारा शुरू की गयी सहायता एजेंसियों और नीति–निर्माताओं तक सभी नागरिक–समाज की मांग करते हैं।[2] असल में, *तटस्थता* की सुरक्षा और संरक्षण करना अपने आप में ही एक ऐसा रैडिकल एजेंडा बन गया है जिसे नागरिक–समाज राजनीतिक करवाई के लिए स्थापित करता है। उदारवादी लोकतंत्र के शैंतल मॉफे जैसे समकालीन आलोचकों (जो नागरिक–समाज को एक अविभाज्य विचार के तौर पर देखते हैं) ने एक 'विरोधपूर्ण' (एगोनिस्टिक) दृष्टिकोण प्रतिपादित किया है, जो 'शक्ति को संगठित करने' की बात करता है न कि इसके उन्मूलन की, और इसीलिए, ऊपरी तौर पर उदारवादी लोकतंत्र में तटस्थता के विचार की आलोचना करता है, जो, उनके अनुसार, 'शक्ति का उन्मूलन' करने का एक गलत तरीका है। परंतु, उदारवादी लोकतंत्र के प्रत्यक्ष 'विकल्प' के रूप में स्वयं अपने 'एगोनिस्टिक लोकतंत्र' के मॉडल में, तटस्थता का विचार फिर से उनके तर्क का हिस्सा बना जब उन्होंने कहा कि सभी नॉर्मेटिव वचनबद्धताएं महज शक्ति व हितों की अभिव्यक्तियां होती हैं। इसीलिए, वह मानती हैं कि 'वाम व दक्षिण की अंतर्वस्तु भिन्न होगी, परंतु एक विभाजक रेखा बनी रहनी चाहिए...' (मॉफे 2005: 120)। इस प्रकार, हमारे लिए एक अनुत्तरित प्रश्न छोड़ दिया जाता है कि हम किस तरह सीमा निर्धारित करें और हमें अलोकतांत्रिक हितों पर 'लोकतांत्रिक' हितों को वरीयता क्यों देनी चाहिए? और हम किन आधारों पर यह विभाजन करें? और लोकतंत्र का यह नया 'एगोनिस्टिक मॉडल' तटस्थता की समस्या से ठीक किस तरह उबर पाएगा, जबकि तटस्थता और तटस्थ किए गए क्षेत्रों का निर्माण एक ऐसा तरीका बन गया है जिसके द्वारा वर्तमान समय में शक्ति काम करती है?

इस प्रकार, विभिन्न *कार्यअभ्यासों की बहुलता* के *प्रतिच्छेदन* और *स्वायत्त दायरों* के बीच *सम्मिलन* के माध्यम से अपने काम करने के तरीके में, यह प्रतीत हुआ कि राजनीतिक आंदोलनों के लिए नागरिक–समाज के मानकों (प्रत्यक्षतः तटस्थीकृत) के अंदर आना और उनसे बाहर जाना कोई आसान चुनाव नहीं है। वे नागरिक–समाज में उपलब्ध रणनीतियों को स्वीकार करने में या तो अनुशासित हो गए या न्यूनतम हो गए, अथवा इससे आगे जाने

का प्रयास करते हुए अवैध बना दिए गए व इन्हें मान्यता प्रदान करने से इंकार कर दिया गया। प्रभुत्वकारी संरचनाओं का मुकाबला करने, उन्हें स्वीकार करने, और उन्हें रोकने की विभिन्न रणनीतियों को अपनाने की प्रक्रिया में, ऐसा प्रतीत होता है कि उन्होंने स्वयं अपने विचारों और विमर्शों की दिशा और सूत्र खो दिया है। ऐसे में, उन्हें फिर से शुरुआत करने की जरूरत है, लेकिन एक नए संदर्भ में कि अब वे खुद को अपने स्वैच्छिक कार्य और 'एजेंसी' में तलाशेंगे, जो अंशतः उनकी इच्छा से निर्मित हुआ है। शक्ति का स्थान बदलने के लिए जिन लक्ष्यों को परिवर्तित करने की जरूरत है, वे लक्ष्य भी ऐसे क्षेत्र जान पड़ते हैं जिन पर आंदोलनों को खड़ा किए जाने की जरूरत है। न तो वे उन परिस्थितियों को बाहर सृजित कर सकते हैं और न ही उनकी तलाश कर सकते हैं जो उन्हें स्वतःस्फूर्त लामबंदी की गारंटी देंगे और न ही ऐसा प्रतीत होता है कि वे आंतरिक रूप से समस्यारहित व्यक्तिपरक क्षमता रखते हैं। जिस चीज़ को वे न छोड़ सकते है और न ही छोड़ना चाहते हैं वह है राजनीतिक कार्य, और यह उनके लिए कोई चुनाव नहीं है बल्कि यह *गरिमा के साथ गतिमानता* अर्जित करने का एकमात्र तरीका है। हालांकि, ऐसा कोई स्पष्ट रास्ता या सीधा आख्यान नहीं हो सकता है जिसे तलाशा जा सके या बनाया जा सके, परंतु इन लड़खड़ाते *आंदोलनों व क्षणों* में प्रयोग करने की इच्छा देखी जा सकती है, और यह इच्छा नए विमर्शों का आरंभ कर सकती है जो इन्हें प्रदान की गई, इनमें जन्म लेने वाली व इनसे जुड़ी श्रेणियों व कार्यअभ्यासों के कार्य–क्षेत्र से परे हैं।

हालांकि, आगे बढ़ने की प्रक्रिया (जिसे मैं पोस्ट होने के क्षण के रूप में पेश करता हूं) 'पूर्व–लाक्षणिक नहीं, बल्कि प्रत्यक्ष लाक्षणिक' है। यह 'किसी चीज के पूर्व के रूप में नहीं बल्कि तत्कालिक सृजन के रूप में है' (होलोवे 2005: 272); जैसा कि उन समकालिक पारस्थितिकीय विमर्शों में प्रतिबिंबित होता है जिन्होंने न सिर्फ वर्तमान में मौजूद सामाजिक समूहों के बीच न्याय को पुनः परिभाषित किया बल्कि 'इंटर जेनरेशनल इक्विटी' ('भविष्य की पीढ़ी आने वाली नही है बल्कि वो पहले से ही उपस्थित है') को भी इसमें शामिल किया। दूसरे शब्दो में, 'समय को ऐसे किसी मोड़ बिंदु की ओर बढ़ने के रूप में चित्रित नहीं किया जा सकता जहां से यह वापस भूतकाल की तरफ घूम जाए या जहां इस दुनिया की प्रणाली (या स्वयं समय) विनाशकारी ढंग से परिवर्तित हो जाए' (लुहमान 1982: 272)। भविष्य का वर्तमानीकरण किया गया है, यह न तो कभी शुरू हो सकता है और नह यह पहले से मौजूद है; यह 'अनुपस्थित वर्तमान' ही है जो टाल–मटोल करते हुए राजनीति को 'उपस्थित वर्तमान' की दिशा में ले जा रहा है।[3] यह 'मेटा–राजनीति' को सृजित करने का अवसर गंवाए बिना शक्ति संबंधों के सूक्ष्म–बुनियादों पर श्रमसाध्य ढंग से काम करने की एक प्रक्रिया है। राजनीतिक आंदोलनों ने प्रभुत्वकारी संरचनाओं के प्रति बाहरी होने के निशानों को ले जाने वाले प्रभावों को निर्मित करने के माध्यम से आंतरिक रूप से अपना रास्ता निकाला है।[4] वे कभी उस तर्क को सुदृढ़ बनाने के लिए संकुचित हो गए जिसके विरुद्ध वे स्वयं संघर्ष करते प्रतीत होते हैं, लेकिन उन्होंने ऐसा केवल उनकी रोकथाम को नया अर्थ देने के लिए किया, और इसे एक ऐसे संदर्भ में बदलने के लिए किया जो उन्हें ऐसे नए सवाल उठाने में मदद दे जो अक्सर नई संभावनाओं का अहसास होने का सूचक होती हैं।

इस अंतिम अध्याय में, हम यह देखने का प्रयास करेंगे कि राजनीतिक आंदोलनों ने *उत्तर–नागरिक–समाज की* 'वैकल्पिक' *राजनीति* को लेकर किस प्रकार के प्रश्न उठाएं हैं; वे कौन–से प्रतिकूल संदर्भ हैं जो 'संसाधन' में फलित होते हैं, ताकि वे अपने रैडिकल एजेंडा को लागू करने के लिए नई अंतर्दृष्टि पा सकें। सृजित की गई नई गंभीर घटनाएं

टिक नहीं पातीं बल्कि ये 'मध्यवर्ती परिवर्तन' की प्रतिनिधि है जो होलोवे के शब्दों में 'अंदर–विरुद्ध–और–आगे' रहती हैं। सीमांत–रेखा पार करने वाले आंदोलनों व क्षणों को समझना स्वयं समकालिकता ('अंदर–विरुद्ध–और–आगे' के होने में) को समझना है। अत्यधिक निर्धारण एक गहन जटिलता की ओर ले जाता है। जैसे हम देख चुके हैं, उदाहरण के तौर पर, दलित राजनीति के अस्मितावादी मोड़ लेने के दौरान, प्रक्रियाओं की समकालिकता (दूसरे राजनीतिक आंदोलनों से संवाद और एक अपवर्जनकारी अस्मितावादी सूत्रीकरण का दावा) को उस कपटपूर्ण रास्ते के तौर पर देखा जा सकता है जिसमें शक्ति को प्रसार व निजीकरण किया जा रहा था, द्वंद्वात्मक अभिव्यक्तियों को अलग–अलग अनुशासित किया जा रहा था और इस प्रकार ये नागरिक–समाज में ही मौजूद 'प्रबन्धनीय' प्रक्रियाएं थीं, या फिर समकालिकता अपने आपमें ही एक द्वंद्वात्मक क्षण था। इस प्रकार, दिए गए तथ्यों के आधार पर इन दुर्बल क्षणों से ऐसे आंदोलन उपजे जिनमें नई अंतर्दृष्टि थी और जिनके पास ऐसी रणनीतियां थीं जिनमें *लॉजिक ऑफ सर्कुलैरिटी* से आगे जाने की उम्मीद थी और इसी उम्मीद ने उन्हें समाप्त कर दिया।

प्रतीक्षा कक्ष में राजनीतिः लड़खड़ाते आंदोलन व क्षण

नागरिक–समाज असंबद्ध दिखने वाले विभिन्न कार्यअभ्यासों के बीच इसके प्रतिच्छेदन के बिंदुओं के जरिए, और पृथक तथा एक–दूसरे से स्वायत्त दिखने वाले अन्य दायरों के साथ सम्मिलन के जरिए *लॉजिक ऑफ सर्कुलैरिटी* का सृजन करता है। यह लॉजिक ऑफ सर्कुलैरिटी ही है जो राजनीतिक आंदोलनों द्वारा अपनाये जाने वाले कार्यअभ्यासों व रणनीतियों के जरिए स्वयं का प्रतिनिधित्व करती है और स्वयं को संचालित करती है। इस तरह, जिस समय राजनीतिक आंदोलन लॉजिक ऑफ सर्कुलैरिटी से उबरने के लिए, एक ही समय पर नागरिक–समाज के कार्यअभ्यासों से जुड़ते, उन्हें रोकते व दुर्बल बना देते है, तब वे स्वयं अपने विचारों के सूत्र को गंवाते हुए प्रतीत होते है और उस लॉजिक ऑफ सर्कुलैरिटी द्वारा हड़प लिए जाते हैं जिससे वे दरअसल उबरना चाहते हैं और इसके लिए वे विभिन्न रणनीतियां अपनाते हैं। इस समकालिकता को पहले 'उत्पन्न करने वाले' और फिर इससे समझौता करने वाले राजनीतिक आंदोलन स्वयं ही इस सर्कुलैरिटी (शक्ति संबंधों को समकालिक रूप से रूपांतरित करने, उनके साथ संलग्न होने, पीछे हटने और रोकने के द्वारा सृजित होने वाली) में उलझ सकते हैं, परंतु इसके बाद ये राजनीतिक आंदोलन सर्कुलैरिटी को एक प्रतिबिंब में भी रूपांतरित कर सकते हैं जो राजनीति के लिए नागरिक–समाज से आगे जाने का रास्ता है।

सर्कुलैरिटी में फंसने वाले क्षणों के दौरान, वे राजनीतिक आंदोलन राजनीति से विमुख हो जाने की प्रवृत्ति के शिकार हो जाते हैं और औपचारिकता, वैधता, नैतिकता, प्रमाणिकता, सभ्यता और बहुलता की अनिश्चितताओं का अनुकरण करने लगते हैं (संघर्ष की *द्वंद्वात्मकता के क्षणों* को *युग्मों के क्षणों* से प्रतिस्थापित करके) और नागरिक–समाज की प्रकटतः सुरक्षित (द्विविभाजित) शरण में पहुंच जाते हैं। राजनीतिक आंदोलनों के इतिहास में ये क्षण (नागरिक–समाज के तर्क का अंग बनने के लिए द्वंद्वात्मकता को रोकने के क्षण) तब आते हैं जब नागरिक–समाज के कार्यअभ्यास राजनीतिक आंदोलनों के प्रवाह को शांत कर देते हैं और रोक लेते हैं। उदाहरण के लिए, अंतर–व्यक्तिपरकता की अनुपस्थिति के रूप

में प्रामाणिकता के दावों ने आंदोलनों को ज्यादा बढ़ने से रोका और अंतर्संबंधित (आर्थिक, राजनीतिक और सांस्कृतिक) एजेंडा अपनाने से रोका, परिणामतः यह बहुलता के उत्सव के रूप में सामने आया, और नागरिक–समाज के विशेषाधिकार के रूप में इसने वैधता या/और नैतिकता को एकमात्र रेखांकित किया। यहां इनकी पड़ताल करने हेतु कोई 'मूल' बिंदु नहीं है बल्कि ये अधिकाधिक जटिलता में सामने आते हैं। हम इसी रास्ते को अलग–अलग तरीकों से समझ सकते हैं, लेकिन वे संभवतः इसमें 'संघर्ष की द्वंद्वात्मकता' को समाप्त करना चाहते हैं। राजनीति और राजनीतिक कार्यवाई को या तो रोका गया या नैतिक आज्ञापत्रों के साथ पेश किया गया जहां यह 'माना गया कि किसी राजनीतिक व्यवस्था को बांधने का अर्थ अंधभक्ति है' (ब्राउन 2001: 28)। दूसरे शब्दों में, नागरिक–समाज के कार्यअभ्यासों के माध्यम से (उदाहरण के लिए, बहुलता के विमर्श) राजनीतिक आंदोलनों के कार्यअभ्यास (उदाहरण के लिए, प्रामाणिकता का दावा) *लॉजिक ऑफ सर्कुलैरिटी* को संचालित करते हैं। फिर भी, ये ही वह क्षण थे जिन्होंने आत्मालोचना के माध्यम से और नागरिक–समाज की आलोचना की आलोचना करके राजनीतिक आंदोलनो ने इन्हें द्वंद्वात्मकता के क्षणों में बदल दिया। *लॉजिक ऑफ सर्कुलैरिटी* में फंसे क्षणों का पता लगाना जरूरी है, ताकि दोनों को समझा जा सके, कि किस तरह से आंदोलन स्वयं इस सर्कुलैरिटी का हिस्सा बने या फिर सर्कुलैरिटी ने स्वयं को राजनीतिक आंदोलनों के अपने कार्यअभ्यासों के माध्यम से किस प्रकार संचालित किया, और साथ ही इस बात पर गौर करने के लिए कि द्वंद्वात्मकता को रोकने वाले क्षणों को राजनीतिक आंदोलनों ने किस प्रकार *क्रमिक उन्नतशील व संचयी तौर पर* एक 'संसाधन' में परिवर्तित किया ताकि लॉजिक ऑफ सर्कुलैरिटी से आगे जाने के लिए आवश्यक संक्रमण किए जाएं। प्रत्येक राजनीतिक आंदोलन ने (अपने रास्ते पर दोबारा से काम करने की प्रक्रिया में) *लॉजिक ऑफ सर्कुलैरिटी* में निहित क्षणों का सामना किया था, लेकिन तब भी वे स्वयं अपनी ही रणनीतियों की बहुलता द्वारा उत्पन्न हुई सर्कुलैरिटी के दुश्चक्र में पड़ गए, और ये रणनीतियां प्रतिच्छेद के बिंदुओं का प्रत्युत्तर थीं और ये आंदोलन नागरिक–समाज के और इसके अंदर मौजूद संकुचित स्थान के भंवर डूब गए।[5]

आइए अब उदाहरण के तौर पर यह चर्चा करते हैं कि राजनीतिक आंदोलन किस तरह से *लॉजिक ऑफ सर्कुलैरिटी* की जकड़ में फंसे, जिसका उदाहरण अस्मितावादी राजनीति के रूप में दलित राजनीति में देखने को मिलता है, कि किस तरह विभिन्न वैरिएबल्स ने अंतक्रिया आरंभ की और किस तरह प्रतिच्छेदन और सम्मिलन के माध्यम से सर्कुलैरिटी का सृजन किया। जैसा कि हमने पहले भी देखा, भूलना नहीं चाहिए कि नागरिक–समाज में शक्ति के प्रक्रियाओं से बनी (नागरिकता की धर्मनिरपेक्ष/सार्वजनिक परियोजना के साथ ही आरोपित/सांस्कृतिक पहचानों का जश्न मनाने, दोनों के उदाहरणों से सृजित लॉजिक ऑफ सर्कुलैरिटी का ही तर्क) अस्मितावादी राजनीति दलित राजनीति को कलंकित करने की दिशा में ले जाती है, जिसने अपमान से मुकाबला करते हुए और गरिमा की मांग करते हुए एक समेकित 'स्वानुभूत अनुभव' (जो सिर्फ उन्हीं की पहुंच में थी) के आधार पर अपवर्जनकारी मांगे (नैतिक और ज्ञानमीमांसीय) कीं। इन दावों ने एक ऐसे संदर्भ को जन्म दिया जिसमें अस्मितावादी राजनीति आरंभ में 'सामाजिक आलोचना से जन्मी और फिर निरपवाद रूप से रूढ़िवादी बन गई क्योंकि उन्हें पहचान को अनिवार्य बनाने और उन सीमाओं को स्वाभाविक बनाने के लिए मजबूर किया गया करना जो किसी समय पर उन्हें ऐतिहासिक रूप से विशिष्ट सामाजिक शक्ति के आकस्मिक प्रभाव से मिली थी (पूर्वोक्त: 27)। एक वैध दावे से मिली पहचान, एक मकड़जाल बन गयी जिसने राजनीति

के 'अभी–नहीं' आयाम को अस्वीकार कर दिया। जाति–वर्ग को जोड़ने वाले विस्तृत फ्रेम ने न्यूनतम एजेंडा को रास्ता दिया जो 'अन्याय के गहरे पैठे स्रोतों को संबोधित करने के रुख को नकारता हैं और उसके बदले एक ऐसी राजनीति को उकसाता है जो मुख्यतः सांकेतिक और प्रतीकात्मक स्तर पर कार्य करती है, जिस स्तर पर नैतिकतावाद अनियंत्रित हो जाता है' (पूर्वोक्तः 39)। पहचान और संकेतों के पास भौतिक और आर्थिक मांगों को निर्मित करने की जो क्षमता है वह खंडित व विकलांग है, और आत्म–संदर्भित और आत्म–निहित गतिकी में बदल जाती है, यानी पुनर्वितरण के विरुद्ध मान्यता;[6] या नक्सलवादी आंदोलन के मामले में मान्यता के विरुद्ध पुनर्वितरण।

जैसा कि हमने दलित राजनीति पर आधारित अध्याय में चर्चा की है, प्रामाणिकता के ये दावे नागरिक–समाज में शक्ति को संगठित करने के तरीके का परिणाम हैं, जो विशिष्टतावादी अभिव्यक्ति को स्वीकृति देते हैं किंतु इस प्रक्रिया में इन सभी पहचानों को उनके 'संप्रदायिक' (सेक्टेरियन) दावों के लिए कलंकित भी करती हैं, और इस प्रकार उस प्रक्रिया को आरंभ करती है जिसे हम 'गरिमा–रहित गतिमानता' कहते हैं। परिणामतः प्रामाणिकता के दावे अंतः–व्यक्तिपरकता को विभाजित करते हैं, नतीजतन सामाजिक आधार थम जाता है और नागरिक–समाज के गलियारों के अंदर सिर्फ उन्हीं आवाजों और कथनों को विशेषाधिकार प्राप्त है जो श्रव्य और पठनीय (वैध) होते हैं। इसलिए, विभिन्न व्यक्तिपरकताओं के बीच अंतक्रिया, और इनके फलस्वरूप सामने आने वाली रूपरेखाओं, को दलितों और स्त्रीवादियों के अंदर स्थित सबसे प्रभुत्वशाली सामाजिक समूह की इकलौती आवाज से बदल दिया गया, और अक्सर यह पता चलता है कि यह इकलौती आवाज शहरी मध्यम वर्ग की आवाज होती है जिससे स्वयं नागरिक–समाज विशेषाधिकार प्राप्त करता है।

सत्तर के दशक के दौरान छात्रों और युवा उग्रपरिवर्तनवादियों ने अग्रणी विश्वविद्यालयों और कॉलेजों को छोड़ दिया, और स्वयं को वर्ग–रहित करने के रास्ते की खोज में संघर्षों से जुड़े।[7] परंतु, 1990 के दशक तक, दलितों सहित सभी सामाजिक समूहों में वर्गीय बनावट में बदलाव आया, और एक नवजात किंतु मजबूत मध्य वर्ग विकसित हुआ जो विभिन्न राजनीतिक आंदोलनों के नेतृत्वकारी पदों तक पहुंचा। मानवाधिकार आंदोलन को यह बात स्वीकार करने में बहुत परेशानी हुई कि 'महज' यही एक आंदोलन था जिसका सामाजिक आधारित सिर्फ तकरीबन मध्य वर्ग के बीच था, और जैसा कि हमने देखा, यह उन कारणों में से एक था जिसने रैडिकल राजनीतिकरण से अमूर्त नैतिकता की ओर हुए बदलाव को प्रेरित किया।[8] दलित राजनीति के संबंध में, नए मध्य वर्ग ने नए मुद्दों की एक शृंखला पेश की (पुराने संस्थानिक क्षेत्रों को उपलब्ध कराया और जहां आवश्यक था वहां नए क्षेत्र सृजित किए), और जब, उदाहरण के लिए, वैश्विक स्तर पर यह तर्क दिया गया कि 'जाति ही नस्ल है'[9], तब उसने नये अर्थों को अभिव्यक्त किया व उपलब्ध श्रेणियों को 'रिक्त संकेतकों' (एम्प्टी सिग्निफायर्स) में बदला। उन्होंने लामबंदी के नए तरीके खोजे और राज्य पर दबाव डालने के लिए नए ज़रियों की तलाश की और संप्रभुता के राज्य के दावे को कम करने के लिए इसे बाध्य किया कि वह जाति आधिरित भेदभाव के खिलाफ कार्यवाही करे, और इस पर उस जगह चोट करें जहां इसे सबसे अधिक चोट पहुंचे। परंतु, दूसरी तरफ, वही वर्ग उसी सामाजिक समूह के बाकी के खंडों से बिखरा हुआ, पीछे छूटा हुआ, और अलग–थलग था। हालांकि इसमें सामाजिक और सांस्कृतिक समानता थी, परंतु साथ ही आर्थिक और वर्गीय स्थिति के आधार पर भिन्नता भी थी। नैतिक भाषा का सहारा लेकर सामने आए नए अंतरालों को अच्छा बनाया गया और इसने नए धड़ों व इनके परिणामस्वरूप उत्पन्न

हुई जटिलताओं के लिए राजनीतिक समझौते की जरूरत पैदा किए बिना दलितों के सभी खंडों का प्रतिनिधित्व किया। इस प्रयोग को संवादहीनता व नैतिकता युक्त राजनीति से प्रतिस्थापित कर दिया गया। संघर्षरत लोगों की एजेंसी राजनीतिक मध्यस्थता (आंतरिक व बाह्य, दोनों) से पीछे हटने *पर* व इसके *रूप में* निर्मित थी। जैसा कि स्त्रीवादी राजनीति के साथ हुआ, जो शहरी मध्य वर्ग तक सीमित थी और जिसने 'पेशेवर स्त्रीवाद' व एन.जी. ओ.–करण की प्रक्रिया को प्रस्तुत किया, और नुक्कड़ों–चौराहों की राजनीति को कम करने के साथ ही सामाजिक, राजनीतिक और आर्थिक मुद्दों के प्रतिच्छेद बिंदुओं पर उनके साथ जुड़ी। इन सभी को छोड़कर एकमात्र कानूनी सुधार पर ही ध्यान केंद्रित किया गया, और 'अंतर की राजनीति' व बहुलता के नाम पर सांस्कृतिक पहचानों का जश्न मनाया गया। नागरिक–समाज के शास्त्रीय प्रतिनिधियों के तौर पर, यही वह मध्य वर्ग है जो 'अस्तित्वकारी रणनीतियों' व 'संदर्भगत समझौतों' के संदर्भ में बिचौलिये की राजनीति पेश करता है, जिसे सबआल्टर्न ने 'राजनीतिक–समाज' नामक क्षेत्र में अपनाया।

इस प्रकार, यदि अस्मितावादी राजनीति (चूंकि उन्हें नागरिक–समाज द्वारा पहचान और विशेषाधिकार दिए गए थे) प्रमाणिकता के दावों की ओर ले जाती है, तो ये दावे अंतः–व्यक्तिपरकता को तोड़ते हैं, और उस संकुचित सामाजिक आधार को विशेषाधिकार प्रदान करते हैं जिसे अक्सर सिर्फ शहरी मध्य वर्ग द्वारा अभिव्यक्त किया जाता है और जो जाति, वर्ग व लिंग के अन्य सामाजिक निर्वाचन–क्षेत्रों से अलग–थलग होते हैं। इसके परिणामस्वरूप इसमें राजनीतिक मध्यस्थता (आर्थिक, राजनीतिक व सांस्कृतिक आयामों के बीच) से पीछे हटना निहित होता है और दलित राजनीति के संदर्भ में राजनीतिक मध्यस्थता से पीछे हटना दलित को एक स्व–पृथक्कृत नैतिक विषय के रूप में सृजित करने की प्रक्रिया का लक्षण था जिसके जरिए 'नस्लवाद से दूरी' (जैसा कि स्लोवोज जिजेक कहते हैं), घेट्टोकरण किए जाने या नैसर्गिकृत पहचानों के रूप में निर्मित करने (यह दावा करना कि सिर्फ दलित ही दलित के लिए बोलता है और दलित एक स्व–पृथक्कृत (सांस्कृतिक) पहचान है; और नैसर्गिकृत पहचानों के जरिए (ऐतिहासिक रूप से निर्मित पहचानों के विरुद्ध) घेट्टोकरण करना दरअसल उस एजेंसी का तरीका था जिसने नैतिकीकरण (राजनीति के नैतिकीकरण ने नैतिकता के राजनीतिकरण की जगह ली) की शरण ली) के तर्क को अपनाया गया। दलितों को स्व–पृथक्कृत नैतिक विषय के रूप में निर्मित करने में, दलित आंदोलन *नागरिक–समाज की सरलीकृत* सीमाओं के भीतर अनुशासित हो गया (जिसमें स्वयं को धनी जाति–वर्ग के दृष्टिकोण से दूर करना, राजनीतिक मध्यस्थता को नैतिकीकरण से प्रतिस्थापित करना, दलितों के बीच अंतः–व्यक्तिपरकता को तोड़ना शामिल था क्योंकि ये आंतरिक रूप से अंग्रेजी पढ़े-‍लिखे व शहरी मध्य वर्गों जैसी एकसमान आवाजों को विशेषाधिकार प्रदान करते हैं, और बाहरी तौर पर स्त्रियों व नक्सलवादी आंदोलन जैसे अन्य राजनीतिक आंदोलनों के साथ किसी भी संभावित संवाद को रोकते हैं)।

अस्मितावादी राजनीति को बहुलता के अपने विमर्शों के जरिए विशेषाधिकार प्रदान करके, नागरिक–समाज ने ऐसी दलित व्यक्तिपरकता सृजित की जो सरलीकृत, प्रतीकात्मक, विशिष्टतः सांस्कृतिक, और नैसर्गिक है, यानी नागरिक–समाज ने दलित राजनीति को इस प्रकार ढाल दिया जिसके विरुद्ध इसने शुरुआत में संघर्ष किया था। इस प्रकार, नागरिक–समाज की *लॉजिक ऑफ सर्कुलैरिटी* दलित राजनीति की उन सभी विशेषताओं को वापस लाई और उन्हें उदाहरण के रूप में पेश किया जिनके विरुद्ध दलित राजनीति संघर्षरत थी। यह विडंबनापूर्ण है कि अब स्वयं उनके ही कार्यअभ्यास वह माध्यम बन

गए थे जिनसे नागरिक–समाज की लॉजिक ऑफ सर्कुलैरिटी पुनरुत्पादित हो रही थी। दूसरे शब्दो में, मान्यता के लिए आकांक्षाओं को अभिव्यक्त करने के लिए स्थान सृजित करने वाली बहुलता उन्हें भी पुनर्वितरण और ठोस आर्थिक गतिमानता की मांगों से अलग कर देती है। इसी प्रकार, जो कानून सशक्त बनाने का वायदा करता है, वही नियंत्रित व अनुशासित भी करता है; जो सभ्यता व नैतिकता हाशियाकरण को धीमा करने के लिए अवसर प्रदान करती है वही वंचितों से विरोध करने का अधिकार भी छीन लेती है। यह प्रक्रिया हमारे रोजमर्रा के 'यथार्थ' को बनाती और रचती है, और हमें एक ऐसा चश्मा देती है जो 'हमेशा से ही' दूरदृष्टि–दोष का शिकार है। यह दूरदृष्टि–दोष आसानी से नहीं दिखता क्योंकि प्रभुत्व स्वायत्ता के रूप में आता है, और दूरी अंतर के रूप में। कैलिनिकस हमें याद दिलाते हैं कि हम ऐसे समय में रह रहे हैं 'जब साम्राज्य निरंतर स्वतंत्रता की भाषा का प्रयोग करते हैं और लोकतंत्र निरंतर प्रभुत्व और विजय को वैध करार देते हैं...' (कैलिनिकस 2006: ix)। 'पढ़ने के चश्मे' से प्रदान किए जाने वाले समाधान और दिए जाने वाले चुनाव 'सदा–सर्वदा' से शक्ति के तर्क के तटस्थीकरण को व इसके द्वारा सृजित किए गए 'अंतरों' को मानते और साझा करते हैं।[10]

वेंडी ब्राउन इस बात पर गौर करते हैं कि नागरिक–समाज में सहिष्णुता के विमर्श के संदर्भ में अनिवार्यताकारी पहचानों को माना जाता है और यह 'विवाद को कम करता है क्योंकि इसकी जड़ें अनिवार्यताकृत धर्म व सांस्कृतिक अंतरों के प्रति सत्तामीमांसीय रूप से प्राकृतिक शत्रुता में हैं' (ब्राउन 2006: 15)। इसीलिए, 'अंतर की राजनीति' का जश्न मनाने में, नागरिक–समाज का 'लक्ष्य हमें पृथक्कृत करना और बिखराना होता है, और फिर यह इस सामाजिक अलगाव को एक आवश्यकता (अंतर से पनपी) के रूप में और एक अच्छाई के रूप में (सहिष्णुता के जरिए प्राप्त), दोनों के रूप में नैसर्गिक बना देता है' (पूर्वोक्तः 89)। उदाहरण के तौर पर, जैसा कि हमने कुछ स्त्रीवादी विषय–स्थितियों के संदर्भ में देखा, वहां समस्या यह थी कि स्त्रियों के 'तात्कालिक अनुभव' के आधार पर स्त्रीत्व के होने का दावा बिना किसी समस्या के कर लिया गया था। जैसा कि नैन्सी हिर्शमैन कहती हैं, स्त्रीत्व के मूल के रूप में मातृत्व और देखभाल को सुदृढ़ करना भेदभाव के प्रभावी तरीकों के रूप में दोहराया और पोषित किया जा सकता है। दूसरे शब्दो में, शक्ति के दांव–पेचों के जरिए जिन अंतरों को एतिहासिक तौर सृजित किया गया है जब उन्हें प्रदत्त तौर पर ले लिया गया तो वे नैसर्गिक हो गए; और तब नागरिक क्षेत्र के द्वारा सहिष्णुता के विमर्श पेश किए गए ताकि शक्ति की उस गतिकी को रूपांतरित व मद्धम किया जा सके जो असल में केवल पृथकता के साथ पुनर्मिलन करने और पृथकता को पुनर्नवा पितृसत्ता या 'सुशील नस्लवाद' में परिवर्तित करने के रास्ते प्रदान करते हैं। इसके बाद, शक्ति की गतिकी के विरुद्ध काम करने वालों से यह अपेक्षा की जाती है कि वे असमानता की आलोचना के रूप में सहिष्णुता के विमर्शों के जरिए काम करें और ये असमानताएं जिस *संदर्भ* से निर्मित होती हैं उन पर कोई ठोस सवाल खड़े नहीं करें, और इस प्रक्रिया में, 'आलोचना' स्वयं ही द्वितीय–क्रम के विमर्श के रूप में काम करती है और शक्ति (भेदभाव के रूप में अंतर) को गठित व सुरक्षित करती है। इसका स्थान वह आलोचना लेती है जो असंदर्भित, राजनीति–रहित नैतिकता, या अराजनीतिकरण के रूप में नैतिकीकरण होती है, और इसमें 'किसी राजनीतिक घटना को उसके एतिहासिक उदय की समझ से अलग करना और इसे उत्पन्न करने वाली व इसकी सीमा निर्धारित करने वाली शक्तियों की मान्यता से अलग करना शामिल होता है' (पूर्वोक्तः 15)।

'अंतक्रिया के प्रभावों' के लिए एक स्थल के रूप में, नागरिक–समाज का जन्म प्रथम–क्रम और द्वितीय–क्रम के शक्ति संबंधी विमर्शों के बीच के संसर्ग से हुआ। (ऊपर वर्णित उदाहरण में, प्रमाणिक सांस्कृतिक पहचानों (शक्ति संबंधी प्रथम–क्रम के विमर्श) और सहिष्णुता (शक्ति संबंधी द्वितीय–क्रम के विमर्श) के बीच के संसर्ग से हुआ)। और इसने तात्कालिक व दीर्घकालिक के बीच; घटनाओं व प्रक्रिया के बीच; 'उपस्थिति की राजनीति' और 'विचारों की राजनीति' के बीच, 'संभव की राजनीति' या 'रोजमर्रा के जीवन की राजनीति' या 'संदर्भगत समझौतों और संरचनागत असमानताओं के विरोध में खड़ी राजनीति के बीच एक बेहद बुरा चुनाव सृजित किया। इनमें से प्रत्येक युग्म लॉजिक ऑफ सर्कुलैरिटी को मजबूत करते हैं, जबकि कार्यअभ्यासों का प्रथम समुच्चय सरल/प्रतीकात्मक समाधान प्रदान करता है, वहीं बाद वाला संगठनबद्धता के उद्देश्यों के लिए बहुत दूर स्थित प्रतीत होता है और संगठनबद्धता के लिए इन्हें आवश्यक आनुभविक श्रेणियों में बदल देता है। राजनीतिक आंदोलनों के पास खड़े होने के लिए जरूरी स्थान नहीं होता, ताकि वह शक्ति के इस अपवर्तित पहलू से समझौता कर सकें। 'अंतक्रिया के प्रभावों' के जरिए बिखरी शक्ति की यह अकड़ विचित्र रूप से एक तर्क की रचना करती है जिससे विभिन्न खुले सिरों को जोड़ने और मेटा–संरचनाओं से युद्ध की घोषणा करने पर यूटोपिया के वर्चस्व और 'मेटा–आख्यान की संदिग्धता' के रूप में संभावना के द्वार खुलते हैं। यही वे क्षण थे जो उत्तर–नागरिक–समाज की राजनीति के लिए आंदोलनों में परिवर्तित कर दिए गए थे।

पश्चात और परेः 'संघर्ष की द्वंद्वात्मकता'

ऐसा जान पड़ता है कि राजनीतिक आंदोलन असमाधेय रूप से लॉजिक ऑफ सर्कुलैरिटी में फंस गए हैं और 'अंतक्रिया के प्रभावों' में उलझ गए हैं, परंतु साथ ही वे स्वयं पर आरोपित सीमाओं की प्रकृति को समझने की क्षमता भी हासिल करते हैं, और इस क्षमता को संसाधन में बदलकर वे नए प्रश्न खड़े करते हैं, यानी आलोचना की आलोचना करने की कला। परंतु, हम आलोचना आलोचना करने की कला की शुरुआत का पता लगा सकते है बशर्ते कि हम राजनीतिक आंदोलनों के लॉजिक ऑफ सर्कुलैरिटी में खो जाने वाले क्षणों की ओर इशारा करने से उपजी असुविधा से निजात पाने में सक्षम हों, क्योंकि ये ही वे क्षण हैं जिन्हें वे संसाधनों में परिवर्तित करते हैं।[11] जैसा कि हमने दलित राजनीति के दौरान देखा, अस्मितावादी राजनीति के क्षण उप–जाति आंदोलन की आंतरिक रूप से खंडित मांगों के लिए संसाधन में बदल गए, परिणामतः इसने कार्यअभ्यासों के नए समुच्चय और *अस्मितावादी राजनीति से परे राजनीतिक पहचानें* और नागरिक–समाज *में* व इसके *द्वारा* इनकी सहवर्ती तय सीमाएं निर्मित की। उप–जाति आंदोलन ने नैतिकता के बजाय, जातियों के मध्य एकता को नए उभरते 'जातीय समूहों के अंदर स्थित वर्गों' के विरुद्ध प्रतिरोध के साथ जोड़ा, और महज अस्मितावादी राजनीति के रूप में मान्यता के दावों से आगे बढ़कर पुनर्वितरण और 'सभी के लिए' न्याय की मांगों की अनिवार्यता को जोड़ने के प्रयोग किए। वे प्रभुत्वकारी स्थिति वाले लोगों 'के विरुद्ध' सिर्फ अपना हिस्सा नहीं मांग रहे थे बल्कि साथ ही अन्य सभी कम संगठित उप–जातियों के साथ मिलकर (उनकी ओर से नहीं) विरोध

भी कर रहे थे; यह सिर्फ 'विरुद्ध' में विरोध ही नहीं था बल्कि 'अंदर–विरुद्ध–और–आगे' था। यह इस अर्थ में महज आलोचना 'से परे' था कि प्रभुत्व की आलोचना की आलोचना करने में यह मानना निरपवाद रूप से निहित है कि उत्पीड़न 'हर किसी की पहचान का हिस्सा है' और 'उत्पीड़न की निंदा करने में, कम से कम...स्वयं की भी थोड़ी–सी निंदा करना शामिल है'। उन्हें अहसास हुआ कि स्वयं की आलोचना का यह तरीका राजनीति को न्याय से जोड़ता है और प्रतिरोध व विवाद के साथ सहअस्तित्व के लिए एकजुटता की अनुमति देने में सिर्फ यही उत्तर–नागरिक–समाज के कार्यअभ्यासों के लिए एक टिकाऊ आधार बन सकता है। समकालिकता की चुनौती को प्रतिबिंबित करने हेतु, एकजुटता और संघर्ष दो (स्थान व काल संबंधी) पृथक व बंद दायरों में उपलब्ध नहीं हैं। नागरिक–समाज के विमर्श (जैसे कि सहिष्णुता पर आधारित विमर्श) सामाजिक समूहों को पृथक्कृत करके उनका 'सह–अस्तित्व' बनाए रखते हैं, जबकि उत्तर–नागरिक–समाज के कार्यअभ्यासों ने इस संतुलन को रैडिकल ढंग से बदला है और प्रतिरोध, विवाद तथा आत्मालोचना को एकजुटता की शर्तों के रूप में अपनाया है।

इसी प्रकार, नागरिक–समाज के आधि–संगठनकारी (मेटा–ऑर्गेनाइजिंग) सिद्धांत से (स्वहित का वही पुराना भव्य विचार) आगे बढ़ने के लिए मानवाधिकार आंदोलन ने वैकल्पिक लक्ष्यों और मार्गों को तलाशने के लिए संघर्ष किया और भटका। जिस तरह सहिष्णुता के विमर्शों ने सामाजिक अलगाव को एक अच्छाई और एक जरूरत के तौर पर स्वाभाविक बनाया, उसी तरह नागरिक–समाज स्वयं अपने अस्तित्व की बुनियाद के रूप में स्वहित को अनिवार्य बनाता है और इसीलिए जेरेमी बेंथम स्पष्टता से कहते हैं कि 'आहार के लिए, और कुछ नहीं बल्कि स्वयं से प्रेम काम आएगा; परंतु मीठे के तौर पर परोपकारिता... एक बेहद मूल्यवान योग है' (मैन्सब्रिज 1990: 8)। जीवंत कार्यअभ्यासों या राजनीतिक आदर्शों के रूप में, चाहे भलाई हो या परोपकरिता का सिद्धांत, उन्हें नागरिक–समाज में सिर्फ तभी मान्यता मिल सकती है या सिर्फ तभी व्यवहार में लाया जा सकता है जब वे प्रतिस्पर्द्धा, कुशलता व तर्कसंगत चुनाव के दायरे में काम करना आरंभ करते हैं। दूसरे शब्दों में, नागरिक–समाज जिन कार्यप्रणालियों के द्वारा संचालित होते हैं उन्हें उनमें अनुशासित होने की जरूरत होती है और जब इन्हें उन कार्याअभ्यासों में परिवर्तित किया जाता है या सिर्फ उन तक ही सीमित किया जाता है जो इनके मूलभूत तर्क के सुरक्षित ढंग से काम करने की गारंटी दे, तो यह उनसे ही अपनी पहचान बनाता है। वैकल्पिक मूल्यों को स्वयं को आत्मसात करने की और स्वयं को नागरिक–समाज में विशेषाधिकार प्राप्त कार्यअभ्यासों (द्वितीय–क्रम के विमर्श के रूप में) से मिलाने की जरूरत होती है। अमर्त्य सेन ने घरेलू क्रियाकलापों की एक विषय–सूची बनाने के दौरान कहा: परोपकारिता की प्रेरणा को 'एक "यदि ऐसा होता" कि बाजार में मूल्य स्पष्ट होते के रूप में देखा जाना चाहिए, न कि गैर–बाजार संबंधी मुद्दों के रूप में'; या जैसा कि बीना अग्रवाल कहती हैं, 'अल्पकालिक परोपकार उसके दीर्घकालिक भौतिक स्वहित में हो सकता है' (उबेरॉय 2003: 215 से उद्धृत)। समांतर के रूप में सृजित करने का तरीका ('यदि ऐसा होता' वाला) नागरिक–समाज के काम करने का ढंग है, जिसने इसे मानवधिकार और स्त्रीवादी राजनीति जैसे राजनीतिक आंदोलनों के लिए अनिवार्य बनाया है, ताकि यह सवाल किया जा सके कि 'परोपकरिता का सिद्धांत भौतिक स्वहित का वर्णन करने में क्या एक विरोधाभासी फुटनोट है, और घर की गतिकी को समझने में क्या सिर्फ एक अवशिष्ट कारक है?' (पूर्वोक्त: 217)। 'निजी' क्षेत्र में स्त्रियों की स्थिति को मूर्त रूप दिए बिना हम परोपकरिता के सारतत्व को वापस

कैसे पा सकते हैं? देखभाल और मातृत्व–भाव कर्तव्य की बाध्यताओं से आगे कब जाता है? विश्वास और तदनुभूति कब संरक्षण का शिकार बनने उबरते हैं और यथास्थिति को सुदृढ़ करते हैं, क्योंकि गांधीवादी तरीके से वे जनता के लिए अध्यात्मिकता और वर्गों के लिए भौतिकता के बीच बंटे होने के रूप में संदिग्ध होते हैं? हम परोपकरिता को किस तरह से 'पदसोपानिक समाजों में सबआल्टर्न की एक सामान्य विचारधारा' बनने से बचा सकते हैं, वरना यह 'लोगों को अपनी मर्जी से पायदान में बदल देती है' (भार्गव 2000: 225)। क्या 'असंयमित अहंकार' के विरुद्ध 'तर्कसंगत स्वहित' के लिए बहस करने का कोई रास्ता है? या फिर हम इस समझ से आगे बढ़ जाएं कि स्वहित ही 'लोकतंत्र के लिए नृतत्वशास्त्रीय बुनियाद' है? मानवाधिकार आंदोलन ने नैतिकता के राजनीतिकरण के व्यवहार को (उत्तर–नागरिक–समाज की राजनीति व विमर्श के लिए एक टिकाऊ आधार के रूप में) सुनिश्चित करने में पेश आने वाली कठिनाई और इसकी आवश्यकता को सामने लाकर अपनी स्थिति साफ की। दूसरे शब्दों में, जब तक वे निरपेक्षतावादी व वर्चस्वकारी अनुपात ग्रहण नहीं कर लेते और व्यवहार में लाने के लिए पर्याप्त रूप से सीमित (बंधे हुए) नहीं रहते, बल्कि 'राजनीति की भौतिकता' को बांधने के ठोस माध्यम व तरीके के रूप में पर्याप्त रूप से उन प्रॅक्टिसस में बंद (बाध्य) रहते हैं, तब तक नैतिकता व्याख्या–हेतु–खुले–सिरे वाली (ओपन एंडेड) कैसे बनी रह सकती है?

नैतिकता के राजनीतिकरण की राजनीति (नैतिकीकरण से आगे बढ़ना) हमारे समय की सबसे कठिन समस्याओं को समझने के प्रयास के लिए प्रातिनिधिक है, जैसे कि सोच में व आदर्शों में 'खुलापन' कैसे बनाए रखा जाए (राजनीति के 'अभी तक नहीं' वाले आयाम के लिए खुलापन) और आचरण की एकलता की अनिवार्यता के साथ इसका मेल कैसे किया जाए। इस अर्थ में, यह नागरिक–समाज की समस्त नॉर्मेटिविटी व प्रक्षेपित तटस्थता की दुर्बलता का त्याग करने के साथ समझौता करने का एक राजनीतिक कदम है। यह तटस्थता स्वयं ही एक वर्चस्वकारी आयाम ग्रहण कर लेती है, जब इसे दोहराया जाता है (जैसा कि हमने 'राजनीतिक–समाज' के सुझाए गए वैकल्पिक क्षेत्र के संदर्भ में देखा), और समस्त राजनीति को सरकारितावाद पर लाकर समेट दिए जाने में, सबआल्टर्न पर बाहरी नॉर्मेटिविटी आरोपित किए जाने से बचने के नाम पर और अपने दिए गए राजनीतिक चयनों को लेने ('संदर्भगत समझौते') के नाम पर इसे दोहराया जाता है और यह इस बात की पड़ताल नहीं करती कि स्वैच्छिक कार्य को फ्रेम करने का यह तरीका, वास्तव में, किस प्रकार एजेंसी को दुर्बल करने की दिशा में ले जाता है।[12] नैतिकता का राजनीतिकरण करना 'अनिश्चितता के खुलेपन' को स्वीकार करना है, फिर भी इसमें 'ज्ञानमीमांसीय आश्चर्यलोक' में झूठी तटस्थता या 'रणनीतिक शून्य' का होना जरूरी नहीं है, परंतु इसमें हमारी हमारी पहचानों के 'अभी तक नहीं' वाले पहलू की अस्वीकृति के विरुद्ध विद्रोह करने का एक दोधारी संघर्ष शामिल है, और यह 'बिना किसी गारंटी के बनने' को लक्षित करता हैं (होलोवे 2002: 207)। यह बिना लक्ष्य की राजनीति नहीं है, बल्कि यह बिना आश्वासनों के लक्ष्यों को मान्यता देना है। एलेन बोद्यू इसे एक 'प्रसारक लचीलापन' (डिस्पर्सिव फ्लेक्सिबिलिटी) या 'राजनीतिक अ–बंधनकारी' कहते हैं, जहां 'राजनीति जिस वास्तविक परिवर्तन को लाने का प्रबंध करती है उसके आगे कोई स्थिरता या समुदाय नही है (बोद्यू 2006: ग)। 'वास्तविक परिवर्तन' असमाधेय रूप से, कार्लोस नीनो के शब्दों में, 'ऐतिहसिक संविधान' और सांविधान की अस्वीकृति के मध्य, भौतिकता की मान्यता और इससे पार पाने की कोशिशों के मध्य फंस गया है। जैसा की होलोवे कहते हैं, 'जब तक हम मजदूर वर्ग नहीं हैं तब तक मुक्ति का

सवाल कभी भी पूछ सकते हैं' परंतु 'जब हम मजदूर वर्ग हैं तब यह सवाल पूछना हमारी जरूरत बन जाती है' (होलोवे 2002: 195)।

इसीलिए यह सुझाव दिया जा सकता है कि उत्तर–नागरिक–समाज की राजनीति *सूचित निर्लिप्तता* की मांग करती है झूठी तटस्थता की नहीं। यह व्यवहार के मध्य होने के लिए एक योग्यता की मांग करता है और इसके बावजूद इसे समाप्त कर देने वाले दूरदृष्टि–दोष से आगे बढ़कर बेहद स्पष्टता से देखता है, जो हमेशा विजेता नहीं होता और उसी व्यवहार के अनेक पहलुओं को छोड़ सकता है जिसके जरिए यह काम कर रहा होता है। यह बारीकी से देखने वाली नजर या शक्ति की गतिकी के सूक्ष्म–बुनियादों की पहचान करने के साथ उन्हें प्रतिस्थापित करने या उनसे उबरने की अंतहीन प्रतीत होने वाली यात्रा (जिसमें अक्सर मील के पत्थर ही नहीं होते) को जोड़ने के लिए एक दुर्लभ क्षमता की मांग करता है। यह व्यवहार की उस सिंगुलैरिटी की मांग करता है जो संक्रमणशील क्षणों को स्वीकार करता है; जहां अतीत को स्वीकार किया जाता है परंतु उसे मूर्त रूप प्रदान नहीं किया जाता, जहां भविष्य को वर्तमानीकृत किया जाता है और वर्तमान को संक्रमणशील वैकल्पिक संभावनाओं को थामे रखने वाले के रूप में देखा जाता है; यह एक ऐसे व्यवहार की मांग करता हैं जो वास्तविकता को सांचे में ढालता है और फिर भी परिवर्तन के स्वयं अपने कार्यों में इसकी त्याजता के चिह्नों के उदाहरण पेश करता है। बोद्यू को मानने वाला, यह कह सकता है कि हालांकि 'स्व की सत्ता–मीमांसीय बुनावट 'रिक्त' है, परंतु वह फिर भी मानता है कि किसी दी हुई स्थिति की 'विचार–धारात्मक' संरचना सतत होती है, और वास्तविकता का एक प्रभाव उत्पन्न करने में काफी सक्षम होती है' (बोद्यू 2006: ग)। यह एक ऐसी राजनीति की ओर ईशारा करता हैं जो 'वर्गीकरण को निरंतर चुनौती देती है' पर फिर भी इसे सिर्फ 'नकारवाद, या अत्यधिक संदिग्धपूर्ण दृष्टिकोण कि कुछ भी नहीं किया जा सकता' का जश्न मनाने तक नहीं ले जाता है बल्कि 'वास्तविकता के प्रभाव' के स्थान को *संस्थानीकरण की समस्या–ग्रस्तता* के साथ मान्यता प्रदान करता है।

संस्थानीकरण की समस्या–ग्रस्तता का अर्थ मेटा–संरचनाओं (जैसे कि राज्य) को स्वीकार करने व इनके साथ समझौता करने की राजनीतिक चुनौती से है और इसमें इन मेटा–संरचनाओं में निहित तर्क को दोहराया नहीं जाता तथा एजेंटों/एजेंसी की प्रक्रिया विषयों/अधीनता में परिवर्तित हो रही होती है। जैसा कि हमने स्त्रीवादी राजनीति पर केंद्रित अध्याय में देखा है, नागरिक–समाज, वैकल्पिक रूप से या एकसाथ में, विधान व स्वयंसेवी साहचर्यात्मक गतिविधि को विशेषाधिकार देता है। परंतु, वास्तविकता में, ये (नागरिक–समाज के अध्येताओं द्वारा किए गए वायदों के अनुसार) साथ मिलकर या एक–दूसरे के पूरक की तरह काम नहीं करते, जिसमें स्वैच्छिक कार्रवाई (जैसे कि विरोध की राजनीति) तब की जाती है जब कानून वांछनीय नहीं होता या मांगों के अनुसार इच्छित परिवर्तन अर्जित करने में असफल हो जाता है। इसके बजाय, वे एक–दूसरे को रद्द कर सकते हैं, जिसके परिणामस्वरूप या तो अत्यधिक कानून लाए जाते हैं और राज्य का नियंत्रण बढ़ता है और इस तरह राजनीतिक क्रियाकलापों के लिए स्थान में कमी आती है; या फिर यह स्वैच्छिक कार्रवाई पर जोर देता है (जैसे कि गैर–सरकारी संगठनों द्वारा किए जाने वाले) जिसमें राज्य स्वयं को जिम्मेदारियों से मुक्त कर लेता है और उसे परिवर्तन के लिए संघर्षरत लोगों के सुपुर्द (यानी 'पीड़ितों को पीड़ित करना') कर देता है। दूसरे शब्दों में, यहां राज्य के बढ़ते नियंत्रण/केंद्रीकरण और मांगें करने वालों को जिम्मेदारियां दे देने के बीच चुनाव होता है; जो या तो आपके स्पेस पर अतिक्रमण करता है या आपको भाग्य के भरोसे छोड़

दिया जाता है। ऐसे में, आप (शक्ति द्वारा समाप्त कर दिए जाने से बचकर और राज्य के तर्क को दोहराए बिना, या इसके स्वच्छंद हो जाने की अनदेखी करके) शक्ति के केंद्रीकरण की प्रक्रिया को कैसे रोक सकते हैं? आप इसकी विस्तारवादी बनावट का विरोध कैसे करेंगे और साथ ही इसे प्रत्युत्तरशील कैसे बनाएंगे?

इस *दोहरेपन के क्षण* के प्रति राजनीतिक आंदोलनों की प्रतिक्रिया में विभिन्न किस्म के प्रयोग करना शामिल था जिनमें राज्य की शक्ति पर कब्जा करने (ताकि इसे समाप्त किया जा सके) से लेकर राज्य से विच्छेद करने के रूप में जश्न मनाना तक शामिल है। राज्य के एकाश्मी (मोनोलिथिक) चरित्र को तथा विस्तार करने व केंद्रीकरण करने की राज्य की क्षमता को ज्यादा रेखांकित करने के परिणामस्वरूप इसके विरोध में इतने ही सुस्पष्ट व अद्वितीय क्षेत्र निर्मित करने के प्रयास किए गए, जैसे कि मानवाधिकार आंदोलन ने अपने 'लोकतांत्रिक अधिकारों' वाले चरण के दौरान 'राज्य बनाम नागरिक–समाज' की रूपरेखा में और साथ ही नक्सलवादी समूहों के साथ घनिष्ठता रखते हुए काम करने के प्रयास किए। इसने (सिर्फ राज्य–के–विरोध के मुद्दे पर ही ध्यान केंद्रित करते हुए) विभिन्न लोकतांत्रिक आंदोलनों के बीच एकता स्थापित करने के प्रयास किए और नागरिक–समाज के अंदर मौजूद विवादों व शक्ति के चालबाजियों को कमजोर किया। इसी प्रकार, राज्य की संस्थानिक रूपरेखा के अंदर संभावनाओं की पड़ताल (इसे और अधिक प्रत्युत्तरशील बनाने के प्रयास में) करने, जैसे कि प्रगतिशील कानूनों की मांग करने, में राजनीतिक विवादों के तकनीकी व न्यायिक मामलों में बदल जाने का खतरा मौजूद था जिसने राज्य के नियंत्रण को और राज्य की निष्क्रिय–प्रजा के निर्माण को बढ़ाया। जैसा की हमने घरेलू हिंसा के विरुद्ध कानून अमल में लाए जाने के बाद के प्रभावों के मामले में देखा, कानून ने स्त्रियों की विरोधाभासी मांगों को दरकिनार करते हुए मुद्दे को सरलीकृत कर दिया, और समस्या को व्यक्तिगत स्तर पर लाकर शक्ति संबंधों के साथ समझौता करने की प्रक्रिया का अराजनीतिकरण कर दिया; या उप–जातियों की मांग के मामले में यह एक विचाराधीन मुद्दा बनकर रह गया। राज्य यदि प्रतिक्रिया देता भी है तब भी इसके कार्यअभ्यास संकुचित होते हुए प्रतीत होते हैं और ये लोकप्रिय दबावों में आकर स्पेस बनाते हैं। ऐसे में क्या राज्य एक केंद्रीकृत एकाश्मी (मोनोलिथिक) ढांचा है या फिर राज्य अलग–अलग टुकड़ों का एक खोखला समूह है और इसलिए रैडिकल राजनीति के दबावों व उद्देश्यों द्वारा नियंत्रित हो जाता है?

एलेन बोद्यू कहते हैं कि राज्य, 'सर्वसमावेशी या सर्वसत्तावादी होने के बजाय, असल में, एक प्रातिनिधिक काल्पनिक–कथा के सादृश्य है, फिर भी यह एक रचनात्मक किस्म की काल्पनिक–कथा है' (बोद्यू 2006: अपप)। जबकि वेंडी ब्राउन इसे एक ऐसी संरचना के रूप में प्रस्तुत करते है जो, 'अत्यधिक ठोस और एक विस्तृत रूप से काल्पनिक, शक्तिशाली और अमूर्त, कठोर और अनेक रूप लेने वाला, समर्थ व सीमारहित, केंद्र–रहित और केंद्रीकृत करने वाला, बिना किसी एजेंसी के है, फिर भी यह जबर्दस्त आर्थिक, राजनीतिक और परिस्थितिकीय प्रभाव उत्पन्न करने में सक्षम है' (ब्राउन 1995: 174)। यह राजसत्ता की वह दु:साध्यता है जो अक्सर राज्य के साथ समझौता करने के दौरान द्विभाजित प्रतिक्रिया और द्विभाजित युग्म वाली रणनीतियों के रूप में सामने आती है। राजनीतिक आंदोलनों ने या तो सिर्फ राज्य के 'ठोस, शक्तिशाली, कठोर, व समर्थ' आयामों को संबोधित किया है, और इसीलिए यह मान लिया कि '...स्वसंगठन की ओर अग्रसर किसी भी आंदोलन के लिए पूंजी की शक्ति को तोड़ने में सफल होने हेतु, एकाग्रता व केंद्रीकरण का कोई क्षण होना चाहिए' (कैलिनिकस, मपचबचण्दमज); या राज्य को प्रतिस्थापित करने हेतु, राज्य के खोखलेपन

वाले पहलू को विस्तारित करने की संभावनाओं की पड़ताल करके और धीरे–धीरे इसकी शक्ति को *समाप्त करने* के लिए, राज्य के 'अमूर्त, अनेक रूपों वाले, और केंद्ररहित' चरित्र से हेर–फेर करके सशक्त बनने का प्रयास करना चाहिए। ऐसे 'स्वायत्त' तरीकों के लिए, 'मजदूरों के राज्य' की कल्पना नहीं करना ही समाधान दिखता है क्योंकि ऐसे राज्य का बुनियादी अंतर्विरोध यह है कि पूंजी को राज्य की केंद्रीकृत कार्यप्रणाली की आवश्यकता होती है, न कि उन मजदूरों की जो ठीक इसी तर्क के विरुद्ध संघर्ष कर रहे हैं।[13] राज्य 'सामाजिक संबंध' का एक विशिष्ट संस्करण होता है जो पूंजीवाद के विकास से जन्म लेता है। यह कोई ऐसा तटस्थ उपकरण नहीं होता जिसे अपनाया जा सके, इसके बजाय जोर राजसत्ता के केंद्रीकरण पर व इस पर कब्जा करने पर नहीं, बल्कि 'कारवाई के स्वायत्त रूपों' को विकसित करने पर होना चाहिए; यहां मूल विचार यह है कि शक्ति या शक्ति का मुकाबला करने का लक्ष्य नहीं रखा जाए, बल्कि शक्ति के विरोध को सृजित करने के लिए काम करके इस शक्ति को नष्ट करने का लक्ष्य रखने पर है (होलोवे 2002)।

स्वायत्ता के सिद्धांत के समर्थकों ने यह करने का एक तरीका यह सुझाया है कि अंतरों की एक अंतहीन श्रृंखला का निर्माण किया जाए। यहां बार–बार यह विचार सामने आता है कि सामाजिक कर्ताओं के बीच 'अंतरों' का उत्पादन निरंतर हो और उन्हें कायम रखा जाए, ताकि न सिर्फ प्रभुत्व के नए तरीकों को 'खोजा' जाए बल्कि मौजूदा पहचानें भी, किसी अन्य सामाजिक समूह में समाहित हुए बिना या मेटा–संरचना अथवा एक स्पष्ट नागरिक क्षेत्र द्वारा नियंत्रित हुए बिना, पूरी तरह अपना अहसास कर सकें। जिलेस डेल्यूज और फेलिक्स गुआत्री कहते हैं कि अंतरों को उत्पन्न करने की इच्छा तीन सिद्धांतों द्वारा निर्देशित होती है। पहला, 'उत्पादक–इच्छा' ('डिजाइरिंग–प्रोडक्शन' अर्थात इच्छा की इच्छा करना या इच्छा) को अंतरों का सृजन करने या कुछ नया सृजित करने के अर्थ में उत्पादनकारी होना चाहिए। दूसरा, 'मशीनी–इच्छा' ('डिजाइरिंग–मशीन्स'), अर्थात कोई भी प्रदत्त, प्राकृतिक या स्वतःस्फूर्त इच्छा नहीं होती, बल्कि इसके उलट सिर्फ रचनात्मक कार्यों की एक श्रृंखला होती है जो इनका संयोजन करती है। अंततः, 'अंगरहित–शरीर' ('बॉडी विदआउट ऑर्गन' या बी.डब्ल्यु.ओ.), जहां इन संयोजनों को रचनात्मकता से बनाया जाता है क्योंकि इच्छा का उत्पादन असीमित व अबाधित होता है (डेल्यूज व गुआत्री 1988)।[14] इस प्रक्रिया में निरंतरता होनी चाहिए और इसे 'उड़ान की रेखाएं' कहा जाता है। इन रेखाओं का निर्माण करके, खंडवाद से बचा जा सकता है और उत्पादकता के एक शुद्ध प्रवाह के सृजन को सुनिश्चित किया जाता है। हार्ट्ड व नेग्री के अनुसार, विज्ञान, प्रौद्योगिकी में होते तीव्र बदलाव ने और सूचना क्रांति ने वैश्विक पूंजीवाद को एक स्वायत्त 'साम्राज्य' के रूप में कार्य करने के लिए (राज्य के नियंत्रण और विनियमन से बाहर) सक्षम कर दिया है:

> हम यह दावा करते हैं कि साम्राज्य बेहतर होता है, ठीक वैसे ही जैसे कि मार्क्स जोर देकर कहते हैं कि पूंजीवाद अपने पूर्ववर्ती उत्पादन के साधनों व समाज के पूर्ववर्ती रूपों से बेहतर है। इसी प्रकार, आज हम यह कह सकते हैं कि साम्राज्य आधुनिक शक्ति के क्रूर शासनों का खत्मा करता है और साथ ही मुक्ति की संभावना भी बढ़ाता है। (नेग्री व हार्ट्ड 2001: 43–44)

नागरिक–समाज कानून और राजकीय विधानों, नागरिकता की परियोजना, अधिकारों की भाषा और संवैधानिकता की पूर्व–श्रेष्ठता के जरिए काम करता है; इस प्रक्रिया में, जैसा कि हम चर्चा कर चुके हैं, यह सिर्फ राज्य के नियंत्रण को ही विस्तारित करता है। तब क्या फिर उत्तर–नागरिक–समाज के कार्यअभ्यास, राज्य पर जोर डालने के उलट, उभरती

राज्यविहीनता की महज अनदेखी करें, इससे संबंध तोड़ लें या इसकी कल्पना करें अथवा 'उड़ान की रेखाओं' का निर्माण एक इच्छित विकल्प के रूप में करें।[15] परंतु, यह स्वीकार करने की आवश्यकता है कि नव–उदारवादी सुधारों के अंतर्गत राज्य के तौर–तरीकों में बदलाव हुए हैं; जैसा कि हमने स्त्रीवादी राजनीति के अध्याय में देखा था, शासन में नए कार्यअभ्यासों ने समन्वय या गैर–पदसोपानिक के ज्यादा लचीले तरीके पेश किए, जहां एक न्यूनतम राज्य भी हस्तक्षेपकारी होता है।[16] परंतु, इन बदलावों ने राज्य के साथ समझौता करने के राजनीतिक आंदोलनों के कार्य को कहीं अधिक जटिल बना दिया। राजनीतिक आंदोलनों ने, अकेले व सामूहिक रूप से, अपने समकालिक क्षण में विभिन्न रणनीतियों को जोड़ने का प्रयास किया ताकि इनके जरिए इसे प्रत्युत्तरशील बना सकें और साथ ही इसके बढ़ते नियंत्रण को और इसके द्वारा अपने रूपों को दोहराने से रोका जा सके। उन्होंने अंदर व इसके बिना दोनों प्रकार से काम किया; उन्होंने राज्य के दमन विरुद्ध अधिक मिलिटेंट प्रतिरोध करने के साथ ही उपलब्ध संस्थागत कार्यअभ्यासों को भी पुनः महत्व प्रदान किया; ये न तो सिर्फ लोकतांत्रिक सुधार हैं, और न ही क्रांतिकारी किस्म की हिंसक व विनाशकारी घटनाएं हैं – असल में, ये सुधारों और क्रांति का एक संयोग है, जो विरोध के युग्म के अत्याचार से आगे है। इस मेल को हम *रिफॉल्यूशनरी* (रिफॉर्म का 'रिफ' और रेवॉल्यूशन का 'ऑल्यूशन' को मिलाकर गढ़ा गया शब्द) कह सकते हैं। यह संयोगकारी प्रक्रियाएं उत्तर–नागरिक–समाज की राजनीति के लिए आधार और नए तौर–तरीकों के रूप में उभरकर सामने आईं।[17]

यह कहा जा सकता है कि *रिफॉल्यूशनरी* रणनीति उन मेटा–संरचनाओं को रूपांतरित करने के विरोधाभासी तरीके को प्रकट करती है जो *सर्व–शक्तिशाली या सर्व–समावेशी नहीं हैं फिर भी वे अपेक्षाकृत ढंग से अधिक स्पष्ट व केंद्रीकृत हैं।* रिफॉल्यूशनरी रणनीति को, तदनुसार, बहुआयामी होना चाहिए, परंतु इसके बावजूद मैक्रो–संरचनाओं को रूपांतरित करने के लिए स्पष्ट होना चाहिए। इसे उस सीमा तक बहुआयामी होना चाहिए जिसमें ये विभिन्न सामाजिक समूहों के विभेदीकृत अनुभवों को सम्मिलित कर ले और इन मेटा–संस्थानों को जबर्दस्त रूप से परिवर्तित करने के लिए स्पष्ट हो।[18] दूसरे शब्दों में, एक मुक्त समाज में हिंसक घटनाओं के उभरने के रूप में क्रांति के विरोध में, यह माना जाना चाहिए कि मुक्तिकारी सामूहिकताएं उस उत्पीड़न को परिवर्तित करने के लिए कार्यों की एक व्यापक किस्म की रचना करते हैं जिस उत्पीड़न को वे अनगित व कपटपूर्ण रूप में झेलते हैं। निश्चित तौर पर, इस तरह के निर्माण में हिंसक घटनाएं व मिलिटेंट कार्य शामिल होते हैं लेकिन रैडिकल बदलाव के लिए ये विरोध का इकलौता तरीका नहीं होते, या सर्व–समावेशी बुनियादी परिवर्तन को प्रकट नहीं करते हैं। ऐसे में, यह रिफॉल्यूशन का मिथ्याभास होता है। यह एक आंशिक कृत्य है, फिर भी इसमें सभी समूहों की सहमति शामिल है; यह मैक्रो–संरचनाओं से समझौता करता है, तब भी ये सर्व–शक्तिशाली और सर्व–समावेशी नहीं होते हैं; इसमें मिलिटेंट विरोध और ऐसे बदलाव होते हैं जो एक लंबी छलांग के रूप में होते हैं, तब भी ये उन्हें मौजूदा संस्थागत कार्यअभ्यासों के रूप में साथ पुनः महत्व देकर जोड़ते हैं; यह पूरा संयोजन *सिर्फ* एक क्रांति को ही नहीं, बल्कि एक रिफॉल्यूशन को पूरा करता है।

जैसा कि हमने इस किताब में विश्लेषण किया है, राजनीतिक आंदोलनों ने उपलब्ध संस्थानिक कार्यअभ्यासों और राजनीतिक सिद्धांतों को पुनः स्थापित करने में इस प्रकार के नवोन्मेषी संयोजक उपायों को आजमाने का प्रयास किया है। उन्होंने ऐसे संवाद गढ़े जिन्होंने

उन्हें स्वयं अपने व्यवहार पर चिंतन करने की अनुमति दी, और साथ ही अन्य राजनीतिक आंदोलनों के साथ संलग्न होने की अनुमति भी दी। इस प्रक्रिया में, प्रत्येक आंदोलन ने अकेले और सभी आंदोलनों ने सामूहिक तौर पर बदलाव के नए तरीकों का शुभारंभ किया। मानवाधिकार आंदोलन ने, अपने हिस्से पर, संवैधानिकता और कानून की सीमाओं में काम करना शुरू किया, परंतु 'लोकतांत्रिक अधिकारों' वाले चरण में यह राज्य और उसकी संस्थानिक रूपरेखा के साथ काम करने के लिए तैयार नहीं था और इसके बजाय इसने मिलिटेंट–रैडिकल विरोध की राजनीति और उसके 'क्रांतिकारी परिप्रेक्ष्य' का साथ दिया; आगे चलकर, और पिछले चरणों के अनुभवों के आधार पर, इसने मिलिटेंट राजनीति को उपलब्ध संस्थानिक कार्यअभ्यासों (जैसे विधि द्वारा शासन) को पुनः महत्व देते हुए एकसाथ जोड़ने के तरीके तलाशना शुरू किया। उन्होंने इस प्रकार से पुनः महत्व प्रदान करने का प्रयास तब किया जबकि वैश्विक रूप से विधि द्वारा शासन जैसे किसी सिद्धांत की भूमिका और क्रियान्वयन की ओर कदम बढ़ाए जा रहे थे, जब सामाजिक न्याय को एक आदर्श के रूप में सक्षम बनाने से एक 'साम्राज्यवादी विचारधारा' की ओर कदम बढ़ाए जा रहे थे – और इसका संदर्भ यह था कि इस समय विधि द्वारा शासन 'लोकतंत्र व बाजार अर्थव्यवस्था के प्रति अपनी केंद्रीयता के कारण इतना अधिक ध्यान आकर्षित कर रहा है और यह कालखंड दोनों के प्रति (यानी लोकतंत्र व बाजार अर्थव्यवस्था के प्रति) संक्रमण की एक लहर द्वारा चिह्नित किया जाता है' (कैरोथर्स 1998: 97)। उत्तर–औपनिवेशिक देशों के इतिहास के पहले चरण में, विधि द्वारा शासन का सिद्धांत बाजार अर्थव्यवस्थाओं को लागू करने की जारी प्रक्रिया को, छोटे व कमजोर अर्थव्यवस्थाओं द्वारा अपनाए गए 'संरक्षणवाद' का घेरा तोड़कर, मजबूत कर रहा है। आज वैश्विक शक्तियों द्वारा विधि के शासन को सुदृढ़ीकृत करने का तात्पर्य 'संपत्ति संबंधी अधिकारों व अनुबंधों वाले आधुनिक बाजार अर्थव्यवस्था के मूल तत्त्वों' के संस्थानीकरण से है (पूर्वोक्त), ताकि विधि द्वारा शासन (और लोकतंत्र) को 'निर्यात' करना संभव हो सके, और बाजार के साथ इसके पेचीदा संबंध की पुष्टि हो सके, जैसा कि हायेक ने मुक्तिवादी अधिकार के अपने अभियान में प्रस्तावित किया था। जैसा कि मात्तेई व नादेर कहते हैं कि समकालिक अंतरराष्ट्रीय व्यवस्था में, विधि द्वारा शासन 'अपने आप में गैर–कानूनी होने के विरोधाभासी बिंदु को लूटने' को औचित्य प्रदान कर रहा है (मात्तेई व नादेर 2008: 3)।[19] जैसा कि जुडिथ बटलर कहते हैं कि कानून की बढ़ती अवैधता एक स्थिति है जो इस बात को चिह्नित करती है कि 'हिंसा यह स्पष्ट करती है कि कानून जीवन से ऊपर है'।

परंतु, ऐसे ही संदर्भ में मानवाधिकार आंदोलन ने विधि द्वारा शासन को नया अर्थ प्रदान करने का प्रयास किया और इसके जरिए उसने न सिर्फ राज्य की 'सर्व–हस्तक्षेपकारी शक्तियों' पर लगाम लगाया बल्कि रैडिकल–मिलिटेंट आंदोलनों को संगठित होने के लिए आवश्यक 'लोकतांत्रिक स्पेस' भी सृजित किया। इसने माओवादियों और राज्य के बीच 'शांति वार्ताओं' की प्रक्रिया आरंभ की ताकि राज्य उन्हें 'हथियार छोड़ने' या 'हिंसा छोड़ने' के लिए बाध्य नहीं करे अथवा उन्हें 'मुख्यधारा' से जुड़ने के लिए आमंत्रित नहीं करे, बल्कि रैडिकल–क्रांतिकारी आंदोलनों द्वारा 'राजनीतिक हिंसा' के इस्तेमाल को संदर्भ में पेश किया जाए। साथ ही, यह शांति के विचार को भी इसके संदर्भ में पेश करता था, जो उनके अनुसार, सिर्फ न्याय के साथ ही सही है न्याय की अनुपस्थिति में नहीं – अर्थात, न्याय के रूप में शांति। यह राज्य को मजबूर कर रहा था कि वह स्वयं को विधि द्वारा शासन के अनुसार शासन करने तक सीमित रखे (कानून के समक्ष समानता के रूप में) और ऐसा करते

हुए कानून के द्वारा शासन की सीमाओं उजागर किया जाए (सिर्फ औपचारिक समानता के उदाहरण पेश करने के तौर पर) और साथ ही यह विधि द्वारा शासन के अर्थ और कार्य–क्षेत्र को विस्तृत कर रहा था (औपचारिक न्याय नहीं बल्कि मौलिक न्याय के रूप में) और इस प्रकार यह 'अंदर–विरुद्ध–और–आगे' होने की समकालिकता को (पुनः) प्रकट कर रहा था। इसके चिह्नों को महज नागरिकता से 'सक्रिय नागरिकता' पर और महज विधि द्वारा शासन से 'विधि द्वारा लोकतांत्रिक शासन' पर जोर दिए जाने में देखे जा सकते हैं। इस पुनः महत्व प्रदान किए जाने में, विधि द्वारा शासन के सिद्धांत और कार्यअभ्यास का अर्थ संवाद और मिलिटेंट राजनीति या कानून और हिंसा का दो हिस्सों में बंटवारा करना नहीं है, क्योंकि इसे नागरिक–समाज की सीमाओं के अंदर माना जाता है। इसके बजाय, इसने अनूठी निरंतरताएं बनाई और 'अंतःवर्ती स्पेस' की पड़ताल की। 'दूसरे शब्दों में, कानून स्वयं अपने विरुद्ध खड़ा हो जाता है और स्वयं अपने नए संस्करणों को जन्म देता है जो इसके अपेक्षित उद्देश्यों का विरोध करता है और इनका विस्तार करता है' (बटलर 2000: 346)।

इसलिए, यह जरूरी नहीं है कि संस्थानिक कार्यअभ्यास स्वयं को मिलिटेंट प्रतिरोध और लामबंदी करने वाली राजनीति से पृथक करते हों, बल्कि इन कार्यअभ्यासों को 'आगे बढ़ाने' व 'पुनः काम में लगाने' के लिए स्थलों में (रिफॉल्यूशनरी) परिवर्तित किया जा सकता है जहां 'इसके पुनः महत्व प्राप्त करने में, कानून स्वयं ही वह रूप ग्रहण कर लेता है जो इसके मूल उद्देश्यों के विरोध में होता हे और इसकी मूल सीमा का अतिक्रमण करता है' (पूर्वोक्त: 345)।[20] ऐसी स्थितियों में जहां नागरिक–समाज राज्य के साथ समझौता करने के विभिन्न तौर–तरीकों का संयोग करने वाली प्रक्रियाओं को रोकने में सफल हुआ (अपने युग्म वाले दृष्टिकोण के जरिए), वहां विरोध की राजनीति ऊपर से आरोपित की गई सीमाओं के अंदर रहकर अनुशासित होती है। जैसा कि हमने 'राजनीतिक–समाज' की राजनीति में देखा, राजनीतिक–समाज में विरोध के विषय सरकारीकृत श्रेणियों (आबादियों) में बने रहते हैं और 'संदर्भगत समझौतों' (कांटेक्सचुअल नेगोशिएशंस) को साथ लिए बढ़ते हैं और इस प्रकार राज्य पर नियंत्रण और निर्भरता को विस्तारित करते हैं। 'राजनीतिक–समाज' 'समझौते से प्राप्त सामाजिक शांति' (न्याय–रहित) का एक क्षेत्र बन जाता है, और एक बफर या सुरक्षा वाल्व की तरह काम करता है जो नागरिक–समाज के वर्चस्वकारी क्षेत्र (आधार–रेखा के रूप में सभ्यता व कानून–व्यवस्था पर जोर देते हुए) से मिलता–जुलता है। सबआल्टर्न राजनीति के क्षेत्र के रूप में 'राजनीतिक–समाज' (जो प्रशासकीयता (गर्वनमेंटेलिटी) से आगे बढ़ने में असफल रहता है) में कर्ताओं (एक्टर्स) की एजेंसी का दुर्बलीकरण होता है, जैसा कि हमने काजीपल्ली में प्रदूषण के विरुद्ध सामूहिकताओं के मामले में देखा था। ऐसे में भला उत्तर–नागरिक–समाज की किस्मों के कर्ताओं (एक्टर्स) से किस प्रकार अपनी एजेंसी का विस्तार करने की उम्मीद की जाती है?

उत्तर–नागरिक–समाज की राजनीति को विभेदीकृत सामाजिक स्थितियों में विभिन्न एक्टर्स की समकालिकता से ही प्राप्त किया जा सकता है। उत्तर–नागरिक–समाज महज निरंतर (समय या काल के अर्थ में) नहीं है, बल्कि यह आवश्यकीय रूप से एक सापेक्षिक प्रक्रिया (स्थानिकता के अर्थ में) है; यह सिर्फ वीरोचित काम से आगे बढ़ना नहीं है, बल्कि साथ ही (उसी समय) 'घटनाओं की राजनीति' की सीमा से आगे जाना भी है और 'संदर्भगत समझौतों' (कांटेक्स्चुअल नेगोशिएशंस) तक ही सीमित कर दिए जाने के विरूद्ध भी है। परिवर्तन की इसकी प्रक्रियाएं महज सहायक (इंस्ट्रमेंटलाइज्ड) रणनीतियों और 'क्षेत्रीय लामबंदी' के ही विरुद्ध नहीं हैं, बल्कि सकारात्मक रूप से परिवर्तनकारी संवाद और

कार्य के पक्ष में है। उत्तर–नागरिक–समाज एक राजनीतिक अवस्था है जो राजनीतिक आंदोलनों की अंतः व्यक्तिपरकता द्वारा चिह्नित है, और यह किसी प्रदत्त संरचना के रूप में सामान्य वर्ग के इर्द–गिर्द या राज्य के पक्ष में व विरुद्ध किसी एक ही बात पर ध्यान लगाने पर केंद्रित नहीं है, जो आंदोलनों के *अंदर* और इनके *बीच* स्थिर व निरंतर राजनीतिक मध्यस्थता पर निर्मित होती है और इस अंतक्रिया के दौरान आवश्यकीय रूप से उभरने वाले विमर्श में स्थान प्राप्त करती है। आंदोलनों के बीच की 'एकता' कोई ऐसा प्रक्षेपित एजेंडा नहीं है जिसे पाने का लक्ष्य रखा जाए, बल्कि इसे जीवंत कार्यअभ्यासों द्वारा अर्जित किया जाता है। यह *आंतरिकता व बाह्यता* के बीच घर्षण के अभाव द्वारा चिह्नित यथार्थ है। विवाद, प्रतिरोध, और आत्मालोचना एकजुटता के लिए बेहद जरूरी शर्तें है, और इन कार्यअभ्यासों की समकालिकता व सह–अस्तित्व ही राजनीतिक होने की परिभाषित विशेषता है। समकालिकता ही राजनीतिक आंदोलनों के बीच की मध्यस्थताओं के लिए यह सुनिश्चित करती है कि उनमें निर्वाचन–क्षेत्रों से आगे की राजनीति शामिल हो, परंतु जो नागरिक–समाज की परियोजना व राजनीति के संघटक अवयवों के रूप में 'जनता' को किसी एक सिंगुलैरिटी में विलीन नहीं करे।

नागरिक–समाज प्रातिनिधिक है, और असल में, जैसा कि हमने मानवाधिकार आंदोलन वाले अध्याय में देखा, इसने स्वयं को ईस्ट यूरोपियन विवाद के पश्चात सर्व–समावेशी 'हम जनसमुदाय' या सरकार के विरुद्ध 'जनता' के युग्म के इर्द–गिर्द पुनर्नवा कर लिया। जैसा कि हार्ड्ट और नेग्री कहते हैं, '*जनता* पारंपरिक रूप से एक एकात्मक धारणा है। जन–आबादी में, निःसंदेह, सभी प्रकार के अंतर होना इसकी विशेषता है, परंतु लोग इस विविधता को एक एकता में समेटते हैं और जन–आबादी को एक एकलौती पहचान देते हैं: "जनता" एक है'।[21] वे आगे कहते हैं, 'जनता का सार भिन्नता में है: सभी भिन्नताएं जनता में समाहित हो जाती हैं। आबादी के सभी रंग जनता के धूसर में मिल जाते हैं। यह जनता एक सामंजस्य में इसलिए आ सकती है क्योंकि यह एक अभिन्न, एकसमान समूह बनाती है' (हार्ड्ट व नेग्री 2004: xiv)। मार्क्स ने *ग्रुंडरिसे* में 'राजनीतिक अर्थशास्त्र की पद्धति' पर की गई अपनी टिप्पणी में जो तर्क दिया था यह उसके ही समान है। उन्होंने कहा था कि राजनीतिक अर्थव्यवस्था के लिए आबादी से शुरुआत करना ही सही प्रतीत होता है, क्योंकि यह एक 'वास्तविक और ठोस' श्रेणी जान पड़ती है। परंतु, 'आबादी एक अमूर्तता है यदि, उदाहरण के लिए, उन वर्गों की अनदेखी करे जिनसे मिलकर यह बनती है' (मार्क्स व एंगेल्स 1986: 37)।[22] इसलिए, हार्ड्ट व नेग्री विकल्प के रूप में उभरती हुई 'भीड़' का सुझाव देते हैं, ताकि एक ऐसे कर्ता को पेश किया जा सके जो *साझा* का प्रतिनिधित्व करता है परंतु फिर भी विभेदीकृत होता है। उनका मानना है कि वैश्वीकरण का समकालीन चरण अपने अंदर उस संभावना को लिए होता है जो विभिन्न विभेदीकृत कर्ताओं को यह अनुमति देते हैं कि वे उस 'साझापन की खोज करें जो हमें संवाद स्थापित करने व साथ मिलकर काम करने में सक्षम बनाता है' (हार्ड्ट व नेग्री 2004: xiii)। यह प्रक्रिया उन बढ़ते लैटरल नेटवर्क्स के साथ अविभाज्य है जिसका प्रतिनिधित्व हमारे समय की सूचना क्रांति करती है।

परंतु, जैसा कि लाक्लाऊ कहते हैं, ऐसा प्रतीत होता है कि यह विश्लेषण राजनीतिक मध्यस्थता के विचार को भूल जाता है। ऐसा प्रतीत होता है कि मुक्तिदायक विषय (भीड़) में स्थिरता की राजनीति को 'सम्मिलित करने की एक स्वतःस्फूर्त प्रवृत्ति' निहित होती है और राजनीतिक मध्यस्थता का लोप हो जाता है तथा यह जान पड़ता है कि एक्टर्स एक 'रणनीतिक शून्य' में एकसाथ आ जाते हैं (लाक्लाऊ 2005)। इसके बजाय, उत्तर–नागरिक–समाज

के कार्यअभ्यास स्पष्ट रूप से राजनीतिक आंदोलनों के बीच मध्यस्थताओं की भौतिकता द्वारा चिह्नित होते हैं। ऐसी मध्यस्थताएं निरंतर होती हैं और किसी आंदोलन के 'अंदर' (इसके विभिन्न खंडों के बीच) पैदा होती हैं और विभिन्न राजनीतिक आंदोलनों के बीच पैदा होती हैं। यह उस क्षण को चिह्नित करता है जब एजेंडा, रणनीतियां और लामबंदी के तौर–तरीके पारस्परिक रूप से उधार लिए गए होते हैं और परिवर्तन के स्वयं 'अपने' विचार के साथ मिला दिए गए होते हैं। इस प्रक्रिया में, राजनीतिक आंदोलन एकात्मकता में और साथ ही अपनी भिन्नता में काम करना शुरू कर देते हैं। प्रत्येक आंदोलन अनूठा होता है, परंतु तब भी अन्य राजनीतिक आंदोलनों के प्रभाव के अंतर्गत लगातार रूप बदलता रहता है। ये रूपांतरण हमेशा विशिष्ट कार्यअभ्यासों के रूप में नहीं बने रहते, बल्कि विभिन्न राजनीतिक आंदोलनों के आत्म–प्रतिनिधित्व की रचना करते हैं। एक विश्व ('लोकतांत्रिक स्पेस') जो 'अनंत बहुलता से मिलकर बना है उसके बारे में यह भी कहा जा सकता है कि वह किसी भी चीज या किसी भी व्यक्ति की अ–निर्धारित प्रकृति को स्वीकार करता है' (बोद्यू 2006: xi)।

जैसा कि हमने पिछले अध्यायों में देखा, हमने जितने भी राजनीतिक आंदोलनों की चर्चा की उनमें से प्रत्येक अन्य राजनीतिक आंदोलनों के साथ जुड़ा, परिवर्तित हुआ और उसने पलटकर उन्हें प्रभावित किया। वे अलग राजनीतिक आंदोलन बने रहे और उनकी भिन्नता निरंतर जारी रही (दलित, नक्सलवादी, मानवाधिकार, स्त्रीवादी व प्रदूषण के विरुद्ध सामूहिकताएं), परंतु फिर भी उन्हें करीब से देखने पर पता चलता है कि वे किस सीमा तक अन्य राजनीतिक आंदोलनों के चश्मों बातें करते हैं और साथ ही उनके अनुसार काम करते हैं। दलित आंदोलन ने जाति–वर्ग के दृष्टिकोण से शुरुआत की और उप–जातियों द्वारा संघर्षों के दिनों के दौरान उन्होंने 'जातीय समूहों के अंदर वर्गों' को लक्षित करने में नक्सलवादी आंदोलन की वर्ग राजनीति को दोहराया। दलित आंदोलन पर स्त्रीवादी राजनीति का प्रभाव दलित स्त्रीवादियों द्वारा दिए गए नए सूत्रीकरणों में स्पष्ट था और साथ ही उप–जाति आंदोलन में भी स्पष्ट था जो राज्य की न्यायिक श्रेणियों के अंदर काम करने और लामबंदी व सामूहिक संघर्षों पर उनके दुर्बलकारी प्रभाव को लेकर बहुत संदिग्ध था। उप–जाति आंदोलन ने राज्य की श्रेणियों के बारे में वैसी ही चिंताएं प्रकट कीं जिन पर स्त्रीवादी आंदोलन ने विचार किया था। इसी प्रकार, नक्सलवादी आंदोलन में अपने दलित व स्त्री कार्यकर्ताओं की ओर से अपनी आंतरिक 'असहमति' थी, जो इसके सशस्त्र दस्तों के भीतर भी थी और 'इसके' खुले संगठनों में भी जैसे कि नागरिक स्वतंत्रता/लोकतांत्रिक अधिकार संगठनों में। मानवाधिकार आंदोलन ने तर्क दिया कि हिंसा का एक राजनीतिक आयाम होता है जो सिर्फ तभी नहीं होता जब यह राज्य के विरुद्ध होता है, बल्कि दलितों व अन्य अरक्षित सामाजिक समूहों के संदर्भ में भी इस पर राजनीतिक दृष्टिकोण अपनाने की जरूरत होती है। उदाहरण के लिए, उन्होंने एक प्रासंगिक मुद्दा उठाया कि नक्सलवादी आंदोलन द्वारा जिन्हें मुखबिरों के रूप में मारा गया उनकी एक बड़ी संख्या ऐसे लोगों की क्यों थी जो अपनी जाति व वर्गीय पृष्ठभूमि के अर्थ में समाज के निचले हिस्सों से आते थे। दलित व स्त्रीवादी राजनीति द्वारा आरंभ की गई 'मान्यता की राजनीति' जब वर्ग–आधारित लामबंदी वाले संगठनों के अंदर की राजनीतिक प्रक्रियाओं से मिली, तो उन्होंने एक अलग रास्ता अख्तियार किया जो अस्मितावादी जोर से परे था और जिसमें 'विचार–धारात्मक' व सांगठनिक स्तरों पर विभिन्न प्रकार के प्रयोग शामिल थे। उदाहरण के लिए, इसने रैडिकल वामपंथी समूहों को स्त्रियों व दलितों के 'स्वतंत्र' संगठन बनाने

के लिए 'बाध्य' किया, जो (क्रांतिकारी) 'पार्टी' के साथ लगातार संवाद कर रहे थे, और उन्होंने विशिष्ट सामाजिक समूहों के तत्कालिक अनुभव की संगति में व्यवस्था–विरोधी संघर्ष निर्मित करने सीखे; उदाहरण के लिए, अर्थव्यवस्था के निजीकरण के खिलाफ लड़ते हुए उन्होंने निजी क्षेत्र में आरक्षण की मांग को लेकर लड़ाई की। इसी प्रकार से, स्त्रियों के आंदोलन ने जिस क्षण विस्तारित होकर नए वर्गों व जातीय समूहों को अपने में शामिल किया, तब इसने नेताओं के बिना संगठित करने के एक नए सांगठनिक तरीके का शुभारंभ किया। शराबबंदी आंदोलन के अंग के तौर पर नए सामाजिक निर्वाचन–क्षेत्रों के सामने आने के साथ ही, यह महज स्त्रियों के सवालों को उठाना भर नहीं रह गया था बल्कि इसने आलोचनात्मक रूप से उस राजनीतिक अर्थशास्त्र की प्रकृति व ढांचे को उघाड़ा जिस पर राज्य निर्भर था (जिसमें विधायकों, पुलिस, माफिया और शराब के ठेकेदारों का गंठजोड़ था) और इसके लिए इसने नागरिक–उपभोक्ता की पहचानों के बीच नया वर्चस्वकारी समतुल्य अभिव्यक्त किया। उन्होंने पितृसत्ता की संस्कृति और राज्य द्वारा अपनाए गए 'विकास के मॉडल', व नागरिक–समाज में 'परस्पर विनिमय' के साथ परिवार में शक्ति संबंधों के बीच संबंध स्थापित किए।

ये ही वह दृश्य कार्यअभ्यास (परंतु फिर भी गैर–घटनाएं) हैं जो उत्तर–नागरिक–समाज की राजनीति (अंतरालों के परिवर्तन) के उभरने को चिह्नित करती हैं। ये विविध व निरंतर आंतरिक–बाह्य मध्यस्थताएं नए राजनीतिक कार्यअभ्यासों, एक्टर्स और नए किस्म की विस्तारित एजेंसी को उत्पन्न करती हैं। ये मध्यस्थताएं विशिष्ट समूहों व संगठित राजनीति आंदोलनों के संदर्भ में बाहर नहीं होतीं, बल्कि ये उनके जरिए सोचने और उनके साथ सोचने के द्वारा होती हैं। उभरने वाले नए कार्यअभ्यास 'अंदर–विरुद्ध–और–आगे' है, जबकि नागरिक–समाज के तौर–तरीके अनिवार्य रूप से इसके युग्म संबंधी दृष्टिकोण में प्रस्तुत होते हैं। परंतु, परिवर्तन पूर्व–लाक्षणिक नहीं है बल्कि लाक्षणिक है और ऐसा अतीत के अनुभवों के अर्थ में है और भविष्य के 'वर्तमानीकृत' होने के 'अभी तक नहीं' वाले आयाम के अर्थ में है। निर्वाचन–क्षेत्रों के अंदर की राजनीति ही निर्वाचन–क्षेत्र के परे की राजनीति का आकार ग्रहण कर रही है। इनमें से परवर्ती कोई भिन्न *क्षण* या एक *आंदोलन* नहीं है, बल्कि सीमाबद्ध निर्वाचन–क्षेत्रों के अंदर की जाने वाली राजनीति के तरीके के साथ अविभाज्य है। स्वयं 'अपने' इतिहासों की यह गहरी भावना ही परिवर्तित की जा रही है – जो इसे निर्वाचन–क्षेत्रों के परे की राजनीति की ओर ले जा रही है।[23] यही वे 'नए' एक्टर्स या कर्ता हैं (शुद्ध व्यक्तिपरकता के बिना) जो भारत में उत्तर–नागरिक–समाज की राजनीति के अगुआ होंगे और अगुआ हैं।

टिप्पणियां

1. चुनाव का यह अभाव कुछ ऐसा ही है जैसे कि मतदाताओं को अपने साथ यह धोखा महसूस होता है कि उन्हें जिन राजनीतिक दलों में से चुनने को कहा जाता है उनके बीच उसके पास कोई चुनाव नहीं होता है।
2. यह दिलचस्प है कि सुस्पष्टता के साथ और योजना व विशिष्ट लक्ष्य बनाकर काम करने वाले और एक निश्चित समय–अवधि में इसे अर्जित करने वाले नीति–निर्माता अपने प्रचालनों के लिए एक स्थल के रूप में नागरिक–समाज के अनिश्चित व 'तटस्थ–क्षेत्र' के फेर में पड़ गए। क्या इससे नागरिक–समाज में तटस्थता की प्रकृति के बारे में कुछ पता चलता है?

3. पुनर्चक्रण की रणनीति इसका एक अच्छा उदाहरण है जो 'आने वाली' भावी पीढ़ियों की जरूरतों को ध्यान में रखती है; यह अतीत व वर्तमान के बीच निरंतरता लाती है और 'भविष्य को वर्तमान के रूप में पेश करती है'। (ब्रुंडलार्ड रिपोर्ट, वर्ल्ड कमीशन ऑन एंवायरोंमेंट एंड डेवलपमेंट 1987)।
4. प्रभुत्वकारी संरचनाओं व कार्यअभ्यासों ने अपनी ओर से उन मूल्यों, नैतिकता व राजनीति को शामिल करने के लिए काम किया जो स्वयं अपने तरीके से उनके विरुद्ध प्रतिरोध के रूप में उभरकर सामने आए। मैकडोनाल्ड जैसी उन बहुराष्ट्रीय कंपनियों के उदाहरण को याद कीजिए जिसमें उन्होंने पारिस्थितिकी–तंत्र के प्रति अपने सरोकारों व किसानों तथा अन्य वंचित समूहों के लिए कल्याणकारी कार्य करने के जरिए उपभोक्तावाद को ध्वस्त कर दिया (आपके द्वारा खाया जाने वाला हर बर्गर और पी जाने वाली हर कॉफी उनके कल्याण में योगदान करती है!)।
5. यहां पर दोहराए जाने की जरूरत है कि लॉजिक ऑफ सर्कुलैरिटी (जो नागरिक–समाज में कार्यअभ्यासों के प्रतिच्छेद बिंदुओं के जरिए निर्मित होती है) आगे बढ़ती है और नागरिक–समाज के कार्यअभ्यासों की सर्कुलैरिटी के जवाब में सामने आने वाले राजनीतिक आंदोलनों की समकालिक रणनीतियों में और उनके जरिए पुनरुत्पादित होती है।
6. इसी संदर्भ में, उत्तर प्रदेश में मायावती सरकार द्वारा उद्यानों व अंबेडकर की प्रतिमाओं के निर्माण पर प्रचुर धन खर्च किए जाने के कारण हाल ही में भारत में एक बहस छिड़ गई कि दलित राजनीति के लिए इसके क्या नतीजे होंगे। इस बहस से उभरी बेचैनियों में से एक यह थी कि इस कार्य की वजह से दलितों के प्रतीक–चिह्नों व संकेतों ने सार्वजनिक दायरे में इतनी अधिक जगह घेर ली जिसकी अनुमति अब तक उन्हें नहीं थी, परंतु दलित एजेंडा को लागू करने के इस तरीके में जमीन के पुनर्वितरण और दलितों के लिए न्याय दिलाने के वे मुद्दे पीछे छूट गए जिनका अहसास कर पाने में राज्य असमर्थ है। दूसरे राज्यों में भी यही मामला है। दलितों को राज्य द्वारा वितरित की गई जमीन पर अपना अधिकार बनाए रखने हेतु राज्य द्वारा सहायता कर पाने जो असमर्थता प्रकट की गई उसका एक गहन जमीनी विश्लेषण किया गया है। उदाहरण के लिए, मध्य प्रदेश में, उभरती हुई पिछड़ी जातियों समेत शक्तिशाली जातियों द्वारा इसके कारण शारीरिक हमले किए गए और राज्य दलितों की सहायता करने में असमर्थ रहा। इसके लिए पाई 2010 देखें।
7. देश की जनता की स्मृति में ऐसी अनेक कहानियां व घटनाएं मौजूद हैं जिसमें दिल्ली के सेंट स्टीफेंस कॉलेज और कलकत्ता के प्रेसीडेंसी कॉलेज के छात्रों ने नक्सलवादी आंदोलन में शामिल होने के लिए अपने शैक्षणिक कैरियर को बीच में ही छोड़ दिया। लेखक व टिप्पणीकार, अरविंद एन. दास का जीवन एक सुप्रसिद्ध उदाहरण है जिन्होंने अपेक्षाकृत समृद्ध पारिवारिक पृष्ठभूमि का होनहार नौजवान होने के बावजूद सशस्त्र आंदोलन में भागीदारी करने के लिए अपना कॉलेज छोड़ दिया।
8. यह बिडंबनापूर्ण है कि एक तरफ मध्य वर्ग के नेतृत्व व मध्यस्थता में गैर–वर्गीय आंदोलन निरंतर बढ़ रहे थे, वहीं दूसरी तरफ नक्सलवादी आंदोलन इसके उलट राह पर अग्रसर जान पड़ा। यह 1970 के दशक में मध्यवर्गीय नेतृत्व के साथ आरंभ हुआ और फिर इसने किसानों व आदिवासियों के बीच सामाजिक आधार बनाया और फिर उनके भीतर से अपने नेता पैदा किए। टाइम्स ऑफ इंडिया की एक रिपोर्ट के अनुसार, 'माओवाद ने बहुत आश्चर्यजनम मोड़ लियाः एक जमाने में इसमें शिक्षित युवाओं का भंडार था जबकि आज यह वंचित आदिवासियों के समर्थन पर निर्भर है' (*टी.ओ.आई.* 12 अगस्त, 2010: 11)।
9. छुआछूत प्रथा के विरुद्ध और डरबन सम्मेलन में जाति को शामिल किए जाने पर चले अभियान का नेतृत्व नेशनल कैम्पेन ऑन दलित ह्यूमन राइट्स (एन.सी.डी.एच.आर.) द्वारा किया गया था जिसमें दलित गैर–सरकारी संगठन, शिक्षाविद व कार्यकर्ता शामिल थे और इनमें से अधिकांशतः दिल्ली में आधारित पेशेवरकर्मी थे।
10. यह मारी–पीटी गई स्त्रियों, आत्महत्या करने वाले किसानों, संगठित हत्याओं में अपने सगे–संबंधियों को गंवाने वाले मुसलमानों जैसे 'पीड़ित–व्यक्तियों' को दी गई हमदर्दी के समान है। परंतु, जैसे ही ये पीड़ित लोग सामने आकर विरोध करने का फैसला करते हैं और हमदर्दी के पात्र बनने से इंकार करते हैं या विनयपूर्वक उच्च व प्रभावशाली लोगों की शरण में जाने से इंकार करते हैं, वैसे ही यह *हमदर्दी अवज्ञा* में बदल जाती है। इसके बाद, इस प्रतिरोध को परिवारों को तोड़ने वाला, जातिवाद व संप्रदायवाद को बढ़ाने वाला एक अनागरिक कार्य माना जाता है। दूसरे शब्दों में, जब तक यथास्थिति

कायम रखी जाती है, तब तक पीड़ित होना सरोकार व हमदर्दी का कारण बनता है, परंतु यदि वे स्वयं अपनी एजेंसी प्राप्त करने की इच्छा करते हैं, तो यह अस्वीकार्य बन जाता है। हम जिसे 'खैरात की राजनीति' कहते हैं यह उसका एक सामान्य रूप है।

11. हाल के अध्येताओं में कुछ इस प्रकार के हैं जो सबआल्टर्न के चलन का जश्न मनाते हैं, और इस प्रक्रिया में वे सबआल्टर्न की एजेंसी को पुनः प्राप्त करने के नाम पर इस तरह की राजनीति के साथ आलोचनात्मक जुड़ाव को कमजोर बनाते हैं, जबकि यथार्थ में यह कुछ खास प्रकार के 'अपवर्तित प्रश्रय' को ही पुनः आरोपित करते हैं। इस तर्क पर मैंने अपने 'इंट्रोडक्शनः व्हाई इंटेरोगेट पॉलिटिकल सोसाइटी?' (गुडावर्थी 2012ए) में कुछ विस्तार से चर्चा की है।
12. सबआल्टर्न एजेंसी को विशेषाधिकार प्रदान करने वाला यह तरीका अधिकतर समकालिक उत्तर–औपनिवेशिक अध्ययन के, और खासकर भारत में सबआल्टर्न अध्ययन की परियोजना के केंद्र में है। नॉर्मेटिविटी को 'आरोपित' नहीं करने के नाम पर या इसे सिद्धांत तक सीमित रखने के नाम पर, यह अपशगुनकारी ढंग से उस प्रकार की तटस्थता के करीब जाता है जिसका निर्माण स्वयं नागरिक–समाज करता है और जिस पर यह काम करता है। (चटर्जी 2010; गुडावर्थी 2012ए)।
13. केंद्रीकरण, वैधीकरण व आधुनिक शासन के विरुद्ध इस प्रकार का आख्यान, जेम्स स्कॉट अपनी हालिया रचना *दि आर्ट ऑफ नॉट बीईंग गर्वंड* में निर्मित करते हैं। वह कहते हैं कि ज़ोमिया (दक्षिण–पूर्व एशिया के अपलैंड्स या ऊंची जगहें) के रूप में निर्दिष्ट किया जा सकने वाला भौगोलिक क्षेत्र 'रणनीतिक स्थिति' के रूप में चिह्नित है ताकि राज्य से दूरी बनाई रखी जा सके। वह कहते हैं, 'मेरा तर्क है कि पहाड़ी लोगों को भगोड़े, पलायन करने वाले, मरून समुदायों (भागे हुए गुलामों से बना समुदाय) के रूप में सबसी अच्छी तरह समझा जा सकता है जो दो सदियों के दौरान राज्य द्वारा निर्मित परियोजनाओं के उत्पीड़नों से भाग रहे हैं (स्कॉट 2009: ix)। यह विश्लेषण इस बात को प्रस्तुत करता है कि भागना और चलायमान रहना राज्य से बचने का एक तरीका है, और इस प्रकार यह इसके कार्य–क्षेत्र व नियंत्रण को संकुचित करता है।
14. डेल्युज एवं गुआत्री इसके बाद इटली में 1970 के दशक के पूर्वार्द्ध में हुए ऑटोनोमिया आंदोलन की चर्चा करते हैं, जो इतालवी राजनीतिक परिदृश्य को चूर–चूर कर देने के कगार पर था और इसे सभी सामाजिक स्तरों पर उत्पादकता व स्वायत्ता की बहुलतापूर्ण इच्छा से प्रतिस्थापित करना चाहता था।
15. जैसा कि पेत्रास व वेल्तमेयर कहते हैं, राज्यहीनता के बारे में जिस ढंग से नए कथन सामने आ रहे हैं वह विडंबनापूर्ण है और इनका संदर्भ यह है कि 'अमेरिका ही एकमात्र सुपरपावर, वर्चस्वकारी है, क्योंकि 500 सबसे बड़ी बहुराष्ट्रीय कॉरपोरेशंस (एम.एन.सी.) में से लगभग 50 फीसदी अमेरिका के स्वामित्व वाली हैं और उनका मुख्यालय अमेरिका में है, और दूसरी तरफ अफगानिस्तान व ईराक के किसानों व मजदूरों के विरुद्ध हस्तक्षेपकारी युद्ध का नेतृत्व वाशिंगटन कर रहा है...' (पेत्रास व वेल्तमेयर 2005: 9)। इसलिए, इनसे एक प्रासंगिक प्रश्न उपजता है: ऐसे में भला साम्राज्य किस तरह से एक उत्तर–साम्राज्यवादी परिघटना और इतिहास में एक सकारात्मक उन्नति है?
16. पेत्रास के अनुसार वैश्विक स्तर पर राज्य की कार्यप्रणाली में शामिल हुए नए तौर–तरीके सबसे अच्छी तरह से तब देखे जाते हैं जब 'साम्राज्यवादी राज्य (अमेरिका) घर में संरक्षणवाद, विदेशों में एकाधिकारवाद, और साम्राज्य के अंदर मुक्त व्यापार को मिलाता है' (पेत्रास 2000)।
17. मैं 'रिफॉल्यूशन' शब्द का इस्तेमाल शांतिपूर्ण, मिलिटेंट व पुनः महत्व प्रदान किए जाने की रणनीतियों को मिलाने वाले रैडिकल बदलावों के लिए करता हूं, उनके लिए नहीं जो पूंजीवाद के एक नए चरण का शुभारंभ करते हैं, जैसा कि टिमोथी ऐश करते हैं, बल्कि उनके लिए जो इसके फैलाव को बाधित करते हैं। गुडावर्थी 2002 देखें। टिमोथी जी. ऐश इस शब्द का इस्तेमाल किसी अन्य संदर्भ में पोलैंड व हंगरी में आए बदलावों को समझाने के लिए करते हैं जो कम्युनिस्ट पार्टी के ध्वंस, भूतपूर्व सोवियत यूनियन के सैन्य व आर्थिक गंठजोड़ के उन्मूलन और पूर्वी यूरोप में पूंजीवादी संक्रमण को दर्शाता है। ऐश के लिए ये क्रांतिकारी बदलावों के शांतिपूर्ण चरित्र को रेखांकित करते हैं।
18. इसलिए 'रेफॉल्यूशनरी' रणनीति को 'नॉन–रिडक्टिव' (गैर–सरलीकृत) विश्लेषण के जरिए संस्थानों व शक्ति के तौर–तरीकों को समझना होता है। पुनः, वेंडी ब्राउन कहते हैं,

...सामाजिक कार्यकर्ता, पेंटागन व पुलिस महज राज्य के अलग–अलग चेहरे ही नहीं हैं... बल्कि भिन्न–भिन्न प्रकार की शक्ति हैं। शक्ति के रूप में इनमें से प्रत्येक अलग ढंग से काम करता है, अलग–अलग प्रभाव उत्पन्न करता है, भिन्न प्रकार के संभावित प्रतिरोध पैदा करता है, और एक अलग विश्लेषणात्मक फ्रेम प्रस्तुत करता है, और ठीक इसी समय, इनमें से प्रत्येक दूसरों के साथ विशिष्ट ऐतिहासिक, राजनीतिक, व आर्थिक संबंध में उभरता और काम करता है, और इस प्रकार एक ऐसे विश्लेषण की जरूरत पैदा करता है जो नॉन–रिडक्टिव (गैर–सरलीकृत) ढंग से इस संबंध को समझ सके (ब्राउन 1995: 175)।

19. मात्तेई व नादेर के अनुसार, 'इस पुस्तक में हम यह तर्क पेश करते हैं कि विदेश द्वारा आरोपित निजीकरण के कानून जनता के खर्च पर जो अनुचित सौदे प्रदान करते हैं वे लूट के उपकरण हैं, कानून नहीं' (मात्तेई व नादेर 2008: 4)। ये एशिया, अफ्रीका व लातिनी अमेरिका की जारी लूट की प्रक्रिया में सक्रिय साझीदारों के रूप में डब्ल्यु.टी.ओ., आई.एम.एफ. व विश्व बैंक जैसे अंतर्राष्ट्रीय वित्तीय संस्थानों को और एन.ए.एफ.टी.ए. जैसे अन्य क्षेत्रीय ब्लॉक्स को शामिल करते हैं, जो ईराक पर अमेरिका द्वारा हाल ही में किए गए आक्रमण व कब्जे के जरिए यूरो–अमेरिकन विस्तार से अलग है। अंततः, वे यह चेतावनी देते हैं कि विस्तार व लूट की ये प्रणालियां अब चीन व भारत द्वारा अपनाई जा रही हैं।
20. पहले भी मार्क्सवादी इतिहासकारों, जैसे कि ई.पी. थॉम्पसन, ने यह तर्क दिया कि विधि द्वारा शासन जैसे सिद्धांत 'न्यायिक भ्रम' से अधिक कुछ नहीं हो सकते हैं और ये 'शक्ति पर कारगर प्रतिबंध आरोपित करने और शक्ति के सर्व–हस्तक्षेपकारी दावों से नागरिक की सुरक्षा करने' में उपयोगी है (थॉम्पसन 1975: 266)।
21. यही वह एकलता (सिंगुलैरिटी) है जो 'जनता' को मौजूदा दक्षिणपंथी राष्ट्रवादियों व अतीत के अन्य 'फासीवादी संगठनों' द्वारा की जाने वाली लामबंदियों के प्रति सशंकित बनाती है, जैसा कि ज्ञान प्रकाश कहते हैं (ज्ञान प्रकाश, *दि हिंदू*, 24 जनवरी, 2010)। साथ ही अजय गुडावर्थी 2012बी, 'इन डिफेंस ऑफ दि पॉलिटिशियन', *दि हिंदू*, 15 अक्टूबर, 2012 भी देखें।
22. इसलिए, मार्क्स ठोस से अमूर्त की ओर लौटने की एक जटिल विधि प्रस्तावित करते हैं –

    यदि हमें आबादी से शुरुआत करनी हो, तो यह समग्र की एक अराजक अवधारणा होगी, और परिभाषा के करीब रहकर व्यक्ति विश्लेषणात्मक रूप से अधिक से अधिक सरल अवधारणाओं तक पहुंचेगा... वहां से यह वापसी की यात्रा होगी जब तक कि व्यक्ति अंततः एक बार फिर आबादी पर नहीं लौटता, परंतु यह इस बार समग्र की अराजक अवधारणा नहीं होगी, बल्कि अनेक निर्धारणों व संबंधों की एक समृद्ध समग्रता होगी। (मार्क्स व एंगेल्स 1986: 37)

23. उत्तर–नागरिक–समाज की राजनीति के लिए कर्ता (एक्टर्स) 'अंदर–विरुद्ध–व–आगे' के निर्वाचन–क्षेत्रों में स्थित होते हैं। विशिष्ट आंदोलनों के विचार व कार्यअभ्यास निर्वाचन–क्षेत्रों में फैलने के लिए रूपांतरित होते हैं, और इस संदर्भ में पहचान–योग्य निर्वाचन–क्षेत्रों के परे जाते हैं। परंतु, राष्ट्रीय सीमाओं से रहित व 'प्राकृतिक' कर्ताओं वाले आंदोलनों, जैसे कि शांति, अशस्त्रीकरण, और पर्यावरण व पारिस्थितिकी की सुरक्षा वाले आंदोलनों, का भविष्य 'अंदर–विरुद्ध–और–आगे' काम करने वाले राजनीतिक आंदोलनों के साथ संगठित होने (निर्वाचन–क्षेत्र के आधार पर) के लिए रूपांतरित होने में है, अन्यथा प्राकृतिक निर्वाचन–क्षेत्रों से रहित ऐसे आंदोलनों का एन.जी.ओ.–करण होने की संभावना बढ़ जाएगी।

संदर्भ

Agamben, Giorgio. 1998. Heller-Roazen, trans. *Homo Sacer: Sovereign Power and Bare Life.* Stanford, CA: Stanford University Press.

Agnes, Flavia. 2009. 'Conjugality, Property, Morality and Maintenance', *Economic and Political Weekly*, 44: 58–64.

AILRC. 1993. 'Dandakaranya Adivasi Women`s Movement.' Hyderabad.

Alam, Javed. 1983. 'Peasantry, Politics and Historiography: Critique of the New Trend in Resistance to Marxism', *Social Scientist*, 11(2): 43–54.

Aloysius, G. 1998. *Nationalism without a Nation.* Delhi: Oxford University Press.

Anderson, Perry. 1980. *Arguments within English Marxism.* London: Verso.

Andhra Pradesh Civil Liberties Committee. 1985a. Fact Finding Team, Karamchedu, Salaha, Hyderabad.

———. 1985b. The State versus Civil Liberties Organisations—The case of APCLC, *Lokayan Bulletin* June.

———. 1991. The Chundur Carnage, APCLC, Vijayawada.

———. Undated. *Paura Hakkula Avagahana Charcha Patralu.* Hyderabad: APCLC.

Anveshi. 1993. 'Reworking Gender Relations, Redefining Politics', *Economic and Political Weekly*, 28(3–4): 87–90.

APDM (Andhra Pradesh Dalitha Mahasabha). 1985. *Pranalika.* Hyderabad: APDM.

Appadurai, Arjun. 1986. 'Theory of Anthropology: Centre and Periphery', *Comparative Studies in Society and History*, 28: 356–61.

Appiah, Kwame Anthony. 2006. 'The Politics of Identity', *Daedalus*, Fall, 135(4): 15–22.

Arendt, Hannah. 1970. *On Violence.* Mariner Books. New York.

Ash, Timothy. G. 1999. *The Uses of Adversity: Essays on the Fate of Central Europe.* London: Penguin Books.

Association for Protection of Democratic Rights. 1991. *Two Decades of APDR & Human Rights.* Calcutta: APDR.

Badiou, Alain. 2006. *Metapolitics.* London: Verso.

Balagopal, K. 1987. 'Our Democratic Future', *Lokayan Bulletin*, 5: 4–5.

———. 1992. 'Slaying of a Spirituous Demon', *Economic and Political Weekly*, November 14: 2457–61.

———. 1995. 'Democracy and the Fight against Communalism', *Economic and Political Weekly*, January 7: 57–60.

Balagopal, K. 1997. 'The Human Rights Movement: Its Context and Its Concerns', in *Indian Journal of Human Rights*, 1(1) (Jan–June): 82–106.

——— 2000. 'A Tangled Web', *Economic and Political Weekly*, March 25th: 1075–1081.

——— 2006. 'Chhattisgarh: Physiognomy of Violence', *Economic and Political Weekly*, 41(22), (June 03): 2183–2186.

———. Forthcoming Human Rights Movement in Andhra Pradesh: A Theoretical Reflection. In Ajay Gudavarthy and G. Vijay (eds) *Understanding Contemporary Andhra Pradesh*.

Banerjee, Sumanta. 1987. 'Tuning Our Ears to Discord: Response of the Democratic Rights Movement to the Question of Violence', *Lokayan Bulletin*, 5: 4/5.

Basu, A. 2001. 'The Dialectics of Hindu Nationalism', in A. Kohli (ed.) *The Success of India's Democracy*, pp. 163–89. Cambridge: Cambridge University Press.

Bauman, Zygmunt. 2001. 'The Great War of Recognition', *Theory, Culture and Society*, 18(2–3): 137–50.

Baxi, Upendra. 1998. 'The State and Human Rights Movements in India', in M. Mohanty et al (eds) *Peoples Rights*, pp. 335–52. New Delhi: SAGE Publications.

———. 2002. *The Future of Human Rights*. New Delhi: Oxford University Press.

Bayart, J. 1986. 'Civil Society in Africa' in Chabal, P. (ed.), *Political Domination in Africa*. Oxford University Press.

Beck, Ulrich. 1992. *Risk Society: Towards a New Modernity*. London: SAGE Publication.

Beetham, David. 1993. 'Liberal Democracy and the Limits of Democratization', in David Held (ed.), *Prospects for Democracy: North, South, East, West*, Cambridge: Polity Press.

Beteille, André. 1995. 'Universities as Institutions', *Economic and Political Weekly*, 30(11): 563–68.

———. 2004. 'Civil Society and its Institutions', in C. M. Elliot (ed.) *Civil Society and Democracy*.

Bevir, M. 1999. 'Foucault and Critique: Deploying Agency against Autonomy', *Political Theory*, 27(1): 65–84.

Bhargava, Rajeev. 2000. 'Ethical Insufficiency of Egoism and Altruism' in Rajendra Vohra et al. (eds) *Indian Democracy*, pp. 215–235. Delhi: SAGE Publications.

——— et al. (ed). 2005. *Citizenship, Civil Society and Public Sphere*. New Delhi: SAGE Publications.

Bilgrami, Akeel. 2003. 'Gandhi, the Philosopher', *Economic and Political Weekly*, 38(39): 4159–4165.

———. 2007. 'Secularism and the very Concept of Law', in Rajeshwari Sundar Rajan (ed.) *The Crisis of Secularism in India*, pp. 316–33. Duke: Duke University Press.

Brass, Paul. 2001. *Politics of India since Independence*. New Delhi: Cambridge University Press.

Breman, Jan. 2002. 'Communal Upheaval as Resurgence of Social Darwinism', *Economic and Political Weekly*, 37(16): 1485–88.

Brenkman, John. 1999. 'Extreme Criticism', Critical Inquiry, 26(1): 109–127.

Brown, Wendy. 1995. *The States of Injury*. Princeton: Princeton University Press.

———. 2001. *Politics Out of History*. Oxford: Princeton University Press.

———. 2006. *Regulating Aversion*. Princeton: Princeton University Press.

Butler, Judith. 1997. 'Merely Cultural' *Social Text*. 52.3 (Fall/Winter): 265–277.

———. 1992. 'Contingent Foundations: Feminism and the Question of Postmodernism in J. Scott (ed.) *Feminists Theorize the Political*, Routledge: New York.

———. 2000. 'Subjection, Resistance, Resignification' in W. Brogan and J. Risser (eds) *American Continental Philosophy: A Reader*. Bloomington: Indiana University Press.

Callinicos, Alex. 2004. *Making History: Agency, Structure and Change in Social Theory*. London: BRILL.

———. 2006. *The Resources of Critique*. London: Polity Press.

Canclini, N. G. 2001. *Consumers and Citizens: Globalisation and Multicultural Conflicts*. Minneapolis: Minnesota Press.

Carothers, Thomas. 1998. 'The Rule of Law Revival', *Foreign Affairs*, March–April 77(2): 95–106.

Central Committee, CPI (ML) Peoples War, 'Fight against the Tendencies of Economism and Revisionism, *Peoples War*, October 1981.

Certeau, Michel De. 1988. *The Practices of Everyday Life*. Berkeley: University of California Press.

Chalam, G. V. 1926. *Man and Woman*. Vijayawada: Veni Press.

———. 1976. *Musings*. Hyderabad: Chalam Sahiti.

Chandhoke, Neera. 1995. *State and Civil Society: Explorations in Political Theory*. New Delhi: SAGE Publications.

———. 1998a. 'Thinking through Rights', *Economic and Political Weekly*, 33(5): 37–51.

———. 1998b. 'The Assertion of Civil Society against State' in M. Mohanty (ed.) *People's Rights*. Delhi: SAGE Publications.

———. 2001. 'The "Civil" and the "Political" in Civil Society, *Democratization*. 8(2): 1–24.

———. 2003. *The Conceits of Civil Society*. Delhi: Oxford University Press.

Chandra, Bipan et al. 1999. *India Since Independence*. New Delhi: Penguin.

———. 2003. *In the Name of Democracy: JP Movement and the Emergency*. New Delhi: Penguin.

Chatterjee, Partha. 1986. *Nationalist Thought and the Colonial World: A Derivative Discourse*? New Delhi: Oxford University Press.

———. 1993. *Nation and its Fragments: Colonial and Post Colonial Histories*. Princeton: Princeton University Press.

———. 1997. 'Beyond the Nation? Or Within?' *Economic and Political Weekly*, 33(5): 30–34.

———. 1998a. 'Community in the East', *Economic and Political Weekly*, 33(6): 277–82.

Chatterjee, Partha. 1998b. 'Development Planning and the Indian State', in Terence J. Byres (ed.) *The State and Development Planning in India*, 51–72. Delhi: Oxford University Press.

———. 2004. *Politics of the Governed*. Delhi: Permanent Black.

———. 2006. 'The Moment of Manoeuvre: Gandhi and the Critique of Civil Society' in A. Raghuram (ed.) *Debating Gandhi*. Delhi: Oxford University Press.

———. 2008. 'Democracy and Economic Transformation in India', *Economic and Political Weekly*, 43(16) April 19: 53–62.

———. 2010. *Empire and Nation*. New Delhi: Permanent Black.

Chen, Kuan Hsing. 2003. 'Civil Society and Min-Jian: On Political Society and Popular Democracy', *Cultural Studies*, 17(6): 877–896.

Chinnaiah, Jangam. 1998. 'Sub-Caste Consciousness and Challenges before Dalit Intellectuals', *Mainstream*, March 14: 7–8.

Churchich, N. 1994. *Marxism and Morality*. Cambridge: James Clarke.

COC, CPI (ML) Peoples War. 1995. 'Special Features of Indian Revolution'. Paper presented at International Seminar on 9–12 March, Hyderabad.

Cohen, J. and A. Arato. 1992. *Civil Society and Political Theory*. Cambridge: MIT Press.

Committee of Concerned Citizens. 1998. *In Search of Democratic Space*. Hyderabad: CCC.

———. 2006. *Negotiating Peace*. Hyderabad: CCC.

Connell, R. W. 1990. 'The State, Gender and Sexual Politics: Theory and Appraisal', *Theory and Society*, 19(5): 507–44.

Corbridge, Stuart, Glyn Williams, Manoj Srivastava and Rene Veron. 2005. *Seeing the State: Governance and Governmentality in India*. Cambridge: Cambridge University Press.

CPDR. 1991. 'The Civil Liberties Movement: A Perspective', in A. R. Desai, *Violation of Democratic Rights in India*, Vol. 3. Bombay: Sangam Books.

CPI (ML) Janashakti, 'Kulam Samasya' (Telugu), undated.

CPI (ML) PW Kendra Rajakeeya Nirmana Sameeksha, March 2001.

Dagger, Richard. 1997. *Civic Virtues: Rights, Citizenship, Republican Liberalism*. Oxford: Oxford University Press.

Dahlerup, D. 1994. 'Learning to Live with the State—State, Civil Society, and Market: Women's Need for State Interventions in East and West', *Women's Studies International Forum*, 17(2/3): 117–27.

Dalit Bahujan Mahasabha. 1998. 'Karamchedu Nundi Vempenttadhaka Dalitulapai Dhadulu Endhuku Jarugutunnai? Emi Cheyyali?' (Telugu). Hyderabad: DBMS.

Dalitha Pantherla Manifesto (Telugu). 1996. Navayuva Samakhya. Vijayawada.

Day, Richard J. F. 2005. *Gramsci is Dead*. Hyderabad: Orient Longman.

Dean, Jodi. 1992. 'Including Women: The Consequences and Side Effects of Feminist Critique of Civil Society', *Philosophy and Social Criticism*, 18(3–4): 379–406.

Deleuze, G. and F. Guatarri. 1988. *A Thousand Plateaus: Capitalism and Schizophrenia*. London: Athlove Press.

Desai, I. P. 1984. 'Should "Caste" be the Basis for Recognising Backwardness?' *Economic and Political Weekly*, 19(28) July 14: 1106–16.

Deshpande, Satish. 2003. *Contemporary India*. New Delhi: Penguin.

Devika, J. and A. K. Rajasree, 2012. 'Widow's Organizations in Kerala State, India: Seeking Citizenship Amidst the Decline of Political Society', in Ajay Gudavarthy (ed.), *Reframing Democracy and Agency in India: Interrogating Political Society*, pp. 201–232. London: Anthem.

Diamond, L. 1994. 'Rethinking Civil Society: Towards Democratic Consolidation', *Journal of Democracy*, 5(3): 5–17.

Drucker, P. 1994. *Post-Capitalist Society*. New York: Harper Paperbacks.

Dutta, N. 1998. 'From Subject to Citizens: Towards a History of the Indian Civil Rights Movement', in M. R. Anderson and Sumit Guha (eds) *Changing Concept of Rights and Justice in South Asia*. Delhi: Oxford University Press.

Edgley, C. and D. Brisset (ed.). 1990. *Life as Theatre: A Dramaturgical Source Book*. New York: Aldinede Gruyter.

Edwards, Michael and B. Foley. 2001. *Beyond Tocqueville*. Hanover: University Press of New England.

Edwards, Michael. 2009. 'Enthusiasts, Tacticians and Sceptics', The World Bank, Civil Society and Social Capital. www.alternativasociales.org (accessed in May 2010)

———. 2010. Civil Society, Polity (second edition), Cambridge.

Elliot, C. M. (ed.). 2004. *Civil Society and Democracy*. Oxford: Oxford University Press.

Escobar, Arturo. 1992. 'Planning' in W. Sachs (ed.) *Development Dictionary: A Guide to Knowledge*. London: Zed Books.

Feldman, L. 2002. 'Redistribution, Recognition, and the State', *Political Theory*, 30(3): 410–40.

Ferguson, J. 1990. *The Anti-Politics Machine: Development, Depoliticisation and Bureaucratic Power in Lesotho*. Cambridge: Cambridge University Press.

Fernandes, L. 2000. 'Restructuring the New Middle Class in Liberalizing India', *Comparative Studies of South Asia, Africa, Middle East*, 20(1/2): 88–112.

———. 2006. *India's New Middle Class: Democratic Politics in an Era of Economic Reform*. University of Minnesota Press.

Finn, G. 1996. *Why Althusser Killed his Wife?* New Jersey: Humanities Press.

Fisher, Frank. 1990. *Technocracy and the Politics of Expertise*. London: SAGE Publications.

Foley, M. and B. Edwards. 1996. 'Paradox of Civil Society', *Journal of Democracy*, 7(3): 38–52.

Fraser, Nancy. 2008. From Redistribution to Recognition? Dilemmas of Justice in a 'Post-Socialist Age', in Kevin Olson (ed.), Adding Insult to Injury, pp. 68–93. New York: Verso.

———. 1997a. 'Heterosexism, Misrecognition and Capitalism: A Response to Judith Butler' *Social Text* 15: 279–89.

———. 1997b. 'Against Pollyanna-ism: A Reply to Iris Young' in *New Left Review*, 1:223: 126–29.

———. 2000. 'Rethinking Recognition', *New Left Review*, 2(3): 107–20.

Fraser, Nancy. 2001. 'Recognition without Ethics', *Theory, Culture and Society*, 18(2–3): 21–42.

———. 2004. 'Rethinking the Public Sphere' in C. M. Elliot (ed.) *Civil Society and Democracy*.

———. 2005. 'Reframing Justice in a Globalizing World', *New Left Review*, 2(36): 69–88.

———. 'Against Pollyanna-ism: A Rejoinder to Iris Young' in Kevin Olson (ed.), pp. 107–112.

———. 2009. 'Feminism, Capitalism and the Cunning of History', *New Left Review*, 56: 97–117.

Fraser, Nancy and Axel Honneth. 2003. *Redistribution or Recognition: A Political-Philosophical Exchange*, London: Verso.

Frevert, Ute. 2005. 'Civil Society and Citizenship in Western Democracies: Historical Developments and Recent Challenges', in Rajeev Bhargava et al. (eds), *Civil Society, Public Sphere and Citizenship*, pp. 59–83. Delhi: SAGE Publications.

Friere, Paulo. 1972. *Pedagogy of the Oppressed*. Middlesex: Penguin Books.

Fukuyama, Francis. 1995. *Trust: The Social Virtues and the Creation of Prosperity*. New York: The Free Press.

Galanter, Marc. 1984. *Competing Equalities: Law and the Backward Classes in India*. New Delhi: Oxford University Press.

Gandhi, Nandita and Nandita Shah. 1992. *The Issues at Stake: Theory and Practice in the Contemporary Women's Movement in India*. New Delhi: Kali for Women.

Geras, Norman. 1990. *Discourses of Extremity*. London: Verso.

———. 1995. 'Democracy and the ends of Marxism', *New Left Review*, 203 (1): 92–106.

Geremak, Bronislaw. 1992. 'Civil Society Then and Now', *Journal of Democracy*, 3(2): 3–12.

Giri, Ananta. 2005. 'Civil Society and the Limits of Identity Politics', in N. Jayaram (ed.), *On Civil Society*, pp. 218–236. London: SAGE Publications.

Giddens, Anthony. 1984. *The Constitution of Society*, Polity Press, Cambridge.

Goonewarden, K. and K. N. Rankin. 2004. 'The Desire Called Civil Society: A Contribution to the Critique of a Bourgeoisie Category', *Political Theory*, 3(2): 117–49.

Gramsci, Antonio. 1971. *The Prison Notebooks*. New York: International Publishers.

Greenpeace. 2004. *State of Community Health at Medak District*. Bangalore: Greenpeace India.

Gudavarthy, Ajay. 1996. 'Marxism, Authoritarianism and Peoples Movements', *Economic and Political Weekly*, 31(13): 847–49.

———. 2002. 'Fragmentation and Solidarity: A Study of Caste, Class and Gender Movements in Andhra Pradesh, 1985–95'. Unpublished Ph.D. dissertation. Jawaharlal Nehru University.

———. 2004. 'Tailored for the Corporates?' *The Hindu*, 2 November.

———. 2005. 'Dalit and Naxalite Movements in Andhra Pradesh: Solidarity or Hegemony?' *Economic and Political Weekly*, 40(51): 5410–18.

Gudavarthy, Ajay. 2008. 'Gandhi, Dalits and Feminists: Recovering the Convergence', *Economic and Political Weekly*, 43(22): 83–90.

———. 2009. 'Globalisation and Regionalisation: Mapping the New Continental Drift', *Economic and Political Weekly*, 44(24): 93–101.

———. 2011a. 'The Anti-Graft Movement in India: Anna Hazare's Soap Opera', Working Paper Series No. 9, Institute for Global Law and Policy, Harvard University.

———. 2011b. 'Tangles of Telangana', *Indian Express*, July 11, 2011.

———. 2012a. *Re-Framing Democracy and Agency: Interrogating Political Society*. London: Anthem.

———. 2012b. 'In Defence of the Politician,' *The Hindu*, October 15.

Gudavarthy, A. and G. Vijay. 2000. 'Civil Society, State and Social Movements', *Economic and Political Weekly*, 35(12).

———. 2004. 'Andhra Pradesh: Some Contemporary Trends', *Economic and Political Weekly*, 39(16): 1571–74.

———. 2007. Antinomies of Political Society: Implications of Uncivil Development, *Economic and Political Weekly*, 52(28): 3051–60.

Gupta, Dipankar. 1985. 'On Altering the Ego in Peasant Histories: Paradoxes of the Ethnic Option', *Peasant Studies*, 13(1): 5–24.

———. 1997. 'Civil Society in the Indian Context: Letting the State off the Hook', *Contemporary Sociology*, 26(3): 305–307.

———. 2004. 'Civil Society or the State—What Happened to Citizenship?' in C. M. Elliot (ed.), *Civil Society and Democracy*, pp. 211–37. Oxford: Oxford University Press.

Guru, Gopal. 1995. 'Dalit Women Talk Differently', *Economic and Political Weekly*, 30(41–42): 2548–50.

———. 2001. 'The Language of Dalit-Bahujan Political Discourse' in Ghanshyam Shah (ed.), *Dalit Identity and Politics*, pp. 97–107. New Delhi: SAGE Publications.

———. 2002. 'How Egalitarian Are the Social Sciences in India?' *Economic and Political Weekly*, 37(50): 5003–5009.

———. 2005. 'Citizenship in Exile: A Dalit Case' in Rajeev Bhargava et al. (ed.), *Civil Society, Public Sphere and Citizenship*, pp. 260–272. New Delhi: SAGE Publications.

Guruvayya, V. 1999. Vempentta Maranakanda (Telugu), Diksuchi Prachuranalu, Srikakulam.

Habermas, Jurgen. 1987. *Theory of Communicative Action, Vol. II*. Cambridge: Polity Press.

Hanlon, R. 2000. 'Recovering the Subject: Subaltern Studies and History of Resistance in Colonial South Asia' in V. Chaturvedi (ed.) *Mapping Subaltern Studies and the Post-Colonial*, pp. 92–116. London: Verso.

Haragopal, G. and K. Balagopal. 1998. 'Civil Liberties Movement and the State in India' in M. Mohanty and Partha N. Mukherjee (eds), *Peoples Rights: Social Movements and the State in the Third World*, pp. 353–72. New Delhi: SAGE Publications.

Haragopal, G. 1993. 'The Koyyur Kidnap: Question of Human Rights', *Economic and Political Weekly*, 28(49): 2650–55.

Hardt, Michael and Negri, Antonio. 2001. *Empire*. Cambridge: Harvard University Press.

———. 2004. *Multitude: War and Democracy in the Age of Empire*. New York: Penguin.

Harriss, John, 'Civil Society: Universal Concept or Fab?' www.odi.org.ulc.

Harvey, David. 2008. *The Condition of Postmodernity*. Oxford: Blackwell.

Hawthorn, Geoffrey. 2001. 'The Promise of Civil Society in the South' in Sudipta Kaviraj and Sunil Khilnani (Eds), *Civil Society: History and Possibilities*, pp. 269–286. Cambridge: Cambridge University Press.

Hirschmann, Nancy. 1989. 'Freedom, Recognition and Obligation: A Feminist Approach to Political Theory', *American Political Science Review*, 83(4): 1227–44.

Holloway, John. 1991. 'The State and Everyday Struggle' in S. Clarke (ed.) *The State Debate*, pp. 201–31. London: Macmillan.

———. 2002. *Change the World without Taking Power*. London: Pluto Press.

———. 2005. 'No' in *Historical Materialism*, 13(4): 265–284.

Honneth, Axel. 2001. 'Recognition or Redistribution?' *Theory, Culture and Society*, 18(2–3): 43–55.

Human Rights Forum. 2000. Untitled Pamphlet. Hyderabad: HRF.

Hussain, Nasser. 2003. *The Jurisprudence on Emergency: Colonialism and the Rule of Law*, Ann Arbor: University of Michigan Press.

Illiah, Kancha. 1992. 'Andhra Pradesh's Anti-Liquor Movement', *Economic and Political Weekly*, 27(45): 2406–08.

———. 1995a. *Madduru Dalitha Streela Poratam: Peruguthunna Kula, Varga, Linga Chaitanyam*. Hyderabad: Sahachara Book Mark.

———. 1995b. 'Caste or Class or Caste-Class: A Study in Dalit Bahujan Consciousness and Struggles in Andhra Pradesh in the 1980s'. Research in Progress Papers. New Delhi: NMML.

———.1996. 'Why I Am Not a Hindu: A Sudra Critique of Hindutva Philosophy', *Culture and Political Economy*, Calcutta: Samya.

———. 2001. 'Dalitism vs Brahmanism: The Epistemological Conflict in History' in Ghanshyam Shah (ed.) *Dalit Identity and Politics*, pp. 108–128. New Delhi: SAGE.

———. 2004. 'Caste or Class or Caste-Class: A Study in Dalit Bahujan Consciousness and Struggles in AP in 1980s' in Manoranjan Mohanty (ed.), *Caste, Class and Gender*. New Delhi: SAGE.

———. 2009. *Post-Hindu India*. New Delhi: SAGE Publications.

Iyer, Raghavan. 1978. *The Moral and Political Thought of Gandhi*. Delhi: Oxford University Press.

Jameson, Frederic. 2000. 'Globalisation and Political Strategy', *New Left Review*, 4, July–August 2000: 49–68.

Janaki, K. 1999. *Role of Women in Freedom Struggle in Andhra Pradesh*. Hyderabad: Neelkamal Publishers.

Jayal, Niraja (ed). 2007. *Democracy in India*. Delhi: Oxford University Press.

Jayaram, N. 1999. *On Civil Society*: Issues and Perspectives. New Delhi: SAGE Publications.

Jenkins, Rob. 1999. *Democratic Politics and Economic Reforms in India*. Cambridge: Cambridge University Press.

Jessop, Bob. 1998. 'The Rise of Governance and the Risks of Failure: The Case of Economic Development', *International Social Sciences Journal*, 50(155): 29–45.

Joseph, Sarah. 2001. 'Democratic Governance: A New Agenda for Change' *Economic and Political Weekly*, 36(12) March 24: 24–30.

Kaiwar, Vasant. 2005. 'Silences in Post-Colonial Thought', *Economic and Political Weekly*, 40(34) August 20: 3732–38.

Kakarala, S. 1993. *Civil Rights Movement in India*. Ph.D. Dissertation, Centre for Social Studies, Surat.

Kamat, Sangeeta. 2002. *Development Hegemony: NGOs and the State in India*. Delhi: Oxford University Press.

Kannabiran, K. G. 1993. 'Koyyuru: Reflections on a Kidnap', *Economic and Political Weekly*, 28 (12–13): 495–98.

———. 2004. *The Wages of Impunity: Power, Justice and Human Rights*. New Delhi: Orient Longman.

Kannabiran, Kalpana. et al. (ed.). 1995. *Sarrihaddulu Leni Sandhyalu, Swecha Prachuranalu*. Hyderabad.

Kannabiran, Vasant and Kalpana Kannabiran. 1991. 'Caste and Gender: Understanding Dynamics of Power and Violence', *Economic and Political Weekly*, 26(37) September 14: 2130–34.

Kannabiran, Vasant and K. Lalitha. 1989. 'That Magic Time: Women in Telangana People's Struggle' in K. Sanghari (ed.) *Recasting Women*. New Delhi: Kali for Women.

Kapur, Ratna. 1996a. *Subversive Sites: Feminist Engagement with Law in India*. Delhi: SAGE Publications.

———. (ed.). 1996b. *Feminist Terrains in Legal Domains: Interdisciplinary Essays on Women and Law in India*. Delhi: Kali for Women.

———. 2005. *Erotic Justice: Law and New Politics of Post-Colonialism*. London: Glasshouse Press.

———. 2007. 'Challenging Liberal Subject: Law and Gender Justice in South Asia' in M. Mukhopadhyay (ed.), *Gender Justice, Citizenship, and Development*. Delhi: Zubaan.

Keith Michael Baker. 2001. 'Enlightenment and the Institution of Society: Notes for a Conceptual History', in Sudipta Kaviraj and Sunil Khilnani (eds), *Civil Society*, Cambridge, Cambridge University Press.

Khilnani, Sunil. 2001. 'The Development of Civil Society', in Sudipta Kaviraj and Sunil Khilnani (eds), *Civil Society: History and Possibilities*. Cambridge: Cambridge University Press.

Klein, Naomi. 2007. *The Shock Doctrine: The Rise of Disaster Capitalism*. New York: Picador.

Kothari, Rajini. 1988. *State Against Democracy*. Delhi: Ajanta Publishers.

———. 1989. 'The NGOs, The State and World Capitalism', *New Asian Visions*, 6(1).

———. 2005. *Rethinking Democracy*, Hyderabad: Orient Longman.

Kothari, S. and H. Sethi (eds). 1991. *Rethinking Human Rights*. Delhi: Lokayan Publications.

Kula Nirmulana (Telugu), Bulletin 2. June 2001. KNPS, Hyderabad.

Kula Nirmulana Porata Samithi, Pranalika—Nibandhanavali (Telugu). Undated. KNPS, Hyderabad.

Kumar, Krishna. 1993. 'Civil Society: An Inquiry into the Usefulness of an Historical Term', *British Journal of Sociology*, 44(3): 375–395.

Kumar, Radha. 1993. *The History of Doing: An Illustrated Account of Movements for Women's Rights and Feminism in India, 1800–1900*. Delhi: Zubaan.

Laclau, Ernesto. 1990. *New Reflections on the Revolution of Our Times*. London: Verso.

———. 2005. *On Populist Reason*. London: Verso.

Laclau, Ernesto and Chantall Mouffe. 1985. *Hegemony and Socialist Strategy: Towards a Radical Democratic Politics*. London: Verso.

———. 1987. 'Post-Marxism Without Apologies', *NLR* 166 (November–December): 79–107.

Lalitha, K. 1998. 'Women in Revolt: A Historical Analysis of the Progressive Organisation of Women in Andhra Pradesh', in S. Wieringa (ed.) *Women's Struggles and Strategies*. The Hague.

Locke, John. 2002. *The Second Treatise of Government*, ed. Tom Crawford, Mineola. New Jersey: Dover Publications.

Lokaneeta, Jinee. 2011. 'Truth Telling: Techniques in a Regime of Terror' in *Canada Watch*, Special Issue 'India: The World's Most Fragile of Democracies', Winter 2012: 35–38.

Lukes, Steven. 1985. *Marxism and Morality*. Oxford: Oxford University Press.

Luhmann, Niklas. 1982. *The Differentiation of Society*. New York: Columbia University Press.

Mackinnon, C. 1983. 'Feminism, Marxism, Method, and the State: Towards Feminist Jurisprudence', *Signs*. 8(4): 635–658.

Mackinon, C. A. 1987. *Feminism Unmodified: Discourse on Life and Law*. Cambridge: Harvard University Press.

Mahajan Front, 1999. Ummadi Ennikala Pranalika (Telugu), Mahajan Front, Hyderabad.

Mahajan, Gurpreet. 2004. 'Civil Society and its Avatars—What Happened to Freedom and Democracy', in C. M. Elliot (ed.), *Civil Society and Democracy*. Oxford: Oxford University Press.

Mahila Margam. The Official Organ of A.P. Chaitanya Mahila Samakhya, Hyderabad.

Mansbridge, J. (ed). 1990. 'The Rise and Fall of Self-Interest', in *Beyond Self-Interest*, pp. 3–22, Chicago: University of Chicago Press.

Marcuse, Herbert. 1965. 'Repressive Tolerance' in Robert Paul Wolff, Barrington Moore, jr., and Herbert Marcuse (eds), *A Critique of Pure Tolerance*, pp. 95–137. Boston: Beacon Press.

Markell, Patchen. 2000. 'The Recognition of Politics: A Comment on Emcke and Tully', *Constellations* 7(4): 496–506.

Martin Alcoff, Linda. 1995. 'Phenomenology, Post-Structuralism and Feminist Theory of the Concept of Experience' in Linda Fisher (ed.), *Feminist Phenomenology*, London: Klugn Academic Publishers.

Marx, Karl and Frederic Engels. 1986. *Collected Works*, Vols. 28 and 29. Moscow: Progress Publishers.

Mattei, U. and L. Nader. 2008. *Plunder: When the Rule of Law is Illegal*. Oxford: Blackwell.

McClain, L. and J. Fleming, 2000. 'Some Questions for Civil Society Revivalists', *Chicago-Kent Review*, 75 (2): 301–54.

Mcintosh, M. 1978. 'The State and the Oppression of Women', in *Feminism and Materialism* (ed.) A. Kuhn and A.M. Wolpe, London: Routledge.

Mehta, Uday Singh. 1999. *Liberalism and Empire: A Study in Nineteenth Century British Liberal Thought*. London: University of Chicago Press.

Melucci, Alberto. 1989. *Nomads of the Present*. Philadelphia: Temple University Press.

Menon, Nivedita. 2004. *Recovering Subversion*. Delhi: Permanent Black.

Meszaros, Istvan. 1985. *Philosophy, Ideology and Social Science*. New York: Prentice Hall.

Maria, Mies. 1976. 'The Sahada Movement: A Peasant Movement in Maharashtra, its Development and its Perspective', in *Journal of Peasant Studies*, 3(4) July: 472–82.

Mill, J. S. 1963. 'On Liberty', in *The Six Great Humanistic Essays of John Stuart Mill*, New York: Washington Square Press.

Mieville, C. 2006. *Between Equal Rights: A Marxist Theory of International Law*. New York: Haymarket Books.

Mitchell, Timothy. 1990. 'Everyday Metaphors of Power' *Theory and Society*, Vol. 19/5: 545–577.

Moore, Barrington. 1993. *Social Origins of Dictatorship and Democracy: Lord and Peasant in the Making of the Modern World*, Beacon Press.

Mouffe, Chantal. 1993. *The Return of the Political*, London: Verso.

———. 2005. *On the Political: Thinking in Action*. London: Routledge.

Mukhopadhya, Maitrayee. 2007. 'Situating Gender and Citizenship in Development Debates' in Mukhopadhya, M, et al. (ed.), *Gender Justice, Citizenship and Development*, pp. 171–222. New Delhi: Zubaan.

Muthaiah, P. 2004. 'Dandora: The Madiga Movement for Equal Identity and Social Justice in AP', *Social Action*, 54 (April–June).

———. 2007. 'SC-laku Vargeekarana Enduku?' AP Madiga Medhavula Forum, Hyderabad: Osmania University.

Nagaraj, D. R. 1993. *The Flaming Fleet: A Study of Dalit Movement in India*. Bangalore: South Forum Press.

Nalupu (ed.) B. Tarakam, 1991. Hyderabad Book Trust, Hyderabad. May 16–31 and June 1–15.

Nigam, Aditya. 2005. 'Civil Society and its Underground: Explorations in the Notions of Political Society' in Rajeev Bhargava et al. (eds), *Civil Society, Public Sphere and Citizenship*. Delhi: SAGE Publications.

Nigam, Aditya. 2008. 'The Implosion of "The Political"', *Journal of Contemporary Thought*, 27, Summer: 51–70.

Omvedt, Gail. 2001. 'Ambedkar and After: The Dalit Movement in India' in Ghanshyam Shah (ed.) *Dalit Identity and Politics*, pp. 143–159. New Delhi: SAGE Publications.

Pai, Sudha. 2010. *Developmental State and the Dalit Question in Madhya Pradesh: Congress Response*. New Delhi: Routledge.

Pamphlet on Attack by BCs on SCs, November 1999.

Pamphlet titled as 'Political Admirers of Janashakti', 1994.

Parekh, Bhikhu. 1993. 'Cultural Particularity of Liberal Democracy' in D. Held (ed.) *Prospects for Democracy*. Cambridge: Polity Press.

———. 1995. 'Jawaharlal Nehru and the Crisis of Modernisation' in U. Baxi and B. Parekh (eds), *Crisis and Change in Contemporary India*. Delhi: SAGE Publications.

———. 2008. *A New Politics of Identity*. New York: Palgrave Macmillan.

Pateman, Carole. 1992. 'Political Obligation, Freedom and Feminism', *American Political Science Review*, 86(1): 179–90.

Patnaik, A. K. 1995. 'Burden of Marx and Morals', *Economic and Political Weekly*, May 20 31(20): 202–04.

Perkins, John. 2004. *The Confessions of an Economic Hit Man*. New York: Plume.

Petras, James and Timothy F. Harding, 'Introduction', *Latin American Perspectives* 27(5), Radical Left Response to Global Impoverishment (Sep., 2000): 3–10.

Petras, James and H. Veltmeyer. 2005. *Empire with Imperialism: The Globalizing Dynamics of Neo-Liberal Capitalism*. London: Zed Books.

Phillips, Anne. 1995. *The Politics of Presence*. Oxford: Clarendon Press.

———. 2001. 'Feminism and Liberalism Revisited: Has Martha Nussbaum Got it Right? *Constellations*, 8/2: 249–66.

———. 2002. 'Does Feminism Need a Conception of Civil Society' in S. Chambers and W. Kymlicka (eds) *Alternative Conceptions of Civil Society*. Princeton: Princeton University Press.

Prakash, Gyan. 2010. 'In the Name of People', *The Hindu*, 24 January.

Prasad, Madhava. 1998. 'The State in/of Cinema.' in Partha Chatterjee (ed.), *Wages of Freedom: Fifty Years of the Indian Nation-State*, pp. 123–146. Delhi: Oxford Univeristy Press.

Purvis, T. and A. Hunt. 1999. 'Identity versus Citizenship: Transformations in the Discourses and Practices of Citizenship', *Social and Legal Studies*, 8(4): 457–482.

Putnam, Robert. D. 1995. 'Bowling Alone: America's Declining Social Capital', *Journal of Democracy*, 6(1): 65–78.

Ram, M. 1986. 'Civil Rights Situation in India', in A. R. Desai (ed.), *Violation of Democratic Rights in India*, Vol. 3. Bombay: Sangam Books.

Ramaswamy, Uma. 1984. 'Preference and Progress: The Scheduled Castes', *Economic and Political Weekly*, XIX(30) July 28: 12–14.

———. 1986. 'Protection and Inequality Among Backward Castes', *Economic and Political Weekly*, 21(9): 399–403.

Rani, Jyothi and T. Vidmahe. 1999. 'Towards Women's Emanicipation: Three Decades of New Democratic Revolutionary Movement', *Indian Journal of Human Rights*, 3(1–2).

Rao, U.S. (ed.). 1991. *Edureeta*, May. Hyderabad: Marxist-Leninist Centre.

———. 1994. *Edureeta*. Hyderabad: Marxist-Leninist Centre.

Rao, Malleshwar. 2004. 'The Battle of the Bottle in Andhra Pradesh', *The Hindu*, 27 March.

Ratnam, K. Y. 1998. 'Dalit Movement in AP: A Study of Political Consciousness and Identity'. Unpublished Ph.D. thesis. Jawaharlal Nehru University, New Delhi.

Ravi, N. 1993. 'Democratic Movements and Dialectics', *Economic and Political Weekly*, 20(27–28) July 3–10: 1469–71.

Ray, Aswini. 2003. 'Human Rights Movement in India', *Economic and Political Weekly*, 38(32) August 9: 3409–15.

Reddi, S. 1950. 'Community-Conflict among the Depressed Castes of Andhra', *Man in India*, 31(4): 1–12.

Reddy, N. and Arun Patnaik. 1993. 'Anti-Arrack Agitation of Women in Andhra Pradesh', *Economic and Political Weekly*, 28(21) May 22: 1059–66.

Reddy, R. and G. Haragopal. 1985. 'The Pyraveekar: The "Fixer" in Rural India', *Asian Survey*, 25(11): 11148–162.

Report of the World Commission on Environment and Development: Our Common Future (Brundtland Report). Oxford: Oxford University Press, Published March 1987.

Rosenblum, N. 2002. 'Feminist Perspectives on Civil Society and Government', in Rosenblum et al. (eds) *Civil Society and Government*. Princeton: Princeton Univesity Press.

Rudoplh, L. and S. Rudoplh. 2004. 'The Coffee House and the Ashram' in C. M. Elliot (ed.) *Civil Society and Democracy*, pp. 377–404. Delhi: Oxford University Press.

———. 2006. *Postmodern Gandhi and Other Essays*. Oxford: Oxford University Press.

Rudoplh Lloyd and Sussane Hoeber Rudoplh. 2008. 'Explaining Indian Democracy: A Fifty-Year Perspective, 1956–2006'. Volume 1. *The Realm of Ideas: Inquiry and Theory*, Delhi: Oxford University Press.

Sainath, P. 1999. 'The Borderlines of Caste', *The Hindu*, 7 April.

Sader, Emir. 2002. 'Beyond Civil Society', *New Left Review*, 17 October, 87–99.

Samaddar, Ranabir. 2007. *The Materiality of Politics*. London: Anthem.

Sankaran, S. R. 1998. 'Development of Scheduled Castes in Andhra Pradesh', *Economic and Political Weekly*, 33(5): 208–211.

Sanyal, Kalyan. 2007. *Rethinking Capitalist Development*. Delhi: Routledge.

Sarukkai, Sundar. 2007. 'Dalit Experience and Theory', *Economic and Political Weekly*, 42 (40): 4043–4048.

Sayer, Andrew. 2005. *The Moral Significance of Class*. Cambridge: Cambridge University Press.

Schumpeter. 2011. 'Khaki Capitalism', *Indian Express*, 6 December.

Scott, James. 1986. 'Everyday Forms of Peasant Resistance', *Journal of Peasant Studies*, 13(2): 5–35.

———. 1998. *Seeing Like a State*. London: Yale University Press.

———. 2009. *The Art of Not Being Governed*. New Haven: Yale University Press.

Scott, Joan. 1992. 'Experience' in Joan W. Scott and Judith Butler (eds) *Feminists Theorize the Political*, pp. 22–40. New York: Routledge.

Sethi, J. D. 1975. *India in Crisis*. Delhi: Vikas Publications.

Shah, Ghanshyam. 2004. *Social Movements in India: A Review of Literature*. Delhi: SAGE Publications.

Shah, Nandita and Nandita Gandhi. 1992. *The Issues at Stake: Theory and Practice in the Contemporary Women's Movement in India*. Delhi: Kali for Women.

Shils, Edward, 1991. 'The Virtue of Civil Society,' *Government and Opposition*, 26(1) (Winter): 3–20.

Singh, Randhir. 1993. 'Terrorism, State Terrorism and Democratic Rights', in *Five Lectures in Marxist Mode*, pp. 60–90. Delhi: Ajanta Publications.

Singh, Ujjwal K. 2004. 'State and Emerging Interlocking Legal Systems', *Economic and Political Weekly*, 39: 149–54.

———. 2005. 'Democratising State and Society: Role of Civil Liberties and Democratic Rights Movements in India', *Contemporary India*, January—June.

Soper, Kate. 1987. 'Marxism and Morality', *New Left Review*, 1(163): 111–13.

Sreenivas, J. 2012. 'The Andhra Pradesh Liquor Scam', *Indian Express*, 12 April 2012.

Srinivas, S. V. 1999. 'Telugu Cinema, NTR and After: The Alluda Majaka Controversy Revisited', *Journal of Arts and Ideas*, 32–33.

Srinivasulu, K. 1994. 'Andhra Pradesh: BSP and Caste Politics', *Economic and Political Weekly*, 29(40): (October 1).

Stiglitz, Joseph. 2002. *Globalization and its Discontents*. New Delhi: Penguin.

Stree Shakti Sangathana. 1989. *We Were Making History: Life Stories Of Women in Telangana Peoples Struggle*. Delhi: Kali for Women.

Sudhakar. K. et. al (ed.) 1998. *Naxalbari Gamyam, Gamanam*. Hyderabad: Perspectives.

Sundarrayya, P. 1972. *Telangana People's Struggle and it's Lessons*. New Delhi: Foundation Books.

Sunder Rajan, Rajeshwari. 1999. *Signposts: Gender Issues in Post-Independence India*. Delhi: Kali for Women.

———. 2003. *The Scandal of the State*. London: Duke University Press.

Suneetha, A. 2003. *Institutional Response to Domestic Violence*. Hyderabad: Anveshi Research Centre for Women's Studies.

———. 2005. 'Adjudicating (Un) Domestic Battles', *Economic and Political Weekly*, XL(38) September 17: 4101–4103.

———. 2006. 'Women's Actions and Legal Institutions in the Face of Domestic Violence', *Economic and Political Weekly*, XLI(41) October 14: 4355–4362.

Suttner, R. 2001. *Inside Apartheids Prison*. Melbourne: Ocean Press.

Tarkunde, V. M. 1991. 'In Defence of Freedom', in A. R. Desai (ed.) *Governmental Lawlesness and Organised Struggles*. Bombay: Popular Prakashan.

Teltumbde, Anand. 2007. 'Divergence of the Left and Dalit Movements: Cause and Remedy' in M. Thangaraj (ed.), *Dalit Movements in South India*. Chennai: University of Madras.

Tharu, Susie and Tejaswini Niranjana. 1994. 'Problems for a Contemporary Theory of Gender', *Social Scientist*, 22(3–4): March–April: 93–118.

Thompson, E.P. 1975. *Whigs and Hunters: The Origin of the Black Act*. New York: Pantheon Books.

Thompson, E.P. 1985. 'Comment: Response to Arato and Cohen', *Praxis International*, 5(3): 75–85.

Times of India. August 12, 2010. 'How a Tribal Boy Becomes a Dreaded Naxalite'.

Uberoi, Patricia. 2003. 'Feminism and the Public-Private Distinction' in G. Mahajan (ed.) *The Public and the Private*, pp. 205–28. Delhi: SAGE Publications.

Verma, R. 2006. *Postcolonial Politics and Personal Law*. Delhi: Oxford University Press.

Vijay, G. 1999. 'Social Security of Labour in New Industrial Towns', *Economic and Political Weekly*, XXXIV(39) September 25: 10–18.

———. 2003. 'Other Side of New Industrialisation', *Economic and Political Weekly*, 38(48) Nov 29.

Vindhya, U. 1990. 'Women in Srikakulam Movement' in I. Sen (ed.) *A Space Within the Struggle: Women's Participation in People's Movements*. Delhi: Kali for Women.

———. 2000. 'Comrades-in-Arms: Sexuality and Identity in the Contemporary Revolutionary Movement in Andhra Pradesh and the Legacy of Chalam', in Mary E. John (ed.), *Question of Silence*. pp. 167–191.

Virasam, Postmortemku Migilina Mruthadehalu: Vempentta Ghatana Vasthavalu (Telugu), Navodaya Book House, Hyderabad, 1998.

Volga (ed.). Feminist Study Circle (Mimeo, undated).

———. 1994. *Nurella Chalam, Swechha Prachranalu*. Hyderabad.

Volga et al. 1995. *Saramsham*. (Report on the Anti-arrack Movement in Telugu). Asmita Resource Centre for Women, Hyderabad.

Walzer, M. 1984. 'Liberalism and the Art of Separation', *Political Theory*, 12(3): 315–330.

———. 1995. 'The Concept of Civil Society' in Michael Walzer (ed.), *Toward a Global Civil Society*, 7–28. Providence-Oxford: Berghahn Books.

———. 2002. 'Equality and Civil Society', in Simon Chambers and Will Kymlicka (eds) *Alternative Conceptions of Civil Society*, Princeton University Press, 34–49.

Wasserstrom, Richard A. 1971. *Morality and the Law*. California: Wardsworth Publishing Company.

Webber, David. 2001. *Good Budgeting, Better Justice: Modern Budget Practices for the Judicial Sector, Law and Development*, Working Paper Series, No. 3.

White, Gordon. 1994. 'Civil Society, Democratization and Development' in Democratization, 1(2): 375–390.

William, Patricia. 1991. *Alchemy of Race and Rights*. Cambridge: Harvard University Press.

Williams, Raymond. 1983. *Towards 2000*. London: Hogarth Press.

Winfield, R. D. 1995. *Law in Civil Society*. Kansas: University of Kansas.

Wood, E. M. 1990. 'The Uses and Abuses of Civil Society', in Ralph Miliband and John Saville (eds), *The Socialist Register*, pp. 60–84. Vol. 26.

———. 1995. 'Civil Society and the Politics of Identity' in (Chapter 8) *Democracy Against Capitalism: Renewing Historical Materialism*, pp. 238–263. Cambridge University Press.

Young, I. M. 2008. 'Unruly Categories: A Critique of Nancy Fraser's Dual Systems Theory' in Kevin Olson (ed.) pp. 89–111, *Adding Insult to Injury*, London: Verso.

Yudice, George. 1995. 'Civil Society, Consumption, and Governmentality in an Age of Global Restructuring: An Introduction', Social Text (Winter 45): 1–25.

Zizek, Slavoj. 1997. 'Multiculturalism, or, the Cultural Logic of Multinational Capitalism', *New Left Review* 225 (September–October): 28–51.

लेखक के बारे में

अजय गुडावर्थी नई दिल्ली स्थित जवाहरलाल नेहरू विश्वविद्यालय के सेंटर फॉर पॉलिटिकल स्टडीज में एसोसिएट प्रोफेसर हैं। वह वर्ष 2008 में यूनिवर्सिटी ऑफ लंदन के साउथ एशियन स्टडीज, एस.ओ.ए.एस. में चार्ल्स वालेस ट्रस्ट द्वारा विजिटिंग फेलो के रूप में आमंत्रित किए गए और 2010 में यूनिवर्सिटी ऑफ लंदन के गोल्डस्मिथ्स कॉलेज में विजिटिंग फेलो, व 2012 में यूनिवर्सिटी ऑफ एबरदीन के सेंटर फॉर सिटिजनशिप, सिविल सोसाइटी एंड रूल ऑफ लॉ (सी.आई.एस.आर.यू.एल.) में विजिटिंग फेलो रहे। वे 2014 में सेंटर फॉर मॉर्डन इंडियन स्टडीज, ग्योटिंगन यूनिवर्सिटी, जर्मनी में विजिटिंग प्रोफेसर भी रहे हैं। राजनीतिक सिद्धांत, मानवाधिकार, नागरिक–समाज और राजनीतिक आंदोलन उनकी दिलचस्पी के विषय–क्षेत्र हैं। उन्होंने *'री–फ्रेमिंग डेमोक्रेसी एंड एजेंसी इन इंडिया: इंटेरोगेटिंग पॉलिटिकल सोसाइटी'* (2012) शीर्षक पुस्तक का संपादन कार्य किया है। वह *दि इंडियन एक्सप्रेस* में नियमित स्तंभकार हैं और उनके शोध–पत्र अनेक राष्ट्रीय व अंतर्राष्ट्रीय शोध–पत्रिकाओं में प्रकाशित हुए हैं।